KB220394

팔리율 II
PALI VINAYA II

팔리율 II

PALI VINAYA II

釋 普雲 國譯

혜안

역자의 말
보운

　한 권의 번역을 마쳤던 때마다 또 하나의 고통의 강을 건너왔다는 안도감에 마음을 짓누르는 번민을 잠시라도 잊도록 시킬지라도, 1월의 차가운 바람이 도량을 스치면서 일어나는 계절의 소리는 현실을 다시 일깨우고 있다.

　율장을 처음으로 마주하고서 일어났던 기대감, 10년 전에 번역불사를 발원하고 첫 문장을 번역하였던 성취감과 두려움 등의 상념을 곱게 간직하고서 남방율장의 바라제목차의 후반부를 번역하였으니, 이제 광율의 계목의 번역과정은 지금의 생(生)에는 끝자락에 다가온 듯하다.

　지금까지도 번역이나 집필을 시작하면서 항상 짓누르는 상념은 세존의 거룩하신 가르침을 어리석은 유정의 관점에서 왜곡하여 논지를 펼치지는 않았던 것인가의 번민과 편벽되지 않은 관점에서 고귀한 승가의 사상을 훼손하지는 않았는가의 염려가 생각의 주위를 맴돌고 있다.

　불보살님들의 가호(加護)가 항상 감싸주었던 은혜를 자량으로 삼아서 무상(無常)한 세월 속에서 시간을 붙잡고자 몸부림쳤던 불사를 향하였던 열정은 나의 삶의 과정에서 어느 순간보다도 치성하게 보냈던 모습이었고, 세간의 험로를 건네주었던 수레이었으며, 차가운 가슴을 덮어주었던 따뜻한 이불이었다.

　문장을 형성하였던 한 글자·한 글자의 문자를 따라서 내가 전생부터 지어왔던 악행의 인과에 따른 육체적 고통과 심식(心識)의 번민을 참회하면서 업력의 이숙(異熟)을 깊이 사유하였고, 세존의 가르침과 대자비의 무한한 공덕에 무량하게 귀의하였으며, 많은 세간에서 시간과 공간을

6

뛰어넘으면서 수행을 지속하였던 청정함을 수지하였던 승가를 향한 깊고 넓은 공경심은 장야(長夜)에 폭포수처럼 강하게 길고 길었던 어리석음을 깨트렸던 시간이었다.

사문에게 발보리심과 세간을 향한 회향심은 무한하게 많은 시간을 할애해야 하는 삶의 지표라는 책무를 지녀야 하였던 수습의 근원적인 토대인 바라제목차에 대한 번역 불사의 시간을 마치고자 한다. 세존의 가르침을 현실에 전하려는 노력은 부족한 능력과 어리석은 지혜를 이후의 학자들께서 더 앞서가는 번역 불사가 현전(現前)하기를 불보살님들의 앞에서 간절히 발원드린다.

지금까지의 율장과 논장에 대한 번역 불사가 원만하게 회향할 수 있도록 동참하신 대중들이 현세에서 여러 이익이 충만하게 하시고, 세간의 삼재팔난의 장애를 벗어나게 하시며, 지금의 생(生)의 인연을 마치신 영가들께서는 극락정토에 왕생하시기를 발원드린다.

지금까지 많은 시간동안 후원과 격려를 보내주신 은사이신 세영 스님과 죽림불교문화연구원의 사부대중들께 감사드리며, 이 불사에 동참하신 분들께 불보살들의 가호(加護)가 항상 가득하기를 발원드리면서 감사의 글을 마친다.

불기 2567년(2023) 2월에
서봉산 자락의 죽림불교문화연구원에서
사문 보운이 삼가 적다.

출판에 도움을 주신 분들

경 국㤾   설 안㠜   이수진   이현수   이수영   홍완표   이수빈
손영덕   오해정   손영상   이지은   손민하   이계철   유혜순
김양순   김혜진   고재형   고현주   김아인   채두석   황명옥
채수학   정송이   정영우   고연서   정지민   정윤민   홍기표
남장규   남이슬   남종구   박광자   하정효   허완봉   이명자
허윤정   김진섭   심성준   조윤주   심은기   강석호   박혜경
강현구   홍태의   권태임   허 민   허 승   함용재   김미경
김봉수   이유진   김성도   김도연   정송순   최재연   하연지
하연주   김태현   김태욱   국윤부   전금란   최새암   한묵욱
이종훈   조수민   조윤준   우경수

손선군君㤾   우효순㤾   김길환㤾   손성호㤾   이민두㤾   여 씨㤾   이학헌㤾
오입분㤾   이순범㤾   김옥경㤾   강성규㤾   최재희㤾   고예림㤾   이기임㤾
고장환㤾   김두식㤾   김차의㤾   김창원㤾   주영남㤾   김경희㤾   오오순㤾
정 씨㤾   박맹권㤾   정남구㤾   안병열㤾   윤 씨㤾   박 씨㤾   윤 씨㤾
박 씨㤾   박순애㤾   조인순㤾   박충한㤾   노성미㤾   임응준㤾   곽정준㤾
이연숙㤾   유순이㤾

차 례

12

비구니율 대분별(bhikkhuni Vinaya 大分別)

14

일러두기

───────────────

1 이 책의 저본(底本)은 팔리성전협회(The Pali Text Society, 약칭 PTS)의 『팔리율』
  이다.

2 번역은 한역 남전대장경과 PTS의 영문본에서 서술한 형식을 참고하여 번역하
  였고, 미얀마와 스리랑카의 팔리율도 참고하여 번역하였다.

3 PTS본의 팔리율의 구성은 건도는 전반부에, 바라제목차는 중간에, 부수는
  후반부에 결집되고 있으나, 한역 율장의 번역형식과 같이 바라제목차, 건도,
  부수의 순서로 구성하여 번역한다.

4 원문에는 없으나 독자의 이해를 위해 번역자의 주석이 필요한 경우 본문에서
  ( ) 안에 삽입하여 번역하였다.

5 인명이나 지명은 사분율을 기본으로 설정하였고, 한역 남전대장경에 번역된
  용어를 사용하였으며, 팔리어는 주석으로 처리하였다.

6 원문에서 사용한 용어 중에 현재는 뜻이 통하지 않는 용어는 원문의 뜻을
  최대한 살려 번역하였으나 현저하게 의미가 달라진 용어의 경우 현재에 통용하
  는 용어로 바꾸어 번역하였다.

비구율 대분별

(Bhikkhu Vinaya 大分別)

경분별(經分別) 제5권

여러 대덕들이여.

지금 90바일제(波逸提, Pācittiya)를 송출하겠습니다.

31) 과취시식(過取施食) 학처

1-1 그때 불·세존께서는 사위성(舍衛城)[1]의 기수급고독원(祇樹給孤獨園)[2]에 머무르셨다.

그때 사위성 근처의 한 집단(集團)이 있었고 음식을 보시하는 곳에서 음식을 베풀었다. 육군비구들은 이른 아침에 하의를 입고 옷과 발우를 지니고서 사위성에 이르러 걸식하였으나, 음식을 얻지 못하였으며, 이 음식을 베푸는 곳에 이르렀는데, 여러 사람들이 말하였다.

"대덕들께서 오시는 것을 오랫동안 보지 못하였습니다."

곧 공경하고 존중하면서 음식으로 공양하였다. 육군비구들은 2일째에도 역시 …… 나아가 …… 3일째에도 역시 이른 아침에 하의를 입고 옷과 발우를 지니고서 음식을 베푸는 곳에 이르렀으며, 음식을 베푸는 곳에서 음식을 취하였다. 이때 육군비구들은 이와 같이 사유하였다.

'우리들은 마땅히 어떻게 해야 하는가? 정사로 돌아가서 내일도 역시 이곳에 와야겠구나.'

나아가 날마다 음식을 나누어주는 이곳에 머무르면서 음식을 취하였고,

---

1) 팔리어 Sāvatthi(사바띠)의 음사이다.
2) 팔리어 Jetavane anāthapiṇḍika(제타바네 아나타핀디카)의 음사이다.

여러 외도들은 떠나갔다. 여러 사람들은 싫어하고 비난하였다.

"무슨 까닭으로써 사문 석자는 날마다 머무르면서 나누어주는 음식을 받는가? 그들을 위하여 베푸는 음식이 아니고, 이곳은 여러 사문들에게 음식을 베풀고자 설치한 곳이다."

여러 비구들은 여러 사람들이 싫어하고 비난하는 것을 들었다. 여러 비구들의 가운데에서 욕심이 적은 자들은 싫어하고 비난하였다.

"무슨 까닭으로써 육군비구들은 날마다 이 음식을 베푸는 곳에서 음식을 받는가?"

여러 비구들은 이 일로써 세존께 아뢰었고, 세존께서는 이 인연으로써 비구승가를 모으셨으며, 육군비구들에게 물어 말씀하셨다.

"육군비구들이여. 그대들이 진실로 날마다 이 음식을 베푸는 곳에서 음식을 받았는가?"

"진실로 그렇습니다. 세존이시여."

세존께서는 여러 방편으로 꾸짖으셨다.

"어리석은 사람들이여. 그대들은 어찌하여 날마다 이 음식을 베푸는 곳에서 음식을 받았는가? 어리석은 사람들이여. 이것은 믿지 않는 자는 신심이 생겨나지 않게 하고, 이미 믿었던 자는 증장시키지 않느니라. 어리석은 사람이여. 이것은 오히려 믿지 않는 자는 불신이 생겨나지 않는 것이 없게 하고, 믿었던 자는 전전하여 일부가 다른 곳을 향하여 떠나가게 하느니라."

이와 같이 세존께서는 여러 종류의 방편으로써 육군비구들을 꾸짖고서 뒤에 부양이 어렵고 가르치고 양육함이 어려우며, 욕심이 많아서 만족함을 알지 못하고, 대중의 가운데에 참여하면서 방일하였던 허물을 설하셨다. 그러한 뒤에 여러 종류의 방편으로써 부양하기 쉽고, 가르치고 양육함이 쉬우며, 욕심이 적어서 만족함을 알고, 두타행을 좋아하며, 단정하여 대중의 가운데에 참여하지 않고 용맹하게 정진하는 아름다움을 설하셨다. 아울러 또한 여러 비구들을 위하여 적절한 법을 수순하여 설하신 뒤에 여러 비구들에게 알려 말씀하셨다.

"여러 비구들이여. 이와 같으므로 열 가지의 이익을 까닭으로써 나는 여러 비구들을 위하여 학처를 제정하겠노라. 승가의 섭수를 위하여, 승가의 안락을 위하여, 악인을 조복하기 위하여, 선한 비구들을 안락하게 머물게 하기 위하여, 현세의 누를 방호하기 위하여, 후세의 누를 없애기 위하여, 믿지 않는 자에게 신심이 생겨나는 것을 위하여, 이미 믿었던 자의 증장을 위하여, 정법이 오래 머무르는 것을 위하여, 율의 공경과 존중을 위한 것이니라. 여러 비구들이여 그대들은 마땅히 이와 같이 학처를 송출할지니라.

'음식을 베푸는 곳에서 한 번의 음식을 취하여 먹을 수 있으나, 만약 이것을 넘겨서 취하는 자는 바일제를 범하느니라.'"

이와 같이 세존께서는 여러 비구들을 위하여 학처를 제정하여 세우셨다.

2-1 그때 사리불이 교살라국(憍薩羅國)[3]을 유행하면서 사위성에서 한 음식을 베푸는 곳에 이르렀다. 여러 사람들이 말하였다.

"장로께서 오시는 것을 오랫동안 보지 못하였습니다."

곧 공경하고 존중하면 음식을 공양하였고, 음식을 취하였다. 장로 사리불은 중병(重病)이 생겨났던 인연으로 능히 음식을 베푸는 곳을 떠날 수 없었는데, 여러 사람들이 다음 날에 이와 같이 말을 지었다.

"대덕께 음식을 청합니다."

장로 사리불이 말하였다.

"세존께서는 날마다 음식을 베푸는 곳에 머무르면서 음식을 취하는 것을 금지하셨습니다."

두려워하고 삼가하면서 취하지 않았고, 이것을 인연으로 음식이 끊어졌다. 이때 장로 사리불은 사위성에 이르렀고, 이 일을 여러 비구들에게 알렸다. 여러 비구들은 이 일로써 세존께 아뢰었고, 세존께서는 이 인연으로써 설법하셨으며, 여러 비구들에게 알려 말씀하셨다.

---

3) 팔리어 Kosala(코살라)의 음사이다.

"여러 비구들이여. 병든 비구가 음식을 베푸는 곳에서 여러 번을 음식을 취하는 것을 허락하겠노라. 여러 비구들이여. 그대들은 마땅히 이와 같이 학처를 송출할지니라.

'병이 없는 비구가 음식을 베푸는 곳에서 한 번의 음식을 취할 수 있으나, 만약 이것을 넘겨서 취하는 자는 바일제를 범하느니라.'"

3-1 '병이 없다.'는 음식을 베푸는 곳에서 떠나가야 한다.

'병'은 능히 음식을 베푸는 곳에서 떠나지 않을 수 있다.

'음식을 베푸는 곳'은 다섯 종류의 담식의 가운데에서 어느 한 종류의 음식이니, 혹은 집안에서, 혹은 장막의 안에서, 혹은 나무의 아래에서, 혹은 노지에서, 사람의 숫자를 제한하지 않고 충분하게 베풀고자 설치한 곳이다. 병이 없는 비구는 한 번의 음식을 취할 수 있으나, 만약 이것을 넘겨서 음식을 받는 자는 돌길라를 범한다. 매번 음식을 삼킬 때마다 바일제를 범한다.

3-2 병이 없었고 병이 없다는 생각이 있었다면, 음식을 베푸는 곳에서 한 번의 음식을 취할 수 있으나, 만약 이 한도를 넘겨서 취하는 자는 바일제를 범한다. 병이 없었고 병이 없다는 의심이 있었다면, 음식을 베푸는 곳에서 한 번의 음식을 취할 수 있으나, 만약 이 한도를 넘겨서 취하는 자는 바일제를 범한다. 병이 없었고 병이 없다는 생각이 있었다면, 음식을 베푸는 곳에서 한 번의 음식을 취할 수 있으나, 만약 이 한도를 넘겨서 취하는 자는 바일제를 범한다.

병이 있었고 병이 없다는 생각이 있었다면, 음식을 베푸는 곳에서 한 번의 음식을 취할 수 있으나, 만약 이 한도를 넘겨서 취하는 자는 돌길라를 범한다. 병이 있었고 병이 없다는 의심이 있었다면, 음식을 베푸는 곳에서 한 번의 음식을 취할 수 있으나, 만약 이 한도를 넘겨서 취하는 자는 돌길라를 범한다. 병이 있었고 병이 있다는 생각이 있었다면, 음식을 베푸는 곳에서 한 번의 음식을 취할 수 있으나, 만약 이 한도를 넘겨서 취하는 자도 범하지 않는다.

4-1 병이 있는 자이거나, 병이 없어서 한 번을 받았거나, 떠나가는 때에, 혹은 돌아오는 때에 먹었거나, 시주가 청하여 먹었거나, 특정한 사람을 위하여 베풀었던 음식이거나, 제한하지 않고 충분하게 베풀고자 준비하였거나, 다섯 종류의 음식을 제외하고서 다른 일체의 음식이었거나, 미쳤던 자이거나, 최초로 범한 자는 범하지 않는다.

[서른한 번째의 바일제를 마친다.]

32) 별중식(別衆食) 학처

1-1 그때 불·세존께서는 왕사성(王舍城)[4]의 가란타죽림원(迦蘭陀竹林園)[5]에 머무르셨다.

그때 제바달다(提婆達多)[6]는 이미 명성(名聲)과 이양(利養)을 잃었으나, 오히려 도중(徒衆)에게 둘러싸여 여러 집에 권화(勸化)하면서 음식을 취하였다. 여러 사람들은 싫어하고 비난하였다.

"무슨 까닭으로써 사문 석자가 여러 집에 권화하면서 음식을 취하는가? 어느 사람이 잘 조리된 것을 좋아하지 않겠는가? 어느 사람이 맛있는 음식에 즐거워하지 않겠는가?"

여러 비구들은 여러 사람들이 싫어하고 비난하는 것을 들었다. 여러 비구들의 가운데에서 욕심이 적은 자들은 싫어하고 비난하였다.

"무슨 까닭으로써 제바달다는 도중에 둘러싸여 여러 집에 권화하면서 음식을 취하는가?"

---

4) 팔리어 Rājagaha(라자가하)의 음사이다.
5) 팔리어 Kalandakanivāpa(카란다카니바파)의 음사이다.
6) 팔리어 Devadatta(데바다따)의 음사이다.

여러 비구들은 이 일로써 세존께 아뢰었고, 세존께서는 이 인연으로써 비구승가를 모으셨으며, 제바달다에게 물어 말씀하셨다.

"제바달다여. 그대가 진실로 도중에 둘러싸여 여러 집에 권화하면서 음식을 취하였는가?"

"진실로 그렇습니다. 세존이시여."

세존께서는 여러 방편으로 꾸짖으셨다.

"어리석은 사람이여. 그대는 어찌하여 도중에 둘러싸여 여러 집에 권화하면서 음식을 취하였는가? 어리석은 사람이여. 이것은 오히려 믿지 않는 자는 신심이 생겨나지 않게 하고, …… 이미 믿었던 자는 일부가 전전하여 다른 곳으로 향하여 떠나가게 하느니라."

이와 같이 세존께서는 여러 종류의 방편으로써 제바달다를 꾸짖고서 뒤에 부양이 어렵고 가르치고 양육함이 어려우며, …… 나아가 …… 여러 비구들을 위하여 적절한 법을 수순하여 설하신 뒤에 여러 비구들에게 알려 말씀하셨다.

"…… 나아가 …… 여러 비구들이여. 그대들은 마땅히 이와 같이 학처를 송출할지니라.

'별중식(別衆食)을 받는 자는 바일제를 범하느니라.'"

이와 같이 세존께서는 여러 비구들을 위하여 학처를 제정하여 세우셨다.

2-1 그때 여러 사람들이 병든 비구에게 음식을 청하였으나, 비구들은 별중식을 세존께서 금지하셨던 인연으로 두려워하고 삼가면서 청하는 음식을 받지 않았다. 이때 여러 비구들은 이 일로써 세존께 아뢰었고, 세존께서는 이 인연으로써 설법하셨으며, 여러 비구들에게 알려 말씀하셨다.

"여러 비구들이여. 병든 비구가 별중식을 취하는 것을 허락하겠노라. …… 나아가 …… 여러 비구들이여. 그대들은 마땅히 이와 같이 학처를 송출할지니라.

'별중식을 취하는 자는 인연을 제외하고서 바일제를 범하느니라. 인연은 병든 때이니, 곧 이것을 인연이라고 이름하느니라.'"

이와 같이 세존께서는 여러 비구들을 위하여 학처를 제정하여 세우셨다.

3-1 그때 여러 사람들이 옷을 보시하는 때에 마땅한 옷과 음식을 준비하고서, 먼저 음식을 공양하게 하였고 그러한 뒤에 옷을 베풀고자 하였으나, 비구들은 별중식을 세존께서 금지하셨던 인연으로 두려워하고 삼가하면서 청을 받지 않았다. 이때 여러 비구들은 이 일로써 세존께 아뢰었고, 세존께서는 이 인연으로써 설법하셨으며, 여러 비구들에게 알려 말씀하셨다.
　"여러 비구들이여. 옷을 보시하는 때에 별중식을 취하는 것을 허락하겠노라. 여러 비구들이여. 그대들은 마땅히 이와 같이 학처를 송출할지니라.
　'별중식을 받는 자는 인연을 제외하고서 바일제를 범하느니라. 인연은 병든 때이거나, 옷을 보시하는 때이니, 곧 이것을 인연이라고 이름하느니라.'"
　이와 같이 세존께서는 여러 비구들을 위하여 학처를 제정하여 세우셨다.

4-1 그때 여러 사람들이 옷을 짓는 비구들에게 음식을 청하였는데, 비구들이 말하였다.
　"별중식을 받는 것을 금지하셨습니다."
　두려워하고 삼가하면서 청을 받지 않았다. 이때 여러 비구들은 이 일로써 세존께 아뢰었고, 세존께서는 이 인연으로써 설법하셨으며, 여러 비구들에게 알려 말씀하셨다.
　"여러 비구들이여. 옷을 짓는 때에 별중식을 취하는 것을 허락하겠노라. 여러 비구들이여. 그대들은 마땅히 이와 같이 학처를 송출할지니라.
　'별중식을 받는 자는 인연을 제외하고는 바일제를 범하느니라. 인연은 병든 때이거나, 옷을 보시하는 때이거나, 옷을 짓는 때이니, 곧 이것을 인연이라고 이름하느니라.'"
　이와 같이 세존께서는 여러 비구들을 위하여 학처를 제정하여 세우셨다.

5-1 그때 여러 비구들이 여러 사람들과 동행하는데, 비구들이 여러 사람들을 마주하고서 말하였다.

"현자들이여. 잠시 기다리십시오. 우리들은 마땅히 걸식을 가겠습니다."

그들이 말하였다.

"대덕들이여. 이곳에서 음식을 취하십시오."

비구들이 말하였다.

"별중식을 받는 것을 세존께서는 금지하셨습니다."

두려워하고 삼가하면서 청을 받지 않았다. 이때 여러 비구들은 이 일로써 세존께 아뢰었고, 세존께서는 이 인연으로써 설법하셨으며, 여러 비구들에게 알려 말씀하셨다.

"여러 비구들이여. 도로를 다니는 때에 별중식을 취하는 것을 허락하겠노라. 여러 비구들이여. 그대들은 마땅히 이와 같이 학처를 송출할지니라.

'별중식을 받는 자는 인연을 제외하고는 바일제를 범하느니라. 인연은 병든 때이거나, 옷을 보시하는 때이거나, 옷을 짓는 때이거나, 도로를 다니는 때이니, 곧 이것을 인연이라고 이름하느니라.'"

이와 같이 세존께서는 여러 비구들을 위하여 학처를 제정하여 세우셨다.

6-1 그때 여러 비구들이 여러 사람들과 함께 배에 오르는데, 비구들이 여러 사람들을 마주하고서 말하였다.

"현자들이여. 잠시 기다리십시오. 우리들은 마땅히 걸식을 가겠습니다."

그들이 말하였다.

"대덕들이여. 이곳에서 음식을 취하십시오."

여러 비구들이 말하였다.

"별중식을 받는 것을 세존께서는 금지하셨습니다."

두려워하고 삼가하면서 청을 받지 않았다. 이때 여러 비구들은 이 일로써 세존께 아뢰었고, 세존께서는 이 인연으로써 설법하셨으며, 여러 비구들에게 알려 말씀하셨다.

"여러 비구들이여. 배에 오르는 때에 별중식을 취하는 것을 허락하겠노라. 여러 비구들이여. 그대들은 마땅히 이와 같이 학처를 송출할지니라.

'별중식을 받는 자는 인연을 제외하고는 바일제를 범하느니라. 인연은 병든 때이거나, 옷을 보시하는 때이거나, 옷을 짓는 때이거나, 도로를 다니는 때이거나, 배에 오르는 때이니, 곧 이것을 인연이라고 이름하느니라.'"

이와 같이 세존께서는 여러 비구들을 위하여 학처를 제정하여 세우셨다.

7-1 그때 비구들이 여러 지방에서 안거를 마쳤으므로, 여러 비구들은 세존을 보고자 왕사성으로 왔다. 여러 거사들은 다른 지방에서 왔던 비구들에게 음식을 청하였는데, 비구들이 말하였다.

"별중식을 받는 것을 금지하셨습니다."

두려워하고 삼가하면서 청을 받지 않았다. 이때 여러 비구들은 이 일로써 세존께 아뢰었고, 세존께서는 이 인연으로써 설법하셨으며, 여러 비구들에게 알려 말씀하셨다.

"여러 비구들이여. 대중이 모이는 때에 별중식을 받는 것을 허락하겠노라. 여러 비구들이여. 그대들은 마땅히 이와 같이 학처를 송출할지니라.

'별중식을 받는 자는 인연을 제외하고는 바일제를 범하느니라. 인연은 병든 때이거나, 옷을 보시하는 때이거나, 옷을 짓는 때이거나, 도로를 다니는 때이거나, 배에 오르는 때이거나, 대중이 모이는 때이니, 곧 이것을 인연이라고 이름하느니라.'"

이와 같이 세존께서는 여러 비구들을 위하여 학처를 제정하여 세우셨다.

8-1 그때 마갈타국(摩竭陀國)7)의 왕인 사니야빈비사라(斯尼耶頻毗娑羅)8)의 친족이 사명외도(邪命外道)9)에 출가하였다. 이때 사명외도는 사니야빈

7) 팔리어 Māgadha(마가다)의 음사이다.
8) 팔리어 Seniya bimbisāra(세니야 빔bisāra)의 음사이다.

비사라의 처소에 이르렀고, 왕을 마주하고서 말하였다.

"대왕이여. 나는 일체의 사문에게 공양하고자 합니다."

"대덕이시여. 그대가 만약 세존을 상수(上首)로 삼는다면 비구승가가 제일이 될 것이니, 곧 그대가 공양할 음식을 지으십시오."

이때 사명외도의 사자가 여러 비구들의 처소에 이르러 말하였다.

"여러 비구들이여. 내일 나의 음식을 받도록 청합니다."

비구들이 말하였다.

"별중식을 받는 것을 금지하셨습니다."

두려워하고 삼가하면서 청을 받지 않았다. 이때 사명외도는 세존의 처소에 이르렀고, 세존과 함께 서로가 문신(問訊)하였으며, 서로가 춥고 더운 것을 문신한 뒤에 한쪽에 서 있었다. 사명외도는 세존을 마주하고서 이와 같이 말하였다.

"대덕이신 구담(瞿曇)[10]께서는 출가자이시고, 나도 역시 출가자입니다. 출가자가 출가자에게 음식을 베푸는 것은 진실로 서로에게 마땅합니다. 청하건대 대덕이신 구담께서는 비구승가와 함께 내가 공양하는 음식을 받아주십시오."

세존께서는 묵연히 허락하셨고, 사명외도는 세존께서 허락하신 것을 알고서 떠나갔다. 이때 세존께서는 이 인연으로써 설법하셨으며, 여러 비구들에게 알려 말씀하셨다.

"여러 비구들이여. 사문이 음식을 공양하였다면 별중식을 받는 것을

---

9) 팔리어 Ājīvaka pabbajita(아지바카 파빠지타)의 의역이다. ājīvaka는 종파를 가리키고, pabbajita는 사문의 뜻이다. Ājīvika(아지비카)는 인도 철학의 하나로 기원전 5세기에 막칼리 고살라에 의하여 세워졌다. 정확한 정체는 알려지지 않았고, 그들이 불교 종파나 자이나교의 다양한 종파였는지는 불분명하다. 아지비카 학파는 절대적 숙명론이나 결정론에 대한 니야티(Niyati, 운명) 교리로 유명하며, 자유의지가 없고, 일어난 모든 일이 일어나고 있으며, 일어날 것이라는 전제는 전적으로 미리 정해져 있고 우주 원리의 기능이다. 생명체의 미리 정해진 운명과 출생, 죽음, 중생의 영원한 순환으로부터 해방(모크샤)을 성취할 수 없다는 인도 철학의 독특한 형이상학적 교리를 지니고 있었다.

10) 팔리어 Gotama(고타마)의 음사이다.

허락하겠노라. 여러 비구들이여. 그대들은 마땅히 이와 같이 학처를 송출할지니라.

'별중식을 받는 자는 인연을 제외하고는 바일제를 범하느니라. 인연은 병든 때이거나, 옷을 보시하는 때이거나, 옷을 짓는 때이거나, 도로를 다니는 때이거나, 배에 오르는 때이거나, 대중이 모이는 때이거나, 사문이 음식을 베푸는 때이니, 곧 이것을 인연이라고 이름하느니라.'"

이와 같이 세존께서는 여러 비구들을 위하여 학처를 제정하여 세우셨다.

9-1 '별중식'은 4명 이상의 비구가 5정식(五正食)[11]의 가운데에서 어느 한 종류의 음식을 받는 것을 청하였다면, 이것을 별중식이라고 이름한다.

'인연을 제외하다.'는 인연을 제외하는 것이다.

'질병의 때'는 발을 다쳤어도 역시 질병이라고 이름하나니, 병의 때에는 먹을 수 있다.

'옷을 보시하는 때'는 가치나의(迦絺那衣)[12]를 입는 때를 말하는 것이 아니고, 이것은 우기(雨期)의 뒤에 1개월이다. 가치나의를 입는 때는 5개월이니, 옷을 보시하는 때에는 먹을 수 있다.

'옷을 짓는 때'는 옷을 짓는 때이니, 옷을 짓는 때에는 먹을 수 있다.

'도로를 다니는 때'는 내가 마땅히 절반의 유순을 가는 때에는 먹을 수 있다. 떠나가는 자는 먹을 수 있고, 돌아오는 자도 역시 먹을 수 있다.

'배에 오르는 때'는 내가 마땅히 배에 오르는 때에는 먹을 수 있다. 배의 위에 오르는 자는 먹을 수 있고, 내리는 자도 역시 먹을 수 있다.

'대중이 모이는 때'는 두·세 명의 비구가 걸식을 다니면서 생활하였는데, 만약 네 번째의 비구가 와서 생활할 수 없다면 대중이 모이는 때이니

---

11) 비구들이 평소에 먹는 음식으로 밥(飯)·죽(粥)·보릿가루(麨)·생선(魚)·고기(肉) 등을 가리킨다.
12) 팔리어 Kathina(카티나)의 음사이다.

먹을 수 있다.

'사문이 음식을 베푸는 때'는 어느 누구의 다른 사문이 음식을 공양하였다면 먹을 수 있다.

인연을 제외하고서 음식을 취하는 자는 돌길라를 범한다. 매번 음식을 삼킬 때마다 바일제를 범한다.

9-2 별중식에서 별중식이라는 생각이 있었는데, 인연을 제외하고서 먹는 자는 바일제를 범한다. 별중식에서 별중식이라는 의심이 있었는데, 인연을 제외하고서 먹는 자는 바일제를 범한다. 별중식에서 별중식이 아니라는 생각이 있었는데, 인연을 제외하고서 먹는 자는 바일제를 범한다.

별중식이 아니었고 별중식이라는 생각이 있었는데, 먹는 자는 돌길라를 범한다. 별중식이 아니었고 별중식이라는 의심이 있었는데 먹는 자는 돌길라를 범한다. 별중식이 아니었고 별중식이 아니라는 생각이 있었는데, 먹는 자는 범하지 않는다.

10-1 두·세 명의 비구가 함께 먹었거나, 걸식하는 때이거나, 한 처소에 모여서 먹었거나, 상시식(常施食)[13]이거나, 주부식(籌符食)[14]이거나, 반월식(半月食)[15]이거나, 포살식(布薩食)[16]이거나, 월단식(月旦食)[17]이거나, 이 5정식을 제외하고서 다른 일체의 음식이었거나, 미쳤던 자이거나, 최초로 범한 자는 범하지 않는다.

---

13) 팔리어 Niccabhatta(니짜바따)의 의역이고, 일상적으로 받는 음식을 가리킨다.
14) 팔리어 Salākabhatta(사라카바따)의 의역이고, 제비뽑기로 받는 음식을 가리킨다.
15) 팔리어 Pakkhika(파끼카)의 의역이고, 보름에 받는 음식을 가리킨다.
16) 팔리어 Uposathika(우포사티카)의 의역이고, 포살하는 때에 받는 음식을 가리킨다.
17) 팔리어 Pāṭipadika(파티파디카)의 의역이고, 한 달의 시작이거나, 보름달이 되었을 때 받는 음식을 가리킨다.

[서른두 번째의 바일제를 마친다.]

33) 삭삭식(數數食) 학처

1-1 그때 불·세존께서는 비사리(毘舍離)[18] 대림(大林)[19]의 중각강당(重閣講堂)[20]에 머무르셨다.

그때 비사리에서는 맛있는 음식을 계속하여 공양하였다. 이때 한 가난한 고용인이 사유하였다.

'여러 사람들이 지성으로 음식을 보시한다면 공덕이 적지 않다. 나도 역시 음식을 보시해야겠다.'

이 고용인은 계라바제가(啓羅婆帝迦)[21]의 처소에 이르러 이와 같이 말을 지었다.

"주인님! 내가 세존을 상수로 삼고서 승가께 음식을 보시하고자 하니, 나의 임금을 주십시오."

계라바제가도 역시 청정한 신심이 있었으므로 임금의 이상을 주었다. 그 가난한 고용인은 곧 세존의 처소에 이르러 세존의 발에 예경하고서 한쪽에 앉았다. 한쪽에 앉고서 세존께 아뢰어 말하였다.

"대덕이시여. 청하건대 세존께서는 내일 아침에 비구승가와 함께 저의 청식(請食)을 받아주십시오."

"현자여. 비구대중이 많다는 것을 그대는 마땅히 알아야 하네."

"세존이시여. 비록 비구대중이 많더라도 나는 이미 많은 양의 대추를 준비하였습니다. 대추의 즙(汁)으로 충분히 음료(飲料)를 짓겠습니다."

세존께서는 묵연히 허락하셨다. 이때 가난한 고용인은 세존께서 허락

---

18) 팔리어 Vesāli(베사리)의 음사이다.
19) 팔리어 mahāvane(마하바네)의 의역이다
20) 팔리어 Kūṭāgārasālā(쿠타가라사라)의 의역이다.
21) 팔리어 Kirapatika(키라파티카)의 음사이고, 우바새의 이름이다.

하신 것을 알고서 자리에서 일어나서 세존께 예경하고 오른쪽으로 돌면서 떠나갔다.

여러 비구들은 "내일 아침에 가난한 고용인이 세존을 상수로 삼고 비구승가를 청하였고 대추의 즙으로 지은 음료로써 공양한다."라고 들었으나, 그 비구들은 음식의 때에 여전히 걸식하여 음식을 취하였다. 여러 사람들은 고용인이 세존을 상수로 삼고 비구 승가를 청하여 음식을 베푼다는 것을 듣고서 곧 가난한 고용인을 위하여 많은 양의 단단하고 부드러운 음식을 가지고 왔다. 가난한 고용인은 밤이 지나간 뒤에 여러 종류의 단단하고 부드러운 음식을 준비하였고 때에 이르자 사람을 시켜서 세존께 알렸다.

"세존이시여. 때에 이르렀고 공양이 준비되었습니다."

이때 세존께서는 이른 아침에 하의를 입으시고 옷과 발우를 지니고서 가난한 고용인의 주처에 이르셨다. 이르러서 비구승가와 함께 설치된 자리에 앉으셨다. 이와 같이 가난한 고용인은 식당에서 여러 비구들에게 받들어 공양하였고, 여러 비구들은 이와 같이 말을 지었다.

"현자여. 조금만 주시오. 현자여. 조금만 주시오."

"여러 대덕들이여. 대덕들께서는 '이 사람은 가난한 고용인이다.'라고 생각하여 조금만 취하였으나, 저는 많은 양의 단단하고 부드러운 음식을 준비하였습니다. 여러 대덕들이여. 만족하게 취하도록 청합니다."

"현자여. 우리들은 이러한 이유로 적게 취하는 것이 아니고, 우리들은 음식의 때에 먼저 걸식하여 취하였네. 이러한 까닭으로 적게 취하는 것이오."

그때 가난한 고용인은 싫어하고 비난하였다.

"무슨 까닭으로써 여러 대덕들은 나의 공양청을 받고서 다른 곳에서 음식을 취하였는가? 나를 능히 만족시키지 못하는구나."

여러 비구들은 그 가난한 고용인이 싫어하고 비난하는 것을 들었다. 여러 비구들의 가운데에서 욕심이 적은 자들은 싫어하고 비난하였다.

"무슨 까닭으로써 한곳에서 청을 받았는데, 다른 곳에서 음식을 취하는가?"

여러 비구들은 이 일로써 세존께 아뢰었고, 세존께서는 이 인연으로써 비구승가를 모으셨으며, 여러 비구들에게 물어 말씀하셨다.

"여러 비구들이여. 그대들이 진실로 무슨 까닭으로써 한곳에서 청을 받는데, 다른 곳에서 음식을 취하였는가?"

"진실로 그렇습니다. 세존이시여."

세존께서는 여러 방편으로 꾸짖으셨다.

"어리석은 사람들이여. 그대들은 어찌하여 무슨 까닭으로써 한 곳에서 청을 받는데, 다른 곳에서 음식을 취하였는가? 어리석은 사람들이여. 이것은 오히려 믿지 않는 자는 신심이 생겨나지 않게 하고, …… 이미 믿었던 자는 일부가 전전하여 다른 곳으로 향하여 떠나가게 하느니라."

이와 같이 세존께서는 여러 종류의 방편으로써 여러 비구들을 꾸짖고서 뒤에 부양이 어렵고 가르치고 양육함이 어려우며, …… 나아가 …… 여러 비구들을 위하여 적절한 법을 수순하여 설하신 뒤에 여러 비구들에게 알려 말씀하셨다.

"…… 나아가 …… 여러 비구들이여. 그대들은 마땅히 이와 같이 학처를 송출할지니라.

'자주자주 먹는 자는 바일제를 범하느니라.'"

이와 같이 세존께서는 여러 비구들을 위하여 학처를 제정하여 세우셨다.

2-1 그때 한 비구에게 병이 있었고, 다른 한 비구가 걸식하여 얻은 음식을 가지고 병든 비구의 처소에 이르러 말하였다.

"장로여. 청하건대 수용(受用)하십시오."

"멈추십시오. 나는 별도의 음식을 기다리고 있습니다."

그러나 걸식하여 얻은 음식을 오후가 시작되었는데, 가지고 그 비구의 처소로 왔으므로 그 비구는 기다리던 음식을 수용할 수 없었다. 나아가 이 일로써 세존께 아뢰었고, 이때 세존께서는 이 인연으로써 설법하셨으며, 여러 비구들에게 알려 말씀하셨다.

"여러 비구들이여. 병든 비구가 자주자주 먹는 것을 허락하겠노라.

여러 비구들이여. 그대들은 마땅히 이와 같이 학처를 송출할지니라.
'자주자주 먹는 자는 인연을 제외하고는 바일제를 범하느니라. 인연은
병든 때를 가리키나니, 곧 이것을 인연이라고 이름하느니라.'"
이와 같이 세존께서는 여러 비구들을 위하여 학처를 제정하여 세우셨다.

3-1 그때 여러 사람들이 옷을 보시하는 때에 마땅한 옷과 음식을 준비하였
는데, 먼저 음식을 공양하게 하였고 그러한 뒤에 옷을 베풀고자 하였다.
여러 비구들은 자주자주 먹는 것을 세존께서 금지하셨던 인연으로 두려워
하고 삼가하면서 청을 받지 않았다. 이때 여러 비구들은 이 일로써 세존께
아뢰었고, 세존께서는 이 인연으로써 설법하셨으며, 여러 비구들에게
알려 말씀하셨다.
"여러 비구들이여. 옷을 보시하는 때에 자주자주 먹는 것을 허락하겠노
라. 여러 비구들이여. 그대들은 마땅히 이와 같이 학처를 송출할지니라.
'별중식을 받는 자는 인연을 제외하고는 바일제를 범하느니라. 인연은
병든 때이거나, 옷을 보시하는 때이니, 곧 이것을 인연이라고 이름하느니라.'"
이와 같이 세존께서는 여러 비구들을 위하여 학처를 제정하여 세우셨
다.

3-2 그때 여러 사람들이 옷을 짓는 비구들에게 음식을 청하였는데, 비구들
이 말하였다.
"삭삭식을 먹는 것을 금지하셨습니다."
두려워하고 삼가하면서 청을 받지 않았다. 이때 여러 비구들은 이
일로써 세존께 아뢰었고, 세존께서는 이 인연으로써 설법하셨으며, 여러
비구들에게 알려 말씀하셨다.
"여러 비구들이여. 옷을 짓는 때에 자주자주 먹는 것을 허락하겠노라.
여러 비구들이여. 그대들은 마땅히 이와 같이 학처를 송출할지니라.
'삭삭식을 받는 자는 인연을 제외하고는 바일제를 범하느니라. 인연은
병든 때를 가리키거나, 옷을 보시하는 때이거나, 옷을 짓는 때이니, 곧

이것을 인연이라고 이름하느니라.'"

이와 같이 세존께서는 여러 비구들을 위하여 학처를 제정하여 세우셨다.

4-1 이때 세존께서는 이른 아침에 하의를 입고 옷과 발우를 지니고서 장로 아난을 시자(侍子)로 삼아서 한 집에 이르셨으며, 이미 펼쳐진 자리에 앉으셨다. 이때 여러 사람들이 세존과 장로 아난에게 음식을 받들어 공양하였는데, 장로 아난은 두려워하고 삼가하면서 취하지 않았다.

"아난이여. 그것을 취하게."

"세존이시여. 저는 기다리는 음식이 있습니다."

"아난이여. 그것을 정시(淨施)하였다면 뒤에 취할 수 있네."

이때 세존께서는 이 인연으로써 설법하셨으며, 여러 비구들에게 알려 말씀하셨다.

"여러 비구들이여. 정시하였다면 뒤에 자주자주 먹는 것을 허락하겠노라. 여러 비구들이여. 마땅히 이와 같이 정시하여야 한다.

'나는 기다리는 음식이 있으므로, 누구에게 주겠습니다.'"

5-1 '삭삭식'은 5정식의 가운데에서 어느 한 종류의 음식을 받는 것을 청하였는데, 이것을 제외하고서 다른 5정식의 가운데에서 어느 한 음식을 취하여 먹었다면, 이것을 삭삭식이라고 이름한다.

'인연을 제외하다.'는 인연을 제외하는 것이다.

'병의 때'는 한 처소에 앉아서 능히 음식을 충분하게 취하지 못하였다면, 병든 때에는 먹을 수 있다.

'옷을 보시하는 때'는 가치나의를 입는 때를 말하는 것이 아니고, 이것은 우기의 뒤에 1개월이다. 가치나의를 입는 때는 5개월이니, 옷을 보시하는 때에는 먹을 수 있다.

'옷을 짓는 때'는 옷을 짓는 때이니, 먹을 수 있다.

인연을 제외하고서 음식을 취하는 자는 돌길라를 범한다. 매번 음식을 삼키는 것마다 바일제를 범한다.

5-2 삭삭식이었고 삭삭식이라는 생각이 있었는데, 인연을 제외하고서 먹는 자는 바일제를 범한다. 삭삭식이었고 삭삭식이라는 의심이 있었는데, 인연을 제외하고서 먹는 자는 바일제를 범한다. 삭삭식이었고 삭삭식이 아니라는 생각이 있었는데, 인연을 제외하고서 먹는 자는 바일제를 범한다.

삭삭식이 아니었고 삭삭식이라는 생각이 있었는데, 먹는 자는 돌길라를 범한다. 삭삭식이 아니었고 삭삭식이라는 의심이 있었는데, 먹는 자는 돌길라를 범한다. 삭삭식이 아니었고 삭삭식이 아니라는 생각이 있었는데, 먹는 자는 범하지 않는다.

6-1 인연으로 먹었거나, 정시하고서 뒤에 먹었거나, 두·세 곳에서 청을 받았고 한 곳에서 먹었거나, 차례로 청식을 받았거나, 모든 취락에서 청하였고 그 한 취락에서 음식을 먹었거나, 모든 집단에서 청하였고 그 한 집단에서 음식을 먹었거나, 청을 받고서 "나는 음식을 걸식하여 먹었습니다."라고 말하였거나, 상시식이었거나, 주부식이었거나, 반월식이었거나, 포살식이었거나, 월단식이었거나, 이 5정식을 제외하고서 다른 일체의 음식이었거나, 미쳤던 자이거나, 최초로 범한 자는 범하지 않는다.

[서른세 번째의 바일제를 마친다.]

34) 과량걸식(過量乞食) 학처

1-1 그때 불·세존께서는 사위성의 기수급고독원에 머무르셨다.

그때 가야(伽若)[22]의 어머니는 청정한 신심의 우바이(優婆夷)이었는데, 가야를 취락의 한 남자에게 시집보냈다. 이때 가야는 일의 인연으로 어머니의 집으로 돌아왔다. 그때 가야의 남편은 사자를 가야의 처소에 보내어 말하였다.

"가야여. 돌아오시오. 나는 그대가 돌아오기를 바라오."

그러나 가야의 어머니인 우바이는 말하였다.

"어떻게 빈손으로 돌아가겠는가?"

마침내 떡(餠)을 지었고 짓는 것을 마쳤다. 한 걸식비구(乞食比丘)가 가야의 어머니인 우바이의 집에 들어갔고, 가야 어머니는 떡을 그 비구에게 주었다. 이 비구는 전전하여 다른 비구들에게 알렸고, 가야의 어머니는 떡을 그 비구에게 주었다. 그 비구는 떠나갔고 다시 다른 비구에게 말하였으며, 그녀는 떡을 그 비구에게 주었으므로, 지었던 떡이 모두 없어졌다. 가야의 남편은 두 번째로 사자를 보내어 가야의 처소에서 말하였다.

"가야여. 돌아오시오. 나는 그대가 돌아오기를 바라오."

가야의 어머니인 우바이는 말하였다.

"어떻게 빈손으로 돌아가겠는가?"

마침내 떡을 지었고 짓는 것을 마쳤고, …… 지었던 떡이 모두 없어졌다. 가야의 남편은 세 번째로 사자를 보내어 가야의 처소에서 말하였다.

"가야여. 돌아오시오. 나는 그대가 돌아오기를 바라오. 가야여. 오히려 돌아오지 않는다면, 나는 곧 다른 아내를 맞이하겠소."

가야의 어머니인 우바이는 말하였다.

"어떻게 빈손으로 돌아가겠는가?"

마침내 떡을 지었고 짓는 것을 마쳤고, …… 지었던 떡이 모두 없어졌다. 이때 가야의 남편은 곧 다른 아내를 맞이하였고, 가야는 그녀의 남편이 다른 아내를 맞이하였다는 것을 듣고서 울면서 서 있었다.

이때 세존께서는 이른 아침에 하의를 입고 옷과 발우를 지니고서 가야의 어머니인 우바이가 머무는 곳에 이르셨으며, 이미 펼쳐진 자리에 앉으셨다. 이때 가야의 어머니인 우바이는 세존의 앞에 왔으며 세존께

---

22) 팔리어 Kāṇa(카나)의 음사이다.

예경하고서 한쪽에 앉았다. 세존께서는 한쪽에 앉아있는 가야의 어머니를 마주하고서 말씀하셨다.

"가야는 무슨 까닭으로 우는 것이오?"

이때 가야의 어머니는 이 일로써 세존께 아뢰었고, 세존께서는 가야의 어머니인 우바이를 위하여 설법하시어 열어서 보여주셨고, 교계하셨으며, 용약하면서 환희하게 하셨고, 그러한 뒤에 자리에서 일어나서 떠나가셨다.

2-1 그때 한 상단(商團)이 왕사성에서 발제야라가(跋諦耶羅伽)[23]로 떠나가고자 하였다.

한 걸식비구가 상단을 향하여 걸식하였고, 한 우바새(優婆塞)가 보리떡을 그에게 주었다. 이 비구는 떠나갔고 다른 비구들에게 알렸으며, 그는 보리떡을 그 비구에게 주었다. 이 비구는 다시 또한 다른 비구에게 말하였으며, 그는 보리떡을 서로에게 주었으므로, 여행하고자 준비하였던 양식이 모두 없어졌다. 그 우바새가 여러 사람들을 말하였다.

"여러 현자들이여. 잠시 기다리십시오. 준비하였던 양식을 모두 대덕들에게 주었던 인연으로 나는 마땅히 다른 양식을 준비해야 합니다."

"현자여. 상단이 이미 떠나가는 인연으로 우리들은 기다릴 수 없습니다."

말하고서 곧 떠나갔다. 이 우바새는 식량을 준비하여 뒤에 떠나갔으나, 불행하게 도둑들을 만나서 겁탈을 당하였다. 여러 사람들은 싫어하고 비난하였다.

"무슨 까닭으로써 사문 석자들은 취하면서 양을 알지 못하는가? 이 사람은 뒤에 떠났으나 불행하게 도둑들에게 겁탈을 당하였다."

여러 비구들은 이 여러 사람들이 비난하는 것을 들었다. 이때 여러 비구들은 이 일로써 세존께 아뢰었고, 세존께서는 이 인연으로써 여러 비구들을 위하여 설법하셨으며, 알려 말씀하셨다.

---

23) 팔리어 Paṭiyāloka(파티야로카)의 음사이다.

"여러 비구들이여. 나는 열 가지의 이익을 까닭으로써 여러 비구들을 위하여 학처를 제정하겠나니, 그대들은 마땅히 이와 같이 학처를 송출할지니라.

'떡으로써, 혹은 미숫가루로써, 그가 공급하던 집에 왔던 비구는 뜻을 따라서 수용하는 때에 비구가 취하고자 하였다면 두·세 발우를 채워서 취할 수 있느니라. 만약 이것을 넘겨서 취하는 자는 바일제를 범하느니라. 두·세 발우를 취하는 때에 그 처소에서 가지고 떠났던 이유라면 마땅히 여러 비구들에게 나누어서 주어야 하느니라. 이것이 이때의 법이니라.'"

3-1 '떡'은 조리한 음식을 주어서 보내는 물건이다.

'미숫가루'는 양식으로 준비한 물건이다

'집에 왔던 비구'는 이것이 찰제리(利帝利)의 집이거나, 바라문(婆羅門)의 집이거나, 폐사(吠舍)의 집이거나, 수다라(首陀羅) 등의 네 가지의 집이고, '왔다.'는 이곳에 왔던 것이다.

'뜻을 따라서 취하여 수용하다.'는 수요가 많고 적음이니, 곧 많고 적음을 따라서 취하는 것을 말한다.

'욕망'은 희망하는 것이다.

'두·세 발우를 채워서 취할 수 있다.'는 곧 두·세 발우로써 채워서 취할 수 있는 것이다.

'만약 이것을 넘겨서 취하다.'는 두·세 발우의 이상을 취하는 자는 바일제를 범한다. 두·세 발우를 가지고 떠나가는 자를 보았던 비구는 반드시 알려서 말해야 한다.

"그곳에서 나는 이미 두·세 발우를 취하였으니, 이곳에서 다시 그것을 취하지 마십시오."

만약 알리지 않는 자는 돌길라를 범한다. 알렸으나 취하는 자는 돌길라를 범한다.

'그 처소에서 가지고 떠났던 이유라면 마땅히 여러 비구들에게 나누어서 주어야 한다.'는 마땅히 가지고 이르러서 나누는 자리와 처소에서 그것을 분배하는 것이다.

'이것이 이때의 법이다.'는 이때에 있었다면 이것이 여법한 것이다.

3-2 두·세 발우의 이상(以上)에서 이상이라는 생각이 있었는데, 취하는 자는 바일제를 범한다. 두·세 발우의 이상에서 이상이라는 의심이 있었는데, 취하는 자는 바일제를 범한다. 두·세 발우의 이상에서 이하라는 생각이 있었는데, 취하는 자는 바일제를 범한다.

두·세 발우의 이하에서 이상이라는 생각이 있었는데, 취하는 자는 돌길라를 범한다. 두·세 발우의 이하에서 이상이라는 의심이 있었는데, 취하는 자는 돌길라를 범한다. 두·세 발우의 이하에서 이하라는 생각이 있었는데, 취하는 자는 범하지 않는다.

4-1 두·세 발우를 취하였거나, 두·세 발우의 이하를 취하였거나, 주어서 보내는 물건이 아니었거나, 도로를 다니려고 준비하지 않았던 식량을 베풀어 주었거나, 주기 위한 물건이었고 혹은 도로를 다니려고 준비하였던 양식의 나머지이거나, 도로를 다니면서 멈추어 주었거나, 친족인 자이거나, 마음대로 취하라고 말한 자이거나, 다른 사람을 위하였거나, 스스로의 재산에 의지한 자이거나, 미쳤던 자이거나, 최초로 범한 자는 범하지 않는다.

[서른네 번째의 바일제를 마친다.]

35) 식후부취식(食後復取食) 학처

1-1 그때 불·세존께서는 사위성의 기수급고독원에 머무르셨다.

그때 한 바라문이 여러 비구들에게 공양을 청하였다. 여러 비구들은 배부르게 먹었으나, 다시 각자 친족의 집에 이르렀고, 혹은 음식을 취하였으며, 혹은 발우에 음식을 취하여 돌아왔다. 그때 바라문은 근처의 여러 사람들에게 알려 말하였다.

"현자들이여. 비구들은 나의 음식에 만족하였고, 나도 역시 그대들을 음식으로 만족하게 하였습니다."

그들은 이와 같이 말하였다.

"현자여. 그대가 무슨 까닭으로써 우리들을 만족시켰습니까? 그대가 그들을 청하였는데, 그들은 오히려 우리들의 집에 와서 혹은 음식을 취하였고, 혹은 발우에 음식을 취하여 돌아갔습니다."

이때 그 바라문은 싫어하고 비난하였다.

"무슨 까닭으로써 여러 대덕들은 나의 집에서 음식을 취하고서, 다시 다른 집에서 음식을 취하는가? 내가 어찌 능히 만족하게 공양시키지 않겠는가?"

여러 비구들은 바라문이 싫어하고 비난하는 것을 들었다. 여러 비구들의 가운데에서 욕심이 적은 자들은 싫어하고 비난하였다.

"무슨 까닭으로써 여러 비구들은 충분히 먹었는데, 다시 다른 곳에서 먹는가?"

여러 비구들은 이 일로써 세존께 아뢰었고, 세존께서는 이 인연으로써 비구승가를 모으셨으며, 여러 비구들에게 물어 말씀하셨다.

"여러 비구들이여. 그대들이 진실로 만족하게 먹었는데, 다시 다른 곳에서 먹는가?"

"진실로 그렇습니다. 세존이시여."

세존께서는 여러 방편으로 꾸짖으셨다.

"어리석은 사람들이여. 그대들은 어찌하여 만족하게 먹었는데, 다시 다른 곳에서 먹는가? 어리석은 사람들이여. 이것은 오히려 믿지 않는 자는 신심이 생겨나지 않게 하고, …… 이미 믿었던 자는 일부가 전전하여 다른 곳으로 향하여 떠나가게 하느니라."

이와 같이 세존께서는 여러 종류의 방편으로써 여러 비구들을 꾸짖고서 뒤에 부양이 어렵고 가르치고 양육함이 어려우며, …… 나아가 …… 여러 비구들을 위하여 적절한 법을 수순하여 설하신 뒤에 여러 비구들에게 알려 말씀하셨다.

"…… 나아가 …… 여러 비구들이여. 그대들은 마땅히 이와 같이 학처를 송출할지니라.

'어느 누구의 비구일지라도 만족하게 먹었는데, 다시 작식(嚼食)을 취하거나, 담식(噉食)을 취하는 자는 바일제를 범하느니라.'"

이와 같이 세존께서는 여러 비구들을 위하여 학처를 제정하여 세우셨다.

2-1 그때 여러 비구들이 병든 비구를 위하여 맛있는 음식을 발우에 담아서 가지고 왔으나, 병자는 기대하였던 것과 같이 먹지 않았으므로 여러 비구들은 이것을 버렸다. 이때 세존께서는 시끄러운 소리, 큰 소리, 까마귀 소리를 들으셨고, 장로 아난에게 말씀하셨다.

"아난이여. 그 시끄러운 소리, 큰 소리, 까마귀 소리인 이것은 무엇인가?"

이때 장로 아난은 이 일로써 세존께 아뢰었다.

"아난이여. 여러 비구들은 병든 비구의 잔식(殘食)을 먹었는가?"

"세존이시여. 먹지 않았습니다."

이때 세존께서는 이 인연으로써 설법하셨으며, 여러 비구들에게 알려 말씀하셨다.

"여러 비구들이여. 병자와 병이 없는 자의 잔식을 먹는 것을 허락하겠노라. 여러 비구들이여. 마땅히 이와 같이 잔식법을 지어야 하고, 마땅히 말해야 한다.

'나는 이 음식이 모두 필요하지 않습니다.'

여러 비구들이여. 그대들은 마땅히 이와 같이 학처를 송출할지니라.

'어느 누구의 비구일지라도 충분하게 먹었는데, 다시 잔식이 아닌 작식을 취하여 먹거나, 담식을 취하여 먹는 자는 바일제를 범하느니라.'"

3-1 '어느 누구'는 어느 태어난 곳의 이유, 이름의 이유, 족성의 이유,

계의 이유, 정사의 이유를 논하는 것이 아니고, 행하였던 지역의 어느 사람이 혹은 높은 법랍이거나, 혹은 낮은 법랍이거나, 혹은 중간의 법랍이었다면 이것을 '어느 누구'라고 말한다.

'비구'는 구걸하는 비구이니, 일을 쫓아서 걸식하는 비구, 할절의를 입은 비구, 사미비구, 자칭비구, 선래비구, 삼귀의를 이유로 구족계를 받은 비구, 현선비구, 진실비구, 유학비구, 무학비구, 화합승가를 의지한 이유로 백사갈마에 허물이 없어서 마땅히 여법하게 구족계를 받은 비구이다. 이 가운데에서 화합승가를 의지한 이유로 백사갈마에 허물이 없어서 마땅히 여법하게 구족계를 받은 비구이니, 곧 이것에서 '비구'의 뜻이라고 말하는 것이다.

'충분하게 먹다.'는 자리를 알았고, 음식을 알았으며, 근처에 서 있었고, 나누어주는 것을 알았으며, 멈추는 것을 아는 것이다.

'먹다.'는 5정식의 가운데에서 하나의 음식을 먹는 것이니, 비록 풀잎을 먹었더라도 역시 먹은 것이다.

'잔식이 아니다.'는 잔식법을 짓는 것이 아니나니, 부정식(不淨食)을 지었거나, 손으로써 음식을 잡고 짓지 않았거나, 적은 음식을 취하지 않고 지었거나, 돌을 던져서 미치는 거리 안에서 짓지 않았거나, 충분하게 먹고서 앉아있거나 서 있는 자에게 지었거나, "이 음식이 모두 필요하지 않다."라고 말하지 않은 때이거나, 병자가 아닌 잔식의 때라면 이것을 잔식이 아니라고 이름한다.

'잔식이다.'는 잔식법을 짓는 것이니, 청정식(淸淨食)을 지었거나, 손으로써 음식을 잡고 지었거나, 적은 음식을 취하고 지었거나, 돌을 던져서 미치는 거리 안에서 지었거나, 충분하게 먹고서 자리에서 일어나지 않은 자에게 지었거나, "이 음식이 모두 필요하지 않다."라고 말하는 때이거나, 병자의 잔식인 때라면 이것을 잔식이라고 이름한다.

'작식'은 다섯 종류의 담식을 제외하고서 비시약(非時藥), 7일약(七日藥), 진형수약(盡形壽藥) 등의 나머지를 단단한 음식이라고 이름한다.

'담식'은 다섯 종류의 부드러운 음식이니, 밥(飯), 죽(粥), 미숫가루(麨),

물고기(魚), 고기(肉)이다. 취하는 자는 돌길라를 범한다. 매번 음식을 삼키는 것마다 바일제를 범한다.

3-2 잔식이 아니었고 잔식이 아니라는 생각이 있었는데, 작식이나 담식을 먹는 자는 바일제를 범한다. 잔식이 아니었고 잔식이 아니라는 의심이 있었는데, 작식이나 담식을 먹는 자는 바일제를 범한다. 잔식이 아니었고 잔식이라는 생각이 있었는데, 작식이나 담식을 먹는 자는 바일제를 범한다.

　비시약, 7일약, 진형수약을 취하는 자는 돌길라를 범하고, 그 음식을 삼켰다면 돌길라를 범한다.

　잔식이었고 잔식이 아니라는 생각이 있었는데, 작식이나 담식을 먹는 자는 돌길라를 범한다. 잔식이었고 잔식이 아니라는 의심이 있었는데, 작식이나 담식을 먹는 자는 돌길라를 범한다. 잔식이었고 잔식이라는 생각이 있었는데, 작식이나 담식을 먹는 자는 범하지 않는다.

4-1 잔식법을 짓게 하고서 먹었거나, "마땅히 잔식법을 짓고서 뒤에 먹으시오."라고 말하였거나, 다른 사람을 위하여 음식을 가지고 떠났거나, 병자의 잔식이거나, 비시약이거나, 7일약이거나, 진형수약이거나, 인연이 있어서 먹었거나, 미쳤던 자이거나, 최초로 범한 자는 범하지 않는다.

　[서른다섯 번째의 바일제를 마친다.]

36) 청족식비구청식(請足食比丘請食) 학처

1-1 그때 불·세존께서는 사위성의 기수급고독원에 머무르셨다.

　그때 두 비구가 교살라국에서 사위성의 도로와 거리로 갔는데, 한 비구가 비법을 행하였다. 다른 비구가 그 비구에게 말하였다.

"장로여. 이와 같은 행을 짓지 마십시오. 이것은 청정한 행이 아닙니다."

그 비구는 마음에 원한이 생겨났으며, 그들은 사위성에 이르렀다. 그때 사위성에 있는 한 집단에서 대중승가에게 음식을 베풀었고, 한 비구는 배부르게 음식을 먹었다. 원한을 품었던 친족의 집에 이르러 발우에 음식을 가지고 왔으며, 다른 비구의 처소에서 이와 같이 말을 지었다.

"장로여. 이것을 드십시오."

"장로여. 매우 많습니다. 나는 만족하게 먹었습니다."

"장로여. 매우 맛있으니 드십시오."

이 비구는 다른 비구에게 압박받아서 발우의 음식을 먹었다. 원한을 품었던 비구는 다른 비구에게 말하였다.

"장로여. 진실로 그대는 나에게 말할 것이 있습니다. 그대는 만족하게 먹었는데, 다시 청을 받고서 잔식이 아닌 부드러운 음식을 먹었습니다."

"장로여. 어찌하여 알리지 않았습니까?"

"장로여. 어찌하여 묻지 않았습니까?"

이때 음식을 먹었던 비구는 이 일로써 여러 비구들에게 말하였다. 여러 비구들의 가운데에서 욕심이 적은 자들은 싫어하고 비난하였다.

"무슨 까닭으로써 비구가 잔식이 아닌 부드러운 음식으로써 만족하게 먹었던 비구에게 먹으라고 청하는가?"

여러 비구들은 이 일로써 세존께 아뢰었고, 세존께서는 이 인연으로써 비구승가를 모으셨으며, 여러 비구들에게 물어 말씀하셨다.

"비구여. 그대가 진실로 잔식이 아닌 부드러운 음식으로써 만족하게 먹었던 비구에게 먹으라고 청하였는가?"

"진실로 그렇습니다. 세존이시여."

세존께서는 여러 방편으로 꾸짖으셨다.

"어리석은 사람이여. 그대는 어찌하여 잔식이 아닌 부드러운 음식으로써 만족하게 먹었던 비구에게 먹으라고 청하였는가? 어리석은 사람이여. 이것은 오히려 믿지 않는 자는 신심이 생겨나지 않게 하고, …… 이미 믿었던 자는 일부가 전전하여 다른 곳으로 향하여 떠나가게 하느니라.”

이와 같이 세존께서는 여러 종류의 방편으로써 여러 비구들을 꾸짖고서 뒤에 부양이 어렵고 가르치고 양육함이 어려우며, …… 나아가 …… 여러 비구들을 위하여 적절한 법을 수순하여 설하신 뒤에 여러 비구들에게 알려 말씀하셨다.

“…… 나아가 …… 여러 비구들이여. 그대들은 마땅히 이와 같이 학처를 송출할지니라.

‘어느 누구의 비구일지라도 잔식이 아닌 작식이거나, 혹은 담식을 가지고 와서 이미 배부르게 먹었던 비구에게 〈비구여. 그것을 씹으시오. 그것을 먹으시오.〉라고 말하였고, 죄라고 알면서도 범하게 시키고자 하는 자는 만약 그 비구가 먹는 때에 바일제를 범하느니라.’”

2-1 ‘어느 누구’는 어느 태어난 곳의 이유, …… 혹은 중간의 법랍이었다면 이것을 ‘어느 누구’라고 말한다.

‘비구’는 구걸하는 비구이니, 일을 쫓아서 걸식하는 비구, …… 곧 이것에서 ‘비구’의 뜻이라고 말하는 것이다.

‘가지고 와서 청하다.’는 그대가 원하는 것을 따라서 그것을 취하라고 말하는 것이다.

‘충분하게 먹다.’는 자리를 알렸고 음식을 알렸으며, 근처에 서 있었고, 나누어주는 것을 알았으며 충분하여 멈추는 것이다.

‘먹다.’는 5정식의 가운데에서 하나의 음식을 먹는 것이니, 비록 풀잎을 먹었더라도 역시 먹은 것이다.

‘잔식이 아니다.’는 잔식법을 짓는 것이 아니나니, 부정식(不淨食)을 지었거나, 손으로써 음식을 잡고 짓지 않았거나, 적은 음식을 취하지 않고 지었거나, 돌을 던져서 미치는 거리 안에서 짓지 않았거나, 충분하게 먹고서 앉아있고 서 있는 자에게 지었거나, “이 음식이 모두 필요하지 않다.”라고 말하지 않은 때이거나, 병자가 아닌 잔식의 때라면 이것을 잔식이 아니라고 이름한다.

'잔식이다.'는 잔식법을 짓는 것이니, 청정식을 지었거나, 손으로써 음식을 잡고 지었거나, 적은 음식을 취하고 지었거나, 돌을 던져서 미치는 거리 안에서 지었거나, 충분하게 먹고서 자리에서 일어나지 않은 자에게 지었거나, "이 음식이 모두 필요하지 않다."라고 말하는 때이거나, 병자의 잔식인 때라면 이것을 잔식이라고 이름한다.

'작식'은 다섯 종류의 담식을 제외하고, 비시약, 7일약, 진형수약 등의 나머지를 단단한 음식이라고 이름한다.

'담식'은 다섯 종류의 부드러운 음식이니, 밥, 죽, 미숫가루, 물고기, 고기이다.

'비구'는 다른 비구이다.

'알면서'는 스스로가 알았거나, 혹은 다른 사람이 그에게 알렸거나, 혹은 그가 말하는 것이다.

'범하게 시키고자 하다.'는 '이것을 이유로 나는 마땅히 그를 비난하거나, 그것을 기억하게 시키거나, 그것을 꾸짖거나, 그것을 드러내어 말하거나, 그를 곤혹스럽게 시키겠다.'라고 생각하면서 가지고 왔던 자는 돌길라를 범한다. 그의 말에 의지하여 취하였고 씹거나 먹는 자는 돌길라를 범한다. 매번 음식을 삼키는 것마다 돌길라를 범한다. 이미 먹었다면 바일제를 범한다.

2-2 만족하게 먹었고 만족하게 먹었다는 생각이 있었는데, 잔식이 아닌 작식이거나, 혹은 담식을 가지고 와서 청하는 자는 바일제를 범한다. 만족하게 먹었고 만족하게 먹었다는 의심이 있었는데, 잔식이 아닌 작식이거나, 혹은 담식을 가지고 와서 청하는 자는 돌길라를 범한다. 만족하게 먹었고 만족하게 먹지 않았다는 생각이 있었는데, 잔식이 아닌 작식이거나, 혹은 담식을 가지고 와서 청하는 자는 범하지 않는다.

비시약, 7일약, 진형수약을 먹게 하려는 자는 돌길라를 범하고, 그 음식을 삼켰다면 돌길라를 범한다.

만족하게 먹지 않았고 만족하게 먹었다는 생각이 있었는데, 잔식이

아닌 작식이거나, 혹은 담식을 가지고 와서 청하는 자는 바일제를 범한
다. 만족하게 먹지 않았고 만족하게 먹었다는 의심이 있었는데, 잔식이
아닌 작식이거나, 혹은 담식을 가지고 와서 청하는 자는 돌길라를
범한다. 만족하게 먹지 않았고 만족하게 먹지 않았다는 생각이 있었는데,
잔식이 아닌 작식이거나, 혹은 담식을 가지고 와서 청하는 자는 범하지
않는다.

3-1 잔식법을 짓게 하고서 주었거나, 잔식법을 행하게 하고서 뒤에 "먹으
시오."라고 말하면서 주었거나, "다른 사람을 위하여 음식을 가지고 떠나
시오."라고 말하고서 주었거나, 병자의 잔식이거나, 비시약이거나, 7일약
이거나, 진형수약이거나, 인연에 의지하여 "먹으십시오."라고 말하면서
주었거나, 미쳤던 자이거나, 최초로 범한 자는 범하지 않는다.

[서른여섯 번째의 바일제를 마친다.]

37) 비시식(非時食) 학처

1-1 그때 불·세존께서는 왕사성의 가란타죽림원에 머무르셨다.

그때 왕사성에서는 산상제(山上祭)[24]가 있었고, 십칠군비구(十七群比
丘)는 산상제를 보려고 그곳에 갔다. 여러 사람들이 십칠군비구들이
오는 것을 보고서 목욕하게 시켰고, 기름을 바르게 하였으며, 음식을
먹게 시켰고, 단단한 음식을 주었다. 십칠군비구들은 단단한 음식을
가지고서 정사에 돌아왔으며, 육군비구들에게 말하였다.

"장로들이여. 단단한 음식을 취하여 드십시오."

---

24) 팔리어 Giraggasamajja(기라까사마짜)의 의역이다. 왕사성에서 때때로 개최하
   는 축제였고, 오후에 야외에서 열렸다. Anga(앙가)와 Magadha(마가다)의 모든
   사회계층의 사람들이 참석하였으며, 축제는 대부분이 춤으로 구성되고 있다.

"알겠네. 비구들이여. 그대들은 어느 곳에서 단단한 음식을 얻었는가?"

십칠군비구들은 그 일로써 육군비구들에게 말하였다.

"오호! 비구들이여. 그대들은 때가 아닌 음식을 취하였구려."

"그렇습니다. 장로들이여."

육군비구들은 싫어하고 비난하였다.

"무슨 까닭으로써 십칠군비구들은 때가 아닌 음식을 먹는가?"

육군비구들은 이 일로써 여러 비구들에게 말하였고, 여러 비구들의 가운데에서 욕심이 적은 자들은 싫어하고 비난하였다.

"무슨 까닭으로써 십칠군비구들은 때가 아닌 음식을 먹는가?"

그 여러 비구들은 이 일로써 세존께 아뢰었고, 세존께서는 이 인연으로써 비구승가를 모으셨으며, 십칠군비구들에게 물어 말씀하셨다.

"여러 비구들이여. 그대들이 진실로 때가 아닌 음식을 먹었는가?"

"진실로 그렇습니다. 세존이시여."

세존께서는 여러 방편으로 꾸짖으셨다.

"어리석은 사람이여. 그대들은 어찌하여 때가 아닌 음식을 먹었는가? 어리석은 사람이여. 이것은 오히려 믿지 않는 자는 신심이 생겨나지 않게 하고, …… 이미 믿었던 자는 일부가 전전하여 다른 곳으로 향하여 떠나가게 하느니라."

이와 같이 세존께서는 여러 종류의 방편으로써 십칠군비구들을 꾸짖고서 뒤에 부양이 어렵고 가르치고 양육함이 어려우며, …… 나아가 …… 여러 비구들을 위하여 적절한 법을 수순하여 설하신 뒤에 여러 비구들에게 알려 말씀하셨다.

"…… 나아가 …… 여러 비구들이여. 그대들은 마땅히 이와 같이 학처를 송출할지니라.

'어느 누구의 비구일지라도 때가 아닌데, 작식을 먹거나, 혹은 담식을 먹는 자는 바일제를 범하느니라.'"

2-1 '어느 누구'는 어느 태어난 곳의 이유, …… 혹은 중간의 법랍이었다면

이것을 '어느 누구'라고 말한다.

'비구'는 구걸하는 비구이니, 일을 쫓아서 걸식하는 비구, …… 곧 이것에서 '비구'의 뜻이라고 말하는 것이다.

'때가 아니다.'는 낮의 정오가 지나간 뒤에 다음 날에 하늘이 밝아지는 때를 말한다.

'작식'은 다섯 종류의 담식을 제외하고, 비시약, 7일약, 진형수약 등의 나머지를 단단한 음식이라고 이름한다.

'담식'은 다섯 종류의 부드러운 음식이니, 밥, 죽, 미숫가루, 물고기, 고기이다.

"나는 먹으려고 합니다."라고 말하고서 취하는 자는 돌길라를 범한다. 매번 음식을 삼키는 것마다 바일제를 범한다.

2-2 때가 아니었고 때가 아니라는 생각이 있었는데, 작식을 먹거나, 혹은 담식을 먹는 자는 바일제를 범한다. 때가 아니었고 때가 아니라는 의심이 있었는데, 작식을 먹거나, 혹은 담식을 먹는 자는 바일제를 범한다. 때가 아니었고 때라는 생각이 있었는데, 작식을 먹거나, 혹은 담식을 먹는 자는 바일제를 범한다.

때가 아니었는데 비시약, 7일약, 진형수약을 취하여 먹으려고 하는 자는 돌길라를 범한다.

때이었고 때가 아니라는 생각이 있었는데, 작식을 먹거나, 혹은 담식을 먹는 자는 돌길라를 범한다. 때이었고 때가 아니라는 의심이 있었는데, 작식을 먹거나, 혹은 담식을 먹는 자는 돌길라를 범한다. 때이었고 때라는 생각이 있었는데, 작식을 먹거나, 혹은 담식을 먹는 자는 범하지 않는다.

3-1 인연을 이유로 비시약을 먹었거나, 7일약을 먹었거나, 진형수약을 먹었거나, 미쳤던 자이거나, 최초로 범한 자는 범하지 않는다.

[서른일곱 번째의 바일제를 마친다.]

38) 축장식(畜藏食) 학처

1-1 그때 불·세존께서는 사위성의 기수급고독원에 머무르셨다.

그때 장로 아난의 스승[25]인 장로 비랍타시사(毘拉陀施沙)[26]는 아련야(阿蘭若)에 머물렀다. 그는 걸식을 다니면서 마른 밥을 가지고 정사에 돌아왔으며, 말려서 그것을 저축하였다. 먹을 때에는 물로써 불려서 먹었고, 오랜 시간이 지나면 비로소 취락에 들어가서 걸식하였다. 여러 비구들은 장로 비랍타시사에게 이와 같이 말하였다.

"장로여. 그대는 무슨 까닭으로써 오랜 시간이 지나면 비로소 취락에 들어가서 걸식합니까?"

그때 장로 비랍타시사는 이 일로써 여러 비구들에게 말하였다.

"장로여. 그대는 무슨 까닭으로써 음식을 저장하고서 먹습니까?"

여러 비구들의 가운데에서 욕심이 적은 자들은 싫어하고 비난하였다.

"무슨 까닭으로써 장로 비랍타시사는 음식을 저장하고서 먹는가?"

그 여러 비구들은 이 일로써 세존께 아뢰었고, 세존께서는 이 인연으로써 비구승가를 모으셨으며, 장로 비랍타시사에게 물어 말씀하셨다.

"비랍타시사여. 그대가 진실로 음식을 저장하고서 먹었는가?"

"진실로 그렇습니다. 세존이시여."

세존께서는 여러 방편으로 꾸짖으셨다.

"어리석은 사람이여. 그대는 어찌하여 음식을 저장하고서 먹었는가? 어리석은 사람이여. 이것은 오히려 믿지 않는 자는 신심이 생겨나지 않게 하고, …… 이미 믿었던 자는 일부가 전전하여 다른 곳으로 향하여 떠나가게 하느니라."

이와 같이 세존께서는 여러 종류의 방편으로써 장로 비랍타시사를 꾸짖고서 뒤에 부양이 어렵고 가르치고 양육함이 어려우며, …… 나아가 …… 여러 비구들을 위하여 적절한 법을 수순하여 설하신 뒤에 여러

---

25) 팔리어 Upajjhāya(우파짜야)의 음사이고, 화상(和尙)이라고 번역된다.
26) 팔리어 Belaṭṭhasīsa(베라따시사)의 음사이다.

비구들에게 알려 말씀하셨다.

"…… 나아가 …… 여러 비구들이여. 그대들은 마땅히 이와 같이 학처를 송출할지니라.

'어느 누구의 비구일지라도 음식을 저축하고서 작식을 먹거나, 혹은 담식을 먹는 자는 바일제를 범하느니라.'"

2-1 '어느 누구'는 어느 태어난 곳의 이유, …… 혹은 중간의 법랍이었다면 이것을 '어느 누구'라고 말한다.

'비구'는 구걸하는 비구이니, 일을 쫓아서 걸식하는 비구, …… 곧 이것에서 '비구'의 뜻이라고 말하는 것이다.

'음식을 저축하다.'는 오늘에 얻은 것으로써 다음 날의 음식으로 남겨두는 것이다.

'작식'은 다섯 종류의 담식을 제외하고, 비시약, 7일약, 진형수약 등의 나머지를 단단한 음식이라고 이름한다.

'담식'은 다섯 종류의 부드러운 음식이니, 밥, 죽, 미숫가루, 물고기, 고기이다.

"나는 먹으려고 합니다."라고 말하고서 취하는 자는 돌길라를 범한다. 매번 음식을 삼키는 것마다 바일제를 범한다.

2-2 저축하였고 저축하였다는 생각이 있었는데, 작식을 먹거나, 혹은 담식을 먹는 자는 바일제를 범한다. 저축하였고 저축하였다는 의심이 있었는데, 작식을 먹거나, 혹은 담식을 먹는 자는 바일제를 범한다. 저축하였고 저축하였다는 생각이 있었는데, 작식을 먹거나, 혹은 담식을 먹는 자는 바일제를 범한다.

비시약, 7일약, 진형수약을 취하여 먹으려고 하는 자는 돌길라를 범한다.

저축하지 않았고 저축하였다는 생각이 있었는데, 작식을 먹거나, 혹은 담식을 먹는 자는 돌길라를 범한다. 저축하지 않았고 저축하였다는 의심이 있었는데, 작식을 먹거나, 혹은 담식을 먹는 자는 돌길라를 범한다.

저축하지 않았고 저축하지 않았다는 생각이 있었는데, 작식을 먹거나, 혹은 담식을 먹는 자는 범하지 않는다.

3-1 저축한 때의 약으로써 때의 중간에 먹었거나, 저축하지 않은 때의 약으로써 때가 아닌 중간에 먹었거나, 저축한 7일약으로써 7일의 중간에 먹었거나, 진형수약으로써 인연이 있어서 먹었거나, 미쳤던 자이거나, 최초로 범한 자는 범하지 않는다.

[서른여덟 번째의 바일제를 마친다.]

39) 색미식(索味食) 학처

1-1 그때 불·세존께서는 사위성의 기수급고독원에 머무르셨다.

그때 육군비구들이 스스로를 위하여 좋고 맛있는 음식을 요구하였다. 여러 사람들은 싫어하고 비난하였다.

"무슨 까닭으로써 사문인 석자는 스스로를 위하여 좋고 맛있는 음식을 요구하는가? 어느 사람이 잘 조리된 음식을 즐거워하지 않겠는가? 어느 사람이 좋은 맛을 즐거워하지 않겠는가?"

여러 비구들은 여러 사람들은 싫어하고 비난하는 것을 들었다. 여러 비구들의 가운데에서 욕심이 적은 자들은 싫어하고 비난하였다.

"무슨 까닭으로써 육군비구들은 스스로를 위하여 좋고 맛있는 음식을 요구하는가?"

그 여러 비구들은 이 일로써 세존께 아뢰었고, 세존께서는 이 인연으로써 비구승가를 모으셨으며, 육군비구들에게 물어 말씀하셨다.

"육군비구들이여. 그대들이 진실로 스스로를 위하여 좋고 맛있는 음식을 요구하였는가?"

"진실로 그렇습니다. 세존이시여."

세존께서는 여러 방편으로 꾸짖으셨다.

"어리석은 사람들이여. 그대들은 어찌하여 스스로를 위하여 좋고 맛있는 음식을 요구하였는가? 어리석은 사람이여. 이것은 오히려 믿지 않는 자는 신심이 생겨나지 않게 하고, …… 이미 믿었던 자는 일부가 전전하여 다른 곳으로 향하여 떠나가게 하느니라."

이와 같이 세존께서는 여러 종류의 방편으로써 육군비구들을 꾸짖고서 뒤에 부양이 어렵고 가르치고 양육함이 어려우며, …… 나아가 …… 여러 비구들을 위하여 적절한 법을 수순하여 설하신 뒤에 여러 비구들에게 알려 말씀하셨다.

"…… 나아가 …… 여러 비구들이여. 그대들은 마땅히 이와 같이 학처를 송출할지니라.

'이와 같이 좋고 맛있는 음식'은 곧 소(酥), 생소(生酥), 기름(油), 꿀(蜜), 사탕(砂糖), 물고기(魚), 고기(肉), 우유(乳), 낙(酪) 등이다. 어느 누구의 비구일지라도 스스로를 위하여 좋고 맛있는 음식을 요구하여 먹는 자는 바일제를 범하느니라.'"

이와 같이 세존께서는 여러 비구들을 위하여 학처를 제정하여 세우셨다.

2-1 그때 여러 비구들에게 병이 있었고, 병든 비구를 간병하면서 물어 말하였다.

"장로여. 견딜 수 있습니까? 나아졌습니까?"

"장로들이여. 이전에 나는 우리들을 위하여 좋고 맛있는 음식을 요구하여 먹었고, 이것을 이유로 안락을 느꼈습니다. 그러나 세존께서 제정하신 계율에 의지하므로 두렵고 삼가하면서 능히 걸식할 수 없습니다. 이것을 까닭으로 우리들은 즐겁지 않습니다."

그 간병하는 비구들은 이 일로써 세존께 아뢰었고, 세존께서는 이 인연으로써 설법하셨으며, 여러 비구들에게 알려 말씀하셨다.

"여러 비구들이여. 병든 비구들을 위하여 학처를 제정하겠나니, 그대들은 마땅히 이와 같이 학처를 송출할지니라.

　'이와 같이 좋고 맛있는 음식'은 곧 소, 생소, 기름, 꿀, 사탕, 물고기, 고기, 우유, 낙 등이다. 어느 누구의 비구일지라도 만약 병이 없는데, 스스로를 위하여 좋고 맛있는 음식을 요구하여 먹는 자는 바일제를 범하느니라.'"

3-1 '이와 같은 좋고 맛있는 음식'에서 '소'는 소(牛)의 소, 혹은 산양(山羊)의 소, 혹은 물소(水牛)의 소 등이고, 그 고기는 정육(淨肉)의 소가 된다.
　'생소'는 이것들의 물건이 생소이다.
　'기름'은 호마(胡麻)의 기름, 겨자(芥子)의 기름, 꿀의 기름, 비마(篦麻)[27]의 기름, 짐승의 기름 등이다.
　'꿀'은 벌의 꿀이다.
　'사탕'은 사탕수수로 만든 것이다.
　'물고기'는 물속에서 다니는 것이다.
　'고기'는 그 정육의 고기를 말한다.
　'우유'는 소의 우유, 혹은 산양의 유유, 혹은 물소의 우유 등이고, 그 고기는 정육의 우유가 된다.
　'락'은 이것 등의 락이다.
　'어느 누구'는 어느 태어난 곳의 이유, …… 혹은 중간의 법랍이었다면 이것을 '어느 누구'라고 말한다.
　'비구'는 구걸하는 비구이니, 일을 쫓아서 걸식하는 비구, …… 곧 이것에서 '비구'의 뜻이라고 말하는 것이다.
　'병이 없다.'는 좋고 맛있는 음식이 없어도 역시 안락한 것이다.
　'병이 없다.'는 좋고 맛있는 음식이 없다면 곧 안락하지 않은 것이다.
　'이와 같은 좋고 맛있는 음식'은 앞에서의 좋고 맛있는 음식과 같다.
　병이 없는데 스스로를 위하여 요구하는 자는 매번 요구하는 것마다 돌길라를 범한다. 생각하고서 얻은 뒤에 스스로가 음식을 취하는 자도

---

27) 아주까리를 가리킨다.

돌길라를 범한다. 매번 음식을 삼키는 것마다 바일제를 범한다.

3-2 병이 없었고 병이 없다는 생각이 있었는데, 스스로를 위하여 좋고 맛있는 음식을 구하는 자는 바일제를 범한다. 병이 없었고 병이 없다는 의심이 있었는데, 스스로를 위하여 좋고 맛있는 음식을 구하는 자는 바일제를 범한다. 병이 없었고 병이 있다는 생각이 있었는데, 스스로를 위하여 좋고 맛있는 음식을 구하는 자는 바일제를 범한다.

병이 있었고 병이 없다는 생각이 있었는데, 스스로를 위하여 좋고 맛있는 음식을 구하는 자는 돌길라를 범한다. 병이 있었고 병이 없다는 의심이 있었는데, 스스로를 위하여 좋고 맛있는 음식을 구하는 자는 돌길라를 범한다. 병이 있었고 병이 있다는 생각이 있었는데, 스스로를 위하여 좋고 맛있는 음식을 구하는 자는 범하지 않는다.

4-1 병자이거나, 병이 있는 때에 걸식하였고 병이 없는 때에 먹었거나, 병자의 잔식을 먹었거나, 친족이었거나, 청을 받았거나, 다른 사람을 위하였거나, 스스로의 재산에 의지하였거나, 미쳤던 자이거나, 최초로 범한 자는 범하지 않는다.

[서른아홉 번째의 바일제를 마친다.]

40) 불여취식(不與取食) 학처

1-1 그때 불·세존께서는 비사리 대림의 중각강당에 머무르셨다.

그때 한 비구가 일체의 분소의를 위하여 묘지에 머물렀다. 여러 사람들이 옷을 주었으나, 받지 않고서 그는 묘지에서 나무의 아래와 문턱 등의 장소에서 선조(先祖)들에게 제사를 지낸 공양물을 스스로가 취하여 먹었다. 여러 사람들은 싫어하고 비난하였다.

"무슨 까닭으로써 비구가 우리들이 선조들에게 제사를 지낸 공양물을 먹는가? 이 장로 비구는 크고 건장한 몸이니, 진실로 인육(人肉)을 먹은 것이다."

여러 비구들은 여러 사람들이 싫어하고 비난하는 것을 들었다. 여러 비구들의 가운데에서 욕심이 적은 자들은 싫어하고 비난하였다.

"무슨 까닭으로써 비구가 주지 않았던 음식을 입으로 가져오는가?"

그 여러 비구들은 이 일로써 세존께 아뢰었고, 세존께서는 이 인연으로써 비구승가를 모으셨으며, 비구에게 물어 말씀하셨다.

"비구여. 그대가 진실로 주지 않았던 음식을 입으로 가져왔는가?"

"진실로 그렇습니다. 세존이시여."

세존께서는 여러 방편으로 꾸짖으셨다.

"어리석은 사람이여. 그대는 어찌하여 주지 않았던 음식을 입으로 가져왔는가? 어리석은 사람이여. 이것은 오히려 믿지 않는 자는 신심이 생겨나지 않게 하고, …… 이미 믿었던 자는 일부가 전전하여 다른 곳으로 향하여 떠나가게 하느니라."

이와 같이 세존께서는 여러 종류의 방편으로써 육군비구들을 꾸짖고서 뒤에 부양이 어렵고 가르치고 양육함이 어려우며, …… 나아가 …… 여러 비구들을 위하여 적절한 법을 수순하여 설하신 뒤에 여러 비구들에게 알려 말씀하셨다.

"…… 나아가 …… 여러 비구들이여. 그대들은 마땅히 이와 같이 학처를 송출할지니라.

'어느 누구의 비구일지라도 만약 주지 않았던 음식을 입으로 가져왔던 자는 바일제를 범하느니라.'"

이와 같이 세존께서는 여러 비구들을 위하여 학처를 제정하여 세우셨다.

2-1 그때 여러 비구들이 두려워하고 삼가하였으므로 물과 치목(齒木)[28]

---

28) 치아를 닦는 데 사용하는 나뭇조각으로 버드나무로 만들며 한쪽은 뾰족하고, 다른 쪽은 납작하다.

을 스스로가 취하여 수용하였다. 여러 비구들은 이 일로써 세존께 아뢰었
고, 세존께서는 이 인연으로써 설법하셨으며, 여러 비구들에게 알려 말씀
하셨다.

"여러 비구들이여. 물과 치목을 스스로가 취하여 수용하는 것을 허락하겠
노라. 여러 비구들이여. 그대들은 마땅히 이와 같이 학처를 송출할지니라.

'어느 누구의 비구일지라도 물과 치목을 제외하고서 주지 않았던 음식
을 입으로 가져왔던 자는 바일제를 범하느니라.'"

이와 같이 세존께서는 여러 비구들을 위하여 학처를 제정하여 세우셨다.

3-1 '어느 누구'는 어느 태어난 곳의 이유, …… 혹은 중간의 법랍이었다면
이것을 '어느 누구'라고 말한다.

'비구'는 구걸하는 비구이니, 일을 쫓아서 걸식하는 비구, …… 곧 이것에
서 '비구'의 뜻이라고 말하는 것이다.

'주지 않다.'는 마땅히 물건을 취하라고 말하지 않은 것이다.

'주다.'는 손을 이유로, 혹은 물건을 이유로, 혹은 던져서 주었던 물건으
로써 돌을 던져서 미치는 거리에 서 있는 자이었거나, 혹은 손으로써,
혹은 그릇으로써 취하였다면 이것을 주었다고 말한다.

'음식물'은 물과 치목을 제외하고서 음식물을 삼킬 수 있는 물건이
있다면 음식물이라고 이름한다.

'물과 치목을 제외하다.'는 물과 치목을 제외하고서 "나는 음식이 필요합
니다."라고 말하면서 취하는 자는 돌길라를 범한다. 매번 음식을 삼키는
것마다 바일제를 범한다.

3-2 받지 않은 것이었고 받지 않았다는 생각이 있었는데, 주지 않았던
음식을 입으로 가져왔던 자는 물과 치목을 제외하고서 바일제를
범한다. 받지 않은 것이었고 받지 않았다는 의심이 있었는데, 주지
않았던 음식을 입으로 가져왔던 자는 물과 치목을 제외하고서 바일제
를 범한다. 받지 않은 것이었고 받았다는 생각이 있었는데, 주지

않았던 음식을 입으로 가져왔던 자는 물과 치목을 제외하고는 바일제를 범한다.

받은 것이었고 받지 않았다는 생각이 있었는데, 주지 않았던 음식을 입으로 가져왔던 자는 물과 치목을 제외하고는 돌길라를 범한다. 받은 것이었고 받지 않았다는 의심이 있었는데, 주지 않았던 음식을 입으로 가져왔던 자는 물과 치목을 제외하고는 돌길라를 범한다. 받은 것이었고 받았다는 생각이 있었는데, 주지 않았던 음식을 입으로 가져왔던 자는 물과 치목을 제외하고는 범하지 않는다.

4-1 물과 치목이었거나, 네 종류의 큰 오물(汚物)[29]의 인연이 있었던 때이거나, 인연이 없었어도 청정한 법을 행하고 스스로가 그것을 취하여 수용하였거나, 미쳤던 자이거나, 최초로 범한 자는 범하지 않는다.

[마흔 번째의 바일제를 마친다.]

○ 【넷째의 식품(食品)을 마친다.】

섭송으로 설하겠노라.

음식을 베푸는 것과 별중과 숫자와
떡과 만족하게 먹었던 두 가지와
때가 아닌 것과 저축한 것과 우유와
치목 등의 열 가지의 일이 있다.

---

29) 분뇨, 오줌, 재, 점토 등을 가리키고, 뱀에 물렸을 때에 사용한다.

41) 친수급식(親手給食) 학처

1-1 그때 불·세존께서는 비사리 대림의 중각강당에 머무르셨다.

그때 승가에는 많은 떡이 있었다. 이때 장로 아난은 이 일로써 세존께 아뢰었다.

"그렇다면 아난이여. 잔반(殘飯)을 먹는 자들에게 떡을 주게."

"세존이시여. 알겠습니다."

장로 아난은 세존께 허락을 얻고서 잔반을 먹는 자들을 차례로 앉히고서 각자에게 하나의 떡을 주었다. 이때 한 변행외도녀(遍行外道女)를 마주하고서 두 개의 떡으로써 하나로 삼아서 그녀에게 주었다. 옆에 있던 변행외도녀들이 그 여인을 마주하고서 이렇게 말을 지었다.

"그 사문은 그대의 애인(愛人)이다."

"그 사문은 나의 애인이 아닙니다. 떡이 하나라고 생각하고서 나에게 두 개를 주었습니다."

두 번째에도, …… 나아가 …… 세 번째에도, 구수 아난은 매번 사람에게 하나의 떡을 주었다. 이때 변행외도녀를 위하여 하나의 떡을 주었으나, 그녀에게 실제로는 두 개를 주었다. 옆에 있던 변행외도녀들이 그 여인을 마주하고서 이렇게 말을 지었다.

"그 사문은 너의 애인이다."

"그 사문은 나의 애인이 아닙니다. 떡이 하나라고 생각하고서 나에게 두 개를 주었습니다."

이렇게 애인인가? 애인이 아닌가를 논쟁하였다.

2-1 한 사명외도(邪命外道)가 역시 음식을 나누어주는 때에 왔고, 한 비구가 매우 많은 축축한 소(酥)의 큰 단식(團食)[30]을 나누어주었다. 이때 사명외도는 단식을 가지고 돌아갔는데, 다른 한 사명외도가 그

---

30) 둥글게 뭉쳐서 만든 음식을 가리킨다.

사명외도를 마주하고서 말하였다.

"사문이여. 그대는 어느 곳에서 단식을 얻어서 왔습니까?"

"사문이여. 그 사문인 구담의 대머리 거사들이 나누어주는 음식을 얻어서 왔습니다."

우바새들은 그 사명외도들이 모여서 이야기하는 것을 들었다. 그들은 세존의 처소에 이르렀으며, 예경하고서 한쪽에 앉았다. 앉고서 그 우바새들은 세존께 아뢰어 말하였다.

"세존이시여. 외도들이 불·법·승을 비방하였습니다. 원하건대 세존께서는 여러 대덕들이 외도에게 나누어주지 않게 알리십시오."

이때 세존께서는 우바새들을 위하여 설법하시어 열어서 보여주셨고 가르치셨으며 이익되고 환희하게 하셨다. 이때 여러 사람들은 세존께서 설법하시어 열어서 보여주셨고 가르치셨으며 이익되게 하였으므로, 용약하고 환희하면서 자리에서 일어나서 세존께 예경하고 오른쪽으로 돌면서 떠나갔다. 이때 세존께서는 이 인연으로써 설법하셨으며, 여러 비구들에게 알려 말씀하셨다.

"여러 비구들이여. 나는 열 가지의 이익을 까닭으로써 여러 비구들을 위하여 학처를 제정하겠나니, …… 나아가 …… 그대들은 마땅히 이와 같이 학처를 송출할지니라.

'어느 누구의 비구일지라도 나형외도(裸形外道)이거나, 혹은 변행외도의 남자이거나, 혹은 변행외도의 여인에게 만약 스스로가 손으로 작식이거나, 혹은 담식을 나누어주는 자는 바일제를 범하느니라.'"

3-1 '어느 누구'는 어느 태어난 곳의 이유, …… 혹은 중간의 법랍이었다면 이것을 '어느 누구'라고 말한다.

'비구'는 구걸하는 비구이니, 일을 쫓아서 걸식하는 비구, …… 곧 이것에서 '비구'의 뜻이라고 말하는 것이다.

'나형외도'는 변행외도의 나형을 말한다.

'변행외도의 남자'는 비구와 사미를 제외하고 변행출가자(遍行出家者)

를 말한다.

'변행외도의 여인'은 비구니와 사미니를 제외하고 변행출가자를 말한다.

'만약 그들에게 나누어주다.'는 몸으로써, 혹은 물건으로써, 혹은 던져서 주는 자는 바일제를 범한다.

'작식'은 다섯 종류의 담식, 치목, 물을 제외하고서 그 나머지를 단단한 음식이라고 이름한다.

'담식'은 다섯 종류의 부드러운 음식으로 밥, 죽, 미숫가루, 물고기, 고기 등이다.

3-2 외도이었고 외도라는 생각이 있었는데, 스스로가 손으로 작식과 담식을 나누어주는 자는 바일제를 범한다. 외도이었고 외도라는 의심이 있었는데, 스스로가 손으로 작식과 담식을 나누어주는 자는 바일제를 범한다. 외도이었고 외도가 아니라는 생각이 있었는데, 스스로가 손으로 작식과 담식을 나누어주는 자는 바일제를 범한다.

물과 치목을 나누어주는 자는 돌길라를 범한다.

외도가 아니었고 외도라는 생각이 있었는데, 작식과 담식을 나누어주는 자는 돌길라를 범한다. 외도가 아니었고 외도라는 의심이 있었는데, 작식과 담식을 나누어주는 자는 돌길라를 범한다. 외도가 아니었고 외도가 아니라는 생각이 있었는데, 작식과 담식을 나누어주는 자는 범하지 않는다.

4-1 주게 시키고서 주지 않았거나, 놓아두고서 나누어주었거나, 외상(外傷)에 사용하는 약을 나누어 주었거나, 미쳤던 자이거나, 최초로 범한 자는 범하지 않는다.

[마흔한 번째의 바일제를 마친다.]

42) 불희영리거(不喜令離去) 학처

1-1 그때 불·세존께서는 사위성의 기수급고독원에 머무르셨다.

장로 우파난타(優波難陀)[31] 석자가 함께 수학하는 공주비구(共住比丘)에게 말하였다.

"비구여. 오십시오. 우리들은 취락에 들어가서 걸식합시다."

그러나 나누어주지 않고서 그 비구에게 말하였다.

"비구여. 떠나가시오. 우리들이 함께 말하거나, 혹은 앉는다면 즐겁지 않습니다. 나는 혼자서 말하고 앉는 것을 즐거워합니다."

그리고 그를 쫓아냈다. 이때 그 비구는 음식의 때가 가까워졌으므로 능히 걸식하지 못하였고, 역시 돌아오는 때에도 음식을 얻지 못하여 음식이 끊어졌다. 이때 그 비구는 비구들의 정사에 이르렀고, 이 일로써 여러 비구들에게 말하였다. 여러 비구들의 가운데에서 욕심이 적은 자들은 싫어하고 비난하였다.

"무슨 까닭으로써 우파난타 석자는 비구를 마주하고서 '장로여. 오십시오. 우리들은 취락에 들어가서 걸식합시다.'라고 말하고서 같이 다녔으나, 그 비구에게 나누어주지 않고서 '장로여. 떠나가시오. 우리들이 함께 말하거나, 혹은 앉는다면 즐겁지 않습니다. 나는 혼자서 말하고 앉는 것을 즐거워합니다.'라고 말하고서 그를 쫓아내는가?"

그 여러 비구들은 이 일로써 세존께 아뢰었고, 세존께서는 이 인연으로써 비구승가를 모으셨으며, 우파난타에게 물어 말씀하셨다.

"우파난타여. 그대가 진실로 '장로여. 오십시오. 우리들은 취락에 들어가서 걸식합시다.'라고 말하고서 같이 다녔으나, 그 비구에게 나누어주지 않고서 '장로여. 떠나가시오. 우리들이 함께 말하거나, 혹은 앉는다면 즐겁지 않습니다. 나는 혼자서 말하고 앉는 것을 즐거워합니다.'라고 말하고서 그를 쫓아냈는가?"

---

31) 팔리어 Upananda(우파난다)의 음사이다.

"진실로 그렇습니다. 세존이시여."

세존께서는 여러 방편으로 꾸짖으셨다.

"어리석은 사람이여. 그대는 어찌하여 '장로여. 오십시오. 우리들은 취락에 들어가서 걸식합시다.'라고 말하고서 같이 다녔으나, 그 비구에게 나누어주지 않고서 '장로여. 떠나가시오. 우리들이 함께 말하거나, 혹은 앉는다면 즐겁지 않습니다. 나는 혼자서 말하고 앉는 것을 즐거워합니다.' 라고 말하고서 그를 쫓아냈는가? 어리석은 사람이여. 이것은 오히려 믿지 않는 자는 신심이 생겨나지 않게 하고, …… 이미 믿었던 자는 일부가 전전하여 다른 곳으로 향하여 떠나가게 하느니라."

이와 같이 세존께서는 여러 종류의 방편으로써 우파난타를 꾸짖고서 뒤에 부양이 어렵고 가르치고 양육함이 어려우며, …… 나아가 …… 여러 비구들을 위하여 적절한 법을 수순하여 설하신 뒤에 여러 비구들에게 알려 말씀하셨다.

"…… 나아가 …… 여러 비구들이여. 그대들은 마땅히 이와 같이 학처를 송출할지니라.

'어느 누구의 비구일지라도 다른 비구를 마주하고서 '장로여. 오십시오. 우리들은 취락에 들어가서 걸식합시다.'라고 말하고서 장차 그 비구에게 음식을 베풀어주거나 나누어주지 않고서 그를 떠나가게 시키면서 '비구 여. 떠나가시오. 그대와 함께 말하거나, 혹은 앉는다면 즐겁지 않습니다. 나는 혼자서 말하고 앉는 것을 즐거워합니다.'라고 말하였고 이것으로써 지었던 이유이고 다른 것이 아니었던 자는 바일제를 범하느니라.'"

2-1 '어느 누구'는 어느 태어난 곳의 이유, …… 혹은 중간의 법랍이었다면 이것을 '어느 누구'라고 말한다.

'비구'는 구걸하는 비구이니, 일을 쫓아서 걸식하는 비구, …… 곧 이것에 서 '비구'의 뜻이라고 말하는 것이다.

'비구를 마주하다.'는 다른 비구를 마주하는 것이다.

'장로여. 오십시오. 취락이나 성읍에 들어갑시다.'는 취락이나 성읍은 시장도 역시 다만 취락이나 성읍이라고 말한다.

‘그에게 나누어 주다.’는 죽으로써, 작식으로써, 혹은 담식으로써, 그에게 나누어주는 것이다.

‘나누어 주지 않다.’는 무슨 물건이라도 나누어주지 않는 것이다.

‘떠나가게 시키다.’는 부녀(婦女)들과 오락하고자, 비밀스럽게 앉아있고자, 비법행(非法行)을 행하려고 하면서 “비구여. 떠나가시오. 그대와 함께 말하거나, 혹은 앉는다면 즐겁지 않습니다. 나는 혼자서 말하고 앉는 것을 즐거워합니다.”라고 이와 같이 말하는 것이니, 떠나가게 시키는 자는 돌길라를 범한다. 보이는 곳이거나, 혹은 들리는 곳으로 떠나가게 시켰다면 돌길라를 범한다. 떠나가게 시켰다면 바일제를 범한다.

‘이것으로써 지었던 이유이고 다른 것이 아니다.’는 기타의 어느 이유도 없이 떠나가게 시키는 것이다.

2-2 구족계를 받은 자에게 구족계를 받은 자라는 생각이 있었는데, 떠나가게 시키는 자는 바일제를 범한다. 구족계를 받은 자에게 구족계를 받은 자라는 의심이 있었는데, 떠나가게 시키는 자는 바일제를 범한다. 구족계를 받은 자에게 구족계를 받지 않은 자라는 생각이 있었는데, 떠나가게 시키는 자는 바일제를 범한다.

다른 죄를 드러내는 자는 돌길라를 범한다. 구족계를 받지 않은 자를 쫓아내는 자는 돌길라를 범한다. 다른 죄를 드러내는 자는 돌길라를 범한다.

구족계를 받지 않은 자에게 구족계를 받은 자라는 생각이 있었는데, 떠나가게 시키는 자는 돌길라를 범한다. 구족계를 받지 않은 자에게 구족계를 받은 자라는 의심이 있었는데, 떠나가게 시키는 자는 돌길라를 범한다. 구족계를 받지 않은 자에게 구족계를 받지 않은 자라는 생각이 있었는데, 떠나가게 시키는 자는 돌길라를 범한다.

3-1 두 사람이 한곳에서 능히 생활할 수 없어서 떠나가게 시켰거나,

혹은 값비싼 물건을 보고서 능히 탐욕의 마음을 일으켰으므로 떠나가게
시켰거나, 혹은 부녀를 보고서 그가 마땅히 불쾌함을 일으켰으므로 떠나
가게 시켰거나, 병자이어서, 부재자(不在者)이어서, 혹은 정사를 지키는
사람이어서, 죽이나 혹은 부드러운 음식을 보내면서 떠나가게 시켰거나,
비욕행(非欲行)과 비법행이어서 이 일을 인연으로 떠나가게 시켰거나,
미쳤던 자이거나, 최초로 범한 자는 범하지 않는다.

[마흔두 번째의 바일제를 마친다.]

43) 입가강좌(入家强坐) 학처

1-1 그때 불·세존께서는 사위성의 기수급고독원에 머무르셨다.

그때 장로 우파난타 석자는 속가의 지식(知識)인 집안에 이르러 그의
아내와 같이 침실에 앉아있었다. 그때 남편이 장로 우파난타의 앞에
이르러 문신(問訊)하고서 한쪽에 앉았다. 한쪽에 앉고서 그 남편이 아내에
게 말하였다.

"존자께 음식을 드리시오."

이때 그 아내는 장로 우파난타에게 음식을 주었고, 그녀의 남편은
장로 우파난타에게 말하였다.

"대덕께서는 음식을 드셨으니, 떠나십시오."

이때 그 아내는 그녀의 남편이 욕념(欲念)이 일어난 것을 알고서 구수
오파난타를 향하여 이와 같이 말을 지었다.

"대덕께서는 앉아 계시고, 떠나가지 마세요."

두 번째에도 그녀의 남편은 장로 우파난타에게 말하였고, …… 나아가
…… 세 번째에도 그녀의 남편은 장로 우파난타에게 말하였다.

"대덕께서는 음식을 드셨으니, 떠나십시오."

이때 그 남편은 밖으로 나왔고, 여러 비구들을 향하여 성내고 싫어하면

서 우파난타를 말하였다.

"여러 대덕들이여. 존자 우파난타는 나의 아내와 함께 침실에 앉아있었고, 내가 떠나가게 하였으나, 떠나가지 않고서 우리들을 번거롭게 하였습니다."

여러 비구들의 가운데에서 욕심이 적은 자들은 싫어하고 비난하였다.

"무슨 까닭으로써 우파난타 석자는 음식의 일로 집안에 들어가서 강제로 앉아있는가?"

그 여러 비구들은 이 일로써 세존께 아뢰었고, 세존께서는 이 인연으로써 비구승가를 모으셨으며, 우파난타에게 물어 말씀하셨다.

"우파난타여. 그대가 진실로 음식의 일로 집안에 들어가서 강제로 앉아있었는가?"

"진실로 그렇습니다. 세존이시여."

세존께서는 여러 방편으로 꾸짖으셨다.

"어리석은 사람이여. 그대는 어찌하여 음식의 일로 집안에 들어가서 강제로 앉아있었는가? 어리석은 사람이여. 이것은 오히려 믿지 않는 자는 신심이 생겨나지 않게 하고, …… 이미 믿었던 자는 일부가 전전하여 다른 곳으로 향하여 떠나가게 하느니라."

이와 같이 세존께서는 여러 종류의 방편으로써 우파난타를 꾸짖고서 뒤에 부양이 어렵고 가르치고 양육함이 어려우며, …… 나아가 …… 여러 비구들을 위하여 적절한 법을 수순하여 설하신 뒤에 여러 비구들에게 알려 말씀하셨다.

"…… 나아가 …… 여러 비구들이여. 그대들은 마땅히 이와 같이 학처를 송출할지니라.

'어느 누구의 비구일지라도 음식의 일로 집안에 들어가서 강제로 앉아있는 자는 바일제를 범하느니라.'"

2-1 '어느 누구'는 어느 태어난 곳의 이유, …… 혹은 중간의 법랍이었다면 이것을 '어느 누구'라고 말한다.

'비구'는 구걸하는 비구이니, 일을 쫓아서 걸식하는 비구, …… 곧 이것에서 '비구'의 뜻이라고 말하는 것이다.

'들어가다.'는 침입(侵入)하는 것이다.

'음식의 일로 집안에'는 여인과 남자가 거주하고 있었거나, 여인과 남자가 외출하지 않았거나, 혹은 모두가 욕념을 떠나지 않은 것이다.

'강제로 앉아있다.'는 큰 집의 문에서 돌을 던져서 미치는 곳과 처소에 강제로 앉아있는 자는 바일제를 범한다. 작은 집에서 중앙의 대들보를 지나서 앉아있는 자는 바일제를 범한다.

2-2 침실이었고 침실이라는 생각이 있었는데, 음식의 일로 집안에 들어가서 강제로 앉아있는 자는 바일제를 범한다. 침실이었고 침실이라는 의심이 있었는데, 음식의 일로 집안에 들어가서 강제로 앉아있는 자는 바일제를 범한다. 침실이었고 침실이 아니라는 생각이 있었는데, 음식의 일로 집안에 들어가서 강제로 앉아있는 자는 바일제를 범한다.

침실이 아닌 곳에서 침실이라는 생각이 있었는데, 음식의 일로 집안에 들어가서 강제로 앉아있는 자는 돌길라를 범한다. 침실이 아닌 곳에서 침실이라는 의심이 있었는데, 음식의 일로 집안에 들어가서 강제로 앉아있는 자는 돌길라를 범한다. 침실이 아닌 곳에서 침실이 아니라는 생각이 있었는데, 음식의 일로 집안에 들어가서 강제로 앉아있는 자는 범하지 않는다.

3-1 큰 집의 문에서 돌을 던져서 미치는 곳에 앉았거나, 작은 집에서 중앙의 대들보를 지나지 않아서 앉았거나, 그 다른 비구가 있는 때이거나, 남녀가 밖으로 나갔고 혹은 욕념을 떠났던 때이거나, 침실이 아니었거나, 미쳤던 자이거나, 최초로 범한 자는 범하지 않는다.

[마흔세 번째의 바일제를 마친다.]

44) 여인공좌비밀병처(女人共坐祕密屛處) 학처

1-1 그때 불·세존께서는 사위성의 기수급고독원에 머무르셨다.

그때 장로 우파난타 석자는 속가의 지식인 집안에 이르러 그의 아내와 함께 비밀스럽게 가려진 곳에 앉아있었다. 그때 그녀의 남편이 싫어하고 비난하였다.

"무슨 까닭으로써 존자 우파난타는 내 아내와 함께 비밀스럽게 가려진 곳에 앉아있는가?"

여러 비구들은 그녀의 남편이 싫어하고 비난하는 것을 들었다. 여러 비구들의 가운데에서 욕심이 적은 자들은 싫어하고 비난하였다.

"무슨 까닭으로써 우파난타 석자는 여인과 함께 비밀스럽게 가려진 곳에 앉아있는가?"

그 여러 비구들은 이 일로써 세존께 아뢰었고, 세존께서는 이 인연으로써 비구승가를 모으셨으며, 우파난타에게 물어 말씀하셨다.

"우파난타여. 그대가 진실로 여인과 함께 비밀스럽게 가려진 곳에 앉아있었는가?"

"진실로 그렇습니다. 세존이시여."

세존께서는 여러 방편으로 꾸짖으셨다.

"어리석은 사람이여. 그대는 어찌하여 여인과 함께 비밀스럽게 가려진 곳에 앉아있었는가? 어리석은 사람이여. 이것은 오히려 믿지 않는 자는 신심이 생겨나지 않게 하고, …… 이미 믿었던 자는 일부가 전전하여 다른 곳으로 향하여 떠나가게 하느니라."

이와 같이 세존께서는 여러 종류의 방편으로써 우파난타를 꾸짖고서 뒤에 부양이 어렵고 가르치고 양육함이 어려우며, …… 나아가 …… 여러 비구들을 위하여 적절한 법을 수순하여 설하신 뒤에 여러 비구들에게 알려 말씀하셨다.

"…… 나아가 …… 여러 비구들이여. 그대들은 마땅히 이와 같이 학처를 송출할지니라.

'어느 누구의 비구일지라도 여인과 함께 비밀스럽게 가려진 곳에 앉아 있는 자는 바일제를 범하느니라.'"

2-1 '어느 누구'는 어느 태어난 곳의 이유, …… 혹은 중간의 법랍이었다면 이것을 '어느 누구'라고 말한다.

'비구'는 구걸하는 비구이니, 일을 쫓아서 걸식하는 비구, …… 곧 이것에서 '비구'의 뜻이라고 말하는 것이다.

'여인'은 야차녀, 아귀녀, 축생녀가 아니고, 사람의 여인이며, 처음으로 태어난 아기도 여인이라고 말하는데, 하물며 장대(長大)한 여인이겠는가?

'함께'는 같은 한 장소이다.

'앉아있다.'는 여인이 앉아있는데 비구가 근처에 앉아있거나, 혹은 누워있는 자는 바일제를 범한다. 비구가 앉아있는데 여인이 근처에 앉아있거나, 혹은 누워있는 자는 바일제를 범한다. 두 사람이 함께 앉아있었거나, 두 사람이 함께 누워있던 자는 바일제를 범한다.

'비밀스럽다.'는 비밀스럽게 보았던 것이 있거나, 비밀스럽게 들었던 것이 있는 것이다.

'보았던 것이 비밀이다.'는 눈을 가렸거나, 눈썹을 치켜서 올렸거나, 머리를 들었어도 보지 못하는 것이다.

'들었던 것이 비밀이다.'는 일상의 말을 듣지 못하는 것이다.

'가려진 곳'은 벽으로써, 혹은 펼쳐놓은 물건으로써, 혹은 장막으로써, 혹은 나무로써, 혹은 기둥으로써, 혹은 자루 등의 어느 물건이라도 가려진 곳이다.

2-2 여인이었고 여인이라는 생각이 있었는데, 비밀스럽게 가려진 곳에서 앉아있는 자는 바일제를 범한다. 여인이었고 여인이라는 의심이 있었는데, 비밀스럽게 가려진 곳에서 앉아있는 자는 바일제를 범한다. 여인이었고 여인이 아니라는 생각이 있었는데, 비밀스럽게 가려진 곳에서 앉아있는 자는 바일제를 범한다.

야차녀, 혹은 아귀녀, 혹은 황문, 혹은 사람 모습의 축생녀와 함께 비밀스럽게 가려진 곳에서 앉아있는 자는 돌길라를 범한다.

여인이 아니었고 여인이라는 생각이 있었는데, 비밀스럽게 가려진 곳에서 앉아있는 자는 돌길라를 범한다. 여인이 아니었고 여인이라는 의심이 있었는데, 비밀스럽게 가려진 곳에서 앉아있는 자는 돌길라를 범한다. 여인이 아니었고 여인이 아니라는 생각이 있었는데, 비밀스럽게 가려진 곳에서 앉아있는 자는 범하지 않는다.

3-1 어느 누구의 지혜가 있는 남자가 배석하였거나, 서 있었고 앉아있지 않았거나, 비밀이 아니어서 바라볼 수 있는 곳이었거나, 무심(無心)하게 앉아있었거나, 미쳤던 자이거나, 최초로 범한 자는 범하지 않는다.

[마흔네 번째의 바일제를 마친다.]

45) 독여인비밀공좌(獨女人祕密共坐) 학처

1-1 그때 불·세존께서는 사위성의 기수급고독원에 머무르셨다.

그때 장로 우파난타 석자는 속가의 지식인 집안에 이르러 혼자서 그의 아내와 함께 비밀스럽게 앉아있었다. 이때 그녀의 남편이 싫어하고 비난하였다.

"무슨 까닭으로써 존자 우파난타는 한 여인과 함께 비밀스럽게 같이 앉아있는가?"

여러 비구들은 그녀의 남편이 싫어하고 비난하는 것을 들었다. 여러 비구들의 가운데에서 욕심이 적은 자들은 싫어하고 비난하였다.

"무슨 까닭으로써 우파난타 석자는 한 여인과 함께 비밀스럽게 같이 앉아있는가?"

그 여러 비구들은 이 일로써 세존께 아뢰었고, 세존께서는 이 인연으로써 비구승가를 모으셨으며, 우파난타에게 물어 말씀하셨다.

"우파난타여. 그대가 진실로 한 여인과 함께 비밀스럽게 같이 앉아있었는가?"

"진실로 그렇습니다. 세존이시여."

세존께서는 여러 방편으로 꾸짖으셨다.

"어리석은 사람이여. 그대는 어찌하여 한 여인과 함께 비밀스럽게 같이 앉아있었는가? 어리석은 사람이여. 이것은 오히려 믿지 않는 자는 신심이 생겨나지 않게 하고, …… 이미 믿었던 자는 일부가 전전하여 다른 곳으로 향하여 떠나가게 하느니라."

이와 같이 세존께서는 여러 종류의 방편으로써 우파난타를 꾸짖고서 뒤에 부양이 어렵고 가르치고 양육함이 어려우며, …… 나아가 …… 여러 비구들을 위하여 적절한 법을 수순하여 설하신 뒤에 여러 비구들에게 알려 말씀하셨다.

"…… 나아가 …… 여러 비구들이여. 그대들은 마땅히 이와 같이 학처를 송출할지니라.

'어느 누구의 비구일지라도 한 여인과 함께 비밀스럽게 같이 앉아있는 자는 바일제를 범하느니라.'"

2-1 '어느 누구'는 어느 태어난 곳의 이유, …… 혹은 중간의 법랍이었다면 이것을 '어느 누구'라고 말한다.

'비구'는 구걸하는 비구이니, 일을 쫓아서 걸식하는 비구, …… 곧 이것에서 '비구'의 뜻이라고 말하는 것이다.

'혼자서 한 사람과 함께'는 한 비구와 한 여인이다.

'여인'은 야차녀, 아귀녀, 축생녀가 아니고, 사람의 여인이며, 지혜가 있어서 능히 선한 말, 악한 말, 추악한 말, 추악하지 않은 말을 잘 아는 자이다.

'비밀스럽다.'는 비밀스럽게 보았던 것이 있거나, 비밀스럽게 들었던 것이 있는 것이다.

'보았던 것이 비밀이다.'는 눈을 가렸거나, 눈썹을 치켜서 올렸거나, 머리를 들었어도 보지 못하는 것이다.

'들었던 것이 비밀이다.'는 일상의 말을 듣지 못하는 것이다.

'함께'는 같은 한 장소이다.

'앉아있다.'는 여인이 앉아있는데 비구가 근처에 앉아있거나, 혹은 누워있는 자는 바일제를 범한다. 비구가 앉아있는데 여인이 근처에 앉아있거나, 혹은 누워있는 자는 바일제를 범한다. 두 사람이 함께 앉아있었거나, 두 사람이 함께 누워있던 자는 바일제를 범한다.

2-2 여인이었고 여인이라는 생각이 있었는데, 혼자서 한 여인과 함께 비밀스럽게 앉아있는 자는 바일제를 범한다. 여인이었고 여인이라는 의심이 있었는데, 혼자서 한 여인과 함께 비밀스럽게 앉아있는 자는 바일제를 범한다. 여인이었고 여인이 아니라는 생각이 있었는데, 혼자서 한 여인과 함께 비밀스럽게 앉아있는 자는 바일제를 범한다.

야차녀, 혹은 아귀녀, 혹은 황문, 혹은 사람 모습의 축생녀 등의 한 여인과 함께 비밀스럽게 같이 앉아있는 자는 돌길라를 범한다.

여인이 아니었고 여인이라는 생각이 있었는데, 혼자서 한 여인과 함께 비밀스럽게 앉아있는 자는 돌길라를 범한다. 여인이 아니었고 여인이라는 의심이 있었는데, 혼자서 한 여인과 함께 비밀스럽게 앉아있는 자는 돌길라를 범한다. 여인이 아니었고 여인이 아니라는 생각이 있었고, 혼자서 한 여인과 함께 비밀스럽게 앉아있는 자는 범하지 않는다.

3-1 어느 누구의 지혜가 있는 남자가 배석하였거나, 서 있었고 앉아있지 않았거나, 비밀이 아니어서 바라볼 수 있는 곳이었거나, 무심하게 앉아있었거나, 미쳤던 자이거나, 최초로 범한 자는 범하지 않는다.

[마흔다섯 번째의 바일제를 마친다.]

46) 식전방타가(食前訪他家) 학처

1-1 그때 불·세존께서는 왕사성의 가란타죽림원에 머무르셨다.

그때 장로 우파난타의 특별한 신도의 집에서 우파난타에게 음식을 청하였고, 역시 다른 비구들에게 음식을 청하였다. 그때 장로 우파난타는 식전(食前)에 여러 집을 방문하였다. 이때 비구들은 여러 사람들에게 말하였다.

"현자여. 음식을 주십시오."

"여러 대덕들이여. 존자 우파난타가 오는 것을 기다리십시오."

두 번째로 그 비구들은 여러 사람들에게 말하였고, …… 나아가 …… 세 번째로 그 비구들은 여러 사람들에게 말하였다.

"현자여. 음식의 때가 지나가기 이전에 음식을 주십시오."

세 번째로 역시 말하였다.

"여러 대덕들이여. 우리들은 존자 우파난타의 인연을 까닭으로 음식을 지었습니다. 여러 대덕들이여. 존자 우파난타가 오는 것을 기다리십시오."

그때 장로 우파난타는 식전에 방문하고서 나갔으며, 일중(日中)32)이 시작되자 돌아왔다. 여러 비구들은 음식에 만족하지 못하였고, 여러 비구들의 가운데에서 욕심이 적은 자들은 싫어하고 비난하였다.

"무슨 까닭으로써 우파난타 석자는 청식(請食)을 받고서도 식전에 다른 집을 방문하는가?"

그 여러 비구들은 이 일로써 세존께 아뢰었고, 세존께서는 이 인연으로써 비구승가를 모으셨으며, 우파난타에게 물어 말씀하셨다.

"우파난타여. 그대가 진실로 청식을 받고서도 식전에 다른 집을 방문하였는가?"

"진실로 그렇습니다. 세존이시여."

세존께서는 여러 방편으로 꾸짖으셨다.

---

32) 오전 11시부터 오후 1시까지를 가리킨다.

"어리석은 사람이여. 그대는 어찌하여 청식을 받고서도 식전에 다른 집을 방문하였는가? 어리석은 사람이여. 이것은 오히려 믿지 않는 자는 신심이 생겨나지 않게 하고, …… 이미 믿었던 자는 일부가 전전하여 다른 곳으로 향하여 떠나가게 하느니라."

이와 같이 세존께서는 여러 종류의 방편으로써 우파난타를 꾸짖고서 뒤에 부양이 어렵고 가르치고 양육함이 어려우며, …… 나아가 …… 여러 비구들을 위하여 적절한 법을 수순하여 설하신 뒤에 여러 비구들에게 알려 말씀하셨다.

"…… 나아가 …… 여러 비구들이여. 그대들은 마땅히 이와 같이 학처를 송출할지니라.

'어느 누구의 비구일지라도 청식을 받고서도 식전에 다른 집을 방문하는 자는 바일제를 범하느니라.'"

이와 같이 세존께서는 여러 비구들을 위하여 학처를 제정하여 세우셨다.

2-1 그때 장로 우파난타의 특별한 신도의 집에서는 '존자 우파난타를 보고서 뒤에 바로 승가 대중에게 주어야겠다.'라고 생각하였고, 그리고 승가 대중을 위하여 작식을 보내어 왔다. 그때 장로 우파난타는 마을에 들어가서 걸식하였다. 이때 그 비구들은 여러 사람들은 정사의 가운데에 이르러 여러 비구들에게 물어 말하였다.

"대덕들이여. 존자 우파난타는 어느 곳에 있습니까?"

"현자들이여. 장로 우파난타 석자는 걸식하려고 마을에 들어갔습니다."

"대덕들이여. 이 작식을 마땅히 존자 우파난타에게 보여주고서, 뒤에 승가 대중에게 나누어 주십시오."

이 일로써 세존께 아뢰었고, 세존께서는 이 인연으로써 설법하셨으며, 여러 비구들에게 알려 말씀하셨다.

"그렇다면 여러 비구들이여. 그것을 받아서 감추어두고 우파난타가 돌아오는 것을 기다리도록 하라."

이때 장로 우파난타 석자를 인연으로 세존께서는 식전에 다른 집을 방문하는 것을 금지하셨으나, 식후에 다른 집을 방문하고서 일중이 시작되었으므로 돌아왔다. 이 인연으로 여러 비구들은 작식을 얻지 못하였고, 여러 비구들의 가운데에서 욕심이 적은 자들은 싫어하고 비난하였다.

"무슨 까닭으로써 우파난타 석자는 식후에 다른 집을 방문하는가?"

그 여러 비구들은 이 일로써 세존께 아뢰었고, 세존께서는 이 인연으로써 비구승가를 모으셨으며, 우파난타에게 물어 말씀하셨다.

"우파난타여. 그대가 진실로 식후에 다른 집을 방문하였는가?"

"진실로 그렇습니다. 세존이시여."

세존께서는 여러 방편으로 꾸짖으셨다.

"어리석은 사람이여. 그대는 어찌하여 식후에 다른 집을 방문하였는가? 어리석은 사람이여. 이것은 오히려 믿지 않는 자는 신심이 생겨나지 않게 하고, …… 이미 믿었던 자는 일부가 전전하여 다른 곳으로 향하여 떠나가게 하느니라."

이와 같이 세존께서는 여러 종류의 방편으로써 우파난타를 꾸짖고서 뒤에 부양이 어렵고 가르치고 양육함이 어려우며, …… 나아가 …… 여러 비구들을 위하여 적절한 법을 수순하여 설하신 뒤에 여러 비구들에게 알려 말씀하셨다.

"…… 나아가 …… 여러 비구들이여. 그대들은 마땅히 이와 같이 학처를 송출할지니라.

'어느 누구의 비구일지라도 청식을 받고서 식전이거나, 식후에 다른 집을 방문하는 자는 바일제를 범하느니라.'"

이와 같이 세존께서는 여러 비구들을 위하여 학처를 제정하여 세우셨다.

3-1 그때 여러 비구들에게 옷을 보시하는 때에 두려워하고 삼가하면서 다른 집을 방문하지 않았으므로, 얻었던 옷이 부족하였다. 이 일로써 세존께 아뢰었고, 세존께서는 이 인연으로써 설법하셨으며, 여러 비구들

에게 알려 말씀하셨다.

"여러 비구들이여. 옷을 보시하는 때에 다른 집을 방문하는 것을 허락하겠노라. 여러 비구들이여. 그대들은 마땅히 이와 같이 학처를 송출할지니라.

'어느 누구의 비구일지라도 청식을 받고서 식전이거나, 식후에 다른 집을 방문하는 자는 인연을 제외하고서 바일제를 범하느니라. 인연은 옷을 보시하는 때이니, 곧 이것을 인연이라고 이름하느니라.'"

이와 같이 세존께서는 여러 비구들을 위하여 학처를 제정하여 세우셨다.

4-1 그때 여러 비구들이 옷을 짓고자 하였으므로 바늘, 실, 가위 등이 필요하였다. 여러 비구들은 두려워하고 삼가하면서 다른 집을 방문하지 않았고, 이 일로써 세존께 아뢰었다. 세존께서는 이 인연으로써 설법하셨으며, 여러 비구들에게 알려 말씀하셨다.

"여러 비구들이여. 옷을 짓는 때에 다른 집을 방문하는 것을 허락하겠노라. 여러 비구들이여. 그대들은 마땅히 이와 같이 학처를 송출할지니라.

'어느 누구의 비구일지라도 청식을 받고서 식전이나 식후에 다른 집을 방문하는 자는 인연을 제외하고서 바일제를 범하느니라. 인연은 옷을 보시하는 때이거나, 옷을 짓는 때이니, 곧 이것을 인연이라고 말하느니라.'"

이와 같이 세존께서는 여러 비구들을 위하여 학처를 제정하여 세우셨다.

5-1 그때 여러 비구들이 병이 있어서 사용할 의약품이 필요하였다. 여러 비구들은 두려워하고 삼가하면서 다른 집을 방문하지 않았고, 이 일로써 세존께 아뢰었다. 세존께서는 이 인연으로써 설법하셨으며, 여러 비구들에게 알려 말씀하셨다.

"여러 비구들이여. 같이 머무르는 비구에게 알리고서 다른 집을 방문하는 것을 허락하겠노라. 여러 비구들이여. 그대들은 마땅히 이와 같이 학처를 송출할지니라.

'어느 누구의 비구일지라도 청식을 받았고 다른 비구가 있었던 때에, 그 비구에게 알리지 않고서 식전이거나, 혹은 식후에 다른 집을 방문하는 자는 인연을 제외하고서 바일제를 범하느니라. 인연은 옷을 보시하는 때이거나, 옷을 짓는 때이거나, 병이 있는 때이니,33) 곧 이것을 인연이라고 말하느니라.'"

이와 같이 세존께서는 여러 비구들을 위하여 학처를 제정하여 세우셨다.

6-1 '어느 누구'는 어느 태어난 곳의 이유, …… 혹은 중간의 법랍이었다면 이것을 '어느 누구'라고 말한다.

'비구'는 구걸하는 비구이니, 일을 쫓아서 걸식하는 비구, …… 곧 이것에서 '비구'의 뜻이라고 말하는 것이다.

'청을 받다.'는 5정식의 가운데에서 한 음식의 청을 받는 것이다.

'음식'은 청을 받은 음식이다.

'다른 비구가 있는 때'는 능히 알리고서 들어가는 것이다.

'다른 비구가 없는 때'는 능히 알리지 않고서 들어가는 것이다.

'식전'은 음식의 청을 받았으나, 오히려 먹지 않은 것이다.

'식후'는 음식의 청을 받고서 이미 먹은 것이니, 비록 먹은 것이 풀잎의 끝이라도 역시 이것과 같다.

'함께'는 같은 한 장소이다.

'다른 집'은 네 종류의 집이 있으니, 찰제리(利帝利)34)의 집, 바라문(婆羅門)35)의 집, 폐사(吠舍)36)의 집, 수다라(首陀羅)37)의 집이다.

'다른 집을 방문하다.'는 한 집안에 들어갔고 돌을 던져서 미치는 곳이라면 돌길라를 범한다. 한 걸음이라도 문을 지나가는 자는 돌길라를 범한다.

---

33) 원문에는 생략되었으나, 문맥상 생략되었다고 판단되어 삽입하여 번역하였다.
34) 팔리어 Khattiya(카띠야)의 음사이다.
35) 팔리어 Brāhmaṇa(브라흐마나)의 음사이다.
36) 팔리어 Vessa(베싸)의 음사이다.
37) 팔리어 Sudda(수따)의 음사이다.

두 걸음이 문을 지나가는 자는 바일제를 범한다.

'인연을 제외하다.'는 인연을 제외하는 것이다.

'옷을 보시하는 때'는 가치나의(迦絺那衣)를 입고서 다니지 않는 때의 우기(雨期) 뒤의 1개월이거나, 가치나의를 입고서 다니는 때의 5개월이다.

'옷을 짓는 때'는 곧 옷을 짓는 때이다.

6-2 청식(請食)이었고 청식이라는 생각이 있었는데, 같이 머무르는 비구에게 알리지 않고서 식전이나 식후에 다른 집을 방문하는 자는 바일제를 범한다. 청식이었고 청식이라는 의심이 있었는데, 같이 머무르는 비구에게 알리지 않고서 식전이나 식후에 다른 집을 방문하는 자는 바일제를 범한다. 청식이었고 청식이라는 생각이 없었는데, 같이 머무르는 비구에게 알리지 않고서 식전이나 식후에 다른 집을 방문하는 자는 바일제를 범한다.

청식이 아니었고 청식이라는 생각이 있었는데, 같이 머무르는 비구에게 알리지 않고서 식전이나 식후에 다른 집을 방문하는 자는 돌길라를 범한다. 청식이 아니었고 청식이라는 의심이 있었는데, 같이 머무르는 비구에게 알리지 않고서 식전이나 식후에 다른 집을 방문하는 자는 돌길라를 범한다. 청식이 아니었고 청식이 아니라는 생각이 있었는데, 같이 머무르는 비구에게 알리지 않고서 식전이나 식후에 다른 집을 방문하는 자는 범하지 않는다.

7-1 인연이었거나, 다른 비구가 있어서 때를 알리고 들어갔거나, 다른 비구가 없는 때에 알리지 않고서 들어갔거나, 다른 집으로 도로가 있었거나, 그 집의 근처에 통행하는 도로가 있었거나, 취락의 가운데에 갔거나, 비구니의 주처에 갔거나, 외도의 주처에 갔거나, 참회하는 곳에 갔거나, 청식한 집에 갔거나, 사고의 때이거나, 미쳤던 자이거나, 최초로 범한 자는 범하지 않는다.

[마흔여섯 번째의 바일제를 마친다.]

47) 무병비구수자구(無病比丘受資具) 학처

1-1 그때 불·세존께서는 석가국(釋迦國)38) 가비라위성(迦毘羅衛城)39)의 니구율수원(尼拘律樹園)40)에 머무르셨다.

그때 석마하남(釋摩訶男)41)은 많은 약초가 있었으므로, 석마하남은 세존의 처소에 이르러 세존께 예경하고서 한쪽에 앉았다. 한쪽에 앉아서 석마하남은 세존께 아뢰어 말하였다.

"세존이시여. 저는 스스로의 뜻으로 4개월을 약으로써 승가를 청하고자 합니다."

"옳도다. 옳도다. 마하남이여. 곧 스스로의 뜻으로 4개월을 약으로써 승가를 청하도록 하게."

여러 비구들은 두려워하고 삼가하면서 받지 않았고, 이 일로써 세존께 아뢰었다. 세존께서는 알려 말씀하셨다.

"여러 비구들이여. 4개월을 약과 자구를 스스로의 뜻으로 받도록 허락하겠노라."

1-2 그때 여러 비구들은 석마하남을 마주하고서 작은 양의 의약품을 청하였으나, 석마하남은 오히려 많은 양의 의약품이 있었다. 석마하남은 두 번째로 세존의 처소에 이르러 세존께 예경하고서 한쪽에 앉았다. 한쪽에 앉아서 세존께 아뢰어 말하였다.

---

38) 팔리어 Sakka(사까)의 음사이다.
39) 팔리어 Kapilavatthu(카피라바뚜)의 음사이다.
40) 팔리어 Nigrodhārāma(니그로다라마)의 음사이다.
41) 팔리어 Mahānāma sakka(마하나마 사까)의 음사이고, 세존의 사촌 동생을 가리킨다.

"세존이시여. 저는 다시 스스로 뜻으로 4개월을 약으로써 승가를 청하고자 합니다."

"옳도다. 옳도다. 마하남이여. 그렇다면 다시 스스로의 뜻으로 4개월을 약으로써 승가를 청하도록 하게."

여러 비구들은 두려워하고 삼가하면서 받지 않았고, 이 일로써 세존께 아뢰었다. 세존께서는 알려 말씀하셨다.

"여러 비구들이여. 다시 청을 받는 것을 허락하겠노라."

1-3 그때 여러 비구들은 석마하남을 마주하고서 작은 양의 약품을 청하였으나, 석마하남은 오히려 많은 양의 약품이 있었다. 석마하남은 세 번째로 세존의 처소에 이르러 세존께 예경하고서 한쪽에 앉았다. 한쪽에 앉고서 세존께 아뢰어 말하였다.

"세존이시여. 저는 다시 스스로의 뜻으로 목숨을 마치도록 약으로써 승가를 청하고자 합니다."

"옳도다. 옳도다. 마하남이여. 그렇다면 다시 스스로 뜻으로 목숨을 마치도록 약으로써 승가를 청하도록 하게."

여러 비구들은 두려워하고 삼가하면서 받지 않았고, 이 일로써 세존께 아뢰었다. 세존께서는 알려 말씀하셨다.

"여러 비구들이여. 항상 보시하는 청을 받는 것을 허락하겠노라."

2-1 그때 육군비구들은 내의를 입고서 상의를 바르게 입지 않아서 위의가 단정하지 않았다. 석마하남이 말하였다.

"대덕들이여. 무슨 까닭으로써 내의를 입고 상의를 바르게 입지 않아서 위의가 단정하지 않습니까? 출가자가 어찌 마땅히 내의를 입고 상의를 바르게 입지 않아서 위의를 구족하지 않았습니까?"

육군비구들은 석마하남을 마주하고서 원한이 생겨났고, 육군비구들은 말하였다.

"우리들은 무슨 방편으로써 석마하남을 곤란하게 할 수 있겠는가?"

이때 육군비구들은 이와 같이 말하였다.

"장로들이여. 석마하남은 스스로의 뜻으로 약으로써 승가를 청하였네. 그러므로 장로들이여. 우리들은 석마하남을 향하여 우유와 소를 구걸합시다."

이때 육군비구들은 석마하남의 주처에 이르러 이와 같이 말하였다.

"현자여. 1다라(陀那)⁴²⁾ 양의 소(酥)가 필요합니다."

"대덕들이여. 오늘 하룻밤을 기다려 주십시오. 여러 사람들을 데리고 소(牛)의 우리에서 운반해야 합니다. 내일 아침에 가지고 떠나십시오."

두 번째에도 …… 세 번째에도 육군비구들은 석마하남을 향하여 이와 같이 말하였고, …… 나아가 …… "대덕들이여. …… 내일 아침에 가지고 떠나십시오."

"현자여. 그대는 주겠다는 뜻이 없었는데, 스스로가 청하였습니까? 그대는 스스로가 청하였는데 주지 않는구려."

그때 석마하남은 싫어하고 비난하였다.

"무슨 까닭으로써 대덕들은 내가 '오늘 하룻밤을 기다려 주십시오.'라고 청하였는데, 능히 기다리지 못하는가?"

여러 비구들은 석마하남이 싫어하고 비난하는 것을 들었다. 여러 비구들의 가운데에서 욕심이 적은 자들은 싫어하고 비난하였다.

"무슨 까닭으로써 육군비구들은 석마하남이 '오늘 하룻밤을 기다려 주십시오.'라고 청하였는데, 능히 기다리지 못하는가?"

그 여러 비구들은 이 일로써 세존께 아뢰었고, 세존께서는 이 인연으로써 비구승가를 모으셨으며, 육군비구들에게 물어 말씀하셨다.

"육군비구들이여. 그대들이 진실로 석마하남이 '오늘 하룻밤을 기다려 주십시오.'라고 청하였는데, 능히 기다리지 못하였는가?"

"진실로 그렇습니다. 세존이시여."

세존께서는 여러 방편으로 꾸짖으셨다.

---

42) 팔리어 Doṇa(도나)의 음사이고, 일반적으로 용량의 척도로서 4Āḷhaka(알하카)에 해당된다.

"어리석은 사람이여. 그대는 어찌하여 석마하남이 '오늘 하룻밤을 기다려 주십시오.'라고 청하였는데, 능히 기다리지 못하였는가? 어리석은 사람이여. 이것은 오히려 믿지 않는 자는 신심이 생겨나지 않게 하고, …… 이미 믿었던 자는 일부가 전전하여 다른 곳으로 향하여 떠나가게 하느니라."

이와 같이 세존께서는 여러 종류의 방편으로써 육군비구들을 꾸짖고서 뒤에 부양이 어렵고 가르치고 양육함이 어려우며, …… 나아가 …… 여러 비구들을 위하여 적절한 법을 수순하여 설하신 뒤에 여러 비구들에게 알려 말씀하셨다.

"…… 나아가 …… 여러 비구들이여. 그대들은 마땅히 이와 같이 학처를 송출할지니라.

'병이 없는 비구는 4개월 자구(資具)의 청을 받을 수 있으며, 다시 청하고, 평소에 보시를 청하는 것을 제외하고서, 만약 이것을 넘겨서 받는 자는 바일제를 범하느니라.'"

3-1 '병이 없는 비구는 4개월의 자구의 청을 받을 수 있다.'는 병을 이유로 스스로가 청하는 자구를 받을 수 있는 것이다.

'다시 청하면 받을 수 있다.'는 내가 병이 있는 때에 마땅히 걸식하여 받는 것이다.

'평소에 보시를 청하면 받을 수 있다.'는 내가 병이 있는 때에 마땅히 걸식하여 받는 것이다.

'만약 이것을 넘겨서 받다.'는 청하는 약품에 제한이 있으나 밤에는 제한이 없거나, 청하는 밤에는 제한이 있으나 약품의 양에는 제한이 없거나, 청하는 약품의 양에 제한이 있는 것이다. 또한 밤의 때에는 역시 제한이 있으나 청하는 약품의 양에는 제한이 없거나, 밤의 때에는 제한이 없는 것이다.

'약품의 양에 제한이 없다.'는 약을 취하는데, "이 약과 같은 것으로써 내가 보시하겠습니다.'라고 말하는 것이다.

'밤에 제한이 있다.'는 밤에 취하는데, "무슨 밤에 내가 보시하겠습니다." 라고 말하는 것이다.

'약품의 양에 제한이 있고, 밤의 때에 제한이 있다.'는 밤에 약품을 취하는데, "이 약과 같은 것으로써 무슨 밤에 내가 보시하겠습니다."라고 말하는 것이다.

'약품의 양에 제한이 없고, 밤의 때에 제한이 없다.'는 약을 밤에 모두 취하지 않는 것이다.

약품의 양에 제한이 있는 때에 청하는 약품을 제외하고서 다른 약품을 구걸하는 자는 바일제를 범한다. 밤에 제한이 있는 때에 청하는 밤을 제외하고서 다른 약품을 구걸하는 자는 바일제를 범한다. 또한 밤에 제한이 있는 때에 청하는 약품을 제외하고서, 청하는 밤을 제외하고서 다른 약을 구걸하는 자는 바일제를 범한다. 약품의 양에 제한이 없는 때에, 밤에 제한이 없는 때에는 범하지 않는다.

3-2 필요가 없는 약품을 구걸하는 자는 바일제를 범한다. 필요한 약품을 구걸하는 자는 바일제를 범한다. 넘겼던 것에서 넘겼다는 생각이 있었는데, 약품을 구걸하는 자는 바일제를 범한다. 넘겼던 것에서 넘겼다는 의심이 있었는데, 약품을 구걸하는 자는 바일제를 범한다. 넘겼던 것에서 넘기지 않았다는 생각이 있었는데, 약품을 구걸하는 자는 바일제를 범한다.

넘기지 않았던 것에서 넘겼다는 생각이 있었는데, 약을 구걸하는 자는 돌길라를 범한다. 넘기지 않았던 것에서 넘겼다는 의심이 있었는데, 약품을 구걸하는 자는 돌길라를 범한다. 넘기지 않았던 것에서 넘기지 않았다는 생각이 있었는데, 약품을 구걸하는 자는 범하지 않는다.

4-1 청하였던 약품으로써 그 약품을 구걸하였거나, 밤에 청하였고 밤에 그 약품을 구걸하면서 "우리들은 비록 그대에게 이와 같은 약을 청하는

이유는 다만 우리들은 이와 같은 약품이 필요합니다."라고 이렇게 알리고
서 그것을 구걸하였거나, "우리들이 비록 그대에게 어느 밤에 청하는
것은 다만 우리들은 그 밤에 사용하였던 약품이 초과하였으므로 필요합니
다."라고 이렇게 알리고 구걸하였거나, 친족이었거나, 스스로가 뜻으로
청하였거나, 다른 사람을 위하였거나, 스스로의 재물이었던 이유였거나,
미쳤던 자이거나, 최초로 범한 자는 범하지 않는다.

[마흔일곱 번째의 바일제를 마친다.]

48) 관출정군(觀出征軍) 학처

1-1 그때 불·세존께서는 사위성의 기수급고독원에 머무르셨다.

이때 교살라국(憍薩羅國)[43]의 파사닉왕(波斯匿王)[44]이 군대를 통솔하
여 출정하였다. 육군비구들은 가서 출정하는 군대를 보았고, 교살라국의
파사닉왕은 육군비구들이 먼 곳에서 오는 것을 보았다. 보고서 사자를
보내어 말하였다.

"여러 대덕들이여. 그대들은 무슨 까닭으로 이곳에 왔습니까?"

"대왕이여. 우리들은 대왕을 보고자 왔습니다."

"여러 대덕들이여. 무엇을 위하여 나를 보고자 합니까? 전투를 보아서
무슨 즐거움이 있겠습니까? 어찌 세존을 보려고 가지 않았습니까?"

여러 사람들은 싫어하고 비난하였다.

"무슨 까닭으로써 사문 석자들은 출정하는 군대를 와서 구경하는가?
우리들은 얻을 것이 없고, 역시 이익도 없다. 우리들은 생활을 위하여,
자녀를 위하여 군대에 왔던 것이다."

여러 비구들은 여러 사람들이 싫어하고 비난하는 것을 들었다. 여러

---

43) 팔리어 Kosala(코살라)의 음사이다.
44) 팔리어 Pasenadi(파세나디)의 음사이다.

비구들의 가운데에서 욕심이 적은 자들은 싫어하고 비난하였다.

"무슨 까닭으로써 육군비구들은 출정하는 군대에 가서 구경하는가?"

그 여러 비구들은 이 일로써 세존께 아뢰었고, 세존께서는 이 인연으로써 비구승가를 모으셨으며, 육군비구들에게 물어 말씀하셨다.

"육군비구들이여. 그대들이 진실로 출정하는 군대에 가서 구경하였는가?"

"진실로 그렇습니다. 세존이시여."

세존께서는 여러 방편으로 꾸짖으셨다.

"어리석은 사람이여. 그대는 어찌하여 출정하는 군대에 가서 구경하였는가? 어리석은 사람이여. 이것은 오히려 믿지 않는 자는 신심이 생겨나지 않게 하고, …… 이미 믿었던 자는 일부가 전전하여 다른 곳으로 향하여 떠나가게 하느니라."

이와 같이 세존께서는 여러 종류의 방편으로써 육군비구들을 꾸짖고서 뒤에 부양이 어렵고 가르치고 양육함이 어려우며, …… 나아가 …… 여러 비구들을 위하여 적절한 법을 수순하여 설하신 뒤에 여러 비구들에게 알려 말씀하셨다.

"…… 나아가 …… 여러 비구들이여. 그대들은 마땅히 이와 같이 학처를 송출할지니라.

'어느 누구의 비구라도 만약 출정하는 군대에 가서 구경하는 자는 바일제를 범하느니라.'"

이와 같이 세존께서는 여러 비구들을 위하여 학처를 제정하여 세우셨다.

2-1 그때 한 비구의 숙부(叔父)가 군진의 가운데에서 병들었고, 그 비구의 처소로 사람을 보내어 말하였다.

"나는 군진의 가운데에서 병들었습니다. 대덕께서 오시기를 청합니다. 나는 대덕께서 오는 것을 원합니다."

그때 이 비구는 이와 같이 생각하였다.

'세존께서 학처를 제정하여 세우셨으므로 출정하는 군진에 갈 수 없다. 그러나 나의 숙부가 군진의 가운데에서 병들었는데, 나는 마땅히 어떻게

해야 하는가?'

이 일로써 세존께 아뢰었다. 그때 세존께서는 이 인연으로써 설법하셨으며, 여러 비구들에게 알려 말씀하셨다.

"여러 비구들이여. 이와 같은 이유가 있는 자라면 군진에 가는 것을 허락하겠노라. 여러 비구들이여. 그대들은 마땅히 이와 같이 학처를 송출할지니라.

'어느 누구의 비구라도 만약 이와 같은 이유가 있는 것을 제외하고서 출정하는 군대에 가서 구경하는 자는 바일제를 범하느니라.'"

3-1 '어느 누구'는 어느 태어난 곳의 이유, …… 혹은 중간의 법랍이었다면 이것을 '어느 누구'라고 말한다.

'비구'는 구걸하는 비구이니, 일을 쫓아서 걸식하는 비구, …… 곧 이것에서 '비구'의 뜻이라고 말하는 것이다.

'출정하는 군대'는 취락을 출발하고서 뒤에 군영에 주둔하거나, 혹은 행진하는 것이다.

'군대'는 상군(象軍), 마군(馬軍), 차군(車軍), 보군(步軍)이다. 12명으로 하나의 상군을 삼고, 세 명으로 하나의 마군을 삼으며, 네 명으로 하나의 차군을 삼고, 네 명이 손으로써 무기를 잡았다면 하나의 보군으로 삼는 것이다. 구경하기 위하여 가는 자는 돌길라를 범한다. 그곳에 서 있으면서 구경하는 자는 바일제를 범한다. 멀리서 그 근처를 구경하면서 자주자주 그곳을 돌아보는 자는 바일제를 범한다.

'이와 같은 이유가 있는 것을 제외하다.'는 이와 같은 이유가 있다면 제외하는 것이다.

3-2 출정하였고 출정한다는 생각이 있었는데, 구경하기 위하여 앞으로 가는 자는 이와 같은 이유가 있는 것을 제외하고 바일제를 범한다. 출정하였고 출정한다는 의심이 있었는데, 구경하기 위하여 앞으로 가는 자는 이와 같은 이유가 있는 것을 제외하고 바일제를 범한다. 출정하였고

출정하지 않는다는 생각이 있었는데, 구경하기 위하여 앞으로 가는 자는 이와 같은 이유가 있는 것을 제외하고 바일제를 범한다.

한 명·한 명을 구경하기 위하여 가는 자는 돌길라를 범한다. 그곳에 서 있으면서 구경하는 자는 돌길라를 범한다. 멀리서 그 근처를 구경하면 서 자주자주 그곳을 돌아보는 자는 돌길라를 범한다.

출정하지 않았고 출정한다는 생각이 있었는데, 구경하기 위하여 앞으로 가는 자는 돌길라를 범한다. 출정하지 않았고 출정한다는 의심이 있었는데, 구경하기 위하여 앞으로 가는 자는 돌길라를 범한다. 출정하지 않았고 출정하지 않는다는 생각이 있었는데, 구경하기 위하여 앞으로 가는 자는 범하지 않는다.

4-1 정사에 서 있으면서 구경하였거나, 비구가 서 있거나, 앉아있거나, 누워있는 때에 군대가 왔거나, 곧바로 도로를 다니면서 그것을 보았던 때이거나, 적당한 이유가 있었거나, 혹은 사고가 있는 때이거나, 미쳤던 자이거나, 최초로 범한 자는 범하지 않는다.

[마흔여덟 번째의 바일제를 마친다.]

49) 군중숙삼야(軍中宿三夜) 학처

1-1 그때 불·세존께서는 사위성의 기수급고독원에 머무르셨다.

그때 육군비구들이 마땅한 일이 있어서 군진의 가운데에 이르렀고, 군진의 가운데에서 3일 밤을 넘겨서 묵었다. 여러 사람들은 싫어하고 비난하였다.

"무슨 까닭으로써 사문 석자들은 군진의 가운데에서 머무르며 묵는가? 우리들은 얻을 것이 없고, 역시 이익도 없다. 우리들은 생활을 위하여, 자녀를 위하여 군진에 머무는 것이다."

여러 비구들은 여러 사람들이 싫어하고 비난하는 것을 들었다. 여러 비구들의 가운데에서 욕심이 적은 자들은 싫어하고 비난하였다.

"무슨 까닭으로써 육군비구들은 군진의 가운데에서 3일 밤을 넘겨서 머무는가?"

그 여러 비구들은 이 일로써 세존께 아뢰었고, 세존께서는 이 인연으로써 비구승가를 모으셨으며, 육군비구들에게 물어 말씀하셨다.

"육군비구들이여. 그대들이 진실로 군진의 가운데에서 3일 밤을 넘겨서 머물면서 묵었는가?"

"진실로 그렇습니다. 세존이시여."

세존께서는 여러 방편으로 꾸짖으셨다.

"어리석은 사람이여. 그대는 어찌하여 군진의 가운데에서 3일 밤을 넘겨서 머물면서 묵었는가? 어리석은 사람이여. 이것은 오히려 믿지 않는 자는 신심이 생겨나지 않게 하고, …… 이미 믿었던 자는 일부가 전전하여 다른 곳으로 향하여 떠나가게 하느니라."

이와 같이 세존께서는 여러 종류의 방편으로써 육군비구들을 꾸짖고서 뒤에 부양이 어렵고 가르치고 양육함이 어려우며, …… 나아가 …… 여러 비구들을 위하여 적절한 법을 수순하여 설하신 뒤에 여러 비구들에게 알려 말씀하셨다.

"…… 나아가 …… 여러 비구들이여. 그대들은 마땅히 이와 같이 학처를 송출할지니라.

'또한 비구가 만약 무슨 인연이 있어서 군진의 가운데에 가는 것이 필요하다면 군진의 가운데에서 2·3일 밤에 제한하여 머무를 수 있으나, 만약 이것을 넘겨서 머물면서 묵는 자는 바일제를 범하느니라.'"

2-1 '또한 비구가 만약 무슨 인연이 있어서 군진의 가운데에 가는 것이 필요하다.'는 만약 인연이 있거나, 곧 만약 지을 일이 있는 것이다.

'비구가 군진의 가운데에서 2·3일 밤을 머물면서 묵다.'는 2·3일 밤을 머물면서 묵는 것이다.

'만약 이것을 넘겨서 머무르다.'는 4일 밤의 일몰의 때에 군진의 가운데에 머무르고 있는 자는 바일제를 범한다.

2-2 3일 밤을 넘겼고 넘겼다는 생각이 있었는데, 군진의 가운데에서 머물면서 묵는 자는 바일제를 범한다. 3일 밤을 넘겼고 넘겼다는 의심이 있었는데, 군진의 가운데에서 머물면서 묵는 자는 바일제를 범한다. 3일 밤을 넘겼고 넘기지 않았다는 생각이 있었는데, 군진의 가운데에서 머물면서 묵는 자는 바일제를 범한다.

3일 밤을 넘기지 않았고 넘겼다는 생각이 있었는데, 군진의 가운데에서 머물면서 묵는 자는 돌길라를 범한다. 3일 밤을 넘기지 않았고 넘겼다는 의심이 있었는데, 군진의 가운데에서 머물면서 묵는 자는 돌길라를 범한다. 3일 밤을 넘기지 않았고 넘기지 않았다는 생각이 있었는데, 군진의 가운데에서 머물면서 묵는 자는 범하지 않는다.

3-1 2·3일 밤을 머물면서 묵었거나, 2·3일 밤의 이하를 머물렀거나, 2일 밤을 머무르고 3일 밤에 하늘이 밝아지기 이전에 떠나갔고 다시 와서 머물면서 묵었거나, 병으로 머물면서 묵었거나, 병자를 간병하기 위하여 머물면서 묵었거나, 군진이 적군에게 포위되었던 때이거나, 무슨 장애가 있었거나, 사고의 때이거나, 미쳤던 자이거나, 최초로 범한 자는 범하지 않는다.

[마흔아홉 번째의 바일제를 마친다.]

50) 이삼야군중왕관(二三夜軍中往觀) 학처

1-1 그때 불·세존께서는 사위성의 기수급고독원에 머무르셨다.

그때 육군비구들이 2·3일 밤을 군진에 머물면서 묵었고 가서 훈련(訓

練), 점호(點呼), 행진(行進), 열병(閱兵)을 구경하였다. 육군비구들 가운데 한 비구가 훈련하는 것을 구경하면서 화살을 맞았다. 여러 사람들이 이 비구를 비웃으면서 말하였다.

"대덕이여. 잘 싸우셨습니까? 그대는 작은 표적인데 많이 맞았습니다."

그 비구는 여러 사람들의 비웃음을 받고서 분노하였다. 여러 사람들은 싫어하고 비난하였다.

"무슨 까닭으로써 사문 석자들은 훈련하는 것을 구경하는가? 우리들은 얻을 것이 없고, 역시 이익도 없다. 우리들은 생활을 위하여, 자녀를 위하여 가서 훈련하는 것이다."

여러 비구들은 여러 사람들이 싫어하고 비난하는 것을 들었다. 여러 비구들의 가운데에서 욕심이 적은 자들은 싫어하고 비난하였다.

"무슨 까닭으로써 육군비구들은 가서 훈련하는 것을 구경하는가?"

그 여러 비구들은 이 일로써 세존께 아뢰었고, 세존께서는 이 인연으로써 비구승가를 모으셨으며, 육군비구들에게 물어 말씀하셨다.

"육군비구들이여. 그대들이 진실로 가서 훈련하는 것을 구경하였는가?"

"진실로 그렇습니다. 세존이시여."

세존께서는 여러 방편으로 꾸짖으셨다.

"어리석은 사람이여. 그대는 어찌하여 가서 훈련하는 것을 구경하였는가? 어리석은 사람이여. 이것은 오히려 믿지 않는 자는 신심이 생겨나지 않게 하고, …… 이미 믿었던 자는 일부가 전전하여 다른 곳으로 향하여 떠나가게 하느니라."

이와 같이 세존께서는 여러 종류의 방편으로써 육군비구들을 꾸짖고서 뒤에 부양이 어렵고 가르치고 양육함이 어려우며, …… 나아가 …… 여러 비구들을 위하여 적절한 법을 수순하여 설하신 뒤에 여러 비구들에게 알려 말씀하셨다.

"…… 나아가 …… 여러 비구들이여. 그대들은 마땅히 이와 같이 학처를 송출할지니라.

'만약 비구가 군진의 가운데에서 2·3일 밤의 기간을 머무를 수 있으나,

혹은 가서 훈련하거나, 혹은 점호하거나, 혹은 행진하거나, 혹은 열병하는 것을 구경하는 자는 바일제를 범하느니라.'"

2-1 '만약 비구가 군진의 가운데에서 2·3일 밤의 기간을 머무르다.'는 2·3일 밤의 기간을 지정하는 것이다.

'훈련'은 일반적으로 서로를 타격하는 곳을 보여주는 것이다.

'점호'는 이 정도의 상병(象兵)이거나, 이 정도의 마병(馬兵)이거나, 이 정도의 차병(車兵)이거나, 이 정도의 보병(步兵)인 것이다.

'행진'은 상병이 이곳에 있거나, 마병이 이곳에 있거나, 차병이 이곳에 있거나, 보병이 이곳에 있는 것이다.

'열병'은 상병의 부대, 마병의 부대, 차병의 부대, 보병의 부대가 있다. '세 명의 상병'은 최소인 상병의 부대이고, '세 명의 마병'은 최소인 마병의 부대이며, '세 명의 차병'은 최소인 차병의 부대이고, '네 명의 보병'은 최소인 보병의 부대이다.

구경하기 위하여 가는 자는 돌길라를 범한다. 그곳에 서 있으면서 구경하는 자는 바일제를 범한다. 멀리서 그 근처를 구경하면서 자주자주 그곳을 돌아보는 자는 돌길라를 범한다. 한 명·한 명을 구경하기 위하여 떠나가는 자는 돌길라를 범한다. 그곳에 서 있으면서 구경하는 자는 돌길라를 범한다. 멀리서 그 근처를 구경하면서 두 번·세 번을 돌아보는 자는 돌길라를 범한다.

3-1 정사에 서 있으면서 구경하였거나, 비구가 서 있거나, 앉아있거나, 누워있는 때에 군대가 와서 전투를 보여주었거나, 곧바로 도로를 다니면서 그것을 보았거나, 마땅한 일이 있었고 가면서 그것을 보았거나, 혹은 사고가 있는 때이거나, 미쳤던 자이거나, 최초로 범한 자는 범하지 않는다.

[쉰 번째의 바일제를 마친다.]

○ 【다섯째의 나행품(裸行品)을 마친다.】

섭송으로 설하겠노라.

떡과 말과 우파난타의 세 가지와
개인의 특별한 신도의 집과
석마하남과 파사닉왕과
군진과 화살 등의 열 가지의 일이 있다.

51) 음주(飮酒) 학처

1-1 그때 불·세존께서는 지제국(支提國)⁴⁵⁾에서 발타월읍(跋陀越邑)⁴⁶⁾으
로 유행하셨다.

소를 기르는 사람, 가축을 기르는 사람, 농부, 여행자들이 세존께서
멀리 오는 것을 보았다. 보고서 세존께 아뢰었다.

"대덕이시여. 세존께서 안파제달(安巴提達)⁴⁷⁾에 가지 않기를 청합니다.
안파제달은 편발범지(編髮梵志)⁴⁸⁾의 처소이고, 신통이 있는 사나운 독룡
(毒龍)이 있습니다. 그들이 세존을 해치지 않게 하십시오."

이와 같이 말하는 때에 세존께서는 묵연하셨다. 두 번째에도, ……
나아가 …… 세 번째에도, 소를 기르는 사람, 가축을 기르는 사람, 농부,
여행자들이 세존께서 멀리 오는 것을 보았다. 보고서 세존께 아뢰었다.

---

45) 팔리어 Cetiya(체티야)의 음사이고, 고대 인도의 16대 국가의 하나인 Cedi(체티)
와 동일한 국가로 생각된다.
46) 팔리어 Bhaddavatikā(바따바티카)의 음사이고, 코삼비 근처의 시장 마을이다.
47) 팔리어 Ambatittha(암바티따)의 음사이다.
48) 팔리어 Jaṭila(자티라)의 헝클어진 머리카락을 가진 일종의 고행자를 가리킨다.

"대덕이시여. 세존께서 안파제달에 가지 않기를 청합니다. 안파제달은 편발범지의 처소이고, 신통이 있는 사나운 독룡이 있으니, 그들이 세존을 해치지 않게 하십시오."

세 번째에도 세존께서는 곧 묵연하셨다. 세존께서는 점차 유행하시어 발타월읍에 이르셨고, 세존께서는 곧 발타월읍에 머무르셨다. 그때 장로 사가타(娑伽陀)[49]는 안파제달의 편발범지의 처소에 이르렀고, 이르러 화사(火舍)에 들어가서 부구를 깔고서 가부좌를 틀고 몸을 단정하게 하였으며 앞에 정념을 일으켰다. 그 독룡은 사가타가 들어가는 것을 보고 분노하면서 연기를 내뿜었다. 장로 사가타도 역시 연기를 내뿜었고, 그 독룡은 이기지 못하였으므로 분노하면서 화염(火焰)을 내뿜었으며, 장로 사가타도 역시 화광삼매(火光三昧)에 들어가서 화염을 내뿜었다. 이때 장로 사가타는 화염으로써 독룡의 항복을 받았고, 뒤에 발타월읍으로 갔다.

이때 세존께서는 발타월읍에서 뜻을 따라서 머무셨고, 뒤에 구섬미국(拘睒彌國)[50]으로 유행하셨다. 구섬미국의 우바새는 존자 사가타가 안파제달에서 독룡과 싸웠던 일을 들었다. 세존께서도 점차 유행하시어 구섬미국에 이르셨다. 이때 구섬미국의 우바새는 세존을 받들어 영접한 뒤에 장로 사가타의 처소에 이르렀다. 이르러 장로 사가타를 향하여 문신하고 한쪽에 서 있었다. 구섬미국의 우바새는 한쪽에 서서 장로 사카타에게 말하였다.

"대덕이여. 존자들께서는 어느 종류를 좋아하고, 또한 얻기 어려운 물건이 있습니까? 우리들이 마땅히 빠르게 미리 준비하겠습니다."

이와 같이 말하는 때에 육군비구들이 구섬미국의 우바새들을 마주하고서 이와 같이 말하였다.

"현자여. 맑은 가보제가(伽普提伽)[51]이오. 나아가 비구들이 좋아하

---

49) 팔리어 Sāgata(사가타)의 음사이다.
50) 팔리어 Kosambī(코삼비)의 음사이다.
51) 팔리어 Kāpotika(카포티카)의 음사이고, 술의 이름을 가리킨다.

고, 또한 얻기 어려운 물건이오. 그대들은 마땅히 이 물건을 준비하시오.”

이때 구섬미국의 우바새들은 각자의 집에서 맑은 가보제가를 미리 준비하였고, 장로 사가타가 오는 것을 보고 사가타에게 말하였다.

“대덕이신 존자 사가타여. 그대는 가보제가를 드십시오.”

장로 사가타는 각자의 집에서 맑은 가보제가를 마셨고, 성읍을 나오는 때에 성읍의 입구에서 드러누웠다. 그때 세존께서는 여러 비구들과 함께 성읍을 나오시면서 장로 사가타가 성읍의 입구에 이르러 드러누워 있는 것을 보셨고, 여러 비구들에게 알려 말씀하셨다.

“여러 비구들이여. 사가타를 부축하도록 하게.”

여러 비구들은 대답하였다.

“알겠습니다. 세존이시여.”

장로 사가타를 부축하고서 정사로 돌아왔으며, 그의 머리를 세존을 향하여 뉘었고, 장로 사가타의 몸은 세존의 발을 향하여 뉘었다. 그때 세존께서는 여러 비구들에게 알려 말씀하셨다.

“여러 비구들이여. 이전에 사가타는 여래를 공경하고, 또한 여래에게 순종하였던가?”

“그렇습니다. 세존이시여.”

“여러 비구들이여. 지금 사가타가 여래를 공경하고, 또한 여래에게 순종하는가?”

“그렇지 않습니다. 세존이시여.”

“여러 비구들이여. 이전에 사가타는 안파제달의 용과 함께 싸웠던가?”

“그렇습니다. 세존이시여.”

여러 비구들이여. 사가타는 지금 안파제달의 용과 함께 싸울 수 있겠는가?”

“능히 싸울 수 없습니다. 세존이시여.”

“여러 비구들이여. 이것은 마땅히 마실 수 있는 물건을 마시고서, 무의식으로 이루어지겠는가?”

“그렇지 않습니다. 세존이시여.”

"여러 비구들이여. 사가타는 상응하는 법이 아니고 수순하는 행이 아니며 위의가 아니고 사문의 행이 아니며 청정한 행이 아니고 마땅히 할 것이 아니니라. 여러 비구들이여. 사가타는 무슨 까닭으로써 술을 마셨는가? 이것은 오히려 믿지 않는 자는 신심이 생겨나지 않게 하고, …… 이미 믿었던 자는 일부가 전전하여 다른 곳으로 향하여 떠나가게 하느니라."

이와 같이 세존께서는 여러 종류의 방편으로써 장로 사가타를 꾸짖고서 뒤에 부양이 어렵고 가르치고 양육함이 어려우며, …… 나아가 …… 여러 비구들을 위하여 적절한 법을 수순하여 설하신 뒤에 여러 비구들에게 알려 말씀하셨다.

"여러 비구들이여. 나는 열 가지의 이익을 까닭으로써 여러 비구들을 위하여 학처를 제정하겠나니, 그대들은 마땅히 이와 같이 학처를 송출할 지니라.

'만약 수라(須羅)[52]와 면라야(面羅耶)[53]를 마시는 자는 바일제를 범하느니라.'"

2-1 '마시다.'는 만약 풀잎의 끝과 같은 양을 마시더라도 역시 바일제를 범한다.

'수라'는 소맥주(小麥酒), 병주(餠酒), 미주(米酒), 효모주(酵母酒) 등이고, 이것을 조합한 술이다.

'면라야'는 화주(花酒), 과주(果酒), 밀주(蜜酒), 감자주(甘蔗酒) 등이고, 이것을 조합한 술이다.

2-2 술이었고 술이라는 생각이 있었는데, 마시는 자는 바일제를 범한다. 술이었고 술이라는 의심이 있었는데, 마시는 자는 바일제를 범한다. 술이었고 술이 아니라는 생각이 있었는데, 마시는 자는 바일제를 범한다.

---

52) 팔리어 Surā(수라)의 음사이고, 증류한 술을 가리킨다.
53) 팔리어 Meraya(메라야)의 음사이고, 발효한 술을 가리킨다.

술이 아니었고 술이라는 생각이 있었는데, 마시는 자는 돌길라를 범한다. 술이 아니었고 술이라는 의심이 있었는데, 마시는 자는 돌길라를 범한다. 술이 아니었고 술이 아니라는 생각이 있었는데, 마시는 자는 범하지 않는다.

3-1 술이 아니었고 술의 색깔이 있었거나, 술의 냄새가 있었거나, 술의 맛이있는데 그것을 마셨거나, 국에 섞었거나, 고기에 섞었거나, 기름에 섞었거나, 아마라과(菴摩羅果)[54]의 즙에 섞었거나, 술이 아니었고 주정(酒精)의 물건을 포함하였거나, 미쳤던 자이거나, 최초로 범한 자는 범하지 않는다.

[쉰한 번째의 바일제를 마친다.]

52) 지액지(指腋肢) 학처

1-1 그때 불·세존께서는 사위성의 기수급고독원에 머무르셨다.

그때 육군비구들이 손가락으로써 십칠군비구들의 겨드랑이를 간지럽혀서 웃기려고 하였는데, 그 비구가 숨이 막혀서 기절하였으며 죽었다. 여러 비구들의 가운데에서 욕심이 적은 자들은 싫어하고 비난하였다.

"무슨 까닭으로써 육군비구들은 손가락으로 겨드랑이를 간지럽혀서 비구를 웃기려고 하는가?"

여러 비구들은 이 일로써 세존께 아뢰었고, 세존께서는 이 인연으로써 비구승가를 모으셨으며, 육군비구들에게 물어 말씀하셨다.

"육군비구들이여. 그대들이 진실로 손가락으로 겨드랑이를 간지럽혀서 비구를 웃기려고 하였는가?"

---

54) 팔리어 Āmalaka(아마라카)의 음사이다.

"진실로 그렇습니다. 세존이시여."

세존께서는 여러 방편으로 꾸짖으셨다.

"어리석은 사람들이여. 그대들은 어찌하여 손가락으로 겨드랑이를 간지럽혀서 비구를 웃기려고 하였는가? 어리석은 사람들이여. 이것은 오히려 믿지 않는 자는 신심이 생겨나지 않게 하고, …… 이미 믿었던 자는 일부가 전전하여 다른 곳으로 향하여 떠나가게 하느니라."

이와 같이 세존께서는 여러 종류의 방편으로써 육군비구들을 꾸짖고서 뒤에 부양이 어렵고 가르치고 양육함이 어려우며, …… 나아가 …… 여러 비구들을 위하여 적절한 법을 수순하여 설하신 뒤에 여러 비구들에게 알려 말씀하셨다.

"…… 나아가 …… 여러 비구들이여. 그대들은 마땅히 이와 같이 학처를 송출할지니라.

'손가락으로 겨드랑이를 간지럽히는 자는 바일제를 범하느니라.'"

2-1 '손가락으로 겨드랑이를 간지럽히다.'는 구족계를 받은 자가 구족계를 받은 자를 웃기려고 몸으로써 그의 몸을 접촉하는 자는 바일제를 범한다.

2-2 구족계를 받은 자이었고 구족계를 받은 자라는 생각이 있었는데, 손가락으로써 겨드랑이를 간지럽히는 자는 바일제를 범한다. 구족계를 받은 자이었고 구족계를 받은 자라는 의심이 있었는데, 손가락으로써 겨드랑이를 간지럽히는 자는 바일제를 범한다. 구족계를 받은 자이었고 구족계를 받지 않은 자라는 생각이 있었는데, 손가락으로써 겨드랑이를 간지럽히는 자는 바일제를 범한다.

몸으로써 몸 위의 옷을 접촉하는 자는 돌길라를 범한다. 몸 위의 물건으로써 몸을 접촉하는 자는 돌길라를 범한다. 몸 위의 물건으로써 몸 위의 물건을 접촉하는 자는 돌길라를 범한다. 던지는 물건으로써 몸을 접촉하는 자는 돌길라를 범한다. 던지는 물건으로써 몸 위의 물건을 접촉하는 자는 돌길라를 범한다. 던지는 물건으로써 던지는 물건을 접촉하는 자는 돌길라를 범한다.

구족계를 받지 않은 자에게 몸으로써 몸을 접촉하는 자는 바일제를 범한다. 구족계를 받지 않은 자에게 몸으로써 몸의 물건을 접촉하는 자는 바일제를 범한다. 구족계를 받지 않은 자에게 몸 위의 물건으로써 몸을 접촉하는 자는 바일제를 범한다. 구족계를 받지 않은 자에게 몸 위의 물건으로써 몸 위의 물건을 접촉하는 자는 바일제를 범한다.

구족계를 받지 않은 자에게 던지는 물건으로써 몸을 접촉하는 자는 돌길라를 범한다. 구족계를 받지 않은 자에게 던지는 물건으로써 몸 위의 물건을 접촉하는 자는 돌길라를 범한다. 구족계를 받지 않은 자에게 던지는 물건으로써 던지는 물건을 접촉하는 자는 돌길라를 범한다.

구족계를 받지 않은 자이었고 구족계를 받은 자라는 생각이 있었는데, 손가락으로써 겨드랑이를 간지럽히는 자는 돌길라를 범한다. 구족계를 받지 않은 자이었고 구족계를 받은 자라는 의심이 있었는데, 손가락으로써 겨드랑이를 간지럽히는 자는 돌길라를 범한다. 구족계를 받지 않은 자이었고 구족계를 받지 않은 자라는 생각이 있었는데, 손가락으로써 겨드랑이를 간지럽히는 자는 돌길라를 범한다.

3-1 웃기려는 뜻이 없었거나, 일의 인연으로 접촉하였거나, 미쳤던 자이거나, 최초로 범한 자는 범하지 않는다.

[쉰두 번째의 바일제를 마친다.]

53) 수중유희(水中遊戲) 학처

1-1 그때 불·세존께서는 사위성의 기수급고독원에 머무르셨다.

　　그때 십칠군비구들이 아치라벌저강(阿致羅筏底河)[55]의 물속에서 유희
하였다. 이때 교살라국의 파사닉왕이 말리(摩利)[56] 부인과 높은 누각
위에 있으면서 십칠군비구들이 아치라벌저강의 물속에서 유희하는 것을
보고서 말리 부인에게 말하였다.

　　"말리여. 그대가 공양하는 자들이 물속에서 유희하는구려."

　　"대왕이여. 반드시 세존께서 학처를 제정하여 세우지 않으셨거나, 혹은
그 여러 비구들이 제정하여 세운 것을 알지 못하는 것입니다."

　　그때 교살라국의 파사닉왕은 말하였다.

　　"무슨 종류의 방식으로써 내가 알리지 않더라도 세존께서 능히 여러
비구들이 물속에서 유희하는 것을 알게 하겠는가?"

　　이때 교살라국의 파사닉왕은 사람을 보내어 십칠군비구들을 청하여
맞이하였고 큰 사탕(砂糖)의 덩어리를 주면서 곧 말하였다.

　　"존자들이여. 이 사탕의 덩어리를 가지고 세존께 받들어 공양하십시오."

　　십칠군비구들은 사탕의 덩어리를 가지고 세존의 처소에 이르러서 말하
였다.

　　"세존이시여. 교살라국의 파사닉왕이 이 사탕의 덩어리를 가지고 세존
께 받들어 공양하였습니다."

　　"여러 비구들이여. 그대들은 어느 곳에서 왕을 보았는가?"

　　"세존이시여. 아치라발저강의 물속에서 유희하던 때입니다."

　　세존께서는 여러 방편으로 꾸짖으셨다.

　　"어리석은 사람들이여. 그대들은 어찌하여 물속에서 유희하였는가?
어리석은 사람이여. 이것은 오히려 믿지 않는 자는 신심이 생겨나지
않게 하고, …… 이미 믿었던 자는 일부가 전전하여 다른 곳으로 향하여
떠나가게 하느니라."

　　이와 같이 세존께서는 여러 종류의 방편으로써 십칠군비구들을 꾸짖고
서 뒤에 부양이 어렵고 가르치고 양육함이 어려우며, …… 나아가 ……

---

55) 팔리어 Aciravati(아치라바티)의 음사이다.

56) 팔리어 Mallikā(말리카)의 음사이다.

여러 비구들을 위하여 적절한 법을 수순하여 설하신 뒤에 여러 비구들에게 알려 말씀하셨다.

"여러 비구들이여. 나는 열 가지의 이익을 까닭으로써 여러 비구들을 위하여 학처를 제정하겠나니, 그대들은 마땅히 이와 같이 학처를 송출할지니라.

'물속에서 유희하는 자는 바일제를 범하느니라.'"

2-1 '물속에서 유희하다.'는 물속에서 유희하기 위하여 발꿈치가 물속으로 들어갔거나, 혹은 잠겼으나, 혹은 떠 있거나, 혹은 헤엄치는 자는 바일제를 범한다.

2-2 물속에서 유희하였고 유희한다는 생각이 있었던 자는 바일제를 범한다. 물속에서 유희하였고 유희한다는 의심이 있었던 자는 바일제를 범한다. 물속에서 유희하였고 유희하지 않는다는 생각이 있었던 자는 바일제를 범한다.

발꿈치로 물속의 아래에서 유희하는 자는 돌길라를 범한다. 배 안에서 유희하는 자는 돌길라를 범한다. 손으로써, 혹은 발로써, 혹은 막대로써, 혹은 작은 돌로써 물을 두드리는 자는 돌길라를 범한다. 그릇 가운데의 물로 유희하였거나, 혹은 신(酸) 죽으로써, 혹은 소(牛)의 죽으로써, 혹은 염색의 즙으로써, 혹은 진흙 등으로 유희하는 자는 돌길라를 범한다.

물속이 아닌 곳에서 유희하였고 유희한다는 생각이 있었던 자는 돌길라를 범한다. 물속이 아닌 곳에서 유희하였고 유희한다는 의심이 있었던 자는 돌길라를 범한다. 물속이 아닌 곳에서 유희하였고 유희하지 않는다는 생각이 있었던 자는 범하지 않는다.

3-1 유희하려는 뜻이 없었거나, 일을 인연하여 물속에 들어가서 혹은 잠겼으나, 혹은 떠 있거나, 혹은 헤엄쳤거나, 혹은 그 언덕에 이르면서

혹은 잠겼으나, 혹은 떠 있거나, 혹은 헤엄쳤거나, 미쳤던 자이거나,
최초로 범한 자는 범하지 않는다.

[쉰세 번째의 바일제를 마친다.]

54) 경만(輕慢) 학처

1-1 그때 불·세존께서는 구섬미국의 구사라원(瞿師羅園)[57]에 머무르셨다.
　그때 장로 천타는 비법을 행하였으므로, 여러 비구들은 이와 같이
말하였다.
　"장로여. 이와 같이 짓지 마십시오. 이것은 청정한 행이 아닙니다."
　그는 경만(輕慢)[58]하는 모습을 나타내었다. 여러 비구들의 가운데에서
욕심이 적은 자들은 싫어하고 비난하였다.
　"무슨 까닭으로써 장로 천타는 경만하는가?"
　여러 비구들은 이 일로써 세존께 아뢰었고, 세존께서는 이 인연으로써
비구승가를 모으셨으며, 천타에게 물어 말씀하셨다.
　"천타여. 그대가 진실로 경만하였는가?"
　"진실로 그렇습니다. 세존이시여."
　세존께서는 여러 방편으로 꾸짖으셨다.
　"어리석은 사람이여. 그대는 어찌하여 경만하였는가? 어리석은 사람이
여. 이것은 오히려 믿지 않는 자는 신심이 생겨나지 않게 하고, …… 이미
믿었던 자는 일부가 전전하여 다른 곳으로 향하여 떠나가게 하느니라."
　이와 같이 세존께서는 여러 종류의 방편으로써 육군비구들을 꾸짖고서
뒤에 부양이 어렵고 가르치고 양육함이 어려우며, …… 나아가 …… 여러

---

57) 팔리어 Ghositārāma(고시타라마)의 음사이고, 고시타(Ghosita)라는 은행가가
　시주한 정사를 가리킨다.
58) 다른 사람을 업신여기고 모욕하는 것이다.

비구들을 위하여 적절한 법을 수순하여 설하신 뒤에 여러 비구들에게
알려 말씀하셨다.

"…… 나아가 …… 여러 비구들이여. 그대들은 마땅히 이와 같이 학처를
송출할지니라.

'경만하는 자는 바일제를 범하느니라.'"

2-1 '경만하다.'는 두 종류가 있나니, 사람을 경만하는 것과 법을 경만하는
것이다.

'사람을 경만하다.'는 구족계를 받은 자가 제정된 계율에 의지하여
말하는 때에 "그대는 범한 자이다. 유죄인 자이다. 꾸짖음을 당한 자이다.
그대의 말은 마땅하지 않다."라고 생각하고서 경모하는 자는 바일제를
범한다.

'법을 경만하다.'는 구족계를 받은 자가 제정된 계율에 의지하여 말하는
때에 '어떻게 소멸하겠는가? 혹은 어떻게 없애겠는가? 혹은 어떻게 이
사람을 쫓아내겠는가?'라고 생각하였거나, 혹은 그러한 법을 배우지 않겠
다고 말하면서 경만하는 자는 바일제를 범한다.

2-2 구족계를 받은 자이었고 구족계를 받은 자라는 생각이 있었는데,
경만하는 자는 바일제를 범한다. 구족계를 받은 자이었고 구족계를 받은
자라는 의심이 있었는데, 경만하는 자는 바일제를 범한다. 구족계를
받은 자이었고 구족계를 받지 않은 자라는 생각이 있었는데, 경만하는
자는 바일제를 범한다.

구족계를 받은 자가 제정되지 않은 계율에 의지하여 말하는 때에
"이것은 삿되게 제정되어서 이익되지 않고, 악을 없앨 수 없으며, 마땅하지
않고, 공경스럽게 존중되지 않으며, 정진할 수 없다."라고 생각하고서
경만하는 자는 돌길라를 범한다. 구족계를 받지 않은 자가 제정된 계율에
의지하여 말하는 때에 "이것은 삿되게 제정되어서 이익되지 않고, 악을
없앨 수 없으며, 마땅하지 않고, 공경스럽게 존중되지 않으며, 정진할

수 없다."라고 생각하고서 경만하는 자는 돌길라를 범한다.

구족계를 받지 않은 자이었고 구족계를 받은 자라는 생각이 있었는데, 경만하는 자는 돌길라를 범한다. 구족계를 받지 않은 자이었고 구족계를 받은 자라는 의심이 있었는데, 경만하는 자는 돌길라를 범한다. 구족계를 받지 않은 자이었고 구족계를 받지 않은 자라는 생각이 있었는데, 경만하는 자는 돌길라를 범한다.

3-1 "이와 같이 우리들의 스승에게 학습하였던 것들이 의문스럽다."라고 말하였거나, 미쳤던 자이거나, 최초로 범한 자는 범하지 않는다.

[쉰네 번째의 바일제를 마친다.]

55) 사공포(使恐怖) 학처

1-1 그때 불·세존께서는 사위성의 기수급고독원에 머무르셨다.

그때 육군비구들이 십칠군비구들을 두렵게 하였고, 그들은 두려움을 받았던 인연으로 크게 울었다.

"비구들이여. 그대들은 무슨 까닭으로써 크게 우는가?"

"장로들이여. 육군비구들이 우리들을 두렵게 하였습니다."

여러 비구들의 가운데에서 욕심이 적은 자들은 싫어하고 비난하였다.

"무슨 까닭으로써 육군비구들은 그들을 두렵게 하는가?"

여러 비구들은 이 일로써 세존께 아뢰었고, 세존께서는 이 인연으로써 비구승가를 모으셨으며, 육군비구들에게 물어 말씀하셨다.

"육군비구들이여. 그대들이 진실로 비구들을 두렵게 하였는가?"

"진실로 그렇습니다. 세존이시여."

세존께서는 여러 방편으로 꾸짖으셨다.

"어리석은 사람들이여. 그대들은 어찌하여 비구들을 두렵게 하였는가?

어리석은 사람이여. 이것은 오히려 믿지 않는 자는 신심이 생겨나지 않게 하고, …… 이미 믿었던 자는 일부가 전전하여 다른 곳으로 향하여 떠나가게 하느니라.”

이와 같이 세존께서는 여러 종류의 방편으로써 육군비구들을 꾸짖고서 뒤에 부양이 어렵고 가르치고 양육함이 어려우며, …… 나아가 …… 여러 비구들을 위하여 적절한 법을 수순하여 설하신 뒤에 여러 비구들에게 알려 말씀하셨다.

“…… 나아가 …… 여러 비구들이여. 그대들은 마땅히 이와 같이 학처를 송출할지니라.

‘어느 누구의 비구일지라도 비구를 두렵게 하는 바일제를 범하느니라.”

2-1 ‘어느 누구’는 어느 태어난 곳의 이유, …… 혹은 중간의 법랍이었다면 이것을 ‘어느 누구’라고 말한다.

'비구'는 구걸하는 비구이니, 일을 쫓아서 걸식하는 비구, …… 곧 이것에서 ‘비구’의 뜻이라고 말하는 것이다.

‘두렵게 하다.’는 구족계를 받은 자가 구족계를 받은 자를 두려워하게 하고자, 색(色)으로써 혹은 성(聲), 향(香), 미(味), 촉(觸) 등으로 두려움을 빠르게 성취하게 하였고, 그가 혹은 두려워하였거나, 혹은 두려워하지 않은 자라도 바일제를 범한다. 도둑의 험로를 보여주었거나, 혹은 뱀의 험로를 보여주었거나, 혹은 귀신의 험로를 보여주면서 두려워하게 하였고, 그가 혹은 두려워하였거나, 혹은 두려워하지 않은 자라도 바일제를 범한다.

2-2 구족계를 받은 자이었고 구족계를 받은 자라는 생각이 있었는데, 두려워하게 하는 자는 바일제를 범한다. 구족계를 받은 자이었고 구족계를 받은 자라는 의심이 있었는데, 두려워하게 하는 자는 바일제를 범한다. 구족계를 받은 자이었고 구족계를 받지 않은 자라는 생각이 있었는데, 두려워하게 하는 자는 바일제를 범한다.

구족계를 받지 않은 자를 두려워하게 하고자, 색으로써 혹은 성, 향, 미, 촉 등으로 두려워하게 하였고, 그가 혹은 두려워하였거나, 혹은 두려워 하지 않은 자라도 돌길라를 범한다. 구족계를 받지 않은 자를 두려워하게 하고자, 도둑의 험로를 보여주었거나, 혹은 뱀의 험로를 보여주었거나, 혹은 귀신의 험로를 보여주면서 두려워하게 하였고, 그가 혹은 두려워하 였거나, 혹은 두려워하지 않은 자라도 돌길라를 범한다.

구족계를 받지 않은 자이었고 구족계를 받은 자라는 생각이 있었는데, 두려워하게 하는 자는 돌길라를 범한다. 구족계를 받지 않은 자이었고 구족계를 받은 자라는 의심이 있었는데, 두려워하게 하는 자는 돌길라를 범한다. 구족계를 받지 않은 자이었고 구족계를 받지 않은 자라는 생각이 있었는데, 두려워하게 하는 자는 돌길라를 범한다.

3-1 두려워하게 하려는 뜻이 없었는데, 색으로써 혹은 성, 향, 미, 촉 등으로 빠르게 성취하였거나, 혹은 도둑의 험로를 알려주려고 보여주었거 나, 혹은 뱀의 험로를 알려주려고 보여주었거나, 혹은 귀신의 험로를 알려주려고 보여주었거나, 미쳤던 자이거나, 최초로 범한 자는 범하지 않는다.

[쉰다섯 번째의 바일제를 마친다.]

56) 연화(燃火) 학처

1-1 그때 불·세존께서는 바지국(婆祇國)[59] 악어산읍(鰐魚山邑)[60]의 공포

---

59) 팔리어 Bhagga(바까)의 음사이고, 인도의 16대 국가의 하나인 밤사스(Vaṃsas) 또는 바트사스(Vatsas) 왕국의 속국(屬國)이었다.
60) 팔리어 Suṃsumāragire(숨수마라지레)의 의역이고, 악어와 관련된 일화가 있는 성읍의 지명이다.

림(恐怖林)⁶¹⁾ 녹야원(鹿野苑)⁶²⁾에 머무르셨다.

그때 여러 비구들은 겨울에 큰 구멍이 있는 나무를 태워서 몸을 따뜻하게 하였다. 구멍의 가운데에 있는 검은 독사는 불이 뜨거웠으므로 여러 비구들을 기습하였고, 여러 비구들은 각자 흩어졌다. 여러 비구들의 가운데에서 욕심이 적은 자들은 싫어하고 비난하였다.

"무슨 까닭으로써 여러 비구들은 불을 피워서 몸을 따뜻하게 하는가?"

여러 비구들은 이 일로써 세존께 아뢰었고, 세존께서는 이 인연으로써 비구승가를 모으셨으며, 여러 비구들에게 물어 말씀하셨다.

"여러 비구들이여. 그대들이 진실로 불을 피워서 몸을 따뜻하게 하였는가?"

"진실로 그렇습니다. 세존이시여."

세존께서는 여러 방편으로 꾸짖으셨다.

"어리석은 사람들이여. 그대들은 어찌하여 불을 피워서 몸을 따뜻하게 하였는가? 어리석은 사람이여. 이것은 오히려 믿지 않는 자는 신심이 생겨나지 않게 하고, …… 이미 믿었던 자는 일부가 전전하여 다른 곳으로 향하여 떠나가게 하느니라."

이와 같이 세존께서는 여러 종류의 방편으로써 여러 비구들을 꾸짖고서 뒤에 부양이 어렵고 가르치고 양육함이 어려우며, …… 나아가 …… 여러 비구들을 위하여 적절한 법을 수순하여 설하신 뒤에 여러 비구들에게 알려 말씀하셨다.

"…… 나아가 …… 여러 비구들이여. 그대들은 마땅히 이와 같이 학처를 송출할지니라.

'어느 누구의 비구일지라도 몸의 따뜻함을 위하여 불을 피우거나, 혹은 불을 시켜서 피우는 자는 바일제를 범하느니라.'"

이와 같이 세존께서는 여러 비구들을 위하여 학처를 제정하여 세우셨다.

2-1 그때 비구들이 병들었는데, 그들이 병이 깊었으므로 여러 비구들이

---

61) 팔리어 Bhesakaḷāvane(베사카라바네)의 의역이고, 숲의 이름이다.
62) 팔리어 Migadāya(미가다야)의 의역이고, '사슴 동산'이라는 뜻이다.

병든 비구에게 말하였다.

"장로들이여. 견딜 수 있습니까? 나아졌습니까?"

"장로들이여. 옛날에는 우리들이 불을 피워서 몸을 따뜻하게 하였던 까닭으로 우리들은 안락하였습니다. 그러나 지금은 세존께서 그것을 금지하셨고, 두려워하고 삼가하였으므로 몸을 따뜻하게 할 수 없습니다. 이러한 인연으로 우리들은 안락하지 않습니다."

이 일로써 세존께 아뢰었다. 그때 세존께서는 이 인연으로써 설법하셨으며, 여러 비구들에게 알려 말씀하셨다.

"여러 비구들이여. 병든 자는 불을 피우거나, 혹은 시켜서 불을 피워서 몸을 따뜻하게 하는 것을 허락하겠노라. 그대들은 마땅히 이와 같이 학처를 송출할지니라.

'어느 누구의 비구일지라도 병이 없는데, 몸의 따뜻함을 위하여 불을 피우거나, 혹은 시켜서 불을 피우는 자는 바일제를 범하느니라.'"

이와 같이 세존께서는 여러 비구들을 위하여 학처를 제정하여 세우셨다.

3-1 그때 여러 비구들이 발우를 훈증하고 방사에 불을 피우고자 하였으나, 두려워하고 삼가하였으므로 불을 피울 수 없었다. 이 일로써 세존께 아뢰었다. 그때 세존께서는 이 인연으로써 설법하셨으며, 여러 비구들에게 알려 말씀하셨다.

"여러 비구들이여. 마땅한 이유가 있다면 불을 피우거나, 혹은 불을 피우는 것을 허락하겠노라. 여러 비구들이여. 그대들은 마땅히 이와 같이 학처를 송출할지니라.

'어느 누구의 비구일지라도 병이 없는데, 몸의 따뜻함을 위하여 불을 피우거나, 혹은 불을 피우게 하는 자는 마땅한 이유가 있는 것을 제외하고서 바일제를 범하느니라.'"

이와 같이 세존께서는 여러 비구들을 위하여 학처를 제정하여 세우셨다.

4-1 '어느 누구'는 어느 태어난 곳의 이유, ······ 혹은 중간의 법랍이었다면 이것을 '어느 누구'라고 말한다.

'비구'는 구걸하는 비구이니, 일을 쫓아서 걸식하는 비구, ······ 곧 이것에서 '비구'의 뜻이라고 말하는 것이다.

'병이 없다.'는 불이 없어도 그가 역시 안락한 것이다.

'병이 있다.'는 불이 없다면 그가 안락하지 않은 것이다.

'피우다.'는 만약 스스로가 피운다면 바일제를 범한다.

'불'은 불을 피우는 것이다.

'시켜서 피우다.'는 다른 사람에게 명령하면 바일제를 범한다. 한 차례를 명령하여서 계속하여 피우게 하는 자는 바일제를 범한다.

'몸의 따뜻함'은 열로 따뜻하게 하는 것이다.

'마땅한 이유가 있다면 제외하다.'는 마땅한 이유가 있다면 제외하는 것이다.

4-2 병이 없는 자이었고 병이 없다는 생각이 있었는데, 몸의 따뜻함을 위하여 불을 피우거나, 혹은 시켜서 불을 피우는 자는 마땅한 이유가 있는 것을 제외하고서 바일제를 범한다. 병이 없는 자이었고 병이 없다는 의심이 있었는데, 몸의 따뜻함을 위하여 불을 피우거나, 혹은 시켜서 불을 피우는 자는 마땅한 이유가 있는 것을 제외하고서 바일제를 범한다. 병이 없는 자이었고 병이 있다는 생각이 있었는데, 몸의 따뜻함을 위하여 불을 피우거나, 혹은 시켜서 불을 피우는 자는 마땅한 이유가 있는 것을 제외하고서 바일제를 범한다.

떨어진 나무를 들어서 불을 피우면 돌길라를 범한다.

병이 있는 자이었고 병이 없다는 생각이 있었는데, 몸의 따뜻함을 위하여 불을 피우거나, 혹은 시켜서 불을 피우는 자는 돌길라를 범한다. 병이 있는 자이었고 병이 없다는 의심이 있었는데, 몸의 따뜻함을 위하여 불을 피우거나, 혹은 시켜서 불을 피우는 자는 돌길라를 범한다. 병이 있는 자이었고 병이 있다는 생각이 있었는데, 몸의 따뜻함을 위하여 불을 피우거나, 혹은 시켜서 불을 피우는 자는 범하지 않는다.

5-1 병자이었거나, 다른 사람이 불을 피웠던 이유로 몸을 따뜻하게 하였거나, 불탔던 숯불로써 몸을 따뜻하게 하였거나, 등불을 켰거나, 발우를 훈증하려고 방사에 불을 피웠거나, 사고의 때이거나, 미쳤던 자이거나, 최초로 범한 자는 범하지 않는다.

[쉰여섯 번째의 바일제를 마친다.]

57) 반월내목욕(半月內沐浴) 학처

1-1 그때 불·세존께서는 왕사성(王舍城)[63]의 가란타죽림원(迦蘭陀竹林園)[64]에 머무르셨다.

그때 여러 비구들은 다부타(多浮陀)[65] 온천(溫泉)에서 목욕하였다. 이때 마갈타국(摩竭陀國)[66]의 왕인 사니야빈비사라(斯尼耶頻毘婆羅)[67]가 말하였다.

"나는 목욕하고자 하노라."

다부타에 이르러 한쪽에서 존자들이 목욕하는 것을 기다렸는데, 비구들이 날이 저물도록 목욕하였다. 이때 빈비사라왕의 목욕은 지체되었고 성문이 닫혔던 까닭으로 성 밖에서 묵었다. 날이 밝았으므로 기름과 향수를 바르고서 세존의 처소로 나아가서, 세존을 향하여 문신하고 한쪽에 앉았다. 세존께서는 마갈타국의 사니야 빈비사라왕이 앉았으므로

---

63) 팔리어 Rājagaha(라자가하)의 음사이다.
64) 팔리어 Kalandakanivāpa(카란다카니바파)의 음사이다.
65) 팔리어 Tapoda(타포다)의 음사이다.
66) 팔리어 Māgadha(마가다)의 음사이다.
67) 팔리어 Seniya bimbisāra(세니야 빔비사라)의 음사이다.

말하였다.

"대왕이여. 무슨 까닭으로써 새벽에 기름과 향수를 바르고서 왔습니까?"

이때 빈비사라왕은 그 일을 알렸다. 이때 세존께서는 빈비사라왕에게 설법하시어 열어서 보여주셨고, 교계하셨으며, 이익되고 환희하게 하셨다. 왕은 세존의 설법하시어 열어서 보여주셨고, 교계하셨으며 이익되고 환희하게 하셨던 인연으로 용약하고 환희하면서 자리에서 일어나서 세존께 예경하면서 오른쪽으로 돌면서 떠나갔다. 그때 세존께서는 이 인연으로써 비구승가를 모으셨으며, 여러 비구들에게 물어 말씀하셨다.

"여러 비구들이여. 그대들이 진실로 왕을 보았어도 마땅한 때를 알지 못하고서 목욕하였는가?"

"진실로 그렇습니다. 세존이시여."

세존께서는 여러 방편으로 꾸짖으셨다.

"어리석은 사람들이여. 그대들은 어찌하여 왕을 보았어도 마땅한 때를 알지 못하고서 목욕하였는가? 어리석은 사람이여. 이것은 오히려 믿지 않는 자는 신심이 생겨나지 않게 하고, …… 이미 믿었던 자는 일부가 전전하여 다른 곳으로 향하여 떠나가게 하느니라."

이와 같이 세존께서는 여러 종류의 방편으로써 여러 비구들을 꾸짖고서 뒤에 부양이 어렵고 가르치고 양육함이 어려우며, …… 나아가 …… 여러 비구들을 위하여 적절한 법을 수순하여 설하신 뒤에 여러 비구들에게 알려 말씀하셨다.

"…… 나아가 …… 여러 비구들이여. 그대들은 마땅히 이와 같이 학처를 송출할지니라.

'어느 누구의 비구일지라도 보름의 이하였는데, 목욕하는 자는 바일제를 범하느니라.'"

이와 같이 세존께서는 여러 비구들을 위하여 학처를 제정하여 세우셨다.

2-1 그때 여러 비구들은 여름의 때에, 더웠던 때에 두려워하고 삼가하면

서 감히 목욕하지 못하였다. 땀을 흘렸던 몸으로써 누웠으므로 의복과 와구가 때를 인연으로 더럽혀졌다. 이 일로써 세존께 아뢰었다. 그때 세존께서는 이 인연으로써 설법하셨으며, 여러 비구들에게 알려 말씀 하셨다.

"여러 비구들이여. 여름의 때에, 더웠던 때에 보름 안에 목욕하는 것을 허락하겠노라. 여러 비구들이여. 그대들은 마땅히 이와 같이 학처를 송출할지니라.

'어느 누구의 비구일지라도 보름의 이하였는데, 목욕하는 자는 마땅한 시기(時期)을 제외하고서 바일제를 범하느니라. 마땅한 시절은 여름의 마지막 1개월 보름이거나, 우기 초기의 1개월이고, 곧 2개월의 보름의 여름의 때이거나, 더운 때이며, 이것이 마땅한 시기이니라.'"

이와 같이 세존께서는 여러 비구들을 위하여 학처를 제정하여 세우셨다.

3-1 그때 여러 비구들이 병들었는데, 병이 깊었으므로 여러 비구들이 병든 비구들을 마주하고서 말하였다.

"장로들이여. 견딜 수 있습니까? 깊어지지 않았습니까?"

"장로들이여. 옛날에는 우리들이 보름 안에 목욕하였고, 이러한 까닭으로 우리들은 안락하였습니다. 그러나 지금은 세존께서 그것을 금지하셨고, 두려워하고 삼가하였으므로 목욕할 수 없습니다. 이러한 인연으로 우리들은 안락하지 않습니다."

이 일로써 세존께 아뢰었다. 그때 세존께서는 이 인연으로써 설법하셨으며, 여러 비구들에게 알려 말씀하셨다.

"여러 비구들이여. 병든 자는 보름 안에 목욕하는 것을 허락하겠노라. 그대들은 마땅히 이와 같이 학처를 송출할지니라.

'어느 누구의 비구일지라도 보름의 이하였는데, 목욕하는 자는 마땅한 시절을 제외하고서 바일제를 범하느니라. 마땅한 시절은 여름의 마지막 1개월 보름이거나, 우기 초기의 1개월이고, 곧 2개월의 보름의 여름의 때이거나, 더운 때이며, 병든 때이니, 이것이 마땅한 시기이니라.'"

이와 같이 세존께서는 여러 비구들을 위하여 학처를 제정하여 세우셨다.

4-1 그때 여러 비구들은 정사를 수리하고서 뒤에 두려워하고 삼가하면서 감히 목욕하지 못하였다. 땀을 흘렸던 몸으로써 누웠으므로 의복과 와구가 때(垢)로 더럽혀졌으므로, 이 일로써 세존께 아뢰었다. 그때 세존께서는 이 인연으로써 설법하셨으며, 여러 비구들에게 알려 말씀하셨다.

"여러 비구들이여. 정사를 수리하였던 때에는 보름 안에 목욕하는 것을 허락하겠노라. 여러 비구들이여. 그대들은 마땅히 이와 같이 학처를 송출할지니라.

'어느 누구의 비구일지라도 보름의 이하였는데, 목욕하는 자는 마땅한 시기를 제외하고서 바일제를 범하느니라. 마땅한 시절은 여름의 마지막 1개월 보름이거나, 우기 초기의 1개월이고, 곧 2개월의 보름의 여름의 때이거나, 더운 때이며, 병든 때이거나, 정사를 수리한 때이니, 이것이 마땅한 시기이니라.'"

이와 같이 세존께서는 여러 비구들을 위하여 학처를 제정하여 세우셨다.

5-1 그때 여러 비구들은 도로를 다니면서 두려워하고 삼가하면서 감히 목욕하지 못하였다. 땀을 흘렸던 몸으로써 누웠으므로 의복과 와구가 때를 인연으로 더럽혀졌다. 이 일로써 세존께 아뢰었다. 그때 세존께서는 이 인연으로써 설법하셨으며, 여러 비구들에게 알려 말씀하셨다.

"여러 비구들이여. 도로를 다녔던 때에 보름 안에 목욕하는 것을 허락하겠노라. 여러 비구들이여. 그대들은 마땅히 이와 같이 학처를 송출할지니라.

'어느 누구의 비구일지라도 보름의 이하였는데, 목욕하는 자는 마땅한 시기를 제외하고서 바일제를 범하느니라. 마땅한 시절은 여름의 마지막 1개월 보름이거나, 우기 초기의 1개월이거나, 곧 2개월의 보름의 여름의 때이거나, 더운 때이며, 병든 때이거나, 정사를 수리한 때이거나, 도로를 다녔던 때이니, 이것이 마땅한 시기이니라.'"

이와 같이 세존께서는 여러 비구들을 위하여 학처를 제정하여 세우셨다.

6-1 그때 여러 비구들은 노지에서 옷을 지으면서 바람과 먼지에 더렵혀졌고, 또한 다시 하늘에서 적은 비가 내렸어도 두려워하고 삼가하면서 감히 목욕하지 못하였다. 젖었던 몸으로써 누웠으므로 의복과 와구가 때를 인연으로 더렵혀졌다. 이 일로써 세존께 아뢰었다. 그때 세존께서는 이 인연으로써 설법하셨으며, 여러 비구들에게 알려 말씀하셨다.

"여러 비구들이여. 도로를 다녔던 때에 보름 안에 목욕하는 것을 허락하겠노라. 여러 비구들이여. 그대들은 마땅히 이와 같이 학처를 송출할지니라.

'어느 누구의 비구일지라도 보름의 이하였는데, 목욕하는 자는 마땅한 시절을 제외하고서 바일제를 범하느니라. 마땅한 시절은 여름의 마지막 1개월 보름이거나, 우기 초기의 1개월이고, 곧 2개월의 보름의 여름의 때이거나, 더운 때이며, 병든 때이거나, 정사를 수리한 때이거나, 도로를 다녔던 때이거나, 바람과 비의 때이니, 이것이 마땅한 시기이니라.'"

이와 같이 세존께서는 여러 비구들을 위하여 학처를 제정하여 세우셨다.

7-1 '어느 누구'는 어느 태어난 곳의 이유, …… 혹은 중간의 법랍이었다면 이것을 '어느 누구'라고 말한다.

'비구'는 구걸하는 비구이니, 일을 쫓아서 걸식하는 비구, …… 곧 이것에서 '비구'의 뜻이라고 말하는 것이다.

'보름의 이하이다.'는 보름이 부족한 것이다.

'목욕하다.'는 가루약이거나, 점토를 사용하여 매번 씻는 것마다 돌길라를 범한다.

'인연을 제외하다.'는 인연을 제외하는 것이다.

'여름의 때'는 여름의 마지막 1개월 보름이고, '더운 때'는 우기 처음의

1개월이니, 곧 마땅히 '이 1개월의 보름이 여름의 때이고, 더운 때'라고 생각하고서 목욕할 수 있다.

'병든 때'는 목욕하지 않으면 그가 안락하지 않다면 '병든 때'라고 생각하고서 목욕할 수 있다.

'수리하였던 때'는 이를테면, 나아가 방사를 청소하였어도 마땅히 '수리하였던 때'라고 생각하고서 목욕할 수 있다.

'도로를 다녔던 때'는 '마땅히 절반의 유순을 다녔던 때'라고 생각하고서 목욕할 수 있다. 빠르게 다녔던 자도 목욕할 수 있고, 이미 다녔던 자도 목욕할 수 있다.

'바람과 비의 때'는 바람에 먼지가 날렸거나, 혹은 두세 방울의 비가 몸 위에 떨어졌다면 '바람과 비의 때'라고 생각하고서 목욕할 수 있다.

7-2 보름의 이하였고 보름의 이하라는 생각이 있었는데, 목욕하는 자는 마땅한 시기를 제외하고서 바일제를 범한다. 보름의 이하였고 보름의 이하라는 의심이 있었는데, 목욕하는 자는 마땅한 시절을 제외하고서 바일제를 범한다. 보름의 이하였고 보름의 이상이라는 생각이 있었는데, 목욕하는 자는 마땅한 시기를 제외하고서 바일제를 범한다.

보름의 이상이었고 보름의 이하라는 생각이 있었는데, 목욕하는 자는 돌길라를 범한다. 보름의 이상이었고 보름의 이하라는 의심이 있었는데, 목욕하는 자는 돌길라를 범한다. 보름의 이상이었고 보름의 이상이라는 생각이 있었는데, 목욕하는 자는 범하지 않는다.

8-1 시절이 마땅하였거나, 보름에 목욕하였거나, 보름 이상에서 목욕하였거나, 언덕을 건너가는 때에 목욕하였거나, 변방(邊方)의 지역이거나, 사고이거나, 미쳤던 자이거나, 최초로 범한 자는 범하지 않는다.

[쉰일곱 번째의 바일제를 마친다.]

58) 불취괴색착의(不取壞色著衣) 학처

1-1 그때 불·세존께서는 사위성의 기수급고독원에 머무르셨다.

그때 여러 비구들이 변행외도들과 사지(沙祇)에서 사위성 도로의 중간으로 떠나갔다. 도중에 도둑들이 나타나서 그들을 겁탈하였고, 사위성에서 병사들이 나와서 도둑들을 붙잡았으며, 물건을 되찾았으므로, 사자를 여러 비구들의 처소로 보내어 말하였다.

"여러 대덕들이여. 각자 스스로가 옷과 물건을 확인하고 찾아가십시오."

여러 비구들은 분별하고 확인하고서 찾아갈 법이 없었다. 그들은 싫어하고 비난하였다.

"무슨 까닭으로써 대덕들은 각자 스스로가 옷과 물건을 확인하여 찾아가는 법이 없는가?"

이때 여러 비구들은 이 일로써 세존께 아뢰었고, 세존께서는 이 인연으로써 비구승가를 모으셨으며, 여러 비구들을 위하여 적절한 법을 수순하여 설하신 뒤에 여러 비구들에게 알려 말씀하셨다.

"…… 나아가 …… 여러 비구들이여. 그대들은 마땅히 이와 같이 학처를 송출할지니라.

'새로운 옷을 얻은 비구는 마땅히 세 종류의 괴색의 가운데에서 하나의 괴색(壞色)을 취할 것이니, 곧 청색(靑色), 진흙색(泥色), 혹은 흑갈색(黑褐色)이니라. 만약 비구가 세 종류의 괴색의 가운데에서 하나의 괴색을 취하지 않고서 새로운 옷으로 입는 자는 바일제를 범하느니라.'"

2-1 '새로운'은 아직 정법(淨法)을 행하지 않은 것이다.

'옷'은 여섯 종류의 옷 가운데에서 하나의 옷이다.

'마땅히 세 종류의 괴색의 가운데에서 하나의 괴색을 취하다.'는 비록 풀잎의 끝과 같은 옷이라도 역시 마땅히 그것을 취하는 것이다.

'청색'은 구리의 청색이거나, 혹은 쪽(藍)의 청색이거나, 그것 두 종류의 청색이다.

'진흙색'은 흙탕물의 색깔이다.

'흑갈색'은 무슨 흑갈색이라도 말하는 것이다.

'만약 비구가 세 종류의 괴색의 가운데에서 한 괴색을 취하지 않다.'는 세 종류의 괴색의 가운데에서 한 괴색이라도 취하지 않는 것과 같으며, 풀잎의 끝과 같은 새로운 옷으로 입는 자는 바일제를 범한다.

2-2 취하지 않았고 취하였다는 생각이 있었는데, 입었던 자는 바일제를 범한다. 취하지 않았고 취하였다는 의심이 있었는데, 입었던 자는 바일제를 범한다. 취하지 않았고 취하지 않았다는 생각이 있었는데, 입었던 자는 바일제를 범한다.

취하였고 취하지 않았다는 생각이 있었는데, 입었던 자는 돌길라를 범한다. 취하였고 취하지 않았다는 의심이 있었는데, 입었던 자는 돌길라를 범한다. 취하였고 취하였다는 생각이 있었는데, 입었던 자는 범하지 않는다.

3-1 취하고서 입었거나, 점정(點淨)이 없어진 때이거나, 점정이 찢어진 때이거나, 점정으로써 점정이 없는 물건에 꿰매었던 때이거나, 옷감을 보충하여 꿰매었거나, 견고하게 끝을 덧대었던 옷감이거나, 미쳤던 자이거나, 최초로 범한 자는 범하지 않는다.

[쉰여덟 번째의 바일제를 마친다.]

59) 정시의불환(淨施衣不還) 학처

1-1 그때 불·세존께서는 사위성의 기수급고독원에 머무르셨다.

그때 장로 우파난타 석자는 스스로가 공주비구(共住比丘)에게 정시받은 옷으로써 오히려 돌려주지 않았고 그는 스스로가 그것을 입었다. 이때 공주비구는 이 일로써 여러 비구들에게 말하였다.

"여러 장로들이여. 장로 우파난타 석자는 직접 스스로가 나에게 정시받은 옷으로써 오히려 나에게 돌려주지 않았고 그는 스스로가 그것을 입었습니다."

여러 비구들의 가운데에서 욕심이 적은 자들은 싫어하고 비난하였다.

"무슨 까닭으로써 장로 우파난타 석자는 스스로가 정시받은 옷으로써 오히려 돌려주지 않았고 스스로가 그것을 입는가?"

여러 비구들은 이 일로써 세존께 아뢰었고, 세존께서는 이 인연으로써 비구승가를 모으셨으며, 우파난타에게 물어 말씀하셨다.

"우파난타여. 그대가 진실로 직접 스스로가 정시받은 옷으로써 오히려 돌려주지 않았고 그것을 입었는가?"

"진실로 그렇습니다. 세존이시여."

세존께서는 여러 방편으로 꾸짖으셨다.

"어리석은 사람이여. 그대는 어찌하여 스스로가 정시받은 옷으로써 오히려 돌려주지 않았고 그것을 입었는가? 어리석은 사람이여. 이것은 오히려 믿지 않는 자는 신심이 생겨나지 않게 하고, …… 이미 믿었던 자는 일부가 전전하여 다른 곳으로 향하여 떠나가게 하느니라."

이와 같이 세존께서는 여러 종류의 방편으로써 우파난타를 꾸짖고서 뒤에 부양이 어렵고 가르치고 양육함이 어려우며, …… 나아가 …… 여러 비구들을 위하여 적절한 법을 수순하여 설하신 뒤에 여러 비구들에게 알려 말씀하셨다.

"…… 나아가 …… 여러 비구들이여. 그대들은 마땅히 이와 같이 학처를 송출할지니라.

'어느 누구의 비구일지라도 비구, 비구니, 식차마나, 사미, 혹은 사미니를 마주하고서 스스로가 정시받은 옷으로써 오히려 돌려주지 않았고 그것을 입는 자는 바일제를 범하느니라.'"

2-1 '어느 누구'는 어느 태어난 곳의 이유, …… 혹은 중간의 법랍이었다면

이것을 '어느 누구'라고 말한다.

　'비구'는 구걸하는 비구이니, 일을 쫓아서 걸식하는 비구, …… 곧 이것에서 '비구'의 뜻이라고 말하는 것이다.

　'비구를 마주하다.'는 곧 다른 비구를 마주하는 것이다.

　'비구니'는 2부승가의 가운데에서 구족계를 받은 자이다.

　'식차마나'는 2년에 6법을 학습한 자이다.

　'사미'는 10계를 받은 자이다.

　'사미니'는 여인의 10계를 받은 자이다.

　'스스로'는 스스로가 정시한 이유이다.

　'옷'은 이미 마땅히 정시한 최하의 양인 것으로, 여섯 종류의 옷의 가운데에서 하나를 말한다.

　'정시'는 두 종류의 정시가 있나니, 얼굴을 마주하고서 정시하는 것과 전전(展轉)하여 정시하는 것이다.

　'얼굴을 마주하고 정시하다.'는 "나는 이 옷을 그대이거나, 혹은 누구에게 베풀어 주겠습니다."라고 말하는 것이다.

　'전전하여 정시하다.'는 "나는 이 옷을 정시하기 위하여 그대에게 주겠습니다."라고 말하였고, 그가 마땅히 "누가 그대와 친근한 자이고, 지식입니까?"라고 말하였으며, "누구이고, 누구입니다."라고 대답하였다면, 그가 마땅히 "나는 마땅히 그들에게 주겠습니다. 그것은 그들의 소유물이니, 그대를 대신하여 그들이 입거나, 혹은 베풀면서 버리거나, 혹은 그들이 인연을 따라서 처리하게 청하겠습니다."라고 말하는 것이다.

　'돌려주지 않다.'는 그에게 돌려주지 않았고, 베풀면서 버리지 않은 옷을 입는 자는 바일제를 범한다.

2-2 돌려주지 않았고 돌려주지 않았다는 생각이 있었는데, 취하여 수용하는 자는 바일제를 범한다. 돌려주지 않았고 돌려주지 않았다는 의심이 있었는데, 취하여 수용하는 자는 바일제를 범한다. 돌려주지 않았고 돌려주었다는 생각이 있었는데, 취하여 수용하는 자는 바일제를 범한다.

그것을 수지하였거나, 다른 사람에게 주는 자는 돌길라를 범한다.

돌려주었고 돌려주지 않았다는 생각이 있었던 자는 돌길라를 범한다.

돌려주었고 돌려주지 않았다는 의심이 있었던 자는 돌길라를 범한다.

돌려주었고 돌려주었다는 생각이 있었던 자는 범하지 않는다.

3-1 그가 주었거나, 혹은 베풀면서 버렸거나, 미쳤던 자이거나, 최초로 범한 자는 범하지 않는다.

[쉰아홉 번째의 바일제를 마친다.]

(60) 은장물건(隱藏物件) 학처

1-1 그때 불·세존께서는 사위성의 기수급고독원에 머무르셨다.

그때 십칠군비구들이 여러 자구를 거두지 않았는데, 육군비구들이 십칠군비구들의 발우와 옷을 몰래 감추었다. 십칠군비구들이 육군비구들을 마주하고서 말하였다.

"장로들이여. 우리들의 옷과 발우를 돌려주십시오."

육군비구들은 웃었고, 십칠군비구들은 울었다. 여러 비구들이 말하였다.

"비구들이여. 그대들은 무슨 까닭으로써 우는가?"

"장로들이여. 이 육군비구들이 우리들의 옷과 발우를 감추었습니다."

여러 비구들의 가운데에서 욕심이 적은 자들은 싫어하고 비난하였다.

"무슨 까닭으로써 육군비구들은 비구들의 옷과 발우를 감추는가?"

여러 비구들은 이 일로써 세존께 아뢰었고, 세존께서는 이 인연으로써 비구승가를 모으셨으며, 육군비구들에게 물어 말씀하셨다.

"육군비구들이여. 그대들이 진실로 비구들의 옷과 발우를 감추었는가?"

"진실로 그렇습니다. 세존이시여."

세존께서는 여러 방편으로 꾸짖으셨다.

"어리석은 사람들이여. 그대는 어찌하여 비구들의 옷과 발우를 감추었는가? 어리석은 사람들이여. 이것은 오히려 믿지 않는 자는 신심이 생겨나지 않게 하고, …… 이미 믿었던 자는 일부가 전전하여 다른 곳으로 향하여 떠나가게 하느니라."

이와 같이 세존께서는 여러 종류의 방편으로써 육군비구들을 꾸짖고서 뒤에 부양이 어렵고 가르치고 양육함이 어려우며, …… 나아가 …… 여러 비구들을 위하여 적절한 법을 수순하여 설하신 뒤에 여러 비구들에게 알려 말씀하셨다.

"…… 나아가 …… 여러 비구들이여. 그대들은 마땅히 이와 같이 학처를 송출할지니라.

'어느 누구의 비구일지라도 다른 비구의 옷, 발우, 혹은 좌구(坐具), 침통(針筒), 요대(腰帶)를 비록 희롱하기 위하여 감추었거나, 혹은 시켜서 감추는 자도 역시 바일제를 범하느니라.'"

2-1 '어느 누구'는 어느 태어난 곳의 이유, …… 혹은 중간의 법랍이었다면 이것을 '어느 누구'라고 말한다.

'비구'는 구걸하는 비구이니, 일을 쫓아서 걸식하는 비구, …… 곧 이것에서 '비구'의 뜻이라고 말하는 것이다.

'감추다.'는 스스로가 몰래 감추는 자는 바일제를 범한다.

'혹은 시켜서 감추다.'는 다른 사람을 시켜서 감추는 것이다. 한 번을 명령하여 여러 번을 감추게 시키는 자는 바일제를 범한다.

'비구의 물건'은 다른 비구의 물건이다.

'발우'는 두 종류가 있나니, 철 발우와 진흙 발우이다.

'옷'은 이미 마땅히 정시한 최하의 양인 것으로, 여섯 종류의 옷의 가운데에서 하나를 말한다.

'좌구'는 옆에 덧댄 것이 있는 좌구를 말한다.

'침통'은 바늘이 있거나, 혹은 바늘이 없는 물건이다.

'요대'는 두 종류의 요대가 있나니, 옷감이거나, 혹은 실을 꼬아서 만든 요대이다.

'비록 희롱하기 위하여'는 희롱하는 것으로 목적을 삼는 것이다.

2-2 구족계를 받은 자이었고 구족계를 받은 자라는 생각이 있었는데, 옷, 발우, 혹은 좌구, 침통, 요대를 비록 희롱하기 위하여 몰래 감추었거나, 혹은 시켜서 감추는 자는 바일제를 범한다. 구족계를 받은 자이었고 구족계를 받은 자라는 의심이 있었는데, 옷, 발우, 혹은 좌구, 침통, 요대를 비록 희롱하기 위하여 몰래 감추었거나, 혹은 시켜서 감추는 자는 바일제를 범한다. 구족계를 받은 자이었고 구족계를 받은 자가 아니라는 생각이 있었는데, 옷, 발우, 혹은 좌구, 침통, 요대를 비록 희롱하기 위하여 몰래 감추었거나, 혹은 시켜서 감추는 자는 바일제를 범한다.

비록 희롱하기 위하여 다른 사람의 자구를 몰래 감추었거나, 혹은 시켜서 감추는 자는 돌길라를 범한다. 비록 희롱하기 위하여 구족계를 받지 않은 사람의 발우, 옷 혹은 자구를 몰래 감추었거나, 혹은 시켜서 감추는 자는 돌길라를 범한다.

구족계를 받지 않은 자이었고 구족계를 받은 자라는 생각이 있었는데, 옷, 발우, 혹은 좌구, 침통, 요대를 몰래 감추었거나, 혹은 시켜서 감추는 자는 돌길라를 범한다. 구족계를 받지 않은 자이었고 구족계를 받은 자라는 의심이 있었는데, 옷, 발우, 혹은 좌구, 침통, 요대를 몰래 감추었거나, 혹은 시켜서 감추는 자는 돌길라를 범한다. 구족계를 받지 않은 자이었고 구족계를 받지 않은 자라는 생각이 있었는데, 옷, 발우, 혹은 좌구, 침통, 요대를 몰래 감추었거나, 혹은 시켜서 감추는 자는 돌길라를 범한다.

3-1 희롱하기 위한 것이 아니거나, 혼란스러워서 거두어 감추었거나, 설법한 뒤에 주기 위하여 그것을 거두어 감추었거나, 미쳤던 자이거나, 최초로 범한 자는 범하지 않는다.

[예순 번째의 바일제를 마친다.]

○ 【여섯째의 음주품(飮酒品)을 마친다.】

섭송으로 설하겠노라.

음주와 가리키는 것과 물과
경모와 두려움과 불과
목욕과 괴색과
돌려주지 않는 것과 감추는 것이 있다.

61) 고살생(故殺生) 학처

1-1 그때 불·세존께서는 사위성의 기수급고독원에 머무르셨다.

그때 장로 우타이는 일찍이 궁사(弓士)였고 까마귀와 까치를 좋아하지 않았다. 그는 까마귀를 쏘아서 목을 부러트렸고 차례로 꿰어서 물건 위에 놓아두었다. 여러 비구들은 이와 같이 말을 지었다.

"장로여. 이 까마귀들을 누가 죽였습니까?"

"장로들이여. 나입니다. 나는 까마귀를 좋아하지 않습니다."

여러 비구들의 가운데에서 욕심이 적은 자들은 싫어하고 비난하였다.

"무슨 까닭으로써 장로 우타이는 고의로 유정(有情)의 생명을 빼앗는가?"

여러 비구들은 이 일로써 세존께 아뢰었고, 세존께서는 이 인연으로써 비구승가를 모으셨으며, 육군비구들에게 물어 말씀하셨다.

"우타이여. 그대가 진실로 고의로 유정의 생명을 빼앗는가?"

"진실로 그렇습니다. 세존이시여."

세존께서는 여러 방편으로 꾸짖으셨다.

"어리석은 사람이여. 그대는 어찌하여 고의로 유정의 생명을 빼앗았는 가? 어리석은 사람이여. 이것은 오히려 믿지 않는 자는 신심이 생겨나지 않게 하고, …… 이미 믿었던 자는 일부가 전전하여 다른 곳으로 향하여 떠나가게 하느니라."

이와 같이 세존께서는 여러 종류의 방편으로써 우타이를 꾸짖고서 뒤에 부양이 어렵고 가르치고 양육함이 어려우며, …… 나아가 …… 여러 비구들을 위하여 적절한 법을 수순하여 설하신 뒤에 여러 비구들에게 알려 말씀하셨다.

"…… 나아가 …… 여러 비구들이여. 그대들은 마땅히 이와 같이 학처를 송출할지니라.

'어느 누구의 비구일지라도 고의로 유정의 생명을 빼앗는 자는 바일제 를 범하느니라.'"

2-1 '어느 누구'는 어느 태어난 곳의 이유, …… 혹은 중간의 법랍이었다면 이것을 '어느 누구'라고 말한다.

'비구'는 구걸하는 비구이니, 일을 좇아서 걸식하는 비구, …… 곧 이것에 서 '비구'의 뜻이라고 말하는 것이다.

'고의'는 죄를 범하는 마음이 있다고 분명히 알고서 행하는 것이다.

'목숨을 빼앗다.'는 그 명근(命根)을 끊어서 멈추게 하거나, 그 생명의 연속성을 파괴하는 것이다.

'유정'은 축생을 가리키는 말이다.

2-2 유정이었고 유정이라는 생각이 있었는데, 그 목숨을 빼앗는 자는 바일제를 범한다. 유정이었고 유정이라는 의심이 있었는데, 그 목숨을 빼앗는 자는 돌길라를 범한다. 유정이었고 유정이 아니라는 생각이 있었 는데, 그 목숨을 빼앗는 자는 돌길라를 범한다.

유정이 아니었고 유정이라는 생각이 있었는데, 그 목숨을 빼앗는 자는 돌길라를 범한다. 유정이 아니었고 유정이라는 의심이 있었는데, 그 목숨을 빼앗는 자는 돌길라를 범한다. 유정이 아니었고 유정이 아니라는 생각이 있었는데, 그 목숨을 빼앗는 자는 범하지 않는다.

3-1 고의가 아닌 자이거나, 생각이 없는 자이거나, 무지한 자이거나, 죽이려는 뜻이 없었던 자이거나, 미쳤던 자이거나, 최초로 범한 자는 범하지 않는다.

[예순한 번째의 바일제를 마친다.]

(62) 음유충수(飮有蟲水) 학처

1-1 그때 불·세존께서는 사위성의 기수급고독원에 머무르셨다.

그때 육군비구들이 물속에 벌레가 있는 것을 알고서 사용하였다. 여러 비구들의 가운데에서 욕심이 적은 자들은 싫어하고 비난하였다.

"무슨 까닭으로써 육군비구들은 물속에 벌레가 있는 것을 알고서도 마시면서 수용하는가?"

여러 비구들은 이 일로써 세존께 아뢰었고, 세존께서는 이 인연으로써 비구승가를 모으셨으며, 육군비구들에게 물어 말씀하셨다.

"육군비구들이여. 그대들이 진실로 물속에 벌레가 있는 것을 알고서도 마시면서 수용하였는가?"

"진실로 그렇습니다. 세존이시여."

세존께서는 여러 방편으로 꾸짖으셨다.

"어리석은 사람들이여. 그대들은 어찌하여 물속에 벌레가 있는 것을 알고서도 마시면서 수용하였는가? 어리석은 사람들이여. 이것은 오히려 믿지 않는 자는 신심이 생겨나지 않게 하고, …… 이미 믿었던 자는 일부가 전전하여 다른 곳으로 향하여 떠나가게 하느니라."

이와 같이 세존께서는 여러 종류의 방편으로써 육군비구들을 꾸짖고서 뒤에 부양이 어렵고 가르치고 양육함이 어려우며, …… 나아가 …… 여러 비구들을 위하여 적절한 법을 수순하여 설하신 뒤에 여러 비구들에게 알려 말씀하셨다.

"…… 나아가 …… 여러 비구들이여. 그대들은 마땅히 이와 같이 학처를 송출할지니라.

'어느 누구의 비구일지라도 물속에 벌레가 있는 것을 알면서도 마시고 수용하는 자는 바일제를 범하느니라.'"

2-1 '어느 누구'는 어느 태어난 곳의 이유, …… 혹은 중간의 법랍이었다면 이것을 '어느 누구'라고 말한다.

'비구'는 구걸하는 비구이니, 일을 쫓아서 걸식하는 비구, …… 곧 이것에서 '비구'의 뜻이라고 말하는 것이다.

'알다.'는 스스로가 알았거나, 혹은 다른 사람이 그에게 알렸던 이유인 것이다.

'벌레가 있다.'는 그것을 알고서 마셔서 마땅히 그것을 죽게 하거나, 알고서도 마시면서 수용하는 자는 바일제를 범한다.

2-2 벌레가 있었고 벌레가 있다는 생각이 있었는데, 마시는 자는 바일제를 범한다. 벌레가 있었고 벌레가 있다는 의심이 있었는데, 마시는 자는 돌길라를 범한다. 벌레가 있었고 벌레가 없다는 생각이 있었는데, 마시는 자는 범하지 않는다.

벌레가 없었고 벌레가 있다는 생각이 있었는데, 마시는 자는 돌길라를 범한다. 벌레가 없었고 벌레가 있다는 의심이 있었는데, 마시는 자는 돌길라를 범한다. 벌레가 없었고 벌레가 없다는 생각이 있었는데, 마시는 자는 범하지 않는다.

3-1 벌레가 있다고 알지 못하였거나, 벌레가 없다고 알았거나, 그것이 죽지 않는다고 알고서 마셨거나, 미쳤던 자이거나, 최초로 범한 자는

범하지 않는다.

[예순두 번째의 바일제를 마친다.]

(63) 요란갈마(擾亂羯磨) 학처

1-1 그때 불·세존께서는 사위성의 기수급고독원에 머무르셨다.

그때 육군비구들은 쟁론의 일이 여법하게 판결되었다고 알았으나, 다시 갈마를 하려고 소란을 일으켰다.

"갈마가 성립되지 않았소. 옳지 않은 갈마이오. 마땅히 다시 갈마해야 하오. 판결이 성립되지 않았소. 옳지 않은 판결이오. 마땅히 다시 판결해야 하오."

여러 비구들의 가운데에서 욕심이 적은 자들은 싫어하고 비난하였다.

"무슨 까닭으로써 육군비구들은 논쟁이 여법하게 판결되었다고 알았으나, 다시 갈마를 하려고 소란을 일으키는가?"

여러 비구들은 이 일로써 세존께 아뢰었고, 세존께서는 이 인연으로써 비구승가를 모으셨으며, 육군비구들에게 물어 말씀하셨다.

"우타이여. 그대들이 진실로 논쟁이 여법하게 판결되었다고 알았으나, 다시 갈마를 하려고 소란을 일으켰는가?"

"진실로 그렇습니다. 세존이시여."

세존께서는 여러 방편으로 꾸짖으셨다.

"어리석은 사람들이여. 그대들은 어찌하여 논쟁이 여법하게 판결되었다고 알았으나, 다시 갈마를 하려고 소란을 일으켰는가? 어리석은 사람들이여. 이것은 오히려 믿지 않는 자는 신심이 생겨나지 않게 하고, …… 이미 믿었던 자는 일부가 전전하여 다른 곳으로 향하여 떠나가게 하느니라."

이와 같이 세존께서는 여러 종류의 방편으로써 육군비구들을 꾸짖고서 뒤에 부양이 어렵고 가르치고 양육함이 어려우며, …… 나아가 …… 여러

비구들을 위하여 적절한 법을 수순하여 설하신 뒤에 여러 비구들에게
알려 말씀하셨다.

"…… 나아가 …… 여러 비구들이여. 그대들은 마땅히 이와 같이 학처를
송출할지니라.

'어느 누구의 비구일지라도 논쟁이 여법하게 판결되었다고 알았으나,
다시 갈마를 하려고 소란을 일으키는 자는 바일제를 범하느니라.'"

2-1 '어느 누구'는 어느 태어난 곳의 이유, …… 혹은 중간의 법랍이었다면
이것을 '어느 누구'라고 말한다.

'비구'는 구걸하는 비구이니, 일을 쫓아서 걸식하는 비구, …… 곧 이것에
서 '비구'의 뜻이라고 말하는 것이다.

'알다.'는 스스로가 알았거나, 혹은 다른 사람이 그에게 알렸던 이유이었
던 것이다.

'논쟁'은 네 종류의 논쟁이 있나니, 논쟁(論爭)인 논쟁의 일이거나, 논쟁
이 아닌 논쟁의 일이거나, 죄와 허물인 논쟁의 일이거나, 책무(責務)인
논쟁의 일이다.

'여법하다.'는 법에 의지하거나, 율에 의지하거나, 스승의 가르침에
의지하여 행하는 것이니, 이것을 여법하다고 이름한다.

'다시 갈마를 하려고 소란을 일으키다.'는 "갈마가 성립되지 않았소.
옳지 않은 갈마이오. 마땅히 다시 갈마해야 하오. 판결이 성립되지 않았소.
옳지 않은 판결이오. 마땅히 다시 판결해야 하오."라고 말하면서 소란을
일으키는 자는 바일제를 범한다.

2-2 여법한 갈마에서 여법한 갈마라는 생각이 있었는데, 소란을 일으
키는 자는 바일제를 범한다. 여법한 갈마에서 여법한 갈마라는 의심이
있었는데, 소란을 일으키는 자는 돌길라를 범한다. 여법한 갈마에서
비법(非法)의 갈마라는 생각이 있었는데, 소란을 일으키는 자는 범하지
않는다.

비법의 갈마에서 여법한 갈마라는 생각이 있었는데, 소란을 일으키는 자는 돌길라를 범한다. 비법의 갈마에서 여법한 갈마라는 의심이 있었는데, 소란을 일으키는 자는 돌길라를 범한다. 비법의 갈마에서 비법의 갈마라는 생각이 있었는데, 소란을 일으키는 자는 범하지 않는다.

3-1 갈마를 지은 것이 비법을 의지하였다고 알았거나, 혹은 별중(別衆)을 의지하였거나, 혹은 마땅하지 않은 갈마를 마주하고서 소란을 일으켰거나, 미쳤던 자이거나, 최초로 범한 자는 범하지 않는다.

[예순세 번째의 바일제를 마친다.]

(64) 복장추죄(覆藏粗罪) 학처

1-1 그때 불·세존께서는 사위성의 기수급고독원에 머무르셨다.

그때 장로 우파난타 석자는 고의로 출정(出精)하는 죄를 범하였고, 공주비구들을 향하여 말하였다.

"장로여. 나는 고의로 출정하는 죄를 범하였는데, 다른 어느 누구에게도 알리지 마시오."

그때 별도의 한 비구가 고의로 출정하는 죄를 범하였고, 그 죄를 마주하여 승가에 별주를 애원하며 구하였으며, 승가는 그 죄를 마주하고서 그에게 별주를 주었다. 그 비구가 별주를 행하는 때에 그 비구를 보고서 이와 같이 말하였다.

"장로여. 나는 고의로 출정하는 죄를 범하였고 승가를 향하여 별주를 애원하며 구하였으며 승가는 이 죄를 마주하고서 나에게 별주를 주었고 나는 이렇게 별주하고 있습니다. 장로여. 나는 별주를 받았으니 장로께서는 '그가 별주를 받았다.'라고 청한 것으로써 나를 기억하십시오."

"장로여. 그 다른 어느 누구의 비구라도 이러한 죄를 범하는 자는 역시 이와 같이 행하여야 합니까?"

"장로여. 그렇습니다."

"장로여. 그 장로 우파난타 석자는 고의를 출정하는 죄를 범하고서 나에게 말하였습니다. '다른 어느 누구에게도 알리지 마시오.'"

"그렇다면 장로여. 그대는 어찌 감추어 숨겼던 것이 아니겠습니까?"

"장로여. 그렇습니다."

그때 그 비구는 이 일로써 여러 비구들에게 말하였다. 여러 비구들의 가운데에서 욕심이 적은 자들은 싫어하고 비난하였다.

"무슨 까닭으로써 비구가 다른 비구의 추죄를 알고서도 덮어서 감추는가?"

여러 비구들은 이 일로써 세존께 아뢰었고, 세존께서는 이 인연으로써 비구승가를 모으셨으며, 그 비구에게 물어 말씀하셨다.

"비구여. 그대가 진실로 다른 비구의 추죄를 알고서도 덮어서 감추었는가?"

"진실로 그렇습니다. 세존이시여."

세존께서는 여러 방편으로 꾸짖으셨다.

"어리석은 사람이여. 그대는 어찌하여 다른 비구의 추죄를 알고서도 덮어서 감추었는가? 어리석은 사람이여. 이것은 오히려 믿지 않는 자는 신심이 생겨나지 않게 하고, …… 이미 믿었던 자는 일부가 전전하여 다른 곳으로 향하여 떠나가게 하느니라."

이와 같이 세존께서는 여러 종류의 방편으로써 그 비구를 꾸짖고서 뒤에 부양이 어렵고 가르치고 양육함이 어려우며, …… 나아가 …… 여러 비구들을 위하여 적절한 법을 수순하여 설하신 뒤에 여러 비구들에게 알려 말씀하셨다.

"…… 나아가 …… 여러 비구들이여. 그대들은 마땅히 이와 같이 학처를 송출할지니라.

'어느 누구의 비구일지라도 다른 비구의 추죄를 알고서도 만약 덮어서 감추는 자는 바일제를 범하느니라.'"

2-1 '어느 누구'는 어느 태어난 곳의 이유, …… 혹은 중간의 법랍이었다면

이것을 '어느 누구'라고 말한다.

'비구'는 구걸하는 비구이니, 일을 좇아서 걸식하는 비구, …… 곧 이것에서 '비구'의 뜻이라고 말하는 것이다.

'알다.'는 스스로가 알았거나, 혹은 다른 사람이 그에게 알렸던 이유이었던 것이다.

'비구의'는 다른 비구라는 뜻이다.

'추죄'는 4바라이와 13승잔이다.

'덮어서 감추다.'는 이것을 안다면 여러 비구들이 비록 비난하거나, 기억시키거나, 꾸짖거나, 업신여기거나, 욕보이더라도, 역시 말하지 않고서 그의 책무를 방치하는 자는 바일제를 범한다.

2-2 추죄이었고 추죄라는 생각이 있었는데, 덮어서 감추는 자는 바일제를 범한다. 추죄이었고 추죄라는 의심이 있었는데, 덮어서 감추는 자는 돌길라를 범한다. 추죄이었고 추죄가 아니라는 생각이 있었는데, 덮어서 감추는 자는 돌길라를 범한다.

추죄가 아니었는데 덮어서 감추는 자는 돌길라를 범한다. 구족계를 받지 않은 자의 추죄이거나, 혹은 추죄가 아니거나, 혹은 부정행을 덮어서 감추는 자는 돌길라를 범한다.

추죄가 아니었고 추죄라는 생각이 있었는데, 덮어서 감추는 자는 돌길라를 범한다. 추죄가 아니었고 추죄라는 의심이 있었는데, 덮어서 감추는 자는 돌길라를 범한다. 추죄가 아니었고 추죄가 아니라는 생각이 있었는데, 덮어서 감추는 자는 돌길라를 범한다.

3-1 승가에 장차 투쟁, 분란, 이집(異執), 말다툼 등이 있다고 두려워서 알리지 않았거나, 장차 파승사와 불화합(不和合) 등이 있다고 두려워서 알리지 않았거나, 이 자는 추악하고 잔혹하여 생명의 위험과 범행의 위험이 있다고 알고서 알리지 않았거나, 다른 여법한 비구를 보지 못하여 알리지 않았거나, 덮어서 감추려는 뜻이 없었는데 알리지 않았거나, 스스

로의 행에 의지하여 알려지게 알리지 않았거나, 미쳤던 자이거나, 최초로
범한 자는 범하지 않는다.

[예순네 번째의 바일제를 마친다.]

65) 이십세미만수구족계(二十歲未滿授具足戒) 학처

1-1 그때 불·세존께서는 왕사성(王舍城)의 가란타죽림원(迦蘭陀竹林
園)[68]에 머무르셨다.

　그때 왕사성에는 십칠군비구의 친우(親友)인 동자들이 있었고, 우바리
(優波離)[69] 동자가 그들의 상수(上首)가 되었다. 이때 우바리의 부모는
이와 같이 사유를 지었다.

　'우리들은 죽은 뒤에 무슨 방편으로써 우바리가 생활이 안락하고 고통
이 없게 시키겠는가?'

　우바리의 부모는 또한 이와 같이 사유를 지었다.

　'만약 우바리에게 서기(書記)를 배우게 시킨다면 우리들이 죽은 뒤에도
생활이 안락하고 고통이 없을 것이다.'

　이때 우바리의 부모는 다시 이와 같이 사유를 지었다.

　'만약 우바리에게 서기를 배우게 시킨다면 손가락에 고통이 있을 것이
니, 만약 우바리에게 산수(算數)를 배우게 시킨다면 그는 우리들이 죽은
뒤에도 생활이 안락하고 고통이 없을 것이다.'

　이때 우바리의 부모는 다시 이와 같이 사유를 지었다.

　'만약 우바리에게 산수를 배우게 시킨다면 가슴에 고통이 있을 것이니,
만약 우바리에게 환전(換錢)을 배우게 시킨다면 그는 우리들이 죽은 뒤에
도 생활이 안락하고 고통이 없을 것이다.'

---

68) 팔리어 Kalandaka nivāpa(카란다카 니바파)의 음사이다.
69) 팔리어 Upāli(우파리)의 음사이다.

그때 우바리의 부모는 다시 이와 같이 사유를 지었다.

'만약 우바리에게 환전을 배우게 시킨다면 눈에 고통이 있을 것이니, 만약 그가 사문 석자가 된다면 쉽게 지계(持戒)하고 쉽게 수행하며 좋은 음식을 취하여 수용하고 바람이 통하지 않은 평상에서 누워서 잠잘 것이니, 만약 우바리가 석자의 가운데에 출가한다면 우리들이 죽은 뒤에도 생활이 안락하고 고통이 없을 것이다.'

우바리 동자는 부모가 마주하고서 이야기하는 것을 들었다. 이때 우바리 동자는 그 동자들이 있는 곳에 가서 이와 같이 말하였다.

"오게. 우리들은 사문 석자의 가운데에서 출가하세."

"그대가 만약 출가한다면 우리들도 역시 출가하겠네."

이때 그 동자들은 각자 부모가 있는 곳에 가서 이와 같이 말하였다.

"청하건대 우리들이 집을 벗어나서 집이 없는 곳으로 들어가는 것을 허락하십시오."

그 동자의 부모들은 '이 동자들의 소원이 모두 같고 뜻도 역시 좋다.'라고 생각하였고, 그들의 출가를 허락하였다. 그들은 여러 비구들의 처소로 갔고 출가를 구하고 청하였다. 여러 비구들은 그들의 출가를 받아들여서 구족계를 받게 하였는데, 그들은 날이 밝지 않았는데 일어나서 울부짖었다.

"나에게 죽을 주세요. 나에게 음식을 주세요. 나에게 단단한 음식을 주세요."

여러 사람들이 이렇게 말하였다.

"비구들이여. 날이 밝기를 기다리게. 죽이 있다면 마실 수 있고, 음식이 있다면 먹을 수 있으며, 단단한 음식이 있다면 먹을 수 있네. 만약 죽이 없고 음식이 없으며 혹은 단단한 음식이 없다면 곧 걸식을 가야 하네."

여러 비구들이 이와 같이 말하는 때에 그들은 비구들을 인연으로 "나에게 죽을 주세요. 나에게 음식을 주세요. 나에게 단단한 음식을 주세요."라고 울부짖었고, 와상을 더럽히고 젖게 하였다. 세존께서는 날이 밝지 않았으나 일어나셨고, 동자들이 우는 소리를 들으셨으며, 장로 아난다를 향하여 말씀하셨다.

"아난이여. 무슨 까닭으로써 동자들이 울부짖는가?"

그때 아난은 이 일로써 세존께 아뢰었다. 세존께서는 이 인연으로써 비구승가를 모으셨으며, 여러 비구들에게 물어 말씀하셨다.

"여러 비구들이여. 그대들이 진실로 20세를 채우지 않은 동자라고 분명하게 알고서도 구족계를 받게 하였는가?"

"진실로 그렇습니다. 세존이시여."

세존께서는 여러 방편으로 꾸짖으셨다.

"여러 비구들이여. 어찌하여 그대들 어리석은 사람들은 20세(歲)를 채우지 않은 동자라고 분명하게 알고서도 구족계를 받게 하였는가? 여러 비구들이여. 20세를 채우지 않은 자는 능히 추위, 더위, 굶주림, 갈증, 등에, 모기, 바람, 열기, 벌레, 뱀 등과의 접촉을 견딜 수 없고, 또한 능히 악한 말, 비방을 받아들여서 능히 견디지 못하며, 육신으로 받는 괴로움인 극심한 고통, 격렬한 괴로움, 불쾌함, 비참(悲慘)함을 받아들여서 능히 견디지 못하느니라.

여러 비구들이여. 20세 이상인 자는 능히 추위, 더위, 굶주림, 갈증, 등에, 모기, 바람, 열기, 벌레, 뱀 등과의 접촉을 견딜 수 있고, 또한 능히 악한 말, 비방을 받아들여서 능히 견딜 수 있으며, 육신으로 받는 괴로움인 극심한 고통, 격렬한 괴로움, 불쾌함, 비참함을 받아들여서 능히 견딜 수 있느니라. 여러 비구들이여. 이것은 오히려 믿지 않는 자는 신심이 생겨나지 않게 하고, …… 이미 믿었던 자는 일부가 전전하여 다른 곳으로 향하여 떠나가게 하느니라."

이와 같이 세존께서는 여러 종류의 방편으로써 그 비구를 꾸짖고서 뒤에 부양이 어렵고 가르치고 양육함이 어려우며, …… 나아가 …… 여러 비구들을 위하여 적절한 법을 수순하여 설하신 뒤에 여러 비구들에게 알려 말씀하셨다.

"…… 나아가 …… 여러 비구들이여. 그대들은 마땅히 이와 같이 학처를 송출할지니라.

'어느 누구의 비구일지라도 20세를 채우지 않은 동자라고 분명하게 알고서도 그에게 구족계를 주었다면 이 사람은 구족계가 성립되지 않으며, 구족계를 주었던 여러 비구들은 마땅히 꾸짖어야 하고, 화상은 바일제를 범하느니라.'"

2-1 '어느 누구'는 어느 태어난 곳의 이유, …… 혹은 중간의 법랍이었다면 이것을 '어느 누구'라고 말한다.

'비구'는 구걸하는 비구이니, 일을 쫓아서 걸식하는 비구, …… 곧 이것에서 '비구'의 뜻이라고 말하는 것이다.

'알다.'는 스스로가 알았거나, 혹은 다른 사람이 그에게 알렸던 이유이었던 것이다.

'20세를 채우지 않다.'는 20세에 부족한 것이다.

구족계를 주려고 승가 대중을 구하였거나, 혹은 아사리, 혹은 발우, 혹은 옷 등을 구하였거나, 아울러 계장(戒場)을 선택하는 자는 돌길라를 범한다. 아뢰었다면 돌길라를 범하고, 백이갈마를 말하였다면 돌길라를 범하며, 갈마의 말을 마친 자라면 화상은 바일제를 범하고, 승가 대중과 아사리는 돌길라를 범한다.

2-2 20세를 채우지 않았고 20세를 채우지 않았다는 생각이 있었는데, 구족계를 주는 자는 바일제를 범한다. 20세를 채우지 않았고 20세를 채우지 않았다는 의심이 있었는데, 구족계를 주는 자는 돌길라를 범한다. 20세를 채우지 않았고 20세를 채웠다는 생각이 있었는데, 구족계를 주는 자는 범하지 않는다.

20세를 채웠고 20세를 채우지 않았다는 생각이 있었는데, 구족계를 주는 자는 돌길라를 범한다. 20세를 채웠고 20세를 채우지 않았다는 의심이 있었는데, 구족계를 주는 자는 돌길라를 범한다. 20세를 채웠고 20세를 채웠다는 생각이 있었는데, 구족계를 주는 자는 범하지 않는다.

3-1 20세를 채우지 않았는데 20세를 채웠다는 생각이 있어서 구족계를

주었거나, 20세를 채웠고 20세를 채웠다는 생각이 있어서 구족계를 주었
거나, 미쳤던 자이거나, 최초로 범한 자는 범하지 않는다.

[예순다섯 번째의 바일제를 마친다.]

66) 지적동도행(知賊同道行) 학처

1-1 그때 불·세존께서는 사위성의 기수급고독원에 머무르셨다.

그때 한 상단(商團)이 왕사성에서 발제야라가(跋諦耶羅伽)[70]로 떠나가
려고 하였다. 한 비구가 상단을 향하여 말하였다.

"나도 역시 그대들과 함께 떠나가고자 합니다."

"대덕이여. 우리들을 위하여 세물(稅物)을 감추어주겠습니까?"

"현자여. 알겠습니다."

관리들은 '상단이 장차 세물을 감출 것이다.'라고 전하여 들었으므로,
도중에서 찾았다. 그 관리들은 상단을 붙잡았고 비구에게 말하였다.

"대덕이여. 존자께서는 무슨 까닭으로써 도둑의 상단이라고 분명히
알고서 함께 다녔습니까?"

억류하였으나 뒤에 그를 풀어주었다. 이때 그 비구는 사위성에 이르렀
고, 이 일로써 여러 비구들에게 말하였다. 여러 비구들의 가운데에서
욕심이 적은 자들은 싫어하고 비난하였다.

"무슨 까닭으로써 비구가 도둑의 상단이라고 분명히 알았는데, 서로가
약속하고서 함께 다니는가?"

여러 비구들은 이 일로써 세존께 아뢰었고, 세존께서는 이 인연으로써
비구승가를 모으셨으며, 그 비구에게 물어 말씀하셨다.

"비구여. 그대가 진실로 도둑의 상단이라고 분명히 알았는데, 서로가

---

70) 팔리어 Paṭiyāloka(파티야로카)의 음사이고, '남쪽 방향'이라는 뜻이다.

약속하고서 함께 다녔는가?"

"진실로 그렇습니다. 세존이시여."

세존께서는 여러 방편으로 꾸짖으셨다.

"어리석은 사람이여. 그대는 어찌하여 도둑의 상단이라고 분명히 알았는데, 서로가 약속하고서 함께 다녔는가? 어리석은 사람이여. 이것은 오히려 믿지 않는 자는 신심이 생겨나지 않게 하고, …… 이미 믿었던 자는 일부가 전전하여 다른 곳으로 향하여 떠나가게 하느니라."

이와 같이 세존께서는 여러 종류의 방편으로써 그 비구를 꾸짖고서 뒤에 부양이 어렵고 가르치고 양육함이 어려우며, …… 나아가 …… 여러 비구들을 위하여 적절한 법을 수순하여 설하신 뒤에 여러 비구들에게 알려 말씀하셨다.

"…… 나아가 …… 여러 비구들이여. 그대들은 마땅히 이와 같이 학처를 송출할지니라.

'어느 누구의 비구일지라도 도둑의 상단이라고 분명히 알았는데, 서로가 약속하고서 함께 도로를 다녔으며, 나아가 한 취락의 중간에 이른 자는 역시 바일제를 범하느니라.'"

2-1 '어느 누구'는 어느 태어난 곳의 이유, …… 혹은 중간의 법랍이었다면 이것을 '어느 누구'라고 말한다.

'비구'는 구걸하는 비구이니, 일을 쫓아서 걸식하는 비구, …… 곧 이것에서 '비구'의 뜻이라고 말하는 것이다.

'알다.'는 스스로가 알았거나, 혹은 다른 사람이 그에게 알렸던 것이다.

'도둑'은 도둑이거나, 혹은 도둑의 일을 행하려는 자이거나, 혹은 아직 도둑의 일을 행하지 않은 자이거나, 왕의 처소에서 훔쳤거나, 혹은 세물을 감추었던 자이다.

'함께'는 한꺼번에 일어나는 것이다.

'약속하다.'는 "현자여. 우리들이 같이 떠나가겠습니다."라고 말하였거나, "존자여. 우리들이 같이 떠나가겠습니다."라고 말하였거나, "존자여.

내가 같이 가겠습니다."라고 말하였거나, "현자여. 내가 같이 떠나가겠습니다."라고 말하였거나, "오늘에, 내일에, 혹은 다음 날에 우리들이 같이 떠나가겠습니다."라고 이와 같이 약속하는 자는 돌길라를 범한다.

'나아가 한 취락의 중간이다.'는 취락의 근처이거나, 매번 취락의 중간이라면 바일제를 범한다. 취락이 없는 광야에서 매번 절반의 유순이라면 바일제를 범한다.

2-2 도둑이었고 도둑이라는 생각이 있었는데, 먼저 약속하고서 도로를 다니는 자는 비록 한 취락의 중간일지라도 역시 바일제를 범한다. 도둑이었고 도둑이라는 의심이 있었는데, 먼저 약속하고서 도로를 다니는 자는 비록 한 취락의 중간일지라도 역시 돌길라를 범한다. 도둑이었고 도둑이 아니라는 생각이 있었는데, 먼저 약속하고서 도로를 다니는 자는 비록 한 취락의 중간일지라도 범하지 않는다.

여러 비구들과 먼저 약속하였고 여러 사람들과 먼저 약속하지 않았다면 돌길라를 범한다.

도둑이 아니었고 도둑이라는 생각이 있었는데, 먼저 약속하고서 도로를 다니는 자는 돌길라를 범한다. 도둑이 아니었고 도둑이라는 의심이 있었는데, 먼저 약속하고서 도로를 다니는 자는 돌길라를 범한다. 도둑이 아니었고 도둑이 아니라는 생각이 있었는데, 먼저 약속하고서 도로를 다니는 자는 돌길라를 범하지 않는다.

3-1 먼저 약속하지 않고서 갔거나, 여러 사람들이 먼저 약속하였고 여러 비구들은 먼저 약속하지 않았거나, 여러 일의 까닭이었거나, 미쳤던 자이거나, 최초로 범한 자는 범하지 않는다.

[예순여섯 번째의 바일제를 마친다.]

(67) 여인예약동도행(女人豫約同道行) 학처

1-1 그때 불·세존께서는 사위성의 기수급고독원에 머무르셨다.

그때 한 비구가 사위성의 도중에서 교살라국에서 한 취락의 입구를 지나가고 있었다. 한 여인이 남편과 시끄럽게 싸우고서 취락을 나왔고, 그 비구를 보고서 말하였다.

"대덕이여. 존자께서는 어디로 가십니까?"

"자매여. 나는 왕사성으로 가고자 합니다."

"나도 존자와 함께 가겠습니다."

"자매여. 오십시오."

그때 여인의 남편이 취락에서 나와서 여러 사람들에게 물었다.

"여러분! 일찍이 이와 같은 여인을 보았습니까?"

"그 여인은 출가자와 함께 떠나갔습니다."

이때 그 사람은 추적하여 비구를 붙잡았고 때리고서 뒤에 풀어주었다. 이때 그 비구는 나무의 아래에서 분노하면서 앉아있었다. 그때 아내가 남편에게 말하였다.

"그 비구는 나와 함께 간다고 약속하지 않았으나, 내가 그 비구에게 함께 다니자고 청하였습니다. 그 비구는 악한 사람이 아닙니다. 마땅히 그에게 가서 사죄(謝罪)하세요."

그 남편은 그 비구를 향하여 사죄하였다. 그때 그 비구는 이 일로써 여러 비구들에게 말하였다. 여러 비구들의 가운데에서 욕심이 적은 자들은 싫어하고 비난하였다.

"무슨 까닭으로써 여인과 함께 약속하고서 같이 도로를 다니는가?"

여러 비구들은 이 일로써 세존께 아뢰었고, 세존께서는 이 인연으로써 비구승가를 모으셨으며, 그 비구에게 물어 말씀하셨다.

"비구여. 그대가 진실로 여인과 함께 약속하고서 같이 도로를 다녔는가?"

"진실로 그렇습니다. 세존이시여."

세존께서는 여러 방편으로 꾸짖으셨다.

"어리석은 사람이여. 그대는 어찌하여 여인과 함께 약속하고서 같이 도로를 다녔는가? 어리석은 사람이여. 이것은 오히려 믿지 않는 자는 신심이 생겨나지 않게 하고, …… 이미 믿었던 자는 일부가 전전하여 다른 곳으로 향하여 떠나가게 하느니라."

이와 같이 세존께서는 여러 종류의 방편으로써 그 비구를 꾸짖고서 뒤에 부양이 어렵고 가르치고 양육함이 어려우며, …… 나아가 …… 여러 비구들을 위하여 적절한 법을 수순하여 설하신 뒤에 여러 비구들에게 알려 말씀하셨다.

"…… 나아가 …… 여러 비구들이여. 그대들은 마땅히 이와 같이 학처를 송출할지니라.

'어느 누구의 비구일지라도 여인과 함께 같이 먼저 약속하고서 같이 도로를 다녔으며, 나아가 한 취락의 중간에 이르렀던 자는 역시 바일제를 범하느니라.'"

2-1 '어느 누구'는 어느 태어난 곳의 이유, …… 혹은 중간의 법랍이었다면 이것을 '어느 누구'라고 말한다.

'비구'는 구걸하는 비구이니, 일을 쫓아서 걸식하는 비구, …… 곧 이것에서 '비구'의 뜻이라고 말하는 것이다.

'알다.'는 스스로가 알았거나, 혹은 다른 사람이 그에게 알렸던 이유이었던 것이다.

'여인'은 사람의 여인이고, 야차녀, 아귀녀, 축생녀가 아니며, 지혜가 있어서 능히 선한 말, 악한 말, 추악한 말, 추악하지 않은 말을 아는 자이다.

'함께'는 한꺼번에 일어나는 것이다.

'약속하다.'는 "자매여. 우리들이 같이 가겠습니다."라고 말하였거나, "존자여. 우리들이 같이 떠나가겠습니다."라고 말하였거나, "존자여. 내가 같이 떠나가겠습니다."라고 말하였거나, "자매여. 내가 같이 떠나가겠습니다."라고 말하였거나, "오늘에, 내일에, 혹은 다음 날에 우리들이 같이 떠나가겠습니다."라고 이와 같이 약속하는 자는 돌길라를 범한다.

'나아가 한 취락의 중간이다.'는 취락의 근처이거나, 매번 취락의 중간이라면 바일제를 범한다. 취락이 없는 광야에서 매번 절반의 유순이라면 바일제를 범한다.

2-2 여인이었고 여인이라는 생각이 있었는데, 함께 약속하고서 같이 도로를 다니는 자는 비록 한 취락의 중간일지라도 역시 바일제를 범한다. 여인이었고 여인이라는 의심이 있었는데, 함께 약속하고서 같이 도로를 다니는 자는 비록 한 취락의 중간일지라도 역시 바일제를 범한다. 여인이었고 여인이 아니라는 생각이 있었는데, 함께 약속하고서 같이 도로를 다니는 자는 비록 한 취락의 중간일지라도 바일제를 범한다.

비구가 먼저 약속하였고 여인이 먼저 약속하지 않았다면 돌길라를 범한다. 야차녀, 혹은 아귀녀, 혹은 황문, 혹은 사람의 몸으로 변화한 축생녀와 함께 약속하고서 같이 도로를 다니는 자는 비록 한 취락의 중간일지라도 역시 돌길라를 범한다.

여인이 아니었고 여인이라는 생각이 있었는데, 먼저 약속하고서 도로를 다니는 자는 돌길라를 범한다. 여인이 아니었고 여인이라는 의심이 있었는데, 먼저 약속하고서 도로를 다니는 자는 돌길라를 범한다. 여인이 아니었고 여인이 아니라는 생각이 있었는데, 먼저 약속하고서 도로를 다니는 자는 돌길라를 범하지 않는다.

3-1 먼저 약속하지 않고서 떠나갔거나, 여인이 먼저 약속하였으나 비구는 먼저 약속하지 않았거나, 약속을 어기고서 떠나갔거나, 여러 일의 까닭이었거나, 미쳤던 자이거나, 최초로 범한 자는 범하지 않는다.

[예순일곱 번째의 바일제를 마친다.]

(68) 삼간불사(三諫不捨) 학처

1-1 그때 불·세존께서는 사위성의 기수급고독원에 머무르셨다.

그때 한 비구가 있었고 아리타(阿利吒)[71]라고 이름하였는데, 본래 독수리 조련사이었고, 마음에 이와 같은 악한 견해가 생겨났다.

"내가 세존께서 설하신 법을 알고 이해하였는데, 일반적으로 세존께서는 '이것들은 도법(道法)을 장애한다.'라고 설하셨으나, 다만 그것을 행하는 것으로써 도를 장애하더라도 충분하지 않다."

본래 독수리 조련사이었던 아리타 비구에게 이와 같은 악한 견해가 생겨났고, 여러 비구들이 그것을 들었다. 이때 본래 독수리 조련사이었던 아리타 비구의 처소에서 이와 같이 말을 지었다.

"아리타여. 그대에게 진실로 이와 같은 악한 견해가 생겨났습니까? '내가 세존께서 설하신 법을 알고 이해하였는데, 일반적으로 세존께서는 〈이것들은 도법을 장애한다.〉라고 설하셨으나, 다만 그것을 행하는 것으로써 도를 장애하더라도 충분하지 않다.'"

"진실로 이와 같습니다. 장로들이여. 내가 세존께서 설하신 법을 알고 이해하였는데, 일반적으로 세존께서는 '이것들은 도법을 장애한다.'라고 설하셨으나, 다만 그것을 행하는 것으로써 도법을 장애하더라도 충분하지 않습니다."

"장로 아리타여. 이와 같이 말하지 마십시오. 세존을 비방하지 마십시오. 세존을 마주하고서 비방하는 것은 선하지 않습니다. 세존께서는 진실로 일찍이 이와 같이 말씀하지 않았습니다. 장로 아리타여. 세존께서는 여러 종류의 방편으로써 '도를 장애하는 법은 확실히 도를 장애한다.'라고 설하셨습니다. 이것의 도법을 장애하는 법을 행하는 것은 도를 장애하는 것으로 충분합니다.

세존께서 설하신 여러 욕망은 즐거움은 적고 고통은 많으며 실망이

---

71) 팔리어 Ariṭṭha(아리따)의 음사이다.

많고 이것에서 근심과 환란이 다시 많습니다. 세존께서는 여러 욕망은 해골(骸骨)과 같다고 비유하셨으니, 즐거움은 적고 고통은 많으며 실망이 많고 이것에서 근심과 환란이 다시 많습니다. 세존께서는 여러 욕망은 고깃덩이 같다고 비유하셨으니, 즐거움은 적고 고통은 많으며 실망이 많고 이것에서 근심과 환란이 다시 많습니다.

세존께서는 여러 욕망은 건초의 불꽃과 같다고 비유하셨으니, 즐거움은 적고 고통은 많으며 실망이 많고 이것에서 근심과 환란이 다시 많습니다. 세존께서는 여러 욕망은 불구덩이와 같다고 비유하셨으니, 즐거움은 적고 고통은 많으며 실망이 많고 이것에서 근심과 환란이 다시 많습니다. 세존께서는 여러 욕망은 꿈과 같다고 비유하셨으니, 즐거움은 적고 고통은 많으며 실망이 많고 이것에서 근심과 환란이 다시 많습니다. 세존께서는 여러 욕망은 빌렸던 물건과 같다고 비유하셨으니, 즐거움은 적고 고통은 많으며 실망이 많고 이것에서 근심과 환란이 다시 많습니다.

세존께서는 여러 욕망은 나무의 과일과 같다고 비유하셨으니, 즐거움은 적고 고통은 많으며 실망이 많고 이것에서 근심과 환란이 다시 많습니다. 세존께서는 여러 욕망은 도살장(屠殺場)과 같다고 비유하셨으니, 즐거움은 적고 고통은 많으며 실망이 많고 이것에서 근심과 환란이 다시 많습니다. 세존께서는 여러 욕망은 칼, 극(戟)[72]과 같다고 비유하셨으니, 즐거움은 적고 고통은 많으며 실망이 많고 이것에서 근심과 환란이 다시 많습니다. 세존께서는 여러 욕망은 독사의 머리와 같다고 비유하셨으니, 즐거움은 적고 고통은 많으며 실망이 많고 이것에서 근심과 환란이 다시 많습니다."

본래 독수리 조련사이었던 아리타 비구는 여러 비구들에게 이와 같은 말을 들었으나, 여전히 강하고 완고(頑固)하게 그 악한 견해를 고집하였다.

---

72) 고대의 무기로서 갈고리 모양(鉤形)의 창(戈)의 자루인 앞쪽의 끝에 창 모양의 모(矛)를 달고 있는데, 과보다도 긴 자루를 끼워 갈고리 모양의 무기와 병사를 찌르는 구실을 겸하고 있다.

"여러 장로들이여. 나는 진실로 세존께서 설하신 법을 알고 이해하였는데, 일반적으로 세존께서는 '이것들은 도법을 장애한다.'라고 설하셨으나, 다만 그것을 행하는 것으로써 도를 장애하더라도 충분하지 않습니다."

여러 비구들은 능히 본래 독수리 조련사이었던 아리타 비구의 이러한 악한 견해를 벗어나게 할 수 없었고, 나아가 세존의 처소에 이르렀으며, 이 일로써 세존께 아뢰어 말하였다. 세존께서는 이 인연으로써 비구승가를 모으셨으며, 본래 독수리 조련사이었던 아리타 비구에게 물어 말씀하셨다.

"비구여. 근거하였던 말에서 그대가 진실로 이와 같은 악한 견해를 일으켰는가? '세존께서는 〈이것들은 도법을 장애한다.〉라고 설하셨으나, 다만 그것을 행하는 것으로써 도를 장애하더라도 충분하지 않다.'"

"진실로 그렇습니다. 세존이시여."

세존께서는 여러 방편으로 꾸짖으셨다.

"어리석은 사람이여. 그대는 결국 무엇을 이유로 내가 가르쳐서 보여주었던 이와 같은 법을 명료하게 알았는가? 어리석은 사람이여. 내가 어찌 여러 종류의 방편으로써 '도를 장애하는 법은 확실히 도를 장애한다.'라고 설하였고, 이것을 행하면 도를 장애하면서 충분하다고 설하지 않았던가?

나는 여러 욕망은 즐거움은 적고 고통은 많으며 실망이 많고 이것에서 근심과 환란이 다시 많다고 설하였고, 나는 여러 욕망은 해골(骸骨)과 같다고 비유하셨으며, …… 나는 여러 욕망은 독사의 머리와 같아서 즐거움은 적고 고통은 많으며 실망이 많고 이것에서 근심과 환란이 다시 많다고 설하였느니라.

그러나 어리석은 사람이여. 그대는 스스로의 오해를 이유로 우리들을 비방하였고, 아울러 또한 자신을 파괴하였으며, 많은 악업을 쌓았느니라. 어리석은 사람이여. 이것은 진실로 그대를 장야(長夜)에 불리한 고통으로 이끌고 이르게 하느니라. 어리석은 사람이여. 이것은 오히려 믿지 않는 자는 신심이 생겨나지 않게 하고, …… 이미 믿었던 자는 일부가 전전하여

다른 곳으로 향하여 떠나가게 하느니라."

이와 같이 세존께서는 여러 종류의 방편으로써 그 비구를 꾸짖고서 뒤에 부양이 어렵고 가르치고 양육함이 어려우며, …… 나아가 …… 여러 비구들을 위하여 적절한 법을 수순하여 설하신 뒤에 여러 비구들에게 알려 말씀하셨다.

"…… 나아가 …… 여러 비구들이여. 그대들은 마땅히 이와 같이 학처를 송출할지니라.

'어느 누구의 비구일지라도 만약 나는 이와 같이 세존께서 설하신 법을 알고 이해하였는데, 일반적으로 세존께서는 〈이것들은 도법을 장애한다.〉라고 설하셨으나, 다만 그것을 행하는 것으로써 도를 장애하더라도 충분하지 않다.'라고 이와 같이 말하였다면, 여러 비구들은 이 비구를 마주하고서 이와 같이 말하여야 한다.

'장로여. 이와 같이 말하지 마십시오. 세존을 비방하지 마십시오. 세존을 마주하고서 비방하는 것은 선하지 않습니다. 세존께서는 진실로 일찍이 이와 같이 말씀하지 않았습니다. 장로여. 세존께서는 여러 종류의 방편으로써 〈도를 장애하는 법은 확실히 도를 장애한다.〉라고 설하셨습니다. 이것의 도법을 장애하는 법을 행하는 것은 도를 장애하는 것으로 충분합니다.'

이 비구가 여러 비구들이 이와 같이 말하였으나, 오히려 고집하는 자라면, 여러 비구들은 그가 악한 견해를 버리게 시키면서 마땅히 세 번을 충고해야 한다. 세 번을 충고하는 때에 버린다면 좋으나, 만약 버리지 않는다면 바일제를 범하느니라."

2-1 '어느 누구'는 어느 태어난 곳의 이유, …… 혹은 중간의 법랍이었다면 이것을 '어느 누구'라고 말한다.

'비구'는 구걸하는 비구이니, 일을 쫓아서 걸식하는 비구, …… 곧 이것에서 '비구'의 뜻이라고 말하는 것이다.

'이와 같은 말'은 '나는 진실로 세존께서 설하신 법을 알고 이해하였는데,

일반적으로 세존께서는 〈이것들은 도법을 장애한다.〉라고 설하셨으나, 다만 그것을 행하는 것으로써 도를 장애하더라도 충분하지 않다.'라고 말하는 것이다.

'여러 비구들'은 그 다른 비구의 악한 견해를 들었다면 마땅히 그를 향하여 "장로여. 이와 같이 말하지 마십시오. …… 이것의 도법을 장애하는 법을 행하는 것은 도를 장애하는 것으로 충분합니다."라고 말해야 한다. 마땅히 두 번을 그에게 말해야 하고 세 번을 그에게 말해야 하며 버린다면 좋으나, 만약 버리지 않는다면 돌길라를 범한다. 듣고서 말하지 않는 자는 돌길라를 범한다.

마땅히 그 비구를 승가의 가운데에 데리고 와서 그에게 말해야 한다. "장로여. 이와 같이 말하지 마십시오. …… 이것의 도법을 장애하는 법을 행하는 것은 도를 장애하는 것으로 충분합니다." 마땅히 두 번을 그에게 말해야 하고 세 번을 그에게 말해야 하며 버린다면 좋으나, 만약 버리지 않는다면 돌길라를 범한다.

'이 비구'는 이와 같이 말하는 비구이다.

마땅히 그 비구에게 충고해야 한다. 여러 비구들이여. 마땅히 이와 같이 충고하여야 한다. 마땅히 한 총명하고 유능한 비구가 승가의 가운데에서 창언하여 말한다.

"대덕 승가께서는 허락하십시오. 이 누구 비구는 '내가 세존께서 설하신 법을 알고 이해하였는데, 일반적으로 세존께서는 〈이것들은 도법을 장애한다.〉라고 설하셨으나, 다만 그것을 행하는 것으로써 도법을 장애하더라도 충분하지 않습니다.'라고 이와 같은 악한 견해를 일으켰고, 이러한 악한 견해를 버리지 않았습니다. 만약 승가께서 때에 이르렀다면 승가는 누구 비구를 위하여 그에게 악한 견해를 버리도록 충고하겠습니다. 이와 같이 아룁니다.'

'대덕 승가께서는 허락하십시오. 이 누구 비구는 '내가 세존께서 설하신 법을 알고 이해하였는데, 일반적으로 세존께서는 〈이것들은 도법을 장애한다.〉라고 설하셨으나, 다만 그것을 행하는 것으로써 도법을 장애하더라

도 충분하지 않습니다.'라고 이와 같은 악한 견해를 일으켰고, 이러한
악한 견해를 버리지 않았습니다. 만약 승가께서 때에 이르렀다면 승가는
누구 비구를 위하여 그에게 악한 견해를 버리도록 충고하겠습니다. 여러
대덕들께서 누구 비구에게 악한 견해를 버리도록 충고하는 것을 인정하신
다면 묵연하시고 인정하지 않으신다면 말씀하십시오.'

저는 두 번째로 이 일을 아룁니다.

'대덕 승가께서는 허락하십시오. 이 누구 비구는 '내가 세존께서 설하신
법을 알고 이해하였는데, 일반적으로 세존께서는 〈이것들은 도법을 장애
한다.〉라고 설하셨으나, 다만 그것을 행하는 것으로써 도법을 장애하더라
도 충분하지 않습니다.'라고 이와 같은 악한 견해를 일으켰고, 이러한
악한 견해를 버리지 않았습니다. 만약 승가께서 때에 이르렀다면 승가는
누구 비구를 위하여 그에게 악한 견해를 버리도록 충고하겠습니다. 여러
대덕들께서 누구 비구에게 악한 견해를 버리도록 충고하는 것을 인정하신
다면 묵연하시고 인정하지 않으신다면 말씀하십시오.'

저는 세 번째로 이 일을 아룁니다.

'대덕 승가께서는 허락하십시오. 이 누구 비구는 '내가 세존께서 설하신
법을 알고 이해하였는데, 일반적으로 세존께서는 〈이것들은 도법을 장애
한다.〉라고 설하셨으나, 다만 그것을 행하는 것으로써 도법을 장애하더라
도 충분하지 않습니다.'라고 이와 같은 악한 견해를 일으켰고, 이러한
악한 견해를 버리지 않았습니다. 만약 승가께서 때에 이르렀다면 승가는
누구 비구를 위하여 그에게 악한 견해를 버리도록 충고하겠습니다. 여러
대덕들께서 누구 비구에게 악한 견해를 버리도록 충고하는 것을 인정하신
다면 묵연하시고 인정하지 않으신다면 말씀하십시오.'

'승가시여. 누구 비구에게 악한 견해를 버리도록 충고하는 것을 마쳤습
니다. 승가께서 인정하신 것은 묵연하였던 까닭입니다. 나는 이와 같이
알고 이해하겠습니다.'"

아뢰었던 이유라면 돌길라를 범하고, 두 번을 갈마하였다면 돌길라를
범하며, 갈마의 말을 마쳤다면 바일제를 범한다.

2-2 여법한 갈마에서 여법한 갈마라는 생각이 있었는데, 버리지 않는 자는 바일제를 범한다. 여법한 갈마에서 여법한 갈마라는 의심이 있었는데, 버리지 않는 자는 바일제를 범한다. 여법한 갈마에서 비법의 갈마라는 생각이 있었는데, 버리지 않는 자는 바일제를 범한다.

비법의 갈마에서 여법한 갈마라는 생각이 있었는데, 버리지 않는 자는 돌길라를 범한다. 비법의 갈마에서 여법한 갈마라는 의심이 있었는데, 버리지 않는 자는 돌길라를 범한다. 비법의 갈마에서 비법의 갈마라는 생각이 있었는데, 버리지 않는 자는 범하지 않는다.

3-1 아직 충고하지 않았거나, 버렸거나, 미쳤던 자이거나, 최초로 범한 자는 범하지 않는다.

[예순여덟 번째의 바일제를 마친다.]

(69) 여악견자공주숙(與惡見者共住宿) 학처

1-1 그때 불·세존께서는 사위성의 기수급고독원에 머무르셨다.

그때 육군비구들은 이와 같은 악한 견해라고 알았으나, 승가에서 충고하여 버리게 하는 갈마를 받아들이지 않았으나, 아리타 비구와 함께 일하였고 함께 먹었으며 함께 묵었다. 여러 비구들의 가운데에서 욕심이 적은 자들은 싫어하고 비난하였다.

"무슨 까닭으로써 육군비구들은 이와 같은 악한 견해라고 알았고, 승가에서 충고하여 버리게 하는 갈마를 받아들이지 않았는데, 그 비구와 함께 일하였고 함께 먹었으며 함께 묵는가?"

여러 비구들은 이 일로써 세존께 아뢰었고, 세존께서는 이 인연으로써 비구승가를 모으셨으며, 그 비구에게 물어 말씀하셨다.

"육군비구들이여. 그대들이 진실로 이와 같은 악한 견해라고 알았고,

승가에서 충고하여 버리게 하는 갈마를 받아들이지 않았는데, 그 비구와 함께 일하였고 함께 먹었으며 함께 묵었는가?"

"진실로 그렇습니다. 세존이시여."

세존께서는 여러 방편으로 꾸짖으셨다.

"어리석은 사람들이여. 그대들은 어찌하여 이와 같은 악한 견해라고 알았고, 승가에서 충고하여 버리게 하는 갈마를 받아들이지 않았는데, 그 비구와 함께 일하였고 함께 먹었으며 함께 묵었는가? 어리석은 사람들이여. 이것은 오히려 믿지 않는 자는 신심이 생겨나지 않게 하고, …… 이미 믿었던 자는 일부가 전전하여 다른 곳으로 향하여 떠나가게 하느니라."

이와 같이 세존께서는 여러 종류의 방편으로써 육군비구들을 꾸짖고서 뒤에 부양이 어렵고 가르치고 양육함이 어려우며, …… 나아가 …… 여러 비구들을 위하여 적절한 법을 수순하여 설하신 뒤에 여러 비구들에게 알려 말씀하셨다.

"…… 나아가 …… 여러 비구들이여. 그대들은 마땅히 이와 같이 학처를 송출할지니라.

'어느 누구의 비구일지라도 이와 같은 악한 견해라고 알았고, 승가에서 충고하여 버리게 하는 갈마법을 받아들이지 않았는데, 함께 일하였고 함께 먹었으며 함께 묵는 자는 바일제를 범하느니라.'"

2-1 '어느 누구'는 어느 태어난 곳의 이유, …… 혹은 중간의 법랍이었다면 이것을 '어느 누구'라고 말한다.

'비구'는 구걸하는 비구이니, 일을 쫓아서 걸식하는 비구, …… 곧 이것에서 '비구'의 뜻이라고 말하는 것이다.

'이와 같은 말'은 '나는 진실로 세존께서 설하신 법을 알고 이해하였는데, 일반적으로 세존께서는 〈이것들은 도법을 장애한다.〉라고 설하셨으나, 다만 그것을 행하는 것으로써 도를 장애하더라도 충분하지 않다.'라고 말하는 것이다.

'갈마법을 받아들이지 않다.'는 죄가 드러났고 아직 청정함을 회복하지 못한 것이다.

'견해를 버리지 않다.'는 이러한 견해를 버리지 않은 것이다.

'함께 일하다.'는 함께 일하는 것에 두 종류가 있나니, 함께 음식을 먹는 일과 함께 법사(法事)하는 것이다.

'함께 음식을 먹는 일'은 음식을 가지고 주거나, 혹은 받는 자는 바일제를 범한다.

'함께 법사하다.'는 그를 위하여 법을 송출하거나, 그에게 송출하게 하거나, 구절에 의지하여 송출하거나, 혹은 송출하게 하는 자는 구절·구절에 바일제를 범한다. 문자에 의지하여 송출하거나, 혹은 송출하게 하는 자는 문자·문자에 바일제를 범한다.

'함께 머무르다.'는 죄가 드러났는데, 함께 포살하거나, 자자하거나, 혹은 승갈마(僧羯磨)를 짓는 자는 바일제를 범한다.

'함께 묵다.'는 동일하게 덮어진 처소에서 죄가 드러났던 자가 누워있었는데, 비구가 누웠다면 바일제를 범한다. 비구가 누워있었던 처소에 죄가 드러났던 자가 누웠다면 바일제를 범한다. 두 사람이 함께 누웠다면 바일제를 범한다. 일어난 뒤에 다시 누웠어도 바일제를 범한다.

2-2 죄가 드러난 자이었고 죄가 드러났다는 생각이 있었는데, 함께 머무르고 함께 묵는 자는 바일제를 범한다. 죄가 드러난 자이었고 죄가 드러났다는 의심이 있었는데, 함께 머무르고 함께 묵는 자는 돌길라를 범한다. 죄가 드러난 자이었고 죄가 드러나지 않았다는 생각이 있었는데, 함께 머무르고 함께 묵는 자는 범하지 않는다.

죄가 드러나지 않은 자이었고 죄가 드러났다는 생각이 있었는데, 함께 머무르고 함께 묵는 자는 돌길라를 범한다. 죄가 드러나지 않은 자이었고 죄가 드러났다는 의심이 있었는데, 함께 머무르고 함께 묵는 자는 돌길라를 범한다. 죄가 드러나지 않은 자이었고 죄가 드러나지 않았다는 생각이 있었는데, 함께 머무르고 함께 묵는 자는 범하지 않는다.

3-1 드러나지 않았다고 알았거나, 드러났어도 죄가 청정해졌다고 알았거나, 그러한 견해를 이미 버렸다고 알았거나, 미쳤던 자이거나, 최초로 범한 자는 범하지 않는다.

[예순아홉 번째의 바일제를 마친다.]

70) 멸빈사미공주숙(滅擯沙彌共住宿) 학처

1-1 그때 불·세존께서는 사위성의 기수급고독원에 머무르셨다.

그때 건다(騫茶)[73] 사미(沙彌)[74]에게 이와 같은 악한 견해가 생겨났다.

"나는 세존께서 설하신 법을 알고 이해하였는데, 일반적으로 세존께서는 '이것들은 도법을 장애한다.'라고 설하셨으나, 다만 그것을 행하여도 역시 장애하는 것으로써 부족하다."

여러 비구들은 건다 사미가 이와 같은 악한 견해가 생겨났다고 들었다. 이때 건다 사미의 처소에서 이와 같이 말을 지었다.

"건다 사미여. 그대에게 진실로 이와 같은 악한 견해가 생겨났는가? '내가 세존께서 설하신 법을 알고 이해하였는데, 일반적으로 세존께서는 〈이것들은 도법을 장애한다.〉라고 설하셨으나, 다만 그것을 행하여도 역시 장애하는 것으로써 부족하다.'"

"진실로 이와 같습니다. 장로들이여. 저는 세존께서 설하신 법을 알고 이해하였는데, 일반적으로 세존께서는 '이것들은 도법을 장애한다.'라고 설하셨으나, 다만 그것을 행하여도 역시 장애하는 것으로써 부족하다."

"건다 사미여. 이와 같이 말하지 말게. 세존을 비방하지 말게. 세존을 마주하고서 비방하는 것은 선하지 않네. 세존께서는 진실로 일찍이 이와 같이 말씀하지 않았네. 건다 사미여. 세존께서는 여러 종류의 방편으로써

---

73) 팔리어 Kaṇṭaka(칸타카)의 음사이다.
74) 팔리어 samaṇuddesa(사마누떼사)의 음사이다.

'도를 장애하는 법은 확실히 도를 장애한다.'라고 설하셨네. 이것의 도법을 장애하는 법을 행하는 것은 도를 장애하는 것으로 충분하네.

세존께서 설하신 여러 욕망은 즐거움은 적고 고통은 많으며 실망이 많고 이것에서 근심과 환란이 다시 많네. 세존께서는 여러 욕망은 해골과 같다고 비유하셨으니, 즐거움은 적고 고통은 많으며 실망이 많고 이것에서 근심과 환란이 다시 많네. 세존께서는 여러 욕망은 고깃덩이 같다고 비유하셨으니, 즐거움은 적고 고통은 많으며 실망이 많고 이것에서 근심과 환란이 다시 많네.

세존께서는 여러 욕망은 건초의 불꽃과 같다고 비유하셨으니, 즐거움은 적고 고통은 많으며 실망이 많고 이것에서 근심과 환란이 다시 많네. 세존께서는 여러 욕망은 불구덩이와 같다고 비유하셨으니, 즐거움은 적고 고통은 많으며 실망이 많고 이것에서 근심과 환란이 다시 많네. 세존께서는 여러 욕망은 꿈과 같다고 비유하셨으니, 즐거움은 적고 고통은 많으며 실망이 많고 이것에서 근심과 환란이 다시 많네. 세존께서는 여러 욕망은 빌렸던 물건과 같다고 비유하셨으니, 즐거움은 적고 고통은 많으며 실망이 많고 이것에서 근심과 환란이 다시 많네.

세존께서는 여러 욕망은 나무의 과일과 같다고 비유하셨으니, 즐거움은 적고 고통은 많으며 실망이 많고 이것에서 근심과 환란이 다시 많네. 세존께서는 여러 욕망은 도살장과 같다고 비유하셨으니, 즐거움은 적고 고통은 많으며 실망이 많고 이것에서 근심과 환란이 다시 많네. 세존께서는 여러 욕망은 칼, 극과 같다고 비유하셨으니, 즐거움은 적고 고통은 많으며 실망이 많고 이것에서 근심과 환란이 다시 많네. 세존께서는 여러 욕망은 독사의 머리와 같다고 비유하셨으니, 즐거움은 적고 고통은 많으며 실망이 많고 이것에서 근심과 환란이 다시 많네."

건다 사미는 여러 비구들에게 이와 같은 말을 들었으나, 여전히 강하고 완고하게 그의 악한 견해를 고집하면서 취하였다.

"여러 대덕들이여. 나는 진실로 세존께서 설하신 법을 알고 이해하였는데, 일반적으로 세존께서는 '이것들은 도법을 장애한다.'라고 설하셨으나,

다만 그것을 행하여도 역시 장애하는 것으로써 부족합니다."

여러 비구들은 능히 건다 사미의 이러한 악한 견해를 벗어나게 할 수 없었고, 나아가 세존의 처소에 이르렀으며, 이 일로써 세존께 아뢰어 말하였다. 세존께서는 이 인연으로써 비구승가를 모으셨으며, 건다 사미에게 물어 말씀하셨다.

"건다 사미여. 근거하였던 말에서 그대가 진실로 이와 같은 악한 견해를 일으켰는가? '세존께서는 〈이것들은 도법을 장애한다.〉라고 설하셨으나, 다만 그것을 행하여도 역시 장애하는 것으로써 부족하다.'"

"진실로 그렇습니다. 세존이시여."

세존께서는 여러 방편으로 꾸짖으셨다.

"어리석은 사람이여. 그대는 결국 무엇을 이유로 내가 가르쳐서 보여주었던 이와 같은 법을 명료하게 알았는가? 어리석은 사람이여. 내가 어찌 여러 종류의 방편으로써 '도를 장애하는 법은 확실히 도를 장애한다.'라고 설하였고, 이것을 행하면 도를 장애하면서 충분하다고 설하지 않았던가?

나는 여러 욕망은 즐거움은 적고 고통은 많으며 실망이 많고 이것에서 근심과 환란이 다시 많다고 설하였고, 나는 여러 욕망은 해골과 같다고 비유하였으며, …… 나는 여러 욕망은 독사의 머리와 같아서 즐거움은 적고 고통은 많으며 실망이 많고 이것에서 근심과 환란이 다시 많다고 설하였느니라.

그러나 어리석은 사람이여. 그대는 스스로의 오해를 이유로 우리들을 비방하였고, 아울러 또한 자신을 파괴하였으며, 많은 악업을 쌓았느니라. 어리석은 사람이여. 이것은 진실로 그대를 장야에 불리한 고통으로 이끌고 이르게 하느니라. 어리석은 사람이여. 이것은 오히려 믿지 않는 자는 신심이 생겨나지 않게 하고, …… 이미 믿었던 자는 일부가 전전하여 다른 곳으로 향하여 떠나가게 하느니라."

이와 같이 세존께서는 여러 종류의 방편으로써 그 비구를 꾸짖고서 뒤에 부양이 어렵고 가르치고 양육함이 어려우며, …… 나아가 …… 여러 비구들을 위하여 적절한 법을 수순하여 설하신 뒤에 여러 비구들에게 알려 말씀하셨다.

"그렇다면 여러 비구들이여. 승가는 마땅히 건다 사미를 멸빈(擯滅)시킬지니라. 여러 비구들이여. 이와 같이 멸빈시킬지니라.

'건다 사미여. 지금 이후부터 그대는 세존께서 그대의 스승이라고 말할 수 없네. 그 다른 사미들은 여러 비구들과 2·3일 밤을 묵을 수 있으나, 그대는 묵을 수 없네. 그대는 멀리 떠나가게.'

이렇게 승가는 건다 사미를 멸빈시킬지니라."

그때 육군비구들은 이와 같이 그를 멸빈시켰다는 것을 알고서도 건다 사미를 위로하였고, 치켜세웠으며, 함께 일하였고 함께 먹었으며 함께 묵었다. 여러 비구들의 가운데에서 욕심이 적은 자들은 싫어하고 비난하였다.

"무슨 까닭으로써 육군비구들은 그를 멸빈시켰다는 것을 알았는데, 건다 사미를 위로하고, 치켜세우며, 함께 일하였고 함께 먹었으며 함께 묵는가?"

여러 비구들은 이 일로써 세존께 아뢰었고, 세존께서는 이 인연으로써 비구승가를 모으셨으며, 그 비구에게 물어 말씀하셨다.

"육군비구들이여. 그대들이 진실로 건다를 멸빈시켰다는 것을 알았는데, 사미를 위로하고, 치켜세우며, 함께 일하였고 함께 먹었으며 함께 묵었는가?"

"진실로 그렇습니다. 세존이시여."

세존께서는 여러 방편으로 꾸짖으셨다.

"어리석은 사람들이여. 그대들은 그를 멸빈시켰다는 것을 알고서도 사미를 위로하고, 치켜세우며, 함께 일하였고 함께 먹었으며 함께 묵었는가? 어리석은 사람들이여. 이것은 오히려 믿지 않는 자는 신심이 생겨나지 않게 하고, …… 이미 믿었던 자는 일부가 전전하여 다른 곳으로 향하여 떠나가게 하느니라."

이와 같이 세존께서는 여러 종류의 방편으로써 육군비구들을 꾸짖고서 뒤에 부양이 어렵고 가르치고 양육함이 어려우며, …… 나아가 …… 여러 비구들을 위하여 적절한 법을 수순하여 설하신 뒤에 여러 비구들에게 알려 말씀하셨다.

"…… 나아가 …… 여러 비구들이여. 그대들은 마땅히 이와 같이 학처를 송출할지니라.

만약 사미가 '나는 이와 같이 세존께서 설하신 법을 알고 이해하였는데, 일반적으로 세존께서는 〈이것들은 도법을 장애한다.〉라고 설하셨으나, 다만 그것을 행하여도 역시 장애하는 것으로써 부족하다.'라고 이와 같이 말하였다면, 여러 비구들은 이 사미를 마주하고서 이와 같이 말하여야 한다.

'사미여. 이와 같이 말하지 말게. 세존을 비방하지 말게. 세존을 마주하고서 비방하는 것은 선하지 않네. 세존께서는 진실로 일찍이 이와 같이 말씀하지 않았네. 사미여. 세존께서는 여러 종류의 방편으로써 〈도를 장애하는 법은 확실히 도를 장애한다.〉라고 설하셨네. 이것의 도법을 장애하는 법을 행하는 것은 도를 장애하는 것으로 충분하네.'

이 비구가 여러 비구들이 이와 같이 말하였으나, 오히려 고집하는 자라면, 여러 비구들은 마땅히 '사미여. 지금 이후부터 그대는 세존께서 그대의 스승이라고 말할 수 없네. 그 다른 사미들은 여러 비구들과 2·3일 밤을 묵을 수 있으나, 그대는 묵을 수 없네. 그대는 멀리 떠나가게.'라고 알려야 한다.

'어느 누구의 비구일지라도 그를 멸빈시켰다는 것을 알았는데, 사미를 위로하고, 치켜세우며, 함께 일하였고 함께 먹었으며 함께 묵는 자는 바일제를 범하느니라.'"

2-1 '사미'는 사미라고 말하는 자이다.

'이와 같은 말'은 '나는 진실로 세존께서 설하신 법을 알고 이해하였는데, 일반적으로 세존께서는 〈이것들은 도법을 장애한다.〉라고 설하셨으나, 다만 그것을 행하여도 역시 장애하는 것으로써 부족하다.'라고 말하는 것이다.

'여러 비구들'은 그 다른 사미의 악한 견해를 들었다면 마땅히 그를 향하여 말해야 한다. "사미여. 이와 같이 말하지 말게. …… 이것의 도법을 장애하는 법을 행하는 것은 도를 장애하는 것으로 충분하네." 마땅히 두 번을 그에게 말해야 하고, 세 번을 그에게 말하는데, 버린다면 좋으나, 만약 버리지 않는다면 여러 비구들은 사미를 마주하고서 이와 같이 말해야 한다.

'사미여. 지금 이후부터 그대는 세존께서 그대의 스승이라고 말할 수 없네. 그 다른 사미들은 여러 비구들과 2·3일 밤을 묵을 수 있으나, 그대는 묵을 수 없네. 그대는 멀리 떠나가게.'

'사미'는 사미라고 말하는 자이다.

'어느 누구'는 어느 태어난 곳의 이유, …… 혹은 중간의 법랍이었다면 이것을 '어느 누구'라고 말한다.

'비구'는 구걸하는 비구이니, 일을 쫓아서 걸식하는 비구, …… 곧 이것에서 '비구'의 뜻이라고 말하는 것이다.

'알다.'는 스스로가 알았거나, 다른 사람이 그에게 말하였거나, 혹은 그가 다른 사람에게 말한 것이다.

'이와 같이 멸빈시키다.'는 이렇게 멸빈시키는 것이다.

'사미'는 이러한 악한 견해를 고집하는 사미이다.

'위로하다.'는 그를 향하여 "내가 마땅히 발우를 주겠네. 내가 마땅히 옷을 주겠네. 혹은 송출하겠네. 혹은 묻는다면 대답하겠네."라고 이와 같이 위로하는 자는 바일제를 범한다.

'혹은 치켜세우다.'는 그를 위하여 가루약을 취하게 하거나, 점토를 취하게 하거나, 치목을 취하게 하거나, 마시는 물을 취하게 하는 자는 바일제를 범한다.

'함께 일하다.'는 함께 일하는 것에 두 종류가 있나니, 함께 음식을 먹는 일과 함께 법사하는 것이다. …… 문자에 의지하여 송출하거나, 혹은 송출하게 하는 자는 문자·문자를 따라서 바일제를 범한다.

'함께 묵다.'는 동일하게 덮어진 처소에서 죄가 드러났던 자가 누워있었는데, 비구가 누웠다면 바일제를 범한다. 비구가 누워있었던 처소에 죄가 드러났던 자가 누웠다면 바일제를 범한다. 두 사람이 함께 누웠다면 바일제를 범한다. 일어난 뒤에 다시 누웠어도 바일제를 범한다

2-2 멸빈된 자이었고 멸빈된 자라는 생각이 있었는데, 위로하고, 혹은 치켜세우며, 혹은 함께 일하고, 혹은 함께 묵는 자는 바일제를 범한다. 멸빈된 자이었고 멸빈된 자라는 의심이 있었는데, 위로하고, 혹은 치켜세우며, 혹은 함께 일하고, 혹은 함께 묵는 자는 돌길라를 범한다. 멸빈된 자이었고 멸빈되지 않은 자라는 생각이 있었는데, 위로하고, 혹은 치켜세우며, 혹은 함께 일하고, 혹은 함께 묵는 자는 범하지 않는다.

멸빈된 자가 아니었고 멸빈된 자라는 생각이 있었는데, 위로하고, 혹은 치켜세우며, 혹은 함께 일하고, 혹은 함께 묵는 자는 돌길라를 범한다. 멸빈된 자가 아니었고 멸빈된 자라는 의심이 있었는데, 위로하고, 혹은 치켜세우며, 혹은 함께 일하고, 혹은 함께 묵는 자는 돌길라를 범한다. 멸빈된 자가 아니었고 멸빈된 자가 아니라는 생각이 있었는데, 위로하고, 혹은 치켜세우며, 혹은 함께 일하고, 혹은 함께 묵는 자는 범하지 않는다.

3-1 멸빈되지 않았다고 알았거나, 그러한 견해를 버렸다고 알았거나, 미쳤던 자이거나, 최초로 범한 자는 범하지 않는다.

[일흔 번째의 바일제를 마친다.]

○ 【일곱째의 유충수품(有蟲水品)을 마친다.】

섭송으로 설하겠노라.

고의로 살생하는 것과 벌레와 논쟁과
추죄를 덮어서 감추는 것과 20세 미만과
도둑과 먼저 약속하는 것과 아리타와
드러내는 것과 건다 사미 등이 있다.

71) 불능지율(不能持律) 학처

1-1 그때 불·세존께서는 구섬미국의 구사라원에 머무르셨다.

그때 장로 천타가 비법을 행하였으므로 여러 비구들이 이와 같이 말하였다.

"장로 천타여. 이와 같이 하지 마십시오. 이것은 청정한 법이 아닙니다."

그가 대답하여 말하였다.

"장로들이여. 나는 그것을 능히 감당할 수 있는 다른 지율비구에게 묻지 않았습니다. 나는 마땅히 이 학처를 수지하지 않겠습니다."

여러 비구들의 가운데에서 욕심이 적은 자들은 싫어하고 비난하였다.

"무슨 까닭으로써 장로 천타는 여러 비구들이 여법하게 그것을 말하였는데, '장로들이여. 나는 그것을 능히 감당할 수 있는 다른 지율비구에게 묻지 않았습니다. 나는 마땅히 이 학처를 수지하지 않겠습니다.'라고 이와 같이 말을 짓는가?"

여러 비구들은 이 일로써 세존께 아뢰었고, 세존께서는 이 인연으로써 비구승가를 모으셨으며, 그 비구에게 물어 말씀하셨다.

"천타여. 그대가 진실로 여러 비구들이 여법하게 그것을 말하였는데, '장로들이여. 나는 그것을 능히 감당할 수 있는 다른 지율비구에게 묻지 않았습니다. 나는 마땅히 이 학처를 수지하지 않겠습니다.'라고 이와 같이 말을 지었는가?"

"진실로 그렇습니다. 세존이시여."

세존께서는 여러 방편으로 꾸짖으셨다.

"어리석은 사람이여. 그대는 어찌하여 '장로들이여. 나는 그것을 능히 감당할 수 있는 다른 지율비구에게 묻지 않았습니다. 나는 마땅히 이 학처를 수지하지 않겠습니다.'라고 이와 같이 말을 지었는가? 어리석은 사람이여. 이것은 오히려 믿지 않는 자는 신심이 생겨나지 않게 하고, …… 이미 믿었던 자는 일부가 전전하여 다른 곳으로 향하여 떠나가게 하느니라."

이와 같이 세존께서는 여러 종류의 방편으로써 천타를 꾸짖고서 뒤에 부양이 어렵고 가르치고 양육함이 어려우며, …… 나아가 …… 여러 비구들을 위하여 적절한 법을 수순하여 설하신 뒤에 여러 비구들에게 알려 말씀하셨다.

"…… 나아가 …… 여러 비구들이여. 그대들은 마땅히 이와 같이 학처를 송출할지니라.

'어느 누구의 비구일지라도 비록 여러 비구들이 여법하게 그것을 말하였는데, 만약 '장로들이여. 나는 그것을 능히 감당할 수 있는 다른 지율비구에게 묻지 않았습니다. 나는 마땅히 이 학처를 수지하지 않겠습니다.'라고 이와 같이 말을 짓는 자는 바일제를 범하느니라.'

여러 비구들이여. 계율을 배우는 자는 마땅히 명료하게 알아야 하고, 자세하게 물어야 하며 그것을 깊이 사유해야 한다. 이것이 이러한 때를 위한 법이니라."

2-1 '어느 누구'는 어느 태어난 곳의 이유, …… 혹은 중간의 법랍이었다면 이것을 '어느 누구'라고 말한다.

'비구'는 구걸하는 비구이니, 일을 쫓아서 걸식하는 비구, …… 곧 이것에서 '비구'의 뜻이라고 말하는 것이다.

'여러 비구들을 이유로'는 그것이 다른 여러 비구들이었던 이유이다.

'여법하다.'는 세존께서 학처를 제정하여 세우셨던 이유로, 이것을 여법하다고 이름한다. 이것을 의지하여 말하였는데, 거부하면서 "장로들이여. 나는 그것을 능히 감당할 수 있는 자인 다른 지율자(持律者), 지혜자(智慧

者), 현자(賢者), 다문자(多聞者), 여법설법자(如法說法者) 등에게 묻지 않았습니다. 나는 마땅히 이 학처를 수지하지 않겠습니다."라고 이와 같이 말을 짓는 자는 바일제를 범한다.

2-2 구족계를 받은 자이었고 구족계를 받은 자라는 생각이 있었는데, 이와 같이 말을 짓는 자는 바일제를 범한다. 구족계를 받은 자이었고 구족계를 받은 자라는 의심이 있었는데, 이와 같이 말을 짓는 자는 바일제를 범한다. 구족계를 받은 자이었고 구족계를 받지 않은 자라는 생각이 있었는데, 이와 같이 말을 짓는 자는 바일제를 범한다.

계율이 제정되지 않은 때에 "이것은 삿됨을 제지하고, 악을 없애며, 단정하고, 공경스러우며, 정진하는 작용이 있는 것이다."라고 말하였는데, 만약 "장로들이여. 나는 그것을 능히 감당할 수 있는 자인 다른 지율자, 지혜자, 현자, 다문자, 여법설법자 등에게 묻지 않았습니다. 나는 마땅히 이 학처를 수지하지 않겠습니다."라고 이와 같이 말을 짓는 자는 돌길라를 범한다.

구족계를 받지 않은 자가 계율이 제정되었거나, 혹은 계율이 제정되지 않은 때에 "이것은 삿됨을 제지하고, 악을 없애며, 단정하고, 공경스러우며, 정진하는 작용이 있는 것이다."라고 말하였는데, 만약 "장로들이여. 나는 그것을 능히 감당할 수 있는 자인 다른 지율자, 지혜자, 현자, 다문자, 여법설법자 등에게 묻지 않았습니다. 나는 마땅히 이 학처를 수지하지 않겠습니다."라고 이와 같이 말을 짓는 자는 돌길라를 범한다.

구족계를 받지 않은 자이었고 구족계를 받은 자라는 생각이 있었는데, 이와 같이 말을 짓는 자는 돌길라를 범한다. 구족계를 받지 않은 자이었고 구족계를 받은 자라는 의심이 있었는데, 이와 같이 말을 짓는 자는 돌길라를 범한다. 구족계를 받지 않은 자이었고 구족계를 받지 않은 자라는 생각이 있었는데, 이와 같이 말을 짓는 자는 돌길라를 범한다.

'계율을 배우다.'는 계율을 배워서 수지하는 자이다.

'명료하게 알다.'는 마땅히 알고 이해하는 것이다.

'마땅히 묻다.'는 마땅히 "대덕이여. 이것은 무엇입니까? 이것은 무슨 뜻입니까?"라고 묻는 것이다.

'마땅히 깊이 사유하다.'는 마땅히 사유하고 마땅히 뜻을 비교하여 헤아리는 것이다.

'이것이 이러한 때를 위한 법이다.'는 이때에 이러한 법이 있다면 여법한 것이다.

3-1 "내가 마땅히 알았으니, 계를 배워서 수지하겠습니다."라고 말하였거나, 미쳤던 자이거나, 최초로 범한 자는 범하지 않는다.

[일흔한 번째의 바일제를 마친다.]

72) 비방계율(誹謗戒律) 학처

1-1 그때 불·세존께서는 사위성의 기수급고독원에 머무르셨다.

그때 세존께서는 여러 비구들을 위하여 여러 종류의 방편으로써 계율을 설하셨고, 계율을 찬탄하셨으며, 계율의 성취를 찬탄하셨고, 거듭하여 장로 우바리를 찬탄하셨으며, 여러 비구들이 말하였다.

"세존께서는 여러 종류의 방편으로써 계율을 설하셨고, 계율을 찬탄하셨으며, 계율의 성취를 찬탄하셨고, 거듭하여 장로 우바리를 찬탄하셨습니다. 장로들이여. 우리들은 마땅히 장로 우바리의 처소에 이르러 계율을 배워야 합니다."

그 여러 대중인 상좌, 중좌, 하좌의 비구들이 장로 우바리의 처소에 이르러 계율을 배웠다. 그때 육군비구들은 이와 같이 사유를 지었다.

'장로들이여. 지금 여러 대중인 상좌, 중좌, 하좌의 비구들이 장로 우바리의 처소에 이르러 계율을 배우고 있다. 만약 그들이 계율을 성취한다면 무슨 처소이거나, 무슨 일이거나, 무슨 작은 일과 같은 것을 논하지도 않고서 장차 필요하다면 우리들을 마주하고서 유죄라고 판결할 것이다. 그러므로 장로들이여. 우리들은 마땅히 계율을 비방해야겠다.'

이때 육군비구들은 여러 비구들의 처소에 이르러 이와 같이 말을 지었다.

"이러한 소소(小小)한 계율을 설하여 알려주더라도 무슨 소용이 있겠소? 오직 의혹, 고뇌, 혼란 등으로 이끌어서 이르게 하는 것이오."

여러 비구들의 가운데에서 욕심이 적은 자들은 싫어하고 비난하였다.

"무슨 까닭으로써 육군비구들은 계율을 비방하는가?"

여러 비구들은 이 일로써 세존께 아뢰었고, 세존께서는 이 인연으로써 비구승가를 모으셨으며, 육군비구들에게 물어 말씀하셨다.

"육군비구들이여. 그대들이 진실로 계율을 비방하였는가?"

"진실로 그렇습니다. 세존이시여."

세존께서는 여러 방편으로 꾸짖으셨다.

"어리석은 사람들이여. 그대들은 어찌하여 계율을 비방하였는가? 어리석은 사람들이여. 이것은 오히려 믿지 않는 자는 신심이 생겨나지 않게 하고, …… 이미 믿었던 자는 일부가 전전하여 다른 곳으로 향하여 떠나가게 하느니라."

이와 같이 세존께서는 여러 종류의 방편으로써 육군비구들을 꾸짖고서 뒤에 부양이 어렵고 가르치고 양육함이 어려우며, …… 나아가 …… 여러 비구들을 위하여 적절한 법을 수순하여 설하신 뒤에 여러 비구들에게 알려 말씀하셨다.

"…… 나아가 …… 여러 비구들이여. 그대들은 마땅히 이와 같이 학처를 송출할지니라.

'어느 누구의 비구일지라도 바라제목차(波羅提木叉)[75]를 설하여 알려주는 때에 만약 〈이러한 소소한 계율을 설하여 알려주더라도 무슨 소용이 있겠습니까? 오직 의혹, 고뇌, 혼란 등으로 이끌어서 이르게 하는 것입니

---

75) 팔리어 pātimokkha(파티모까)의 음사이다.

다.)라고 이와 같이 계율을 비방하는 자는 바일제를 범하느니라.'"

2-1 '어느 누구'는 어느 태어난 곳의 이유, …… 혹은 중간의 법랍이었다면 이것을 '어느 누구'라고 말한다.

'비구'는 구걸하는 비구이니, 일을 쫓아서 걸식하는 비구, …… 곧 이것에서 '비구'의 뜻이라고 말하는 것이다.

'바라제목차를 설하여 알려주는 때'는 혹은 송출하거나, 혹은 송출하게 하거나, 혹은 배워서 익히는 때이다.

'만약 이와 같이 말하다.'는 "이러한 소소한 계율을 설하여 알려주더라도 무슨 소용이 있겠습니까? 오직 의혹, 고뇌, 혼란 등으로 이끌어서 이르게 하는 것입니다."라고 말하거나, "일반적으로 이것을 배우는 자는 의혹, 고뇌, 혼란 등이 있고, 배우지 않는 자는 의혹, 고뇌, 혼란 등이 없습니다. 송출하지 않는 자는 수승(殊勝)하고, 취하지 않는 자는 수승하며, 배우지 않는 자는 수승하고, 수지하지 않는 자는 수승하므로 계율은 마땅히 없애야 합니다. 여러 비구들이여. 마땅히 계율에 명료하지 않아야 합니다."라고 이와 같이 구족계를 받은 자를 마주하고서 계율을 비방하는 자는 바일제를 범한다.

2-2 구족계를 받은 자이었고 구족계를 받은 자라는 생각이 있었는데, 계율을 비방하는 자는 바일제를 범한다. 구족계를 받은 자이었고 구족계를 받은 자라는 의심이 있었는데, 계율을 비방하는 자는 바일제를 범한다. 구족계를 받은 자이었고 구족계를 받지 않은 자라는 생각이 있었는데, 계율을 비방하는 자는 바일제를 범한다.

다른 법을 비방하는 자는 돌길라를 범한다. 구족계를 받지 않은 자를 마주하고서 계율을 비방하거나, 혹은 다른 법을 비방하는 자는 돌길라를 범한다.

구족계를 받지 않은 자이었고 구족계를 받은 자라는 생각이 있었는데, 계율을 비방하는 자는 돌길라를 범한다. 구족계를 받지 않은 자이었고 구족계를 받은 자라는 의심이 있었는데, 계율을 비방하는 자는 돌길라를 범한다. 구족계를 받지 않은 자이었고 구족계를 받지 않은 자라는 생각이 있었는데, 계율을 비방하는 자는 돌길라를 범한다.

3-1 "와서 그대는 경장을 배우고 게송과 논장을 배우고서 뒤에 계율을 배우시오."라고 비방하지 않고서 말하였거나, 미쳤던 자이거나, 최초로 범한 자는 범하지 않는다.

[일흔두 번째의 바일제를 마친다.]

73) 무지계율(無知戒律) 학처

1-1 그때 불·세존께서는 사위성의 기수급고독원에 머무르셨다.

그때 육군비구들이 비법을 행하면서 '알지 못하고서 범하였던 이유이므로 마땅히 알려야겠다.'라고 생각하였으며, 바라제목차를 설하여 알리는 때에 이와 같이 말을 지었다.

"우리들은 지금 처음으로 이러한 법이 계경(戒經)의 가운데에 포함되었다고 알았고, 계경의 가운데에 수록되었다고 알았고, 매번 보름에 설하여 알린다고 알았습니다."

여러 비구들의 가운데에서 욕심이 적은 자들은 싫어하고 비난하였다.

"무슨 까닭으로써 육군비구들은 바라제목차를 설하여 알리는 때에 이와 같이 말을 짓는가? '우리들은 지금 처음으로 이러한 법이 계경의 가운데에 포함되었다고 알았고, 계경의 가운데에 수록되었다고 알았고, 매번 보름에 설하여 알린다고 알았습니다.'"

여러 비구들은 이 일로써 세존께 아뢰었고, 세존께서는 이 인연으로써 비구승가를 모으셨으며, 그 비구에게 물어 말씀하셨다.

"육군비구들이여. 그대들이 진실로 바라제목차를 설하여 알리는 때에 이와 같이 말을 지었는가? '우리들은 지금 처음으로 이러한 법이 계경의 가운데에 포함되었다고 알았고, 계경의 가운데에 수록되었다고 알았고, 매번 보름에 설하여 알린다고 알았습니다.'"

"진실로 그렇습니다. 세존이시여."

세존께서는 여러 방편으로 꾸짖으셨다.

"어리석은 사람들이여. 그대들은 어찌하여 바라제목차를 설하여 알리는 때에 이와 같이 말을 지었는가? '우리들은 지금 처음으로 이러한 법이 계경의 가운데에 포함되었다고 알았고, 계경의 가운데에 수록되었다고 알았고, 매번 보름에 설하여 알린다고 알았습니다.' 어리석은 사람들이여. 이것은 오히려 믿지 않는 자는 신심이 생겨나지 않게 하고, …… 이미 믿었던 자는 일부가 전전하여 다른 곳으로 향하여 떠나가게 하느니라."

이와 같이 세존께서는 여러 종류의 방편으로써 육군비구들을 꾸짖고서 뒤에 부양이 어렵고 가르치고 양육함이 어려우며, …… 나아가 …… 여러 비구들을 위하여 적절한 법을 수순하여 설하신 뒤에 여러 비구들에게 알려 말씀하셨다.

"…… 나아가 …… 여러 비구들이여. 그대들은 마땅히 이와 같이 학처를 송출할지니라.

어느 누구의 비구일지라도 바라제목차를 설하여 알리는 때에 만약 '우리들은 지금 처음으로 이러한 법이 계경의 가운데에 포함되었다고 알았고, 계경의 가운데에 수록되었다고 알았고, 매번 보름에 설하여 알린다고 알았습니다.'라고 이와 같이 말을 지었는데, 만약 다른 여러 비구들이 이 비구가 일찍이 두·세 번을 바라제목차를 설하여 알리는 때에 자리에 있었다면, 다시 논할 필요도 없이 이 비구는 능히 알지 못하였다는 이유로 죄를 벗어날 수 없느니라. 이때 그 비구가 범한 죄를 마땅히 법에 의지하여 처벌해야 하고, 다시 그의 무지(無知)함을 꾸짖어야 한다. '장로여. 그대는 바라제목차를 설하여 알리는 때에 일심(一心)으로 전념하지 않았던 까닭이고, 그대는 이익을 잃었습니다.' 이것은 무지함을 인연하는 까닭이고,

바일제를 범하느니라."

2-1 '어느 누구'는 어느 태어난 곳의 이유, …… 혹은 중간의 법랍이었다면 이것을 '어느 누구'라고 말한다.

'비구'는 구걸하는 비구이니, 일을 쫓아서 걸식하는 비구, …… 곧 이것에서 '비구'의 뜻이라고 말하는 것이다.

'매번 보름'은 매번 포살의 때이다.

'바라제목차를 설하여 알리는 때'는 송출하여 설하는 때이다.

'만약 이와 같이 말을 짓다.'는 비법을 행하고서 뒤에 '알지 못하고서 범하였던 이유이므로 알려야겠다.'라고 생각하고서, 바라제목차를 설하여 알리는 때에 만약 '우리들은 지금 처음으로 이러한 법이 계경의 가운데에 포함되었다고 알았고, 계경의 가운데에 수록되었다고 알았고, 매번 보름에 설하여 알린다고 알았습니다.'라고 이와 같이 말을 짓는 자는 돌길라를 범한다.

'이 비구'는 비구들을 속이려는 자이니, 여러 비구들이여. 이 비구가 이전에 일찍이 두·세 번을 바라제목차를 설하여 알리는 때에 자리에 있었다면, 다시 논할 필요도 없이 이 비구는 능히 알지 못하였다는 이유로 죄를 벗어날 수 없으며, 이 비구가 범한 죄를 마땅히 법에 의지하여 처벌해야 하고, 다시 그의 무지함을 꾸짖어야 한다. 마땅히 한 총명하고 유능한 비구가 승가의 가운데에서 창언하여 말해야 한다.

"대덕 승가께서는 허락하십시오. 이 누구 비구는 바라제목차를 설하여 알리는 때에 일심으로 전념하지 않았습니다. 만약 승가께서 때에 이르렀다면 승가께서는 누구 비구를 위하여 무지한 죄를 거론하겠습니다. 이와 같이 아룁니다.'

'대덕 승가께서는 허락하십시오. 이 누구 비구는 바라제목차를 설하여 알리는 때에 일심으로 전념하지 않았습니다. 만약 승가께서 때에 이르렀다면 승가께서는 누구 비구를 위하여 무지한 죄를 거론하겠습니다. 여러 대덕들께서 누구 비구에게 무지한 죄를 거론하는 것을 인정하신다면

묵연하시고 인정하지 않으신다면 말씀하십시오.'

'승가시여. 누구 비구에게 무지한 죄를 거론하는 것을 마쳤습니다. 승가께서 인정하신 것은 묵연하였던 까닭입니다. 나는 이와 같이 알고 이해하겠습니다.'"

거론하지 않았는데 죄에 무지하여 알지 못하였다고 말한 자는 돌길라를 범한다. 이미 거론하였는데 죄에 무지하여 알지 못하였다고 말한 자는 바일제를 범한다.

2-2 여법한 갈마이었고 여법한 갈마라는 생각이 있었는데, 무지하였다고 말하는 자는 바일제를 범한다. 여법한 갈마이었고 여법한 갈마라는 의심이 있었는데, 무지하였다고 말하는 자는 바일제를 범한다. 여법한 갈마이었고 비법의 갈마라는 생각이 있었는데, 무지하였다고 말하는 자는 바일제를 범한다.

비법의 갈마이었고 여법한 갈마라는 생각이 있었는데, 무지하였다고 말하는 자는 돌길라를 범한다. 비법의 갈마이었고 여법한 갈마라는 의심이 있었는데, 무지하였다고 말하는 자는 돌길라를 범한다. 비법의 갈마이었고 비법의 갈마라는 생각이 있었는데, 무지하였다고 말하는 자는 돌길라를 범한다.

3-1 계율의 자세한 설명을 듣지 않았거나, 두·세 번을 계율의 자세한 설명을 듣지 않았거나, 속이려는 뜻이 없었거나, 미쳤던 자이거나, 최초로 범한 자는 범하지 않는다.

[일흔세 번째의 바일제를 마친다.]

74) 구타(毆打) 학처

1-1 그때 불·세존께서는 사위성의 기수급고독원에 머무르셨다.

그때 육군비구들이 진노(瞋怒)하면서 기쁘지 않아서 십칠군비구들을 마주하고서 때렸고, 그들을 소리내어 울게 하였다. 여러 비구들이 말하였다.

"비구들이여. 그대들은 무슨 까닭으로써 소리내어 우는가?"

"장로들이여. 육군비구들이 진노하면서 기쁘지 않았으므로 우리들을 때렸습니다."

여러 비구들의 가운데에서 욕심이 적은 자들은 싫어하고 비난하였다.

"무슨 까닭으로써 육군비구들은 진노하면서 기쁘지 않았으므로 여러 비구들을 때리는가?"

여러 비구들은 이 일로써 세존께 아뢰었고, 세존께서는 이 인연으로써 비구승가를 모으셨으며, 그 비구에게 물어 말씀하셨다.

"육군비구들이여. 그대들이 진실로 진노하면서 기쁘지 않았으므로 여러 비구들을 때렸는가?"

"진실로 그렇습니다. 세존이시여."

세존께서는 여러 방편으로 꾸짖으셨다.

"어리석은 사람들이여. 그대들은 어찌하여 진노하면서 기쁘지 않았으므로 여러 비구들을 때렸는가? 어리석은 사람들이여. 이것은 오히려 믿지 않는 자는 신심이 생겨나지 않게 하고, …… 이미 믿었던 자는 일부가 전전하여 다른 곳으로 향하여 떠나가게 하느니라."

이와 같이 세존께서는 여러 종류의 방편으로써 육군비구들을 꾸짖고서 뒤에 부양이 어렵고 가르치고 양육함이 어려우며, …… 나아가 …… 여러 비구들을 위하여 적절한 법을 수순하여 설하신 뒤에 여러 비구들에게 알려 말씀하셨다.

"…… 나아가 …… 여러 비구들이여. 그대들은 마땅히 이와 같이 학처를 송출할지니라.

'어느 누구의 비구일지라도 비구를 마주하고서 진노하면서 즐겁지 않았으므로 때리는 자는 바일제를 범하느니라.'"

2-1 '어느 누구'는 어느 태어난 곳의 이유, …… 혹은 중간의 법랍이었다면 이것을 '어느 누구'라고 말한다.

'비구'는 구걸하는 비구이니, 일을 쫓아서 걸식하는 비구, …… 곧 이것에서 '비구'의 뜻이라고 말하는 것이다.

'비구를 마주하다.'는 그 다른 비구를 마주하는 것이다.

'진노하면서 즐겁지 않다.'는 만족하지 않거나, 분노하거나, 즐겁지 않은 것을 말한다.

'때리다.'는 몸으로써, 혹은 가진 물건으로써, 혹은 던지는 것으로써, 나아가 작은 연잎과 같은 것으로써 때리는 자는 역시 바일제를 범한다.

2-2 구족계를 받은 자이었고 구족계를 받은 자라는 생각이 있었는데, 진노하고 즐겁지 않아서 때리는 자는 바일제를 범한다. 구족계를 받은 자이었고 구족계를 받은 자라는 의심이 있었는데, 진노하고 즐겁지 않아서 때리는 자는 바일제를 범한다. 구족계를 받은 자이었고 구족계를 받지 않은 자라는 생각이 있었는데, 진노하고 즐겁지 않아서 때리는 자는 바일제를 범한다.

구족계를 받지 않은 자이었고 구족계를 받은 자라는 생각이 있었는데, 진노하고 즐겁지 않아서 때리는 자는 돌길라를 범한다. 구족계를 받지 않은 자이었고 구족계를 받은 자라는 의심이 있었는데, 진노하고 즐겁지 않아서 때리는 자는 돌길라를 범한다. 구족계를 받지 않은 자이었고 구족계를 받지 않은 자라는 생각이 있었는데, 진노하고 즐겁지 않아서 때리는 자는 돌길라를 범한다.

3-1 어느 일과 물건에 핍박받아서 달아나려고 하면서 때렸거나, 미쳤던 자이거나, 최초로 범한 자는 범하지 않는다.

[일흔네 번째의 바일제를 마친다.]

75) 거수작검세(擧手作劍勢) 학처

1-1 그때 불·세존께서는 사위성의 기수급고독원에 머무르셨다.

그때 육군비구들이 진노하면서 기쁘지 않아서 십칠군비구들을 마주하고 손을 들어서 칼(劍)의 모습을 지었고, 손으로 때리려고 위협하였으므로 그들은 소리내어 울었다. 여러 비구들이 말하였다.

"비구들이여. 그대들은 무슨 까닭으로써 우는가?"

"장로들이여. 육군비구들이 진노하면서 즐겁지 않았으므로 우리들을 마주하고 손으로 칼의 모습을 지었습니다."

여러 비구들의 가운데에서 욕심이 적은 자들은 싫어하고 비난하였다.

"무슨 까닭으로써 육군비구들은 진노하면서 즐겁지 않았으므로 여러 비구들을 마주하고 손을 들어서 칼의 모습을 짓는가?"

여러 비구들은 이 일로써 세존께 아뢰었고, 세존께서는 이 인연으로써 비구승가를 모으셨으며, 그 비구에게 물어 말씀하셨다.

"육군비구들이여. 그대들이 진실로 진노하면서 즐겁지 않았으므로 여러 비구들을 마주하고 손을 들어서 칼의 모습을 지었는가?"

"진실로 그렇습니다. 세존이시여."

세존께서는 여러 방편으로 꾸짖으셨다.

"어리석은 사람들이여. 그대들은 어찌하여 진노하면서 즐겁지 않았으므로 여러 비구들을 마주하고 손을 들어서 칼의 모습을 지었는가? 어리석은 사람들이여. 이것은 오히려 믿지 않는 자는 신심이 생겨나지 않게 하고, …… 이미 믿었던 자는 일부가 전전하여 다른 곳으로 향하여 떠나가게 하느니라."

이와 같이 세존께서는 여러 종류의 방편으로써 육군비구들을 꾸짖고서 뒤에 부양이 어렵고 가르치고 양육함이 어려우며, …… 나아가 …… 여러

비구들을 위하여 적절한 법을 수순하여 설하신 뒤에 여러 비구들에게
알려 말씀하셨다.

"······ 나아가 ······ 여러 비구들이여. 그대들은 마땅히 이와 같이 학처를
송출할지니라.

'어느 누구의 비구일지라도 비구들을 마주하고서 손을 들어서 칼의
모습을 짓는 자는 바일제를 범하느니라.'"

2-1 '어느 누구'는 어느 태어난 곳의 이유, ······ 혹은 중간의 법랍이었다면
이것을 '어느 누구'라고 말한다.

'비구'는 구걸하는 비구이니, 일을 쫓아서 걸식하는 비구, ······ 곧 이것에
서 '비구'의 뜻이라고 말하는 것이다.

'비구를 마주하다.'는 다른 비구를 마주하는 것이다.

'진노하면서 즐겁지 않다.'는 만족하지 않거나, 분노하거나, 즐겁지
않은 것을 말한다.

'손을 들어서 칼의 모습을 짓다.'는 몸으로써, 혹은 가진 물건으로써,
혹은 던지는 것으로써, 나아가 작은 연잎과 같은 정도로써, 들었던 자는
역시 바일제를 범한다.

2-2 구족계를 받은 자이었고 구족계를 받은 자라는 생각이 있었는데,
진노하고 즐겁지 않아서 때리려고 하는 자는 바일제를 범한다. 구족계를
받은 자이었고 구족계를 받은 자라는 의심이 있었는데, 진노하고 즐겁지
않아서 때리려고 하는 자는 바일제를 범한다. 구족계를 받은 자이었고
구족계를 받지 않은 자라는 생각이 있었는데, 진노하고 즐겁지 않아서
때리려고 하는 자는 바일제를 범한다.

구족계를 받지 않은 자이었고 구족계를 받은 자라는 생각이 있었는데,
진노하고 즐겁지 않아서 때리려고 하는 자는 돌길라를 범한다. 구족계를
받지 않은 자이었고 구족계를 받은 자라는 의심이 있었는데, 진노하고
즐겁지 않아서 때리려고 하는 자는 돌길라를 범한다. 구족계를 받지

않은 자이었고 구족계를 받지 않은 자라는 생각이 있었는데, 진노하고 즐겁지 않아서 때리려고 하는 자는 돌길라를 범한다.

3-1 어느 일과 물건에 핍박받아서 달아나려고 하면서 때렸거나, 미쳤던 자이거나, 최초로 범한 자는 범하지 않는다.

[일흔다섯 번째의 바일제를 마친다.]

76) 무근승잔비방(無根僧殘誹謗) 학처

1-1 그때 불·세존께서는 사위성의 기수급고독원에 머무르셨다.

　　그때 육군비구들이 근거가 없는 승잔죄로써 다른 비구들을 비방하였다. 여러 비구들의 가운데에서 욕심이 적은 자들은 싫어하고 비난하였다.

　　"무슨 까닭으로써 육군비구들은 근거가 없는 승잔죄로써 다른 비구들을 비방하는가?"

　　여러 비구들은 이 일로써 세존께 아뢰었고, 세존께서는 이 인연으로써 비구승가를 모으셨으며, 그 비구에게 물어 말씀하셨다.

　　"육군비구들이여. 그대들이 진실로 근거가 없는 승잔죄로써 다른 비구들을 비방하였는가?"

　　"진실로 그렇습니다. 세존이시여."

　　세존께서는 여러 방편으로 꾸짖으셨다.

　　"어리석은 사람들이여. 그대들은 어찌하여 근거가 없는 승잔죄로써 다른 비구들을 비방하였는가? 어리석은 사람들이여. 이것은 오히려 믿지 않는 자는 신심이 생겨나지 않게 하고, …… 이미 믿었던 자는 일부가 전전하여 다른 곳으로 향하여 떠나가게 하느니라."

　　이와 같이 세존께서는 여러 종류의 방편으로써 육군비구들을 꾸짖고서 뒤에 부양이 어렵고 가르치고 양육함이 어려우며, …… 나아가 …… 여러

비구들을 위하여 적절한 법을 수순하여 설하신 뒤에 여러 비구들에게 알려 말씀하셨다.

"…… 나아가 …… 여러 비구들이여. 그대들은 마땅히 이와 같이 학처를 송출할지니라.

'어느 누구의 비구일지라도 근거가 없는 승잔죄로써 다른 비구들을 비방하는 자는 바일제를 범하느니라.'"

2-1 '어느 누구'는 어느 태어난 곳의 이유, …… 혹은 중간의 법랍이었다면 이것을 '어느 누구'라고 말한다.

'비구'는 구걸하는 비구이니, 일을 쫓아서 걸식하는 비구, …… 곧 이것에서 '비구'의 뜻이라고 말하는 것이다.

'근거가 없다.'는 보지 않았고, 듣지 않았으며, 역시 의심이 없는 것이다.

'승잔'은 13승잔 가운데 하나이다.

'비방하다.'는 비방하였거나, 비방하게 시키는 자는 바일제를 범한다.

'다른 비구'는 그 다른 비구이다.

2-2 구족계를 받은 자이었고 구족계를 받은 자라는 생각이 있었는데, 근거가 없는 승잔죄로써 비방하는 자는 바일제를 범한다. 구족계를 받은 자이었고 구족계를 받은 자라는 의심이 있었는데, 근거가 없는 승잔죄로써 비방하는 자는 바일제를 범한다. 구족계를 받은 자이었고 구족계를 받지 않은 자라는 생각이 있었는데, 근거가 없는 승잔죄로써 비방하는 자는 바일제를 범한다.

다른 염오의 행과 악한 견해로써 비방하는 자는 돌길라를 범한다.

구족계를 받지 않은 자이었고 구족계를 받은 자라는 생각이 있었는데, 근거가 없는 승잔죄로써 비방하는 자는 돌길라를 범한다. 구족계를 받지 않은 자이었고 구족계를 받은 자라는 의심이 있었는데, 근거가 없는 승잔죄로써 비방하는 자는 돌길라를 범한다. 구족계를 받지 않은 자이었고 구족계를 받지 않은 자라는 생각이 있었는데, 근거가 없는 승잔죄로써 비방하는 자는 돌길라를 범한다.

3-1 이것과 같이 범하였다고 생각하고서 비방하였거나, 혹은 시켜서 비방하였거나, 미쳤던 자이거나, 최초로 범한 자는 범하지 않는다.

[일흔여섯 번째의 바일제를 마친다.]

77) 고의뇌란(故意惱亂) 학처

1-1 그때 불·세존께서는 사위성의 기수급고독원에 머무르셨다.

그때 육군비구들이 고의로 십칠군비구들을 의심하고 번민하게 시켰다.

"비구들이여. 세존께서는 계율을 제정하시어 20세를 채우지 않은 자는 구족계를 받지 못하게 하셨네. 그러나 그대들은 20세를 채우지 않고 구족계를 받았고, 그대들은 우리들이 있는 곳에 왔으니, 어찌 구족계를 받은 것이겠는가?"

그들은 소리내어 울었고, 여러 비구들이 말하였다.

"비구들이여. 그대들은 무슨 까닭으로써 우는가?"

"장로들이여. 육군비구들이 고의로 우리들을 의심하고 번민하게 하였습니다."

여러 비구들의 가운데에서 욕심이 적은 자들은 싫어하고 비난하였다.

"무슨 까닭으로써 육군비구들은 고의로 여러 비구들을 의심하고 번민하게 시켰는가?"

여러 비구들은 이 일로써 세존께 아뢰었고, 세존께서는 이 인연으로써 비구승가를 모으셨으며, 그 비구에게 물어 말씀하셨다.

"육군비구들이여. 그대들이 진실로 고의로 여러 비구들을 의심하고 번민하게 시켰는가?"

"진실로 그렇습니다. 세존이시여."

세존께서는 여러 방편으로 꾸짖으셨다.

"어리석은 사람들이여. 그대들은 어찌하여 고의로 여러 비구들을 의심하고 번민하게 시켰는가? 어리석은 사람들이여. 이것은 오히려 믿지 않는 자는 신심이 생겨나지 않게 하고, …… 이미 믿었던 자는 일부가 전전하여 다른 곳으로 향하여 떠나가게 하느니라."

이와 같이 세존께서는 여러 종류의 방편으로써 육군비구들을 꾸짖고서 뒤에 부양이 어렵고 가르치고 양육함이 어려우며, …… 나아가 …… 여러 비구들을 위하여 적절한 법을 수순하여 설하신 뒤에 여러 비구들에게 알려 말씀하셨다.

"여러 비구들이여. 나는 열 가지의 이익을 까닭으로써 여러 비구들을 위하여 학처를 제정하겠나니, 그대들은 마땅히 이와 같이 학처를 송출할지니라.

'어느 누구의 비구일지라도 비구들을 마주하고 고의로 의심하고 번민하게 시키는 자이었고, 곧 그들에게 적은 때라도 불안감이 있었으며, 이것이 다만 동기(動機)이었고 다른 것이 없었다면 바일제를 범하느니라.'"

2-1 '어느 누구'는 어느 태어난 곳의 이유, …… 혹은 중간의 법랍이었다면 이것을 '어느 누구'라고 말한다.

'비구'는 구걸하는 비구이니, 일을 쫓아서 걸식하는 비구, …… 곧 이것에서 '비구'의 뜻이라고 말하는 것이다.

'비구를 마주하다.'는 다른 비구를 마주하는 것이다.

'고의'는 알았거나, 확인하였거나, 다른 목적이 있었거나, 뜻이 있어서 행하는 것이다.

'의심하고 번민하게 하다.'는 "그대는 진실로 20세를 채우지 않고 구족계를 받았으며, 그대는 진실로 때가 아닌 때에 먹었고, 그대는 진실로 술을 마셨으며, 그대는 진실로 비밀스럽게 여인과 함께 앉아있었다."라고 말하여 의심하고 번민하게 하는 자는 바일제를 범한다.

'이것이 다만 동기이었고 다른 것이 없다.'는 다른 어느 무엇의 동기가 없는데, 의심하고 번민하게 시키는 것이다.

2-2 구족계를 받은 자이었고 구족계를 받은 자라는 생각이 있었는데, 고의로 의심을 일으켜서 번민하게 시키는 자는 바일제를 범한다. 구족계를 받은 자이었고 구족계를 받은 자라는 의심이 있었는데, 고의로 의심을 일으켜서 번민하게 시키는 자는 바일제를 범한다. 구족계를 받은 자이었고 구족계를 받지 않은 자라는 생각이 있었는데, 고의로 의심을 일으켜서 번민하게 시키는 자는 바일제를 범한다.

구족계를 받지 않은 자이었고 구족계를 받은 자라는 생각이 있었는데, 고의로 의심을 일으켜서 번민하게 시키는 자는 돌길라를 범한다. 구족계를 받지 않은 자이었고 구족계를 받은 자라는 의심이 있었는데, 고의로 의심을 일으켜서 번민하게 시키는 자는 돌길라를 범한다. 구족계를 받지 않은 자이었고 구족계를 받지 않은 자라는 생각이 있었는데, 고의로 의심을 일으켜서 번민하게 시키는 자는 돌길라를 범한다.

3-1 "그대는 진실로 20세를 채우지 않고 구족계를 받았으며, 그대는 진실로 때가 아닌 때에 먹었고, 그대는 진실로 술을 마셨으며, 그대는 진실로 비밀스럽게 여인과 함께 앉아있었고, 그대가 마땅히 알았더라도 그것으로 뒤에 의심을 일으켜서 번민하지 마십시오."라고 의심을 일으켜서 번민하게 시키려는 뜻으로 말하지 않았거나, 미쳤던 자이거나, 최초로 범한 자는 범하지 않는다.

[일흔일곱 번째의 바일제를 마친다.]

78) 절청(竊聽) 학처

1-1 그때 불·세존께서는 사위성의 기수급고독원에 머무르셨다.

  그때 육군비구들은 여러 비구들과 잘 논쟁하였으므로, 선(善)한 비구들이 이와 같이 말을 지었다.

  "장로들이여. 육군비구들은 이렇게 부끄러움이 없습니다. 능히 그들과 함께 논쟁하지 마십시오."

  육군비구들은 이렇게 말을 지었다.

  "장로들이여. 그대들은 무슨 까닭으로써 부끄러움이 없다고 말하면서 우리들을 모욕하는가?"

  "장로들이여. 그대들은 어느 곳에서 들었습니까?"

  "우리들은 장로들이 서 있던 근처의 가려진 곳에서 그것을 들었소."

  여러 비구들의 가운데에서 욕심이 적은 자들은 싫어하고 비난하였다.

  "무슨 까닭으로써 육군비구들은 이미 논쟁이 발생한 곳에 서 있었고, 여러 비구들이 알지 못하였던 근처의 가려진 곳에서 엿듣는가?"

  여러 비구들은 이 일로써 세존께 아뢰었고, 세존께서는 이 인연으로써 비구승가를 모으셨으며, 그 비구에게 물어 말씀하셨다.

  "육군비구들이여. 그대들이 진실로 이미 논쟁이 발생한 곳에 서 있었고, 여러 비구들이 알지 못하였던 근처의 가려진 곳에서 엿들었는가?"

  "진실로 그렇습니다. 세존이시여."

  세존께서는 여러 방편으로 꾸짖으셨다.

  "어리석은 사람들이여. 그대들은 어찌하여 이미 논쟁이 발생한 곳에 서 있었고, 여러 비구들이 알지 못하였던 근처의 가려진 곳에서 엿들었는가? 어리석은 사람들이여. 이것은 오히려 믿지 않는 자는 신심이 생겨나지 않게 하고, …… 이미 믿었던 자는 일부가 전전하여 다른 곳으로 향하여 떠나가게 하느니라."

  이와 같이 세존께서는 여러 종류의 방편으로써 육군비구들을 꾸짖고서 뒤에 부양이 어렵고 가르치고 양육함이 어려우며, …… 나아가 …… 여러 비구들을 위하여 적절한 법을 수순하여 설하신 뒤에 여러 비구들에게 알려 말씀하셨다.

  "…… 나아가 …… 여러 비구들이여. 그대들은 마땅히 이와 같이 학처를

송출할지니라.

'어느 누구의 비구일지라도 이미 논쟁이 발생하여 화합하지 않았고, 여러 비구들이 알지 못하는 근처의 가려진 곳에서 엿들었던 자이었으며, 〈나는 그대들이 말하였던 곳에서 그것을 들었다.〉라고 말하였는데, 이것이 다만 동기이었고, 다른 것이 없었다면 바일제를 범하느니라.'"

2-1 '어느 누구'는 어느 태어난 곳의 이유, …… 혹은 중간의 법랍이었다면 이것을 '어느 누구'라고 말한다.

'비구'는 구걸하는 비구이니, 일을 쫓아서 걸식하는 비구, …… 곧 이것에서 '비구'의 뜻이라고 말하는 것이다.

'서 있으면서 여러 비구들이 알지 못하였던 근처의 가려진 곳에서 엿들었다.'는 그들을 따라서 듣고서 비난하려고 하였거나, 공격하려고 하였거나, 곤혹스럽게 시키려고 갔던 자는 돌길라를 범한다. 그곳에 서 있으면서 듣는 자는 바일제를 범한다. 뒤에 가던 자가 들으려고 빠르게 가는 자는 돌길라를 범한다. 그곳에 서 있으면서 듣는 자는 바일제를 범한다. 먼저 가던 자가 들으려고 멈추는 자는 돌길라를 범한다. 그곳에 서 있으면서 듣는 자는 바일제를 범한다.

다른 비구가 서 있는 곳에 갔거나, 혹은 앉아있는 곳에 갔거나, 혹은 누워있는 곳에 갔고, 마땅히 다른 사람과 비밀스럽게 말하고 있는 때라면, 마땅히 헛기침을 하거나, 혹은 소리를 내어서 알게 해야 한다. 만약 헛기침이 없었거나, 혹은 소리를 내어서 알리지 않는 자는 바일제를 범한다.

'여러 비구들'은 그 다른 여러 비구들이다.

'논쟁이 발생하여 화합하지 않다.'는 분쟁(紛爭)을 일으키게 시키는 것이다.

'이것이 다만 동기이었고 다른 것이 없다.'는 다른 어느 무슨 이유도 없었는데, 근처의 가려진 곳에서 엿듣는 것이다.

2-2 구족계를 받은 자이었고 구족계를 받은 자라는 생각이 있었는데, 근처의 가려진 곳에 서 있으면서 엿듣는 자는 바일제를 범한다. 구족계를 받은 자이었고 구족계를 받은 자라는 의심이 있었는데, 근처의 가려진 곳에 서 있으면서 엿듣는 자는 바일제를 범한다. 구족계를 받은 자이었고 구족계를 받지 않은 자라는 생각이 있었는데, 근처의 가려진 곳에 서 있으면서 엿듣는 자는 바일제를 범한다.

구족계를 받지 않은 자이었고 구족계를 받은 자라는 생각이 있었는데, 근처의 가려진 곳에 서 있으면서 엿듣는 자는 돌길라를 범한다. 구족계를 받지 않은 자이었고 구족계를 받은 자라는 의심이 있었는데, 근처의 가려진 곳에 서 있으면서 엿듣는 자는 돌길라를 범한다. 구족계를 받지 않은 자이었고 구족계를 받지 않은 자라는 생각이 있었는데, 근처의 가려진 곳에 서 있으면서 엿듣는 자는 돌길라를 범한다.

3-1 그들이 말하는 것을 듣고서 '멈추게 하겠다. 멀리 떠나겠다. 소멸시키겠다. 스스로 논쟁을 벗어나서 떠나가겠다.'라고 생각하였거나, 미쳤던 자이거나, 최초로 범한 자는 범하지 않는다.

[일흔여덟 번째의 바일제를 마친다.]

79) 불평여법갈마(不平如法羯磨) 학처

1-1 그때 불·세존께서는 사위성의 기수급고독원에 머무르셨다.

그때 육군비구들이 비법을 행하였고, 각자 스스로가 갈마의 때를 마주하였다면 이것을 막았다. 다른 때에 다른 일이 있어서 승가가 모였는데, 육군비구들은 바로 옷을 짓고 있었던 인연으로 한 비구에게 욕(欲)[76]을

---

76) 비구가 포살(布薩)이나 자자(自恣) 등의 법사(法事)에 참석하지 못하는 때에, 이 갈마의 결정에 찬성하겠다는 뜻을 참석하는 승가에게 위임하는 것이다.

주었다. 이때 승가 대중은 말하였다.

"장로들이여. 육군비구들은 오직 한 사람이 왔습니다. 그러나 우리들은 그를 마주하고서 갈마를 짓겠습니다."

그를 마주하고서 갈마를 행하였다. 이때 이 비구는 육군비구의 처소에 이르렀고, 육군비구들은 이 비구를 마주하고서 이렇게 말을 지었다.

"장로여. 승가는 무슨 일을 지었는가?"

"장로들이여. 승가는 나에게 갈마를 지어서 주었습니다."

"장로여. 우리들은 이것을 위하여 욕을 주지 않았는데, 그대와 함께 갈마를 행하였구려. 만약 우리들은 그대에게 갈마를 행하는 것이라고 알았다면 우리들은 곧 욕을 주지 않았을 것이오."

여러 비구들의 가운데에서 욕심이 적은 자들은 싫어하고 비난하였다.

"무슨 까닭으로써 육군비구들은 여법갈마(如法羯磨)에 욕을 주고서 뒤에 일을 불평하면서 말하는가?"

여러 비구들은 이 일로써 세존께 아뢰었고, 세존께서는 이 인연으로써 비구승가를 모으셨으며, 그 비구에게 물어 말씀하셨다.

"육군비구들이여. 그대들이 여법갈마에 욕을 주고서 뒤에 일을 불평하면서 말하였는가?"

"진실로 그렇습니다. 세존이시여."

세존께서는 여러 방편으로 꾸짖으셨다.

"어리석은 사람들이여. 그대들은 어찌하여 여법갈마에 욕을 주고서 뒤에 일을 불평하면서 말하였는가? 어리석은 사람들이여. 이것은 오히려 믿지 않는 자는 신심이 생겨나지 않게 하고, …… 이미 믿었던 자는 일부가 전전하여 다른 곳으로 향하여 떠나가게 하느니라."

이와 같이 세존께서는 여러 종류의 방편으로써 육군비구들을 꾸짖으시고 뒤에 부양이 어렵고 가르치고 양육함이 어려우며, …… 나아가 …… 여러 비구들을 위하여 적절한 법을 수순하여 설하신 뒤에 여러 비구들에게 알려 말씀하셨다.

"…… 나아가 …… 여러 비구들이여. 그대들은 마땅히 이와 같이 학처를

송출할지니라.

'어느 누구의 비구일지라도 여법갈마에 욕을 주고서 뒤의 일을 불평하여 말하는 자는 바일제를 범하느니라.'"

2-1 '어느 누구'는 어느 태어난 곳의 이유, …… 혹은 중간의 법랍이었다면 이것을 '어느 누구'라고 말한다.

'비구'는 구걸하는 비구이니, 일을 쫓아서 걸식하는 비구, …… 곧 이것에서 '비구'의 뜻이라고 말하는 것이다.

'여법갈마'는 구청갈마(求聽羯磨)에 의지하거나, 단백갈마(單白羯磨)에 의지하거나, 백이갈마(白二羯磨)에 의지하거나, 백사갈마(白四羯磨)의 법에 의지하거나, 율에 의지하거나, 스승의 행에 의지하였다면 이것을 여법한 갈마라고 말하나니, 욕을 주고서 불평하면서 말하는 자는 바일제를 범한다.

2-2 여법갈마이었고 여법갈마라는 생각이 있었는데, 욕을 주고서 불평하여 말하는 자는 바일제를 범한다. 여법갈마이었고 여법갈마라는 의심이 있었는데, 욕을 주고서 불평하여 말하는 자는 돌길라를 범한다. 여법갈마이었고 비법갈마(非法羯磨)라는 생각이 있었는데, 욕을 주고서 불평하여 말하는 자는 범하지 않는다.

비법갈마이었고 여법갈마라는 생각이 있었는데, 욕을 주고서 불평하여 말하는 자는 돌길라를 범한다. 비법갈마이었고 여법갈마라는 의심이 있었는데, 욕을 주고서 불평하여 말하는 자는 돌길라를 범한다. 비법갈마이었고 비법갈마라는 생각이 있었는데, 욕을 주고서 불평하여 말하는 자는 범하지 않는다.

3-1 비법에 의지하였다고 알았거나, 별중에 의지하였거나, 혹은 갈마에 적합하지 않은 자가 갈마를 행한 것을 마주하고서 불평하여 말하였거나, 미쳤던 자이거나, 최초로 범한 자는 범하지 않는다.

[일흔아홉 번째의 바일제를 마친다.]

80) 갈마시이거(羯磨時離去) 학처

1-1 그때 불·세존께서는 사위성의 기수급고독원에 머무르셨다.

그때 승가 대중은 일이 있어서 모였는데, 육군비구들은 바로 옷을 짓고 있었던 인연으로 한 비구에게 욕을 주었다. 이때 승가는 이러한 갈마를 행하기 위하여 모였던 까닭을 알렸고, 그 비구는 생각하였다.

'그들은 각자 스스로를 마주하고서 갈마를 행할 것이다. 여러 장로를 마주하고서 누가 갈마를 행하겠는가?'

욕을 주지 않고서 자리에서 일어나서 떠나갔다. 여러 비구들의 가운데에서 욕심이 적은 자들은 싫어하고 비난하였다.

"무슨 까닭으로써 비구가 여러 승사(僧事)를 판결하는 때에 욕을 주지 않고서 자리에서 일어나서 떠나가는가?"

여러 비구들은 이 일로써 세존께 아뢰었고, 세존께서는 이 인연으로써 비구승가를 모으셨으며, 그 비구에게 물어 말씀하셨다.

"비구여. 그대가 진실로 여러 승사를 판결하는 때에 욕을 주지 않고서 자리에서 일어나서 떠나갔는가?"

"진실로 그렇습니다. 세존이시여."

세존께서는 여러 방편으로 꾸짖으셨다.

"어리석은 사람이여. 그대는 어찌하여 여러 승사를 판결하는 때에 욕을 주지 않고서 자리에서 일어나서 떠나갔는가? 어리석은 사람들이여. 이것은 오히려 믿지 않는 자는 신심이 생겨나지 않게 하고, …… 이미 믿었던 자는 일부가 전전하여 다른 곳으로 향하여 떠나가게 하느니라."

이와 같이 세존께서는 여러 종류의 방편으로써 그 비구를 꾸짖고서 뒤에 부양이 어렵고 가르치고 양육함이 어려우며, …… 나아가 …… 여러 비구들을 위하여 적절한 법을 수순하여 설하신 뒤에 여러 비구들에게 알려 말씀하셨다.

"…… 나아가 …… 여러 비구들이여. 그대들은 마땅히 이와 같이 학처를 송출할지니라.

'어느 누구의 비구일지라도 여러 승사를 판결하는 때에 욕을 주지 않고서 자리에서 일어나서 떠나가는 자는 바일제를 범하느니라.'"

2-1 '어느 누구'는 어느 태어난 곳의 이유, …… 혹은 중간의 법랍이었다면 이것을 '어느 누구'라고 말한다.

'비구'는 구걸하는 비구이니, 일을 쫓아서 걸식하는 비구, …… 곧 이것에서 '비구'의 뜻이라고 말하는 것이다.

'승사를 판결하는 때'는 혹은 승사를 알렸거나, 혹은 판결되지 않은 것을 아뢰었거나, 혹은 갈마를 마치지 못한 것이다.

'욕을 주지 않고서 자리에서 일어나서 떠나가다.'는 "무엇을 합니까? 이 갈마는 확실하지 않고 화합하지 않았으므로 마땅히 짓지 않아야 합니다."라고 말하고서 떠나가는 자는 돌길라를 범한다. 대중에서 떠나갔거나, 손을 뻗치는 거리에서 벗어난 자는 돌길라를 범한다. 손을 뻗치는 거리에서 밖으로 떠나간 자는 바일제를 범한다.

2-2 여법갈마이었고 여법갈마라는 생각이 있었는데, 욕을 주지 않고서 자리에서 일어나서 떠나가는 자는 바일제를 범한다. 여법갈마이었고 여법갈마라는 의심이 있었는데, 욕을 주지 않고서 자리에서 일어나서 떠나가는 자는 돌길라를 범한다. 여법갈마이었고 비법갈마라는 생각이 있었는데, 욕을 주지 않고서 자리에서 일어나서 떠나가는 자는 범하지 않는다.

비법갈마에서 여법갈마라는 생각이 있었는데, 욕을 주지 않고서 자리에서 일어나서 떠나가는 자는 돌길라를 범한다. 비법갈마에서 여법갈마라는 의심이 있었는데, 욕을 주지 않고서 자리에서 일어나서 떠나가는 자는 돌길라를 범한다. 비법갈마에서 비법갈마라는 생각이 있었는데,

욕을 주지 않고서 자리에서 일어나서 떠나가는 자는 범하지 않는다.

3-1 능히 승가가 투쟁, 불화(不和), 시끄러운 분쟁, 논쟁 등이 있다고 인정하여 떠나갔거나, 혹은 승가가 파승(破僧)과 불화합이 있다고 인정하여 떠나갔거나, 비법에 의지하였고, 혹은 별중에 의지하였으며, 혹은 갈마에 적합하지 않은 자가 갈마를 행하였던 까닭으로 떠나갔거나, 병을 인연으로 떠나갔거나, 병자를 위하여 필요하여 떠나갔거나, 대·소변이 다급하여 떠나갔거나, 갈마를 막겠다는 뜻이 없었고 다시 돌아오겠다는 생각으로 떠나갔거나, 미쳤던 자이거나, 최초로 범한 자는 범하지 않는다.

[여든 번째의 바일제를 마친다.]

81) 시의후불평(施衣後不平) 학처

1-1 그때 불·세존께서는 왕사성의 가란타죽림원에 머무르셨다.

그때 장로 답바마라자[77]는 승가를 위하여 좌구와 와구를 나누어주었고, 공양청을 분배하였다. 그때 장로는 한 겹의 얇은 옷을 입고 있었는데, 그때 승가는 하나의 옷을 얻었다. 이때 승가는 이 옷을 가지고 장로 답바마라자에게 베풀어주었는데, 육군비구들이 싫어하고 비난하였다.

"여러 비구들은 친근함을 따랐고, 승가가 얻은 것을 가지고 다른 사람에게 베푸는구나."

여러 비구들의 가운데에서 욕심이 적은 자들은 싫어하고 비난하였다.

"무슨 까닭으로써 육군비구들은 화합승가가 옷을 베풀어주었는데, 뒤에 불평하면서 말하는가?"

여러 비구들은 이 일로써 세존께 아뢰었고, 세존께서는 이 인연으로써

---

77) 팔리어 dabba mallaputta(다빠 말라푸따)의 음사이다.

비구승가를 모으셨으며, 그 비구에게 물어 말씀하셨다.

"육군비구들이여. 그대들은 진실로 화합승가가 옷을 베풀어주었는데, 뒤에 불평하면서 말하였는가?"

"진실로 그렇습니다. 세존이시여."

세존께서는 여러 방편으로 꾸짖으셨다.

"어리석은 사람들이여. 그대들은 어찌하여 화합승가가 옷을 베풀어주었는데, 뒤에 불평하면서 말하였는가? 어리석은 사람들이여. 이것은 오히려 믿지 않는 자는 신심이 생겨나지 않게 하고, …… 이미 믿었던 자는 일부가 전전하여 다른 곳으로 향하여 떠나가게 하느니라."

이와 같이 세존께서는 여러 종류의 방편으로써 육군비구들을 꾸짖고서 뒤에 부양이 어렵고 가르치고 양육함이 어려우며, …… 나아가 …… 여러 비구들을 위하여 적절한 법을 수순하여 설하신 뒤에 여러 비구들에게 알려 말씀하셨다.

"…… 나아가 …… 여러 비구들이여. 그대들은 마땅히 이와 같이 학처를 송출할지니라.

'어느 누구의 비구일지라도 화합승가가 옷을 베풀어주었는데, 뒤에 〈여러 비구들은 친근함을 따랐고, 승가가 얻은 물건을 가지고 전전하여 다른 사람에게 베푸는구나.〉라고 불평하면서 말하는 자는 바일제를 범하느니라.'"

2-1 '어느 누구'는 어느 태어난 곳의 이유, …… 혹은 중간의 법랍이었다면 이것을 '어느 누구'라고 말한다.

'비구'는 구걸하는 비구이니, 일을 쫓아서 걸식하는 비구, …… 곧 이것에서 '비구'의 뜻이라고 말하는 것이다.

'화합하다.'는 승가 대중이 동일(同一)한 경계에서 함께 머무르는 것이다.

'주다.'는 스스로가 주는 것이다.

'옷'은 여섯 종류의 옷 가운데에서 하나이고, 이미 마땅히 정시한 최하의 양을 말한다.

'친근함을 따르다.'는 도반을 따르거나, 지식을 따르거나, 친근한 비구를 따르거나, 동일한 화상을 따르거나, 동일한 아사리를 따르는 것이다.

'승가가 얻은 물건'은 승가에 보시한 물건이다.

'얻은 것'은 의복, 음식, 와구, 필수 의약품, 나아가 가루약의 덩어리, 치목, 짜지 않은 실이다.

'뒤에 불평하며 말하다.'는 승가에서 구족계를 받은 자를 좌구와 와구를 분배하는 사람으로 뽑았거나, 혹은 청식을 보내는 사람으로 뽑았거나, 혹은 죽을 분배하는 사람으로 뽑았거나, 혹은 과일을 분배하는 사람으로 뽑았거나, 혹은 단단한 음식을 분배하는 사람으로 뽑았거나, 여러 작은 물건을 분배하는 사람으로 뽑았고, 옷을 나누어주는데, 불평하면서 말하는 자는 바일제를 범한다.

2-2 여법갈마이었고 여법갈마라는 생각이 있었으며, 옷을 베풀어주었는데, 불평하면서 말하는 자는 바일제를 범한다. 여법갈마이었고 여법갈마라는 의심이 있으며, 옷을 베풀어주는데, 불평하며 말하는 자는 돌길라를 범한다. 여법갈마이었고 비법갈마라는 생각이 있었으며, 옷을 베풀어주는데, 불평하며 말하는 자는 바일제를 범한다.

다른 물건을 베풀어주는데, 불평하며 말하는 자는 돌길라를 범한다. 승가에서 구족계를 받은 자를 좌구와 와구를 분배하는 사람으로 뽑았거나, 혹은 청식을 보내는 사람으로 뽑았거나, 혹은 죽을 분배하는 사람으로 뽑았거나, 혹은 과일을 분배하는 사람으로 뽑았거나, 혹은 단단한 음식을 분배하는 사람으로 뽑았거나, 여러 작은 물건을 분배하는 사람으로 뽑았고, 옷을 베풀어주거나, 혹은 다른 물건을 베풀어주는데, 불평하면서 말하는 자는 돌길라를 범한다.

승가에서 구족계를 받지 않은 자를 좌구와 와구를 분배하는 사람으로 뽑았거나, 혹은 청식을 보내는 사람으로 뽑았거나, 혹은 죽을 분배하는 사람으로 뽑았거나, 혹은 과일을 분배하는 사람으로 뽑았거나, 혹은 단단한 음식을 분배하는 사람으로 뽑았거나, 여러 작은 물건을 분배하는 사람으로 뽑았고, 옷을 베풀어주거나, 혹은 다른 물건을 베풀어주는데, 불평하면서 말하는 자는 돌길라를 범한다.

비법갈마이었고 여법갈마라는 생각이 있었으며, 옷을 베풀어주는데, 불평하면서 말하는 자는 바일제를 범한다. 비법갈마이었고 여법갈마라는 의심이 있었으며, 옷을 베풀어주는데, 불평하면서 말하는 자는 돌길라를 범한다. 비법갈마이었고 비법갈마라는 생각이 있었으며, 옷을 베풀어주었으므로, 불평하면서 말하는 자는 범하지 않는다.

3-1 진실로 애욕, 성냄, 어리석음, 두려운 마음에 의지하여 분배하는 일을 마주하였으며, "그들에게 주더라도 무슨 이익이 있겠는가? 오직 이익을 잃는 것이고, 바르지 않은 행이다."라고 이것과 같이 말하면서 불평하였던 자이거나, 미쳤던 자이거나, 최초로 범한 자는 범하지 않는다.

[여든한 번째의 바일제를 마친다.]

82) 회전승물(迴轉僧物) 학처

1-1 그때 불·세존께서는 사위성의 기수급고독원에 머무르셨다.

그때 사위성에 한 부류의 사람들이 있어서 "공양하신 뒤에 옷을 주겠습니다."라고 말하였고, 승가대중을 위하여 먼저 보시할 옷과 공양을 준비하였다. 이때 육군비구들이 그 사람들의 부류에 이르러 이와 같이 말을 지었다.

"현자들이여. 이 옷들을 이 비구들에게 보시하시오."

"대덕들이여. 우리들은 능히 줄 수 없습니다. 매년 승가가 우리들에게 구걸하였던 이유로 보시하는 옷과 음식을 준비하였습니다."

"현자들이여. 승가는 여러 곳에서 보시하는 물건과 음식이 있소. 이 비구들은 이 처소에 머무르면서 그대들에게 의지하고 그대들을 바라보고 있소. 그대들이 만약 주지 않는다면 어느 사람이 옷을 주겠소. 현자들이여. 이러한 옷들을 이 비구들에게 보시하시오."

이때 한 부류의 사람들은 육군비구들이 강제로 청하였으므로 먼저 보시하려고 준비하였던 승가의 옷을 곧 육군비구들에게 보시하였고, 승가에는 음식을 베풀었다. 여러 비구들의 가운데에서 승가를 위하여 먼저 보시하려고 옷과 공양을 준비하였다고 알았으나, 육군비구들에게 되돌려서 보시하여 주었던 것을 알지 못하였으므로 말하였다.

"현자들이여. 승가대중에게 옷을 보시하여 주십시오."

"대덕들이여. 옷은 없습니다. 먼저 준비하였던 옷들은 이미 육군비구들이 강제로 구하였으므로 되돌려서 그들에게 주었습니다."

여러 비구들의 가운데에서 욕심이 적은 자들은 싫어하고 비난하였다.

"무슨 까닭으로써 육군비구들은 승가가 얻는 물건이 이미 결정된 공양이라고 알고서도, 오히려 되돌려서 그것을 개인에게 보시하게 하는가?"

여러 비구들은 이 일로써 세존께 아뢰었고, 세존께서는 이 인연으로써 비구승가를 모으셨으며, 그 비구에게 물어 말씀하셨다.

"육군비구들이여. 그대들은 진실로 승가가 얻는 물건이 이미 결정된 공양이라고 알고서도, 오히려 되돌려서 그것을 개인에게 보시하게 하였는가?"

"진실로 그렇습니다. 세존이시여."

세존께서는 여러 방편으로 꾸짖으셨다.

"어리석은 사람들이여. 그대들은 어찌하여 승가가 얻는 물건이 이미 결정된 공양이라고 알고서도, 오히려 되돌려서 그것을 개인에게 보시하게 하였는가? 어리석은 사람들이여. 이것은 오히려 믿지 않는 자는 신심이 생겨나지 않게 하고, …… 이미 믿었던 자는 일부가 전전하여 다른 곳으로 향하여 떠나가게 하느니라."

이와 같이 세존께서는 여러 종류의 방편으로써 육군비구들을 꾸짖고서 뒤에 부양이 어렵고 가르치고 양육함이 어려우며, …… 나아가 …… 여러 비구들을 위하여 적절한 법을 수순하여 설하신 뒤에 여러 비구들에게 알려 말씀하셨다.

"…… 나아가 …… 여러 비구들이여. 그대들은 마땅히 이와 같이 학처를 송출할지니라.

'어느 누구의 비구일지라도 승가가 얻는 물건이 이미 결정된 공양이라고 분명하게 알고서도, 오히려 되돌려서 그것을 개인에게 보시하게 하는 자는 바일제를 범하느니라.'"

2-1 '어느 누구'는 어느 태어난 곳의 이유, …… 혹은 중간의 법랍이었다면 이것을 '어느 누구'라고 말한다.

'비구'는 구걸하는 비구이니, 일을 쫓아서 걸식하는 비구, …… 곧 이것에서 '비구'의 뜻이라고 말하는 것이다.

'알다.'는 혹은 스스로가 알았거나, 혹은 다른 사람이 그에게 말하였거나, 혹은 그가 말한 것이다.

'이미 결정된 공양'은 "우리들이 장차 보시하겠습니다.", "우리들이 장차 짓겠습니다."라고 말하였는데, 만약 되돌려서 개인에게 보시하게 하는 자는 바일제를 범한다.

'승가가 얻는 물건'은 승가에 보시한 물건이다.

'얻은 것'은 의복, 음식, 와구, 필수 의약품, 나아가 가루약의 덩어리, 치목, 짜지 않은 실이다.

2-2 이미 결정된 공양의 물건이었고 이미 결정된 공양의 물건이라는 생각이 있었는데, 되돌려서 그것을 개인에게 보시하여 주게 하는 자는 바일제를 범한다. 이미 결정된 공양의 물건이었고 이미 결정된 공양의 물건이라는 의심이 있었는데, 되돌려서 그것을 개인에게 보시하여 주게 하는 자는 돌길라를 범한다. 이미 결정된 공양의 물건이었고 이미 결정되지 않은 공양의 물건이라는 생각이 있었는데, 되돌려서 그것을 개인에게 보시하여 주게 하는 자는 범하지 않는다.

이미 결정된 승가의 공양이었는데, 되돌려서 다른 승가나, 혹은 탑묘(塔廟)에 되돌려서 보시하여 주게 하는 자는 돌길라를 범한다. 이미 결정된 탑묘의 공양이었는데, 되돌려서 다른 탑묘이거나, 혹은 승가이거나, 혹은 개인에게 보시하여 주게 하는 자는 돌길라를 범한다. 이미 결정된 개인 공양이었는데, 되돌려서 다른 개인이거나, 혹은 승가이거나, 혹은 탑묘에 되돌려서 보시하여 주게 하는 자는 돌길라를 범한다.

　이미 결정된 공양의 물건이 아니었고 이미 결정된 공양의 물건이라는 생각이 있었는데, 되돌려서 그것을 개인에게 보시하여 주게 하는 자는 돌길라를 범한다. 이미 결정된 공양의 물건이 아니었고 이미 결정된 공양의 물건이라는 의심이 있었는데, 되돌려서 그것을 개인에게 보시하여 주게 하는 자는 돌길라를 범한다. 이미 결정된 공양의 물건이 아니었고 이미 결정되지 않은 공양의 물건이라는 생각이 있었는데, 되돌려서 그것을 개인에게 보시하여 주게 하는 자는 범하지 않는다.

3-1 "우리들이 어느 곳에 보시해야 합니까?"라고 물었던 때라면, "그대들이 보시하는 물건을 수용할 처소에 보시하십시오.", "혹은 과보를 얻을 처소에 보시하십시오.", "혹은 오래 머물렀던 처소에 보시하십시오.", "혹은 또한 그대들이 마음이 믿음과 즐거움을 얻을 처소에 보시하십시오."라고 말하였거나, 미쳤던 자이거나, 최초로 범한 자는 범하지 않는다.

　[여든두 번째의 바일제를 마친다.]

　○ 【여덟째의 여법품(如法品)을 마친다.】

　섭송으로 설하겠노라.

　여법한 것과 비방하는 것과 무지한 것과
　때리는 것과 손을 올리는 것과 근거없는 것과

고의와 가려진 곳에서 듣는 것과 불평과

욕을 주는 것과 답바와 전시(轉施) 등이 있다.

83) 불고입궁전(不告入宮殿) 학처

1-1 그때 불·세존께서는 사위성의 기수급고독원에 머무르셨다.

그때 교살라국의 파사닉왕(波斯匿王)이 원림(園林)을 지키는 관리에게 명령하였다.

"나는 원림에 가서 유행하고자 하오. 그대는 마땅히 원림에 이르러 깨끗이 청소하시오."

"명령을 받들겠습니다. 대왕이시여."

그 원림을 지키는 관리는 마땅히 왕에게 대답하고서 원림에서 청소하는 때에 세존께서 한 나무 아래에 앉아있는 것을 보았다. 보고서 곧 파사닉왕에게 이르러 이렇게 말을 지었다.

"대왕이시여. 원림은 이미 청소하였으나, 다만 세존께서 그곳에 앉아있었습니다."

"좋구나! 우리들이 세존을 근처에서 모시겠구나."

교살라국의 파사닉왕은 원림에서 세존의 근처에 이르렀다. 그때 한 우바새가 세존의 근처에서 모시고 앉아있었다. 파사닉왕은 우바새가 세존의 근처에서 모시고 앉아있는 것을 보았고, 곧 놀라서 서 있었다. 이때 파사닉왕은 사유하였다.

'이 악한 사람이 이와 같이 세존의 근처에서 모시는구나. 매우 합당하지 않다.'

곧 세존의 처소에 이르러 문신하고서 한쪽에 앉았다. 그때 우바새는 세존을 존중하였으므로 교살라국의 파사닉왕을 마주하고서 공경하지 않았고, 역시 일어서서 예배하지도 않았다. 이때 세존께서는 교살라국의 파사닉왕이 마음속으로 즐겁지 않은 것을 아시고서 왕에게 말씀하셨다.

"이 우바새는 다문(多聞)이고 아함(阿含)을 통달하였으며, 애욕을 이미 버렸고 떠났습니다."

그때 파사닉왕은 사유하였다.

'이 우바새는 비열한 이치가 없고, 또한 세존께서 그를 칭찬하는구나!'

곧 우바새를 마주하고서 말하였다.

"우바새여. 그대의 욕망을 말해보시오."

"대왕이시여. 알겠습니다."

이때 세존께서는 교살라국의 파사닉왕을 위하여 설법하시어 열어서 보여주셨고, 교계하셨으며, 용약하면서 환희하게 하셨다. 파사닉왕은 세존께서 설법하시어 열어서 보여주셨고, 교계하셨으며, 용약하면서 환희하게 하셨으므로, 자리에서 일어나서 세존께 예경하고서 오른쪽으로 돌면서 떠나갔다.

그때 교살라국의 파사닉왕이 높은 누각의 위에서 도로 가운데의 우바새를 보았는데, 손에 일산을 지니고 다니고 있었다. 보고서 그를 가까이 불러서 말하였다.

"우바새여. 그대는 다문이고 아함을 통달하였다고 들었소. 원하건대 나를 위하여 궁녀들에게 설법하시오."

"대왕이시여. 나는 여러 대덕들을 이유로 그것을 알았습니다. 여러 대덕들께서는 왕을 위하여 궁녀들에게 설법할 수 있습니다."

1-2 그때 교살라국의 파사닉왕은 '우바새가 말하는 것이 진실이다.'라고 알았고, 곧 세존의 처소에 이르러 세존께 예경하고서 한쪽에 앉았다. 한쪽에 앉고서 파사닉왕은 이것으로써 세존께 아뢰어 말하였다.

"세존이시여. 바라옵건대 한 비구가 나를 위하여 궁녀들에게 설법하는 것을 청합니다."

이때 세존께서는 교살라국의 파사닉왕을 위하여 설법하시어 열어서 보여주셨고, 교계하셨으며, 용약하면서 환희하게 하셨다. 파사닉왕은 세존께서 설법하시어 열어서 보여주셨고, 교계하셨으며, 용약하면서 환희하게 하셨으므로, 자리에서 일어나서 세존께 예경하고서 오른쪽으로 돌면서 떠나갔다.

이때 세존께서는 장로 아난에게 알려 말씀하셨다.

"아난이여. 그대가 왕을 위하여 궁녀들에게 설법하게."

"알겠습니다. 세존이시여."

장로 아난은 대답하였고, 평소의 때에 왕을 위하여 궁녀들에게 설법하였다.

이때 장로 아난은 이른 아침에 하의를 입고 옷과 발우를 지미고서 교살라국 파사닉왕의 처소에 이르렀다. 그때 파사닉왕과 말리(摩利) 부인은 같이 침상에 누워있는데, 멀리서 아난이 오는 것을 보았다. 보고서 급하게 일어났던 인연으로 노란색의 아름다운 옷이 흘러내렸다. 이때 아난은 정사로 되돌아왔으며, 이 일로써 여러 비구들에게 알렸다. 여러 비구들의 가운데에서 욕심이 적은 자들은 싫어하고 비난하였다.

"무슨 까닭으로써 장로 아난은 먼저 알리지 않고서 왕의 궁전에 들어가는가?"

여러 비구들은 이 일로써 세존께 아뢰었고, 세존께서는 이 인연으로써 비구승가를 모으셨으며, 그 비구에게 물어 말씀하셨다.

"아난이여. 그대가 진실로 먼저 알리지 않고서 왕의 궁전에 들어갔는가?"

"진실로 그렇습니다. 세존이시여."

세존께서는 여러 방편으로 꾸짖으셨다.

"어리석은 사람이여. 그대는 어찌하여 먼저 알리지 않고서 왕의 궁전에 들어갔는가? 어리석은 사람이여. 이것은 오히려 믿지 않는 자는 신심이 생겨나지 않게 하고, …… 이미 믿었던 자는 일부가 전전하여 다른 곳으로 향하여 떠나가게 하느니라."

세존께서는 여러 종류의 방편으로써 장로 아난을 꾸짖고서 적절한 법을 수순하여 설하신 뒤에 여러 비구들에게 알려 말씀하셨다.

1-3 "여러 비구들이여. 왕의 궁전에 들어간다면 10종류의 과실(過失)이 있느니라. 무엇이 10종류인가? 왕과 부인이 함께 이곳에 앉아있는데, 비구가 갑자기 이곳에 들어왔으며, 오히려 부인이 비구를 보고 미소를 지었거나, 혹은 비구가 부인을 보고서 미소를 짓는다면 이때 왕은 곧 이와 같이 사유할 것이다.

'그들이 부정행을 행하였는가? 장차 행하려고 하는가?'

여러 비구들이여. 이것이 왕의 궁전에 들어가는 첫 번째의 과실이니라.

다시 여러 비구들이여. 왕은 일이 많고 매우 번잡하여서 일찍이 어느 궁녀의 처소에 이르러 묵고서 기억하지 못하였는데, 만약 궁녀가 그것을 이유로 임신하였다면, 그때 왕은 곧 이와 같이 사유할 것이다.

'이 처소에는 출가자를 제외하고서 다른 사람은 모두 출입할 수 없다. 이것은 나아가 출가자가 하였던 것이다.'

여러 비구들이여. 이것이 왕의 궁전에 들어가는 두 번째의 과실이니라.

다시 여러 비구들이여. 왕의 부인이 어느 하나의 보물을 잃어버리는 때라면, 그때 왕은 곧 이와 같이 사유할 것이다.

'이 처소에는 출가자를 제외하고서 다른 사람은 모두 출입할 수 없다. 이것은 나아가 출가자가 하였던 것이다.'

여러 비구들이여. 이것이 왕의 궁전에 들어가는 세 번째의 과실이니라.

다시 여러 비구들이여. 왕의 궁전에서 내부의 비밀스러운 일이 만약 밖에 누설되는 때라면, 그때 왕은 곧 이와 같이 사유할 것이다.

'이 처소에는 출가자를 제외하고서 다른 사람은 모두 출입할 수 없다. 이것은 나아가 출가자가 하였던 것이다.'

여러 비구들이여. 이것이 왕의 궁전에 들어가는 네 번째의 과실이니라.

다시 여러 비구들이여. 왕의 궁전에서 혹은 왕자가 왕을 죽이려고 하는 때이거나, 혹은 왕이 왕자를 죽이려고 하는 때라면, 이것을 세상 사람들은 장차 이와 같이 사유할 것이다.

'이 처소에는 출가자를 제외하고서 다른 사람은 모두 출입할 수 없다. 이것은 나아가 출가자가 하였던 것이다.'

여러 비구들이여. 이것이 왕의 궁전에 들어가는 다섯 번째의 과실이니라.

다시 여러 비구들이여. 왕이 낮은 지위인 자를 높은 지위에 임명하는 때라면, 이 일을 기뻐하지 않는 그들은 곧 이와 같이 사유할 것이다.

'왕과 출가자는 함께 교류하며 왕래한다. 이것은 나아가 출가자가 하였던 것이다.'

여러 비구들이여. 이것이 왕의 궁전에 들어가는 여섯 번째의 과실이니라.

다시 여러 비구들이여. 왕이 높은 지위인 자를 낮은 지위에 임명하는 때라면, 이 일을 기뻐하지 않는 그들은 곧 이와 같이 사유할 것이다.

'왕과 출가자는 함께 교류하며 왕래한다. 이것은 나아가 출가자가 하였던 것이다.'

여러 비구들이여. 이것이 왕의 궁전에 들어가는 일곱 번째의 과실이니라.

다시 여러 비구들이여. 왕이 때가 아닌 때에 군사를 일으키는 때라면, 이 일을 기뻐하지 않는 그들은 곧 이와 같이 사유할 것이다.

'왕과 출가자는 함께 교류하며 왕래한다. 이것은 나아가 출가자가 하였던 것이다.'

여러 비구들이여. 이것이 왕의 궁전에 들어가는 여덟 번째의 과실이니라.

다시 여러 비구들이여. 왕이 군사를 일으키는 때에 퇴각할 이유로 중도에서 퇴각하는 때라면, 이 일을 기뻐하지 않는 그들은 곧 이와 같이 사유할 것이다.

'왕과 출가자는 함께 교류하며 왕래한다. 이것은 나아가 출가자가 하였던 것이다.'

여러 비구들이여. 이것이 왕의 궁전에 들어가는 아홉 번째의 과실이니라."

다시 여러 비구들이여. 왕의 궁전에는 코끼리, 말, 수레 등이 달리고, 색·성·향·미·촉·법 등의 경계에서 욕망을 가득하게 채우고 있는데, 이것은 출가자와 상응하는 것이 아니다.

여러 비구들이여. 이것이 왕의 궁전에 들어가는 열 번째의 과실이니라."

이와 같이 세존께서는 여러 종류의 방편으로써 장로 아난을 꾸짖고서 뒤에 부양이 어렵고 가르치고 양육함이 어려우며, …… 나아가 …… 여러 비구들을 위하여 적절한 법을 수순하여 설하신 뒤에 여러 비구들에게 알려 말씀하셨다.

"…… 나아가 …… 여러 비구들이여. 그대들은 마땅히 이와 같이 학처를 송출할지니라.

'어느 누구의 비구일지라도 관정위(灌頂位)를 받고 즉위한 찰리 종족의 왕이 침실을 벗어나지 않았거나, 왕의 부인도 역시 벗어나지 않았는데, 비구가 먼저 알리지 않고서 문지방을 넘는 자는 바일제를 범하느니라.'"

2-1 '어느 누구'는 어느 태어난 곳의 이유, …… 혹은 중간의 법랍이었다면 이것을 '어느 누구'라고 말한다.

'비구'는 구걸하는 비구이니, 일을 쫓아서 걸식하는 비구, …… 곧 이것에서 '비구'의 뜻이라고 말하는 것이다.

'곧 관정위이다.'는 모계(母系)이거나, 부계이거나, 부모계가 세상에서 수승한 가문이고, 혈통이 순수하며, 7대조에 이르기까지 선조가 모두 혼란하지 않아서 그 혈통을 따라서 말할 수 있고, 비난받지 않는 가문이다.

'왕이 벗어나지 않다.'는 왕이 침실에서 나가지 않은 것이다.

'왕의 부인도 역시 벗어나지 않았다.'는 왕의 부인이 침실에서 나가지 않았거나, 혹은 왕과 부인이 함께 침실에서 나가지 않은 것이다.

'먼저 알리지 않다.'는 먼저 통하여 알리지 않은 것이다.

'문지방'은 침실의 문지방을 말한다.

'침실'은 어느 처소를 논하지 않더라도 일반적으로 왕의 평상이 펼쳐진 곳이거나, 나아가 휘장으로 둘러싸였어도 역시 그러하다.

2-2 먼저 알리지 않았고 먼저 알리지 않았다는 생각이 있었는데, 문지방을 넘는 자는 바일제를 범한다. 먼저 알리지 않았고 먼저 알리지 않았다는 의심이 있었는데, 문지방을 넘는 자는 바일제를 범한다. 먼저 알리지 않았고 먼저 알렸다는 생각이 있었는데, 문지방을 넘는 자는 바일제를 범한다.

먼저 알렸고 먼저 알리지 않았다는 생각이 있었는데, 문지방을 넘는 자는 돌길라를 범한다. 먼저 알렸고 먼저 알리지 않았다는 의심이 있었는데, 문지방을 넘는 자는 돌길라를 범한다. 먼저 알렸고 먼저 알렸다는 생각이 있었는데, 문지방을 넘는 자는 범하지 않는다.

3-1 먼저 알렸던 때이거나, 찰제리 종족이 아니었거나, 찰제리 종족이 관정을 받지 않았거나, 왕이 이미 침실에서 나갔거나, 왕의 부인이 이미 침실에서 나갔거나, 두 사람이 이미 침실에서 나갔거나, 침실이 아닌 때이거나, 미쳤던 자이거나, 최초로 범한 자는 범하지 않는다.

[여든세 번째의 바일제를 마친다.]

84) 착보(捉寶) 학처

1-1 그때 불·세존께서는 사위성의 기수급고독원에 머무르셨다.

그때 한 비구가 아치라발저강(阿致羅筏底河)에서 목욕하였다. 한 바라문도 5백 금전(金錢)의 전대(錢袋)를 강둑 위에 놓아두고서 아치라발저강에 들어가서 목욕하였는데, 이것을 잊고서 떠나갔다. 그 비구는 바라문의 전대가 유실되는 것이 두려워서 그것을 집어들었다. 이때 바라문은 기억하고서 급하게 뛰어서 돌아왔으며 비구에게 말하였다.

"비구여. 나의 전대를 보았습니까?"

"그렇습니다. 바라문이여."

아울러 전대를 가지고 돌려주었다. 이때 그 바라문은 이렇게 사유하였다.

'내가 무슨 방편으로써 고액(高額)으로 사례하는 것을 벗어날 수 있을까?'

"비구여. 5백 금전이 아니고, 일천 금전이었소."

그를 혼란시키고서 벗어났다. 이때 그 비구는 정사에 돌아와서 이 일로써 여러 비구들에게 말하였다. 여러 비구들의 가운데에서 욕심이 적은 자들은 싫어하고 비난하였다.

"무슨 까닭으로써 비구가 금전과 보물을 붙잡았는가?"

여러 비구들은 이 일로써 세존께 아뢰었고, 세존께서는 이 인연으로써 비구승가를 모으셨으며, 그 비구에게 물어 말씀하셨다.

"비구여. 그대가 진실로 금전과 보물을 붙잡았는가?"

"진실로 그렇습니다. 세존이시여."

세존께서는 여러 방편으로 꾸짖으셨다.

"어리석은 사람이여. 그대는 어찌하여 금전과 보물을 붙잡았는가? 어리석은 사람이여. 이것은 오히려 믿지 않는 자는 신심이 생겨나지 않게 하고, …… 이미 믿었던 자는 일부가 전전하여 다른 곳으로 향하여 떠나가게 하느니라."

세존께서는 여러 종류의 방편으로써 이 비구를 꾸짖고서 적절한 법을 수순하여 설하신 뒤에 여러 비구들에게 알려 말씀하셨다.

"…… 나아가 …… 여러 비구들이여. 그대들은 마땅히 이와 같이 학처를 송출할지니라.

'어느 누구의 비구일지라도 보물을 보았거나, 혹은 보물과 같은 것을 보고서 만약 붙잡았거나, 혹은 시켜서 붙잡는 자는 바일제를 범하느니라."

이와 같이 세존께서는 여러 비구들을 위하여 학처를 제정하여 세우셨다.

2-1 그때 사위성의 절회(節會)가 있었다.

여러 사람들은 옷과 장신구로 꾸미고서 원림으로 갔다. 비사거녹자모(毘舍佉鹿子母)[78]도 역시 옷과 장신구로 꾸미고서 원림으로 가려고 취락을 나왔다.

'내가 원림에 이르러 무엇을 하겠는가? 나는 마땅히 세존께 예경해야겠다.' 이때 장신구를 벗어서 상의로써 그것을 감쌌으며 여노비에게 주면서

---

78) 팔리어 Visākhā migāramātā(비사카 미가라마타)의 음사이다.

말하였다.

"그대가 이 물건을 가지고 있게."

이때 비사거녹자모는 세존의 처소에 이르렀고, 세존께 예경하고서 한쪽에 앉았다. 세존께서는 비사거녹자모를 위하여 설법하시어 열어서 보여주셨고, 교계하셨으며, 용약하면서 환희하게 하셨다. 비사거녹자모는 세존께서 설법하시어 열어서 보여주셨고, 교계하셨으며, 용약하면서 환희하게 하셨으므로, 자리에서 일어나서 세존께 예경하고서 오른쪽으로 돌면서 떠나갔다.

그때 여노비도 가지고 있던 물건을 기억하지 못하고서 떠나갔다. 여러 비구들은 그것을 보았고 이 일로써 세존께 아뢰었으며, 세존께서는 말씀하셨다.

"여러 비구들이여. 그것을 주워서 대신하여 보관하도록 하라."

이때 세존께서는 이 인연으로써 설법하셨으며 여러 비구들에게 알리셨다.

"여러 비구들이여. 정사의 내부에서 보물을 보았거나, 혹은 보물과 같은 것을 보았다면 소유자에게 장차 취하여 돌려주어야 하는 까닭으로 붙잡거나, 혹은 시켜서 붙잡는 것을 허락하겠노라."

"여러 비구들이여. 그대들은 마땅히 이와 같이 학처를 송출할지니라. '어느 누구의 비구일지라도 정사의 내부를 제외하고서 보물을 보았거나, 혹은 보물과 같은 것을 보고서 만약 붙잡았거나, 혹은 시켜서 붙잡는 자는 바일제를 범하느니라.'"

이와 같이 세존께서는 여러 비구들을 위하여 학처를 제정하여 세우셨다.

3-1 그때 가시국(迦尸國)[79]에 급고독장자(給孤獨長子)[80]의 농장이 있었는데, 그 거사는 시자(侍子)에게 명령하였다.

"만약 대덕들께서 오신다면 마땅히 음식을 베푸시오."

그때 여러 비구들이 가시국으로 유행하였고 급고독장자의 농장에 이르

---

79) 팔리어 Kāsi(카시)의 음사이다.
80) 팔리어 Anāthapiṇḍika(아나타핀디카)의 음사이다.

렀다. 시자는 여러 비구들이 앞에 오는 것을 보았다. 보고서 그 비구들의 옆으로 달려가서 예배하고 비구들에게 말하였다.

"여러 대덕들이여. 내일 아침에 와서 거사님의 공양을 받으십시오."

여러 비구들은 묵연히 허락하였다. 이때 그 사람은 밤을 새워서 맛있는 단단하고 부드러운 음식을 준비하였고, 음식의 때에 이르렀다고 알렸으며, 아울러 반지를 벗어놓고서 비구들에게 음식을 공급하였고, 아울러 말하였다.

"존자들께서 음식을 드셨으니, 나는 가겠습니다. 나는 농장에서 농사를 지어야 합니다."

반지를 잊어버리고서 떠나갔는데, 여러 비구들이 보고서 생각하였다. '우리들이 떠나간다면 반지를 마땅히 잃어버릴 것이다.'

이것을 인연으로 머물렀고 이곳을 떠나가지 못하였다. 그 사람은 농사를 짓고서 돌아왔으며 여러 비구들을 보고서 말하였다.

"여러 대덕들이여. 무슨 까닭으로써 오히려 이곳에 머무십니까?"

그때 여러 비구들은 이 일로써 그 사람에게 말하였고, 사위성에 이르러 역시 이 일로써 여러 비구들에게 말하였다. 여러 비구들은 이 일로써 세존께 아뢰었고, 세존께서는 이 인연으로써 설법하셨으며 여러 비구들에게 알리셨다.

"여러 비구들이여. 정사의 내부이거나, 혹은 머무르는 처소의 내부에서 보물을 보았거나, 혹은 보물과 같은 것을 보고서 이 물건을 소유자에게 장차 취하여 돌려주어야 하는 까닭으로 붙잡거나, 혹은 시켜서 붙잡는 것을 허락하겠노라. 여러 비구들이여. 그대들은 마땅히 이와 같이 학처를 송출할지니라.

'어느 누구의 비구일지라도 정사의 내부이거나, 혹은 머무르는 처소의 내부를 제외하고서 보물을 보았거나, 혹은 보물과 같은 것을 보고서 만약 붙잡았거나, 혹은 시켜서 붙잡는 자는 바일제를 범하느니라. 정사의 내부이거나, 혹은 머무르는 처소의 내부에서 보물을 보았거나, 혹은 보물과 같은 것을 보고서 이 물건을 소유자에게 장차 취하여 돌려주어야 하는 까닭으로 붙잡거나, 혹은 시켜서 붙잡아서 그것을 보관하여 두었다면, 이것이 이때의 여법한 행이니라.'"

4-1 '어느 누구'는 어느 태어난 곳의 이유, …… 혹은 중간의 법랍이었다면 이것을 '어느 누구'라고 말한다.

'비구'는 구걸하는 비구이니, 일을 쫓아서 걸식하는 비구, …… 곧 이것에서 '비구'의 뜻이라고 말하는 것이다.

'정사의 내부이거나, 혹은 머무르는 처소의 내부에서는 제외하다.'는 정사의 안이거나, 혹은 머무르는 처소의 안에서는 제외하는 것이다.

'정사의 안'은 울타리가 있는 정사의 내부이거나, 울타리가 없는 정사의 경내(境內)이다.

'머무르는 처소의 안'은 울타리가 있는 머무는 곳의 내부이거나, 울타리가 없는 머무는 곳의 경내이다.

'보물'은 진주, 보주(寶珠), 유리(琉璃), 패옥(貝玉), 파리(玻璃), 산호(珊瑚), 금(金), 은(銀), 적주(赤珠), 호박(琥珀)이다.

'보물과 같은 것을 보다.'는 세상 사람들이 기쁘게 수용하는 물건이니, 이것을 보물과 같은 것을 보았다고 이름한다.

'붙잡다.'는 만약 스스로가 붙잡는 자는 바일제를 범한다.

'시켜서 붙잡다.'는 만약 시켜서 붙잡는 자는 바일제를 범한다.

'정사의 내부이거나, 혹은 머무르는 처소의 내부에서 "마땅히 소유자에게 가지고 돌려주겠다."라고 말하면서 붙잡거나, 혹은 시켜서 붙잡아서 그것을 보관하여 두었다.'는 마땅히 그것의 색깔과 모습을 기억하고서 보관하면서 "만약 물건을 잃어버렸다면 오십시오."라고 알려야 한다. 만약 물건을 잃어버린 자가 왔다면 마땅히 말해야 한다.

"현자여. 그대가 잃어버린 물건은 무슨 색깔과 모양입니까?"

만약 말하는 색깔과 혹은 모양이 서로 마땅하다면 마땅히 그것을 주어야 한다. 만약 서로 마땅하지 않다면 마땅히 말해야 한다.

"현자여. 다른 곳에 가서 찾아보십시오."

만약 그 주처에서 떠나가는 때라면 마땅히 잃어버린 물건을 가지고 이 주처의 선량한 비구에게 부촉(付囑)하고서, 그러한 뒤에 떠나가야 한다. 선량한 비구가 없는 때라면 이 주처의 선량한 거사에게 부촉해야 한다.

'이것이 이때에 여법한 행이다.'는 이것이 이때 정황(情況)의 법에서 적합한 것이다.

5-1 정사의 내부이거나, 혹은 머무르는 처소의 내부에서 "마땅히 소유자에게 가지고 돌려주겠다."라고 말하고서 장차 이 보물이거나, 혹은 보물과 같은 것을 붙잡거나, 혹은 시켜서 붙잡아서 그것을 보관하여 두었거나, 보물과 같은 것을 친근하다는 생각으로써 붙잡거나, 잠시 붙잡거나, 분소(糞掃)의 물건이라는 생각으로 붙잡거나, 미쳤던 자이거나, 최초로 범한 자는 범하지 않는다.

[여든네 번째의 바일제를 마친다.]

85) 비시입취락(非時入聚落) 학처

1-1 그때 불·세존께서는 사위성의 기수급고독원에 머무르셨다.

그때 육군비구들이 때가 아닌 때에 취락에 들어가서 모이는 곳에 앉았고, 여러 종류의 세상의 일을 논의하였는데, 곧 왕의 이야기, 도둑의 이야기, 대신의 이야기, 군사의 이야기, 두려움의 이야기, 전쟁의 이야기, 음식의 이야기, 음료의 이야기, 의복의 이야기, 침상의 이야기, 꽃다발의 이야기, 향의 이야기, 친족의 이야기, 수레의 이야기, 취락의 이야기, 포구의 이야기, 도시의 이야기, 국토의 이야기, 부녀의 이야기, 영웅의 이야기, 도로의 이야기, 우물의 이야기, 망령(亡靈)의 이야기, 잡스러운 이야기, 세상의 생성에 대한 이야기, 바다의 생성에 대한 이야기 등이었다. 여러 사람들은 싫어하고 비난하였다.

"무슨 까닭으로써 사문 석자가 때가 아닌 때에 취락에 들어와서 모이는 곳에 앉았으며, 여러 종류의 세상의 일을 논의하는가? 곧 왕의 이야기, 도둑의 이야기, …… 바다의 생성에 대한 이야기 등이니, 이것은 재가에서 욕락을 받고서 즐기는 자와 같구나."

여러 비구들의 가운데에서 욕심이 적은 자들은 싫어하고 비난하였다.

"무슨 까닭으로써 육군비구들은 때가 아닌 때에 취락에 들어가서 모이는 곳에 앉았으며, 곧 왕의 이야기, 도둑의 이야기, …… 바다의 생성에 대한 이야기 등의 여러 종류의 세상의 일을 논의하는가?"

여러 비구들은 이 일로써 세존께 아뢰었고, 세존께서는 이 인연으로써 비구승가를 모으셨으며, 그 비구에게 물어 말씀하셨다.

"육군비구들이여. 그대들이 진실로 때가 아닌 때에 취락에 들어가서 모이는 곳에 앉았으며, 곧 왕의 이야기, 도둑의 이야기, …… 바다의 생성에 대한 이야기 등의 여러 종류의 세상의 일을 논의하였는가?"

"진실로 그렇습니다. 세존이시여."

세존께서는 여러 방편으로 꾸짖으셨다.

"어리석은 사람들이여. 그대들은 어찌하여 때가 아닌 때에 취락에 들어가서 모이는 곳에 앉았으며, 곧 왕의 이야기, 도둑의 이야기, …… 바다의 생성에 대한 이야기 등의 여러 종류의 세상의 일을 논의하였는가? 어리석은 사람들이여. 이것은 오히려 믿지 않는 자는 신심이 생겨나지 않게 하고, …… 이미 믿었던 자는 일부가 전전하여 다른 곳으로 향하여 떠나가게 하느니라."

세존께서는 여러 종류의 방편으로써 이 비구를 꾸짖고서 적절한 법을 수순하여 설하신 뒤에 여러 비구들에게 알려 말씀하셨다.

"…… 나아가 …… 여러 비구들이여. 그대들은 마땅히 이와 같이 학처를 송출할지니라.

'어느 누구의 비구일지라도 때가 아닌 때에 취락에 들어가는 자는 바일제를 범하느니라.'"

이와 같이 세존께서는 여러 비구들을 위하여 학처를 제정하여 세우셨다.

2-1 그때 여러 비구들이 교살라국에서 사위성으로 가면서 날이 저무는 때에 한 취락에 이르렀다. 여러 사람들이 그 비구들에게 말하였다.

"대덕들이여. 들어오십시오."

그 여러 비구들은 세존께서 때가 아닌 때에 취락에 들어가는 것을 금지하셨으므로 두려워하고 삼가하면서 들어가지 않았으나, 이것을 인연으로 도둑들이 여러 비구들을 겁탈하였다. 이때 비구들은 사위성에 이르러 이 일로써 여러 비구들에게 말하였고, 여러 비구들은 이 일로써 세존께 아뢰었다. 여러 비구들은 이 일로써 세존께 아뢰었고, 세존께서는 이 인연으로써 설법하셨으며 여러 비구들에게 알리셨다.

"여러 비구들이여. 다른 비구들에게 알렸다면 때가 아닌 때에 취락에 들어가는 것을 허락하겠노라. 여러 비구들이여. 그대들은 마땅히 이와 같이 학처를 송출할지니라.

'어느 누구의 비구일지라도 알리지 않고서 때가 아닌 때에 취락에 들어가는 자는 바일제를 범하느니라.'"

이와 같이 세존께서는 여러 비구들을 위하여 학처를 제정하여 세우셨다.

3-1 그때 한 비구가 교살라국에서 사위성으로 떠나가면서 날이 저무는 때에 한 취락에 이르렀다. 여러 사람들이 그 비구에게 말하였다.

"대덕이여. 들어오십시오."

그 비구는 알릴 수 없었고, 세존께서 때가 아닌 때에 취락에 들어가는 것을 금지하셨으므로 두려워하고 삼가하면서 들어가지 않았으나, 이것을 인연으로 도둑들이 이 비구를 겁탈하였다. 그 비구는 사위성에 이르러 이 일로써 여러 비구들에게 말하였고, 여러 비구들은 이 일로써 세존께 아뢰었다. 여러 비구들은 이 일로써 세존께 아뢰었고, 세존께서는 이 인연으로써 설법하셨으며 여러 비구들에게 알리셨다.

"여러 비구들이여. 같이 머무르는 비구에게 알렸다면 때가 아닌 때에 취락에 들어가는 것을 허락하겠노라. 여러 비구들이여. 그대들은 마땅히 이와 같이 학처를 송출할지니라.

'어느 누구의 비구일지라도 같이 머무르는 비구에게 알리지 않고서 때가 아닌 때에 취락에 들어가는 자는 바일제를 범하느니라.'"

이와 같이 세존께서는 여러 비구들을 위하여 학처를 제정하여 세우셨다.

4-1 그때 한 비구를 독사가 깨물었고, 한 비구가 "내가 불을 가지고 오겠습니다."라고 말하고서 취락으로 갔다. 그때 그 비구는 같이 머무르는 비구에게 알릴 수 없었고, 세존께서 때가 아닌 때에 취락에 들어가는 것을 금지하셨으므로 두려워하고 삼가하면서 들어가지 않았다. 여러 비구들은 이 일로써 세존께 아뢰었고, 세존께서는 이 인연으로써 설법하셨으며 여러 비구들에게 알리셨다.

"여러 비구들이여. 긴급한 때라면 같이 머무는 비구에게 알리지 않았어도 때가 아닌 때에 취락에 들어가는 것을 허락하겠노라. 여러 비구들이여. 그대들은 마땅히 이와 같이 학처를 송출할지니라.

'어느 누구의 비구일지라도 같이 머무르는 비구에게 알리지 않고서 때가 아닌 때에 취락에 들어가는 자는 서로에게 마땅히 긴급한 일이 있는 것을 제외하고서 바일제를 범하느니라.'"

이와 같이 세존께서는 여러 비구들을 위하여 학처를 제정하여 세우셨다.

5-1 '어느 누구'는 어느 태어난 곳의 이유, …… 혹은 중간의 법랍이었다면 이것을 '어느 누구'라고 말한다.

'비구'는 구걸하는 비구이니, 일을 쫓아서 걸식하는 비구, …… 곧 이것에서 '비구'의 뜻이라고 말하는 것이다.

'같이 머무르다.'는 취락에 들어가는 것을 비구에게 알릴 수 있는 것이다.

'같이 머무르지 않다.'는 취락에 들어가는 것을 비구에게 알릴 수 없는 것이다.

'때가 아닌 때'는 정오가 지난 뒤부터 하늘이 밝아지는 때에 이르는 것이다.

'취락에 들어가다.'는 울타리가 있는 취락을 만약 울타리를 넘어서

들어간다면 바일제를 범한다. 울타리가 없는 취락의 근처를 들어간다면
바일제를 범한다.

'서로가 마땅히 긴급한 일이 있는 것을 제외하다.'는 긴급하고 중요한
일은 제외하는 것이다.

5-2 때가 아니었고 때가 아니라는 생각이 있었는데, 같이 머무르는 비구에
게 알리지 않고서 취락에 들어가는 자는 서로에게 마땅히 긴급한 일이
있는 것을 제외하고서 바일제를 범한다. 때가 아니었고 때가 아니라는
의심이 있었는데, 같이 머무르는 비구에게 알리지 않고서 취락에 들어가
는 자는 서로에게 마땅히 긴급한 일이 있는 것을 제외하고서 바일제를
범한다. 때가 아니었고 때라는 생각이 있었는데, 같이 머무르는 비구에게
알리지 않고서 취락에 들어가는 자는 서로에게 마땅히 긴급한 일이 있는
것을 제외하고서 바일제를 범한다.

때이었고 때가 아니라는 생각이 있었는데, 같이 머무르는 비구에게
알리지 않고서 취락에 들어가는 자는 서로에게 마땅히 긴급한 일이 있는
것을 제외하고서 돌길라를 범한다. 때이었고 때가 아니라는 의심이 있었
는데, 같이 머무르는 비구에게 알리지 않고서 취락에 들어가는 자는
서로에게 마땅히 긴급한 일이 있는 것을 제외하고서 돌길라를 범한다.
때이었고 때라는 생각이 있었는데, 같이 머무르는 비구에게 알리지 않고
서 취락에 들어가는 자는 서로에게 마땅히 긴급한 일이 있는 것을 제외하
고서도 범하지 않는다.

6-1 서로가 마땅히 긴급한 일이 있어서 같이 머무르는 비구에게 알리지
않고서 들어갔거나, 같이 머무르는 비구의 부재시(不在時)에 알리지 않고
서 들어갔거나, 한 취락의 중간을 들어가는 때이거나, 비구니의 주처에
갔던 때이거나, 외도의 처소에 이르렀거나, 참회하는 처소에 이르렀던
때이거나, 도로가 있는 취락을 지나가는 이유이었거나, 사고의 때이거나,
미쳤던 자이거나, 최초로 범한 자는 범하지 않는다.

[여든다섯 번째의 바일제를 마친다.]

86) 침통(針筒) 학처

1-1 그때 불·세존께서는 석가국 가비라성의 니구율수원에 머무르셨다.

그때 한 상아(象牙) 장인이 여러 비구들에게 알려 말하였다.

"여러 대덕들께서 침통(針筒)을 구하고자 하신다면 제가 침통을 보시하겠습니다."

그때 많은 비구들이 침통을 구걸하였다. 작은 침통이 있는 자는 큰 침통을 구걸하였고, 큰 침통이 있는 자는 작은 침통을 구걸하였다. 이때 상아 장인은 비구들을 위하여 많은 침통을 지었고, 능히 다른 물건을 만들지 못하였으므로 생계가 어려웠고 자녀들도 역시 궁핍(窮乏)하였다. 여러 사람들은 싫어하고 비난하였다.

"무엇을 위하여 사문 석자들은 양을 알지 못하고서 많은 침통을 구걸하는가? 이 사람은 그들을 위하여 많은 침통을 지었고, 능히 다른 물건을 만들지 못하였으므로 생계가 어려워졌고 자녀들도 역시 궁핍하구나."

여러 비구들은 여러 사람들이 비난하는 것을 들었다. 여러 비구들의 가운데에서 욕심이 적은 자들은 싫어하고 비난하였다.

"무슨 까닭으로써 비구들은 양을 알지 못하고서 많은 침통을 구걸하는가?"

여러 비구들은 이 일로써 세존께 아뢰었고, 세존께서는 이 인연으로써 비구승가를 모으셨으며, 그 비구에게 물어 말씀하셨다.

"여러 비구들이여. 그대들이 진실로 양을 알지 못하고서 많은 침통을 구걸하였는가?"

"진실로 그렇습니다. 세존이시여."

세존께서는 여러 방편으로 꾸짖으셨다.

"어리석은 사람들이여. 그대들은 어찌하여 양을 알지 못하고서 많은 침통을 구걸하였는가? 어리석은 사람들이여. 이것은 오히려 믿지 않는 자는 신심이 생겨나지 않게 하고, …… 이미 믿었던 자는 일부가 전전하여 다른 곳으로 향하여 떠나가게 하느니라.”

이와 같이 세존께서는 여러 종류의 방편으로써 여러 비구들을 꾸짖고서 뒤에 부양이 어렵고 가르치고 양육함이 어려우며, …… 나아가 …… 여러 비구들을 위하여 적절한 법을 수순하여 설하신 뒤에 여러 비구들에게 알려 말씀하셨다.

“…… 나아가 …… 여러 비구들이여. 그대들은 마땅히 이와 같이 학처를 송출할지니라.

‘어느 누구의 비구일지라도 침통을 만약 뼈(骨)로써 시켜서 짓거나, 상아(牙)로써 시켜서 짓거나, 뿔(角)로써 시켜서 짓는 자는 바일제를 범하나니, 마땅히 그것을 두드려서 깨트려야 하느니라.’”

2-1 ‘어느 누구’는 어느 태어난 곳의 이유, …… 혹은 중간의 법랍이었다면 이것을 ‘어느 누구’라고 말한다.

‘비구’는 구걸하는 비구이니, 일을 쫓아서 걸식하는 비구, …… 곧 이것에서 ‘비구’의 뜻이라고 말하는 것이다.

‘시켜서 짓다.’는 스스로가 지었거나, 다른 사람에게 짓게 시키는 때에는 돌길라를 범한다. 지었던 것을 얻은 자는 두드려서 깨트려야 하고, 바일제를 범하나니, 마땅히 그것을 참회해야 한다.

‘뼈’는 뼈가 있는 것이다.

‘상아’는 코끼리의 상아를 말한다.

‘뿔’은 뿔이 있는 것이다.

스스로가 지으면서 완성하지 못하였는데 스스로에게 시켜서 완성하는 자는 바일제를 범한다. 스스로가 지으면서 완성하지 못하였는데 다른 사람을 시켜서 완성하는 자는 바일제를 범한다. 다른 사람이 지으면서 완성하지 못하였는데 스스로에게 시켜서 완성하는 자는 바일제를 범한다. 다른 사람이 지으면서 완성하지 못하였고 다른 사람을 시켜서 완성하는 자는 바일제를 범한다.

다른 사람을 위하여 지었거나, 혹은 시켜서 짓는 자는 돌길라를 범한다. 다른 사람이 지었던 이유로 얻고서 수용하는 자는 돌길라를 범한다.

3-1 건제가목(乾帝伽木)[81]이거나, 아랍니목(阿拉尼木)[82]이거나, 의타(義咤)[83]이거나, 고약(膏藥)의 그릇이거나, 약수저이거나, 손도끼의 자루이거나, 닦는 도구이거나, 미쳤던 자이거나, 최초로 범한 자는 범하지 않는다.

[여든여섯 번째의 바일제를 마친다.]

87) 작와상여의자(作臥牀與椅子) 학처

1-1 그때 불·세존께서는 사위성의 기수급고독원에 머무르셨다.

그때 장로 우파난타는 높은 평상 위에 누워있었는데, 세존께서는 여러 비구들과 방사를 돌아보시면서, 장로 우파난타 석자가 머무는 방사에 이르셨다. 우파난타 석자는 세존께서 앞에 오신 것을 보고서 세존께 아뢰어 말하였다.

"세존이시여. 오시어 저의 와상에 누워보십시오."

이때 세존께서는 이것을 이유로 돌아오셨고, 여러 비구들에게 알려 말씀하셨다.

"여러 비구들이여. 그 주처에서 그 사람이 어리석은 사람이라고 알았느니라."

---

81) 팔리어 Gaṇṭhikā(간티카)의 음사이고, 옷이 바람에 날리지 않도록 사용하는 나무를 가리킨다.
82) 팔리어 Araṇika(아라니카)의 음사이고, 두 개의 조각으로 불을 피우는데 사용하는 나무를 가리킨다.
83) 팔리어 Vidha(비다)의 음사이고, 나무를 단단하게 조이는 도구를 가리킨다.

이때 세존께서는 여러 종류의 방편으로써 우파난타를 꾸짖고서 뒤에 부양이 어렵고 가르치고 양육함이 어려우며, …… 나아가 …… 여러 비구들을 위하여 적절한 법을 수순하여 설하신 뒤에 여러 비구들에게 알려 말씀하셨다.

"…… 나아가 …… 여러 비구들이여. 그대들은 마땅히 이와 같이 학처를 송출할지니라.

'비구가 새로운 와상을 짓거나, 혹은 의자를 짓는 때에 그 다리는 바닥 기준의 부분에서 아래에 들어가는 부분을 제외하고서 세존의 손가락의 여덟 마디의 길이에 의지하여 그것을 지어야 하느니라. 이것을 넘겨서 짓는 자는 바일제를 범하나니, 마땅히 그것을 잘라야 하느니라.'"

2-1 '짓는 때'는 만약 스스로가 짓거나, 만약 다른 사람을 시켜서 짓는 것이다.

'새로운'은 짓고자 취하는 것을 말한다.

'와상'은 네 종류의 와상이 있나니, 곧 마차라가(摩遮羅伽),[84] 문제(文蹄),[85] 구리라(句利羅),[86] 아알차(阿遏遮)[87] 등이다.

'의자'는 네 종류의 의자가 있나니, 곧 마차라가, 문제, 구리라, 아알차 등이다.

'그 다리는 바닥 기준의 부분에서 아래에 들어가는 부분을 제외하고서 세존의 손가락의 여덟 마디의 길이에 의지하여 그것을 짓는다.'는 바닥 기준의 부분에서 아래에 들어가는 부분을 제외하고서 이것을 넘겨서 지었거나, 혹은 시켜서 지었다면 짓는 때에 돌길라를 범한다. 지어서 완성한 것을 얻은 자라면 마땅히 잘라내고서 참회해야 하나니, 바일제를 범한다.

---

84) 팔리어 Masāraka(마사라카)의 음사이다.
85) 팔리어 Bundikābaddha(분디카바따)의 음사이다.
86) 팔리어 Kuḷīrapādaka(쿠리라파다카)의 음사이다.
87) 팔리어 Āhaccapādaka(아하짜파다카)의 음사이다.

스스로가 지으면서 완성하지 못하였는데 스스로에게 시켜서 완성하는 자는 바일제를 범한다. 스스로가 지으면서 완성하지 못하였고 다른 사람을 시켜서 완성하는 자는 바일제를 범한다. 다른 사람이 지으면서 완성하지 못하였는데 스스로에게 시켜서 완성하는 자는 바일제를 범한다. 다른 사람이 지으면서 완성하지 못하였는데 다른 사람을 시켜서 완성하는 자는 바일제를 범한다.

다른 사람을 위하여 지었거나, 혹은 시켜서 짓는 자는 돌길라를 범한다. 다른 사람이 지었던 이유로 얻어서 수용하는 자는 돌길라를 범한다.

3-1 양에 의지하여 지었거나, 양의 이하로 지었거나, 다른 사람이 양을 넘겨서 지은 것을 잘라서 수용하였거나, 미쳤던 자이거나, 최초로 범한 자는 범하지 않는다.

[여든일곱 번째의 바일제를 마친다.]

88) 작와상이입면(作臥牀而入綿) 학처

1-1 그때 불·세존께서는 사위성의 기수급고독원에 머무르셨다.

그때 육군비구들이 와상과 의자에 모두 목화솜(綿)을 집어넣고서 지었다. 여러 사람들이 정사에 와서 예배하였는데, 이것을 보고서 싫어하고 비난하였다.

"무엇을 위하여 사문 석자는 와상과 의자를 지으면서 목화솜을 집어넣고서 짓는가? 재가에서 욕락을 받고서 즐기는 자와 같구나."

여러 비구들은 여러 사람들이 비난하는 것을 들었다. 여러 비구들의 가운데에서 욕심이 적은 자들은 싫어하고 비난하였다.

"무슨 까닭으로써 육군비구들은 와상과 의자를 지으면서 목화솜을 집어넣고서 짓는가?"

여러 비구들은 이 일로써 세존께 아뢰었고, 세존께서는 이 인연으로써 비구승가를 모으셨으며, 그 비구에게 물어 말씀하셨다.

"육군비구들이여. 그대들이 진실로 와상과 의자를 지으면서 목화솜을 집어넣고서 지었는가?"

"진실로 그렇습니다. 세존이시여."

세존께서는 여러 방편으로 꾸짖으셨다.

"어리석은 사람들이여. 그대들은 어찌하여 진실로 와상과 의자를 지으면서 목화솜을 집어넣고서 지었는가? 어리석은 사람들이여. 이것은 오히려 믿지 않는 자는 신심이 생겨나지 않게 하고, …… 이미 믿었던 자는 일부가 전전하여 다른 곳으로 향하여 떠나가게 하느니라."

세존께서는 여러 종류의 방편으로써 육군비구들을 꾸짖고서 적절한 법을 수순하여 설하신 뒤에 여러 비구들에게 알려 말씀하셨다.

"…… 나아가 …… 여러 비구들이여. 그대들은 마땅히 이와 같이 학처를 송출할지니라.

'어느 누구의 비구일지라도 만약 와상과 의자를 지으면서 목화솜을 집어넣는 자는 바일제를 범하나니, 마땅히 솜을 꺼내야 하느니라.'"

2-1 '어느 누구'는 어느 태어난 곳의 이유, …… 혹은 중간의 법랍이었다면 이것을 '어느 누구'라고 말한다.

'비구'는 구걸하는 비구이니, 일을 좇아서 걸식하는 비구, …… 곧 이것에서 '비구'의 뜻이라고 말하는 것이다.

'만약 짓다.'는 스스로가 짓거나, 만약 다른 사람을 시켜서 짓는 때에는 돌길라를 범한다. 솜을 얻어서 취하는 자는 바일제를 범하나니, 마땅히 스스로기 아뢰고 참회해야 한다.

'와상'은 네 종류의 와상이 있나니, 곧 마차라가, 문제, 구리라, 아알차 등이다.

'의자'는 네 종류의 의자가 있나니, 곧 마차라가, 문제, 구리라, 아알차 등이다.

'솜'은 세 종류가 있나니, 목화의 솜, 덩굴줄기의 솜, 풀의 솜이다.

스스로가 지으면서 완성하지 못하였는데 스스로에게 시켜서 완성하는 자는 바일제를 범한다. 스스로가 지으면서 완성하지 못하였는데 다른 사람을 시켜서 완성하는 자는 바일제를 범한다. 다른 사람이 지으면서 완성하지 못하였는데 스스로에게 시켜서 완성하는 자는 바일제를 범한다. 다른 사람이 지으면서 완성하지 못하였는데 다른 사람을 시켜서 완성하는 자는 바일제를 범한다.

다른 사람을 위하여 지었거나, 혹은 시켜서 짓는 자는 돌길라를 범한다. 다른 사람이 지었던 이유로 얻어서 수용하는 자는 돌길라를 범한다.

3-1 끈, 허리띠, 어깨 끈, 발낭, 녹수낭(漉水囊), 베개 등을 지었거나, 다른 사람이 지었던 솜을 취하여 수용하였거나, 미쳤던 자이거나, 최초로 범한 자는 범하지 않는다.

[여든여덟 번째의 바일제를 마친다.]

89) 좌구(坐具) 학처

1-1 그때 불·세존께서는 사위성의 기수급고독원에 머무르셨다.

그때 세존께서는 여러 비구들이 좌구를 수용하는 것을 허락하셨다. 육군비구들은 세존께서 좌구(坐具)를 수용하는 것을 허락하신 것을 알고서 양을 헤아리지 않고서 좌구를 와상과 의자의 앞과 뒤에 걸어두었다. 여러 비구들의 가운데에서 욕심이 적은 자들은 싫어하고 비난하였다.

"무슨 까닭으로써 육군비구들은 양을 헤아리지 않고서 좌구를 수용하는가?"

여러 비구들은 이 일로써 세존께 아뢰었고, 세존께서는 이 인연으로써 비구승가를 모으셨으며, 그 비구에게 물어 말씀하셨다.

"육군비구들이여. 그대들이 진실로 양을 헤아리지 않고서 좌구를 수용하였는가?"

"진실로 그렇습니다. 세존이시여."

세존께서는 여러 방편으로 꾸짖으셨다.

"어리석은 사람들이여. 그대들은 어찌하여 양을 헤아리지 않고서 좌구를 수용하였는가? 어리석은 사람들이여. 이것은 오히려 믿지 않는 자는 신심이 생겨나지 않게 하고, …… 이미 믿었던 자는 일부가 전전하여 다른 곳으로 향하여 떠나가게 하느니라."

세존께서는 여러 종류의 방편으로써 이 비구를 꾸짖고서 적절한 법을 수순하여 설하신 뒤에 여러 비구들에게 알려 말씀하셨다.

"…… 나아가 …… 여러 비구들이여. 그대들은 마땅히 이와 같이 학처를 송출할지니라.

'비구는 좌구를 짓는 때에 마땅히 양에 의지하여 지어야 하나니, 곧 길이는 여래 걸수(搩手)88)의 2걸수이고, 폭은 1걸수와 절반이니라. 만약 좌구를 지으면서 이 양을 넘겨서 짓는 자는 바일제를 범하나니, 마땅히 그것을 잘라내야 하느니라.'"

이와 같이 세존께서는 여러 비구들을 위하여 학처를 제정하여 세우셨다.

2-1 그때 장로 우타이는 몸이 컸던 인연으로 세존의 앞에서 그 좌구를 펼쳐놓고 네 방향으로 잡아당기면서 앉았다. 세존께서는 장로 우타이에게 말씀하셨다.

"우타이여. 그대는 무슨 까닭으로써 가죽 장인과 같이 네 면을 잡아당기

---

88) 인도에서 길이의 한 단위로서 보통 엄지와 중지를 펼친 길이를 가리킨다. 1걸수는 12지(angula)이고, 또한 2걸수를 1주(hasta)라고 부른다. 이것은 조각과 건축에서 사용한 단위인데, 그 길이가 상대적이고 또한 여러 학설이 있어서 일정하지 않다. 중국에서는 이것을 8치(寸, 약 24.5cm)라고 하는 설이 유력하지만, 1척 2촌이나, 1척 3촌이라는 설도 있다.

면서 앉는가?"

"대덕이시여. 이러한 인연은 세존께서 여러 비구들을 위하여 좌구가 매우 작게 제정하였던 까닭입니다."

그때 세존께서는 이 인연으로써 설법하신 뒤에 여러 비구들에게 알려 말씀하셨다.

"좌구에 1걸수를 덧대는 것을 허락하겠노라. 여러 비구들이여. 그대들은 마땅히 이와 같이 학처를 송출할지니라.

'비구는 좌구를 짓는 때에 마땅히 양에 의지하여 지어야 하나니, 곧 길이는 여래 걸수의 2걸수이고, 폭은 1걸수와 절반이며, 덧대는 것은 1걸수이고, 이것을 양으로 제한하겠노라. 만약 이것을 넘겨서 짓는 자는 바일제를 범하나니, 마땅히 그것을 잘라내야 하느니라.'"

3-1 '짓다.'는 스스로가 짓거나, 만약 다른 사람에게 시켜서 짓는 것이다. 마땅히 양에 의지하여 지어야 하나니, 곧 길이는 여래 걸수의 2걸수이고, 폭은 1걸수 절반이며, 덧대는 것은 1걸수이고, 이것을 양으로 제한한다. 만약 이것을 넘겨서 지었거나, 혹은 시켜서 짓는 자는 돌길라를 범한다. 얻은 자는 곧 잘라내야 하고, 바일제를 범하나니, 마땅히 스스로가 아뢰고서 참회해야 한다.

'좌구'는 좌복(坐服)을 가리킨다.

스스로가 지으면서 완성하지 못하였는데 스스로에게 시켜서 완성하는 자는 바일제를 범한다. 스스로가 지으면서 완성하지 못하였는데 다른 사람을 시켜서 완성하는 자는 바일제를 범한다. 다른 사람이 지으면서 완성하지 못하였는데 스스로에게 시켜서 완성하는 자는 바일제를 범한다. 다른 사람이 지으면서 완성하지 못하였는데 다른 사람을 시켜서 완성하는 자는 바일제를 범한다.

다른 사람을 위하여 지었거나, 혹은 시켜서 짓는 자는 돌길라를 범한다. 다른 사람이 지었던 이유이고 얻고서 수용하는 자는 돌길라를 범한다.

4-1 양에 의지하여 지었거나, 양의 이하로 지었거나, 다른 사람이 양을 넘겨서 지었는데 잘라서 수용하였거나, 일산, 양탄자, 장막, 큰 베개, 베개 등을 지었거나, 미쳤던 자이거나, 최초로 범한 자는 범하지 않는다.

[여든아홉 번째의 바일제를 마친다.]

90) 부창의(覆瘡衣) 학처

1-1 그때 불·세존께서는 사위성의 기수급고독원에 머무르셨다.

그때 세존께서는 여러 비구들이 부창의(覆瘡衣)를 수용하는 것을 허락하셨다. 육군비구들은 세존께서 부창의를 수용하는 것을 허락하신 것을 알고서 양을 헤아리지 않고서 부창의를 수용하였고, 앞과 뒤에 끌면서 경행(經行)하였다. 여러 비구들의 가운데에서 욕심이 적은 자들은 싫어하고 비난하였다.

"무슨 까닭으로써 육군비구들은 양을 헤아리지 않고서 부창의를 수용하는가?"

여러 비구들은 이 일로써 세존께 아뢰었고, 세존께서는 이 인연으로써 비구승가를 모으셨으며, 육군비구들에게 물어 말씀하셨다.

"육군비구들이여. 그대들이 진실로 양을 헤아리지 않고서 부창의를 수용하였는가?"

"진실로 그렇습니다. 세존이시여."

세존께서는 여러 방편으로 꾸짖으셨다.

"어리석은 사람들이여. 그대들은 어찌하여 양을 헤아리지 않고서 부창의를 수용하였는가? 어리석은 사람들이여. 이것은 오히려 믿지 않는 자는 신심이 생겨나지 않게 하고, …… 이미 믿었던 자는 일부가 전전하여 다른 곳으로 향하여 떠나가게 하느니라."

세존께서는 여러 종류의 방편으로써 육군비구들을 꾸짖고서 적절한

법을 수순하여 설하신 뒤에 여러 비구들에게 알려 말씀하셨다.

"······ 나아가 ······ 여러 비구들이여. 그대들은 마땅히 이와 같이 학처를 송출할지니라.

'비구는 부창의를 짓는 때에 마땅히 양에 의지하여 지어야 하나니, 곧 길이는 여래 걸수의 4걸수이고, 폭은 2걸수이니라. 만약 부창의를 지으면서 이 양을 넘겨서 짓는 자는 바일제를 범하나니, 마땅히 그것을 잘라내야 하느니라.'"

2-1 '부창의'는 배꼽의 아래부터 무릎의 위로 병들었던 양개(痒疥),[89] 진자(疹子),[90] 습창(濕瘡),[91] 대개병(大疥病)[92] 등을 이것으로 가리고 덮는 옷이다.

'짓다.'는 스스로가 짓거나, 만약 다른 사람에게 시켜서 짓는 것이다. 마땅히 양에 의지하여 지어야 하나니, 곧 길이는 여래 걸수의 4걸수이고, 폭은 2걸수이며, 이것을 양으로 제한한다. 만약 이것을 넘겨서 지었거나, 혹은 시켜서 짓는 자는 돌길라를 범한다. 얻은 자는 곧 잘라내야 하고, 바일제를 범하나니, 마땅히 스스로가 아뢰고서 참회해야 한다.

스스로가 지으면서 완성하지 못하였는데 스스로에게 시켜서 완성하는 자는 바일제를 범한다. 스스로가 지으면서 완성하지 못하였는데 다른 사람을 시켜서 완성하는 자는 바일제를 범한다. 다른 사람이 지으면서 완성하지 못하였는데 스스로에게 시켜서 완성하는 자는 바일제를 범한다. 다른 사람이 지으면서 완성하지 못하였는데 다른 사람을 시켜서 완성하는 자는 바일제를 범한다.

다른 사람을 위하여 지었거나, 혹은 시켜서 짓는 자는 돌길라를 범한다. 다른 사람이 지었던 이유로 얻어서 수용하는 자는 돌길라를 범한다.

---

89) 가려운 부스럼의 병인 옴을 가리킨다.
90) 홍역을 가리킨다.
91) 다리에 생겨나는 부스럼의 한 종류이다.
92) 개창의 하나로 붓고 가려우며 고름이 생겨나는 질병을 가리킨다.

3-1 양에 의지하여 지었거나, 양의 이하로 지었거나, 다른 사람이 양을 넘겨서 지었는데 잘라서 수용하였거나, 일산, 양탄자, 장막, 큰 베개. 베개 등을 지었거나, 미쳤던 자이거나, 최초로 범한 자는 범하지 않는다.

[아흔 번째의 바일제를 마친다.]

91) 우의(雨衣) 학처

1-1 그때 불·세존께서는 사위성의 기수급고독원에 머무르셨다.

그때 세존께서는 여러 비구들이 우의를 수용하는 것을 허락하셨다. 육군비구들은 세존께서 우의(雨衣)를 수용하는 것을 허락하신 것을 알고서 양을 헤아리지 않고서 우의를 수용하였고, 앞과 뒤에 끌면서 경행하였다. 여러 비구들의 가운데에서 욕심이 적은 자들은 싫어하고 비난하였다.

"무슨 까닭으로써 육군비구들은 양을 헤아리지 않고 우의를 수용하는가?"

여러 비구들은 이 일로써 세존께 아뢰었고, 세존께서는 이 인연으로써 비구승가를 모으셨으며, 육군비구들에게 물어 말씀하셨다.

"육군비구들이여. 그대들이 진실로 양을 헤아리지 않고서 우의를 수용하였는가?"

"진실로 그렇습니다. 세존이시여."

세존께서는 여러 방편으로 꾸짖으셨다.

"어리석은 사람들이여. 그대들은 어찌하여 양을 헤아리지 않고서 우의를 수용하였는가? 어리석은 사람들이여. 이것은 오히려 믿지 않는 자는 신심이 생겨나지 않게 하고, …… 이미 믿었던 자는 일부가 전전하여 다른 곳으로 향하여 떠나가게 하느니라."

세존께서는 여러 종류의 방편으로써 육군비구들을 꾸짖고서 적절한 법을 수순하여 설하신 뒤에 여러 비구들에게 알려 말씀하셨다.

"…… 나아가 …… 여러 비구들이여. 그대들은 마땅히 이와 같이 학처를

송출할지니라.

'비구는 부창의를 짓는 때에 마땅히 양에 의지하여 지어야 하나니, 곧 길이는 여래 걸수의 6걸수이고, 폭은 2걸수이니라. 만약 우의를 지으면서 이 양을 넘겨서 짓는 자는 바일제를 범하나니, 마땅히 그것을 잘라내야 하느니라.'"

2-1 '우의'는 우기의 4개월을 사용하는 옷이다.

'짓다.'는 스스로가 짓거나, 만약 다른 사람에게 시켜서 짓는 것이다. 마땅히 양에 의지하여 지어야 하나니, 곧 길이는 여래 걸수의 6걸수이고, 폭은 2걸수이며, 이것을 양으로 제한한다. 만약 이것을 넘겨서 지었거나, 혹은 시켜서 짓는 자는 돌길라를 범한다. 얻은 자는 곧 잘라내야 하고, 바일제를 범하나니, 마땅히 스스로가 아뢰고서 참회해야 한다.

스스로가 지으면서 완성하지 못하였고 스스로에게 시켜서 완성하는 자는 바일제를 범한다. 스스로가 지으면서 완성하지 못하였고 다른 사람을 시켜서 완성하는 자는 바일제를 범한다. 다른 사람이 지으면서 완성하지 못하였고 스스로에게 시켜서 완성하는 자는 바일제를 범한다. 다른 사람이 지으면서 완성하지 못하였고 다른 사람을 시켜서 완성하는 자는 바일제를 범한다.

다른 사람을 위하여 지었거나, 혹은 짓게 시키는 자는 돌길라를 범한다. 다른 사람이 지었던 이유이고 얻고서 수용하는 자는 돌길라를 범한다.

3-1 양에 의지하여 지었거나, 양의 이하로 지었거나, 다른 사람이 양을 넘겨서 지었는데 잘라서 수용하였거나, 일산, 양탄자, 장막, 큰 베개. 베개 등을 지었거나, 미쳤던 자이거나, 최초로 범한 자는 범하지 않는다.

[아흔한 번째의 바일제를 마친다.]

92) 작불의양(作佛衣量) 학처

1-1 그때 불·세존께서는 사위성의 기수급고독원에 머무르셨다.

그때 장로 난타(難陀)93)는 세존의 아우이었고, 용모가 아름답고 단정하였으며, 오직 세존보다 네 손가락이 작았다. 그 장로는 세존과 같은 양의 옷을 입었으므로 장로 비구들은 멀리서 장로 난타가 오는 것을 본다면 세존이라고 생각하였고, 곧 자리에서 일어났다, 그들은 난타가 오는 것을 보고서 뒤에 싫어하고 비난하였다.

"무슨 까닭으로써 장로 난타는 세존과 같은 양의 옷을 입는가?"

여러 비구들은 이 일로써 세존께 아뢰었고, 세존께서는 이 인연으로써 비구승가를 모으셨으며, 난타 비구에게 물어 말씀하셨다.

"난타여. 그대가 진실로 여래와 같은 양의 옷을 입었는가?"

"진실로 그렇습니다. 세존이시여."

세존께서는 여러 방편으로 꾸짖으셨다.

"난타여. 그대는 어찌하여 여래와 같은 양의 옷을 입었는가? 난타여. 이것은 오히려 믿지 않는 자는 신심이 생겨나지 않게 하고, …… 이미 믿었던 자는 일부가 전전하여 다른 곳으로 향하여 떠나가게 하느니라."

세존께서는 여러 종류의 방편으로써 이 비구를 꾸짖고서 적절한 법을 수순하여 설하신 뒤에 여러 비구들에게 알려 말씀하셨다.

"…… 나아가 …… 여러 비구들이여. 그대들은 마땅히 이와 같이 학처를 송출할지니라.

'어느 누구의 비구일지라도 여래와 같은 양의 옷을 짓거나, 혹은 이상으로 짓는 자는 바일제를 범하나니, 마땅히 그것을 잘라내야 하느니라. 여래 옷의 양은 곧 길이는 여래 걸수의 9걸수이고, 폭은 6걸수이니라. 이것이 여래 옷의 양이니라.'"

---

93) 팔리어 Nanda(난다)의 음사이다.

2-1 '어느 누구'는 어느 태어난 곳의 이유, …… 혹은 중간의 법랍이었다면 이것을 '어느 누구'라고 말한다.

'비구'는 구걸하는 비구이니, 일을 쫓아서 걸식하는 비구, …… 곧 이것에서 '비구'의 뜻이라고 말하는 것이다.

'여래의 옷'은 곧 길이는 여래 걸수의 9걸수이고, 폭은 6걸수이다.

'짓다.'는 스스로가 짓거나, 만약 다른 사람에게 시켜서 짓는 것이다. 마땅히 양에 의지하여 지어야 하나니, 곧 길이는 여래 걸수의 9걸수이고, 폭은 6걸수이다. 만약 이것을 넘겨서 지었거나, 혹은 시켜서 짓는 자는 돌길라를 범한다. 얻은 자는 곧 잘라내야 하고, 바일제를 범하나니, 마땅히 스스로가 아뢰고서 참회해야 한다.

스스로가 지으면서 완성하지 못하였는데 스스로에게 시켜서 완성하는 자는 바일제를 범한다. 스스로가 지으면서 완성하지 못하였는데 다른 사람을 시켜서 완성하는 자는 바일제를 범한다. 다른 사람이 지으면서 완성하지 못하였는데 스스로에게 시켜서 완성하는 자는 바일제를 범한다. 다른 사람이 지으면서 완성하지 못하였는데 다른 사람을 시켜서 완성하는 자는 바일제를 범한다.

다른 사람을 위하여 지었거나, 혹은 시켜서 짓는 자는 돌길라를 범한다. 다른 사람이 지었던 이유로 얻어서 수용하는 자는 돌길라를 범한다.

3-1 양에 의지하여 지었거나, 양의 이하로 지었거나, 다른 사람이 양을 넘겨서 지은 것을 잘라서 수용하였거나, 일산, 양탄자, 장막, 큰 베개, 베개 등을 지었거나, 미쳤던 자이거나, 최초로 범한 자는 범하지 않는다.

[아흔두 번째의 바일제를 마친다.]

○ 【아홉째의 보품(寶品)을 마친다.】

섭송으로 설하겠노라.

왕과 보물과 같이 머무는 것과
침통과 와상과
실과 좌구와 개창과
우의와 세존의 옷 등이 있다.

"여러 대덕들이여. 92바일제법을 송출하여 마쳤습니다. 이것에서 나는 지금 여러 대덕들께 묻겠습니다."
"이 일에서 청정합니까?"
두 번째로 묻겠습니다.
"이 일에서 청정합니까?"
세 번째로 묻겠습니다.
"이 일에서 청정합니까?"
지금 여러 대덕들께서는 이 일에서 청정하나니, 이것은 묵연하였던 까닭입니다. 나는 이와 같이 알고 이해하겠습니다.

○ **92바일제를 마친다.**

경분별(經分別) 제6권

6. 바라제제사니(波羅提提舍尼, Pāṭidesanīyā)

여러 대덕들이여.

지금 4바라제제사니(波羅提提舍尼)를 송출하겠습니다.

1) 비친족비구니수식(非親族比丘尼受食) 학처

1-1 그때 불·세존께서는 사위성의 기수급고독원에 머무르셨다.

그때 한 비구니가 사위성에서 걸식하고 돌아오면서 한 비구를 보고 이와 같이 말하였다.

"존자께서는 오셔서 보시하는 음식을 받으세요."

"대자(大姊)여. 좋습니다."

그것의 모두를 취하였고, 그 비구니는 음식의 때가 가까워서 걸식할 수 없어서 음식이 끊어졌다. 이와 같이 그 비구니는 다음 날에도 역시 음식을 보시하였고, …… 나아가 …… 그 다음 날에도 사위성에서 걸식하고 돌아오는 때에 한 비구를 보고 이와 같이 말하였다.

"존자께서는 오셔서 보시하는 음식을 받으세요."

…… 나아가 …… 음식이 끊어졌다. 그 비구니는 4일째에 두려운 인연으

로 도로를 다녔는데, 거사가 반대의 방향에서 수레를 끌고 오면서 비구니에게 말하였다.

"대자여. 비켜주십시오."

그 비구니는 빠르게 피하였으나 그곳에 넘어졌고, 거사는 비구니를 마주하고서 사죄하였다.

"대자여. 용서하십시오. 스승께서는 나를 인연으로 넘어졌습니다."

"거사여. 나는 그대를 인연으로 넘어진 것이 아니고, 바로 내가 쇠약(衰弱)한 까닭입니다."

"대자여. 무슨 까닭으로 쇠약하십니까?"

그때 그 비구니는 이 일로써 거사에게 말하였다. 거사는 비구니를 청하여 그의 집에 이르렀고 음식을 공양하였으며, 싫어하고 비난하였다.

"무슨 까닭으로써 대덕인 비구가 비구니에게 손 안의 음식을 받는가? 여인들은 음식을 얻는 것이 어렵다."

여러 비구들은 장자가 비난하는 것을 들었다. 여러 비구들 가운데에서 욕심이 적은 자들은 싫어하고 비난하였다.

"무슨 까닭으로써 비구가 비구니에게 손 안의 음식을 받는가?"

여러 비구들은 이 일로써 세존께 아뢰었고, 세존께서는 이 인연으로써 비구승가를 모으셨으며, 그 비구에게 물어 말씀하셨다.

"비구여. 그대가 진실로 비구니에게 손 안의 음식을 받았는가?"

"진실로 그렇습니다. 세존이시여."

세존께서는 여러 방편으로 꾸짖으셨다.

"비구여. 그대의 친족인가? 친족이 아닌가?"

"세존이시여. 친족이 아닙니다."

"어리석은 사람이여. 친족이 아닌 비구가 친족이 아닌 비구니를 마주하고서 청정(淸淨)과 부정(不淨)을 알지 못하였고, 옳음과 그릇됨을 알지 못하였는가? 어리석은 사람이여. 어찌하여 친족이 아닌 비구니에게 손 안의 음식을 받았는가? 어리석은 사람이여. 이것은 오히려 믿지 않는 자는 신심이 생겨나지 않게 하고, …… 이미 믿었던 자는 일부가 전전하여

다른 곳으로 향하여 떠나가게 하느니라."

세존께서는 여러 종류의 방편으로써 이 비구를 꾸짖고서 적절한 법을 수순하여 설하신 뒤에 여러 비구들에게 알려 말씀하셨다.

"…… 나아가 …… 여러 비구들이여. 그대들은 마땅히 이와 같이 학처를 송출할지니라.

'어느 누구의 비구일지라도 시정(市井)에 걸식하려고 들어가서 친족이 아닌 비구니에게 스스로가 손으로 단단한 음식과 부드러운 음식을 받아서 먹었다면, 이 비구는 마땅히 참회하여 말해야 한다.

〈장로들이여. 나는 마땅히 비난받아야 하고, 상응하지 않으며, 마땅히 참회해야 하는 법을 범하였습니다. 나는 이것을 참회합니다.〉'"

2-1 '어느 누구'는 어느 태어난 곳의 이유, …… 혹은 중간의 법랍이었다면 이것을 '어느 누구'라고 말한다.

'비구'는 구걸하는 비구이니, 일을 쫓아서 걸식하는 비구, …… 곧 이것에서 '비구'의 뜻이라고 말하는 것이다.

'시정'은 도로, 작은 골목, 교차로, 집 등이다.

'친족이 아니다.'는 부모의 친족이 7대에 이르도록 얽히지 않은 자이다.

'비구니'는 2부승가의 가운데에서 구족계를 받은 자이다.

'단단한 음식'은 다섯 종류의 담식(噉食)을 제외하고서, 비시약(非時藥)·칠일약(七日藥)·진형수약(盡形壽藥)과 나머지의 단단한 음식을 말한다.

'부드러운 음식'은 다섯 종류의 부드러운 음식인 밥(飯)·죽(粥)·미숫가루(麨)·물고기(魚)·고기(肉) 등이다.

음식을 먹으려고 취하는 자는 돌길라를 범한다. 매번 음식을 넘기는 것마다 바라제제사니를 범한다.

2-2 친족이 아니었고 친족이 아니라는 생각이 있었는데, 시정에 걸식하려고 들어가서 비구니의 손에서 스스로가 손으로 단단한 음식과 부드러운 음식을 받는 자는 바라제제사니를 범한다. 친족이 아니었고 친족이 아니

라는 의심이 있었는데, 시정에 걸식하려고 들어가서 비구니의 손에서 스스로가 손으로 단단한 음식과 부드러운 음식을 받는 자는 바라제제사니를 범한다. 친족이 아니었고 친족이라는 생각이 있었는데, 시정에 걸식하려고 들어가서 비구니의 손에서 스스로가 손으로 단단한 음식과 부드러운 음식을 받는 자는 바라제제사니를 범한다.

비시약·칠일약·진형수약의 음식물을 받는 자는 돌길라를 범한다. 매번 음식을 삼키는 것마다 바라제제사니를 범한다. 음식을 먹으려고 1부승가의 가운데에서 구족계를 받은 자의 손에서 손으로 단단한 음식과 부드러운 음식을 받는 자는 돌길라를 범한다. 매번 음식을 삼키는 것마다 돌길라를 범한다.

친족이었고 친족이 아니라는 생각이 있었는데, 시정에 걸식하려고 들어가서 비구니의 손에서 스스로가 손으로 단단한 음식과 부드러운 음식을 받는 자는 돌길라를 범한다. 친족이었고 친족이 아니라는 의심이 있었는데, 시정에 걸식하려고 들어가서 비구니의 손에서 스스로가 손으로 단단한 음식과 부드러운 음식을 받는 자는 돌길라를 범한다. 친족이었고 친족이라는 생각이 있었는데, 시정에 걸식하려고 들어가서 비구니의 손에서 스스로가 손으로 단단한 음식과 부드러운 음식을 받는 자는 범하지 않는다.

3-1 친족에게 받았거나, 다른 사람에게 주게 하고서 스스로가 받지 않았거나, 땅에 놓아두고서 주었거나, 정사의 안에서 주었거나, 비구니의 주처에서 주었거나, 외도의 주처에서 주었거나, 주처에 돌아와서 주었거나, 취락의 밖에서 취하여 주었거나, 인연이 있어서 비시약·칠일약·진형수약을 복용하라고 주었거나, 식차마나가 주었거나, 사미니가 주었거나, 미쳤던 자이거나, 최초로 범한 자는 범하지 않는다.

[첫 번째의 바라제제사니를 마친다.]

2) 비구니지시공양(比丘尼指示供養) 학처

1-1 그때 불·세존께서는 왕사성의 가란타죽림원에 머무르셨다.

그때 여러 비구들에게 여러 집안에서 공양청을 받았는데, 육군비구니들이 육군비구들을 위하여 일어서서 지시하였다.

"이곳에 국을 주세요. 이곳에 밥을 주세요."

육군비구들은 배부르게 먹었으나, 다른 비구들은 배부르게 먹지 못하였다. 여러 비구들 가운데에서 욕심이 적은 자들은 싫어하고 비난하였다.

"무슨 까닭으로써 육군비구들은 비구니들이 지시하는 것을 거부하지 않는가?"

여러 비구들은 이 일로써 세존께 아뢰었고, 세존께서는 이 인연으로써 비구승가를 모으셨으며, 그 비구에게 물어 말씀하셨다.

"육군비구들이여. 그대들은 진실로 비구니들이 지시하는 것을 거부하지 않았는가?"

"진실로 그렇습니다. 세존이시여."

세존께서는 여러 방편으로 꾸짖으셨다.

"비구여. 그대의 친족인가? 친족이 아닌가?"

"세존이시여. 친족이 아닙니다."

"어리석은 사람들이여. 그대들은 어찌하여 비구니들이 지시하는 것을 거부하지 않았는가? 어리석은 사람들이여. 이것은 오히려 믿지 않는 자는 신심이 생겨나지 않게 하고, …… 이미 믿었던 자는 일부가 전전하여 다른 곳으로 향하여 떠나가게 하느니라."

세존께서는 여러 종류의 방편으로써 이 육군비구들을 꾸짖고서 적절한 법을 수순하여 설하신 뒤에 여러 비구들에게 알려 말씀하셨다.

"…… 나아가 …… 여러 비구들이여. 그대들은 마땅히 이와 같이 학처를 송출할지니라.

'여러 비구들이 재가에서 공양청을 받았는데, 이곳에서 한 비구니가 스스로가 서 있으면서 "이곳에 국을 주세요. 이곳에 밥을 주세요."라고 지시하여 말하였다면, 그 여러 비구들은 마땅히 이 비구니에게 〈자매여. 비구들이 음식을 받는 틈새에서 비켜주십시오.〉라고 거부해야 한다. 만약 여러 비구들의 가운데에서 그 비구니에게 〈자매여. 비구들이 음식을 받는 틈새에서 비켜주십시오.〉라고 거부하면서 말하는 사람이 한 명이라도 없었다면, 그때의 그 여러 비구들은 마땅히 참회하여 말해야 한다.

〈장로들이여. 우리들은 마땅히 비난받아야 하고, 상응하지 않으며, 마땅히 참회해야 하는 법을 범하였습니다. 우리들은 이것을 참회합니다.〉'"

2-1 '여러 비구들이 재가에서 공양청을 받다.'는 재가에는 네 종류의 재가가 있나니, 찰제리의 집, 바라문의 집, 폐사의 집, 수다라의 집이다.

'공양청을 받다.'는 5정식(正食)의 가운데에서 하나의 음식을 청하는 것이다.

'비구니'는 2부승가의 가운데에서 구족계를 받은 자이다.

'지시하다.'는 도반을 이유로, 지식을 이유로, 도중(徒衆)을 이유로, 같은 화상을 이유로, 같은 아사리를 이유로, "이곳에 국을 주세요. 이곳에 밥을 주세요."라고 말하였다면, 이것을 지시하였다고 말한다.

'여러 비구들'은 음식을 받는 비구들이다.

'이 비구니'는 일반적으로 지시하는 비구니이다.

여러 비구들은 마땅히 이 비구니에게 "자매여. 비구들이 음식을 받는 사이에 비켜주십시오."라고 거부해야 한다. 만약 여러 비구들의 가운데에서 그 비구니에게 "자매여. 비구들이 음식을 받는 사이에 비켜주십시오."라고 거부하면서 말하는 사람이 한 명이라도 없었고, "내가 음식을 취하겠습니다."라고 말하는 자는 돌길라를 범하고 매번 목으로 넘기는 자는 바라제제사니를 범한다.

2-2 구족계를 받은 자이었고 구족계를 받은 자라는 생각이 있었는데, 지시를 받는 것을 거부하지 않는 자는 바라제제사니를 범한다. 구족계를 받은 자이었고 구족계를 받은 자라는 의심이 있었는데, 지시를 받는

것을 거부하지 않는 자는 바라제제사니를 범한다. 구족계를 받은 자이었고 구족계를 받지 않은 자라는 생각이 있었는데, 지시를 받는 것을 거부하지 않는 자는 바라제제사니를 범한다.

1부승가에서 구족계를 받은 자이었고 구족계를 받은 자라는 생각이 있었는데, 지시를 받는 것을 거부하지 않는 자는 돌길라를 범한다.

구족계를 받지 않은 자이었고 구족계를 받은 자라는 생각이 있었는데, 지시를 받는 것을 거부하지 않는 자는 돌길라를 범한다. 구족계를 받지 않은 자이었고 구족계를 받은 자라는 의심이 있었는데, 지시를 받는 것을 거부하지 않는 자는 돌길라를 범한다. 구족계를 받지 않은 자이었고 구족계를 받지 않은 자라는 생각이 있었는데, 지시를 받는 것을 거부하지 않는 자는 돌길라를 범한다.

3-1 스스로의 음식으로써 주었고 단월의 음식을 주게 시키지 않았거나, 다른 사람의 음식으로써 주었고 스스로의 음식을 주게 시키지 않았거나, 줄 수 있는 물건으로 주게 시키지 않았거나, 모두 평등하게 주게 시켰거나, 식차마나가 지시하는 때이거나, 사미니가 지시하는 때이거나, 5정식을 제외하고서 일체의 물건을 주었거나, 미쳤던 자이거나, 최초로 범한 자는 범하지 않는다.

[두 번째의 바라제제사니를 마친다.]

3) 학가수식(學家受食) 학처

1-1 그때 불·세존께서는 사위성의 기수급고독원에 머무르셨다.

그때 사위성의 재가의 부부가 함께 불법을 믿으면서 즐거워하였다. 청정한 믿음이 증대하였으나, 재물이 궁핍하여졌다. 그 재가에서 오전에 단단한 음식이나, 혹은 부드러운 음식을 먹었고, 이 음식으로써 모두를 여러 비구들에게 주었으므로 부부는 자주자주 먹지 못하면서 머물렀다. 여러 사람들은 싫어하고 비난하였다.

"무엇을 위하여 사문 석자는 양을 알지 못하고서 음식을 취하는가? 그들은 보시하는 인연으로 자주자주 음식을 먹지 못하면서 머무르는구나."

여러 비구들은 여러 사람들이 비난하는 것을 들었다. 여러 비구들은 이 일로써 세존께 아뢰었고, 그때 세존께서는 이 인연으로써 설법하신 뒤에 여러 비구들에게 알려 말씀하셨다.

"여러 비구들이여. 재가에서 이와 같이 청정한 믿음이 증가하였던 인연으로 재물이 궁핍하여졌다면, 이와 같은 집을 마주하고서 백이갈마로 학가(學家)로 인정하여 주는 것을 허락하겠노라. 마땅히 이와 같이 주어야 한다. 마땅히 한 명의 총명하고 유능한 비구가 승가의 가운데에서 창언하여 말해야 한다.

'대덕 승가께서는 허락하십시오. 누구 집안은 믿음이 증가하였던 인연으로 재물이 궁핍해졌습니다. 만약 승가께서 때에 이르렀다면 승가께서는 곧 누구 집안에게 학가로 인정하여 주십시오. 이와 같이 아룁니다.'

'대덕 승가께서는 허락하십시오. 누구 집안은 믿음이 증대하는 인연으로 재물이 궁핍했습니다. 만약 승가께서 때에 이르렀다면 승가께서는 곧 누구 집안에게 학가로 인정하여 주십시오. 여러 대덕들께서 누구 집안에게 학가로 인정하여 주는 것을 인정하신다면 묵연하시고, 인정하지 않으신다면 말씀하십시오.'

'승가시여. 누구 집안에게 학가를 주는 것을 마쳤습니다. 승가께서 인정하신 것은 묵연하였던 까닭입니다. 나는 이와 같이 알고 이해하겠습니다.'"

"…… 나아가 …… 여러 비구들이여. 그대들은 마땅히 이와 같이 학처를 송출할지니라.

'학가로 인정받은 여러 집안이 있었는데, 어느 누구의 비구일지라도 이와 같이 학가로 인정받은 집안에서 스스로가 손으로 단단한 음식과 부드러운 음식을 받아서 먹었다면, 이 비구는 마땅히 참회하여 말해야 한다.

〈장로들이여. 나는 마땅히 비난받아야 하고, 상응하지 않으며, 마땅히 참회해야 하는 법을 범하였습니다. 나는 이것을 참회합니다.〉"

이와 같이 세존께서는 여러 비구들을 위하여 학처를 제정하여 세우셨다.

2-1 그때 사위성에 절회(節會)가 있었고, 여러 사람들은 여러 비구들을 청하여 음식을 공양하였으며, 그 집에서도 역시 비구들을 청하였다. 비구들은 세존께서 학가를 인정하시는 계율을 제정하였던 인연으로 스스로가 손으로 단단한 음식과 부드러운 음식을 받을 수 없었던 까닭으로 두려워하고 삼가하면서 허락하지 않았다. 그 사람들은 싫어하고 비난하였다.

"존자들은 우리들의 음식을 받지 않는구나. 우리들이 살아있어도 무슨 소용이 있겠는가!"

여러 비구들은 여러 사람들이 비난하는 것을 들었다. 여러 비구들은 이 일로써 세존께 아뢰었고, 그때 세존께서는 이 인연으로써 설법하신 뒤에 여러 비구들에게 알려 말씀하셨다.

"여러 비구들이여. 청을 받았던 때라면 학가를 인정받은 집안에서 스스로가 손으로 단단한 음식과 부드러운 음식을 받는 것을 허락하겠노라. 여러 비구들이여. 그대들은 마땅히 이와 같이 학처를 송출할지니라.

'학가로 인정받은 여러 집안이 있었고, 어느 누구의 비구일지라도 먼저 청을 받은 일이 없었는데, 이와 같이 학가로 인정받은 집안에서 스스로가 손으로 단단한 음식과 부드러운 음식을 받아서 먹었다면, 이 비구는 마땅히 참회하여 말해야 한다.

〈장로들이여. 나는 마땅히 비난받아야 하고, 상응하지 않으며, 마땅히 참회해야 하는 법을 범하였습니다. 나는 이것을 참회합니다.〉'"

이와 같이 세존께서는 여러 비구들을 위하여 학처를 제정하여 세우셨다.

3-1 그때 한 비구가 있었고, 그 집안에서 비구에게 공양하였다. 이때

그 비구는 이른 아침에 하의를 입고서 옷과 발우를 지니고서 그의 집에 이르렀다. 이르러 펼쳐진 자리에 앉았다. 이때 그 비구는 병이 있었는데, 여러 사람들이 그 비구에게 말하였다.

"대덕이여. 음식을 드십시오."

이때 그 비구는 세존께서 청하지 않았다면 학가를 인정받은 집안에서 스스로가 손으로 단단한 음식과 부드러운 음식을 받는 것을 금지하셨던 까닭으로 두려워하고 삼가하면서 받지 않았고, 능히 걸식하지 못하였으므로 음식이 끊어졌다. 이때 그 비구는 정사에 이르러 이 일로써 여러 비구들에게 말하였고, 여러 비구들은 이 일로써 세존께 아뢰었다. 그때 세존께서는 이 인연으로써 설법하신 뒤에 여러 비구들에게 알려 말씀하셨다.

"여러 비구들이여. 병이 있는 비구는 학가를 인정받은 집안에서 스스로가 손으로 단단한 음식과 부드러운 음식을 받는 것을 허락하겠노라. 여러 비구들이여. 그대들은 마땅히 이와 같이 학처를 송출할지니라.

'일반적으로 학가로 인정받은 여러 집안이 있었고, 어느 누구의 비구일지라도 만약 이와 같이 학가로 인정받은 집안에서 먼저 청을 받은 일이 없었으며, 또한 병이 없는 몸으로써, 스스로가 손으로 단단한 음식과 부드러운 음식을 받아서 먹었다면, 이 비구는 마땅히 참회하여 말해야 한다.

〈장로들이여. 나는 마땅히 비난받아야 하고, 상응하지 않으며, 마땅히 참회해야 하는 법을 범하였습니다. 나는 이것을 참회합니다.〉'"

4-1 '학가로 인정받은 여러 집안'은 청정한 믿음이 증가하였으나, 재물이 궁핍해졌던 인연으로, 이와 같은 집안을 마주하고서 백이갈마에 의지하여 학가를 인정하여 주었던 집이다.

'어느 누구'는 어느 태어난 곳의 이유, …… 혹은 중간의 법랍이었다면 이것을 '어느 누구'라고 말한다.

'비구'는 구걸하는 비구이니, 일을 쫓아서 걸식하는 비구, …… 곧 이것에서 '비구'의 뜻이라고 말하는 것이다.

'이와 같이 학가로 인정받은 집안에서'는 학가를 인정받은 집이다.

'청을 받지 않다.'는 오늘이나, 혹은 내일에 청을 받지 않고서 바로 집안에 들어간 때에 그를 청하였다면, 이것을 청을 받지 않았다고 말한다.

'청을 받다.'는 오늘이나, 혹은 내일에 청을 받고서 바로 집안에 들어가지 않은 때에 그를 청하였다면, 이것을 청을 받았다고 말한다.

'병이 없다.'는 능히 걸식할 수 있는 것이다.

'병이 있다.'는 능히 걸식할 수 없는 것이다.

'단단한 음식'은 5정식을 제외하고서, 비시약·칠일약·진형수약을 제외하고서 나머지를 단단한 음식이라고 이름한다.

'부드러운 음식'은 5정식이니, 밥, 죽, 미숫가루, 물고기, 고기이다.

청을 받지 않았고 병이 없었는데, "나는 먹고자 합니다."라고 말하였고, 음식을 받는 자는 돌길라를 범한다. 매번 음식을 삼키는 자는 바라제제사니를 범한다.

4-2 학가이었고 학가로 인정받았다는 생각이 있었으며, 청을 받지 않았고 병이 없었는데, 스스로가 손으로 단단한 음식과 부드러운 음식을 받아서 먹는 자는 바라제제사니를 범한다. 학가이었고 학가로 인정받았다는 의심이 있었으며, 청을 받지 않았고 병이 없었는데, 스스로가 손으로 단단한 음식과 부드러운 음식을 받아서 먹는 자는 바라제제사니를 범한다. 학가이었고 학가로 인정받지 않았다는 생각이 있었으며, 청을 받지 않았고 병이 없었는데, 스스로가 손으로 단단한 음식과 부드러운 음식을 받아서 먹는 자는 바라제제사니를 범한다.

비시약·칠일약·진형수약으로써 음식을 삼아서 받는 자는 돌길라를 범한다.

학가가 아니었고 학가로 인정받았다는 생각이 있었으며, 청을 받지 않았고 병이 없었는데, 스스로가 손으로 단단한 음식과 부드러운 음식을 받아서 먹는 자는 돌길라를 범한다. 학가가 아니었고 학가로 인정받았다는 의심이 있었으며, 청을 받지 않았고 병이 없었는데, 스스로가 손으로 단단한 음식과 부드러운 음식을 받아서 먹는 자는 돌길라를 범한다. 학가가 아니었고 학가로 인정받지 않았다는 생각이 없었으며, 청을 받지 않았고 병이 없었는데, 스스로가 손으로 단단한 음식과 부드러운 음식을 받아서 먹는 자는 범하지 않는다.

5-1 청을 받은 자이거나, 병자이거나, 청을 받은 자와 혹은 병자의 잔식이 었거나, 그곳에서 다른 사람을 위하여 음식을 베푸는 때이거나, 집에서 가지고 나와서 주었거나, 항상 음식을 베푸는 자이거나, 행주식(行籌食)이거나, 반월식(半月食)이거나, 포살식(布薩食)이거나, 월단식(月旦食)이거나, 음식의 인연이 있어서 비시약(非時藥)·칠일약·진형수약을 주었거나, 미쳤던 자이거나, 최초로 범한 자는 범하지 않는다.

[세 번째의 바라제제사니를 마친다.]

4) 비선고수공양(非先告受供養) 학처

1-1 그때 불·세존께서는 석가국 가비라성의 니구율수원에 머무르셨다.
  그때 사가(沙迦)[1]의 노비들이 반란을 일으켰는데, 사가의 여인들은 아련야의 주처에 음식을 공급하였다. 사가의 노비들은 사가의 여인들이 아련야의 주처에 음식을 공급한다고 들었다. 그들은 도로의 가운데에 숨어서 사가의 여인들이 지녔던 맛있는 단단한 음식과 부드러운 음식을 아련야의 주처로 가지고 가는 것을 기다렸고, 사가의 노비들은 갑자기 나타나서 사가 여인들을 겁탈하였고 옷을 빼앗았다. 사가의 여러 사람들은 추적하여 그 여러 도둑들과 재물을 찾아서 돌아왔으며, 싫어하고 비난하였다.

---

1) 팔리어 Sākiya(사키야)의 음사이다.

"무슨 까닭으로써 여러 대덕들은 도둑들이 정사의 가운데에 머무르는 것을 알고서도 먼저 알리지 않았는가?"

여러 비구들은 여러 사람들이 비난하는 것을 들었다. 여러 비구들은 이 일로써 세존께 아뢰었고, 그때 세존께서는 이 인연으로써 설법하신 뒤에 여러 비구들에게 알려 말씀하셨다.

"그러므로 여러 비구들이여. 이와 같으므로 열 가지의 이익을 까닭으로써 나는 여러 비구들을 위하여 학처(學處)를 제정하겠노라. 승가의 섭수(攝受)를 위하여, 승가의 안락을 위하여, 악인을 조복하기 위하여, 선한 비구들이 안락하게 머무르는 것을 위하여, 현세(現世)의 누(漏)를 방호(防護)하기 위하여, 후세(後世)의 누를 없애기 위하여, 믿지 않는 자에게 신심이 생겨나게 하기 위하여, 이미 믿었던 자의 증장(增長)을 위하여, 정법(正法)이 오래 머무르게 하기 위하여, 율의 공경과 존중을 위한 것이니라. 여러 비구들이여 그대들은 마땅히 이와 같이 학처를 송출할지니라.

'아련야의 주처에 위험과 두려움이 갖추어져 있었는데, 어느 누구의 비구일지라도 이와 같은 주처에서, 만약 정사의 가운데에서, 먼저 알리지 않고서 스스로가 손으로 단단한 음식과 부드러운 음식을 받아서 먹었다면, 이 비구는 마땅히 참회하여 말해야 한다.

〈장로들이여. 나는 마땅히 비난받아야 하고, 상응하지 않으며, 마땅히 참회해야 하는 법을 범하였습니다. 나는 이것을 참회합니다.〉'"

이와 같이 세존께서는 여러 비구들을 위하여 학처를 제정하여 세우셨다.

2-1 그때 한 비구가 아련야의 주처에서 병이 있었으므로 여러 사람들이 단단한 음식과 부드러운 음식을 가지고 아련야의 주처로 갔으며, 그 비구를 마주하고서 이와 같이 말을 지었다.

"대덕이여. 음식을 드십시오."

이때 그 비구는 말하였다.

"세존께서는 아련야의 주처에서 스스로가 손으로 단단한 음식과 부드러운 음식을 받는 것을 금지하셨습니다."

두려워하고 삼가하면서 받지 않았고, 병을 인연으로 능히 마을에 들어 가서 걸식하지 못하였으므로 음식이 끊어졌다. 이때 그 비구는 이 일로써 여러 비구들에게 말하였고, 여러 비구들은 이 일로써 세존께 아뢰었다. 그때 세존께서는 이 인연으로써 설법하신 뒤에 여러 비구들에게 알려 말씀하셨다.

"여러 비구들이여. 아련야의 주처에서 병이 있는 비구는 스스로가 손으로 단단한 음식과 부드러운 음식을 받는 것을 허락하겠노라. 여러 비구들이여. 그대들은 마땅히 이와 같이 학처를 송출할지니라.

'아련야의 주처에 위험과 두려움이 갖추어져 있었고, 어느 누구의 비구 일지라도 이와 같은 주처에서 병이 없었는데, 만약 정사의 가운데에서, 스스로가 손으로 단단한 음식과 부드러운 음식을 받아서 먹었다면, 이 비구는 마땅히 참회하여 말해야 한다.

〈장로들이여. 나는 마땅히 비난받아야 하고, 상응하지 않으며, 마땅히 참회해야 하는 법을 범하였습니다. 나는 이것을 참회합니다.〉'"

3-1 '위험이 갖추어져 있다.'는 정사에서, 정사의 안에서, 도둑들이 머무르고, 서 있으며, 앉아있고, 누워있는 것을 보았던 것이다.

'두려움이 갖추어져 있다.'는 정사에서, 정사의 안에서, 도둑에게 사람이 상해를 당하였거나, 빼앗겼거나, 얻어맞은 것을 보았던 것이다.

'아련야의 주처'는 취락에서 최소한 500궁(弓)이 떨어져 있다면 이것을 아련야의 주처라고 말한다.

'어느 누구'는 어느 태어난 곳의 이유, …… 혹은 중간의 법랍이었다면 이것을 '어느 누구'라고 말한다.

'비구'는 구걸하는 비구이니, 일을 쫓아서 걸식하는 비구, …… 곧 이것에서 '비구'의 뜻이라고 말하는 것이다.

'이와 같은 주처'는 이와 같은 주처에 있는 것이다.

'병이 없다.'는 능히 걸식할 수 있는 것이다.

'병이 있다.'는 능히 걸식할 수 없는 것이다.

'정사의 안에서'는 울타리가 있는 정사는 정사의 내부이고, 울타리가 없다면 경내를 말한다.

'먼저 알리지 않다.'는 5중(衆)의 한 사람을 보내어 알렸다면 이것은 먼저 알렸다고 이름하지 않는다. 정사의 내부에서 정사의 경내에서 밖으로 알렸다면 이것은 먼저 알렸다고 이름하지 않는다.

'먼저 알리다.'는 만약 선남자나, 혹은 선여인이 정사로 왔고, 정사의 경내에서 "대덕이여. 누구 비구를 위하여 단단한 음식과 부드러운 음식을 가지고 왔습니다."라고 말하였으며, 만약 위험이 갖추어져 있었다면 마땅히 "위험이 갖추어져 있습니다."라고 말해야 하고, 만약 두려움이 갖추어져 있었다면 마땅히 "두려움이 갖추어져 있습니다."라고 말해야 한다. 만약 "대덕이여. 만약 위험이 있더라도 역시 마땅히 음식을 가져오겠습니다."라고 말한다면, 마땅히 "여러 도둑들이 이곳을 배회하므로, 그대들은 마땅히 빠르게 떠나가십시오."라고 말해야 한다.

죽으로써 가지고 오겠다고 먼저 알리고서 죽과 부수(附隨)된 물건인 때라면 이것을 알린 것이라고 이름한다.

음식으로써 가지고 오겠다고 먼저 알리고서 음식과 부수된 물건인 때라면 이것을 알린 것이라고 이름한다.

단단한 음식으로써 가지고 오겠다고 먼저 알리고서 단단한 음식과 부수된 물건의 때라면 이것을 알린 것이라고 이름한다.

한 가정에서 알렸던 이유로써 그 집안에서 어느 누구라도 단단한 음식과 부드러운 음식을 가지고 왔다면 이것을 알린 것이라고 이름한다.

한 취락에서 알렸던 이유로써 그 집안에서 어느 누구라도 단단한 음식과 부드러운 음식을 가지고 왔다면 이것을 알린 것이라고 이름한다.

한 집단에서 알렸던 이유로써 그 집단에서 어느 누구라도 단단한 음식과 부드러운 음식을 가지고 왔다면 이것을 알린 것이라고 이름한다.

'단단한 음식'은 5정식을 제외하고서, 비시약·칠일약·진형수약을 제외하고서 나머지를 단단한 음식이라고 이름한다.

'부드러운 음식'은 5정식이니, 밥, 죽, 미숫가루, 물고기, 고기이다.

병이 없는 자가 "나는 먹고자 합니다."라고 말하였고, 알리지 않고서 음식을 받는 자는 돌길라를 범한다. 매번 음식을 삼키는 자는 바라제제사니를 범한다.

3-2 알리지 않았고 알리지 않았다는 생각이 있었으며, 병이 없었으나 정사의 내부에서 스스로가 손으로 단단한 음식과 부드러운 음식을 받아서 먹는 자는 바라제제사니를 범한다. 알리지 않았고 알리지 않았다는 의심이 있었으며, 병이 없었으나 정사의 내부에서 스스로가 손으로 단단한 음식과 부드러운 음식을 받아서 먹는 자는 바라제제사니를 범한다. 알리지 않았고 알렸다는 생각이 있었으며, 병이 없었으나 정사의 내부에서 스스로가 손으로 단단한 음식과 부드러운 음식을 받아서 먹는 자는 바라제제사니를 범한다.

비시약·칠일약·진형수약으로써 음식을 삼아서 받는 자는 돌길라를 범한다.

알렸고 알리지 않았다는 생각이 있었으며, 병이 없었으나 정사의 내부에서 스스로가 손으로 단단한 음식과 부드러운 음식을 받아서 먹는 자는 바라제제사니를 범한다. 알렸고 알리지 않았다는 의심이 있었으며, 병이 없었으나 정사의 내부에서 스스로가 손으로 단단한 음식과 부드러운 음식을 받아서 먹는 자는 바라제제사니를 범한다. 알렸고 알렸다는 생각이 있었으며, 병이 없었으나 정사의 내부에서 스스로가 손으로 단단한 음식과 부드러운 음식을 받아서 먹는 자는 범하지 않는다.

4-1 알렸던 때이거나, 병자이거나, 알렸던 때이었고 혹은 병자의 잔식이었거나, 정사의 밖에서 받았고 정사의 내부에서 먹었거나, 이곳에서 자라났던 뿌리, 껍질, 나뭇잎, 꽃 과일이거나, 음식의 인연이 있어서 비시약·칠일약·진형수약을 주었거나, 미쳤던 자이거나, 최초로 범한 자는 범하지 않는다.

[네 번째의 바라제제사니를 마친다.]

"여러 대덕들이여. 4바라제제사니법을 송출하여 마쳤습니다. 이것에서 나는 지금 여러 대덕들께 묻겠습니다."

"이 일에서 청정합니까?"

두 번째로 묻겠습니다.

"이 일에서 청정합니까?"

세 번째로 묻겠습니다.

"이 일에서 청정합니까?"

지금 여러 대덕들께서는 이 일에서 청정하나니, 이것은 묵연하였던 까닭입니다. 나는 이와 같이 알고 이해하겠습니다.

○ 4바라제제사니를 마친다.

경분별(經分別) 제7권

7. 중학법(衆學法, Sekhiyakaṇḍa)

여러 대덕들이여.

지금 75중학법(衆學法)을 송출하겠습니다.

1) 착내의(著內衣) 학처

1-1 그때 불·세존께서는 사위성의 기수급고독원에 머무르셨다.

그때 육군비구들이 내의(內衣)를 앞뒤로 늘어트려서 입었으므로, 여러 사람들이 싫어하고 비난하였다.

"무엇을 위하여 사문 석자는 내의를 앞뒤로 늘어트려서 입는가? 재가에서 욕락을 받고서 즐기는 자와 같구나."

여러 비구들은 여러 사람들이 비난하는 것을 들었다. 여러 비구들의 가운데에서 욕심이 적은 자들은 싫어하고 비난하였다.

"무슨 까닭으로써 육군비구들은 내의를 앞뒤로 늘어트려서 입는가?"

여러 비구들은 이 일로써 세존께 아뢰었고, 세존께서는 이 인연으로써 비구승가를 모으셨으며, 육군비구들에게 물어 말씀하셨다.

"육군비구들이여. 그대들이 진실로 내의를 앞뒤로 늘어트려서 입었는가?"

"진실로 그렇습니다. 세존이시여."

세존께서는 여러 방편으로 꾸짖으셨다.

"어리석은 사람들이여. 그대들은 어찌하여 내의를 앞뒤로 늘어트려서 입었는가? 어리석은 사람들이여. 이것은 오히려 믿지 않는 자는 신심이 생겨나지 않게 하고, …… 이미 믿었던 자는 일부가 전전하여 다른 곳으로 향하여 떠나가게 하느니라."

세존께서는 여러 종류의 방편으로써 육군비구들을 꾸짖고서 적절한 법을 수순하여 설하신 뒤에 여러 비구들에게 알려 말씀하셨다.

"…… 나아가 …… 여러 비구들이여. 그대들은 마땅히 이와 같이 학처를 송출할지니라.

'나는 내의를 마땅히 완전히 둥글게 덮고서 입겠다.'라고 마땅히 배워야 하느니라."

마땅히 내의로써 완전히 둥글게 덮는다는 것은 배꼽을 둥글게 덮고, 무릎을 둥글게 덮어야 한다. 공경하지 않는 까닭으로 앞뒤로 늘어트려서 입는 자는 돌길라를 범한다. 고의가 아닌 자이거나, 생각이 없는 자이거나, 무지한 자이거나, 병자이거나, 사고의 때이거나, 미쳤던 자이거나, 최초로 범한 자는 범하지 않는다.

2) 착상의(著上衣) 학처

1-1 그때 불·세존께서는 사위성의 기수급고독원에 머무르셨다.

그때 육군비구들이 상의(上衣)를 앞뒤로 늘어트려서 입었으므로, 여러 사람들이 싫어하고 비난하였다.

"무엇을 위하여 사문 석자는 상의를 앞뒤로 늘어트려서 입는가? 재가에서 욕락을 받고서 즐기는 자와 같구나."

여러 비구들은 여러 사람들이 비난하는 것을 들었다. 여러 비구들의

244   비구율 대분별(Bhikkhu Vinaya 大分別)

가운데에서 욕심이 적은 자들은 싫어하고 비난하였다.

"무슨 까닭으로써 육군비구들은 상의를 앞뒤로 늘어트려서 입는가?"

여러 비구들은 이 일로써 세존께 아뢰었고, 세존께서는 이 인연으로써
비구승가를 모으셨으며, 육군비구들에게 물어 말씀하셨다.

"육군비구들이여. 그대들이 진실로 상의를 앞뒤로 늘어트려서 입었는가?"

"진실로 그렇습니다. 세존이시여."

세존께서는 여러 방편으로 꾸짖으셨다.

"어리석은 사람들이여. 그대들은 어찌하여 상의를 앞뒤로 늘어트려서
입었는가? 어리석은 사람들이여. 이것은 오히려 믿지 않는 자는 신심이
생겨나지 않게 하고, …… 이미 믿었던 자는 일부가 전전하여 다른 곳으로
향하여 떠나가게 하느니라."

세존께서는 여러 종류의 방편으로써 육군비구들을 꾸짖고서 적절한
법을 수순하여 설하신 뒤에 여러 비구들에게 알려 말씀하셨다.

"…… 나아가 …… 여러 비구들이여. 그대들은 마땅히 이와 같이 학처를
송출할지니라.

'나는 상의를 마땅히 완전히 둥글게 덮고서 입겠다.'라고 마땅히 배워야
하느니라."

마땅히 상의로써 완전히 둥글게 덮는 것은 양쪽 방향의 끝자락을
가지런하게 하여야 한다. 공경하지 않는 까닭으로 앞뒤로 늘어트려서
입는 자는 돌길라를 범한다. 고의가 아닌 자이거나, 생각이 없는 자이거나,
무지한 자이거나, 병자이거나, 사고의 때이거나, 미쳤던 자이거나, 최초로
범한 자는 범하지 않는다.

3) 단정행(端正行) 학처

1-1 그때 불·세존께서는 사위성의 기수급고독원에 머무르셨다.

그때 육군비구들이 몸을 드러내고서 시정(市井)[1]을 돌아다녔으므로,

여러 사람들이 싫어하고 비난하였다.

"무엇을 위하여 사문 석자는 몸을 드러내고서 시정을 돌아다니는가? 재가에서 욕락을 받고서 즐기는 자와 같구나."

여러 비구들은 여러 사람들이 비난하는 것을 들었다. 여러 비구들의 가운데에서 욕심이 적은 자들은 싫어하고 비난하였다.

"무슨 까닭으로써 육군비구들은 몸을 드러내고서 시정을 돌아다니는가?"

여러 비구들은 이 일로써 세존께 아뢰었고, 세존께서는 이 인연으로써 비구승가를 모으셨으며, 육군비구들에게 물어 말씀하셨다.

"육군비구들이여. 그대들이 진실로 몸을 드러내고서 시정을 돌아다녔는가?"

"진실로 그렇습니다. 세존이시여."

세존께서는 여러 방편으로 꾸짖으셨다.

"어리석은 사람들이여. 그대들은 어찌하여 몸을 드러내고서 시정을 돌아다녔는가? 어리석은 사람들이여. 이것은 오히려 믿지 않는 자는 신심이 생겨나지 않게 하고, …… 이미 믿었던 자는 일부가 전전하여 다른 곳으로 향하여 떠나가게 하느니라."

세존께서는 여러 종류의 방편으로써 육군비구들을 꾸짖고서 적절한 법을 수순하여 설하신 뒤에 여러 비구들에게 알려 말씀하셨다.

"…… 나아가 …… 여러 비구들이여. 그대들은 마땅히 이와 같이 학처를 송출할지니라.

'나는 몸을 덮고서 단정하게 시정을 돌아다니겠다.'라고 마땅히 배워야 하느니라."

마땅히 몸을 덮고서 단정하게 시정을 돌아다녀야 한다. 공경하지 않는 까닭으로 몸을 드러내고서 시정을 돌아다니는 자는 돌길라를 범한다. 고의가 아닌 자이거나, 생각이 없는 자이거나, 무지한 자이거나, 병자이거나, 사고의 때이거나, 미쳤던 자이거나, 최초로 범한 자는 범하지 않는다.

---

1) 사람들이 모여서 살아가는 시가지나 마을을 가리킨다.

4) 단정좌(端正坐) 학처

1-1 그때 불·세존께서는 사위성의 기수급고독원에 머무르셨다.

그때 육군비구들이 몸을 드러내고서 시정에 앉아있었으므로, 여러 사람들이 싫어하고 비난하였다.

"무엇을 위하여 사문 석자는 몸을 드러내고서 시정에 앉아있는가? 재가에서 욕락을 받고서 즐기는 자와 같구나."

여러 비구들은 여러 사람들이 비난하는 것을 들었다. 여러 비구들의 가운데에서 욕심이 적은 자들은 싫어하고 비난하였다.

"무슨 까닭으로써 육군비구들은 몸을 드러내고서 시정에 앉아있는가?"

여러 비구들은 이 일로써 세존께 아뢰었고, 세존께서는 이 인연으로써 비구승가를 모으셨으며, 육군비구들에게 물어 말씀하셨다.

"육군비구들이여. 그대들이 진실로 몸을 드러내고서 시정에 앉아있었는가?"

"진실로 그렇습니다. 세존이시여."

세존께서는 여러 방편으로 꾸짖으셨다.

"어리석은 사람들이여. 그대들은 어찌하여 몸을 드러내고서 시정에 앉아있었는가? 어리석은 사람들이여. 이것은 오히려 믿지 않는 자는 신심이 생겨나지 않게 하고, …… 이미 믿었던 자는 일부가 전전하여 다른 곳으로 향하여 떠나가게 하느니라."

세존께서는 여러 종류의 방편으로써 육군비구들을 꾸짖고서 적절한 법을 수순하여 설하신 뒤에 여러 비구들에게 알려 말씀하셨다.

"…… 나아가 …… 여러 비구들이여. 그대들은 마땅히 이와 같이 학처를 송출할지니라.

'나는 몸을 덮고서 단정하게 시정에 앉아있겠다.'라고 마땅히 배워야 하느니라."

마땅히 몸을 덮고서 단정하게 시정에 앉아있어야 한다. 공경하지 않는 까닭으로 몸을 드러내고서 시정에 앉아있는 자는 돌길라를 범한다. 고의

가 아닌 자이거나, 생각이 없는 자이거나, 무지한 자이거나, 병자이거나,
사고의 때이거나, 미쳤던 자이거나, 최초로 범한 자는 범하지 않는다.

5) 단정위의행(端正威儀行) 학처

1-1 그때 불·세존께서는 사위성의 기수급고독원에 머무르셨다.

그때 육군비구들이 팔과 다리를 흔들면서 시정을 돌아다녔으므로,
여러 사람들이 싫어하고 비난하였다.

"무엇을 위하여 사문 석자는 팔과 다리를 흔들면서 시정을 돌아다니는
가? 재가에서 욕락을 받고서 즐기는 자와 같구나."

여러 비구들은 여러 사람들이 비난하는 것을 들었다. 여러 비구들의
가운데에서 욕심이 적은 자들은 싫어하고 비난하였다.

"무슨 까닭으로써 육군비구들은 팔과 다리를 흔들면서 시정을 돌아다
니는가?"

여러 비구들은 이 일로써 세존께 아뢰었고, 세존께서는 이 인연으로써
비구승가를 모으셨으며, 육군비구들에게 물어 말씀하셨다.

"육군비구들이여. 그대들이 진실로 팔과 다리를 흔들면서 시정을 돌아
다녔는가?"

"진실로 그렇습니다. 세존이시여."

세존께서는 여러 방편으로 꾸짖으셨다.

"어리석은 사람들이여. 그대들은 어찌하여 팔과 다리를 흔들면서 시정
을 돌아다녔는가? 어리석은 사람들이여. 이것은 오히려 믿지 않는 자는
신심이 생겨나지 않게 하고, …… 이미 믿었던 자는 일부가 전전하여
다른 곳으로 향하여 떠나가게 하느니라."

세존께서는 여러 종류의 방편으로써 육군비구들을 꾸짖고서 적절한
법을 수순하여 설하신 뒤에 여러 비구들에게 알려 말씀하셨다.

"…… 나아가 …… 여러 비구들이여. 그대들은 마땅히 이와 같이 학처를

송출할지니라.

'나는 마땅히 단정한 위의로 시정을 돌아다니겠다.'라고 마땅히 배워야
하느니라."

마땅히 단정한 위의로 시정을 돌아다녀야 한다. 공경하지 않는 까닭으
로 팔과 다리를 흔들면서 시정을 돌아다니는 자는 돌길라를 범한다.
고의가 아닌 자이거나, 생각이 없는 자이거나, 무지한 자이거나, 병자
이거나, 사고의 때이거나, 미쳤던 자이거나, 최초로 범한 자는 범하지
않는다.

6) 단정위의좌(端正威儀坐) 학처

1-1 그때 불·세존께서는 사위성의 기수급고독원에 머무르셨다.

그때 육군비구들이 팔과 다리를 흔들면서 시정에 앉아있었으므로,
여러 사람들이 싫어하고 비난하였다.

"무엇을 위하여 사문 석자는 팔과 다리를 흔들면서 시정에 앉아있는가?
재가에서 욕락을 받고서 즐기는 자와 같구나."

여러 비구들은 여러 사람들이 비난하는 것을 들었다. 여러 비구들의
가운데에서 욕심이 적은 자들은 싫어하고 비난하였다.

"무슨 까닭으로써 육군비구들은 팔과 다리를 흔들면서 시정에 앉아있
는가?"

여러 비구들은 이 일로써 세존께 아뢰었고, 세존께서는 이 인연으로써
비구승가를 모으셨으며, 육군비구들에게 물어 말씀하셨다.

"육군비구들이여. 그대들이 진실로 팔과 다리를 흔들면서 시정에 앉아
있었는가?"

"진실로 그렇습니다. 세존이시여."

세존께서는 여러 방편으로 꾸짖으셨다.

"어리석은 사람들이여. 그대들은 어찌하여 팔과 다리를 흔들면서 앉아

있었는가? 어리석은 사람들이여. 이것은 오히려 믿지 않는 자는 신심이 생겨나지 않게 하고, …… 이미 믿었던 자는 일부가 전전하여 다른 곳으로 향하여 떠나가게 하느니라."

세존께서는 여러 종류의 방편으로써 육군비구들을 꾸짖고서 적절한 법을 수순하여 설하신 뒤에 여러 비구들에게 알려 말씀하셨다.

"…… 나아가 …… 여러 비구들이여. 그대들은 마땅히 이와 같이 학처를 송출할지니라.

'나는 마땅히 단정한 위의로 시정에 앉아있겠다.'라고 마땅히 배워야 하느니라."

마땅히 단정한 위의로 시정에 앉아있어야 한다. 공경하지 않는 까닭으로 팔과 다리를 흔들면서 시정에 앉아있는 자는 돌길라를 범한다. 고의가 아닌 자이거나, 생각이 없는 자이거나, 무지한 자이거나, 병자이거나, 사고의 때이거나, 미쳤던 자이거나, 최초로 범한 자는 범하지 않는다.

7) 시하방행(視下方行) 학처

1-1 그때 불·세존께서는 사위성의 기수급고독원에 머무르셨다.

그때 육군비구들이 좌우(左右)를 두리번거리면서 시정을 돌아다녔으므로, 여러 사람들이 싫어하고 비난하였다.

"무엇을 위하여 사문 석자는 좌우를 두리번거리면서 시정을 돌아다니는가? 재가에서 욕락을 받고서 즐기는 자와 같구나."

여러 비구들은 여러 사람들이 비난하는 것을 들었다. 여러 비구들의 가운데에서 욕심이 적은 자들은 싫어하고 비난하였다.

"무슨 까닭으로써 육군비구들은 좌우를 두리번거리면서 시정을 돌아다니는가?"

여러 비구들은 이 일로써 세존께 아뢰었고, 세존께서는 이 인연으로써 비구승가를 모으셨으며, 육군비구들에게 물어 말씀하셨다.

"육군비구들이여. 그대들이 진실로 좌우를 두리번거리면서 시정을 돌아다녔는가?"

"진실로 그렇습니다. 세존이시여."

세존께서는 여러 방편으로 꾸짖으셨다.

"어리석은 사람들이여. 그대들은 어찌하여 좌우를 두리번거리면서 시정을 돌아다녔는가? 어리석은 사람들이여. 이것은 오히려 믿지 않는 자는 신심이 생겨나지 않게 하고, …… 이미 믿었던 자는 일부가 전전하여 다른 곳으로 향하여 떠나가게 하느니라."

세존께서는 여러 종류의 방편으로써 육군비구들을 꾸짖고서 적절한 법을 수순하여 설하신 뒤에 여러 비구들에게 알려 말씀하셨다.

"…… 나아가 …… 여러 비구들이여. 그대들은 마땅히 이와 같이 학처를 송출할지니라.

'나는 마땅히 눈으로써 아래를 바라보면서 시정을 돌아다니겠다.'라고 마땅히 배워야 하느니라."

마땅히 눈으로써 아래를 바라보면서 시정을 돌아다녀야 한다. 공경하지 않는 까닭으로 좌우를 두리번거리면서 시정을 돌아다니는 자는 돌길라를 범한다. 고의가 아닌 자이거나, 생각이 없는 자이거나, 무지한 자이거나, 병자이거나, 사고의 때이거나, 미쳤던 자이거나, 최초로 범한 자는 범하지 않는다.

8) 시하방좌(視下方坐) 학처

1-1 그때 불·세존께서는 사위성의 기수급고독원에 머무르셨다.

그때 육군비구들이 좌우를 두리번거리면서 시정에 앉아있었으므로, 여러 사람들이 싫어하고 비난하였다.

"무엇을 위하여 사문 석자는 좌우를 두리번거리면서 시정에 앉아있는가? 재가에서 욕락을 받고서 즐기는 자와 같구나."

여러 비구들은 여러 사람들이 비난하는 것을 들었다. 여러 비구들의 가운데에서 욕심이 적은 자들은 싫어하고 비난하였다.

"무슨 까닭으로써 육군비구들은 좌우를 두리번거리면서 시정에 앉아있는가?"

여러 비구들은 이 일로써 세존께 아뢰었고, 세존께서는 이 인연으로써 비구승가를 모으셨으며, 육군비구들에게 물어 말씀하셨다.

"육군비구들이여. 그대들이 진실로 좌우를 두리번거리면서 앉아있었는가?"

"진실로 그렇습니다. 세존이시여."

세존께서는 여러 방편으로 꾸짖으셨다.

"어리석은 사람들이여. 그대들은 어찌하여 좌우를 두리번거리면서 시정에 앉아있었는가? 어리석은 사람들이여. 이것은 오히려 믿지 않는 자는 신심이 생겨나지 않게 하고, …… 이미 믿었던 자는 일부가 전전하여 다른 곳으로 향하여 떠나가게 하느니라."

세존께서는 여러 종류의 방편으로써 육군비구들을 꾸짖고서 적절한 법을 수순하여 설하신 뒤에 여러 비구들에게 알려 말씀하셨다.

"…… 나아가 …… 여러 비구들이여. 그대들은 마땅히 이와 같이 학처를 송출할지니라.

'나는 마땅히 눈으로써 아래를 바라보면서 시정에 앉아있겠다.'라고 마땅히 배워야 하느니라."

마땅히 눈으로써 아래를 바라보면서 시정에 앉아있어야 한다. 공경하지 않는 까닭으로 팔과 다리를 흔들면서 시정에 앉아있는 자는 돌길라를 범한다. 고의가 아닌 자이거나, 생각이 없는 자이거나, 무지한 자이거나, 병자이거나, 사고의 때이거나, 미쳤던 자이거나, 최초로 범한 자는 범하지 않는다.

9) 불의랍상행(不衣拉上行) 학처

1-1 그때 불·세존께서는 사위성의 기수급고독원에 머무르셨다.

그때 육군비구들이 옷을 위로 치켜올리고서 시정을 돌아다녔으므로, 여러 사람들이 싫어하고 비난하였다.

"무엇을 위하여 사문 석자는 옷을 위로 치켜올리고서 시정을 돌아다니는가? 재가에서 욕락을 받고서 즐기는 자와 같구나."

여러 비구들은 여러 사람들이 비난하는 것을 들었다. 여러 비구들의 가운데에서 욕심이 적은 자들은 싫어하고 비난하였다.

"무슨 까닭으로써 육군비구들은 옷을 위로 치켜올리고서 시정을 돌아다니는가?"

여러 비구들은 이 일로써 세존께 아뢰었고, 세존께서는 이 인연으로써 비구승가를 모으셨으며, 육군비구들에게 물어 말씀하셨다.

"육군비구들이여. 그대들이 진실로 옷을 위로 치켜올리고서 시정을 돌아다녔는가?"

"진실로 그렇습니다. 세존이시여."

세존께서는 여러 방편으로 꾸짖으셨다.

"어리석은 사람들이여. 그대들은 어찌하여 옷을 위로 치켜올리고서 시정을 돌아다녔는가? 어리석은 사람들이여. 이것은 오히려 믿지 않는 자는 신심이 생겨나지 않게 하고, …… 이미 믿었던 자는 일부가 전전하여 다른 곳으로 향하여 떠나가게 하느니라."

세존께서는 여러 종류의 방편으로써 육군비구들을 꾸짖고서 적절한 법을 수순하여 설하신 뒤에 여러 비구들에게 알려 말씀하셨다.

"…… 나아가 …… 여러 비구들이여. 그대들은 마땅히 이와 같이 학처를 송출할지니라.

'나는 마땅히 옷을 위로 치켜올리지 않고서 시정을 돌아다니겠다.'라고 마땅히 배워야 하느니라."

마땅히 옷을 위로 치켜올리지 않고서 시정을 돌아다녀야 한다. 공경하

지 않는 까닭으로 옷을 위로 치켜올리고서 시정을 돌아다니는 자는 돌길라
를 범한다. 고의가 아닌 자이거나, 생각이 없는 자이거나, 무지한 자이거
나, 병자이거나, 사고의 때이거나, 미쳤던 자이거나, 최초로 범한 자는
범하지 않는다.

10) 불의랍상좌(不衣拉上坐) 학처

1-1 그때 불·세존께서는 사위성의 기수급고독원에 머무르셨다.

그때 육군비구들이 옷을 위로 치켜올리고서 시정에 앉아있었으므로,
여러 사람들이 싫어하고 비난하였다.

"무엇을 위하여 사문 석자는 옷을 위로 치켜올리고서 시정에 앉아있는
가? 재가에서 욕락을 받고서 즐기는 자와 같구나."

여러 비구들은 여러 사람들이 비난하는 것을 들었다. 여러 비구들의
가운데에서 욕심이 적은 자들은 싫어하고 비난하였다.

"무슨 까닭으로써 육군비구들은 옷을 위로 치켜올리고서 시정에 앉아
있는가?"

여러 비구들은 이 일로써 세존께 아뢰었고, 세존께서는 이 인연으로써
비구승가를 모으셨으며, 육군비구들에게 물어 말씀하셨다.

"육군비구들이여. 그대들이 진실로 옷을 위로 치켜올리고서 시정에
앉아있었는가?"

"진실로 그렇습니다. 세존이시여."

세존께서는 여러 방편으로 꾸짖으셨다.

"어리석은 사람들이여. 그대들은 어찌하여 옷을 위로 치켜올리고서
시정에 앉아있었는가? 어리석은 사람들이여. 이것은 오히려 믿지 않는
자는 신심이 생겨나지 않게 하고, …… 이미 믿었던 자는 일부가 전전하여
다른 곳으로 향하여 떠나가게 하느니라."

세존께서는 여러 종류의 방편으로써 육군비구들을 꾸짖고서 적절한

법을 수순하여 설하신 뒤에 여러 비구들에게 알려 말씀하셨다.

"…… 나아가 …… 여러 비구들이여. 그대들은 마땅히 이와 같이 학처를 송출할지니라.

'나는 마땅히 옷을 위로 치켜올리지 않고서 시정에 앉아있겠다.'라고 마땅히 배워야 하느니라."

마땅히 옷을 위로 치켜올리지 않고서 시정에 앉아있어야 한다. 공경하지 않는 까닭으로 옷을 위로 치켜올리고서 시정에 앉아있는 자는 돌길라를 범한다. 고의가 아닌 자이거나, 생각이 없는 자이거나, 무지한 자이거나, 병자이거나, 사고의 때이거나, 미쳤던 자이거나, 최초로 범한 자는 범하지 않는다.

[첫째의 전원품(全圓品)을 마친다.]

11) 불홍소행(不哄笑行) 학처

1-1 그때 불·세존께서는 사위성의 기수급고독원에 머무르셨다.

그때 육군비구들이 크게 웃으면서 시정을 돌아다녔으므로, 여러 사람들이 싫어하고 비난하였다.

"무엇을 위하여 사문 석자는 크게 웃으면서 시정을 돌아다니는가? 재가에서 욕락을 받고서 즐기는 자와 같구나."

여러 비구들은 여러 사람들이 비난하는 것을 들었다. 여러 비구들의 가운데에서 욕심이 적은 자들은 싫어하고 비난하였다.

"무슨 까닭으로써 육군비구들은 크게 웃으면서 시정을 돌아다니는가?"

여러 비구들은 이 일로써 세존께 아뢰었고, 세존께서는 이 인연으로써 비구승가를 모으셨으며, 육군비구들에게 물어 말씀하셨다.

"육군비구들이여. 그대들이 진실로 크게 웃으면서 시정을 돌아다녔는가?"

"진실로 그렇습니다. 세존이시여."

세존께서는 여러 방편으로 꾸짖으셨다.

"어리석은 사람들이여. 그대들은 어찌하여 크게 웃으면서 시정을 돌아다녔는가? 어리석은 사람들이여. 이것은 오히려 믿지 않는 자는 신심이 생겨나지 않게 하고, …… 이미 믿었던 자는 일부가 전전하여 다른 곳으로 향하여 떠나가게 하느니라."

세존께서는 여러 종류의 방편으로써 육군비구들을 꾸짖고서 적절한 법을 수순하여 설하신 뒤에 여러 비구들에게 알려 말씀하셨다.

"…… 나아가 …… 여러 비구들이여. 그대들은 마땅히 이와 같이 학처를 송출할지니라.

'나는 마땅히 크게 웃지 않으면서 시정을 돌아다니겠다.'라고 마땅히 배워야 하느니라."

마땅히 크게 웃지 않으면서 시정을 돌아다녀야 한다. 공경하지 않는 까닭으로 크게 웃으면서 시정을 돌아다니는 자는 돌길라를 범한다. 고의가 아닌 자이거나, 생각이 없는 자이거나, 무지한 자이거나, 병자이거나, 사고의 때이거나, 미쳤던 자이거나, 최초로 범한 자는 범하지 않는다.

12) 불홍소좌(不哄笑坐) 학처

1-1 그때 불·세존께서는 사위성의 기수급고독원에 머무르셨다.

그때 육군비구들이 크게 웃으면서 시정에 앉아있었으므로, 여러 사람들이 싫어하고 비난하였다.

"무엇을 위하여 사문 석자는 크게 웃으면서 시정에 앉아있는가? 재가에서 욕락을 받고서 즐기는 자와 같구나."

여러 비구들은 여러 사람들이 비난하는 것을 들었다. 여러 비구들의 가운데에서 욕심이 적은 자들은 싫어하고 비난하였다.

"무슨 까닭으로써 육군비구들은 크게 웃으면서 시정에 앉아있는가?"

여러 비구들은 이 일로써 세존께 아뢰었고, 세존께서는 이 인연으로써 비구승가를 모으셨으며, 육군비구들에게 물어 말씀하셨다.

"육군비구들이여. 그대들이 진실로 크게 웃으면서 시정에 앉아있었는가?"

"진실로 그렇습니다. 세존이시여."

세존께서는 여러 방편으로 꾸짖으셨다.

"어리석은 사람들이여. 그대들은 어찌하여 크게 웃으면서 시정에 앉아있었는가? 어리석은 사람들이여. 이것은 오히려 믿지 않는 자는 신심이 생겨나지 않게 하고, …… 이미 믿었던 자는 일부가 전전하여 다른 곳으로 향하여 떠나가게 하느니라."

세존께서는 여러 종류의 방편으로써 육군비구들을 꾸짖고서 적절한 법을 수순하여 설하신 뒤에 여러 비구들에게 알려 말씀하셨다.

"…… 나아가 …… 여러 비구들이여. 그대들은 마땅히 이와 같이 학처를 송출할지니라.

'나는 마땅히 크게 웃지 않으면서 시정에 앉아있겠다.'라고 마땅히 배워야 하느니라."

마땅히 크게 웃지 않으면서 시정에 앉아있어야 한다. 공경하지 않는 까닭으로 크게 웃으면서 시정에 앉아있는 자는 돌길라를 범한다. 고의가 아닌 자이거나, 생각이 없는 자이거나, 무지한 자이거나, 병자이거나, 사고의 때이거나, 미쳤던 자이거나, 최초로 범한 자는 범하지 않는다.

13) 저성행(低聲行) 학처

1-1 그때 불·세존께서는 사위성의 기수급고독원에 머무르셨다.

그때 육군비구들이 크게 떠들면서 시정을 돌아다녔으므로, 여러 사람들이 싫어하고 비난하였다.

"무엇을 위하여 사문 석자는 크게 떠들면서 시정을 돌아다니는가? 재가에서 욕락을 받고서 즐기는 자와 같구나."

여러 비구들은 여러 사람들이 비난하는 것을 들었다. 여러 비구들의

가운데에서 욕심이 적은 자들은 싫어하고 비난하였다.

"무슨 까닭으로써 육군비구들은 크게 떠들면서 시정을 돌아다니는가?"

여러 비구들은 이 일로써 세존께 아뢰었고, 세존께서는 이 인연으로써 비구승가를 모으셨으며, 육군비구들에게 물어 말씀하셨다.

"육군비구들이여. 그대들이 진실로 크게 떠들면서 시정을 돌아다녔는가?"

"진실로 그렇습니다. 세존이시여."

세존께서는 여러 방편으로 꾸짖으셨다.

"어리석은 사람들이여. 그대들은 어찌하여 크게 떠들면서 시정을 돌아다녔는가? 어리석은 사람들이여. 이것은 오히려 믿지 않는 자는 신심이 생겨나지 않게 하고, …… 이미 믿었던 자는 일부가 전전하여 다른 곳으로 향하여 떠나가게 하느니라."

세존께서는 여러 종류의 방편으로써 육군비구들을 꾸짖고서 적절한 법을 수순하여 설하신 뒤에 여러 비구들에게 알려 말씀하셨다.

"…… 나아가 …… 여러 비구들이여. 그대들은 마땅히 이와 같이 학처를 송출할지니라.

'나는 마땅히 작은 소리로 시정을 돌아다니겠다.'라고 마땅히 배워야 하느니라."

마땅히 작은 소리로 시정을 돌아다녀야 한다. 공경하지 않는 까닭으로 크게 떠들면서 시정을 돌아다니는 자는 돌길라를 범한다. 고의가 아닌 자이거나, 생각이 없는 자이거나, 무지한 자이거나, 병자이거나, 사고의 때이거나, 미쳤던 자이거나, 최초로 범한 자는 범하지 않는다.

14) 저성좌(低聲坐) 학처

1-1 그때 불·세존께서는 사위성의 기수급고독원에 머무르셨다.

그때 육군비구들이 크게 떠들면서 시정에 앉아있었으므로, 여러 사람들이 싫어하고 비난하였다.

"무엇을 위하여 사문 석자는 크게 떠들면서 앉아있는가? 재가에서 욕락을 받고서 즐기는 자와 같구나."

여러 비구들은 여러 사람들이 비난하는 것을 들었다. 여러 비구들의 가운데에서 욕심이 적은 자들은 싫어하고 비난하였다.

"무슨 까닭으로써 육군비구들은 크게 떠들면서 시정에 앉아있는가?"

여러 비구들은 이 일로써 세존께 아뢰었고, 세존께서는 이 인연으로써 비구승가를 모으셨으며, 육군비구들에게 물어 말씀하셨다.

"육군비구들이여. 그대들이 진실로 크게 떠들면서 시정에 앉아있었는가?"

"진실로 그렇습니다. 세존이시여."

세존께서는 여러 방편으로 꾸짖으셨다.

"어리석은 사람들이여. 그대들은 어찌하여 크게 떠들면서 시정에 앉아있었는가? 어리석은 사람들이여. 이것은 오히려 믿지 않는 자는 신심이 생겨나지 않게 하고, …… 이미 믿었던 자는 일부가 전전하여 다른 곳으로 향하여 떠나가게 하느니라."

세존께서는 여러 종류의 방편으로써 육군비구들을 꾸짖고서 적절한 법을 수순하여 설하신 뒤에 여러 비구들에게 알려 말씀하셨다.

"…… 나아가 …… 여러 비구들이여. 그대들은 마땅히 이와 같이 학처를 송출할지니라.

'나는 마땅히 작은 소리로 시정에 앉아있겠다.'라고 마땅히 배워야 하느니라."

마땅히 작은 소리로 시정에 앉아있어야 한다. 공경하지 않는 까닭으로 크게 떠들면서 시정에 앉아있는 자는 돌길라를 범한다. 고의가 아닌 자이거나, 생각이 없는 자이거나, 무지한 자이거나, 병자이거나, 사고의 때이거나, 미쳤던 자이거나, 최초로 범한 자는 범하지 않는다.

15) 불요신행(不搖身行) 학처

1-1 그때 불·세존께서는 사위성의 기수급고독원에 머무르셨다.

그때 육군비구들이 몸을 흔들고 몸을 비틀면서 시정을 돌아다녔으므로, 여러 사람들이 싫어하고 비난하였다.

"무엇을 위하여 사문 석자는 몸을 흔들고 몸을 비틀면서 시정을 돌아다니는가? 재가에서 욕락을 받고서 즐기는 자와 같구나."

여러 비구들은 여러 사람들이 비난하는 것을 들었다. 여러 비구들의 가운데에서 욕심이 적은 자들은 싫어하고 비난하였다.

"무슨 까닭으로써 육군비구들은 몸을 흔들고 몸을 비틀면서 시정을 돌아다니는가?"

여러 비구들은 이 일로써 세존께 아뢰었고, 세존께서는 이 인연으로써 비구승가를 모으셨으며, 육군비구들에게 물어 말씀하셨다.

"육군비구들이여. 그대들이 진실로 몸을 흔들고 몸을 비틀면서 시정을 돌아다녔는가?"

"진실로 그렇습니다. 세존이시여."

세존께서는 여러 방편으로 꾸짖으셨다.

"어리석은 사람들이여. 그대들은 어찌하여 몸을 흔들고 몸을 비틀면서 시정을 돌아다녔는가? 어리석은 사람들이여. 이것은 오히려 믿지 않는 자는 신심이 생겨나지 않게 하고, …… 이미 믿었던 자는 일부가 전전하여 다른 곳으로 향하여 떠나가게 하느니라."

세존께서는 여러 종류의 방편으로써 육군비구들을 꾸짖고서 적절한 법을 수순하여 설하신 뒤에 여러 비구들에게 알려 말씀하셨다.

"…… 나아가 …… 여러 비구들이여. 그대들은 마땅히 이와 같이 학처를 송출할지니라.

'나는 마땅히 몸을 흔들지 않고서 시정을 돌아다니겠다.'라고 마땅히 배워야 하느니라."

마땅히 몸을 흔들지 않고서, 마땅히 몸을 섭수(攝受)하고서 시정을 돌아다녀야 한다. 공경하지 않는 까닭으로 몸을 흔들고 몸을 비틀면서 시정을 돌아다니는 자는 돌길라를 범한다. 고의가 아닌 자이거나, 생각이 없는 자이거나, 무지한 자이거나, 병자이거나, 사고의 때이거나, 미쳤던 자이거나, 최초로 범한 자는 범하지 않는다.

16) 불요신좌(不搖身坐) 학처

1-1 그때 불·세존께서는 사위성의 기수급고독원에 머무르셨다.

그때 육군비구들이 몸을 흔들고 몸을 비틀면서 시정에 앉아있었으므로, 여러 사람들이 싫어하고 비난하였다.

"무엇을 위하여 사문 석자는 몸을 흔들고 몸을 비틀면서 시정에 앉아있는가? 재가에서 욕락을 받고서 즐기는 자와 같구나."

여러 비구들은 여러 사람들이 비난하는 것을 들었다. 여러 비구들의 가운데에서 욕심이 적은 자들은 싫어하고 비난하였다.

"무슨 까닭으로써 육군비구들은 몸을 흔들고 몸을 비틀면서 시정에 앉아있는가?"

여러 비구들은 이 일로써 세존께 아뢰었고, 세존께서는 이 인연으로써 비구승가를 모으셨으며, 육군비구들에게 물어 말씀하셨다.

"육군비구들이여. 그대들이 진실로 몸을 흔들고 몸을 비틀면서 시정에 앉아있었는가?"

"진실로 그렇습니다. 세존이시여."

세존께서는 여러 방편으로 꾸짖으셨다.

"어리석은 사람들이여. 그대들은 어찌하여 몸을 흔들고 몸을 비틀면서 시정에 앉아있었는가? 어리석은 사람들이여. 이것은 오히려 믿지 않는 자는 신심이 생겨나지 않게 하고, …… 이미 믿었던 자는 일부가 전전하여 다른 곳으로 향하여 떠나가게 하느니라."

세존께서는 여러 종류의 방편으로써 육군비구들을 꾸짖고서 적절한

법을 수순하여 설하신 뒤에 여러 비구들에게 알려 말씀하셨다.

"…… 나아가 …… 여러 비구들이여. 그대들은 마땅히 이와 같이 학처를 송출할지니라.

'나는 마땅히 몸을 흔들지 않고서 시정에 앉아있겠다.'라고 마땅히 배워야 하느니라."

마땅히 몸을 흔들지 않고서, 마땅히 몸을 섭수하고서 시정에 앉아있어야 한다. 공경하지 않는 까닭으로 몸을 흔들고 몸을 비틀면서 시정에 앉아있는 자는 돌길라를 범한다. 고의가 아닌 자이거나, 생각이 없는 자이거나, 무지한 자이거나, 병자이거나, 사고의 때이거나, 미쳤던 자이거나, 최초로 범한 자는 범하지 않는다.

17) 불요비행(不搖臂行) 학처

1-1 그때 불·세존께서는 사위성의 기수급고독원에 머무르셨다.

그때 육군비구들이 팔을 흔들고 팔을 비틀면서 시정을 돌아다녔으므로, 여러 사람들이 싫어하고 비난하였다.

"무엇을 위하여 사문 석자는 팔을 흔들고 팔을 비틀면서 시정을 돌아다니는가? 재가에서 욕락을 받고서 즐기는 자와 같구나."

여러 비구들은 여러 사람들이 비난하는 것을 들었다. 여러 비구들의 가운데에서 욕심이 적은 자들은 싫어하고 비난하였다.

"무슨 까닭으로써 육군비구들은 팔을 흔들고 팔을 비틀면서 시정을 돌아다니는가?"

여러 비구들은 이 일로써 세존께 아뢰었고, 세존께서는 이 인연으로써 비구승가를 모으셨으며, 육군비구들에게 물어 말씀하셨다.

"육군비구들이여. 그대들이 진실로 팔을 흔들고 팔을 비틀면서 시정을 돌아다녔는가?"

"진실로 그렇습니다. 세존이시여."

세존께서는 여러 방편으로 꾸짖으셨다.

"어리석은 사람들이여. 그대들은 어찌하여 팔을 흔들고 팔을 비틀면서 시정을 돌아다녔는가? 어리석은 사람들이여. 이것은 오히려 믿지 않는 자는 신심이 생겨나지 않게 하고, …… 이미 믿었던 자는 일부가 전전하여 다른 곳으로 향하여 떠나가게 하느니라."

세존께서는 여러 종류의 방편으로써 육군비구들을 꾸짖고서 적절한 법을 수순하여 설하신 뒤에 여러 비구들에게 알려 말씀하셨다.

"…… 나아가 …… 여러 비구들이여. 그대들은 마땅히 이와 같이 학처를 송출할지니라.

'나는 마땅히 팔을 흔들지 않고서 시정을 돌아다니겠다.'라고 마땅히 배워야 하느니라."

마땅히 팔을 흔들지 않고서, 마땅히 팔을 섭수하고서 시정을 돌아다녀야 한다. 공경하지 않는 까닭으로 팔을 흔들고 팔을 비틀면서 시정을 돌아다니는 자는 돌길라를 범한다. 고의가 아닌 자이거나, 생각이 없는 자이거나, 무지한 자이거나, 병자이거나, 사고의 때이거나, 미쳤던 자이거나, 최초로 범한 자는 범하지 않는다.

18) 불요비좌(不搖臂坐) 학처

1-1 그때 불·세존께서는 사위성의 기수급고독원에 머무르셨다.

그때 육군비구들이 팔을 흔들고 팔을 비틀면서 시정에 앉아있었으므로, 여러 사람들이 싫어하고 비난하였다.

"무엇을 위하여 사문 석자는 팔을 흔들고 팔을 비틀면서 시정에 앉아있는가? 재가에서 욕락을 받고서 즐기는 자와 같구나."

여러 비구들은 여러 사람들이 비난하는 것을 들었다. 여러 비구들의 가운데에서 욕심이 적은 자들은 싫어하고 비난하였다.

"무슨 까닭으로써 육군비구들은 팔을 흔들고 팔을 비틀면서 앉아있는가?"

여러 비구들은 이 일로써 세존께 아뢰었고, 세존께서는 이 인연으로써 비구승가를 모으셨으며, 육군비구들에게 물어 말씀하셨다.

"육군비구들이여. 그대들이 진실로 팔을 흔들고 팔을 비틀면서 시정에 앉아있었는가?"

"진실로 그렇습니다. 세존이시여."

세존께서는 여러 방편으로 꾸짖으셨다.

"어리석은 사람들이여. 그대들은 어찌하여 팔을 흔들고 팔을 비틀면서 시정에 앉아있었는가? 어리석은 사람들이여. 이것은 오히려 믿지 않는 자는 신심이 생겨나지 않게 하고, …… 이미 믿었던 자는 일부가 전전하여 다른 곳으로 향하여 떠나가게 하느니라."

세존께서는 여러 종류의 방편으로써 육군비구들을 꾸짖고서 적절한 법을 수순하여 설하신 뒤에 여러 비구들에게 알려 말씀하셨다.

"…… 나아가 …… 여러 비구들이여. 그대들은 마땅히 이와 같이 학처를 송출할지니라.

'나는 마땅히 팔을 흔들지 않고서 시정에 앉아있겠다.'라고 마땅히 배워야 하느니라."

마땅히 팔을 흔들지 않고서, 마땅히 팔을 섭수하고서 시정에 앉아있어야 한다. 공경하지 않는 까닭으로 팔을 흔들고 팔을 비틀면서 시정에 앉아있는 자는 돌길라를 범한다. 고의가 아닌 자이거나, 생각이 없는 자이거나, 무지한 자이거나, 병자이거나, 사고의 때이거나, 미쳤던 자이거나, 최초로 범한 자는 범하지 않는다.

19) 불요두행(不搖頭行) 학처

1-1 그때 불·세존께서는 사위성의 기수급고독원에 머무르셨다.

그때 육군비구들이 머리를 흔들고 머리를 비틀면서 시정을 돌아다녔으므로 여러 사람들이 싫어하고 비난하였다.

"무엇을 위하여 사문 석자는 머리를 흔들고 머리를 비틀면서 시정을 돌아다니는가? 재가에서 욕락을 받고서 즐기는 자와 같구나."

여러 비구들은 여러 사람들이 비난하는 것을 들었다. 여러 비구들의 가운데에서 욕심이 적은 자들은 싫어하고 비난하였다.

"무슨 까닭으로써 육군비구들은 머리를 흔들고 머리를 비틀면서 시정을 돌아다니는가?"

여러 비구들은 이 일로써 세존께 아뢰었고, 세존께서는 이 인연으로써 비구승가를 모으셨으며, 육군비구들에게 물어 말씀하셨다.

"육군비구들이여. 그대들이 진실로 머리를 흔들고 머리를 비틀면서 시정을 돌아다녔는가?"

"진실로 그렇습니다. 세존이시여."

세존께서는 여러 방편으로 꾸짖으셨다.

"어리석은 사람들이여. 그대들은 어찌하여 머리를 흔들고 머리를 비틀면서 시정을 돌아다녔는가? 어리석은 사람들이여. 이것은 오히려 믿지 않는 자는 신심이 생겨나지 않게 하고, …… 이미 믿었던 자는 일부가 전전하여 다른 곳으로 향하여 떠나가게 하느니라."

세존께서는 여러 종류의 방편으로써 육군비구들을 꾸짖고서 적절한 법을 수순하여 설하신 뒤에 여러 비구들에게 알려 말씀하셨다.

"…… 나아가 …… 여러 비구들이여. 그대들은 마땅히 이와 같이 학처를 송출할지니라.

'나는 마땅히 머리를 흔들지 않고서 시정을 돌아다니겠다.'라고 마땅히 배워야 하느니라."

마땅히 머리를 흔들지 않고서 시정을 돌아다녀야 한다. 공경하지 않는 까닭으로 머리를 흔들고 머리를 비틀면서 시정을 돌아다니는 자는 돌길라를 범한다. 고의가 아닌 자이거나, 생각이 없는 자이거나, 무지한 자이거나, 병자이거나, 사고의 때이거나, 미쳤던 자이거나, 최초로 범한 자는 범하지 않는다.

20) 불요두좌(不搖頭坐) 학처

1-1 그때 불·세존께서는 사위성의 기수급고독원에 머무르셨다.

그때 육군비구들이 머리를 흔들고 머리를 비틀면서 시정에 앉아있었으므로 여러 사람들이 싫어하고 비난하였다.

"무엇을 위하여 사문 석자는 머리를 흔들고 머리를 비틀면서 시정에 앉아있는가? 재가에서 욕락을 받고서 즐기는 자와 같구나."

여러 비구들은 여러 사람들이 비난하는 것을 들었다. 여러 비구들의 가운데에서 욕심이 적은 자들은 싫어하고 비난하였다.

"무슨 까닭으로써 육군비구들은 머리를 흔들고 머리를 비틀면서 시정에 앉아있는가?"

여러 비구들은 이 일로써 세존께 아뢰었고, 세존께서는 이 인연으로써 비구승가를 모으셨으며, 육군비구들에게 물어 말씀하셨다.

"육군비구들이여. 그대들이 진실로 머리를 흔들고 머리를 비틀면서 시정에 앉아있었는가?"

"진실로 그렇습니다. 세존이시여."

세존께서는 여러 방편으로 꾸짖으셨다.

"어리석은 사람들이여. 그대들은 어찌하여 머리를 흔들고 머리를 비틀면서 시정에 앉아있었는가? 어리석은 사람들이여. 이것은 오히려 믿지 않는 자는 신심이 생겨나지 않게 하고, …… 이미 믿었던 자는 일부가 전전하여 다른 곳으로 향하여 떠나가게 하느니라."

세존께서는 여러 종류의 방편으로써 육군비구들을 꾸짖고서 적절한 법을 수순하여 설하신 뒤에 여러 비구들에게 알려 말씀하셨다.

"…… 나아가 …… 여러 비구들이여. 그대들은 마땅히 이와 같이 학처를 송출할지니라.

'나는 마땅히 머리를 흔들지 않고서 시정에 앉아있겠다.'라고 마땅히 배워야 하느니라."

마땅히 머리를 흔들지 않고서, 마땅히 머리를 섭수하고서 시정에 앉아

있어야 한다. 공경하지 않는 까닭으로 머리를 흔들면서 시정에 앉아있는
자는 돌길라를 범한다. 고의가 아닌 자이거나, 생각이 없는 자이거나,
무지한 자이거나, 병자이거나, 사고의 때이거나, 미쳤던 자이거나, 최초로
범한 자는 범하지 않는다.

[둘째의 홍소품(哄笑品)을 마친다.]

21) 차요행(叉腰行) 학처

1-1 그때 불·세존께서는 사위성의 기수급고독원에 머무르셨다.

그때 육군비구들이 허리에 손을 얹고 팔꿈치를 벌리고서 시정을 돌아다
녔으므로, 여러 사람들이 싫어하고 비난하였다.

"무엇을 위하여 사문 석자는 허리에 손을 얹고 팔꿈치를 벌리고서
시정을 돌아다니는가? 재가에서 욕락을 받고서 즐기는 자와 같구나."

여러 비구들은 여러 사람들이 비난하는 것을 들었다. 여러 비구들의
가운데에서 욕심이 적은 자들은 싫어하고 비난하였다.

"무슨 까닭으로써 육군비구들은 허리에 손을 얹고 팔꿈치를 벌리고서
시정을 돌아다니는가?"

여러 비구들은 이 일로써 세존께 아뢰었고, 세존께서는 이 인연으로써
비구승가를 모으셨으며, 육군비구들에게 물어 말씀하셨다.

"육군비구들이여. 그대들이 진실로 허리에 손을 얹고 팔꿈치를 벌리고
서 시정을 돌아다녔는가?"

"진실로 그렇습니다. 세존이시여."

세존께서는 여러 방편으로 꾸짖으셨다.

"어리석은 사람들이여. 그대들은 어찌하여 허리에 손을 얹고 팔꿈치를
벌리고서 시정을 돌아다녔는가? 어리석은 사람들이여. 이것은 오히려
믿지 않는 자는 신심이 생겨나지 않게 하고, …… 이미 믿었던 자는

일부가 전전하여 다른 곳으로 향하여 떠나가게 하느니라."

　세존께서는 여러 종류의 방편으로써 육군비구들을 꾸짖고서 적절한 법을 수순하여 설하신 뒤에 여러 비구들에게 알려 말씀하셨다.

　"…… 나아가 …… 여러 비구들이여. 그대들은 마땅히 이와 같이 학처를 송출할지니라.

　'나는 마땅히 허리에 손을 얹고 팔꿈치를 벌리지 않고서 시정을 돌아다니겠다.'라고 마땅히 배워야 하느니라."

　마땅히 허리에 손을 얹고 팔꿈치를 벌리지 않고서 시정을 돌아다녀야 한다. 공경하지 않는 까닭으로 허리에 손을 얹고 팔꿈치를 벌리고서 시정을 돌아다니는 자는 돌길라를 범한다. 고의가 아닌 자이거나, 생각이 없는 자이거나, 무지한 자이거나, 병자이거나, 사고의 때이거나, 미쳤던 자이거나, 최초로 범한 자는 범하지 않는다.

22) 차요좌(叉腰坐) 학처

1-1 그때 불·세존께서는 사위성의 기수급고독원에 머무르셨다.

　그때 육군비구들이 허리에 손을 얹고 팔꿈치를 벌리고서 시정에 앉아있었으므로 여러 사람들이 싫어하고 비난하였다.

　"무엇을 위하여 사문 석자는 허리에 손을 얹고 팔꿈치를 벌리고서 시정에 앉아있는가? 재가에서 욕락을 받고서 즐기는 자와 같구나."

　여러 비구들은 여러 사람들이 비난하는 것을 들었다. 여러 비구들의 가운데에서 욕심이 적은 자들은 싫어하고 비난하였다.

　"무슨 까닭으로써 육군비구들은 허리에 손을 얹고 팔꿈치를 벌리고서 시정에 앉아있는가?"

　여러 비구들은 이 일로써 세존께 아뢰었고, 세존께서는 이 인연으로써 비구승가를 모으셨으며, 육군비구들에게 물어 말씀하셨다.

　"육군비구들이여. 그대들이 진실로 허리에 손을 얹고 팔꿈치를 벌리고서 시정에 앉아있었는가?"

"진실로 그렇습니다. 세존이시여."

세존께서는 여러 방편으로 꾸짖으셨다.

"어리석은 사람들이여. 그대들은 어찌하여 허리에 손을 얹고 팔꿈치를 벌리고서 시정에 앉아있었는가? 어리석은 사람들이여. 이것은 오히려 믿지 않는 자는 신심이 생겨나지 않게 하고, …… 이미 믿었던 자는 일부가 전전하여 다른 곳으로 향하여 떠나가게 하느니라."

세존께서는 여러 종류의 방편으로써 육군비구들을 꾸짖고서 적절한 법을 수순하여 설하신 뒤에 여러 비구들에게 알려 말씀하셨다.

"…… 나아가 …… 여러 비구들이여. 그대들은 마땅히 이와 같이 학처를 송출할지니라.

'나는 마땅히 허리에 손을 얹고 팔꿈치를 벌리지 않고서 앉아있겠다.'라고 마땅히 배워야 하느니라."

마땅히 허리에 손을 얹고 팔꿈치를 벌리지 않고서 시정에 앉아있어야 한다. 공경하지 않는 까닭으로 허리에 손을 얹고 팔꿈치를 벌리고서 시정에 앉아있는 자는 돌길라를 범한다. 고의가 아닌 자이거나, 생각이 없는 자이거나, 무지한 자이거나, 병자이거나, 사고의 때이거나, 미쳤던 자이거나, 최초로 범한 자는 범하지 않는다.

23) 불전두행(不纏頭行) 학처

1-1 그때 불·세존께서는 사위성의 기수급고독원에 머무르셨다.

그때 육군비구들이 머리를 감싸고서 시정을 돌아다녔으므로, 여러 사람들이 싫어하고 비난하였다.

"무엇을 위하여 사문 석자는 머리를 감싸고서 시정을 돌아다니는가? 재가에서 욕락을 받고서 즐기는 자와 같구나."

여러 비구들은 여러 사람들이 비난하는 것을 들었다. 여러 비구들의

가운데에서 욕심이 적은 자들은 싫어하고 비난하였다.

"무슨 까닭으로써 육군비구들은 머리를 감싸고서 시정을 돌아다니는가?"

여러 비구들은 이 일로써 세존께 아뢰었고, 세존께서는 이 인연으로써 비구승가를 모으셨으며, 육군비구들에게 물어 말씀하셨다.

"육군비구들이여. 그대들이 진실로 머리를 감싸고서 시정을 돌아다녔는가?"

"진실로 그렇습니다. 세존이시여."

세존께서는 여러 방편으로 꾸짖으셨다.

"어리석은 사람들이여. 그대들은 어찌하여 머리를 감싸고서 시정을 돌아다녔는가? 어리석은 사람들이여. 이것은 오히려 믿지 않는 자는 신심이 생겨나지 않게 하고, …… 이미 믿었던 자는 일부가 전전하여 다른 곳으로 향하여 떠나가게 하느니라."

세존께서는 여러 종류의 방편으로써 육군비구들을 꾸짖고서 적절한 법을 수순하여 설하신 뒤에 여러 비구들에게 알려 말씀하셨다.

"…… 나아가 …… 여러 비구들이여. 그대들은 마땅히 이와 같이 학처를 송출할지니라.

'나는 마땅히 머리를 감싸지 않고서 시정을 돌아다니겠다.'라고 마땅히 배워야 하느니라."

마땅히 머리를 감싸지 않고서 시정을 돌아다녀야 한다. 공경하지 않는 까닭으로 머리를 감싸고서 시정을 돌아다니는 자는 돌길라를 범한다. 고의가 아닌 자이거나, 생각이 없는 자이거나, 무지한 자이거나, 병자이거나, 사고의 때이거나, 미쳤던 자이거나, 최초로 범한 자는 범하지 않는다.

24) 불전두좌(不纏頭坐) 학처

1-1 그때 불·세존께서는 사위성의 기수급고독원에 머무르셨다.

그때 육군비구들이 머리를 감싸고서 시정에 앉아있었으므로 여러 사람들이 싫어하고 비난하였다.

"무엇을 위하여 사문 석자는 머리를 감싸고서 앉아있는가? 재가에서 욕락을 받고서 즐기는 자와 같구나."

여러 비구들은 여러 사람들이 비난하는 것을 들었다. 여러 비구들의 가운데에서 욕심이 적은 자들은 싫어하고 비난하였다.

"무슨 까닭으로써 육군비구들은 머리를 감싸고서 시정에 앉아있는가?"

여러 비구들은 이 일로써 세존께 아뢰었고, 세존께서는 이 인연으로써 비구승가를 모으셨으며, 육군비구들에게 물어 말씀하셨다.

"육군비구들이여. 그대들이 진실로 머리를 감싸고서 시정에 앉아있었는가?"

"진실로 그렇습니다. 세존이시여."

세존께서는 여러 방편으로 꾸짖으셨다.

"어리석은 사람들이여. 그대들은 어찌하여 머리를 감싸고서 시정에 앉아있었는가? 어리석은 사람들이여. 이것은 오히려 믿지 않는 자는 신심이 생겨나지 않게 하고, …… 이미 믿었던 자는 일부가 전전하여 다른 곳으로 향하여 떠나가게 하느니라."

세존께서는 여러 종류의 방편으로써 육군비구들을 꾸짖고서 적절한 법을 수순하여 설하신 뒤에 여러 비구들에게 알려 말씀하셨다.

"…… 나아가 …… 여러 비구들이여. 그대들은 마땅히 이와 같이 학처를 송출할지니라.

'나는 마땅히 머리를 감싸지 않고서 앉아있겠다.'라고 마땅히 배워야 하느니라."

마땅히 머리를 감싸지 않고서 시정에 앉아있어야 한다. 공경하지 않는 까닭으로 머리를 감싸고서 시정에 앉아있는 자는 돌길라를 범한다. 고의가 아닌 자이거나, 생각이 없는 자이거나, 무지한 자이거나, 병자이거나, 사고의 때이거나, 미쳤던 자이거나, 최초로 범한 자는 범하지 않는다.

25) 불슬행(不膝行) 학처

1-1 그때 불·세존께서는 사위성의 기수급고독원에 머무르셨다.

그때 육군비구들이 웅크리고 걸으면서 시정을 돌아다녔으므로, 여러 사람들이 싫어하고 비난하였다.

"무엇을 위하여 사문 석자는 웅크리고 걸으면서 시정을 돌아다니는가? 재가에서 욕락을 받고서 즐기는 자와 같구나."

여러 비구들은 여러 사람들이 비난하는 것을 들었다. 여러 비구들의 가운데에서 욕심이 적은 자들은 싫어하고 비난하였다.

"무슨 까닭으로써 육군비구들은 웅크리고 걸으면서 시정을 돌아다니는가?"

여러 비구들은 이 일로써 세존께 아뢰었고, 세존께서는 이 인연으로써 비구승가를 모으셨으며, 육군비구들에게 물어 말씀하셨다.

"육군비구들이여. 그대들이 진실로 웅크리고 걸으면서 시정을 돌아다녔는가?"

"진실로 그렇습니다. 세존이시여."

세존께서는 여러 방편으로 꾸짖으셨다.

"어리석은 사람들이여. 그대들은 어찌하여 웅크리고 걸으면서 시정을 돌아다녔는가? 어리석은 사람들이여. 이것은 오히려 믿지 않는 자는 신심이 생겨나지 않게 하고, …… 이미 믿었던 자는 일부가 전전하여 다른 곳으로 향하여 떠나가게 하느니라."

세존께서는 여러 종류의 방편으로써 육군비구들을 꾸짖고서 적절한 법을 수순하여 설하신 뒤에 여러 비구들에게 알려 말씀하셨다.

"…… 나아가 …… 여러 비구들이여. 그대들은 마땅히 이와 같이 학처를 송출할지니라.

'나는 마땅히 웅크리고 걷지 않으면서 시정을 돌아다니겠다.'라고 마땅히 배워야 하느니라."

마땅히 웅크리고 걷지 않으면서 시정을 돌아다녀야 한다. 공경하지 않는 까닭으로 웅크리고 걸으면서 돌아다니는 자는 돌길라를 범한다. 고의가 아닌 자이거나, 생각이 없는 자이거나, 무지한 자이거나, 병자이거나, 사고의 때이거나, 미쳤던 자이거나, 최초로 범한 자는 범하지 않는다.

26) 불산란좌(不散亂坐) 학처

1-1 그때 불·세존께서는 사위성의 기수급고독원에 머무르셨다.

그때 육군비구들이 산란한 모습으로 시정에 앉아있었으므로 여러 사람들이 싫어하고 비난하였다.

"무엇을 위하여 사문 석자는 산란한 모습으로 시정에 앉아있는가? 재가에서 욕락을 받고서 즐기는 자와 같구나."

여러 비구들은 여러 사람들이 비난하는 것을 들었다. 여러 비구들의 가운데에서 욕심이 적은 자들은 싫어하고 비난하였다.

"무슨 까닭으로써 육군비구들은 산란한 모습으로 시정에 앉아있는가?"

여러 비구들은 이 일로써 세존께 아뢰었고, 세존께서는 이 인연으로써 비구승가를 모으셨으며, 육군비구들에게 물어 말씀하셨다.

"육군비구들이여. 그대들이 진실로 산란한 모습으로 시정에 앉아있었는가?"

"진실로 그렇습니다. 세존이시여."

세존께서는 여러 방편으로 꾸짖으셨다.

"어리석은 사람들이여. 그대들은 어찌하여 산란한 모습으로 시정에 앉아있었는가? 어리석은 사람들이여. 이것은 오히려 믿지 않는 자는 신심이 생겨나지 않게 하고, …… 이미 믿었던 자는 일부가 전전하여 다른 곳으로 향하여 떠나가게 하느니라."

세존께서는 여러 종류의 방편으로써 육군비구들을 꾸짖고서 적절한 법을 수순하여 설하신 뒤에 여러 비구들에게 알려 말씀하셨다.

"…… 나아가 …… 여러 비구들이여. 그대들은 마땅히 이와 같이 학처를

송출할지니라.

'나는 마땅히 산란하지 않은 모습으로 시정에 앉아있겠다.'라고 마땅히 배워야 하느니라."

마땅히 산란하지 않은 모습으로 시정에 앉아있어야 한다. 공경하지 않는 까닭으로 산란한 모습으로 시정에 앉아있는 자는 돌길라를 범한다. 고의가 아닌 자이거나, 생각이 없는 자이거나, 무지한 자이거나, 병자이거나, 사고의 때이거나, 미쳤던 자이거나, 최초로 범한 자는 범하지 않는다.

27) 과량수식(過量受食) 학처

1-1 그때 불·세존께서는 사위성의 기수급고독원에 머무르셨다.

그때 육군비구들이 양을 헤아리지 않고서 베풀었던 음식을 많이 받고서, 흔들어서 덜어내려고 하는 것과 같았으므로, 여러 사람들이 싫어하고 비난하였다.

"무엇을 위하여 사문 석자는 양을 헤아리지 않고서 베풀었던 음식을 많이 받아서 흔들어서 덜어내려고 하는 것과 같은가? 재가에서 욕락을 받고서 즐기는 자와 같구나."

여러 비구들은 여러 사람들이 비난하는 것을 들었다. 여러 비구들의 가운데에서 욕심이 적은 자들은 싫어하고 비난하였다.

"무슨 까닭으로써 육군비구들은 양을 헤아리지 않고서 베풀었던 음식을 많이 받아서 흔들어서 덜어내려고 하는 것과 같은가?"

여러 비구들은 이 일로써 세존께 아뢰었고, 세존께서는 이 인연으로써 비구승가를 모으셨으며, 육군비구들에게 물어 말씀하셨다.

"육군비구들이여. 그대들이 진실로 양을 헤아리지 않고서 베풀었던 음식을 많이 받아서 흔들어서 덜어내려고 하는 것과 같았는가?"

"진실로 그렇습니다. 세존이시여."

세존께서는 여러 방편으로 꾸짖으셨다.

"어리석은 사람들이여. 그대들은 어찌하여 양을 헤아리지 않고서 베풀었던 음식을 많이 받아서 흔들어서 덜어내려고 하는 것과 같았는가? 어리석은 사람들이여. 이것은 오히려 믿지 않는 자는 신심이 생겨나지 않게 하고, …… 이미 믿었던 자는 일부가 전전하여 다른 곳으로 향하여 떠나가게 하느니라."

세존께서는 여러 종류의 방편으로써 육군비구들을 꾸짖고서 적절한 법을 수순하여 설하신 뒤에 여러 비구들에게 알려 말씀하셨다.

"…… 나아가 …… 여러 비구들이여. 그대들은 마땅히 이와 같이 학처를 송출할지니라.

'나는 마땅히 양을 헤아려서 베풀었던 음식을 받겠다.'라고 마땅히 배워야 하느니라."

마땅히 양을 헤아려서 베풀었던 음식을 받아야 한다. 공경하지 않는 까닭으로 양을 헤아리지 않고서 베풀었던 음식을 많이 받았고 덜어내고자 하는 자는 돌길라를 범한다. 고의가 아닌 자이거나, 생각이 없는 자이거나, 무지한 자이거나, 병자이거나, 사고의 때이거나, 미쳤던 자이거나, 최초로 범한 자는 범하지 않는다.

28) 정시수식(正視受食) 학처

1-1 그때 불·세존께서는 사위성의 기수급고독원에 머무르셨다.

그때 육군비구들이 좌우를 두리번거리면서 베풀었던 음식을 받았으므로, 장차 흩어져서 떨어지거나, 혹은 너무 많은 것도 역시 알지 못하였다. 여러 사람들이 싫어하고 비난하였다.

"무엇을 위하여 사문 석자는 좌우를 두리번거리면서 베풀었던 음식을 받았으므로, 장차 흩어져서 떨어지거나, 혹은 너무 많은 것도 역시 알지 못하는가? 재가에서 욕락을 받고서 즐기는 자와 같구나."

여러 비구들은 여러 사람들이 비난하는 것을 들었다. 여러 비구들의

가운데에서 욕심이 적은 자들은 싫어하고 비난하였다.

"무슨 까닭으로써 육군비구들은 좌우를 두리번거리면서 베풀었던 음식을 받았으므로 장차 흩어져서 떨어지거나, 혹은 너무 많은 것도 역시 알지 못하는가?"

여러 비구들은 이 일로써 세존께 아뢰었고, 세존께서는 이 인연으로써 비구승가를 모으셨으며, 육군비구들에게 물어 말씀하셨다.

"육군비구들이여. 그대들이 진실로 좌우를 두리번거리면서 베푸는 음식을 받았으므로 장차 흩어져서 떨어지거나, 혹은 너무 많은 것도 역시 알지 못하였는가?"

"진실로 그렇습니다. 세존이시여."

세존께서는 여러 방편으로 꾸짖으셨다.

"어리석은 사람들이여. 그대들은 어찌하여 좌우를 두리번거리면서 음식을 많이 받았고 장차 흩어져서 떨어지거나, 혹은 너무 많은 것도 역시 알지 못하였는가? 어리석은 사람들이여. 이것은 오히려 믿지 않는 자는 신심이 생겨나지 않게 하고, …… 이미 믿었던 자는 일부가 전전하여 다른 곳으로 향하여 떠나가게 하느니라."

세존께서는 여러 종류의 방편으로써 육군비구들을 꾸짖고서 적절한 법을 수순하여 설하신 뒤에 여러 비구들에게 알려 말씀하셨다.

"…… 나아가 …… 여러 비구들이여. 그대들은 마땅히 이와 같이 학처를 송출할지니라.

'나는 마땅히 주의하여 발우에 베푸는 음식을 받겠다.'라고 마땅히 배워야 하느니라."

마땅히 주의하여 발우에 베풀었던 음식을 받아야 한다. 공경하지 않는 까닭으로 주의하지 않고서 좌우를 두리번거리면서 베풀었던 음식을 받는 자는 돌길라를 범한다. 고의가 아닌 자이거나, 생각이 없는 자이거나, 무지한 자이거나, 병자이거나, 사고의 때이거나, 미쳤던 자이거나, 최초로 범한 자는 범하지 않는다.

29) 적량수즙(適量受汁) 학처

1-1 그때 불·세존께서는 사위성의 기수급고독원에 머무르셨다.

그때 육군비구들이 베풀었던 음식을 받는 때에 너무 많은 국물(汁)을 받았으므로 덜어내고자 하였다. 여러 사람들이 싫어하고 비난하였다.

"무엇을 위하여 사문 석자는 베풀었던 음식을 받는 때에 너무 많은 국물을 받고서 덜어내고자 하는가? 재가에서 욕락을 받고서 즐기는 자와 같구나."

여러 비구들은 여러 사람들이 비난하는 것을 들었다. 여러 비구들의 가운데에서 욕심이 적은 자들은 싫어하고 비난하였다.

"무슨 까닭으로써 육군비구들은 베풀었던 음식을 받는 때에 너무 많은 국물을 받고서 덜어내고자 하는가?"

여러 비구들은 이 일로써 세존께 아뢰었고, 세존께서는 이 인연으로써 비구승가를 모으셨으며, 육군비구들에게 물어 말씀하셨다.

"육군비구들이여. 그대들이 진실로 베풀었던 음식을 받는 때에 너무 많은 국물을 받고서 덜어내고자 하였는가?"

"진실로 그렇습니다. 세존이시여."

세존께서는 여러 방편으로 꾸짖으셨다.

"어리석은 사람들이여. 그대들은 어찌하여 베풀었던 음식을 받는 때에 너무 많은 국물을 받고서 덜어내고자 하였는가? 어리석은 사람들이여. 이것은 오히려 믿지 않는 자는 신심이 생겨나지 않게 하고, …… 이미 믿었던 자는 일부가 전전하여 다른 곳으로 향하여 떠나가게 하느니라."

세존께서는 여러 종류의 방편으로써 육군비구들을 꾸짖고서 적절한 법을 수순하여 설하신 뒤에 여러 비구들에게 알려 말씀하셨다.

"…… 나아가 …… 여러 비구들이여. 그대들은 마땅히 이와 같이 학처를 송출할지니라.

'나는 마땅히 적정한 양을 국물을 받겠다.'라고 마땅히 배워야 하느니라."

'국물'은 두 종류가 있나니, 녹두(綠豆)의 국물과 잠두(蠶豆)[2]의 국물이며, 손으로 움켜쥘 수 있는 물건이다. 마땅히 발우와 같은 양으로 받아서 먹어야 한다. 공경하지 않는 까닭으로 국물을 많이 받았던 자는 돌길라를 범한다. 고의가 아닌 자이거나, 생각이 없는 자이거나, 무지한 자이거나, 병자이거나, 여러 국물이 섞였거나, 친족이었거나, 청을 받았거나, 다른 사람을 위하였거나, 스스로의 재산이었거나, 사고의 때이거나, 미쳤던 자이거나, 최초로 범한 자는 범하지 않는다.

30) 수만발식(受滿鉢食) 학처

1-1 그때 불·세존께서는 사위성의 기수급고독원에 머무르셨다.

그때 육군비구들이 음식을 베풀었는데 발우에 넘치게 받았으므로 여러 사람들이 싫어하고 비난하였다.

"무엇을 위하여 사문 석자는 음식을 베풀었는데 발우에 넘치게 받는가? 재가에서 욕락을 받고서 즐기는 자와 같구나."

여러 비구들은 여러 사람들이 비난하는 것을 들었다. 여러 비구들의 가운데에서 욕심이 적은 자들은 싫어하고 비난하였다.

"무슨 까닭으로써 육군비구들은 음식을 베풀었는데 발우에 넘치게 받는가?"

여러 비구들은 이 일로써 세존께 아뢰었고, 세존께서는 이 인연으로써 비구승가를 모으셨으며, 육군비구들에게 물어 말씀하셨다.

"육군비구들이여. 그대들이 진실로 음식을 베풀었는데 발우에 넘치게 받았는가?"

"진실로 그렇습니다. 세존이시여."

세존께서는 여러 방편으로 꾸짖으셨다.

"어리석은 사람들이여. 그대들은 어찌하여 음식을 베풀었는데 발우에

---

2) 누에콩을 가리키고, 카스피해 연안 지대와 북부 아라비아가 원산지로 세계 각지에 분포한다.

넘치게 받았는가? 어리석은 사람들이여. 이것은 오히려 믿지 않는 자는 신심이 생겨나지 않게 하고, …… 이미 믿었던 자는 일부가 전전하여 다른 곳으로 향하여 떠나가게 하느니라."

세존께서는 여러 종류의 방편으로써 육군비구들을 꾸짖고서 적절한 법을 수순하여 설하신 뒤에 여러 비구들에게 알려 말씀하셨다.

"…… 나아가 …… 여러 비구들이여. 그대들은 마땅히 이와 같이 학처를 송출할지니라.

'나는 마땅히 베풀었던 음식을 발우에 가득하게 받겠다.'라고 마땅히 배워야 하느니라."

마땅히 베풀었던 음식을 발우에 가득하게 받아야 한다. 공경하지 않는 까닭으로 베풀었던 음식을 발우에 넘치게 받았던 자는 돌길라를 범한다. 고의가 아닌 자이거나, 생각이 없는 자이거나, 무지한 자이거나, 병자이거나, 사고의 때이거나, 미쳤던 자이거나, 최초로 범한 자는 범하지 않는다.

[셋째의 차요품(叉腰品)을 마친다.]

31) 주의수식(注意受食) 학처

1-1 그때 불·세존께서는 사위성의 기수급고독원에 머무르셨다.

그때 육군비구들이 음식을 먹으려고 하지 않는 것과 같이 주의하지 않고서 베풀어 주었던 음식을 먹었으므로, 여러 사람들이 싫어하고 비난하였다.

"무엇을 위하여 사문 석자는 음식을 먹으려고 하지 않는 것과 같이 주의하지 않고서 베풀었던 음식을 먹는가? 재가에서 욕락을 받고서 즐기는 자와 같구나."

여러 비구들은 여러 사람들이 비난하는 것을 들었다. 여러 비구들의 가운데에서 욕심이 적은 자들은 싫어하고 비난하였다.

"무슨 까닭으로써 육군비구들은 음식을 먹으려고 하지 않는 것과 같이 주의하지 않고서 베풀어 주었던 음식을 먹는가?"

여러 비구들은 이 일로써 세존께 아뢰었고, 세존께서는 이 인연으로써 비구승가를 모으셨으며, 육군비구들에게 물어 말씀하셨다.

"육군비구들이여. 그대들이 진실로 음식을 먹으려고 하지 않는 것과 같이 주의하지 않고서 베풀어 주었던 음식을 먹었는가?"

"진실로 그렇습니다. 세존이시여."

세존께서는 여러 방편으로 꾸짖으셨다.

"어리석은 사람들이여. 그대들은 어찌하여 음식을 먹으려고 하지 않는 것과 같이 주의하지 않고서 베풀어 주었던 음식을 먹었는가? 어리석은 사람들이여. 이것은 오히려 믿지 않는 자는 신심이 생겨나지 않게 하고, …… 이미 믿었던 자는 일부가 전전하여 다른 곳으로 향하여 떠나가게 하느니라."

세존께서는 여러 종류의 방편으로써 육군비구들을 꾸짖고서 적절한 법을 수순하여 설하신 뒤에 여러 비구들에게 알려 말씀하셨다.

"…… 나아가 …… 여러 비구들이여. 그대들은 마땅히 이와 같이 학처를 송출할지니라.

'나는 마땅히 베풀어 주었던 음식을 주의하여 먹겠다.'라고 마땅히 배워야 하느니라."

마땅히 베풀어 주었던 음식을 주의하여 먹어야 한다. 공경하지 않는 까닭으로 베풀었던 음식을 주의하지 않고서 먹는 자는 돌길라를 범한다. 고의가 아닌 자이거나, 생각이 없는 자이거나, 무지한 자이거나, 병자이거나, 사고의 때이거나, 미쳤던 자이거나, 최초로 범한 자는 범하지 않는다.

32) 정시사식(正視食食) 학처

1-1 그때 불·세존께서는 사위성의 기수급고독원에 머무르셨다.

그때 육군비구들이 좌우를 두리번거리면서 베풀었던 음식을 먹었으므로 흩어져서 떨어지는 것을 알지 못하였고, 혹은 넘치는 것도 역시 알지 못하였다. 여러 사람들이 싫어하고 비난하였다.

"무엇을 위하여 사문 석자는 좌우를 두리번거리면서 베풀었던 음식을 먹었으므로 흩어져서 떨어지는 것을 알지 못하였고, 혹은 넘치는 것도 역시 알지 못하는가? 재가에서 욕락을 받고서 즐기는 자와 같구나."

여러 비구들은 여러 사람들이 비난하는 것을 들었다. 여러 비구들의 가운데에서 욕심이 적은 자들은 싫어하고 비난하였다.

"무슨 까닭으로써 육군비구들은 좌우를 두리번거리면서 베풀었던 음식을 먹었으므로 흩어져서 떨어지는 것을 알지 못하였고, 혹은 넘치는 것도 역시 알지 못하는가?"

여러 비구들은 이 일로써 세존께 아뢰었고, 세존께서는 이 인연으로써 비구승가를 모으셨으며, 육군비구들에게 물어 말씀하셨다.

"육군비구들이여. 그대들이 진실로 좌우를 두리번거리면서 베풀었던 음식을 먹었으므로 흩어져서 떨어지는 것을 알지 못하였고, 혹은 넘치는 것도 역시 알지 못하였는가?"

"진실로 그렇습니다. 세존이시여."

세존께서는 여러 방편으로 꾸짖으셨다.

"어리석은 사람들이여. 그대들은 어찌하여 좌우를 두리번거리면서 베풀었던 음식을 먹었으므로 흩어져서 떨어지는 것을 알지 못하였고, 혹은 넘치는 것도 역시 알지 못하였는가? 어리석은 사람들이여. 이것은 오히려 믿지 않는 자는 신심이 생겨나지 않게 하고, …… 이미 믿었던 자는 일부가 전전하여 다른 곳으로 향하여 떠나가게 하느니라."

세존께서는 여러 종류의 방편으로써 육군비구들을 꾸짖고서 적절한 법을 수순하여 설하신 뒤에 여러 비구들에게 알려 말씀하셨다.

"…… 나아가 …… 여러 비구들이여. 그대들은 마땅히 이와 같이 학처를 송출할지니라.

'나는 마땅히 베풀어 주었던 음식을 발우에서 주의하여 먹겠다.'라고 마땅히 배워야 하느니라."

마땅히 베풀어 주었던 음식을 발우에서 주의하여 먹어야 한다. 공경하지 않는 까닭으로 주의하지 않고서 좌우를 두리번거리면서 베풀었던 음식을 먹는 자는 돌길라를 범한다. 고의가 아닌 자이거나, 생각이 없는 자이거나, 무지한 자이거나, 병자이거나, 사고의 때이거나, 미쳤던 자이거나, 최초로 범한 자는 범하지 않는다.

33) 순차식(順次食) 학처

1-1 그때 불·세존께서는 사위성의 기수급고독원에 머무르셨다.

그때 육군비구들이 베풀었던 음식을 여러 곳에서 주물럭거리고 골라서 먹었으므로, 여러 사람들이 싫어하고 비난하였다.

"무엇을 위하여 사문 석자는 베풀었던 음식을 여러 곳에서 주물럭거리고 골라서 먹는가? 재가에서 욕락을 받고서 즐기는 자와 같구나."

여러 비구들은 여러 사람들이 비난하는 것을 들었다. 여러 비구들의 가운데에서 욕심이 적은 자들은 싫어하고 비난하였다.

"무슨 까닭으로써 육군비구들은 베풀었던 음식을 여러 곳에서 주물럭거리고 골라서 먹는가?"

여러 비구들은 이 일로써 세존께 아뢰었고, 세존께서는 이 인연으로써 비구승가를 모으셨으며, 육군비구들에게 물어 말씀하셨다.

"육군비구들이여. 그대들이 진실로 베풀었던 음식을 여러 곳에서 주물럭거리고 골라서 먹었는가?"

"진실로 그렇습니다. 세존이시여."

세존께서는 여러 방편으로 꾸짖으셨다.

"어리석은 사람들이여. 그대들은 어찌하여 베풀었던 음식을 주물럭거리고 골라서 먹었는가? 어리석은 사람들이여. 이것은 오히려 믿지 않는 자는 신심이 생겨나지 않게 하고, …… 이미 믿었던 자는 일부가 전전하여

다른 곳으로 향하여 떠나가게 하느니라."

세존께서는 여러 종류의 방편으로써 육군비구들을 꾸짖고서 적절한 법을 수순하여 설하신 뒤에 여러 비구들에게 알려 말씀하셨다.

"여러 비구들이여. 나는 열 가지의 이익을 까닭으로써 여러 비구들을 위하여 학처를 제정하겠나니, 그대들은 마땅히 이와 같이 학처를 송출할 지니라.

'나는 마땅히 차례로 베풀어 주었던 음식을 먹겠다.'라고 마땅히 배워야 하느니라."

마땅히 베풀어 주었던 음식을 차례로 먹어야 한다. 공경하지 않는 까닭으로 베풀었던 음식을 여러 곳에서 주물럭거리고 골라서 먹는 자는 돌길라를 범한다. 고의가 아닌 자이거나, 생각이 없는 자이거나, 무지한 자이거나, 병자이거나, 다른 사람에게 주면서 만졌거나, 다른 사람의 발우에 채워주는 때에 만졌거나, 부가(附加)[3]된 음식이었거나, 사고의 때이거나, 미쳤던 자이거나, 최초로 범한 자는 범하지 않는다.

34) 동량즙사식(同量汁食食) 학처

1-1 그때 불·세존께서는 사위성의 기수급고독원에 머무르셨다.

그때 육군비구들이 베풀었던 음식을 먹는 때에 너무 많은 국물(汁)을 먹었으므로, 여러 사람들이 싫어하고 비난하였다.

"무엇을 위하여 사문 석자는 베풀었던 음식을 먹는 때에 너무 많은 국물을 먹는가? 재가에서 욕락을 받고서 즐기는 자와 같구나."

여러 비구들은 여러 사람들이 비난하는 것을 들었다. 여러 비구들의

---

3) 팔리어 Uttaribhaṅga(우따리반가)의 의역이고, uttari와 bhaṅga라는 단어로 구성
된 팔리어 합성어이다. uttari는 넘긴, 더욱이, 추가의 뜻이고, bhaṅga는 '부서지
다', '쪼개다', '단편', '분리'의 뜻이므로 '음식의 후식이다.'라는 뜻으로 이해할
수 있다.

가운데에서 욕심이 적은 자들은 싫어하고 비난하였다.

"무슨 까닭으로써 육군비구들은 베풀었던 음식을 먹는 때에 너무 많은 국물을 먹는가?"

여러 비구들은 이 일로써 세존께 아뢰었고, 세존께서는 이 인연으로써 비구승가를 모으셨으며, 육군비구들에게 물어 말씀하셨다.

"육군비구들이여. 그대들이 진실로 베풀었던 음식을 먹는 때에 너무 많은 국물을 먹었는가?"

"진실로 그렇습니다. 세존이시여."

세존께서는 여러 방편으로 꾸짖으셨다.

"어리석은 사람들이여. 그대들은 어찌하여 베풀었던 음식을 먹는 때에 너무 많은 국물을 먹었는가? 어리석은 사람들이여. 이것은 오히려 믿지 않는 자는 신심이 생겨나지 않게 하고, …… 이미 믿었던 자는 일부가 전전하여 다른 곳으로 향하여 떠나가게 하느니라."

세존께서는 여러 종류의 방편으로써 육군비구들을 꾸짖고서 적절한 법을 수순하여 설하신 뒤에 여러 비구들에게 알려 말씀하셨다.

"…… 나아가 …… 여러 비구들이여. 그대들은 마땅히 이와 같이 학처를 송출할지니라.

'나는 마땅히 적정한 양의 국물을 받겠다.'라고 마땅히 배워야 하느니라."

'국물'은 두 종류가 있나니, 녹두의 국물과 잠두의 국물이며, 손으로 움켜쥘 수 있는 물건이다. 마땅히 발우와 같은 양으로 받아서 먹어야 한다.

공경하지 않는 까닭으로 국물을 많이 받았던 자는 돌길라를 범한다. 고의가 아닌 자이거나, 생각이 없는 자이거나, 무지한 자이거나, 병자이거나, 여러 국물이 섞였거나, 친족이었거나, 청을 받았거나, 다른 사람을 위하였거나, 스스로의 재산이었거나, 사고의 때이거나, 미쳤던 자이거나, 최초로 범한 자는 범하지 않는다.

35) 부중앙유날식(不中央揉捏食) 학처

1-1 그때 불·세존께서는 사위성의 기수급고독원에 머무르셨다.

그때 육군비구들이 베풀었던 음식을 가운데를 따라서 주물럭거리면서 먹었으므로, 여러 사람들이 싫어하고 비난하였다.

"무엇을 위하여 사문 석자는 베풀었던 음식을 가운데를 따라서 주물럭거리면서 먹는가? 재가에서 욕락을 받고서 즐기는 자와 같구나."

여러 비구들은 여러 사람들이 비난하는 것을 들었다. 여러 비구들의 가운데에서 욕심이 적은 자들은 싫어하고 비난하였다.

"무슨 까닭으로써 육군비구들은 베풀었던 음식을 가운데를 따라서 주물럭거리면서 먹는가?"

여러 비구들은 이 일로써 세존께 아뢰었고, 세존께서는 이 인연으로써 비구승가를 모으셨으며, 육군비구들에게 물어 말씀하셨다.

"육군비구들이여. 그대들이 진실로 베풀었던 음식을 가운데를 따라서 주물럭거리면서 먹었는가?"

"진실로 그렇습니다. 세존이시여."

세존께서는 여러 방편으로 꾸짖으셨다.

"어리석은 사람들이여. 그대들은 어찌하여 베풀었던 음식을 가운데를 따라서 주물럭거리면서 먹었는가? 어리석은 사람들이여. 이것은 오히려 믿지 않는 자는 신심이 생겨나지 않게 하고, …… 이미 믿었던 자는 일부가 전전하여 다른 곳으로 향하여 떠나가게 하느니라."

세존께서는 여러 종류의 방편으로써 육군비구들을 꾸짖고서 적절한 법을 수순하여 설하신 뒤에 여러 비구들에게 알려 말씀하셨다.

"…… 나아가 …… 여러 비구들이여. 그대들은 마땅히 이와 같이 학처를 송출할지니라.

'나는 마땅히 베풀었던 음식을 가운데를 따라서 주물럭거리지 않고서 먹겠다.'라고 마땅히 배워야 하느니라."

마땅히 베풀었던 음식을 가운데를 따라서 주물럭거리면서 먹을 수 없다. 공경하지 않는 까닭으로 베풀었던 음식을 가운데를 따라서 주물럭거리면서 먹는 자는 돌길라를 범한다. 고의가 아닌 자이거나, 생각이 없는 자이거나, 무지한 자이거나, 병자이거나, 최소한의 잔식을 가지고 가운데를 따라서 주물럭거리고 먹었거나, 사고의 때이거나, 미쳤던 자이거나, 최초로 범한 자는 범하지 않는다.

36) 불부반사식(不覆飯食食) 학처

1-1 그때 불·세존께서는 사위성의 기수급고독원에 머무르셨다.

그때 육군비구들이 다시 많은 국물을 얻거나, 혹은 양념을 첨가하여 밥을 덮고서 먹었으므로 여러 사람들이 싫어하고 비난하였다.

"무엇을 위하여 사문 석자는 많은 국물을 얻거나, 혹은 양념을 첨가하여 밥을 덮고서 먹는가? 재가에서 욕락을 받고서 즐기는 자와 같구나."

여러 비구들은 여러 사람들이 비난하는 것을 들었다. 여러 비구들의 가운데에서 욕심이 적은 자들은 싫어하고 비난하였다.

"무슨 까닭으로써 육군비구들은 많은 국물을 얻거나, 혹은 양념을 첨가하여 밥을 덮고서 먹는가?"

여러 비구들은 이 일로써 세존께 아뢰었고, 세존께서는 이 인연으로써 비구승가를 모으셨으며, 육군비구들에게 물어 말씀하셨다.

"육군비구들이여. 그대들이 진실로 많은 국물을 얻거나, 혹은 양념을 첨가하여 밥을 덮고서 먹었는가?"

"진실로 그렇습니다. 세존이시여."

세존께서는 여러 방편으로 꾸짖으셨다.

"어리석은 사람들이여. 그대들은 어찌하여 많은 국물을 얻거나, 혹은 양념을 첨가하여 밥을 덮고서 먹었는가? 어리석은 사람들이여. 이것은 오히려 믿지 않는 자는 신심이 생겨나지 않게 하고, …… 이미 믿었던 자는 일부가 전전하여 다른 곳으로 향하여 떠나가게 하느니라."

세존께서는 여러 종류의 방편으로써 육군비구들을 꾸짖고서 적절한 법을 수순하여 설하신 뒤에 여러 비구들에게 알려 말씀하셨다.

"…… 나아가 …… 여러 비구들이여. 그대들은 마땅히 이와 같이 학처를 송출할지니라.

'나는 마땅히 다시 많은 국물을 얻거나, 혹은 양념을 첨가하여 밥을 먹지 않겠다.'라고 마땅히 배워야 하느니라."

마땅히 다시 많은 국물을 얻거나, 혹은 양념을 첨가하여 밥을 먹을 수 없다. 공경하지 않는 까닭으로 다시 많은 국물을 얻거나, 혹은 양념을 첨가하여 밥을 먹는 자는 돌길라를 범한다. 고의가 아닌 자이거나, 생각이 없는 자이거나, 무지한 자이거나, 단월이 덮어서 주었던 이유이거나, 다시 많이 얻으려는 까닭이 아니었거나, 사고의 때이거나, 미쳤던 자이거나, 최초로 범한 자는 범하지 않는다.

37) 불위자걸즙(不爲自乞汁) 학처

1-1 그때 불·세존께서는 사위성의 기수급고독원에 머무르셨다.

그때 육군비구들이 스스로를 위하여 국물과 밥을 구걸하여 먹었으므로 여러 사람들이 싫어하고 비난하였다.

"무엇을 위하여 사문 석자는 스스로를 위하여 국물과 밥을 구걸하여 먹는가? 누가 잘 조리된 음식을 좋아하지 않겠는가? 누가 맛있는 음식을 즐거워하지 않겠는가?"

여러 비구들은 여러 사람들이 비난하는 것을 들었다. 여러 비구들의 가운데에서 욕심이 적은 자들은 싫어하고 비난하였다.

"무슨 까닭으로써 스스로를 위하여 국물과 밥을 구걸하여 먹는가?"

여러 비구들은 이 일로써 세존께 아뢰었고, 세존께서는 이 인연으로써 비구승가를 모으셨으며, 육군비구들에게 물어 말씀하셨다.

"육군비구들이여. 그대들이 진실로 스스로를 위하여 국물과 밥을 구걸하여 먹었는가?”

“진실로 그렇습니다. 세존이시여.”

세존께서는 여러 방편으로 꾸짖으셨다.

“어리석은 사람들이여. 그대들은 어찌하여 스스로를 위하여 국물과 밥을 구걸하여 먹었는가? 어리석은 사람들이여. 이것은 오히려 믿지 않는 자는 신심이 생겨나지 않게 하고, …… 이미 믿었던 자는 일부가 전전하여 다른 곳으로 향하여 떠나가게 하느니라.”

세존께서는 여러 종류의 방편으로써 육군비구들을 꾸짖고서 적절한 법을 수순하여 설하신 뒤에 여러 비구들에게 알려 말씀하셨다.

“…… 나아가 …… 여러 비구들이여. 그대들은 마땅히 이와 같이 학처를 송출할지니라.

‘나는 마땅히 스스로를 위하여 국물과 밥을 구걸하여 먹지 않겠다.’라고 마땅히 배워야 하느니라.”

이와 같이 세존께서는 여러 비구들을 위하여 학처를 제정하여 세우셨다.

2-1 그때 여러 비구들이 병들었는데, 간병하는 비구가 병든 비구에게 이와 같이 말하였다.

“장로여. 견딜 수 있습니까? 병은 나아졌습니까?”

“장로여. 이전에 우리들은 스스로를 위하여 국물과 밥을 구걸하여 먹었던 까닭으로 우리들은 안락하였으나, 지금은 세존께서 금지하신 인연으로 두렵고 삼가하면서 감히 구걸할 수 없는 까닭으로 우리들은 안락하지 않습니다.”

이 일로써 세존께 아뢰었고, 세존께서는 말씀하셨다.

“여러 비구들이여. 병든 비구는 스스로를 위하여 국물과 밥을 구걸하여 먹는 것을 허락하겠노라. 여러 비구들이여. 나는 열 가지의 이익을 까닭으로써 여러 비구들을 위하여 학처를 제정하겠나니, 그대들은 마땅히 이와 같이 학처를 송출할지니라.

‘나는 병이 없다면, 마땅히 스스로를 위하여 국물과 밥을 구걸하여 먹지 않겠다.'라고 마땅히 배워야 하느니라."

병이 없다면 스스로를 위하여 국물과 밥을 구걸하여 먹을 수 없다. 공경하지 않는 까닭으로 스스로를 위하여 국물과 밥을 구걸하여 먹는 자는 돌길라를 범한다. 고의가 아닌 자이거나, 생각이 없는 자이거나, 무지한 자이거나, 병자이거나, 친족이었거나, 청을 받았거나, 다른 사람을 위하였거나, 스스로의 재산이었거나, 사고의 때이거나, 미쳤던 자이거나, 최초로 범한 자는 범하지 않는다.

38) 불만주시(不滿注視) 학처

1-1 그때 불·세존께서는 사위성의 기수급고독원에 머무르셨다.

그때 육군비구들은 마음에 불만이 있다면 다른 사람의 발우를 바라보았으므로, 여러 사람들이 싫어하고 비난하였다.

"무엇을 위하여 사문 석자는 마음에 불만이 있다면 다른 사람의 발우를 바라보는가? 재가에서 욕락을 받고서 즐기는 자와 같구나."

여러 비구들은 여러 사람들이 비난하는 것을 들었다. 여러 비구들의 가운데에서 욕심이 적은 자들은 싫어하고 비난하였다.

"무슨 까닭으로써 육군비구들은 마음에 불만이 있다면 다른 사람의 발우를 바라보는가?"

여러 비구들은 이 일로써 세존께 아뢰었고, 세존께서는 이 인연으로써 비구승가를 모으셨으며, 육군비구들에게 물어 말씀하셨다.

"육군비구들이여. 그대들이 진실로 마음에 불만이 있다면 다른 사람의 발우를 바라보았는가?"

"진실로 그렇습니다. 세존이시여."

세존께서는 여러 방편으로 꾸짖으셨다.

"어리석은 사람들이여. 그대들은 어찌하여 마음에 불만이 있다면 다른 사람의 발우를 바라보았는가? 어리석은 사람들이여. 이것은 오히려 믿지 않는 자는 신심이 생겨나지 않게 하고, …… 이미 믿었던 자는 일부가 전전하여 다른 곳으로 향하여 떠나가게 하느니라."

세존께서는 여러 종류의 방편으로써 육군비구들을 꾸짖고서 적절한 법을 수순하여 설하신 뒤에 여러 비구들에게 알려 말씀하셨다.

"…… 나아가 …… 여러 비구들이여. 그대들은 마땅히 이와 같이 학처를 송출할지니라.

'나는 마땅히 마음에 불만이 있더라도 다른 사람의 발우를 바라보지 않겠다.'라고 마땅히 배워야 하느니라."

마땅히 마음에 불만이 있더라도 다른 사람의 발우를 바라볼 수 없다. 공경하지 않는 까닭으로 마땅히 마음에 불만이 있더라도 다른 사람의 발우를 바라보는 자는 돌길라를 범한다. 고의가 아닌 자이거나, 생각이 없는 자이거나, 무지한 자이거나, '내가 주고자 한다. 혹은 내가 주게 시키고자 한다.'라고 바라보았거나, 불만이 없다고 생각하였거나, 사고의 때이거나, 미쳤던 자이거나, 최초로 범한 자는 범하지 않는다.

39) 부작반구(不作飯球) 학처

1-1 그때 불·세존께서는 사위성의 기수급고독원에 머무르셨다.

그때 육군비구들은 크게 음식덩어리를 지어서 먹었으므로, 여러 사람들이 싫어하고 비난하였다.

"무엇을 위하여 사문 석자는 크게 음식덩어리를 지어서 먹는가? 재가에서 욕락을 받고서 즐기는 자와 같구나."

여러 비구들은 여러 사람들이 비난하는 것을 들었다. 여러 비구들의 가운데에서 욕심이 적은 자들은 싫어하고 비난하였다.

"무슨 까닭으로써 육군비구들은 크게 음식덩어리를 지어서 먹는가?"

여러 비구들은 이 일로써 세존께 아뢰었고, 세존께서는 이 인연으로써 비구승가를 모으셨으며, 육군비구들에게 물어 말씀하셨다.

"육군비구들이여. 그대들이 진실로 크게 음식덩어리를 지어서 먹었는가?"

"진실로 그렇습니다. 세존이시여."

세존께서는 여러 방편으로 꾸짖으셨다.

"어리석은 사람들이여. 그대들은 어찌하여 크게 음식덩어리를 지어서 먹었는가? 어리석은 사람들이여. 이것은 오히려 믿지 않는 자는 신심이 생겨나지 않게 하고, …… 이미 믿었던 자는 일부가 전전하여 다른 곳으로 향하여 떠나가게 하느니라."

세존께서는 여러 종류의 방편으로써 육군비구들을 꾸짖고서 적절한 법을 수순하여 설하신 뒤에 여러 비구들에게 알려 말씀하셨다.

"…… 나아가 …… 여러 비구들이여. 그대들은 마땅히 이와 같이 학처를 송출할지니라.

'나는 마땅히 크게 음식덩어리를 짓지 않겠다.'라고 마땅히 배워야 하느니라."

마땅히 크게 음식덩어리를 지을 수 없다. 공경하지 않는 까닭으로 마땅히 크게 음식덩어리를 지어서 먹는 자는 돌길라를 범한다. 고의가 아닌 자이거나, 생각이 없는 자이거나, 무지한 자이거나, 단단한 음식이었거나, 여러 과일이었거나, 부가된 음식이었거나, 사고의 때이거나, 미쳤던 자이거나, 최초로 범한 자는 범하지 않는다.

40) 부작장반구(不作長飯球) 학처

1-1 그때 불·세존께서는 사위성의 기수급고독원에 머무르셨다.

그때 육군비구들은 길게 음식덩어리를 지어서 먹었으므로, 여러 사람들이 싫어하고 비난하였다.

"무엇을 위하여 사문 석자는 길게 음식덩어리를 지어서 먹는가? 재가에서 욕락을 받고서 즐기는 자와 같구나."

여러 비구들은 여러 사람들이 비난하는 것을 들었다. 여러 비구들의

가운데에서 욕심이 적은 자들은 싫어하고 비난하였다.

"무슨 까닭으로써 육군비구들은 길게 음식덩어리를 지어서 먹는가?"

여러 비구들은 이 일로써 세존께 아뢰었고, 세존께서는 이 인연으로써 비구승가를 모으셨으며, 육군비구들에게 물어 말씀하셨다.

"육군비구들이여. 그대들이 진실로 크게 음식덩어리를 지어서 먹었는가?"

"진실로 그렇습니다. 세존이시여."

세존께서는 여러 방편으로 꾸짖으셨다.

"어리석은 사람들이여. 그대들은 어찌하여 길게 음식덩어리를 지어서 먹었는가? 어리석은 사람들이여. 이것은 오히려 믿지 않는 자는 신심이 생겨나지 않게 하고, …… 이미 믿었던 자는 일부가 전전하여 다른 곳으로 향하여 떠나가게 하느니라."

세존께서는 여러 종류의 방편으로써 육군비구들을 꾸짖고서 적절한 법을 수순하여 설하신 뒤에 여러 비구들에게 알려 말씀하셨다.

"…… 나아가 …… 여러 비구들이여. 그대들은 마땅히 이와 같이 학처를 송출할지니라.

'나는 마땅히 둥글게 음식덩어리를 지어서 먹겠다.'라고 마땅히 배워야 하느니라."

마땅히 둥글게 음식덩어리를 지어서 먹어야 한다. 공경하지 않는 까닭으로 마땅히 길게 음식덩어리를 지어서 먹는 자는 돌길라를 범한다. 고의가 아닌 자이거나, 생각이 없는 자이거나, 무지한 자이거나, 단단한 음식이었거나, 여러 과일이었거나, 부가된 음식이었거나, 사고의 때이거나, 미쳤던 자이거나, 최초로 범한 자는 범하지 않는다.

[넷째의 주의품(注意品)을 마친다.]

41) 반구미근구(飯球未近口) 학처

1-1 그때 불·세존께서는 사위성의 기수급고독원에 머무르셨다.

그때 육군비구들은 음식덩어리가 가까이 오지 않았는데 크게 입을 벌렸으므로, 여러 사람들이 싫어하고 비난하였다.

"무엇을 위하여 사문 석자는 음식덩어리가 가까이 오지 않았는데 크게 입을 벌리는가? 재가에서 욕락을 받고서 즐기는 자와 같구나."

여러 비구들은 여러 사람들이 비난하는 것을 들었다. 여러 비구들의 가운데에서 욕심이 적은 자들은 싫어하고 비난하였다.

"무슨 까닭으로써 육군비구들은 음식덩어리가 가까이 오지 않았는데 크게 입을 벌리는가?"

여러 비구들은 이 일로써 세존께 아뢰었고, 세존께서는 이 인연으로써 비구승가를 모으셨으며, 육군비구들에게 물어 말씀하셨다.

"육군비구들이여. 그대들이 진실로 음식덩어리가 가까이 오지 않았는데 크게 입을 벌렸는가?"

"진실로 그렇습니다. 세존이시여."

세존께서는 여러 방편으로 꾸짖으셨다.

"어리석은 사람들이여. 그대들은 어찌하여 음식덩어리가 가까이 오지 않았는데 크게 입을 벌렸는가? 어리석은 사람들이여. 이것은 오히려 믿지 않는 자는 신심이 생겨나지 않게 하고, …… 이미 믿었던 자는 일부가 전전하여 다른 곳으로 향하여 떠나가게 하느니라."

세존께서는 여러 종류의 방편으로써 육군비구들을 꾸짖고서 적절한 법을 수순하여 설하신 뒤에 여러 비구들에게 알려 말씀하셨다.

"…… 나아가 …… 여러 비구들이여. 그대들은 마땅히 이와 같이 학처를 송출할지니라.

'나는 마땅히 음식덩어리가 가까지 오지 않았다면 크게 입을 벌리지 않겠다.'라고 마땅히 배워야 하느니라."

마땅히 음식덩어리가 가까이 오지 않았다면 크게 입을 벌릴 수 없다.

공경하지 않는 까닭으로 음식덩어리가 가까지 오지 않았으나 크게 입을 벌리는 자는 돌길라를 범한다. 고의가 아닌 자이거나, 생각이 없는 자이거나, 무지한 자이거나, 병자이었거나, 사고의 때이거나, 미쳤던 자이거나, 최초로 범한 자는 범하지 않는다.

42) 수전부색입구(手全部塞入口) 학처

1-1 그때 불·세존께서는 사위성의 기수급고독원에 머무르셨다.

그때 육군비구들은 음식을 먹는 때에 손을 가지고 입안에 모두 집어넣었으므로, 여러 사람들이 싫어하고 비난하였다.

"무엇을 위하여 사문 석자는 음식을 먹는 때에 손을 가지고 입안에 모두 집어넣는가? 재가에서 욕락을 받고서 즐기는 자와 같구나."

여러 비구들은 여러 사람들이 비난하는 것을 들었다. 여러 비구들의 가운데에서 욕심이 적은 자들은 싫어하고 비난하였다.

"무슨 까닭으로서 육군비구들은 음식을 먹는 때에 손을 가지고 입안에 모두 집어넣는가?"

여러 비구들은 이 일로써 세존께 아뢰었고, 세존께서는 이 인연으로써 비구승가를 모으셨으며, 육군비구들에게 물어 말씀하셨다.

"육군비구들이여. 그대들이 진실로 음식을 먹는 때에 손을 가지고 입안에 모두 집어넣었는가?"

"진실로 그렇습니다. 세존이시여."

세존께서는 여러 방편으로 꾸짖으셨다.

"어리석은 사람들이여. 그대들은 어찌하여 음식을 먹는 때에 손을 가지고 입안에 모두 집어넣었는가? 어리석은 사람들이여. 이것은 오히려 믿지 않는 자는 신심이 생겨나지 않게 하고, …… 이미 믿었던 자는 일부가 전전하여 다른 곳으로 향하여 떠나가게 하느니라."

세존께서는 여러 종류의 방편으로써 육군비구들을 꾸짖으시고 적절한 법을 수순하여 설하신 뒤에 여러 비구들에게 알려 말씀하셨다.

"…… 나아가 …… 여러 비구들이여. 그대들은 마땅히 이와 같이 학처를 송출할지니라.

'나는 마땅히 음식을 먹는 때에 손을 가지고 입안에 모두 집어넣지 않겠다.'라고 마땅히 배워야 하느니라."

마땅히 음식을 먹는 때에 손을 가지고 입안에 모두 집어넣을 수 없다. 공경하지 않는 까닭으로 음식을 먹는 때에 손을 가지고 입안에 모두 집어넣는 자는 돌길라를 범한다. 고의가 아닌 자이거나, 생각이 없는 자이거나, 무지한 자이거나, 병자이었거나, 사고의 때이거나, 미쳤던 자이거나, 최초로 범한 자는 범하지 않는다.

43) 불구함반언(不口含飯言) 학처

1-1 그때 불·세존께서는 사위성의 기수급고독원에 머무르셨다.

그때 육군비구들은 입안에 음식덩어리를 머금고서 이야기를 하였으므로, 여러 사람들이 싫어하고 비난하였다.

"무엇을 위하여 사문 석자는 입안에 음식덩어리를 머금고서 이야기를 하는가? 재가에서 욕락을 받고서 즐기는 자와 같구나."

여러 비구들은 여러 사람들이 비난하는 것을 들었다. 여러 비구들의 가운데에서 욕심이 적은 자들은 싫어하고 비난하였다.

"무슨 까닭으로써 육군비구들은 입안에 음식덩어리를 머금고서 이야기를 하는가?"

여러 비구들은 이 일로써 세존께 아뢰었고, 세존께서는 이 인연으로써 비구승가를 모으셨으며, 육군비구들에게 물어 말씀하셨다.

"육군비구들이여. 그대들이 진실로 입안에 음식덩어리를 머금고서 이야기를 하였는가?"

"진실로 그렇습니다. 세존이시여."

세존께서는 여러 방편으로 꾸짖으셨다.

"어리석은 사람들이여. 그대들은 어찌하여 입안에 음식덩어리를 머금고서 이야기를 하였는가? 어리석은 사람들이여. 이것은 오히려 믿지 않는 자는 신심이 생겨나지 않게 하고, …… 이미 믿었던 자는 일부가 전전하여 다른 곳으로 향하여 떠나가게 하느니라."

세존께서는 여러 종류의 방편으로써 육군비구들을 꾸짖고서 적절한 법을 수순하여 설하신 뒤에 여러 비구들에게 알려 말씀하셨다.

"…… 나아가 …… 여러 비구들이여. 그대들은 마땅히 이와 같이 학처를 송출할지니라.

'나는 마땅히 입안에 음식덩어리를 머금고서 이야기를 하지 않겠다.'라고 마땅히 배워야 하느니라."

입안에 음식덩어리를 머금고서 이야기를 할 수 없다. 공경하지 않는 까닭으로 입안에 음식덩어리를 머금고서 이야기를 하는 자는 돌길라를 범한다. 고의가 아닌 자이거나, 생각이 없는 자이거나, 무지한 자이거나, 병자이었거나, 사고의 때이거나, 미쳤던 자이거나, 최초로 범한 자는 범하지 않는다.

44) 불음식투구(不飮食投口) 학처

1-1 그때 불·세존께서는 사위성의 기수급고독원에 머무르셨다.

그때 육군비구들은 음식을 가지고 입안에 던져 넣고서 먹었으므로, 여러 사람들이 싫어하고 비난하였다.

"무엇을 위하여 사문 석자는 음식을 가지고 입안에 던져 넣고서 먹는가? 재가에서 욕락을 받고서 즐기는 자와 같구나."

여러 비구들은 여러 사람들이 비난하는 것을 들었다. 여러 비구들의 가운데에서 욕심이 적은 자들은 싫어하고 비난하였다.

"무슨 까닭으로써 육군비구들은 음식을 가지고 입안에 던져 넣고서 먹는가?"

여러 비구들은 이 일로써 세존께 아뢰었고, 세존께서는 이 인연으로써 비구 승가를 모으셨으며, 육군비구들에게 물어 말씀하셨다.

"육군비구들이여. 그대들이 진실로 음식을 가지고 입안에 던져 넣고서 먹었는가?"

"진실로 그렇습니다. 세존이시여."

세존께서는 여러 방편으로 꾸짖으셨다.

"어리석은 사람들이여. 그대들은 어찌하여 음식을 가지고 입안에 던져 넣고서 먹었는가? 어리석은 사람들이여. 이것은 오히려 믿지 않는 자는 신심이 생겨나지 않게 하고, …… 이미 믿었던 자는 일부가 전전하여 다른 곳으로 향하여 떠나가게 하느니라."

세존께서는 여러 종류의 방편으로써 육군비구들을 꾸짖고서 적절한 법을 수순하여 설하신 뒤에 여러 비구들에게 알려 말씀하셨다.

"…… 나아가 …… 여러 비구들이여. 그대들은 마땅히 이와 같이 학처를 송출할지니라.

'나는 마땅히 음식을 가지고 입안에 던져 넣고서 먹지 않겠다.'라고 마땅히 배워야 하느니라."

입안에 음식을 가지고 입안에 던져 넣고서 먹을 수 없다. 공경하지 않는 까닭으로 음식을 가지고 입안에 던져 넣고서 먹는 자는 돌길라를 범한다. 고의가 아닌 자이거나, 생각이 없는 자이거나, 무지한 자이거나, 병자이었거나, 단단한 음식이었거나, 여러 과일이었거나, 사고의 때이거나, 미쳤던 자이거나, 최초로 범한 자는 범하지 않는다.

45) 불갈반식(不囓飯食) 학처

1-1 그때 불·세존께서는 사위성의 기수급고독원에 머무르셨다.

그때 육군비구들은 음식덩어리를 갉아서 먹었으므로, 여러 사람들이 싫어하고 비난하였다.

"무엇을 위하여 사문 석자는 음식덩어리를 갉아서 먹는가? 재가에서 욕락을 받고서 즐기는 자와 같구나."

여러 비구들은 여러 사람들이 비난하는 것을 들었다. 여러 비구들의 가운데에서 욕심이 적은 자들은 싫어하고 비난하였다.

"무슨 까닭으로써 육군비구들은 음식덩어리를 갉아서 먹는가?"

여러 비구들은 이 일로써 세존께 아뢰었고, 세존께서는 이 인연으로써 비구승가를 모으셨으며, 육군비구들에게 물어 말씀하셨다.

"육군비구들이여. 그대들이 진실로 음식덩어리를 갉아서 먹었는가?"

"진실로 그렇습니다. 세존이시여."

세존께서는 여러 방편으로 꾸짖으셨다.

"어리석은 사람들이여. 그대들은 어찌하여 음식덩어리를 갉아서 먹었는가? 어리석은 사람들이여. 이것은 오히려 믿지 않는 자는 신심이 생겨나지 않게 하고, …… 이미 믿었던 자는 일부가 전전하여 다른 곳으로 향하여 떠나가게 하느니라."

세존께서는 여러 종류의 방편으로써 육군비구들을 꾸짖고서 적절한 법을 수순하여 설하신 뒤에 여러 비구들에게 알려 말씀하셨다.

"여러 비구들이여. 나는 열 가지의 이익을 까닭으로써 여러 비구들을 위하여 학처를 제정하겠나니, 그대들은 마땅히 이와 같이 학처를 송출할지니라.

'나는 마땅히 음식덩어리를 갉아서 먹지 않겠다.'라고 마땅히 배워야 하느니라."

음식덩어리를 갉아서 먹을 수 없다. 공경하지 않는 까닭으로 음식덩어리를 갉아서 먹는 자는 돌길라를 범한다. 고의가 아닌 자이거나, 생각이 없는 자이거나, 무지한 자이거나, 병자이었거나, 단단한 음식이었거나, 여러 과일이었거나, 단단한 음식이었거나, 부가된 음식이었거나, 사고의 때이거나, 미쳤던 자이거나, 최초로 범한 자는 범하지 않는다.

46) 불장만구식(不脹滿口食) 학처

1-1 그때 불·세존께서는 사위성의 기수급고독원에 머무르셨다.

그때 육군비구들은 음식을 입에 채우고 부풀려서 먹었으므로, 여러 사람들이 싫어하고 비난하였다.

"무엇을 위하여 사문 석자는 음식을 입에 채우고 부풀려서 먹는가? 재가에서 욕락을 받고서 즐기는 자와 같구나."

여러 비구들은 여러 사람들이 비난하는 것을 들었다. 여러 비구들의 가운데에서 욕심이 적은 자들은 싫어하고 비난하였다.

"무슨 까닭으로써 육군비구들은 음식을 입에 채우고 부풀려서 먹는가?"

여러 비구들은 이 일로써 세존께 아뢰었고, 세존께서는 이 인연으로써 비구승가를 모으셨으며, 육군비구들에게 물어 말씀하셨다.

"육군비구들이여. 그대들이 진실로 음식을 입에 채우고 부풀려서 먹었는가?"

"진실로 그렇습니다. 세존이시여."

세존께서는 여러 방편으로 꾸짖으셨다.

"어리석은 사람들이여. 그대들은 어찌하여 음식을 입에 채우고 부풀려서 먹었는가? 어리석은 사람들이여. 이것은 오히려 믿지 않는 자는 신심이 생겨나지 않게 하고, …… 이미 믿었던 자는 일부가 전전하여 다른 곳으로 향하여 떠나가게 하느니라."

세존께서는 여러 종류의 방편으로써 육군비구들을 꾸짖고서 적절한 법을 수순하여 설하신 뒤에 여러 비구들에게 알려 말씀하셨다.

"…… 나아가 …… 여러 비구들이여. 그대들은 마땅히 이와 같이 학처를 송출할지니라.

'나는 마땅히 음식을 입에 채우고 부풀려서 먹지 않겠다.'라고 마땅히 배워야 하느니라."

음식을 입에 채우고 부풀려서 먹을 수 없다. 공경하지 않는 까닭으로 음식을 입에 채우고 부풀려서 먹는 자는 돌길라를 범한다. 고의가 아닌 자이거나, 생각이 없는 자이거나, 무지한 자이거나, 병자이었거나, 여러 과일이었거나, 사고의 때이거나, 미쳤던 자이거나, 최초로 범한 자는 범하지 않는다.

47) 불요수식(不搖手食) 학처

1-1 그때 불·세존께서는 사위성의 기수급고독원에 머무르셨다.

그때 육군비구들은 음식을 먹는 때에 손을 흔들면서 먹었으므로, 여러 사람들이 싫어하고 비난하였다.

"무엇을 위하여 사문 석자는 음식을 먹는 때에 손을 흔들면서 먹는가? 재가에서 욕락을 받고서 즐기는 자와 같구나."

여러 비구들은 여러 사람들이 비난하는 것을 들었다. 여러 비구들의 가운데에서 욕심이 적은 자들은 싫어하고 비난하였다.

"무슨 까닭으로써 육군비구들은 음식을 먹는 때에 손을 흔들면서 먹는가?"

여러 비구들은 이 일로써 세존께 아뢰었고, 세존께서는 이 인연으로써 비구승가를 모으셨으며, 육군비구들에게 물어 말씀하셨다.

"육군비구들이여. 그대들이 진실로 음식을 먹는 때에 손을 흔들면서 먹었는가?"

"진실로 그렇습니다. 세존이시여."

세존께서는 여러 방편으로 꾸짖으셨다.

"어리석은 사람들이여. 그대들은 어찌하여 음식을 먹는 때에 손을 흔들면서 먹었는가? 어리석은 사람들이여. 이것은 오히려 믿지 않는 자는 신심이 생겨나지 않게 하고, …… 이미 믿었던 자는 일부가 전전하여 다른 곳으로 향하여 떠나가게 하느니라."

세존께서는 여러 종류의 방편으로써 육군비구들을 꾸짖고서 적절한 법을 수순하여 설하신 뒤에 여러 비구들에게 알려 말씀하셨다.

"…… 나아가 …… 여러 비구들이여. 그대들은 마땅히 이와 같이 학처를

송출할지니라.

'나는 마땅히 음식을 먹는 때에 손을 흔들면서 먹지 않겠다.'라고 마땅히 배워야 하느니라."

음식을 먹는 때에 손을 흔들면서 먹을 수 없다. 공경하지 않는 까닭으로 음식을 먹는 때에 손을 흔들면서 먹는 자는 돌길라를 범한다. 고의가 아닌 자이거나, 생각이 없는 자이거나, 무지한 자이거나, 병자이었거나, 먼지를 없애려는 인연으로 손을 흔들었거나, 사고의 때이거나, 미쳤던 자이거나, 최초로 범한 자는 범하지 않는다.

48) 부산락반식(不散落飯食) 학처

1-1 그때 불·세존께서는 사위성의 기수급고독원에 머무르셨다.

그때 육군비구들은 음식을 먹는 때에 밥덩이를 어지럽게 흐트러뜨리면서 먹었으므로, 여러 사람들이 싫어하고 비난하였다.

"무엇을 위하여 사문 석자는 음식을 먹는 때에 밥덩이를 어지럽게 흐트러뜨리면서 먹는가? 재가에서 욕락을 받고서 즐기는 자와 같구나."

여러 비구들은 여러 사람들이 비난하는 것을 들었다. 여러 비구들의 가운데에서 욕심이 적은 자들은 싫어하고 비난하였다.

"무슨 까닭으로써 육군비구들은 음식을 먹는 때에 밥덩이를 어지럽게 흐트러뜨리면서 먹는가?"

여러 비구들은 이 일로써 세존께 아뢰었고, 세존께서는 이 인연으로써 비구승가를 모으셨으며, 육군비구들에게 물어 말씀하셨다.

"육군비구들이여. 그대들이 진실로 음식을 먹는 때에 밥덩이를 어지럽게 흐트러뜨리면서 먹었는가?"

"진실로 그렇습니다. 세존이시여."

세존께서는 여러 방편으로 꾸짖으셨다.

"어리석은 사람들이여. 그대들은 어찌하여 음식을 먹는 때에 밥덩이를

어지럽게 흐트러뜨리면서 먹었는가? 어리석은 사람들이여. 이것은 오히
려 믿지 않는 자는 신심이 생겨나지 않게 하고, …… 이미 믿었던 자는
일부가 전전하여 다른 곳으로 향하여 떠나가게 하느니라."

세존께서는 여러 종류의 방편으로써 육군비구들을 꾸짖고서 적절한
법을 수순하여 설하신 뒤에 여러 비구들에게 알려 말씀하셨다.

"…… 나아가 …… 여러 비구들이여. 그대들은 마땅히 이와 같이 학처를
송출할지니라.

'나는 마땅히 음식을 먹는 때에 밥덩이를 어지럽게 흐트러뜨리면서
먹지 않겠다.'라고 마땅히 배워야 하느니라."

음식을 먹는 때에 밥덩이를 어지럽게 흐트러뜨리면서 먹을 수 없다.
공경하지 않는 까닭으로 음식을 먹는 때에 밥덩이를 어지럽게 흐트러뜨리
면서 먹는 자는 돌길라를 범한다. 고의가 아닌 자이거나, 생각이 없는
자이거나, 무지한 자이거나, 병자이었거나, 먼지를 없애려는 인연으로
밥덩이를 어지럽게 흐트러뜨렸거나, 사고의 때이거나, 미쳤던 자이거나,
최초로 범한 자는 범하지 않는다.

49) 불토설식(不吐舌食) 학처

1-1 그때 불·세존께서는 사위성의 기수급고독원에 머무르셨다.

그때 육군비구들은 음식을 먹는 때에 혀를 내밀면서 먹었으므로, 여러
사람들이 싫어하고 비난하였다.

"무엇을 위하여 사문 석자는 음식을 먹는 때에 혀를 내밀면서 먹는가?
재가에서 욕락을 받고서 즐기는 자와 같구나."

여러 비구들은 여러 사람들이 비난하는 것을 들었다. 여러 비구들의
가운데에서 욕심이 적은 자들은 싫어하고 비난하였다.

"무슨 까닭으로써 육군비구들은 음식을 먹는 때에 혀를 내밀면서 먹는가?"

여러 비구들은 이 일로써 세존께 아뢰었고, 세존께서는 이 인연으로써

비구승가를 모으셨으며, 육군비구들에게 물어 말씀하셨다.

"육군비구들이여. 그대들이 진실로 음식을 먹는 때에 혀를 내밀면서 먹었는가?"

"진실로 그렇습니다. 세존이시여."

세존께서는 여러 방편으로 꾸짖으셨다.

"어리석은 사람들이여. 그대들은 어찌하여 음식을 먹는 때에 혀를 내밀면서 먹었는가? 어리석은 사람들이여. 이것은 오히려 믿지 않는 자는 신심이 생겨나지 않게 하고, …… 이미 믿었던 자는 일부가 전전하여 다른 곳으로 향하여 떠나가게 하느니라."

세존께서는 여러 종류의 방편으로써 육군비구들을 꾸짖고서 적절한 법을 수순하여 설하신 뒤에 여러 비구들에게 알려 말씀하셨다.

"…… 나아가 …… 여러 비구들이여. 그대들은 마땅히 이와 같이 학처를 송출할지니라.

'나는 마땅히 음식을 먹는 때에 혀를 내밀면서 먹지 않겠다.'라고 마땅히 배워야 하느니라."

음식을 먹는 때에 혀를 내밀면서 먹을 수 없다. 공경하지 않는 까닭으로 음식을 먹는 때에 혀를 내밀면서 먹는 자는 돌길라를 범한다. 고의가 아닌 자이거나, 생각이 없는 자이거나, 무지한 자이거나, 병자이었거나, 먼지를 없애려는 인연으로 밥덩어리를 어지럽게 흐트러뜨렸거나, 사고의 때이거나, 미쳤던 자이거나, 최초로 범한 자는 범하지 않는다.

50) 부작사사성식(不作嗜嗜聲食) 학처

1-1 그때 불·세존께서는 사위성의 기수급고독원에 머무르셨다.

그때 육군비구들은 음식을 먹는 때에 쩝쩝거리는 소리를 지으면서 먹었으므로, 여러 사람들이 싫어하고 비난하였다.

"무엇을 위하여 사문 석자는 음식을 먹는 때에 쩝쩝거리는 소리를 지으면서 먹는가? 재가에서 욕락을 받고서 즐기는 자와 같구나.”

여러 비구들은 여러 사람들이 비난하는 것을 들었다. 여러 비구들의 가운데에서 욕심이 적은 자들은 싫어하고 비난하였다.

“무슨 까닭으로써 육군비구들은 음식을 먹는 때에 쩝쩝거리는 소리를 지으면서 먹는가?”

여러 비구들은 이 일로써 세존께 아뢰었고, 세존께서는 이 인연으로써 비구승가를 모으셨으며, 육군비구들에게 물어 말씀하셨다.

“육군비구들이여. 그대들이 진실로 음식을 먹는 때에 쩝쩝거리는 소리를 지으면서 먹었는가?”

“진실로 그렇습니다. 세존이시여.”

세존께서는 여러 방편으로 꾸짖으셨다.

“어리석은 사람들이여. 그대들은 어찌하여 음식을 먹는 때에 쩝쩝거리는 소리를 지으면서 먹었는가? 어리석은 사람들이여. 이것은 오히려 믿지 않는 자는 신심이 생겨나지 않게 하고, …… 이미 믿었던 자는 일부가 전전하여 다른 곳으로 향하여 떠나가게 하느니라.”

세존께서는 여러 종류의 방편으로써 육군비구들을 꾸짖고서 적절한 법을 수순하여 설하신 뒤에 여러 비구들에게 알려 말씀하셨다.

“…… 나아가 …… 여러 비구들이여. 그대들은 마땅히 이와 같이 학처를 송출할지니라.

‘나는 마땅히 음식을 먹는 때에 쩝쩝거리는 소리를 지으면서 먹지 않겠다.’라고 마땅히 배워야 하느니라.”

음식을 먹는 때에 쩝쩝거리는 소리를 지으면서 먹을 수 없다. 공경하지 않는 까닭으로 음식을 먹는 때에 쩝쩝거리는 소리를 지으면서 먹는 자는 돌길라를 범한다. 고의가 아닌 자이거나, 생각이 없는 자이거나, 무지한 자이거나, 병자이었거나, 사고의 때이거나, 미쳤던 자이거나, 최초로 범한 자는 범하지 않는다.

[다섯째의 반구품(飯球品)을 마친다.]

51) 부작속속성식(不作簌簌聲食) 학처

1-1 그때 불·세존께서는 구섬미국의 구사라원에 머무르셨다.

그때 한 바라문이 승가 대중을 위하여 먼저 우유 음료수를 준비하였다. 여러 비구들이 우유를 마시는 때에 후루룩거리는 소리를 지었는데, 누구의 음악인이었던 비구가 이와 같이 말하였다.

"여러 승가 대중이 모두 시원스럽게 떨쳐냈습니다."

여러 비구들의 가운데에서 욕심이 적은 자들은 싫어하고 비난하였다.

"무슨 까닭으로써 승가 대중을 조롱하는가?"

여러 비구들은 이 일로써 세존께 아뢰었고, 세존께서는 이 인연으로써 비구승가를 모으셨으며, 그 비구에게 물어 말씀하셨다.

"비구여. 그대가 진실로 승가 대중을 조롱하였는가?"

"진실로 그렇습니다. 세존이시여."

세존께서는 여러 방편으로 꾸짖으셨다.

"어리석은 사람이여. 그대는 어찌하여 승가 대중을 조롱하였는가? 어리석은 사람이여. 이것은 오히려 믿지 않는 자는 신심이 생겨나지 않게 하고, …… 이미 믿었던 자는 일부가 전전하여 다른 곳으로 향하여 떠나가게 하느니라."

세존께서는 여러 종류의 방편으로써 그 비구를 꾸짖고서 법을 설하신 뒤에 여러 비구들에게 알려 말씀하셨다.

"여러 비구들이여. 불·법·승을 조롱할 수 없느니라. 불·법·승을 조롱하는 자는 돌길라를 범하느니라."

세존께서는 여러 종류의 방편으로써 그 비구들을 꾸짖고서 뒤에 부양이 어렵고 가르치고 양육함이 어려우며, …… 용맹하게 정진하는 아름다움을 설하셨으며, 나아가 여러 비구들을 위하여 적절한 법을 수순하여 설하신 뒤에 여러 비구들에게 알려 말씀하셨다.

"…… 나아가 …… 여러 비구들이여. 그대들은 마땅히 이와 같이 학처를 송출할지니라.

‘나는 마땅히 음식을 먹는 때에 후루룩거리는 소리를 지으면서 먹지 않겠다.’라고 마땅히 배워야 하느니라.”

음식을 먹는 때에 후루룩거리는 소리를 지으면서 먹을 수 없다. 공경하지 않는 까닭으로 음식을 먹는 때에 후루룩거리는 소리를 지으면서 먹는 자는 돌길라를 범한다. 고의가 아닌 자이거나, 생각이 없는 자이거나, 무지한 자이거나, 병자이었거나, 사고의 때이거나, 미쳤던 자이거나, 최초로 범한 자는 범하지 않는다.

52) 불지수식(不舐手食) 학처

1-1 그때 불·세존께서는 사위성의 기수급고독원에 머무르셨다.

그때 육군비구들이 손을 핥으면서 먹었으므로, 여러 사람들이 싫어하고 비난하였다.

“무엇을 위하여 사문 석자는 손을 핥으면서 먹는가? 재가에서 욕락을 받고서 즐기는 자와 같구나.”

여러 비구들은 여러 사람들이 비난하는 것을 들었다. 여러 비구들의 가운데에서 욕심이 적은 자들은 싫어하고 비난하였다.

“무슨 까닭으로써 육군비구들은 손을 핥으면서 먹는가?”

여러 비구들은 이 일로써 세존께 아뢰었고, 세존께서는 이 인연으로써 비구승가를 모으셨으며, 육군비구들에게 물어 말씀하셨다.

“육군비구들이여. 그대들이 진실로 손을 핥으면서 먹었는가?”

“진실로 그렇습니다. 세존이시여.”

세존께서는 여러 방편으로 꾸짖으셨다.

“어리석은 사람들이여. 그대들은 어찌하여 손을 핥으면서 먹었는가? 어리석은 사람들이여. 이것은 오히려 믿지 않는 자는 신심이 생겨나지 않게 하고, …… 이미 믿었던 자는 일부가 전전하여 다른 곳으로 향하여 떠나가게 하느니라.”

세존께서는 여러 종류의 방편으로써 육군비구들을 꾸짖고서 적절한 법을 수순하여 설하신 뒤에 여러 비구들에게 알려 말씀하셨다.

"여러 비구들이여. 나는 열 가지의 이익을 까닭으로써 여러 비구들을 위하여 학처를 제정하겠나니, 그대들은 마땅히 이와 같이 학처를 송출할지니라.

'나는 마땅히 손을 핥으면서 먹지 않겠다.'라고 마땅히 배워야 하느니라."

손을 핥으면서 먹을 수 없다. 공경하지 않는 까닭으로 손을 핥으면서 먹는 자는 돌길라를 범한다. 고의가 아닌 자이거나, 생각이 없는 자이거나, 무지한 자이거나, 병자이었거나, 사고의 때이거나, 미쳤던 자이거나, 최초로 범한 자는 범하지 않는다.

53) 불지발식(不舐鉢食) 학처

1-1 그때 불·세존께서는 사위성의 기수급고독원에 머무르셨다.

그때 육군비구들이 발우를 핥으면서 먹었으므로, 여러 사람들이 싫어하고 비난하였다.

"무엇을 위하여 사문 석자는 발우를 핥으면서 먹는가? 재가에서 욕락을 받고서 즐기는 자와 같구나."

여러 비구들은 여러 사람들이 비난하는 것을 들었다. 여러 비구들의 가운데에서 욕심이 적은 자들은 싫어하고 비난하였다.

"무슨 까닭으로써 육군비구들은 발우를 핥으면서 먹는가?"

여러 비구들은 이 일로써 세존께 아뢰었고, 세존께서는 이 인연으로써 비구승가를 모으셨으며, 육군비구들에게 물어 말씀하셨다.

"육군비구들이여. 그대들이 진실로 발우를 핥으면서 먹었는가?"

"진실로 그렇습니다. 세존이시여."

세존께서는 여러 방편으로 꾸짖으셨다.

"어리석은 사람들이여. 그대들은 어찌하여 발우를 핥으면서 먹었는가?

어리석은 사람들이여. 이것은 오히려 믿지 않는 자는 신심이 생겨나지 않게 하고, …… 이미 믿었던 자는 일부가 전전하여 다른 곳으로 향하여 떠나가게 하느니라.”

세존께서는 여러 종류의 방편으로써 육군비구들을 꾸짖고서 적절한 법을 수순하여 설하신 뒤에 여러 비구들에게 알려 말씀하셨다.

“…… 나아가 …… 여러 비구들이여. 그대들은 마땅히 이와 같이 학처를 송출할지니라.

‘나는 마땅히 발우를 핥으면서 먹지 않겠다.’라고 마땅히 배워야 하느니라.”

발우를 핥으면서 먹을 수 없다. 공경하지 않는 까닭으로 발우를 핥으면서 먹는 자는 돌길라를 범한다. 고의가 아닌 자이거나, 생각이 없는 자이거나, 무지한 자이거나, 병자이었거나, 작은 양의 잔식이 남은 것을 가지고 한쪽으로 핥아서 모아서 먹었거나, 사고의 때이거나, 미쳤던 자이거나, 최초로 범한 자는 범하지 않는다.

54) 불지순식(不舐脣食) 학처

1-1 그때 불·세존께서는 사위성의 기수급고독원에 머무르셨다.

그때 육군비구들이 입술을 핥으면서 먹었으므로, 여러 사람들이 싫어하고 비난하였다.

“무엇을 위하여 사문 석자는 입술을 핥으면서 먹는가? 재가에서 욕락을 받고서 즐기는 자와 같구나.”

여러 비구들은 여러 사람들이 비난하는 것을 들었다. 여러 비구들의 가운데에서 욕심이 적은 자들은 싫어하고 비난하였다.

“무슨 까닭으로써 육군비구들은 입술을 핥으면서 먹는가?”

여러 비구들은 이 일로써 세존께 아뢰었고, 세존께서는 이 인연으로써 비구승가를 모으셨으며, 육군비구들에게 물어 말씀하셨다.

“육군비구들이여. 그대들이 진실로 입술을 핥으면서 먹었는가?”

"진실로 그렇습니다. 세존이시여."

세존께서는 여러 방편으로 꾸짖으셨다.

"어리석은 사람들이여. 그대들은 어찌하여 입술을 핥으면서 먹었는가? 어리석은 사람들이여. 이것은 오히려 믿지 않는 자는 신심이 생겨나지 않게 하고, …… 이미 믿었던 자는 일부가 전전하여 다른 곳으로 향하여 떠나가게 하느니라."

세존께서는 여러 종류의 방편으로써 육군비구들을 꾸짖고서 적절한 법을 수순하여 설하신 뒤에 여러 비구들에게 알려 말씀하셨다.

"…… 나아가 …… 여러 비구들이여. 그대들은 마땅히 이와 같이 학처를 송출할지니라.

'나는 마땅히 입술을 핥으면서 먹지 않겠다.'라고 마땅히 배워야 하느니라."

입술을 핥으면서 먹을 수 없다. 공경하지 않는 까닭으로 손을 핥으면서 먹는 자는 돌길라를 범한다. 고의가 아닌 자이거나, 생각이 없는 자이거나, 무지한 자이거나, 병자이었거나, 사고의 때이거나, 미쳤던 자이거나, 최초로 범한 자는 범하지 않는다.

55) 불오수지수병(不汚手持水甁) 학처

1-1 그때 불·세존께서는 바기국(婆祇國)[4] 악어산읍(鰐魚山邑)[5]의 공포림(恐怖林)[6] 녹야원(鹿野苑)[7]에 머무르셨다.

그때 여러 비구들이 구가나달(拘迦那達)[8] 궁전에서 음식물에 더럽혀진

---

4) 팔리어 Bhagga(바까)의 음사이다.

5) 팔리어 Susumāra(수수마라)의 음사이고, 악어를 가리킨다.

6) 팔리어 Bhesakaḷā vana(베사카라 바나)의 음사이고, 고대 인도의 Majjhimadesa (마찌마데사)국의 중부지역에 위치한 숲의 이름이다.

7) 팔리어 Migadāya(미가다야)의 음사이고, 사슴의 공원이라는 뜻이다.

8) 팔리어 Kokanada(코카나다)의 음사이고, 고대 인도의 찰제리왕의 이름을 가리킨다.

손으로 물병을 잡았으므로, 여러 사람들이 싫어하고 비난하였다.

"무엇을 위하여 사문 석자는 음식물에 더럽혀진 손으로 물병을 잡는가? 재가에서 욕락을 받고서 즐기는 자와 같구나."

여러 비구들은 여러 사람들이 비난하는 것을 들었다. 여러 비구들의 가운데에서 욕심이 적은 자들은 싫어하고 비난하였다.

"무슨 까닭으로써 여러 비구들은 음식물에 더럽혀진 손으로 물병을 잡는가?"

여러 비구들은 이 일로써 세존께 아뢰었고, 세존께서는 이 인연으로써 비구승가를 모으셨으며, 육군비구들에게 물어 말씀하셨다.

"여러 비구들이여. 그대들이 진실로 음식물에 더럽혀진 손으로 물병을 잡았는가?"

"진실로 그렇습니다. 세존이시여."

세존께서는 여러 방편으로 꾸짖으셨다.

"어리석은 사람들이여. 그대들은 어찌하여 음식물에 더럽혀진 손으로 물병을 잡았는가? 어리석은 사람들이여. 이것은 오히려 믿지 않는 자는 신심이 생겨나지 않게 하고, …… 이미 믿었던 자는 일부가 전전하여 다른 곳으로 향하여 떠나가게 하느니라."

세존께서는 여러 종류의 방편으로써 여러 비구들을 꾸짖고서 적절한 법을 수순하여 설하신 뒤에 여러 비구들에게 알려 말씀하셨다.

"…… 나아가 …… 여러 비구들이여. 그대들은 마땅히 이와 같이 학처를 송출할지니라.

'나는 마땅히 음식물에 더럽혀진 손으로 물병을 잡지 않겠다.'라고 마땅히 배워야 하느니라."

음식물에 더럽혀진 손으로 물병을 잡을 수 없다. 공경하지 않는 까닭으로 음식물에 더럽혀진 손으로 물병을 잡는 자는 돌길라를 범한다. 고의가 아닌 자이거나, 생각이 없는 자이거나, 무지한 자이거나, 병자이었거나, 손을 씻으려고, 혹은 사람을 시켜서 손을 씻으려고 잡았거나, 사고의 때이거나, 미쳤던 자이거나, 최초로 범한 자는 범하지 않는다.

56) 불유반세발수사(不有飯洗鉢水捨) 학처

1-1 그때 불·세존께서는 바기국 악어산읍의 공포림 녹야원에 머무르셨다.

그때 여러 비구들이 구가나달 궁전에서 밥의 알갱이가 섞여있는 발우를 씻은 물을 가지고 시정에 버렸으므로, 여러 사람들이 싫어하고 비난하였다.

"무엇을 위하여 사문 석자는 밥의 알갱이가 섞여있는 발우를 씻은 물을 가지고 시정에 버리는가? 재가에서 욕락을 받고서 즐기는 자와 같구나."

여러 비구들은 여러 사람들이 비난하는 것을 들었다. 여러 비구들의 가운데에서 욕심이 적은 자들은 싫어하고 비난하였다.

"무슨 까닭으로써 여러 비구들은 밥의 알갱이가 섞여있는 발우를 씻은 물을 가지고 시정에 버리는가?"

여러 비구들은 이 일로써 세존께 아뢰었고, 세존께서는 이 인연으로써 비구승가를 모으셨으며, 육군비구들에게 물어 말씀하셨다.

"여러 비구들이여. 그대들이 진실로 밥의 알갱이가 섞여있는 발우를 씻은 물을 가지고 시정에 버렸는가?"

"진실로 그렇습니다. 세존이시여."

세존께서는 여러 방편으로 꾸짖으셨다.

"어리석은 사람들이여. 그대들은 어찌하여 밥의 알갱이가 섞여있는 발우를 씻은 물을 가지고 시정에 버렸는가? 어리석은 사람들이여. 이것은 오히려 믿지 않는 자는 신심이 생겨나지 않게 하고, …… 이미 믿었던 자는 일부가 전전하여 다른 곳으로 향하여 떠나가게 하느니라."

세존께서는 여러 종류의 방편으로써 여러 비구들을 꾸짖고서 적절한 법을 수순하여 설하신 뒤에 여러 비구들에게 알려 말씀하셨다.

"…… 나아가 …… 여러 비구들이여. 그대들은 마땅히 이와 같이 학처를 송출할지니라.

'나는 마땅히 밥의 알갱이가 섞여있는 발우를 씻은 물을 가지고 시정에 버리지 않겠다.'라고 마땅히 배워야 하느니라."

밥의 알갱이가 섞여있는 발우를 씻은 물을 가지고 시정에 버릴 수 없다. 공경하지 않는 까닭으로 밥의 알갱이가 섞여있는 발우를 씻은 물을 가지고 시정에 버리는 자는 돌길라를 범한다. 고의가 아닌 자이거나, 생각이 없는 자이거나, 무지한 자이거나, 병자이었거나, 건져냈고, 혹은 부수었으며, 혹은 손으로 끄집어냈고, 혹은 골라내고서 그것을 버렸거나, 사고의 때이거나, 미쳤던 자이거나, 최초로 범한 자는 범하지 않는다.

57) 불수지일산자설법(不手持日傘者說法) 학처

1-1 그때 불·세존께서는 사위성의 기수급고독원에 머무르셨다.

그때 육군비구들이 손에 일산을 지닌 자를 마주하고서 설법하였다. 여러 비구들의 가운데에서 욕심이 적은 자들은 싫어하고 비난하였다.

"무슨 까닭으로써 육군비구들은 손에 일산을 지닌 자를 마주하고서 설법하는가?"

여러 비구들은 이 일로써 세존께 아뢰었고, 세존께서는 이 인연으로써 비구승가를 모으셨으며, 육군비구들에게 물어 말씀하셨다.

"육군비구들이여. 그대들이 진실로 손에 일산을 지닌 자를 마주하고서 설법하였는가?"

"진실로 그렇습니다. 세존이시여."

세존께서는 여러 방편으로 꾸짖으셨다.

"어리석은 사람들이여. 그대들은 어찌하여 손에 일산을 지닌 자를 마주하고서 설법하였는가? 어리석은 사람들이여. 이것은 오히려 믿지 않는 자는 신심이 생겨나지 않게 하고, …… 이미 믿었던 자는 일부가 전전하여 다른 곳으로 향하여 떠나가게 하느니라."

"…… 나아가 …… 여러 비구들이여. 그대들은 마땅히 이와 같이 학처를 송출할지니라.

"여러 비구들이여. 나는 열 가지의 이익을 까닭으로써 여러 비구들을 위하여 학처를 제정하겠나니, 그대들은 마땅히 이와 같이 학처를 송출할 지니라.

'나는 마땅히 손에 일산을 지닌 자를 마주하고서 설법하지 않겠다.'라고 마땅히 배워야 하느니라."

이와 같이 세존께서는 여러 비구들을 위하여 학처를 제정하시어 세우셨다.

2-1 그때 여러 비구들은 손에 일산을 지닌 병자에게 두려워하고 삼가하면서 설법하지 않았다. 여러 사람들이 싫어하고 비난하였다.

"무엇을 위하여 사문 석자는 손에 일산을 지닌 병자를 마주하고서 설법하지 않는가?"

여러 비구들은 여러 사람들이 비난하는 것을 들었다. 이때 여러 비구들이 일로써 세존께 아뢰었고, 세존께서는 이 인연으로써 설법하셨으며 여러 비구들에게 알려 말씀하셨다.

"여러 비구들이여. 손에 일산을 지닌 병자를 마주하고서 설법하는 것을 허락하겠노라. 여러 비구들이여. 그대들은 마땅히 이와 같이 학처를 송출할지니라.

'나는 마땅히 병이 없는데 손에 일산을 지닌 자를 마주하고서 설법하지 않겠다.'라고 마땅히 배워야 하느니라."

3-1 '일산'은 세 종류가 있나니, 백포(白布) 일산, 풀잎9) 일산, 나뭇잎10) 일산이고, 만다라(曼茶羅)11)의 형태로 만든 것과 사라가(沙羅迦)12) 형태로 만든 것이 있다.

'설하다.'는 구절을 설법하는 자는 구절·구절에 돌길라를 범한다. 말을 설법하는 자는 말·말에 돌길라를 범한다.

---

9) 팔리어 Kilañja(킬란자)의 의역이고, 섬유 매트를 가리킨다.
10) 팔리어 Paṇṇa(판나)의 의역이고, 빈랑(檳榔) 잎을 가리킨다.
11) 팔리어 maṇḍala(만다라)의 음사이고, 안쪽을 둥글게 엮은 형태를 가리킨다.
12) 팔리어 salāka(살라카)의 음사이고, 바깥쪽을 둥글게 엮은 형태를 가리킨다.

'법'은 세존께서 설하신 것이거나, 성문께서 설하신 것이거나, 선인(仙人)이 설한 것이거나, 천인(天人)이 설한 것이고, 뜻을 갖추었으며, 법을 갖춘 것이다.

병이 없다면 일산을 지닌 자를 마주하고서 설법할 수 없다. 공경하지 않는 까닭으로 병이 없는데 일산을 지닌 자를 마주하고서 설법하는 자는 돌길라를 범한다. 고의가 아닌 자이거나, 생각이 없는 자이거나, 무지한 자이거나, 병자이었거나, 사고의 때이거나, 미쳤던 자이거나, 최초로 범한 자는 범하지 않는다.

58) 불수지장자설법(不手持杖者說法) 학처

1-1 그때 불·세존께서는 사위성의 기수급고독원에 머무르셨다.

그때 육군비구들이 손에 지팡이를 지닌 자를 마주하고서 설법하였다. 여러 비구들의 가운데에서 욕심이 적은 자들은 싫어하고 비난하였다.

"무슨 까닭으로써 육군비구들은 손에 지팡이를 지닌 자를 마주하고서 설법하는가?"

여러 비구들은 이 일로써 세존께 아뢰었고, 세존께서는 이 인연으로써 비구승가를 모으셨으며, 육군비구들에게 물어 말씀하셨다.

"육군비구들이여. 그대들이 진실로 손에 지팡이를 지닌 자를 마주하고서 설법하였는가?"

"진실로 그렇습니다. 세존이시여."

세존께서는 여러 방편으로 꾸짖으셨다.

"어리석은 사람들이여. 그대들은 어찌하여 손에 지팡이를 지닌 자를 마주하고서 설법하였는가? 어리석은 사람들이여. 이것은 오히려 믿지 않는 자는 신심이 생겨나지 않게 하고, …… 이미 믿었던 자는 일부가 전전하여 다른 곳으로 향하여 떠나가게 하느니라."

세존께서는 여러 종류의 방편으로써 육군비구들을 꾸짖고서 적절한

법을 수순하여 설하신 뒤에 여러 비구들에게 알려 말씀하셨다.

"…… 나아가 …… 여러 비구들이여. 그대들은 마땅히 이와 같이 학처를 송출할지니라.

'나는 마땅히 손에 지팡이를 지닌 자를 마주하고서 설법하지 않겠다.'라고 마땅히 배워야 하느니라."

'지팡이'는 일반의 사람에게 4주(肘)의 지팡이이다. 이것과 비교하여 크다면 지팡이가 아니고, 비교하여 작아도 지팡이가 아니다.

마땅히 지팡이를 지닌 자를 마주하고서 설법할 수 없다. 공경하지 않는 까닭으로 지팡이를 지닌 자를 마주하고서 설법하는 자는 돌길라를 범한다. 고의가 아닌 자이거나, 생각이 없는 자이거나, 무지한 자이거나, 병자이었거나, 사고의 때이거나, 미쳤던 자이거나, 최초로 범한 자는 범하지 않는다.

59) 불수지도자설법(不手持刀者說法) 학처

1-1 그때 불·세존께서는 사위성의 기수급고독원에 머무르셨다.

그때 육군비구들이 손에 칼을 지닌 자를 마주하고서 설법하였다. 여러 비구들의 가운데에서 욕심이 적은 자들은 싫어하고 비난하였다.

"무슨 까닭으로써 육군비구들은 손에 칼을 지닌 자를 마주하고서 설법하는가?"

여러 비구들은 이 일로써 세존께 아뢰었고, 세존께서는 이 인연으로써 비구승가를 모으셨으며, 육군비구들에게 물어 말씀하셨다.

"육군비구들이여. 그대들이 진실로 손에 칼을 지닌 자를 마주하고서 설법하였는가?"

"진실로 그렇습니다. 세존이시여."

세존께서는 여러 방편으로 꾸짖으셨다.

"어리석은 사람들이여. 그대들은 어찌하여 손에 칼을 지닌 자를 마주하고서 설법하였는가? 어리석은 사람들이여. 이것은 오히려 믿지 않는 자는 신심이 생겨나지 않게 하고, …… 이미 믿었던 자는 일부가 전전하여 다른 곳으로 향하여 떠나가게 하느니라."

세존께서는 여러 종류의 방편으로써 육군비구들을 꾸짖고서 적절한 법을 수순하여 설하신 뒤에 여러 비구들에게 알려 말씀하셨다.

"…… 나아가 …… 여러 비구들이여. 그대들은 마땅히 이와 같이 학처를 송출할지니라.

'나는 병이 없다면 마땅히 손에 칼을 지닌 자를 마주하고서 설법하지 않겠다.'라고 마땅히 배워야 하느니라."

'칼'은 한 면에 칼날을 갖추었거나, 두 면에 칼날을 갖추고서 사람을 상하게 하는 것이다.

병이 없다면 칼을 지닌 자를 마주하고서 설법할 수 없다. 공경하지 않는 까닭으로 병이 없는데 칼을 지닌 자를 마주하고서 설법하는 자는 돌길라를 범한다. 고의가 아닌 자이거나, 생각이 없는 자이거나, 무지한 자이거나, 병자이었거나, 사고의 때이거나, 미쳤던 자이거나, 최초로 범한 자는 범하지 않는다.

60) 불수지무기자설법(不手持武器者說法) 학처

1-1 그때 불·세존께서는 사위성의 기수급고독원에 머무르셨다.

그때 육군비구들이 손에 무기를 지닌 자를 마주하고서 설법하였다. 여러 비구들의 가운데에서 욕심이 적은 자들은 싫어하고 비난하였다.

"무슨 까닭으로써 육군비구들은 손에 무기를 지닌 자를 마주하고서 설법하는가?"

여러 비구들은 이 일로써 세존께 아뢰었고, 세존께서는 이 인연으로써 비구승가를 모으셨으며, 육군비구들에게 물어 말씀하셨다.

"육군비구들이여. 그대들이 진실로 손에 무기를 지닌 자를 마주하고서 설법하였는가?"

"진실로 그렇습니다. 세존이시여."

세존께서는 여러 방편으로 꾸짖으셨다.

"어리석은 사람들이여. 그대들은 어찌하여 손에 무기를 지닌 자를 마주하고서 설법하였는가? 어리석은 사람들이여. 이것은 오히려 믿지 않는 자는 신심이 생겨나지 않게 하고, …… 이미 믿었던 자는 일부가 전전하여 다른 곳으로 향하여 떠나가게 하느니라."

세존께서는 여러 종류의 방편으로써 육군비구들을 꾸짖고서 적절한 법을 수순하여 설하신 뒤에 여러 비구들에게 알려 말씀하셨다.

"…… 나아가 …… 여러 비구들이여. 그대들은 마땅히 이와 같이 학처를 송출할지니라.

'나는 병이 없다면 마땅히 손에 무기를 지닌 자를 마주하고서 설법하지 않겠다.'라고 마땅히 배워야 하느니라."

'무기'는 활(弓)과 석궁(弩)이다.

병이 없다면 무기를 지닌 자를 마주하고서 설법할 수 없다. 공경하지 않는 까닭으로 병이 없는데 무기를 지닌 자를 마주하고서 설법하는 자는 돌길라를 범한다. 고의가 아닌 자이거나, 생각이 없는 자이거나, 무지한 자이거나, 병자이었거나, 사고의 때이거나, 미쳤던 자이거나, 최초로 범한 자는 범하지 않는다.

[여섯째의 흡식품(吸食品)을 마친다.]

(61) 불천초리자설법(不穿草履者說法) 학처

1-1 그때 불·세존께서는 사위성의 기수급고독원에 머무르셨다.

그때 육군비구들이 풀의 샌들(신발)을 신은 자를 마주하고서 설법하였다. 여러 비구들의 가운데에서 욕심이 적은 자들은 싫어하고 비난하였다.

"무슨 까닭으로써 육군비구들은 풀의 샌들을 신은 자를 마주하고서 설법하는가?"

여러 비구들은 이 일로써 세존께 아뢰었고, 세존께서는 이 인연으로써 비구승가를 모으셨으며, 육군비구들에게 물어 말씀하셨다.

"육군비구들이여. 그대들이 진실로 풀의 샌들을 신은 자를 마주하고서 설법하였는가?"

"진실로 그렇습니다. 세존이시여."

세존께서는 여러 방편으로 꾸짖으셨다.

"어리석은 사람들이여. 그대들은 어찌하여 풀의 샌들을 신은 자를 마주하고서 설법하였는가? 어리석은 사람들이여. 이것은 오히려 믿지 않는 자는 신심이 생겨나지 않게 하고, …… 이미 믿었던 자는 일부가 전전하여 다른 곳으로 향하여 떠나가게 하느니라."

세존께서는 여러 종류의 방편으로써 육군비구들을 꾸짖고서 적절한 법을 수순하여 설하신 뒤에 여러 비구들에게 알려 말씀하셨다.

"…… 나아가 …… 여러 비구들이여. 그대들은 마땅히 이와 같이 학처를 송출할지니라.

'나는 병이 없다면 마땅히 풀의 샌들을 신은 자를 마주하고서 설법하지 않겠다.'라고 마땅히 배워야 하느니라."

병이 없다면 샌들을 신은 자를 마주하고서 설법할 수 없다. 공경하지 않는 까닭으로 병이 없는데 샌들을 신고서 서 있거나, 혹은 묶고서 서 있었거나, 혹은 풀고서 서 있는 자를 마주하고서 설법하는 자는 돌길라를 범한다. 고의가 아닌 자이거나, 생각이 없는 자이거나, 무지한 자이거나, 병자이었거나, 사고의 때이거나, 미쳤던 자이거나, 최초로 범한 자는 범하지 않는다.

(62) 불천혜자설법(不穿鞋者說法) 학처

1-1 그때 불·세존께서는 사위성의 기수급고독원에 머무르셨다.

그때 육군비구들이 가죽 샌들을 신은 자를 마주하고서 설법하였다. 여러 비구들의 가운데에서 욕심이 적은 자들은 싫어하고 비난하였다.

"무슨 까닭으로써 육군비구들은 가죽 샌들을 신은 자를 마주하고서 설법하는가?"

여러 비구들은 이 일로써 세존께 아뢰었고, 세존께서는 이 인연으로써 비구승가를 모으셨으며, 육군비구들에게 물어 말씀하셨다.

"육군비구들이여. 그대들이 진실로 가죽 샌들을 신은 자를 마주하고서 설법하였는가?"

"진실로 그렇습니다. 세존이시여."

세존께서는 여러 방편으로 꾸짖으셨다.

"어리석은 사람들이여. 그대들은 어찌하여 가죽 샌들을 신은 자를 마주하고서 설법하였는가? 어리석은 사람들이여. 이것은 오히려 믿지 않는 자는 신심이 생겨나지 않게 하고, …… 이미 믿었던 자는 일부가 전전하여 다른 곳으로 향하여 떠나가게 하느니라."

세존께서는 여러 종류의 방편으로써 육군비구들을 꾸짖고서 적절한 법을 수순하여 설하신 뒤에 여러 비구들에게 알려 말씀하셨다.

"…… 나아가 …… 여러 비구들이여. 그대들은 마땅히 이와 같이 학처를 송출할지니라.

'나는 병이 없다면 마땅히 가죽의 샌들을 신은 자를 마주하고서 설법하지 않겠다.'라고 마땅히 배워야 하느니라."

병이 없다면 신발을 신은 자를 마주하고서 설법할 수 없다. 공경하지 않는 까닭으로 병이 없는데 샌들을 신고서 서 있거나, 혹은 묶고서 서 있거나, 혹은 풀고서 서 있는 자를 마주하고서 설법하는 자는 돌길라를 범한다. 고의가 아닌 자이거나, 생각이 없는 자이거나, 무지한 자이거나, 병자이었거나, 사고의 때이거나, 미쳤던 자이거나, 최초로 범한 자는 범하지 않는다.

(63) 불승물자설법(不乘物者說法) 학처

1-1 그때 불·세존께서는 사위성의 기수급고독원에 머무르셨다.

그때 육군비구들이 탈 것에 앉은 자를 마주하고서 설법하였다. 여러 비구들의 가운데에서 욕심이 적은 자들은 싫어하고 비난하였다.

"무슨 까닭으로써 육군비구들은 탈 것에 앉은 자를 마주하고서 설법하는가?"

여러 비구들은 이 일로써 세존께 아뢰었고, 세존께서는 이 인연으로써 비구승가를 모으셨으며, 육군비구들에게 물어 말씀하셨다.

"육군비구들이여. 그대들이 진실로 탈 것에 앉은 자를 마주하고서 설법하였는가?"

"진실로 그렇습니다. 세존이시여."

세존께서는 여러 방편으로 꾸짖으셨다.

"어리석은 사람들이여. 그대들은 어찌하여 탈 것에 앉은 자를 마주하고서 설법하였는가? 어리석은 사람들이여. 이것은 오히려 믿지 않는 자는 신심이 생겨나지 않게 하고, …… 이미 믿었던 자는 일부가 전전하여 다른 곳으로 향하여 떠나가게 하느니라."

세존께서는 여러 종류의 방편으로써 육군비구들을 꾸짖고서 적절한 법을 수순하여 설하신 뒤에 여러 비구들에게 알려 말씀하셨다.

"…… 나아가 …… 여러 비구들이여. 그대들은 마땅히 이와 같이 학처를 송출할지니라.

'나는 병이 없다면 마땅히 탈 것에 앉은 자를 마주하고서 설법하지 않겠다.'라고 마땅히 배워야 하느니라."

'탈 것'은 와이합(瓦伊哈),[13] 나달(羅達),[14] 사가달(沙迦達),[15] 산달마니가(山達摩尼迦),[16] 교(轎),[17] 의교(椅轎)[18] 등이다.

병이 없다면 탈 것에 앉은 자를 마주하고서 설법할 수 없다. 공경하지 않는 까닭으로 병이 없는데 탈 것에 앉은 자를 마주하고서 설법하는 자는 돌길라를 범한다. 고의가 아닌 자이거나, 생각이 없는 자이거나, 무지한 자이거나, 병자이었거나, 사고의 때이거나, 미쳤던 자이거나, 최초로 범한 자는 범하지 않는다.

(64) 불와상설법(不臥牀說法) 학처

1-1 그때 불·세존께서는 사위성의 기수급고독원에 머무르셨다.

그때 육군비구들이 평상에 누워있는 자를 마주하고서 설법하였다. 여러 비구들의 가운데에서 욕심이 적은 자들은 싫어하고 비난하였다.

"무슨 까닭으로써 육군비구들은 평상에 누워있는 자를 마주하고서 설법하는가?"

여러 비구들은 이 일로써 세존께 아뢰었고, 세존께서는 이 인연으로써 비구승가를 모으셨으며, 육군비구들에게 물어 말씀하셨다.

"육군비구들이여. 그대들이 진실로 평상에 누워있는 자를 마주하고서 설법하였는가?"

"진실로 그렇습니다. 세존이시여."

세존께서는 여러 방편으로 꾸짖으셨다.

"어리석은 사람들이여. 그대들은 어찌하여 평상에 누워있는 자를 마주하고서 설법하였는가? 어리석은 사람들이여. 이것은 오히려 믿지 않는

---

13) 팔리어 Vayha(바이하)의 음사이고, 손수레를 가리킨다.
14) 팔리어 Ratha(라타)의 음사이고, 바퀴가 달린 나무로 만든 수레를 가리킨다.
15) 팔리어 Sakaṭa(사가타)의 음사이고, 화물을 싣는 수레를 가리킨다.
16) 팔리어 Sandamānikā(산다마니카)의 음사이고, 전차(戰車)를 가리킨다.
17) 팔리어 Sivikā(시비카)의 음사이고, 가마를 가리킨다.
18) 팔리어 Pāṭaṅkī(파탄키)의 음사이고, 의자가 있는 가마를 가리킨다.

자는 신심이 생겨나지 않게 하고, ⋯⋯ 이미 믿었던 자는 일부가 전전하여 다른 곳으로 향하여 떠나가게 하느니라."

세존께서는 여러 종류의 방편으로써 육군비구들을 꾸짖고서 적절한 법을 수순하여 설하신 뒤에 여러 비구들에게 알려 말씀하셨다.

"⋯⋯ 나아가 ⋯⋯ 여러 비구들이여. 그대들은 마땅히 이와 같이 학처를 송출할지니라.

'나는 병이 없다면 마땅히 평상에 누워있는 자를 마주하고서 설법하지 않겠다.'라고 마땅히 배워야 하느니라."

병이 없다면 평상에 누워있는 자를 마주하고서 설법할 수 없다. 공경하지 않는 까닭으로 병이 없는데 평상에 누워있는 자를 마주하고서 설법하는 자는 돌길라를 범한다. 고의가 아닌 자이거나, 생각이 없는 자이거나, 무지한 자이거나, 병자이었거나, 사고의 때이거나, 미쳤던 자이거나, 최초로 범한 자는 범하지 않는다.

(65) 불산란좌자설법(不散亂坐者說法) 학처

1-1 그때 불·세존께서는 사위성의 기수급고독원에 머무르셨다.

그때 육군비구들이 산란한 모습으로 앉아있는 자를 마주하고서 설법하였다. 여러 비구들의 가운데에서 욕심이 적은 자들은 싫어하고 비난하였다.

"무슨 까닭으로써 육군비구들은 산란한 모습으로 앉아있는 자를 마주하고서 설법하는가?"

여러 비구들은 이 일로써 세존께 아뢰었고, 세존께서는 이 인연으로써 비구승가를 모으셨으며, 육군비구들에게 물어 말씀하셨다.

"육군비구들이여. 그대들이 진실로 산란한 모습으로 앉아있는 자를 마주하고서 설법하였는가?"

"진실로 그렇습니다. 세존이시여."

세존께서는 여러 방편으로 꾸짖으셨다.

"어리석은 사람들이여. 그대들은 어찌하여 산란한 모습으로 앉아있는 자를 마주하고서 설법하였는가? 어리석은 사람들이여. 이것은 오히려 믿지 않는 자는 신심이 생겨나지 않게 하고, …… 이미 믿었던 자는 일부가 전전하여 다른 곳으로 향하여 떠나가게 하느니라."

세존께서는 여러 종류의 방편으로써 육군비구들을 꾸짖고서 적절한 법을 수순하여 설하신 뒤에 여러 비구들에게 알려 말씀하셨다.

"…… 나아가 …… 여러 비구들이여. 그대들은 마땅히 이와 같이 학처를 송출할지니라.

'나는 병이 없다면 마땅히 산란한 모습으로 앉아있는 자를 마주하고서 설법하지 않겠다.'라고 마땅히 배워야 하느니라."

병이 없다면 산란한 모습으로 앉아있는 자를 마주하고서 설법할 수 없다. 공경하지 않는 까닭으로 산란한 모습으로 앉아있는 자를 마주하고서 설법하는 자는 돌길라를 범한다. 고의가 아닌 자이거나, 생각이 없는 자이거나, 무지한 자이거나, 병자이었거나, 사고의 때이거나, 미쳤던 자이거나, 최초로 범한 자는 범하지 않는다.

(66) 불전두자설법(不纏頭者說法) 학처

1-1 그때 불·세존께서는 사위성의 기수급고독원에 머무르셨다.

그때 육군비구들이 전두(纏頭)인 자를 마주하고서 설법하였다. 여러 비구들의 가운데에서 욕심이 적은 자들은 싫어하고 비난하였다.

"무슨 까닭으로써 육군비구들은 머리에 터번을 두른 자를 마주하고서 설법하는가?"

여러 비구들은 이 일로써 세존께 아뢰었고, 세존께서는 이 인연으로써 비구승가를 모으셨으며, 육군비구들에게 물어 말씀하셨다.

"육군비구들이여. 그대들이 진실로 머리에 터번을 두른 자를 마주하고서 설법하였는가?"

"진실로 그렇습니다. 세존이시여."

세존께서는 여러 방편으로 꾸짖으셨다.

"어리석은 사람들이여. 그대들은 어찌하여 산란한 모습으로 앉아있는 자를 마주하고서 설법하였는가? 어리석은 사람들이여. 이것은 오히려 믿지 않는 자는 신심이 생겨나지 않게 하고, …… 이미 믿었던 자는 일부가 전전하여 다른 곳으로 향하여 떠나가게 하느니라."

세존께서는 여러 종류의 방편으로써 육군비구들을 꾸짖고서 적절한 법을 수순하여 설하신 뒤에 여러 비구들에게 알려 말씀하셨다.

"…… 나아가 …… 여러 비구들이여. 그대들은 마땅히 이와 같이 학처를 송출할지니라.

'나는 병이 없다면 마땅히 머리에 터번을 두른 자를 마주하고서 설법하지 않겠다.'라고 마땅히 배워야 하느니라."

'전두'는 머리를 감싸서 머리카락을 볼 수 없는 자이다.

병이 없다면 전두인 자를 마주하고서 설법할 수 없다. 공경하지 않는 까닭으로 머리에 터번을 두른 자를 마주하고서 설법하는 자는 돌길라를 범한다. 고의가 아닌 자이거나, 생각이 없는 자이거나, 무지한 자이거나, 병자이었거나, 사고의 때이거나, 미쳤던 자이거나, 최초로 범한 자는 범하지 않는다.

(67) 불복면자설법(不覆面者說法) 학처

1-1 그때 불·세존께서는 사위성의 기수급고독원에 머무르셨다.

그때 육군비구들이 복면(覆面)한 자를 위하여 설법하였다. 여러 비구들의 가운데에서 욕심이 적은 자들은 싫어하고 비난하였다.

"무슨 까닭으로써 육군비구들은 복면한 자를 위하여 설법하는가?"

여러 비구들은 이 일로써 세존께 아뢰었고, 세존께서는 이 인연으로써 비구승가를 모으셨으며, 육군비구들에게 물어 말씀하셨다.

"육군비구들이여. 그대들이 진실로 복면한 자를 위하여 설법하였는가?"

"진실로 그렇습니다. 세존이시여."

세존께서는 여러 방편으로 꾸짖으셨다.

"어리석은 사람들이여. 그대들은 어찌하여 복면한 자를 위하여 설법하였는가? 어리석은 사람들이여. 이것은 오히려 믿지 않는 자는 신심이 생겨나지 않게 하고, ······ 이미 믿었던 자는 일부가 전전하여 다른 곳으로 향하여 떠나가게 하느니라."

세존께서는 여러 종류의 방편으로써 육군비구들을 꾸짖고서 적절한 법을 수순하여 설하신 뒤에 여러 비구들에게 알려 말씀하셨다.

"······ 나아가 ······ 여러 비구들이여. 그대들은 마땅히 이와 같이 학처를 송출할지니라.

'나는 병이 없다면 마땅히 복면한 자를 위하여 설법하지 않겠다.'라고 마땅히 배워야 하느니라."

'복면'은 머리를 모두 옷으로써 덮는 것이다.

병이 없다면 복면한 자를 위하여 설법할 수 없다. 공경하지 않는 까닭으로 복면한 자를 위하여 설법하는 자는 돌길라를 범한다. 고의가 아닌 자이거나, 생각이 없는 자이거나, 무지한 자이거나, 병자이었거나, 그의 머리를 드러나게 한 뒤에 설법하였거나, 사고의 때이거나, 미쳤던 자이거나, 최초로 범한 자는 범하지 않는다.

(68) 불고좌자설법(不高座者說法) 학처

1-1 그때 불·세존께서는 사위성의 기수급고독원에 머무르셨다.

그때 육군비구들이 땅 위에 앉아서 좌상(座牀)에 앉은 자를 위하여 설법하였다. 여러 비구들의 가운데에서 욕심이 적은 자들은 싫어하고 비난하였다.

"무슨 까닭으로써 육군비구들은 땅 위에 앉아서 좌상에 앉은 자를 위하여 설법하는가?"

여러 비구들은 이 일로써 세존께 아뢰었고, 세존께서는 이 인연으로써 비구승가를 모으셨으며, 육군비구들에게 물어 말씀하셨다.

"육군비구들이여. 그대들이 진실로 땅 위에 앉아서 좌상에 앉은 자를 위하여 설법하였는가?"

"진실로 그렇습니다. 세존이시여."

세존께서는 여러 방편으로 꾸짖으셨다.

"어리석은 사람들이여. 그대들은 어찌하여 땅 위에 앉아서 좌상에 앉은 자를 위하여 설법하였는가? 어리석은 사람들이여. 이것은 오히려 믿지 않는 자는 신심이 생겨나지 않게 하고, …… 이미 믿었던 자는 일부가 전전하여 다른 곳으로 향하여 떠나가게 하느니라."

세존께서는 여러 종류의 방편으로써 육군비구들을 꾸짖고서 적절한 법을 수순하여 설하신 뒤에 여러 비구들에게 알려 말씀하셨다.

"…… 나아가 …… 여러 비구들이여. 그대들은 마땅히 이와 같이 학처를 송출할지니라.

'나는 마땅히 땅 위에 앉아서 병이 없는데, 좌상에 앉은 자를 위하여 설법하지 않겠다.'라고 마땅히 배워야 하느니라."

땅 위에 앉아서 병이 없는데 좌상에 앉은 자를 위하여 설법할 수 없다. 공경하지 않는 까닭으로 땅 위에 앉아서 병이 없는데 좌상에 앉은 자를 위하여 설법하는 자는 돌길라를 범한다. 고의가 아닌 자이거나, 생각이 없는 자이거나, 무지한 자이거나, 병자이었거나, 사고의 때이거나, 미쳤던 자이거나, 최초로 범한 자는 범하지 않는다.

(69) 불고좌자설법(不高座者說法) 학처

1-1 그때 불·세존께서는 사위성의 기수급고독원에 머무르셨다.

그때 육군비구들이 낮은 좌상에 앉아서 높은 좌상에 앉은 자를 위하여 설법하였다. 여러 비구들의 가운데에서 욕심이 적은 자들은 싫어하고 비난하였다.

"무슨 까닭으로써 육군비구들은 낮은 좌상에 앉아서 높은 좌상에 앉은 자를 위하여 설법하는가?"

여러 비구들은 이 일로써 세존께 아뢰었고, 세존께서는 이 인연으로써 비구승가를 모으셨으며, 육군비구들에게 물어 말씀하셨다.

"육군비구들이여. 그대들이 진실로 낮은 좌상에 앉아서 높은 좌상에 앉은 자를 위하여 설법하였는가?"

"진실로 그렇습니다. 세존이시여."

세존께서는 여러 방편으로 꾸짖으셨다.

"어리석은 사람들이여. 그대들은 어찌하여 낮은 좌상에 앉아서 높은 좌상에 앉은 자를 위하여 설법하였는가? 어리석은 사람들이여. 이것은 오히려 믿지 않는 자는 신심이 생겨나지 않게 하고, …… 이미 믿었던 자는 일부가 전전하여 다른 곳으로 향하여 떠나가게 하느니라."

세존께서는 여러 종류의 방편으로써 육군비구들을 꾸짖고서 적절한 법을 수순하여 설하신 뒤에 여러 비구들에게 알려 말씀하셨다.

"여러 비구들이여. 과거의 세상에서 바라나국(波羅奈國)에 한 전다라(旃陀羅)의 아내가 임신하였느니라. 그때 이 전다라녀는 그의 남편에게 말하였다.

"가주(家主)여. 나는 임신하였는데, 암라과(菴羅果)를 먹고 싶습니다."

"암라과는 없소. 지금은 암라과의 때가 아니오."

"내가 얻지 못한다면 나는 죽을 것입니다."

그때 왕의 암라수(菴羅樹)에는 항상 과일이 있었느니라. 여러 비구들이여. 이때 그 전다라는 암라수가 있는 곳에 이르렀고, 암라수의 위에 올라가서 숨어서 앉았다. 이때 왕과 제사장인 바라문이 같이 암라수의 아래에 이르렀고 높은 좌상에 앉아서 주문을 학습하였다. 여러 비구들이여. 이때 그 전다라는 이렇게 사유를 지었다.

'왕이 높은 좌상에 앉아서 주문을 학습하는 것은 여법하지 않고, 바라문

이 낮은 좌상에 앉아서 높은 자리에 앉은 자를 가르치는 것도 역시 여법하
지 않다. 내가 아내를 위하여 왕의 암라과를 훔치는 것도 진실로 역시
여법하지 않다. 이 모두가 타락하여 여법하지 않다.'
　그곳에서 내려왔으며 말하였다.

　(전다라)
　성전(聖典)의 뜻을 알지 못하고서
　이것의 주문을 가르치는 자와
　비법을 학습하는 자는
　함께 법을 보지 못한다네.

　(바라문)
　나는 왕이 가져왔던 맛있는 음식의
　좋은 고기의 맛과 향을 즐기더라도
　음식을 위하여 나는 법을 설하지 않고
　다만 성스러운 법을 찬탄한다네.

　(전다라)
　이 바라문은 부끄러운 자와 같나니
　그대의 재물과 명예를 위하여
　이 현생에서 비법의 행하므로
　이것은 내생에 지옥에 떨어지는 인연이라네.

　벗어나시오. 대바라문이여.
　다른 유정들도 역시 삶아지는데
　그대의 행은 이것이 비법이므로
　부서진 돌병(石瓶)과 같이 부서지지 마시오.

여러 비구들이여. 그때에도 오히려 낮은 좌상에 앉아서 높은 좌상에 앉은 자를 위하여 주문을 설한 것을 내가 좋아하지 않았는데, 지금 어찌하여 낮은 좌상에 앉아서 높은 좌상에 앉은 자를 마주하고서 설법하겠는가? 불쾌하지 않겠는가? 여러 비구들이여. 이것은 오히려 믿지 않는 자는 신심이 생겨나지 않게 하고, …… 이미 믿었던 자는 일부가 전전하여 다른 곳으로 향하여 떠나가게 하느니라."

세존께서는 여러 종류의 방편으로써 육군비구들을 꾸짖고서 적절한 법을 수순하여 설하신 뒤에 여러 비구들에게 알려 말씀하셨다.

"…… 나아가 …… 여러 비구들이여. 그대들은 마땅히 이와 같이 학처를 송출할지니라.

'나는 마땅히 낮은 좌상에 앉아서 병이 없는데 높은 좌상에 앉은 자를 위하여 설법하지 않겠다.'라고 마땅히 배워야 하느니라."

낮은 좌상에 앉아서 병이 없는데 높은 좌상에 앉은 자를 위하여 설법할 수 없다. 공경하지 않는 까닭으로 낮은 좌상에 앉아서 병이 없는데 높은 좌상에 앉은 자를 위하여 설법하는 자는 돌길라를 범한다. 고의가 아닌 자이거나, 생각이 없는 자이거나, 무지한 자이거나, 병자이었거나, 사고의 때이거나, 미쳤던 자이거나, 최초로 범한 자는 범하지 않는다.

70) 불입위좌자설법(不立爲坐者說法) 학처

1-1 그때 불·세존께서는 사위성의 기수급고독원에 머무르셨다.

그때 육군비구들이 서 있으면서 앉은 자를 위하여 설법하였다. 여러 비구들의 가운데에서 욕심이 적은 자들은 싫어하고 비난하였다.

"무슨 까닭으로써 육군비구들은 서 있으면서 앉은 자를 위하여 설법하는가?"

여러 비구들은 이 일로써 세존께 아뢰었고, 세존께서는 이 인연으로써 비구승가를 모으셨으며, 육군비구들에게 물어 말씀하셨다.

"육군비구들이여. 그대들이 진실로 서 있으면서 앉은 자를 위하여 설법하였는가?"

"진실로 그렇습니다. 세존이시여."

세존께서는 여러 방편으로 꾸짖으셨다.

"어리석은 사람들이여. 그대들은 어찌하여 서 있으면서 앉은 자를 위하여 설법하였는가? 어리석은 사람들이여. 이것은 오히려 믿지 않는 자는 신심이 생겨나지 않게 하고, …… 이미 믿었던 자는 일부가 전전하여 다른 곳으로 향하여 떠나가게 하느니라."

세존께서는 여러 종류의 방편으로써 육군비구들을 꾸짖고서 적절한 법을 수순하여 설하신 뒤에 여러 비구들에게 알려 말씀하셨다.

"…… 나아가 …… 여러 비구들이여. 그대들은 마땅히 이와 같이 학처를 송출할지니라.

'나는 마땅히 서 있으면서 병이 없는데 앉은 자를 위하여 설법하지 않겠다.'라고 마땅히 배워야 하느니라."

서 있으면서 병이 없는데 앉은 자를 위하여 설법할 수 없다. 공경하지 않는 까닭으로 서 있으면서 병이 없는데 앉은 자를 위하여 설법하는 자는 돌길라를 범한다. 고의가 아닌 자이거나, 생각이 없는 자이거나, 무지한 자이거나, 병자이었거나, 사고의 때이거나, 미쳤던 자이거나, 최초로 범한 자는 범하지 않는다.

71) 불전행자설법(不前行者說法) 학처

1-1 그때 불·세존께서는 사위성의 기수급고독원에 머무르셨다.

그때 육군비구들이 뒤에 다니면서 앞에 다니는 자를 마주하고서 설법하였다. 여러 비구들의 가운데에서 욕심이 적은 자들은 싫어하고 비난하였다.

"무슨 까닭으로써 육군비구들은 뒤에 다니면서 앞에 다니는 자를 마주하고서 설법하는가?"

여러 비구들은 이 일로써 세존께 아뢰었고, 세존께서는 이 인연으로써 비구승가를 모으셨으며, 육군비구들에게 물어 말씀하셨다.

"육군비구들이여. 그대들이 진실로 뒤에 다니면서 앞에 다니는 자를 마주하고서 설법하였는가?"

"진실로 그렇습니다. 세존이시여."

세존께서는 여러 방편으로 꾸짖으셨다.

"어리석은 사람들이여. 그대들은 어찌하여 뒤에 다니면서 앞에 다니는 자를 마주하고서 설법하였는가? 어리석은 사람들이여. 이것은 오히려 믿지 않는 자는 신심이 생겨나지 않게 하고, …… 이미 믿었던 자는 일부가 전전하여 다른 곳으로 향하여 떠나가게 하느니라."

세존께서는 여러 종류의 방편으로써 육군비구들을 꾸짖고서 적절한 법을 수순하여 설하신 뒤에 여러 비구들에게 알려 말씀하셨다.

"…… 나아가 …… 여러 비구들이여. 그대들은 마땅히 이와 같이 학처를 송출할지니라.

'나는 마땅히 뒤에 다니면서 병이 없는데 앞에 다니는 자를 마주하고서 설법하지 않겠다.'라고 마땅히 배워야 하느니라."

뒤에 다니면서 병이 없는데 앞에 다니는 자를 마주하고서 설법할 수 없다. 공경하지 않는 까닭으로 뒤에 다니면서 병이 없는데 앞에 다니는 자를 마주하고서 설법하는 자는 돌길라를 범한다. 고의가 아닌 자이거나, 생각이 없는 자이거나, 무지한 자이거나, 병자이었거나, 사고의 때이거나, 미쳤던 자이거나, 최초로 범한 자는 범하지 않는다.

72) 불도중행자설법(不道中行者說法) 학처

1-1 그때 불·세존께서는 사위성의 기수급고독원에 머무르셨다.

그때 육군비구들이 도로의 밖으로 다니면서 도로의 가운데를 다니는 자를 위하여 설법하였다. 여러 비구들의 가운데에서 욕심이 적은 자들은 싫어하고 비난하였다.

"무슨 까닭으로써 육군비구들은 도로의 밖으로 다니면서 도로의 가운데를 다니는 자를 위하여 설법하는가?"

여러 비구들은 이 일로써 세존께 아뢰었고, 세존께서는 이 인연으로써 비구승가를 모으셨으며, 육군비구들에게 물어 말씀하셨다.

"육군비구들이여. 그대들이 진실로 도로의 밖으로 다니면서 도로의 가운데를 다니는 자를 위하여 설법하였는가?"

"진실로 그렇습니다. 세존이시여."

세존께서는 여러 방편으로 꾸짖으셨다.

"어리석은 사람들이여. 그대들은 어찌하여 도로의 밖으로 다니면서 도로의 가운데를 다니는 자를 위하여 설법하였는가? 어리석은 사람들이여. 이것은 오히려 믿지 않는 자는 신심이 생겨나지 않게 하고, …… 이미 믿었던 자는 일부가 전전하여 다른 곳으로 향하여 떠나가게 하느니라."

세존께서는 여러 종류의 방편으로써 육군비구들을 꾸짖고서 적절한 법을 수순하여 설하신 뒤에 여러 비구들에게 알려 말씀하셨다.

"…… 나아가 …… 여러 비구들이여. 그대들은 마땅히 이와 같이 학처를 송출할지니라.

'나는 마땅히 도로의 밖으로 다니면서 병이 없는데 도로의 가운데를 다니는 자를 위하여 설법하지 않겠다.'라고 마땅히 배워야 하느니라."

도로의 밖으로 다니면서 병이 없는데 도로의 가운데를 다니는 자를 위하여 설법할 수 없다. 공경하지 않는 까닭으로 도로의 밖으로 다니면서 병이 없는데 도로의 가운데를 다니는 자를 위하여 설법하는 자는 돌길라를 범한다. 고의가 아닌 자이거나, 생각이 없는 자이거나, 무지한 자이거나, 병자이었거나, 사고의 때이거나, 미쳤던 자이거나, 최초로 범한 자는 범하지 않는다.

73) 불입행대소변(不立行大小便) 학처

1-1 그때 불·세존께서는 사위성의 기수급고독원에 머무르셨다.

그때 육군비구들이 서 있으면서 대소변을 보았다. 여러 사람들이 싫어하고 비난하였다.

"무엇을 위하여 사문 석자는 서 있으면서 대·소변을 보는가?"

여러 비구들은 여러 사람들이 비난하는 것을 들었다. 여러 비구들의 가운데에서 욕심이 적은 자들은 싫어하고 비난하였다.

"무슨 까닭으로써 육군비구들은 서 있으면서 대·소변을 보는가?"

여러 비구들은 이 일로써 세존께 아뢰었고, 세존께서는 이 인연으로써 비구승가를 모으셨으며, 육군비구들에게 물어 말씀하셨다.

"육군비구들이여. 그대들이 진실로 서 있으면서 대·소변을 보았는가?"

"진실로 그렇습니다. 세존이시여."

세존께서는 여러 방편으로 꾸짖으셨다.

"어리석은 사람들이여. 그대들은 어찌하여 서 있으면서 대·소변을 보았는가? 어리석은 사람들이여. 이것은 오히려 믿지 않는 자는 신심이 생겨나지 않게 하고, …… 이미 믿었던 자는 일부가 전전하여 다른 곳으로 향하여 떠나가게 하느니라."

세존께서는 여러 종류의 방편으로써 육군비구들을 꾸짖고서 적절한 법을 수순하여 설하신 뒤에 여러 비구들에게 알려 말씀하셨다.

"…… 나아가 …… 여러 비구들이여. 그대들은 마땅히 이와 같이 학처를 송출할지니라.

'나는 병이 없다면 마땅히 서 있으면서 대·소변을 보지 않겠다.'라고 마땅히 배워야 하느니라."

병이 없다면 서 있으면서 대·소변을 볼 수 없다. 공경하지 않는 까닭으로 병이 없는데 서 있으면서 대·소변을 보는 자는 돌길라를 범한다. 고의가 아닌 자이거나, 생각이 없는 자이거나, 무지한 자이거나, 병자이었거나, 사고의 때이거나, 미쳤던 자이거나, 최초로 범한 자는 범하지 않는다.

74) 불청초대소변(不靑草大小便) 학처

1-1 그때 불·세존께서는 사위성의 기수급고독원에 머무르셨다.

그때 육군비구들이 푸른 풀의 위에 대·소변을 보았고 침을 뱉었다. 여러 사람들이 싫어하고 비난하였다.

"무엇을 위하여 사문 석자는 푸른 풀의 위에 대·소변을 보고 침을 뱉는가?"

여러 비구들은 여러 사람들이 비난하는 것을 들었다. 여러 비구들의 가운데에서 욕심이 적은 자들은 싫어하고 비난하였다.

"무슨 까닭으로써 육군비구들은 푸른 풀의 위에 대·소변을 보고 침을 뱉는가?"

여러 비구들은 이 일로써 세존께 아뢰었고, 세존께서는 이 인연으로써 비구승가를 모으셨으며, 육군비구들에게 물어 말씀하셨다.

"육군비구들이여. 그대들이 진실로 푸른 풀의 위에 대·소변을 보고 침을 뱉었는가?"

"진실로 그렇습니다. 세존이시여."

세존께서는 여러 방편으로 꾸짖으셨다.

"어리석은 사람들이여. 그대들은 어찌하여 푸른 풀의 위에 대·소변을 보고 침을 뱉었는가? 어리석은 사람들이여. 이것은 오히려 믿지 않는 자는 신심이 생겨나지 않게 하고, …… 이미 믿었던 자는 일부가 전전하여 다른 곳으로 향하여 떠나가게 하느니라."

세존께서는 여러 종류의 방편으로써 육군비구들을 꾸짖고서 적절한 법을 수순하여 설하신 뒤에 여러 비구들에게 알려 말씀하셨다.

"…… 나아가 …… 여러 비구들이여. 그대들은 마땅히 이와 같이 학처를 송출할지니라.

'나는 병이 없다면 마땅히 푸른 풀 위에 대·소변을 보고 침을 뱉지 않겠다.'라고 마땅히 배워야 하느니라."

병이 없다면 푸른 풀 위에 대·소변을 보고 침을 뱉을 수 없다. 공경하지 않는 까닭으로 병이 없는데 푸른 풀 위에 대·소변을 보고 침을 뱉는 자는 돌길라를 범한다. 고의가 아닌 자이거나, 생각이 없는 자이거나, 무지한 자이거나, 병자이었거나, 풀이 없는 곳에서 대·소변을 보고서 푸른 풀이 있는 곳에 뿌렸거나, 사고의 때이거나, 미쳤던 자이거나, 최초로 범한 자는 범하지 않는다.

75) 불수상대소변(不水上大小便) 학처

1-1 그때 불·세존께서는 사위성의 기수급고독원에 머무르셨다.

그때 육군비구들이 물 위에서 대·소변을 보았고 침을 뱉었다. 여러 사람들이 싫어하고 비난하였다.

"무엇을 위하여 사문 석자는 물 위에 대·소변을 보고 침을 뱉는가? 재가에서 욕락을 받고서 즐기는 자와 같구나."

여러 비구들은 여러 사람들이 비난하는 것을 들었다. 여러 비구들의 가운데에서 욕심이 적은 자들은 싫어하고 비난하였다.

"무슨 까닭으로써 육군비구들은 물 위에서 대·소변을 보고 침을 뱉는가?"

여러 비구들은 이 일로써 세존께 아뢰었고, 세존께서는 이 인연으로써 비구승가를 모으셨으며, 육군비구들에게 물어 말씀하셨다.

"육군비구들이여. 그대들이 진실로 물 위에서 대·소변을 보고 침을 뱉었는가?"

"진실로 그렇습니다. 세존이시여."

세존께서는 여러 방편으로 꾸짖으셨다.

"어리석은 사람들이여. 그대들은 어찌하여 물 위에서 대·소변을 보고 침을 뱉었는가? 어리석은 사람들이여. 이것은 오히려 믿지 않는 자는 신심이 생겨나지 않게 하고, …… 이미 믿었던 자는 일부가 전전하여 다른 곳으로 향하여 떠나가게 하느니라."

세존께서는 여러 종류의 방편으로써 육군비구들을 꾸짖고서 적절한

법을 수순하여 설하신 뒤에 여러 비구들에게 알려 말씀하셨다.

"…… 나아가 …… 여러 비구들이여. 그대들은 마땅히 이와 같이 학처를 송출할지니라.

'나는 마땅히 물 위에서 대·소변을 보고 침을 뱉지 않겠다.'라고 마땅히 배워야 하느니라."

이와 같이 세존께서는 여러 비구들을 위하여 학처를 제정하여 세우셨다.

2-1 그때 병든 비구가 두려워하고 삼가하였으므로 물 위에서 대·소변을 보지 못하였고 침을 뱉지 못하였다. 이 비구는 이 일로써 여러 비구들에게 알렸고, 여러 비구들은 이 일로써 세존께 아뢰었다. 이때 세존께서는 이 인연으로써 비구승가를 모으셨으며, 설법하신 뒤에 여러 비구들에게 알려 말씀하셨다.

"여러 비구들이여. 나는 병든 비구가 물 위에서 대·소변을 보고 침을 뱉는 것을 허락하겠노라. 여러 비구들이여. 그대들은 마땅히 이와 같이 학처를 송출할지니라.

'나는 병이 없다면 마땅히 물 위에서 대·소변을 보고 침을 뱉지 않겠다.'라고 마땅히 배워야 하느니라."

병이 없다면 물 위에서 대·소변을 보고 침을 뱉을 수 없다. 공경하지 않는 까닭으로 병이 없는데 물 위에서 대·소변을 보고 침을 뱉는 자는 돌길라를 범한다. 고의가 아닌 자이거나, 생각이 없는 자이거나, 무지한 자이거나, 병자이었거나, 땅 위에서 대·소변을 보고서 물속에 뿌렸거나, 사고의 때이거나, 미쳤던 자이거나, 최초로 범한 자는 범하지 않는다.

[일곱째의 초리품(草履品)을 마친다.]

"여러 대덕들이여. 75중학법을 송출하여 마쳤습니다. 이것에서 나는 지금 여러 대덕들께 묻겠습니다."

"이 일에서 청정합니까?"

두 번째로 묻겠습니다.

"이 일에서 청정합니까?"

세 번째로 묻겠습니다.

"이 일에서 청정합니까?"

지금 여러 대덕들께서는 이 일에서 청정하나니, 이것은 묵연하였던 까닭입니다. 나는 이와 같이 알고 이해하겠습니다.

○ 중학법을 마친다.

경분별(經分別) 제8권

8. 멸쟁법(滅諍法, Adhikaraṇasamathā)

여러 대덕들이여.

지금 7멸쟁법(滅諍法)을 송출하겠습니다.

1) 쟁론(諍論)이 생겨났다면 그것을 멈추고 적정하기 위하여 마땅히 현전비니(現前毘尼)를 주어서 소멸시킬 수 있느니라.

2) 쟁론이 생겨났다면 그것을 멈추고 적정하기 위하여 마땅히 억념비니(憶念毘尼)를 주어서 소멸시킬 수 있느니라.

3) 쟁론이 생겨났다면 그것을 멈추고 적정하기 위하여 마땅히 불치비니(不癡毘尼)를 주어서 소멸시킬 수 있느니라.

4) 쟁론이 생겨났다면 그것을 멈추고 적정하기 위하여 마땅히 자언치비니(自言治毘尼)를 주어서 소멸시킬 수 있느니라.

5) 쟁론이 생겨났다면 그것을 멈추고 적정하기 위하여 마땅히 다인어비
니(多人語毘尼)를 주어서 소멸시킬 수 있느니라.

6) 쟁론이 생겨났다면 그것을 멈추고 적정하기 위하여 마땅히 멱죄상비
니(覓罪相毘尼)를 주어서 소멸시킬 수 있느니라.

7) 쟁론이 생겨났다면 그것을 멈추고 적정하기 위하여 마땅히 여초부지
비니(如草覆地毘尼)를 주어서 소멸시킬 수 있느니라.

"여러 대덕들이여. 7멸쟁법을 송출하여 마쳤습니다. 이것에서 나는
지금 여러 대덕들께 묻겠습니다."
"이 일에서 청정합니까?"
두 번째로 묻겠습니다.
"이 일에서 청정합니까?"
세 번째로 묻겠습니다.
"이 일에서 청정합니까?"
지금 여러 대덕들께서는 이 일에서 청정하나니, 이것은 묵연하였던
까닭입니다. 나는 이와 같이 알고 이해하겠습니다.

○ **멸쟁법을 마친다.**

여러 대덕들이여.
이미 연기를 송출하였고,
이미 4바라이법을 송출하였으며,
이미 13승잔법을 송출하였고,
이미 2부정법을 송출하였으며,

이미 30니살기바일제법을 송출하였고,
이미 92바일제법을 송출하였으며,
이미 4바라제제사니법을 송출하였고,
이미 75중학법을 송출하였으며,
이미 7멸쟁법을 송출하였습니다.

일반적으로
이미 세존의 계경에 수록된 것이고
정확하게 계경에 포함된 것을
보름마다 송출합니다.

이것은 일체의 승가가 화합하여
환희하고 투쟁이 없이
그것을 수학해야 합니다.

○ 비구율 대분별(大分別)을 마친다.

비구니율 대분별

(bhikkhuni Vinaya 大分別)

경분별(經分別) 제9권

그분이신 여래(如來), 응공(應供),
정등각(正等覺)께 귀명(歸命)하옵니다.

1. 바라이(波羅夷, Pārājika)

여러 대자(大姊)들이여.
지금부터 8바라이법(波羅夷法)[1]을 송출(誦出)하겠습니다.

1) 마촉(摩觸) 학처

1-1 그때 불·세존께서는 사위성의 기수급고독원에 머무르셨다.

그때 미가라(彌迦羅)[2]의 손자인 사라(沙羅)[3]는 비구니 승가를 위하여 정사를 짓고자 하였다. 이때 미가라의 손자인 사라는 비구니들의 처소에 이르러 이와 같이 말을 지었다.

"대자(大姊)들이여. 나는 비구니 승가를 위하여 정사를 짓고자 합니다. 정사를 짓는 것을 감독할 비구니를 파견하여 주시기를 청합니다."

---

1) 비구니의 바라이계는 8계목으로 구성되고 있으나, 비구 계율과 동일하게 제정된 바라제목차의 1, 2, 3, 4의 계목은 생략하고서 나머지의 계목을 차례로 번역한다. 또한 구성은 비구니 율장에 결집된 계목의 차례를 따라서 구성하여 번역한다.
2) 팔리어 Migāra(미가라)의 음사이고, 비사거녹자모를 가리킨다.
3) 팔리어 Sāḷha(살하)의 음사이다.

그때 네 자매인 비구니가 출가하였는데, 난타(難陀),[4] 난타와제(難陀瓦提),[5] 손다리난타(孫多利難陀),[6] 투란난타(偸蘭難陀)[7] 등이었다. 그들 가운데에서 손다리난타 비구니는 법랍이 가장 적었고, 단정하고 아름다웠으며, 어질고 지혜로운 능력이 있었고, 영리하고 근면하며 유쾌하였으며, 여러 종류의 방편을 갖추었고 사려가 깊어서 정사를 지으면서 처리하는 수승한 소임을 감당할 수 있었다.

이때 비구니 승가는 손다리난타를 뽑아서 미가라의 손자인 사라가 조성하는 정사를 감독하게 보냈다. 이때 손다리난타 비구니는 큰 도끼, 작은 도끼, 삽, 괭이, 톱 등을 청구하여 주었으므로, 자주자주 미가라의 손자인 사라의 처소에 이르렀고, 사라도 역시 정사를 짓기 위하여 자주자주 비구니의 처소에 이르렀다. 그들은 자주자주 서로가 모였던 인연으로 염심(染心)이 생겨났다. 이때 미가라의 손자인 사라는 손다리난타 비구니를 염오시킬 기회의 인연을 얻을 수 없었으나, 이것을 인연으로 구실삼아서 비구니 승가를 위하여 음식을 베풀었다.

이때 사라는 식당에 자리를 설치하면서 비구니들의 법랍을 따라서 손다리난타의 상좌(上座)는 한쪽에 자리를 설치하였고, 법랍이 낮은 하좌(下座)는 별도로 한쪽에 설치하였다. 다시 가려진 한 모퉁이에 손다리난타 비구니를 위하여 자리를 설치하였다. 이것과 같이 손다리난타의 상좌인 비구들이 알게 하였고, 하좌인 비구니들도 알게 하였으며, 상좌인 비구니들의 근처에 앉게 하였다. 이때 미가라의 손자인 사라는 사람을 시켜서 비구니 승가에게 음식의 때가 되었음을 알렸다.

"여러 대자들이여. 음식이 준비되었습니다. 음식의 때에 이미 이르렀습니다."

손다리난타는 '사라는 비구니 승가를 공경하여 음식을 베푸는 것이

---

4) 팔리어 Nandā(난다)의 음사이다.
5) 팔리어 Nandavatī(난다바티)의 음사이다.
6) 팔리어 Sundarīnandā(순다리난다)의 음사이다.
7) 팔리어 Thullanandā(투란난다)의 음사이다.

아니고, 그는 이것을 핑계로 나를 염오(染汚)시키려고 한다. 내가 만약 간다면 고뇌가 생겨날 것이다.'라고 관찰하여 알았으므로, 제자인 비구니에게 명령하여 말하였다.

"그대가 가서 나의 음식을 가져오게. 만약 나를 묻는 자가 있다면 곧 병이 있다고 알리게."

그 비구니는 손티리난타 비구니에게 대답하였다.

"알겠습니다. 화상이시여!"

그때 미가라의 손자인 사라는 문 밖에 서 있으면서 손다리난타에게 일어난 일을 물었다.

"대자들이여. 손다리난타는 지금 어느 곳에 있습니까? 존경하는 자매들이여. 손다리난타는 지금 어느 곳에 있습니까?"

이렇게 말을 짓는 때에 손다리난타의 제자인 비구니가 사라에게 알려 말하였다.

"현자여. 병이 있습니다. 나에게 음식을 준다면 가지고 돌아가겠습니다."

사라는 말하였다.

"내가 비구니 승가를 공경하여 음식을 베풀었던 것은 존경하는 자매인 손다리난타를 인연하였던 까닭입니다."

여러 사람들에게 비구니 대중에게 음식을 공양하라고 알리고서 스스로가 비구니들의 주처로 갔다. 그때 손다리난타 비구니는 사라를 사모하였던 인연으로 정사의 문밖에 서 있었다. 손다리난타 비구니는 미가라 손자인 사라가 앞으로 오는 것을 멀리서 보았고, 곧 방으로 들어가서 머리를 덮고서 침상에 누웠다. 이때 사라는 손다리난타 비구니의 처소에 이르러 이렇게 말을 지었다.

"대자여. 무슨 일로 불편합니까? 무슨 까닭으로 누워있습니까?"

"현자여. 구하지 못할 사람을 구하고자 하는 자는 바로 이와 같습니다."

"대자여. 내가 어찌 그대를 구하려고 하지 않겠습니까? 그러나 나는 그대를 염오시킬 기회에 이르지 못하였습니다."

이때 염심과 염심으로써 손다리난타 비구니의 몸을 서로가 어루만졌다. 이때 한 비구니가 늙고 쇠약하며 발이 아팠던 인연으로 손다리난타의 근처에 누워있었다. 그 비구니는 염심의 사라와 염심의 손다리난타가 서로의 몸을 어루만지는 것을 보았던 인연으로 싫어하고 비난하였다.

"무슨 까닭으로써 존경받는 자매인 손다리난타는 염심으로써 염심이 있는 남자의 몸을 어루만지면서 즐거움을 받는가?"

이때 그 비구니는 이 일로써 여러 비구니들에게 말하였고, 여러 비구니들의 가운데에서 욕심이 적어서 만족을 알고, 부끄러움을 알아서 참회하는 마음이 있으며, 계율을 배우기를 좋아하는 자들은 싫어하고 비난하였다.

"무슨 까닭으로써 대자인 손다리난타는 염심으로써 염심이 있는 남자의 몸을 어루만지면서 즐거움을 받는가?"

이때 그 비구니 등은 이 일로써 여러 비구들에게 말하였고, 그 비구들은 싫어하고 비난하였다.

"무슨 까닭으로써 손다리난타 비구니는 염심으로써 염심이 있는 남자의 몸을 어루만지면서 즐거움을 받는가?"

이때 그 여러 비구들은 이 일로써 세존께 아뢰었다. 이때 세존께서는 이 인연으로써 여러 비구들에게 물어 말씀하셨다.

"여러 비구들이여. 손다리난타가 진실로 염심으로써 염심이 있는 남자의 몸을 어루만지면서 즐거움을 받았는가?"

"진실로 그렇습니다. 세존이시여."

세존께서는 여러 방편으로 꾸짖으셨다.

"여러 비구들이여. 손다리난타 비구니는 상응하는 법이 아니고, 수순하는 행이 아니며, 위의가 아니고, 사문의 행이 아니며, 청정한 행이 아니고, 마땅히 행할 것이 아니니라. 여러 비구들이여. 어찌하여 손다리난타 비구니는 염심으로써 염심이 있는 남자의 몸을 어루만지면서 즐거움을 받았는가? 여러 비구들이여. 이것은 믿지 않는 자는 신심이 생겨나지 않게 하고, 이미 믿었던 자는 증장시키지 않느니라. 어리석은 사람이여. 이것은 오히려 믿지 않는 자는 불신이 생겨나지 않는 것이 없게 하고, 믿었던 자는 전전하여 일부가 다른 곳을 향하여 떠나가게 하느니라.”

이때 세존께서는 여러 종류의 방편으로써 손다리난타 비구니를 꾸짖고서 뒤에 부양하기 어렵고, 가르치고 양육함이 어려우며, 욕심이 많아서 만족함을 알지 못하고, 대중의 가운데에 참여하면서 방일하였던 허물을 설하셨다. 그러한 뒤에 여러 종류의 방편으로써 부양하기 쉽고, 가르치고 양육함이 쉬우며, 욕심이 적어서 만족함을 알고, 두타행을 좋아하며, 단정하여 대중의 가운데에 참여하지 않고 용맹하게 정진하는 아름다움을 설하셨다. 아울러 또한 여러 비구들을 위하여 적절한 법을 수순하여 설하신 뒤에 여러 비구들에게 알려 말씀하셨다.

“여러 비구들이여. 이와 같으므로 열 가지의 이익을 까닭으로써 나는 여러 비구들을 위하여 학처를 제정하겠노라. 승가의 섭수를 위하여, 승가의 안락을 위하여, 악인을 조복하기 위하여, 선한 비구들을 안락하게 머물게 하기 위하여, 현세의 누를 방호하기 위하여, 후세의 누를 없애기 위하여, 믿지 않는 자에게 신심이 생겨나게 하기 위하여, 이미 믿었던 자를 증장시키기 위하여, 정법이 오래 머무르게 하기 위하여, 율의 공경과 존중을 위한 것이니라. 여러 비구들이여. 여러 비구니들은 마땅히 이와 같이 학처를 송출할지니라.

‘어느 누구의 비구니일지라도 염심을 지니고서 염심이 있는 남자를 쫓아서 목의 아래부터 무릎의 위를 어루만지거나, 혹은 거듭하여 어루만지거나, 혹은 붙잡거나, 혹은 문지르거나, 혹은 껴안으면서 즐거움을 받는 자는 이것도 역시 바라이이므로 함께 머무를 수 없느니라. 무릎 위이라면 바라이를 범하느니라.”

2-1 ‘어느 누구의 비구니일지라도’는 어느 태어났던 이유, 이름의 이유, 족성의 이유, 계의 이유, 정사의 이유, 어느 누구의 사람이 행하였던 지역을 논하는 것이 아니고, 혹은 높은 법랍이거나, 혹은 낮은 법랍이거나,

혹은 중간의 법랍이었다면, '어느 누구의 비구니라도'라고 말한다.

'비구니'는 구걸하는 비구니이니, 일을 따라서 걸식하는 비구니, 할절의를 입은 비구니, 사문의 성품인 비구니, 자칭비구니, 선래비구니, 삼귀의를 이유로 구족계를 받은 비구니, 현선비구니, 진실비구니, 유학비구니, 무학비구니, 2부중 화합승가의 백사갈마를 의지한 이유로 허물이 없어서 마땅히 여법하게 구족계를 받은 비구니이다. 이 가운데에서 2부중 화합승가를 의지한 이유로 백사갈마에 허물이 없어서 마땅히 여법하게 구족계를 받은 비구니이니, 곧 이것에서 '비구니'의 뜻으로 말한다.

'염심을 지니다.'는 비구니가 욕념이 있거나, 기대(期待)가 있거나, 염착심(染著心)이 있는 것이다.

'염심이 있다.'는 남자가 욕념이 있거나, 기대함이 있거나, 염착심이 있는 것이다.

'남자'는 사람의 남자이고, 야차남, 아귀남, 축생남이 아니며, 사람의 남자이고 능히 지혜가 있어서 접촉하며 어루만지는 것이다.

'어루만지다.'는 가볍게 어루만지는 것이다.

'거듭하여 어루만지다.'는 여러 곳을 어루만지는 것이다.

'붙잡다.'는 가볍게 붙잡는 것이다.

'문지르다.'는 가볍게 문지르는 것이다.

'껴안으면서 즐거움을 받다.'는 몸을 붙잡고 압박하여 즐거움을 받는 것이다.

'목의 아래부터'는 목의 아래이다.

'무릎의 위'는 무릎의 위이다.

'바라이'는 사람의 목을 자르는 것과 비슷하고 같아서 그것이 신체를 의지하므로 역시 살아갈 수 없는 까닭이다. 이와 같이 비구니가 염심을 지니고서 염심이 있는 남자를 쫓아서 목의 아래부터 무릎의 위를 어루만지거나, 혹은 거듭하여 어루만지거나, 혹은 붙잡거나, 혹은 문지르거나, 혹은 껴안으면서 즐거움을 받는 자는 사문녀(沙門女)가 아니고, 역시 석녀(釋女)도 아니다. 이러한 까닭으로 바라이라고 말한다.

'함께 머무를 수 없다.'는 함께 머무르는 것은 동일하게 갈마하고 동일하게 계를 설하며, 함께 배우는 것이니, 이것을 함께 머무른다고 이름한다. 그 비구니가 그 비구니들과 함께 머물 수 없나니, 이러한 까닭으로 함께 머무를 수 없다고 말한다.

2-2 두 사람이 함께 염심이 있었고 목의 아래부터 무릎의 위를, 몸으로써 몸을 서로가 어루만지는 자는 바라이를 범한다. …… 몸으로써 몸에 부착된 물건을 어루만지는 자는 투란차를 범한다. …… 몸에 부착된 물건으로써 몸을 어루만지는 자는 투란차를 범한다. …… 몸에 부착된 물건으로써 몸에 부착된 물건을 어루만지는 자는 돌길라를 범한다. …… 몸에서 풀어놓은 물건으로써 몸을 어루만지는 자는 돌길라를 범한다. …… 몸에서 풀어놓은 물건으로써 몸에 부착된 물건을 어루만지는 자는 돌길라를 범한다. …… 몸에서 풀어놓은 물건으로써 몸에서 풀어놓은 물건을 어루만지는 자는 돌길라를 범한다.

목의 위와 무릎의 아래를, 몸으로써 몸을 서로가 어루만지는 자는 투란차를 범한다. …… 몸으로써 몸에 부착된 물건을 어루만지는 자는 돌길라를 범한다. …… 몸에 부착된 물건으로써 몸을 어루만지는 자는 돌길라를 범한다. …… 몸에 부착된 물건으로써 몸에 부착된 물건을 어루만지는 자는 돌길라를 범한다. …… 몸에서 풀어놓은 물건으로써 몸을 어루만지는 자는 돌길라를 범한다. …… 몸에서 풀어놓은 물건으로써 몸에 부착된 물건을 어루만지는 자는 돌길라를 범한다. …… 몸에서 풀어놓은 물건으로써 몸에서 풀어놓은 물건을 어루만지는 자는 돌길라를 범한다.

한 사람이 염심이 있었고 목의 아래부터 무릎의 위를, 몸으로써 몸을 서로가 어루만지는 자는 투란차를 범한다. …… 몸으로써 몸에 부착된 물건을 어루만지는 자는 돌길라를 범한다. …… 몸에서 풀어놓은 물건으로써 몸에서 풀어놓은 물건을 어루만지는 자는 돌길라를 범한다.

목의 위와 무릎의 아래를, 몸으로써 몸을 서로가 어루만지는 자는 투란차를 범한다. …… 몸으로써 몸에 부착된 물건을 어루만지는 자는 돌길라를 범한다. …… 몸에서 풀어놓은 물건으로써 몸에서 풀어놓은 물건을 어루만지는 자는 돌길라를 범한다.

두 사람이 함께 염심이 있었고, 야차, 혹은 아귀, 혹은 황문, 혹은 축생이 사람의 형태를 갖춘 자가 목의 아래부터 무릎의 위를, 몸으로써 몸을 서로가 어루만지는 자는 돌길라를 범한다. …… 몸으로써 몸에 부착된 물건을 어루만지는 자는 돌길라를 범한다. …… 몸에서 풀어놓은 물건으로써 몸에서 풀어놓은 물건을 어루만지는 자는 돌길라를 범한다.

목의 위와 무릎의 아래를, 몸으로써 몸을 서로가 어루만지는 자는 돌길라를 범한다. …… 몸으로써 몸에 부착된 물건을 어루만지는 자는 돌길라를 범한다. …… 몸에서 풀어놓은 물건으로써 몸에서 풀어놓은 물건을 어루만지는 자는 돌길라를 범한다.

한 사람이 염심이 있었고, 야차, 혹은 아귀, 혹은 황문, 혹은 축생이 사람의 형태를 갖춘 자가 목의 아래부터 무릎의 위를, 몸으로써 몸을 서로가 어루만지는 자는 돌길라를 범한다. …… 몸으로써 몸에 부착된 물건을 어루만지는 자는 돌길라를 범한다. …… 몸에서 풀어놓은 물건으로써 몸에서 풀어놓은 물건을 어루만지는 자는 돌길라를 범한다.

목의 위와 무릎의 아래를, 몸으로써 몸을 서로가 어루만지는 자는 돌길라를 범한다. …… 몸으로써 몸에 부착된 물건을 어루만지는 자는 돌길라를 범한다. …… 몸에서 풀어놓은 물건으로써 몸에서 풀어놓은 물건을 어루만지는 자는 돌길라를 범한다.

3-1 고의가 아닌 자이거나, 생각이 없는 자이거나, 무지한 자이거나, 즐거움을 받지 않은 자이거나, 미쳤던 자이거나, 최초로 범한 자는 범하지 않는다.

2) 부죄불고중(覆罪不告衆) 학처

1-1 그때 불·세존께서는 사위성의 기수급고독원에 머무르셨다.

그때 손다리난타 비구니는 미가라의 손자인 사라를 이유로 임신하였으나, 태아가 작았을 때에는 감추어서 숨겼고, 태아가 만삭에 이르자 곧 환속(還俗)하여 아기를 낳았다. 여러 비구니들이 투란난타 비구니에게 말하였다.

"대자여. 손다리난타 비구니는 최근에 환속하여 아기를 낳았습니다. 그 비구니는 어찌 사문니의 가운데에서 임신하지 않았겠습니까?"

"그렇습니다. 대자들이여."

"대자여. 그대는 비구니가 바라이법을 범한 것을 알고서도 어찌 죄를 거론하고 알리지 않았습니까?"

"그 비구니에게 불명예이었고, 역시 나에게도 불명예이었습니다. 그 비구니에게 악한 이름이었고, 역시 나에게도 악한 이름이었습니다. 그 비구니에게 치욕이었고, 역시 나에게도 치욕이었습니다. 그 비구니에게 이익이 아니었고, 역시 나에게도 이익이 아니었습니다. 무슨 까닭으로써 우리들이 불명예, 악한 이름, 치욕, 불리한 일을 다른 사람을 향하여 말하겠습니까?"

여러 비구니들의 가운데에서 욕심이 적은 자들은 싫어하고 비난하였다.

"무슨 까닭으로써 대자인 투란난타 비구니는 다른 비구니가 바라이법을 범한 것을 알고서도 그 죄를 거론하지 않았고 알리지도 않는가?"

이때 그 비구니 등은 이 일로써 여러 비구들에게 말하였고, 이때 그 여러 비구들은 이 일로써 세존께 아뢰었다. 이때 세존께서는 이 인연으로써 여러 비구들을 모으셨으며, 비구 대중에게 설법하신 뒤에 여러 비구들에게 물어 말씀하셨다.

"여러 비구들이여. 투란난타 비구니는 진실로 다른 비구니가 바라이법을 범한 것을 알고서도 그 죄를 거론하지 않았고 알리지도 않았는가?"

"진실로 그렇습니다. 세존이시여."

세존께서는 여러 방편으로 꾸짖으셨다.

"여러 비구들이여. 어찌하여 투란난타 비구니는 다른 비구니가 바라이법을 범한 것을 알고서도 그 죄를 거론하지 않았고 알리지도 않았는가? 여러 비구들이여. 이것은 오히려 믿지 않는 자는 불신이 생겨나지 않는 것이 없게 하고, 믿었던 자는 전전하여 일부가 다른 곳을 향하여 떠나가게 하느니라. …… 나아가 …… 여러 비구들이여. 여러 비구니들은 마땅히 이와 같이 학처를 송출할지니라.

'어느 누구의 비구니일지라도 다른 비구니가 바라이법을 범한 것을 알고서도 그 죄를 거론하지 않았고 대중에게 알리지도 않았는데, 그 뒤에 그 죄를 범한 비구니가 혹은 머물렀거나, 혹은 사라졌거나, 혹은 빈출(擯出)되었거나, 혹은 외도에 들어간 때에, 그 비구니가 〈대자들이여. 나는 이전에 이 비구니가 이와 같고 이와 같다고 알았으나, 그 죄를 범한 비구니가 자매였던 까닭으로, 그 죄를 거론하거나 알리고 싶지 않았습니다.〉라고 이와 같이 말하였다면, 역시 이것도 바라이이므로, 함께 머무를 수 없느니라.' 이것은 거론된 자를 수순하면 바라이를 범하느니라."

2-1 '어느 누구'는 어느 태어난 곳의 이유, …… 혹은 중간의 법랍이었다면 이것을 '어느 누구'라고 말한다.

'비구니'는 구걸하는 비구니이니, 일을 쫓아서 걸식하는 비구니, …… 곧 이것에서 '비구니'의 뜻이라고 말하는 것이다.

'알다.'는 스스로가 알았거나, 다른 사람이 알려서 알았거나, 혹은 그 비구니가 스스로가 알린 것이다.

'바라이법을 범하다.'는 8바라이의 가운데에서 어느 하나의 바라이를 범한 것이다.

'그 죄를 거론하지 않다.'는 그것을 꾸짖지 않은 것이다.

'대중에게 알리지도 않다.'는 다른 비구니에게 알리지 않은 것이다.

'그녀가 혹은 머물렀거나, 혹은 사라졌다.'는 '머무르다.'는 스스로와 함께 서로가 머무르는 것을 말하고, '사라졌다.'는 죽은 것을 말한다.

'빈출되다.'는 스스로가 승가를 떠났거나, 다른 이유로 쫓겨난 것이다.

'외도에 들어가다.'는 외도의 종파로 떠나가는 것이다.

'그 뒤에 그 비구니가 이와 같이 말하다.'는 "존경하는 자매들이여. 나는 이전에 이 비구니가 이와 같고 이와 같다고 알았으나, 그 죄를 범한 비구니가 자매였던 까닭으로 그 죄를 거론하거나 알리고 싶지 않았습니다."라고 말하는 것이다.

'스스로가 죄를 거론하지 않다.'는 스스로가 죄를 거론하지 않은 것이다.

'죄를 알리지 않다.'는 다른 비구니들에게 죄를 알리지 않은 것이다.

'역시 이와 같다.'는 출가 이전의 일을 취하는 것을 말한다.

'바라이'는 오히려 나무 가지에서 마른 잎이 떨어진다면 다시 푸르름을 얻지 못하는 것과 같나니, 이것도 같으니라. 비구니가 다른 비구니가 바라이법을 범한 것을 알고서도 그 죄를 거론하지 않았고 대중에게 알리지도 않는 자는 책무(責務)를 던져버리는 것이므로 사문녀가 아니고, 역시 석녀도 아니다. 이러한 까닭으로 바라이라고 말한다.

'함께 머무를 수 없다.'는 함께 머무르는 것은 동일하게 갈마하고 동일하게 계를 설하며, …… 이러한 까닭으로 함께 머무를 수 없다고 말한다.

3-1 승가에서 능히 투쟁, 분란, 분열, 논쟁 등의 일을 일으킬 것이라고 알리지 않았거나, 능히 파승사, 혹은 승가의 불화합이 일어날 것이라고 알리지 않았거나, 이자는 추악하고 자비가 없어서 능히 생명을 위험을 일으키거나, 범행이 위험하여 알리지 않았거나, 다른 여법한 비구니들을 볼 수 없었던 인연으로 이 일을 알리지 않았거나, 덮어서 감추려는 뜻이 없어서 알리지 않았거나, 스스로의 행이 능히 알려질 것이라는 이유로 알리지 않았거나, 미쳤던 자이거나, 최초로 범한 자는 범하지 않는다.

3) 수순빈출비구니(隨順擯出比丘尼) 학처

1-1 그때 불·세존께서는 사위성의 기수급고독원에 머무르셨다.

그때 투란난타 비구니는 본래 독수리의 조련사이었고 화합승가의 처소에서 빈출되었던 아리타(阿利吒)[8] 비구를 수순(隨順)하였다. 여러 비구니들의 가운데에서 욕심이 적은 자들은 싫어하고 비난하였다.

"무슨 까닭으로써 대자인 투란난타 비구니는 화합승가의 처소에서 빈출되었던 아리타 비구를 수순하는가?"

이때 그 비구니 등은 이 일로써 여러 비구들에게 말하였고, 이때 그 여러 비구들은 이 일로써 세존께 아뢰었다. 이때 세존께서는 이 인연으로써 여러 비구들을 모으셨으며, 여러 비구들에게 물어 말씀하셨다.

"여러 비구들이여. 투란난타 비구니가 진실로 화합승가의 처소에서 빈출되었던 아리타 비구를 수순하였는가?"

"진실로 그렇습니다. 세존이시여."

세존께서는 여러 방편으로 꾸짖으셨다.

"여러 비구들이여. 어찌하여 투란난타 비구니는 화합승가의 처소에서 빈출되었던 아리타 비구를 수순하였는가? 여러 비구들이여. 이것은 오히려 믿지 않는 자는 불신이 생겨나지 않는 것이 없게 하고, 믿었던 자는 전전하여 일부가 다른 곳을 향하여 떠나가게 하느니라. …… 나아가 …… 여러 비구들이여. 여러 비구니들은 마땅히 이와 같이 학처를 송출할지니라.

'어느 누구의 비구니일지라도 만약 그 비구니가 화합하는 승가에서 법에 의지하고, 율에 의지하며, 스승의 가르침에 의지하여 공경하지 않아서 함께 머무르는 것이 허락되지 않았던 비구를 수순하였다면, 그 비구니에게 마땅히 여러 비구니들은 이렇게 말을 지어야 한다. 〈대자여. 그 비구는 화합하는 승가에서 법에 의지하고, 율에 의지하며, 스승의 가르침

---

8) 팔리어 Ariṭṭha(아리따)의 음사이다.

에 의지하고, 공경하지 않아서 함께 머무르는 것이 허락되지 않았던 자입니다. 대자여. 그 비구를 수순하지 마십시오.〉

그 비구니가 여러 비구니들에게 이와 같이 말한 짓게 고집하였다면, 여러 비구니들은 그 비구니를 위하여 이것을 버리게 마땅히 세 번을 충고해야 한다. 세 번의 충고에 이르는 때에 만약 버린다면 좋으나, 만약 버리지 않는다면 역시 이것도 바라이이므로, 함께 머무를 수 없느니라.' 이것은 거론되었던 자를 수순하면 바라이를 범하느니라."

2-1 '어느 누구'는 어느 태어난 곳의 이유, …… 혹은 중간의 법랍이었다면 이것을 '어느 누구'라고 말한다.

'비구니'는 구걸하는 비구니이니, 일을 쫓아서 걸식하는 비구니, …… 곧 이것에서 '비구니'의 뜻이라고 말하는 것이다.

'만약 그를 수순하다.'는 그 비구가 이렇게 보고, 이렇게 인정하며, 이렇게 즐기는 자이었고, 그 비구니도 역시 이렇게 보고, 이렇게 인정하며, 이렇게 즐기는 자이다.

'화합하다.'는 승가 대중이 동일한 경계에서 같이 함께 머무르는 것이다.

'법에 의지하고, 율에 의지하다.'는 그 법에 의지하고 그 율에 의지하는 것이다.

'스승의 가르침에 의지하다.'는 수승한 자의 가르침에 의지하는 것이고, 세존의 가르침에 의지하는 것이다.

'빈출되다.'는 죄를 인정하지 않았던 이유로, 혹은 참회하지 않았던 이유로, 혹은 악한 견해를 버리지 않았던 이유로 쫓겨난 자이다.

'허락되지 않다.'는 쫓겨났고, 죄가 해결되지 않았으며, 청정함이 회복되지 않은 것이다.

'함께 머무를 수 없다.'는 함께 같이 머무르는 비구들을 함께 머무른다고 말한다. 그 비구가 그 비구들과 함께 머물 수 없는 이러한 까닭으로 함께 머무를 수 없다고 말한다.

'그 비구니'는 쫓겨난 비구를 수순하는 비구니이다.

'여러 비구니들을 이유로'는 마땅히 그 비구니가 다른 견해가 있고, 들은 것이 있었다면 여러 비구니들은 "대자여. 그 비구는 화합하는 승가에서 법에 의지하고, 율에 의지하며, 스승의 가르침에 의지하고, 공경하지 않아서 함께 머무르는 것이 허락되지 않았던 자입니다. 존경하는 자매여. 그 비구를 수순하지 마십시오."라고 말해야 한다. 마땅히 두 번째에도 그녀에게 말해야 하고, …… 나아가 …… 마땅히 세 번째에도 그녀에게 말해야 하고, …… 나아가 …… 만약 버린다면 좋으나, 만약 버리지 않는다면 돌길라를 범한다.

마땅히 그 비구니를 승가의 가운데에 데리고 와서 "대자여. 그 비구는 화합하는 승가에서 법에 의지하고, 율에 의지하며, 스승의 가르침에 의지하고, 공경하지 않아서 함께 머무르는 것이 허락되지 않았던 자입니다. 대자여. 그 비구를 수순하지 마십시오."라고 말해야 한다. 마땅히 두 번째에도 그녀에게 말해야 하고, …… 나아가 …… 마땅히 세 번째에도 그녀에게 말해야 하고, …… 나아가 …… 만약 버린다면 좋으나, 만약 버리지 않는다면 돌길라를 범한다.

그 비구니에게 승가는 그것을 충고해야 한다. 여러 비구들이여. 마땅히 이와 같이 충고하여야 한다. 마땅히 한 총명하고 유능한 비구니가 승가의 가운데에서 창언하여 말한다.

"대자(大姉) 승가께서는 허락하십시오. 이 누구 비구니는 화합하는 승가에서 법에 의지하고, 율에 의지하며, 스승의 가르침에 의지하고, 공경하지 않아서 함께 머무르는 것이 허락되지 않았던 비구를 수순하였으며, 이 비구니는 그 일을 버리지 않았습니다. 만약 승가께서 때에 이르렀다면 승가께서는 누구 비구니를 위하여 그 일을 버리도록 충고하겠습니다. 이와 같이 아룁니다.'

'대자 승가께서는 허락하십시오. 이 누구 비구니는 화합하는 승가에서 법에 의지하고, 율에 의지하며, 스승의 가르침에 의지하고, 공경하지 않아서 함께 머무르는 것이 허락되지 않았던 비구를 수순하였으며, 이 비구니는 그 일을 버리지 않았습니다. 만약 승가께서 때에 이르렀다면 승가께서는 누구 비구니를 위하여 그 일을 버리도록 충고하겠습니다. 여러 대덕들께서 누구 비구니에게 그 집착하는 일을 버리게 충고하는 것을 인정하신다면 묵연하시고 인정하지 않으신다면 말씀하십시오.'

저는 두 번째로 이 일을 아룁니다.

'대자 승가께서는 허락하십시오. 이 누구 비구니는 화합하는 승가에서 법에 의지하고, 율에 의지하며, 스승의 가르침에 의지하고, 공경하지 않아서 함께 머무르는 것이 허락되지 않았던 비구를 수순하였으며, 이 비구니는 그 일을 버리지 않았습니다. 만약 승가께서 때에 이르렀다면 승가께서는 누구 비구니를 위하여 그 일을 버리도록 충고하겠습니다. 여러 대덕들께서 누구 비구니에게 그 집착하는 일을 버리게 충고하는 것을 인정하신다면 묵연하시고 인정하지 않으신다면 말씀하십시오.'

저는 세 번째로 이 일을 아룁니다.

'대자 승가께서는 허락하십시오. 이 누구 비구니는 화합하는 승가에서 법에 의지하고, 율에 의지하며, 스승의 가르침에 의지하고, 공경하지 않아서 함께 머무르는 것이 허락되지 않았던 비구를 수순하였으며, 이 비구니는 그 일을 버리지 않았습니다. 만약 승가께서 때에 이르렀다면 승가께서는 누구 비구니를 위하여 그 일을 버리도록 충고하겠습니다. 여러 대덕들께서 누구 비구니에게 그 집착하는 일을 버리게 충고하는 것을 인정하신다면 묵연하시고 인정하지 않으신다면 말씀하십시오.'

'승가시여. 누구 비구니에게 그 일을 버리도록 충고하는 것을 마쳤습니다. 승가께서 인정하신 것은 묵연하였던 까닭입니다. 나는 이와 같이 알고 이해하겠습니다.'"

아뢰었던 이유라면 돌길라를 범하고, 두 번을 갈마하였다면 투란차를 범하며, 갈마의 말을 마쳤다면 바라이를 범한다.

'역시 이와 같다.'는 출가 이전의 일을 취하는 것을 말한다.

'바라이'는 큰 바위가 쪼개져서 두 개가 된다면 다시 합쳐질 수 없는 법과 같으니라. 이와 같이 비구니가 세 번의 충고에 이르도록 버리지

않는 자는 사문녀가 아니고, 역시 석녀도 아니나니, 이러한 까닭으로
바라이라고 말한다.

'함께 머무를 수 없다.'는 함께 머무르는 것은 동일하게 갈마하고 동일하
게 계를 설하며, …… 이러한 까닭으로 함께 머무를 수 없다고 말한다.

2-2 여법갈마에서 여법갈마라는 생각이 있었는데 버리지 않는 자는
바라이를 범한다. 여법갈마에서 여법갈마라는 의심이 있었는데 버리
지 않는 자는 바라이를 범한다. 여법갈마에서 비법갈마라는 생각이
있었는데 버리지 않는 자는 바라이를 범한다.

비법갈마에서 여법갈마라는 생각이 있었는데 버리지 않는 자는 돌길라
를 범한다. 비법갈마에서 여법갈마라는 의심이 있었는데 버리지 않는
자는 돌길라를 범한다. 비법갈마에서 비법갈마라는 생각이 있었는데
버리지 않는 자는 돌길라를 범한다.

3-1 충고하지 않았거나, 버렸던 자이거나, 미쳤던 자이거나, 최초로
범한 자는 범하지 않는다.

4) 이염심착남자(以染心捉男子) 학처

1-1 그때 불·세존께서는 사위성의 기수급고독원에 머무르셨다.

그때 육군비구니들이 염심으로써 염심이 있는 남자의 손을 붙잡고서
즐거움을 받았고, 옷을 붙잡고서 즐거움을 받았으며, 함께 서 있었고,
함께 말하였으며, 장소를 지정하여 함께 다녔고, 남자가 다가오면 가까이
서 접촉하여 즐거움을 받았으며, 염오법을 행하기 위하여 가려진 곳에
따라서 들어갔고, 몸을 가지고 서로를 가까이 의지하였다. 여러 비구니들
의 가운데에서 욕심이 적은 자들은 싫어하고 비난하였다.

"무슨 까닭으로써 육군비구니들은 염심으로써 염심이 있는 남자의

손을 붙잡고서 즐거움을 받았고, 옷을 붙잡고서 즐거움을 받았으며, 함께 서 있었고, 함께 말하였으며, 장소를 지정하여 함께 다녔고, 남자가 다가오면 접촉하여 즐거움을 받았으며, 염오법을 행하기 위하여 가려진 곳에 따라서 들어갔으며, 몸을 가지고 서로를 의지하는가?"

이때 여러 비구니들은 이 일로써 여러 비구들에게 말하였고, 이때 그 여러 비구들은 이 일로써 세존께 아뢰었다. 이때 세존께서는 이 인연으로써 여러 비구들을 모으셨으며, 여러 비구들에게 물어 말씀하셨다.

"여러 비구들이여. 육군비구니들이 진실로 염심으로써 염심이 있는 남자의 손을 붙잡고서 즐거움을 받았고, 옷을 붙잡고서 즐거움을 받았으며, 함께 서 있었고, 함께 말하였으며, 장소를 지정하여 함께 다녔고, 남자가 다가오면 접촉하여 즐거움을 받았으며, 염오법을 행하기 위하여 가려진 곳에 따라서 들어갔으며, 몸을 가지고 서로를 의지하였는가?"

"진실로 그렇습니다. 세존이시여."

세존께서는 여러 방편으로 꾸짖으셨다.

"여러 비구들이여. 어찌하여 육군비구니들은 진실로 염심으로써 염심이 있는 남자의 손을 붙잡고서 즐거움을 받았고, 옷을 붙잡고서 즐거움을 받았으며, 함께 서 있었고, 함께 말하였으며, 장소를 지정하여 함께 다녔고, 남자가 다가오면 접촉하여 즐거움을 받았으며, 염오법을 행하기 위하여 가려진 곳에 따라서 들어갔으며, 몸을 가지고 서로를 의지하였는가? 여러 비구들이여. 이것은 오히려 믿지 않는 자는 불신이 생겨나지 않는 것이 없게 하고, 믿었던 자는 전전하여 일부가 다른 곳을 향하여 떠나가게 하느니라. …… 나아가 …… 여러 비구들이여. 여러 비구니들은 마땅히 이와 같이 학처를 송출할지니라.

'어느 누구의 비구니일지라도 염심으로써 염심이 있는 남자의 손을 붙잡고서 즐거움을 받았고, 옷을 붙잡고서 즐거움을 받았으며, 혹은 함께 서 있었고, 함께 말하였으며, 장소를 지정하여 함께 다녔고, 남자가 다가오면 접촉하여 즐거움을 받았으며, 염오법을 행하기 위하여 가려진 곳에 따라서 들어갔고, 몸을 가지고 서로를 의지하는 자는 역시 이것도 바라이이므로, 함께 머무를 수 없느니라.' 이것은 8사(八事)이므로 바라이를 범하느니라."

2-1 '어느 누구'는 어느 태어난 곳의 이유, …… 혹은 중간의 법랍이었다면 이것을 '어느 누구'라고 말한다.

'비구니'는 구걸하는 비구니이니, 일을 쫓아서 걸식하는 비구니, …… 곧 이것에서 '비구니'의 뜻이라고 말하는 것이다.

'염심으로써'는 비구니가 욕념이 있거나, 기대함이 있거나, 염착심이 있는 것이다.

'남자의 손을 붙잡고서 즐거움을 받다.'는 손은 팔꿈치부터 손가락의 끝이다.

'염심이 있다.'는 남자가 욕념이 있거나, 기대함이 있거나, 염착심이 있는 것이다.

'남자'는 사람의 남자이고, 야차남, 아귀남, 축생남이 아니며, 사람의 남자가 지혜가 있어서 능히 접촉하며 어루만지는 것이다.

'남자의 손을 붙잡고서 즐거움을 받다.'는 손은 팔꿈치부터 손가락의 끝이다.

'옷을 붙잡고서 즐거움을 받다.'는 그 염오법을 행하기 위하여 옷을 붙잡거나, 외투를 붙잡고서 즐거움을 받는 자는 투란차를 범한다.

'함께 서 있다.'는 그 염오법을 행하기 위하여 남자가 손을 뻗치는 거리의 안에서 서 있는 자는 투란차를 범한다.

'함께 말하다.'는 그 염오법을 행하기 위하여 남자가 손을 뻗치는 거리의 안에서 말하는 자는 투란차를 범한다.

'장소를 지정하여 함께 다니다.'는 그 염오법을 행하기 위하여 그 남자에게 어느 곳을 다니자고 말하였고 다녔다면 걸음·걸음에 돌길라를 범하고, 남자가 손을 뻗치는 거리의 안이었던 자는 투란차를 범한다.

'남자가 다가오면 접촉하여 즐거움을 받다.'는 그 염오법을 행하기 위하여 남자가 접근하여 왔다면 즐거움을 받는 자는 투란차를 범한다.

'가려진 곳에 따라서 들어가다.'는 그 염오법을 행하기 위하여 어느 누구의 사람과 함께 가려진 곳에 들어가는 자는 투란차를 범한다.

'몸을 가지고 서로를 의지하다.'는 그 염오법을 행하기 위하여 남자가 손을 뻗치는 거리의 안에 서 있었고 몸으로써 기대는 자는 투란차를 범한다.

'역시 이와 같다.'는 이전의 일을 취하는 것을 말한다.

'바라이'는 다라수(多羅樹)의 머리를 자르면 능히 다시 자라날 수 없는 것과 같다. 이와 같이 비구니가 8사를 성취하는 자는 사문녀가 아니고, 역시 석녀도 아니므로 이러한 까닭으로 바라이라고 말한다.

'함께 머무를 수 없다.'는 함께 머무르는 것은 동일하게 갈마하고 동일하게 계를 설하며, …… 이러한 까닭으로 함께 머무를 수 없다고 말한다.

3-1 고의가 아닌 자이거나, 생각이 없는 자이거나, 무지한 자이거나, 즐거움을 받지 않았거나, 미쳤던 자이거나, 최초로 범한 자는 범하지 않는다.

"여러 대자들이여. 8바라이법을 송출하여 마쳤습니다. 만약 비구니가 그 가운데에서 어느 하나의 계목이라도 범한다면 여러 비구니들과 함께 머무를 수 없고, 출가의 이전과 같더라도 바라이를 범하나니 함께 머무를 수 없습니다. 이것에서 나는 지금 여러 대자들께 묻겠습니다."

"이 일에서 청정합니까?"

두 번째로 묻겠습니다.

"이 일에서 청정합니까?"

세 번째로 묻겠습니다.

"이 일에서 청정합니까?"

지금 여러 대자들께서는 이 일에서 청정하나니, 이것은 묵연하였던 까닭입니다. 나는 이와 같이 알고 이해하겠습니다.

○ **바라이품을 마친다.**

경분별(經分別) 제10권

2. 승잔(僧殘, Saṅghādisesa)

여러 대자들이여.

지금부터 17승잔법(僧殘法)[1]을 송출(誦出)하겠습니다.

1) 소송(訴訟) 학처

1-1 그때 불·세존께서는 사위성의 기수급고독원에 머무르셨다.

그때 한 우바새(優婆塞)[2]는 작은 집으로써 비구니 승가에 보시하였고, 곧 뒤에 세상을 떠났다. 그에게는 두 아들이 있었는데, 한 아들은 신심이 없었고, 마음에 청정함도 없었으며, 다른 아들은 신심이 있었고, 마음에 청정함도 있었는데, 그들은 아버지의 유산을 나누었다. 이때 그 신심이 없고 마음도 청정하지 않은 자가 신심이 있고 마음도 청정한 자에게

---

1) 비구니의 바라이계는 17계목으로 구성되고 있으나, 비구계와 동일하게 제정된 바라제목차의 5, 8, 9, 10, 11, 12, 13의 계목은 생략하고서 나머지의 10계목을 차례로 번역한다. 또한 구성은 비구니계율에 결집된 계목의 차례를 따라서 구성하고서 번역한다.

2) 팔리어 Upāsaka(우파사카)의 음사이다.

말하였다.

"우리들은 그 작은 집을 마땅히 나누어야 하네."

이렇게 말하였는데, 그 신심이 있고 마음도 청정한 자는 그 신심이 없고 마음도 청정하지 않은 자에게 말하였다.

"이와 같이 말하지 마십시오. 그 승방은 우리 아버지가 비구니 승가에 보시한 물건입니다."

그 신심이 없고 마음도 청정하지 않은 자가 다시 신심이 있고, 마음도 청정한 자에게 말하였다.

"우리들은 그 집을 반드시 나누어야 하네."

그 신심이 있고, 마음도 청정한 자는 그 신심이 없고 마음도 청정하지 않은 자에게 말하였다.

"이와 같이 말하지 마십시오. 그 승방은 우리의 아버지가 비구니 승가에 보시한 물건입니다."

그 신심이 없고 마음도 청정하지 않은 자가 세 번째로 신심이 있고 마음도 청정한 자에게 말하였다.

"우리들은 그 집을 반드시 나누어야 하네."

그때 신심이 있고, 마음도 청정한 자는 그 신심이 없고 마음도 청정하지 않은 자에게 말하였다.

"만약 나의 물건이라면 나도 역시 그것을 비구니 승가에 보시하겠습니다."

이와 같이 신심이 없고 마음도 청정하지 않은 자에게 알리자 그는 말하였다.

"나누어야 하네."

그 작은 집을 그들이 나누었던 이유로 이때 그 신심이 없고 마음도 청정하지 않은 자가 그 작은 집에 이르렀다. 이때 그 신심이 없고 마음도 청정하지 않은 자는 여러 비구니들의 처소로 가서 이와 같이 말하였다.

"여러 자매들이여. 떠나시오. 이것은 우리들의 집이오."

이렇게 말하는 때에 투란난타 비구니가 그를 마주하고서 말하였다.

"현자여. 이와 같이 말하지 마십시오. 이 집은 그대의 아버지가 그것을 비구니 승가에 보시한 물건입니다."

"보시하지 않았습니다."

논쟁한 뒤에 법관(法官)들을 청하여 물었는데, 법관들은 이렇게 말하였다.

"대자들이여. 누가 비구니 승가에 보시한 것을 알고 있습니까?"

투란난타 비구니는 그 법관에게 이렇게 말하였다.

"법관이여. 물건을 보시하여 주면서 보시하는 때에 증인을 세우겠습니까? 존경하는 법관들께서는 보았거나 들은 것이 있습니까?"

이때 법관들은 생각하였다.

'대자들이 말하는 것이 사실이다.'

그 작은 집은 비구니 승가에 귀속된 물건이라고 판결하였다. 그때 그 사람은 패소하였으므로 싫어하고 비난하였다.

"이 대머리의 악한 여인들은 사문니(沙門尼)가 아니다. 무엇을 위하여 나의 작은 집을 빼앗아 취하는가?"

투란난타 비구니는 이 일로써 법관들에게 알렸고 법관들은 곤장으로 그 사람을 때리면서 꾸짖었다. 이때 곤장을 맞은 사람은 비구니의 주처의 근처에 사명외도의 처소를 짓게 시켰고, 그러한 뒤에 사명외도를 선동하여 말하였다.

"그대들은 그 비구니들을 논쟁하여 깨트리십시오."

투란난타 비구니는 이 일로써 법관에게 알렸고 법관들은 그 사람을 구속하라고 명령하였으므로 여러 사람들은 싫어하고 비난하였다.

"무엇을 위하여 비구니들은 사람의 작은 집을 빼앗고 곤장을 맞게 하였으며, 뒤에 다시 구속시키는가?"

여러 비구니들은 여러 사람들이 비난하는 것을 들었다. 여러 비구니들의 가운데에서 욕심이 적은 자들은 싫어하고 비난하였다.

"무슨 까닭으로써 대자인 투란난타 비구니는 소송을 행하는가?"

그때 여러 비구니들은 이 일로써 여러 비구들에게 말하였고, 여러 비구들은 이 일로써 세존께 아뢰었다. 세존께서는 이 인연으로써 비구승가를 모으셨으며, 여러 비구들에게 물어 말씀하셨다.

"여러 비구들이여. 투란난타 비구니가 진실로 소송을 행하였는가?"

"진실로 그렇습니다. 세존이시여."

세존께서는 여러 방편으로 꾸짖으셨다.

"어리석은 사람들이여. 어찌하여 투란난타 비구니는 소송을 행하였는가? 어리석은 사람들이여. 이것은 오히려 믿지 않는 자는 신심이 생겨나지 않게 하고, …… 이미 믿었던 자는 일부가 전전하여 다른 곳으로 향하여 떠나가게 하느니라."

"…… 나아가 …… 여러 비구들이여. 여러 비구니들은 마땅히 이와 같이 학처를 송출할지니라.

'어느 누구의 비구니일지라도 만약 혹은 거사와 함께, 혹은 거사의 아들과 함께, 혹은 노비와 함께, 혹은 고용인과 함께, 나아가 사문인 출가자와 함께, 소송을 행하는 자는 이것은 비구니가 이미 범한 것이고, 처음부터 곧 법에 죄가 성립하며, 마땅히 떠나가야 하고 승잔이니라."

2-1 '어느 누구'는 어느 태어난 곳의 이유, …… 혹은 중간의 법랍이었다면 이것을 '어느 누구'라고 말한다.

'비구니'는 구걸하는 비구니이니, 일을 쫓아서 걸식하는 비구니, …… 곧 이것에서 '비구니'의 뜻이라고 말하는 것이다.

'소송'은 판결이 필요한 것을 말한다.

'거사'는 어느 누구의 사람이라도 집에 머무르는 자이다.

'거사의 아들'은 어느 누구의 사람이라도 집에 머무르는 아이의 형제이다.

'노비'는 집안에서 태어나서 팔려왔거나, 포로인 자이다.

'고용인'은 고용되었거나, 혹은 노동하는 자이다.

'사문인 출가자'는 비구, 비구니, 식차마나, 사미, 사미니 등을 제외하고서 어느 누구라도 출가한 자이다. 소송하기 위하여 조력자를 구하려고 갔거나, 혹은 법관에게 가는 자는 돌길라를 범한다. 한 사람에게 알린다면 돌길라를 범하고, 두 사람에게 알린다면 투란차를 범하며, 소송을 마친 자는 승잔을 범한다.

'처음부터 곧 죄가 성립하다.'는 일을 행한다면 동시에 죄를 범하나니, 승가의 충고가 필요하지 않는 이유이다.

'마땅히 떠나가다.'는 마땅히 승가에서 떠나가는 것이다.

'승잔'은 승가대중을 마주하고서 그 죄에 별주(別住)를 주어서 그 죄를 되돌려서 본래로 돌아오게 하거나, 뒤에 청정을 회복시키는 것으로 사람의 숫자가, 혹은 한 비구니의 업이 아니다. 이러한 까닭으로 승잔이라고 이름한다. 그 죄가 모였던 것을 마주하고서 같은 뜻과 말로 갈마하는 것이다. 이러한 까닭으로 승잔이라고 이름한다.

3-1 사람을 위하여 끌려갔거나, 보호를 애원하여 구하였거나, 누구를 지정하지 않고 소송을 하였거나, 미쳤던 자이거나, 최초로 범한 자는 범하지 않는다.

2) 적녀출가(賊女出家) 학처

1-1 그때 불·세존께서는 사위성의 기수급고독원에 머무르셨다.

그때 비사리(毘舍離)[3]에서 한 리차(離車)[4]의 아내가 사통(私通)하였다. 이때 리차가 그의 아내에게 말하였다.

"그대는 그만두시오. 우리들이 장차 그대를 해치지 않게 하시오."

이와 같이 그에게 말을 들었으나 받아들이지 않았다. 그때 비사리의 리차 집단이 일의 인연으로 모였다. 그때 그 리차가 리차들을 마주하고서 말하였다.

"현자들이여. 청하건대 나를 위하여 한 부인을 처벌하십시오."

"그 부인은 누구인가?"

"내 아내가 사통하였습니다. 나는 장차 그녀를 죽이고자 합니다."

---

3) 팔리어 Vesāli(베사리)의 음사이다.
4) 팔리어 Licchavi(리차비)의 음사이다.

"그대가 마땅히 그것을 알 것이오."

그 아내는 그녀의 남편이 죽이려는 것을 듣고서 귀중한 재보(財寶)를 가지고 사위성 외도의 처소로 가서 출가를 구하였다. 외도는 그녀의 출가를 허락하지 않았으므로 비구니의 처소에 이르러 출가를 구하였다. 비구니도 그녀의 출가를 허락하지 않았으므로 투란난타의 처소에 이르러 재화를 보여주고서 출가를 애원하였다. 투란난타는 그녀의 재보를 취하고서 그녀를 출가시켰다.

이때 그 리차의 사람은 그녀를 추적하고 찾으면서 사위성으로 갔으며, 그곳에서 비구니 가운데에서 출가한 것을 보았다. 곧 교살라국의 파사닉왕(波斯匿王)의 처소로 갔으며, 왕을 마주하고서 말하였다.

"대왕이여. 나의 아내가 귀중한 재물을 훔쳐서 사위성으로 왔습니다. 청하건대 대왕께서는 그녀를 처벌하여 주십시오."

"그렇다면 그대가 그녀를 찾아보고 뒤에 와서 알리시오."

"대왕이여. 비구니 가운데에서 출가한 것을 보았습니다."

"만약 비구니 가운데에서 출가하였다면, 그녀를 마주하더라도 곧 그녀를 어떻게 하겠소? 세존께서는 그녀에게 법을 선설(善說)하시므로 그녀를 고통에서 벗어나게 하고, 범행을 잘 수습하게 하실 것이오."

리차의 사람은 싫어하고 비난하였다.

"무엇을 위하여 여러 비구니들은 도둑인 여인을 출가시키는가?"

여러 비구니들은 리차의 사람이 비난하는 것을 들었다. 여러 비구니들 가운데에서 욕심이 적은 자들은 싫어하고 비난하였다.

"무슨 까닭으로써 대자인 투란난타 비구니는 도둑인 여인을 출가시키는가?"

그때 여러 비구니들은 이 일로써 여러 비구들에게 말하였고, 여러 비구들은 이 일로써 세존께 아뢰었다. 세존께서는 이 인연으로써 비구승가를 모으셨으며, 여러 비구들에게 물어 말씀하셨다.

"여러 비구들이여. 투란난타 비구니가 진실로 도둑인 여인을 출가시켰는가?"

"진실로 그렇습니다. 세존이시여."

세존께서는 여러 방편으로 꾸짖으셨다.

"어리석은 사람들이여. 어찌하여 투란난타 비구니는 도둑인 여인을 출가시켰는가? 어리석은 사람들이여. 이것은 오히려 믿지 않는 자는 신심이 생겨나지 않게 하고, …… 이미 믿었던 자는 일부가 전전하여 다른 곳으로 향하여 떠나가게 하느니라."

"…… 나아가 …… 여러 비구들이여. 여러 비구니들은 마땅히 이와 같이 학처를 송출할지니라.

'어느 누구의 비구니일지라도 죽음의 죄를 지었던 도둑의 여인이라고 알았고, 왕이나, 혹은 승가이거나, 혹은 종교의 모임5)이거나, 혹은 조합6)이거나, 혹은 이익집단7)에서 아직 허락하지 않았는데, 구족계를 받게 시켰던 자는 죄가 면제된 자를 제외하고서 이것은 비구니가 역시 범한 것이고, 처음부터 곧 법에 죄가 성립하나니, 마땅히 떠나가야 하며 승잔이니라.'"

2-1 '어느 누구'는 어느 태어난 곳의 이유, …… 혹은 중간의 법랍이었다면 이것을 '어느 누구'라고 말한다.

'비구니'는 구걸하는 비구니이니, 일을 쫓아서 걸식하는 비구니, …… 곧 이것에서 '비구니'의 뜻이라고 말하는 것이다.

'알다.'는 스스로가 알았거나, 다른 사람이 알려서 알았거나, 혹은 그 비구니가 스스로가 알린 것이다.

'알리다.'는 그녀가 죽음의 죄라고 다른 사람이 알렸던 이유이다.

---

5) 팔리어 Gaṇa(가나)의 의역이고, 군대, 군중, 부족, 또는 계급을 의미한다. 또한 회사, 동일한 목표를 달성하기 위해 형성된 남성의 모임 또는 협회를 나타내고 있으며, 종교문제나 다른 주제를 논의하기 위해 소집된 종교적인 평의회나 대회를 가리킨다.
6) 팔리어 Pūga(푸가)의 의역이고, 협회, 법인, 노동조합을 가리킨다.
7) 팔리어 Pūgaseṇi(푸가세니)의 의역이고, 상공업자들이 만든 서로를 돕는 조합인 길드를 가리킨다.

'죽음의 죄'는 어느 무엇이라도 이미 지었다면 죽음의 죄를 얻은 것이다.

'도둑인 여인'은 가치가 5마쇄(磨麗)이거나, 혹은 5마쇄의 이상인 물건을 주지 않았는데, 훔칠 마음으로써 취하는 자는 이자를 도둑의 여인이라고 이름한다.

'아직 허락을 얻지 못하다.'는 허락하지 않은 것이다.

'왕'은 왕이 지배하는 곳에서는 마땅히 왕의 허락을 받아야 한다는 것이다.

'승가'는 비구니의 승가이고, 마땅히 승가의 허락을 받아야 한다는 것이다.

'종교의 모임'은 종교의 모임이 지배하는 곳이고 마땅히 종교의 모임의 허락을 받아야 한다는 것이다.

'조합'은 조합이 지배하는 곳이고 마땅히 조합의 허락을 받아야 한다는 것이다.

'이익집단'은 이익집단의 모임이 지배하는 곳이고 마땅히 이익집단의 허락을 받아야 한다는 것이다.

'죄를 면제되다.'는 죄가 면제된 자를 제외하는 것이다. 죄가 면제된 자는 두 종류가 있나니, 먼저 외도의 가운데에 출가하였거나, 혹은 다른 비구니 승가에 출가한 것이다.

죄를 면제된 자를 제외하고서 구족계를 받게 하려고 승가 대중을 구하거나, 아사리를 구하거나, 혹은 옷을 구하거나, 혹은 발우를 구하거나, 혹은 결계장(結界場)을 구하는 자는 돌길라를 범한다. 아뢰었다면 돌길라를 범하고, 두 번의 갈마를 아뢰었다면 투란차를 범하며, 갈마를 마쳤다면 화상은 승잔을 범하고 대중과 아사리는 돌길라를 범한다.

'이 비구니도 역시'는 출가 이전의 일을 취하여 말하는 것이다.

'처음부터 곧 죄가 성립하다.'는 일을 행한다면 동시에 죄를 범하나니, 승가의 충고가 필요하지 않는 이유이다.

'마땅히 떠나가다.'는 마땅히 승가에서 떠나가는 것이다.

'승잔'은 승가대중을 마주하고서 그 죄에 별주를 주어서 그 죄를 되돌려

서 본래로 돌아오게 하거나, …… 이러한 까닭으로 승잔이라고 이름한다.

2-2 도둑의 여인이었고 도둑의 여인이라는 생각이 있었는데, 죄가 면제된 자를 제외하고서 만약 구족계를 받게 하는 자는 승잔을 범한다. 도둑의 여인이었고 도둑의 여인이라는 의심이 있었는데, 죄가 면제된 자를 제외하고서 만약 구족계를 받게 하는 자는 돌길라를 범한다. 도둑의 여인이었고 도둑의 여인이 아니라는 생각이 있었는데, 죄가 면제된 자를 제외하고서 만약 구족계를 받게 하는 자는 돌길라를 범한다.

　도둑의 여인이 아니었고 도둑의 여인이라는 생각이 있었는데, 죄가 면제된 자를 제외하고서 만약 구족계를 받게 하는 자는 돌길라를 범한다. 도둑의 여인이 아니었고 도둑의 여인이라는 의심이 있었는데, 죄가 면제된 자를 제외하고서 만약 구족계를 받게 하는 자는 돌길라를 범한다. 도둑의 여인이 아니었고 도둑의 여인이 아니라는 생각이 있었는데, 만약 구족계를 받게 하는 자는 범하지 않는다.

3-1 알지 못하고서 구족계를 받게 하였거나, 허락받아서 구족계를 받게 하였거나, 죄가 면제된 자를 구족계를 받게 하였거나, 미쳤던 자이거나, 최초로 범한 자는 범하지 않는다.

3) 독리취락독도하(獨離聚落獨渡河) 학처

1-1 그때 불·세존께서는 사위성의 기수급고독원에 머무르셨다.

　그때 발타가비라(拔陀迦比羅)[8]의 제자인 비구니가 여러 비구니들과 논쟁이 일어난 뒤에 친족의 집이 있는 취락으로 갔다. 발타가비라는 그 비구니를 보지 못하였던 인연으로 비구니들에게 물었다.

---

8) 팔리어 Bhaddā kāpilāni(바따 카피라니)의 음사이다.

"누구 비구니는 어디에 있습니까? 그 비구니를 볼 수 없습니다."

"대자여. 비구니들과 함께 논쟁이 일어난 뒤에 보지 못하였습니다. 대자여. 어느 취락에 그 비구니의 친족이 있으니, 그곳으로 가서 찾아보십시오."

비구니들은 그곳으로 갔고, 그 비구니를 보고서 말하였다.

"대자여. 그대는 무슨 까닭으로써 혼자서 이곳에 왔습니까? 그대는 겁탈을 당하지 않았습니까?"

"대자들이여. 겁탈은 없었습니다."

여러 비구니들의 가운데에서 욕심이 적은 자들은 싫어하고 비난하였다.

"무슨 까닭으로써 대자인 비구니가 혼자서 취락의 가운데에 들어가는가?"

그때 여러 비구니들은 이 일로써 여러 비구들에게 알렸고, 여러 비구들은 이 일로써 세존께 아뢰었다. 세존께서는 이 인연으로써 비구승가를 모으셨으며, 여러 비구들에게 물어 말씀하셨다.

"여러 비구들이여. 비구니가 진실로 혼자서 취락의 가운데에 들어갔는가?"

"진실로 그렇습니다. 세존이시여."

세존께서는 여러 방편으로 꾸짖으셨다.

"어리석은 사람들이여. 어찌하여 비구니가 혼자서 취락의 가운데에 들어갔는가? 어리석은 사람들이여. 이것은 오히려 믿지 않는 자는 신심이 생겨나지 않게 하고, …… 이미 믿었던 자는 일부가 전전하여 다른 곳으로 향하여 떠나가게 하느니라."

"…… 나아가 …… 여러 비구들이여. 여러 비구니들은 마땅히 이와 같이 학처를 송출할지니라.

'어느 누구의 비구니일지라도 혼자서 취락의 가운데에 들어가는 자는 이 비구니는 역시 범한 것이고, 처음부터 곧 법에서 죄가 성립하나니, 마땅히 떠나가야 하며 승잔이니라.'

이와 같이 세존께서는 여러 비구들을 위하여 학처를 제정하여 세우셨다.

2-1 그때 두 비구니가 사지(沙祇)에서 사위성으로 가는 도중이었다.

도중에 반드시 강을 건너야 하였으므로, 그때 그 비구니들은 뱃사공이 있는 곳에 이르러 이와 같이 말을 지었다.

"현자여. 우리들을 강을 건네주세요."

"대자여. 능히 한 번에 두 사람을 건네줄 수 없습니다."

혼자서 건너게 시켰고, 이 뱃사공은 강을 건너는 비구니를 겁탈하였고, 건네주지 않은 뱃사공은 건너지 않은 비구니를 겁탈하였다. 그 비구니들은 모인 뒤에 서로에게 물었다.

"대자여. 일찍 뱃사공에게 겁탈당하지 않았습니까?"

"대자여. 나는 일찍이 겁탈을 당하였습니다. 그대도 일찍이 겁탈을 당하였습니까?"

"나도 겁탈을 당하였습니다."

이때 그 비구니들은 사위성에 이르렀고 이 일로써 여러 비구니들에게 알렸다. 여러 비구니들의 가운데에서 욕심이 적은 자들은 싫어하고 비난하였다.

"무슨 까닭으로써 비구니가 혼자서 강을 건너는가?"

그때 여러 비구니들은 이 일로써 여러 비구들에게 말하였고, 여러 비구들은 이 일로써 세존께 아뢰었다. 세존께서는 이 인연으로써 비구승가를 모으셨으며, 여러 비구들에게 물어 말씀하셨다.

"여러 비구들이여. 비구니가 진실로 혼자서 강을 건넜는가?"

"진실로 그렇습니다. 세존이시여."

세존께서는 여러 방편으로 꾸짖으셨다.

"어리석은 사람들이여. 어찌하여 비구니가 혼자서 강을 건넜는가? 어리석은 사람들이여. 이것은 오히려 믿지 않는 자는 신심이 생겨나지 않게 하고, …… 이미 믿었던 자는 일부가 전전하여 다른 곳으로 향하여 떠나가게 하느니라."

"…… 나아가 …… 여러 비구들이여. 여러 비구니들은 마땅히 이와 같이 학처를 송출할지니라.

'어느 누구의 비구니일지라도 혼자서 취락의 가운데에 들어가거나,

혹은 혼자서 강물을 건너는 자는 이 비구니가 역시 범한 것이고, 처음부터 곧 법에 죄가 성립하나니, 마땅히 떠나가야 하며 승잔이니라.'"

이와 같이 세존께서는 여러 비구들을 위하여 학처를 제정하여 세우셨다.

3-1 그때 매우 많은 비구니들이 사위성으로 가려고 하였는데, 날이 저무는 때에 교살라국의 한 취락에 이르렀다.

그 가운데에서 한 비구니는 단정하고 아름다웠으므로 한 남자가 그 비구니를 보고서 염심을 일으켰다. 이때 그 사람은 여러 비구니들을 위하여 와상(臥牀)을 펼쳐놓았고, 그 비구니의 와상은 별도로 한곳에 설치하였다. 이때 그 비구니는 관찰하여 '그 사람이 염심을 일으켰으니, 만약 밤에 온다면 나는 마땅히 조치할 수 없다.'라고 알았다. 이때 그 비구니는 다른 비구니들에게 알리지 않고서 별도로 한 집에 이르러서 묵었다.

그 사람이 밤에 와서 그 비구니를 찾았으므로 비구니를 분노하게 하였다. 여러 비구니들은 그 비구니를 보지 못하였으므로 이렇게 생각을 지었다.

'그 비구니는 반드시 남자와 함께 나갔을 것이다.'

이때 그 비구니는 밤이 지나서 여러 비구들의 처소로 왔고, 비구니들은 그 비구니를 마주하고서 이와 같이 말을 지었다.

"대자여. 그대는 무슨 까닭으로써 남자와 함께 나갔는가?"

"대자여. 나는 남자와 함께 나가지 않았습니다."

이 일로써 여러 비구니들에게 알렸다. 여러 비구니들의 가운데에서 욕심이 적은 자들은 싫어하고 비난하였다.

"무슨 까닭으로써 비구니가 혼자서 늦은 밤에 나가는가?"

그때 여러 비구니들은 이 일로써 여러 비구들에게 알렸고, 여러 비구들은 이 일로써 세존께 아뢰었다. 세존께서는 이 인연으로써 비구승가를 모으셨으며, 여러 비구들에게 물어 말씀하셨다.

"여러 비구들이여. 비구니가 진실로 혼자서 늦은 밤에 나갔는가?"

"진실로 그렇습니다. 세존이시여."

세존께서는 여러 방편으로 꾸짖으셨다.

"어리석은 사람들이여. 어찌하여 비구니가 혼자서 늦은 밤에 나갔는가? 어리석은 사람들이여. 이것은 오히려 믿지 않는 자는 신심이 생겨나지 않게 하고, …… 이미 믿었던 자는 일부가 전전하여 다른 곳으로 향하여 떠나가게 하느니라."

"…… 나아가 …… 여러 비구들이여. 여러 비구니들은 마땅히 이와 같이 학처를 송출할지니라.

'어느 누구의 비구니일지라도 혼자서 취락의 가운데에 들어갔거나, 혹은 혼자서 강물을 건너갔거나, 혹은 혼자서 늦은 밤에 나갔던 자는 이 비구니가 역시 범한 것이고, 처음부터 곧 법에 죄가 성립하나니, 마땅히 떠나가야 하며 승잔이니라.'"

이와 같이 세존께서는 여러 비구들을 위하여 학처를 제정하여 세우셨다.

4-1 그때 여러 비구니들이 교살라국에서 사위성으로 가는 도중이었다.

그때 한 비구니가 대변이 급해서 혼자서 남겨졌고 뒤에 따라갔다. 여러 사람들이 보고서 그녀를 겁탈하였고, 그 비구니는 여러 비구니들의 처소에 이르렀다. 여러 비구니들은 그 비구니를 마주하고서 이렇게 말을 지었다.

"대자여. 그대는 무슨 까닭으로써 뒤에 혼자서 다니는가? 그대는 겁탈을 당하지 않았는가?"

"대자여. 나는 겁탈을 당하였습니다."

여러 비구니들의 가운데에서 욕심이 적은 자들은 싫어하고 비난하였다.

"무슨 까닭으로써 비구니가 대중을 벗어나서 혼자서 다니는가?"

그때 여러 비구니들은 이 일로써 여러 비구들에게 말하였고, 여러 비구들은 이 일로써 세존께 아뢰었다. 세존께서는 이 인연으로써 비구승가를 모으셨으며, 여러 비구들에게 물어 말씀하셨다.

"여러 비구들이여. 비구니가 진실로 대중을 벗어나서 혼자서 다녔는가?"

"진실로 그렇습니다. 세존이시여."

세존께서는 여러 방편으로 꾸짖으셨다.

"어리석은 사람들이여. 어찌하여 비구니가 대중을 벗어나서 혼자서 다녔는가? 어리석은 사람들이여. 이것은 오히려 믿지 않는 자는 신심이 생겨나지 않게 하고, …… 이미 믿었던 자는 일부가 전전하여 다른 곳으로 향하여 떠나가게 하느니라."

"…… 나아가 …… 여러 비구들이여. 여러 비구니들은 마땅히 이와 같이 학처를 송출할지니라.

'어느 누구의 비구니일지라도 혼자서 취락의 가운데에 들어가거나, 혹은 혼자서 강물을 건너갔거나, 혹은 혼자서 늦은 밤에 나갔거나, 혹은 대중을 벗어나서 혼자서 뒤에 남겨진 자라면, 이 비구니는 역시 범한 것이고, 처음부터 곧 법에 죄가 성립하나니, 마땅히 떠나가야 하며 승잔이 니라.'"

5-1 '어느 누구'는 어느 태어난 곳의 이유, …… 혹은 중간의 법랍이었다면 이것을 '어느 누구'라고 말한다.

'비구니'는 구걸하는 비구니이니, 일을 쫓아서 걸식하는 비구니, …… 곧 이것에서 '비구니'의 뜻이라고 말하는 것이다.

'혼자서 취락의 가운데에 들어가다.'는 취락에 울타리가 있었는데, 한 걸음이라도 울타리를 넘는 자는 투란차를 범하고, 두 걸음을 넘어가는 자는 승잔을 범한다. 취락에 울타리가 없었는데, 한 걸음이라도 취락의 경계를 넘는 자는 투란차를 범하고, 두 걸음을 넘어가는 자는 승잔을 범한다.

'혼자서 강물을 건너다.'는 강물은 비구니를 논하지 않고 가려지는 삼륜(三輪)[9]으로 어느 곳을 건너간다면 반드시 하의가 젖는 것을 가리키는 뜻이다. 한 걸음이라도 건너는 자는 투란차를 범하고, 두 걸음을

---

9) 몸의 두 무릎과 배꼽의 세 곳을 가리키는 말이다.

건너는 자는 승잔을 범한다.

'혼자서 늦은 밤에 나가서 묵다.'는 늦은 밤에 반려(伴侶)들인 비구니들의 팔을 뻗치는 거리의 벗어났는데 날이 밝아왔다면 투란차를 범하고, 이미 벗어났다면 승잔을 범한다.

'대중을 벗어나서 뒤에 혼자서 남겨지다.'는 취락이 없는 텅비고 넓은 곳에서 반려들인 비구니들의 눈의 경계를 벗어났거나, 혹은 귀의 경계를 벗어났다면 투란차를 범하고, 이미 벗어났다면 승잔을 범한다.

'이 비구니도 역시'는 출가 이전의 일을 취하여 말하는 것이다.

'처음부터 곧 죄가 성립하다.'는 일을 행한다면 동시에 죄를 범하나니, 승가의 충고가 필요하지 않는 이유이다.

'마땅히 떠나가다.'는 마땅히 승가에서 떠나가는 것이다.

'승잔'은 승가대중을 마주하고서 그 죄에 별주를 주어서 그 죄를 되돌려서 본래로 돌아오게 하거나, …… 이러한 까닭으로 승잔이라고 이름한다.

6-1 반려인 비구니가 떠나갔거나, 혹은 환속하였거나, 혹은 외도로 돌아간 때이거나, 사고의 때이거나, 미쳤던 자이거나, 최초로 범한 자는 범하지 않는다.

4) 불인승가해죄(不認僧伽解罪) 학처

1-1 그때 불·세존께서는 사위성의 기수급고독원에 머무르셨다.

그때 전달가리(旃達加利)[10] 비구니는 승가의 가운데에서 투쟁을 일으키는 자이었고, 분란을 일으키는 자이었으며, 소동(騷動)을 일으키는 자이었고, 쟁론을 일으키는 자이었으며, 사건을 일으키는 자이었으나, 투란난타 비구니가 그녀를 위하여 갈마를 짓는 때에 그것을 막았다.

---

10) 팔리어 Caṇḍakālī(찬다카리)의 음사이다.

그때 투란난타 비구니는 어느 이전의 일을 위하여 취락으로 갔다. 그때 비구니 승가는 투란난타 비구니가 외출하였으므로 곧 전달가리 비구니가 인정하지 않는 죄를 거론하였다.

　투란난타 비구니는 취락에서 일을 마무리하지 못하고서 사위성으로 돌아왔다. 전달가리 비구니는 투란난타 비구니가 돌아오는 때에 자리를 펼치지 않았고, 발을 씻는 물도 가져오지 않았으며, 발을 씻는 받침대와 발을 닦는 수건도 가져오지 않았고, 역시 나와서 맞이하고 옷과 발우도 받아주지 않았으며, 마시는 물도 묻지 않았다. 투란난타 비구니는 전달가리 비구니에게 이와 같이 말을 지었다.

　"대자여. 그대는 무슨 까닭으로써 내가 돌아오는 때에 자리를 펼치지 않고, 발을 씻는 물도 가져오지 않으며, 발을 씻는 받침대와 발을 닦는 수건도 가져오지 않고, 역시 나와서 맞이하고 옷과 발우도 받아주지 않으며, 마시는 물도 묻지 않는가?"

　"대자여. 보호받지 못한 자는 오직 마땅히 이와 같습니다."

　"대자여. 그대는 무슨 까닭으로 보호받지 못하였는가?"

　"대자여. 그 비구니들은 나를 보호하지 않았고 무지하였으며, '그녀를 마주한다면 어느 곳에 이익이 있겠는가?'라고 죄를 인정하지 않는다고 죄를 거론하였습니다."

　투란난타 비구니는 말하였다.

　"그녀들은 어리석고 무능하다. 그녀들은 갈마를 알지 못하고, 혹은 갈마를 지었어도 성취를 알지 못하며, 혹은 갈마의 옳음을 알지 못하고, 혹은 갈마의 성취를 알지 못한다. 나는 이러한 갈마를 알고, 갈마가 성취되지 않았음을 알며, 갈마의 옳지 않음을 알고, 갈마의 성취를 안다. 나는 마땅히 짓지 않았던 갈마를 짓겠고, 혹은 마땅히 지었던 갈마라면 막겠다."

　이때 빠르게 비구니승가를 모았고 전달가리 비구니를 위하여 죄를 풀어주었다. 여러 비구니들의 가운데에서 욕심이 적은 자들은 싫어하고 비난하였다.

"무슨 까닭으로써 대자인 투란난타 비구니는 화합승가가 여법하고 율과 같으며 스승의 가르침에 의지하여 비구니의 죄를 거론하였는데, 갈마를 지었던 승가에서 허락을 얻지 않았고, 승가 대중이 허락하지 않았는데 죄를 풀어주는가?"

그때 여러 비구니들은 이 일로써 여러 비구들에게 말하였고, 여러 비구들은 이 일로써 세존께 아뢰었다. 세존께서는 이 인연으로써 비구승가를 모으셨으며, 여러 비구들에게 물어 말씀하셨다.

"여러 비구들이여. 투란난타 비구니가 진실로 화합승가가 여법하고 율과 같으며 스승의 가르침에 의지하여 비구니의 죄를 거론하였는데, 갈마를 지었던 승가의 허락을 얻지 않았고, 승가 대중이 허락하지 않았는데 죄를 풀어주었는가?"

"진실로 그렇습니다. 세존이시여."

세존께서는 여러 방편으로 꾸짖으셨다.

"어리석은 사람들이여. 어찌하여 화합승가가 여법하고 율과 같으며 스승의 가르침에 의지하여 비구니의 죄를 거론하였는데, 갈마를 지었던 승가의 허락을 얻지 않았고, 승가 대중이 허락하지 않았는데 죄를 풀어주었는가? 어리석은 사람들이여. 이것은 오히려 믿지 않는 자는 신심이 생겨나지 않게 하고, …… 이미 믿었던 자는 일부가 전전하여 다른 곳으로 향하여 떠나가게 하느니라."

"…… 나아가 …… 여러 비구들이여. 여러 비구니들은 마땅히 이와 같이 학처를 송출할지니라.

'어느 누구의 비구니일지라도 화합승가가 여법하고 율과 같으며 스승의 가르침에 의지하여 비구니의 죄를 거론하였는데, 갈마를 지었던 승가의 허락을 얻지 않았고, 승가 대중이 인정하지 않았는데 죄를 풀어주는 자라면, 이 비구니는 역시 범한 것이고, 처음부터 곧 법에 죄가 성립하나니, 마땅히 떠나가야 하며, 승잔이니라.'"

2-1 '어느 누구'는 어느 태어난 곳의 이유, …… 혹은 중간의 법랍이었다면

이것을 '어느 누구'라고 말한다.

'비구니'는 구걸하는 비구니이니, 일을 쫓아서 걸식하는 비구니, ……
곧 이것에서 '비구니'의 뜻이라고 말하는 것이다.

'여법하고 율과 같다.'는 그 법에 의지하고, 그 율에 의지하는 것이다.

'스승의 가르침에 의지하다.'는 수승한 스승에게 의지하는 것이고, 세존
의 가르침에 의지하는 것이다.

'죄를 거론하다.'는 죄를 인정하지 않는 이유로, 참회하지 않는 이유로,
혹은 버리지 않는 이유로 그녀를 쫓아내는 것이다.

'갈마를 지었던 승가의 허락을 얻지 않다.'는 갈마를 지은 승가의 허락을
얻지 못한 것이다.

'승가 대중이 인정하지 않다.'는 승가 대중이 인정한 것을 알지 못하는
것이다.

'죄를 풀어주다.'는 대중을 구하였거나, 혹은 계장(界場)을 선정하는
자는 돌길라를 범한다. 아뢰었다면 돌길라를 범하고, 두 번의 갈마를
아뢰었다면 투란차를 범하며, 갈마를 마쳤다면 승잔을 범한다.

'이 비구니도 역시'는 출가 이전의 일을 취하여 말하는 것이다.

'처음부터 곧 죄가 성립하다.'는 일을 행한다면 동시에 죄를 범하나니,
승가의 충고가 필요하지 않는 이유이다.

'마땅히 떠나가다.'는 마땅히 승가에서 떠나가는 것이다.

'승잔'은 승가대중을 마주하고서 그 죄에 별주를 주어서 그 죄를 되돌려
서 본래로 돌아오게 하거나, …… 이러한 까닭으로 승잔이라고 이름한다.

2-2 여법한 갈마에서 여법한 갈마라는 생각이 있었는데, 죄를 풀어주는
자는 승잔을 범한다. 여법한 갈마에서 여법한 갈마라는 의심이 있었는데,
죄를 풀어주는 자는 승잔을 범한다. 여법한 갈마에서 여법한 갈마가
아니라는 생각이 있었는데, 죄를 풀어주는 자는 승잔을 범한다.

비법의 갈마에서 여법한 갈마라는 생각이 있었는데, 죄를 풀어주는
자는 돌길라를 범한다. 비법의 갈마에서 여법한 갈마라는 의심이 있었는

데, 죄를 풀어주는 자는 돌길라를 범한다. 비법의 갈마에서 비법의 갈마가 아니라는 생각이 있었는데, 죄를 풀어주는 자는 돌길라를 범한다.

3-1 갈마를 지었던 승가를 청하여 죄를 풀어주었거나, 대중이 허락한 것을 알고서 풀어주었거나, 여법하게 참회를 행한 것으로써 풀어주었거나, 갈마를 지었던 승가가 선하지 않은 때에 죄를 풀어주었거나, 미쳤던 자이거나, 최초로 범한 자는 범하지 않는다.

5) 종염심남자수식(從染心男子受食) 학처

1-1 그때 불·세존께서는 사위성의 기수급고독원에 머무르셨다.

그때 손다리난타 비구니는 단정하고 아름다웠으므로 여러 사람들이 식당에서 손다리난타 비구니를 보고서 염심을 일으켰다. 그들은 염심이 있어서 손다리난타 비구니에게 최상의 음식으로써 주었다. 손다리난타 비구니는 충분하게 먹을 수 있었으나, 다른 비구니들은 곧 만족하게 얻지 못하였다. 여러 비구니들의 가운데에서 욕심이 적은 자들은 싫어하고 비난하였다.

"무슨 까닭으로써 대자인 손다리난타는 염심을 가지고 염심이 있는 남자가 손으로 건네주는 단단한 음식과 부드러운 음식을 손으로 받아서 먹는가?"

그때 여러 비구니들은 이 일로써 여러 비구들에게 말하였고, 여러 비구들은 이 일로써 세존께 아뢰었다. 세존께서는 이 인연으로써 비구승가를 모으셨으며, 여러 비구들에게 물어 말씀하셨다.

"여러 비구들이여. 손다리난타 비구니가 진실로 염심을 가지고 염심이 있는 남자가 손으로 건네주는 단단한 음식과 부드러운 음식을 스스로의 손으로써 받아서 먹었는가?"

"진실로 그렇습니다. 세존이시여."

세존께서는 여러 방편으로 꾸짖으셨다.

"어리석은 사람들이여. 어찌하여 손다리난타 비구니는 염심을 가지고 염심이 있는 남자가 손으로 건네주는 단단한 음식과 부드러운 음식을 스스로의 손으로써 받아서 먹었는가? 어리석은 사람들이여. 이것은 오히려 믿지 않는 자는 신심이 생겨나지 않게 하고, …… 이미 믿었던 자는 일부가 전전하여 다른 곳으로 향하여 떠나가게 하느니라."

"…… 나아가 …… 여러 비구들이여. 여러 비구니들은 마땅히 이와 같이 학처를 송출할지니라.

'어느 누구의 비구니일지라도 염심을 가지고 염심이 있는 남자가 손으로 건네주는 단단한 음식과 부드러운 음식을 스스로의 손으로써 받아서 먹는 자는 이 비구니가 역시 범한 것이고, 처음부터 곧 법에 죄가 성립하나니, 마땅히 떠나가야 하며 승잔이니라.'"

2-1 '어느 누구'는 어느 태어난 곳의 이유, …… 혹은 중간의 법랍이었다면 이것을 '어느 누구'라고 말한다.

'비구니'는 구걸하는 비구니이니, 일을 쫓아서 걸식하는 비구니, …… 곧 이것에서 '비구니'의 뜻이라고 말하는 것이다.

'염심을 지니다.'는 비구니가 욕념이 있거나, 기대함이 있거나, 염착심이 있는 것이다.

'염심이 있다.'는 남자가 욕념이 있거나, 기대함이 있거나, 염착심이 있는 것이다.

'남자'는 사람의 남자이고, 야차남, 아귀남, 축생남이 아니며, 사람의 남자이고 지혜가 있어서 능히 즐거움을 받는 것을 아는 자이다.

'단단한 음식'은 5정식, 물, 치목을 제외하고서 그 나머지를 단단한 음식이라고 이름한다.

'부드러운 음식'은 5정식이니, 밥, 죽, 미숫가루, 물고기, 고기이다. 음식을 취하려고 하는 자는 투란차를 범하고, 매번 삼키는 자는 승잔을 범한다.

'이 비구니도 역시'는 출가 이전의 일을 취하여 말하는 것이다.

'처음부터 곧 죄가 성립하다.'는 일을 행한다면 동시에 죄를 범하나니, 승가의 충고가 필요하지 않는 이유이다.

'마땅히 떠나가다.'는 마땅히 승가에서 떠나가는 것이다.

'승잔'은 승가대중을 마주하고서 그 죄에 별주를 주어서 그 죄를 되돌려서 본래로 돌아오게 하거나, …… 이러한 까닭으로 승잔이라고 이름한다.

2-2 물과 치목을 받는 자는 돌길라를 범한다. 한 사람이 염심이 있었던 때에 먹으려고 받는 자는 돌길라를 범하고, 매번 삼키는 것마다 투란차를 범한다. 물과 치목을 받는 자는 돌길라를 범한다.

두 사람이 함께 염심이 있었는데, 야차남을 이유로, 혹은 아귀남을 이유로, 혹은 황문을 이유로, 혹은 축생이 사람의 형상이 있었던 자에게 손으로 먹으려고 받는 자는 돌길라를 범하고, 매번 삼키는 것마다 투란차를 범한다. 물과 치목을 받는 자는 돌길라를 범한다.

한 사람이 염심이 있었던 때에 먹으려고 받는 자는 돌길라를 범하고, 매번 삼키는 것마다 투란차를 범한다. 물과 치목을 받는 자는 돌길라를 범한다.

3-1 두 사람이 함께 염심이 없었거나, 염심이 없다고 알고서 받았거나, 미쳤던 자이거나, 최초로 범한 자는 범하지 않는다.

6) 권종염심남자수식(勸從染心男子受食) 학처

1-1 그때 불·세존께서는 사위성의 기수급고독원에 머무르셨다.

그때 손다리난타 비구니는 단정하고 아름다웠으므로 여러 사람들이 식당에서 손다리난타 비구니를 보고서 염심을 일으켰다. 그들은 염심이 있어서 손다리난타 비구니에게 최상의 음식으로써 주었다. 손다리난타

비구니는 두렵고 삼가하였으므로 받지 않았으나, 아래 좌차(座次)의 비구
니가 그 비구니를 마주하고서 이렇게 말을 지었다.

"대자여. 그대는 무슨 까닭으로써 받지 않습니까?"

"대자여. 그는 염심이 있습니다."

"그대도 역시 염심이 있습니까?"

"나는 염심이 없습니다."

"대자여. 그대는 염심이 없는 까닭으로 그 남자가 염심이 있더라도
염심이 없는 그대에게 능히 무엇을 하겠습니까? 그러므로 대자여. 그
남자가 그대에게 건네주는 단단한 음식이나, 혹은 부드러운 음식을 스스
로가 손으로 받을 수 있습니다."

여러 비구니들의 가운데에서 욕심이 적은 자들은 싫어하고 비난하였다.

"무슨 까닭으로써 비구니가 '그대가 염심이 없는 까닭으로 그 남자가
염심이 있더라도 염심이 없는 그대에게 능히 무엇을 하겠습니까? 그러므
로 대자여. 그 남자가 그대에게 건네주는 단단한 음식이나, 혹은 부드러운
음식을 스스로가 손으로 받을 수 있습니다.'라고 이와 같이 말하는가?"

그때 여러 비구니들은 이 일로써 여러 비구들에게 말하였고, 여러
비구들은 이 일로써 세존께 아뢰었다. 세존께서는 이 인연으로써 비구승
가를 모으셨으며, 여러 비구들에게 물어 말씀하셨다.

"여러 비구들이여. 비구니가 진실로 '그대가 염심이 없는 까닭으로
그 남자가 염심이 있더라도 염심이 없는 그대에게 능히 무엇을 하겠습니
까? 그러므로 대자여. 그 남자가 그대에게 건네주는 단단한 음식이나,
혹은 부드러운 음식을 스스로가 손으로 받을 수 있습니다.'라고 이와
같이 말하였는가?"

"진실로 그렇습니다. 세존이시여."

세존께서는 여러 방편으로 꾸짖으셨다.

"어리석은 사람들이여. 어찌하여 '그대가 염심이 없는 까닭으로 그
남자가 염심이 있더라도 염심이 없는 그대에게 능히 무엇을 하겠습니까?
그러므로 대자여. 그 남자가 그대에게 건네주는 단단한 음식이나, 혹은

부드러운 음식을 스스로가 손으로 받을 수 있습니다.'라고 이와 같이 말하였는가? 어리석은 사람들이여. 이것은 오히려 믿지 않는 자는 신심이 생겨나지 않게 하고, …… 이미 믿었던 자는 일부가 전전하여 다른 곳으로 향하여 떠나가게 하느니라."

"…… 나아가 …… 여러 비구들이여. 여러 비구니들은 마땅히 이와 같이 학처를 송출할지니라.

'어느 누구의 비구니일지라도 '그대가 염심이 없는 까닭으로 그 남자가 염심이 있더라도 염심이 없는 그대에게 능히 무엇을 하겠습니까? 그러므로 대자여. 그 남자가 그대에게 건네주는 단단한 음식이나, 혹은 부드러운 음식을 스스로가 손으로 받을 수 있습니다.'라고 이와 같이 말하는 자는 이 비구니는 역시 범한 것이고, 처음부터 곧 법에 죄가 성립하나니, 마땅히 떠나가야 하며 승잔이니라.'"

2-1 '어느 누구'는 어느 태어난 곳의 이유, …… 혹은 중간의 법랍이었다면 이것을 '어느 누구'라고 말한다.

'비구니'는 구걸하는 비구니이니, 일을 쫓아서 걸식하는 비구니, …… 곧 이것에서 '비구니'의 뜻이라고 말하는 것이다.

'이와 같이 말하다.'는 "대자여. 그대가 염심이 없는 까닭으로 그 남자가 염심이 있더라도 염심이 없는 그대에게 능히 무엇을 하겠습니까? 그러므로 대자여. 그 남자가 그대에게 건네주는 단단한 음식이나, 혹은 부드러운 음식을 스스로가 손으로 받을 수 있습니다."라고 이렇게 서로를 권유하는 자는 돌길라를 범한다. 그녀가 말하는 것에 의지하여 음식을 취하려고 하는 자는 투란차를 범하고, 매번 삼키는 자는 승잔을 범한다.

'이 비구니도 역시'는 출가 이전의 일을 취하여 말하는 것이다.

'처음부터 곧 죄가 성립하다.'는 일을 행한다면 동시에 죄를 범하나니, 승가의 충고가 필요하지 않는 이유이다.

'마땅히 떠나가다.'는 마땅히 승가에서 떠나가는 것이다.

'승잔'은 승가대중을 마주하고서 그 죄에 별주를 주어서 그 죄를 되돌려

서 본래로 돌아오게 하거나, …… 이러한 까닭으로 승잔이라고 이름한다.

2-2 물과 치목을 받는 자는 돌길라를 범한다. 그녀가 말하는 것에 의지하여 음식은 취하려고 하는 자는 돌길라를 범한다. 한 사람이 염심이 있었던 때에 야차남, 혹은 아귀남, 혹은 황문, 혹은 축생이 사람의 형상이 있었던 자에게 손으로 단단한 음식과 부드러운 음식을 손으로써 받아서 먹으려고 받는 자는 돌길라를 범한다.

그녀가 말하는 것에 의지하여 음식은 먹으려고 하는 자는 돌길라를 범하고, 매번 삼키는 것마다 투란차를 범한다. 물과 치목을 받는 자는 돌길라를 범한다. 그녀가 말하는 것에 의지하여 음식은 먹으려고 하는 자는 돌길라를 범한다.

3-1 염심이 없다고 알고서 권유하였거나, '성내면서 그녀가 받지 않는다.' 라고 생각하고서 권유하였거나, '친족을 연민하였던 까닭으로써 받지 않는다.'라고 생각하고서 권유하였거나, 미쳤던 자이거나, 최초로 범한 자는 범하지 않는다.

7) 불수간언(不受諫言) 학처

1-1 그때 불·세존께서는 사위성의 기수급고독원에 머무르셨다.

그때 전달가리 비구니는 여러 비구니들과 투쟁하면서 성내고 기쁘지 않아서 이와 같이 말하였다.

"나는 세존을 버리겠고, 나는 가르침을 버리겠으며, 나는 계율을 버리겠다. 어찌하여 오직 이 사문 석녀만이 사문녀인가? 다른 사람들도 역시 부끄러워하는 것이 있고, 삼가하는 것도 있으며, 계율을 배우려고 하는 사문녀이니, 나는 마땅히 그 처소에서 범행을 닦겠다."

여러 비구니들의 가운데에서 욕심이 적은 자들은 싫어하고 비난하였다.

"무슨 까닭으로써 전달가리 비구니는 성내고 기쁘지 않아서 '나는 세존을 버리겠고, 나는 가르침을 버리겠으며, 나는 계율을 버리겠다. 어찌하여 오직 이 사문 석녀만이 사문녀인가? 다른 사람들도 역시 부끄러워하는 것이 있고, 삼가하는 것도 있으며, 계율을 배우려고 하는 사문녀이니, 나는 마땅히 그 처소에서 범행을 닦겠다.'라고 이와 같이 말하는가?"

그때 여러 비구니들은 이 일로써 여러 비구들에게 말하였고, 여러 비구들은 이 일로써 세존께 아뢰었다. 세존께서는 이 인연으로써 비구승가를 모으셨으며, 여러 비구들에게 물어 말씀하셨다.

"여러 비구들이여. 전달가리 비구니가 진실로 성내고 기쁘지 않아서 '나는 세존을 버리겠고, 나는 가르침을 버리겠으며, 나는 계율을 버리겠다. 어찌하여 오직 이 사문 석녀만이 사문녀인가? 다른 사람들도 역시 부끄러워하는 것이 있고, 삼가하는 것도 있으며, 계율을 배우려고 하는 사문녀이니, 나는 마땅히 그 처소에서 범행을 닦겠다.'라고 이와 같이 말하였는가?"

"진실로 그렇습니다. 세존이시여."

세존께서는 여러 방편으로 꾸짖으셨다.

"어리석은 사람들이여. 어찌하여 성내고 기쁘지 않아서 '나는 세존을 버리겠고, 나는 가르침을 버리겠으며, 나는 계율을 버리겠다. 어찌하여 오직 이 사문 석녀만이 사문녀인가? 다른 사람들도 역시 부끄러워하는 것이 있고, 삼가하는 것도 있으며, 계율을 배우려고 하는 사문녀이니, 나는 마땅히 그 처소에서 범행을 닦겠다.'라고 이와 같이 말하였는가? 어리석은 사람들이여. 이것은 오히려 믿지 않는 자는 신심이 생겨나지 않게 하고, …… 이미 믿었던 자는 일부가 전전하여 다른 곳으로 향하여 떠나가게 하느니라."

"…… 나아가 …… 여러 비구들이여. 여러 비구니들은 마땅히 이와 같이 학처를 송출할지니라.

'어느 누구의 비구니일지라도 성내고 기쁘지 않아서 〈나는 세존을 버리겠고, 나는 가르침을 버리겠으며, 나는 계율을 버리겠다. 어찌하여 오직 이 사문 석녀만이 사문녀인가? 다른 사람들도 역시 부끄러워하는

것이 있고, 삼가하는 것도 있으며, 계율을 배우려고 하는 사문녀이니,
나는 마땅히 그 처소에서 범행을 닦겠다.〉라고 이와 같이 말하였다면,
여러 비구니들은 이 비구니를 마주하고서 〈대자여. 성내고 기쁘지 않았던
인연으로 나는 세존을 버리겠고, 나는 가르침을 버리겠으며, 나는 계율을
버리겠다. 어찌하여 오직 이 사문 석녀만이 사문녀인가? 다른 사람들도
역시 부끄러워하는 것이 있고, 삼가하는 것도 있으며, 계율을 배우려고
하는 사문녀이니, 나는 마땅히 그 처소에서 범행을 닦겠다.〉라고 다시
이와 같이 말을 짓지 마십시오. 〈대자여. 마땅히 환희해야 하고, 법은
이미 잘 설해져있으므로 고통을 명료하게 벗어나기 위하여 마땅히 범행을
닦으십시오.〉라고 이와 같이 말을 지어야 한다.

여러 비구니들은 이 비구니를 마주하고서 이와 같이 말을 지어야
한다. 오히려 고집하는 자라면, 여러 비구니들은 이 비구니에게 그 집착을
버리게 하고자 마땅히 세 번을 충고해야 한다. 세 번을 충고하는 때에
버린다면 좋으나, 만약 버리지 않는다면 이 비구니는 역시 범한 것이고,
처음부터 곧 법에 죄가 성립하나니, 마땅히 떠나가야 하며, 승잔이니라.'"

2-1 '어느 누구'는 어느 태어난 곳의 이유, …… 혹은 중간의 법랍이었다면
이것을 '어느 누구'라고 말한다.

'비구니'는 구걸하는 비구니이니, 일을 쫓아서 걸식하는 비구니, ……
곧 이것에서 '비구니'의 뜻이라고 말하는 것이다.

'성내고 기쁘지 않다.'는 만족하지 못하고, 상처를 받아서 마음이 편안하
지 않은 것이다.

'이와 같이 말하다.'는 "나는 세존을 버리겠고, 나는 가르침을 버리겠으
며, 나는 계율을 버리겠다. 어찌하여 오직 이 사문 석녀만이 사문녀인가?
다른 사람들도 역시 부끄러워하는 것이 있고, 삼가하는 것도 있으며,
계율을 배우려고 하는 사문녀이니, 나는 마땅히 그 처소에서 범행을
닦겠다."라고 말하는 것이다.

'이 비구니'는 이와 같이 말을 짓는 비구니이다.

'여러 비구들을 이유로'는 일찍이 비구니의 이러한 일을 들었다면, 그 비구니에게 마땅히 "대자여. 성내고 기쁘지 않았던 인연으로 나는 세존을 버리겠고, 나는 가르침을 버리겠으며, 나는 계율을 버리겠다. 어찌하여 오직 이 사문 석녀만이 사문녀인가? 다른 사람들도 역시 부끄러워하는 것이 있고, 삼가하는 것도 있으며, 계율을 배우려고 하는 사문녀이니, 나는 마땅히 그 처소에서 범행을 닦겠다고 말하지 마십시오."라고 말해야 한다.

마땅히 두 번째에도 그것을 말해야 하고, 세 번째에도 그것을 말해야 한다. 만약 버리지 않는다면 돌길라를 범하고, 듣고서 말하지 않는 자도 돌길라를 범한다. 마땅히 이 비구니를 데리고 승가의 가운데에 이르러 권유하여 말해야 한다.

"대자여. 성내고 기쁘지 않았던 인연으로 나는 세존을 버리겠고, 나는 가르침을 버리겠으며, 나는 계율을 버리겠다. 어찌하여 오직 이 사문 석녀만이 사문녀인가? 다른 사람들도 역시 부끄러워하는 것이 있고, 삼가하는 것도 있으며, 계율을 배우려고 하는 사문녀이니, 나는 마땅히 그 처소에서 범행을 닦겠다고 말하지 마십시오."라고 말해야 한다.

마땅히 두 번째에도 그것을 말해야 하고, 세 번째에도 그것을 말해야 한다. 만약 버리지 않는다면 돌길라를 범하나니, 마땅히 이 비구니에게 충고하여야 한다. 여러 비구들이여. 마땅히 한 명의 총명하고 현명하며 유능한 비구니가 승가의 가운데에서 창언(唱言)하여 말해야 한다.

"'대자 승가께서는 허락하십시오. 이 누구 비구니는 〈성내고 기쁘지 않았던 인연으로 나는 세존을 버리겠고, 나는 가르침을 버리겠으며, 나는 계율을 버리겠다. 어찌하여 오직 이 사문 석녀만이 사문녀인가? 다른 사람들도 역시 부끄러워하는 것이 있고, 삼가하는 것도 있으며, 계율을 배우려고 하는 사문녀이니, 나는 마땅히 그 처소에서 범행을 닦겠다.〉라고 말하면서 그 일을 버리지 않았습니다. 만약 승가께서 때에 이르렀다면 승가께서는 누구 비구니를 위하여 이 일을 버리도록 충고하겠습니다. 이와 같이 아룁니다.'

'대자 승가께서는 허락하십시오. 이 누구 비구니는 〈성내고 기쁘지 않았던 인연으로 나는 세존을 버리겠고, 나는 가르침을 버리겠으며, 나는 계율을 버리겠다. 어찌하여 오직 이 사문 석녀만이 사문녀인가? 다른 사람들도 역시 부끄러워하는 것이 있고, 삼가하는 것도 있으며, 계율을 배우려고 하는 사문녀이니, 나는 마땅히 그 처소에서 범행을 닦겠다.〉라고 말하면서 그 일을 버리지 않았습니다. 만약 승가께서 때에 이르렀다면 승가께서는 누구 비구니를 위하여 이 집착하는 일을 버리도록 충고하겠습니다. 여러 대자들께서 누구 비구니에게 이 일을 버리게 충고하는 것을 인정하신다면 묵연하시고 인정하지 않으신다면 말씀하십시오.'

저는 두 번째로 이 일을 아룁니다.

'대자 승가께서는 허락하십시오. 이 누구 비구니는 〈성내고 기쁘지 않았던 인연으로 나는 세존을 버리겠고, 나는 가르침을 버리겠으며, 나는 계율을 버리겠다. 어찌하여 오직 이 사문 석녀만이 사문녀인가? 다른 사람들도 역시 부끄러워하는 것이 있고, 삼가하는 것도 있으며, 계율을 배우려고 하는 사문녀이니, 나는 마땅히 그 처소에서 범행을 닦겠다.〉라고 말하면서 그 일을 버리지 않았습니다. 만약 승가께서 때에 이르렀다면 승가께서는 누구 비구니를 위하여 이 집착하는 일을 버리도록 충고하겠습니다. 여러 대자들께서 누구 비구니에게 이 일을 버리게 충고하는 것을 인정하신다면 묵연하시고 인정하지 않으신다면 말씀하십시오.'

저는 세 번째로 이 일을 아룁니다.

'대자 승가께서는 허락하십시오. 이 누구 비구니는 〈성내고 기쁘지 않았던 인연으로 나는 세존을 버리겠고, 나는 가르침을 버리겠으며, 나는 계율을 버리겠다. 어찌하여 오직 이 사문 석녀만이 사문녀인가? 다른 사람들도 역시 부끄러워하는 것이 있고, 삼가하는 것도 있으며, 계율을 배우려고 하는 사문녀이니, 나는 마땅히 그 처소에서 범행을 닦겠다.〉라고 말하면서 그 일을 버리지 않았습니다. 만약 승가께서 때에 이르렀다면 승가께서는 누구 비구니를 위하여 이 집착하는 일을 버리도록 충고하겠습니다. 여러 대자들께서 누구 비구니에게 이 일을 버리게 충고하는 것을

인정하신다면 묵연하시고 인정하지 않으신다면 말씀하십시오.'

'승가시여. 누구 비구니에게 이 일을 버리도록 충고하는 것을 마쳤습니다. 승가께서 인정하신 것은 묵연하였던 까닭입니다. 나는 이와 같이 알고 이해하겠습니다.'"

아뢰었던 이유라면 돌길라를 범하고, 두 번을 갈마하였다면 투란차를 범하며, 갈마의 말을 마쳤다면 승잔을 범한다.

'승잔죄'는 아뢰었던 것을 제외한 이유라면 돌길라를 범하고, 두 번을 갈마하여 말하였던 이유라면 투란차를 범한다.

'이 비구니도 역시'는 이전의 일을 취하여 말하는 것이다.

'세 번째에 이르면 죄가 성립하다.'는 세 번째의 충고에 이른다면 비로소 죄가 성립하나니, 그 일을 행하는 동시에 곧 죄를 범하는 것이 아니다.

'마땅히 떠나가다.'는 마땅히 승가에서 떠나가는 것이다.

'승잔'은 승가대중을 마주하고서 그 죄에 별주를 주어서 그 죄를 되돌려서 본래로 돌아오게 하거나, …… 이러한 까닭으로 승잔이라고 이름한다.

2-2 여법한 갈마에서 여법한 갈마라는 생각이 있었는데, 버리지 않는 자는 승잔을 범한다. 여법한 갈마에서 여법한 갈마라는 의심이 있었는데, 버리지 않는 자는 승잔을 범한다. 여법한 갈마에서 여법한 갈마가 아니라는 생각이 있었는데, 버리지 않는 승잔을 범한다.

비법의 갈마에서 여법한 갈마라는 생각이 있었는데, 버리지 않는 자는 돌길라를 범한다. 비법의 갈마에서 여법한 갈마라는 의심이 있었는데, 버리지 않는 자는 돌길라를 범한다. 비법의 갈마에서 비법의 갈마가 아니라는 생각이 있었는데, 버리지 않는 자는 돌길라를 범한다.

3-1 충고하지 않았거나, 버렸거나, 미쳤던 자이거나, 최초로 범한 자는 범하지 않는다.

8) 불수간언악행(不受諫言惡行) 학처

1-1 그때 불·세존께서는 사위성의 기수급고독원에 머무르셨다.

그때 전달가리 비구니는 여러 비구니들과 논쟁에서 패배하였던 인연으로 성내고 기쁘지 않아서 이와 같이 말하였다.

"여러 비구니들은 욕망을 따랐고, 성냄을 따랐으며, 어리석음을 따랐고, 악행의 두려운 행을 따랐다."

여러 비구니들의 가운데에서 욕심이 적은 자들은 싫어하고 비난하였다.

"무슨 까닭으로써 전달가리 비구니는 논쟁에서 패배하였던 인연으로 성내고 기쁘지 않아서 '여러 비구니들은 욕망을 따랐고, 성냄을 따랐으며, 어리석음을 따랐고, 악행의 두려운 행을 따랐다.'라고 이와 같이 말을 짓는가?"

그때 여러 비구니들은 이 일로써 여러 비구들에게 말하였고, 여러 비구들은 이 일로써 세존께 아뢰었다. 세존께서는 이 인연으로써 비구승가를 모으셨으며, 여러 비구들에게 물어 말씀하셨다.

"여러 비구들이여. 전달가리 비구니가 진실로 논쟁에서 패배하였던 인연으로 성내고 기쁘지 않아서 '여러 비구니들은 욕망을 따랐고, 성냄을 따랐으며, 어리석음을 따랐고, 악행의 두려운 행을 따랐다.'라고 이와 같이 말하였는가?"

"진실로 그렇습니다. 세존이시여."

세존께서는 여러 방편으로 꾸짖으셨다.

"어리석은 사람들이여. 어찌하여 전달가리 비구니는 논쟁에서 패배하였던 인연으로 성내고 기쁘지 않아서 '여러 비구니들은 욕망을 따랐고, 성냄을 따랐으며, 어리석음을 따랐고, 악행의 두려운 행을 따랐다.'라고 이와 같이 말하였는가? 어리석은 사람들이여. 이것은 오히려 믿지 않는 자는 신심이 생겨나지 않게 하고, …… 이미 믿었던 자는 일부가 전전하여 다른 곳으로 향하여 떠나가게 하느니라."

"…… 나아가 …… 여러 비구들이여. 여러 비구니들은 마땅히 이와

같이 학처를 송출할지니라.

　'어느 누구의 비구니일지라도 무슨 논쟁에서 패배하였던 인연으로 성내고 기쁘지 않아서 〈여러 비구니들은 욕망을 따랐고, 성냄을 따랐으며, 어리석음을 따랐고, 악행의 두려운 행을 따랐다.〉라고 이와 같이 말하였다면, 여러 비구니들은 이 비구니를 마주하고서 〈대자여. 어느 논쟁에서 패배하였던 인연으로 성내고 기쁘지 않았던 인연으로 여러 비구니들은 욕망을 따랐고, 성냄을 따랐으며, 어리석음을 따랐고, 악행의 두려운 행을 따랐다고 다시 이와 같이 말을 짓지 마십시오.〉라고 이와 같이 말을 지어야 한다.

　여러 비구니들은 이 비구니를 마주하고서 이와 같이 말을 지어야 하고, 오히려 고집하는 자라면, 여러 비구니들은 이 비구니에게 그 집착을 버리게 하고자 마땅히 세 번을 충고해야 한다. 세 번을 충고하는 때에 버린다면 좋으나, 만약 버리지 않는다면 이 비구니는 역시 범한 것이고, 처음부터 곧 법에 죄가 성립하나니, 마땅히 떠나가야 하며, 승잔이니라.'"

2-1 '어느 누구'는 어느 태어난 곳의 이유, …… 혹은 중간의 법랍이었다면 이것을 '어느 누구'라고 말한다.

　'비구니'는 구걸하는 비구니이니, 일을 쫓아서 걸식하는 비구니, …… 곧 이것에서 '비구니'의 뜻이라고 말하는 것이다.

　'어느 논쟁에서'는 논쟁에는 네 종류의 논쟁이 있나니, 쟁론(爭論)의 논쟁, 비난의 논쟁, 죄과(罪過)의 논쟁, 책무(責務)의 논쟁이다.

　'패배하다'는 말로 패배한 것이다.

　'성내고 기쁘지 않다.'는 만족하지 못하고, 상처를 받아서 마음이 편안하지 않은 것이다.

　'이와 같이 말하다.'는 "여러 비구니들은 욕망을 따랐고, 성냄을 따랐으며, 어리석음을 따랐고, 악행의 두려운 행을 따랐다."라고 말하는 것이다.

　'이 비구니'는 이와 같이 말을 짓는 비구니이다.

　'여러 비구들을 이유로'는 다른 비구니의 이러한 일을 일찍이 보고 들었다면, 그 비구니들은 마땅히 "대자여. 어느 논쟁에서 패배하였던 인연으로 성내고 기쁘지 않았던 인연으로 여러 비구니들은 욕망을 따랐고, 성냄을 따랐으며, 어리석음을 따랐고, 악행의 두려운 행을 따랐다고 말하지 마십시오."라고 말해야 한다. 마땅히 두 번째에도 그것을 말해야 하고, 세 번째에도 그것을 말해야 한다. 만약 버리지 않는다면 돌길라를 범하고, 듣고서 말하지 않는 자도 돌길라를 범한다.

마땅히 이 비구니를 데리고 승가의 가운데에 이르러 권유하여 말해야 한다.

"대자여. 논쟁에서 패배하였던 인연으로 성내고 기쁘지 않았던 인연으로 여러 비구니들은 욕망을 따랐고, 성냄을 따랐으며, 어리석음을 따랐고, 악행의 두려운 행을 따랐다고 말하지 마십시오."라고 말해야 한다. 마땅히 두 번째에도 그것을 말해야 하고, 세 번째에도 그것을 말해야 한다. 만약 버리지 않는다면 돌길라를 범하나니, 마땅히 이 비구니에게 충고하여야 한다. 여러 비구들이여. 마땅히 한 명의 총명하고 현명하며 유능한 비구니가 승가의 가운데에서 창언하여 말해야 한다.

"'대자 승가께서는 허락하십시오. 이 누구 비구니는 〈논쟁에서 패배하였던 인연으로 성내고 기쁘지 않았던 인연으로 여러 비구니들은 욕망을 따랐고, 성냄을 따랐으며, 어리석음을 따랐고, 악행의 두려운 행을 따랐다.〉라고 말하면서 그 일을 버리지 않았습니다. 만약 승가께서 때에 이르렀다면 승가께서는 누구 비구니를 위하여 이 일을 버리도록 충고하겠습니다. 이와 같이 아룁니다.'

'대자 승가께서는 허락하십시오. 이 누구 비구니는 〈논쟁에서 패배하였던 인연으로 성내고 기쁘지 않았던 인연으로 여러 비구니들은 욕망을 따랐고, 성냄을 따랐으며, 어리석음을 따랐고, 악행의 두려운 행을 따랐다.〉라고 말하면서 그 일을 버리지 않았습니다. 만약 승가께서 때에 이르렀다면 승가께서는 누구 비구니를 위하여 이 집착하는 일을 버리도록 충고하겠습니다. 여러 대자들께서 누구 비구니에게 이 일을 버리게 충고하는 것을 인정하신다면 묵연하시고 인정하지 않으신다면 말씀하십시오.'

저는 두 번째로 이 일을 아룁니다.

'대자 승가께서는 허락하십시오. 이 누구 비구니는 〈논쟁에서 패배하였던 인연으로 성내고 기쁘지 않았던 인연으로 여러 비구니들은 욕망을 따랐고, 성냄을 따랐으며, 어리석음을 따랐고, 악행의 두려운 행을 따랐다.〉라고 말하면서 그 일을 버리지 않았습니다. 만약 승가께서 때에 이르렀다면 승가께서는 누구 비구니를 위하여 이 집착하는 일을 버리도록 충고하겠습니다. 여러 대자들께서 누구 비구니에게 이 일을 버리게 충고하는 것을 인정하신다면 묵연하시고 인정하지 않으신다면 말씀하십시오.'

저는 세 번째로 이 일을 아룁니다.

'대자 승가께서는 허락하십시오. 이 누구 비구니는 〈논쟁에서 패배하였던 인연으로 성내고 기쁘지 않았던 인연으로 여러 비구니들은 욕망을 따랐고, 성냄을 따랐으며, 어리석음을 따랐고, 악행의 두려운 행을 따랐다.〉라고 말하면서 그 일을 버리지 않았습니다. 만약 승가께서 때에 이르렀다면 승가께서는 누구 비구니를 위하여 이 집착하는 일을 버리도록 충고하겠습니다. 여러 대자들께서 누구 비구니에게 이 일을 버리게 충고하는 것을 인정하신다면 묵연하시고 인정하지 않으신다면 말씀하십시오.'

'승가시여. 누구 비구니에게 이 일을 버리도록 충고하는 것을 마쳤습니다. 승가께서 인정하신 것은 묵연하였던 까닭입니다. 나는 이와 같이 알고 이해하겠습니다.'"

아뢰었던 이유라면 돌길라를 범하고, 두 번을 갈마하였다면 투란차를 범하며, 갈마의 말을 마쳤다면 승잔을 범한다.

'승잔죄'는 아뢰었던 것을 제외한 이유라면 돌길라를 범하고, 두 번을 갈마하여 말하였던 이유라면 투란차를 범한다.

'이 비구니도 역시'는 이전의 일을 취하여 말하는 것이다.

'세 번째에 이르면 죄가 성립하다.'는 세 번째의 충고에 이른다면 비로소 죄가 성립하나니, 그 일을 행하는 동시에 곧 죄를 범하는 것이 아니다.

'마땅히 떠나가다.'는 마땅히 승가에서 떠나가는 것이다.

'승잔'은 승가대중을 마주하고서 그 죄에 별주를 주어서 그 죄를 되돌려

서 본래로 돌아오게 하거나, …… 이러한 까닭으로 승잔이라고 이름한다.

2-2 여법한 갈마에서 여법한 갈마라는 생각이 있었는데, 버리지 않는 자는 승잔을 범한다. 여법한 갈마에서 여법한 갈마라는 의심이 있었는데, 버리지 않는 자는 승잔을 범한다. 여법한 갈마에서 여법한 갈마가 아니라는 생각이 있었는데, 버리지 않는 승잔을 범한다.

  비법의 갈마에서 여법한 갈마라는 생각이 있었는데, 버리지 않는 자는 돌길라를 범한다. 비법의 갈마에서 여법한 갈마라는 의심이 있었는데, 버리지 않는 자는 돌길라를 범한다. 비법의 갈마에서 비법의 갈마가 아니라는 생각이 있었는데, 버리지 않는 자는 돌길라를 범한다.

3-1 충고하지 않았거나, 버렸거나, 미쳤던 자이거나, 최초로 범한 자는 범하지 않는다.

9) 부장죄(覆藏罪) 학처

1-1 그때 불·세존께서는 사위성의 기수급고독원에 머무르셨다.

  그때 투란난타 비구니와 제자인 여러 비구니들이 재가인들과 친근하게 머무르면서 함께 악행을 지었고, 악한 소문을 얻었으며, 악한 이름이 넘쳤으나, 비구니 승가를 뇌란(惱亂)시키고자 서로가 그러한 죄를 덮어주었다. 여러 비구니들의 가운데에서 욕심이 적은 자들은 싫어하고 비난하였다.

  "무슨 까닭으로써 비구니들이 재가인들과 친근하게 머무르면서 함께 악행을 짓고, 악한 소문을 얻으며, 악한 이름이 넘쳤으나, 비구니 승가를 뇌란시키고자 서로가 그러한 죄를 덮어주는가?"

  그때 여러 비구니들은 이 일로써 여러 비구들에게 말하였고, 여러 비구들은 이 일로써 세존께 아뢰었다. 세존께서는 이 인연으로써 비구승가를 모으셨으며, 여러 비구들에게 물어 말씀하셨다.

　"여러 비구들이여. 비구니들이 진실로 재가인들과 친근하게 머무르면서 함께 악행을 짓고, 악한 소문을 얻으며, 악한 이름이 넘쳤으나, 비구니 승가를 뇌란시키고자 서로가 그러한 죄를 덮어주었는가?"

　"진실로 그렇습니다. 세존이시여."

　세존께서는 여러 방편으로 꾸짖으셨다.

　"어리석은 사람들이여. 어찌하여 비구니들은 재가인들과 친근하게 머무르면서 함께 악행을 짓고, 악한 소문을 얻으며, 악한 이름이 넘쳤으나, 비구니 승가를 뇌란시키고자 서로가 그러한 죄를 덮어주었는가? 어리석은 사람들이여. 이것은 오히려 믿지 않는 자는 신심이 생겨나지 않게 하고, …… 이미 믿었던 자는 일부가 전전하여 다른 곳으로 향하여 떠나가게 하느니라."

　"…… 나아가 …… 여러 비구들이여. 여러 비구니들은 마땅히 이와 같이 학처를 송출할지니라.

　'만약 비구니들이 재가인들과 친근하게 머무르면서 함께 악행을 짓고, 악한 소문을 얻으며, 악한 이름이 넘쳤으나, 비구니 승가를 뇌란시키고자 서로가 그러한 죄를 덮어주었다면, 여러 비구니들은 이 비구니를 마주하고서 〈대자들이여. 재가인들과 친근하게 머무르면서 함께 악행을 짓고, 악한 소문을 얻으며, 악한 이름이 넘쳤으나, 비구니 승가를 뇌란시키고자 서로가 그러한 죄를 덮어주지 마십시오. 대자들이여. 마땅히 그것을 멀리하십시오. 대자들이 그것을 멀리한다면 승가가 찬탄하는 것입니다.〉라고 이와 같이 말을 지어야 한다.

　여러 비구니들은 이 비구니들을 마주하고서 이와 같이 말을 지어야 한다. 오히려 고집하는 자라면, 여러 비구니들은 이 비구니에게 그 집착을 버리게 시키고자 마땅히 세 번을 충고해야 한다. 세 번을 충고하는 때에 버린다면 좋으나, 만약 버리지 않는다면 이 비구니는 역시 범한 것이고, 처음부터 곧 법에 죄가 성립하나니, 마땅히 떠나가야 하며, 승잔이니라.'"

2-1 '만약 비구니들'은 구족계를 받은 자를 말한다.

'서로가 친근하게 머무르다.'는 서로가 친근하다는 몸과 입에 수순하는 행이 아니면서 친근하게 머무르는 것이다.

'악행'은 선하지 않은 행위를 갖춘 것이다.

'악한 소문'은 악한 평판이 유포되는 것이다.

'악명이 넘치다.'는 악업으로써 살아가는 것이다.

'비구니 승가를 번민하고 혼란스럽게 하다.'는 죄의 갈마를 짓는다면 서로가 막는 것이다.

'서로가 그 죄를 덮어주다.'는 서로가 그 죄를 감추어 주는 것이다.

'이 비구니들'은 이들은 서로가 친근한 비구니들이다.

'여러 비구들을 이유로'는 다른 비구니들이 일찍이 비구니들의 이러한 일을 들었다면, 그 비구니들에게 마땅히 "대자들이여. 재가인들과 친근하게 머무르면서 함께 악행을 짓고, 악한 소문을 얻으며, 악한 이름이 넘쳤으나, 비구니 승가를 뇌란시키고자 서로가 그러한 죄를 덮어주지 마십시오. 대자들이여. 마땅히 그것을 멀리하십시오. 대자들이 그것을 멀리한다면 승가가 찬탄하는 것입니다."라고 말해야 한다. 마땅히 두 번째에도 그것을 말해야 하고, 세 번째에도 그것을 말해야 한다. 만약 버리지 않는다면 돌길라를 범하고, 듣고서 말하지 않는 자도 돌길라를 범한다.

마땅히 이 비구니를 데리고 승가의 가운데에 이르러 권유하여 말해야 한다.

"대자여. 재가인들과 친근하게 머무르면서 함께 악행을 짓고, 악한 소문을 얻으며, 악한 이름이 넘쳤으나, 비구니 승가를 뇌란시키고자 서로가 그러한 죄를 덮어주지 마십시오. 대자들이여. 마땅히 그것을 멀리하십시오. 대자들이 그것을 멀리한다면 승가가 찬탄하는 것입니다."라고 말해야 한다. 마땅히 두 번째에도 그것을 말해야 하고, 세 번째에도 그것을 말해야 한다. 만약 버리지 않는다면 돌길라를 범하나니, 마땅히 이 비구니에게 충고하여야 한다. 여러 비구들이여. 마땅히 한 명의 총명하고 현명하며 유능한 비구니가 승가의 가운데에서 창언하여 말해야 한다.

"대자 승가께서는 허락하십시오. 이 누구 비구니들은 재가인들과 친근하게 머무르면서 함께 악행을 짓고, 악한 소문을 얻으며, 악한 이름이 넘쳤으나, 비구니 승가를 뇌란시키고자 서로가 그러한 죄를 덮어주면서 그 일을 버리지 않았습니다. 만약 승가께서 때에 이르렀다면 승가께서는 누구 비구니를 위하여 이 일을 버리도록 충고하겠습니다. 이와 같이 아룁니다.'

'대자 승가께서는 허락하십시오. 이 누구 비구니들은 재가인들과 친근하게 머무르면서 함께 악행을 짓고, 악한 소문을 얻으며, 악한 이름이 넘쳤으나, 비구니 승가를 뇌란시키고자 서로가 그러한 죄를 덮어주면서 그 일을 버리지 않았습니다. 만약 승가께서 때에 이르렀다면 승가께서는 누구 비구니를 위하여 이 일을 버리도록 충고하겠습니다. 여러 대자들께서 누구 비구니에게 이 일을 버리게 충고하는 것을 인정하신다면 묵연하시고 인정하지 않으신다면 말씀하십시오.'

저는 두 번째로 이 일을 아룁니다.

'대자 승가께서는 허락하십시오. 이 누구 비구니들은 재가인들과 친근하게 머무르면서 함께 악행을 짓고, 악한 소문을 얻으며, 악한 이름이 넘쳤으나, 비구니 승가를 뇌란시키고자 서로가 그러한 죄를 덮어주면서 그 일을 버리지 않았습니다. 만약 승가께서 때에 이르렀다면 승가께서는 누구 비구니를 위하여 이 집착하는 일을 버리도록 충고하겠습니다. 여러 대자들께서 누구 비구니에게 이 일을 버리게 충고하는 것을 인정하신다면 묵연하시고 인정하지 않으신다면 말씀하십시오.'

저는 세 번째로 이 일을 아룁니다.

'대자 승가께서는 허락하십시오. 이 누구 비구니들은 재가인들과 친근하게 머무르면서 함께 악행을 짓고, 악한 소문을 얻으며, 악한 이름이 넘쳤으나, 비구니 승가를 뇌란시키고자 서로가 그러한 죄를 덮어주면서 그 일을 버리지 않았습니다. 만약 승가께서 때에 이르렀다면 승가께서는 누구 비구니를 위하여 이 집착하는 일을 버리도록 충고하겠습니다. 여러 대자들께서 누구 비구니에게 이 일을 버리게 충고하는 것을 인정하신다면 묵연하시고 인정하지 않으신다면 말씀하십시오.'

'승가시여. 누구 비구니에게 이 일을 버리도록 충고하는 것을 마쳤습니다. 승가께서 인정하신 것은 묵연하였던 까닭입니다. 나는 이와 같이 알고 이해하겠습니다.'"

아뢰었던 이유라면 돌길라를 범하고, 두 번을 갈마하였다면 투란차를 범하며, 갈마의 말을 마쳤다면 승잔을 범한다.

'승잔죄'는 아뢰었던 것을 제외한 이유라면 돌길라를 범하고, 두 번을 갈마하여 말하였던 이유라면 투란차를 범한다.

두 사람·세 사람은 마땅히 충고를 받을 수 있으나, 두 사람·세 사람 이상이라면 마땅히 충고를 받을 수 없다.

'이 비구니도 역시'는 이전의 일을 취하여 말하는 것이다.

'세 번째에 이르면 죄가 성립하다.'는 세 번째의 충고에 이른다면 비로소 죄가 성립하나니, 그 일을 행하는 동시에 곧 죄를 범하는 것이 아니다.

'마땅히 떠나가다.'는 마땅히 승가에서 떠나가는 것이다.

'승잔'은 승가대중을 마주하고서 그 죄에 별주를 주어서 그 죄를 되돌려서 본래로 돌아오게 하거나, …… 이러한 까닭으로 승잔이라고 이름한다.

2-2 여법갈마에서 여법한 갈마라는 생각이 있었는데, 버리지 않는 자는 승잔을 범한다. 여법갈마에서 여법한 갈마라는 의심이 있었는데, 버리지 않는 자는 승잔을 범한다. 여법갈마에서 여법한 갈마가 아니라는 생각이 있었는데, 버리지 않는 승잔을 범한다.

비법갈마에서 여법한 갈마라는 생각이 있었는데, 버리지 않는 자는 돌길라를 범한다. 비법갈마에서 여법한 갈마라는 의심이 있었는데, 버리지 않는 자는 돌길라를 범한다. 비법갈마에서 비법의 갈마가 아니라는 생각이 있었는데, 버리지 않는 자는 돌길라를 범한다.

2-3 충고하지 않았거나, 버렸거나, 미쳤던 자이거나, 최초로 범한 자는

범하지 않는다.

10) 고수악행(固守惡行) 학처

1-1 그때 불·세존께서는 사위성의 기수급고독원에 머무르셨다.

그때 투란난타 비구니는 승가가 충고하였던 비구니들을 마주하고서 이와 같이 말을 지었다.

"대자들이여. 그대들은 마땅히 재가인들과 친근하게 머무르고, 그대들은 별도로 머무르지 마십시오. 승가의 가운데에는 다른 비구니들이 이와 같이 행하였고, 이와 같은 소문을 얻었으며, 이와 같은 이름이 넘쳤고, 비구니 승가를 뇌란시켰던 자이거나, 서로가 그 죄를 덮어주었던 자들이었으나, 그들은 승가를 마주하고서 역시 무슨 일도 말하지 않았습니다. 승가가 멸시하였던 이유이고, 가볍게 보았던 이유이며, 싫어하였던 이유이고, 증거가 없이 말을 퍼트렸던 이유로 그대들을 마주하고서 '대자들이여. 재가인들과 친근하게 머무르면서 함께 악행을 짓고, 악한 소문을 얻으며, 악한 이름이 넘쳤으나, 비구니 승가를 뇌란시키고자 서로가 그 죄를 덮어주지 마십시오. 대자들이여. 마땅히 그것을 멀리하십시오. 대자들이 그것을 멀리한다면 승가가 찬탄하는 것입니다.'라고 이와 같이 말을 짓는 것입니다."

여러 비구니들의 가운데에서 욕심이 적은 자들은 싫어하고 비난하였다.

"무슨 까닭으로써 투란난타 비구니는 승가가 충고하였던 비구니들을 마주하고서 이와 같이 말을 짓는가? '대자들이여. 그대들은 마땅히 재가인들과 친근하게 머무르고, 그대들은 별도로 머무르지 마십시오. …… 대자들이여. 마땅히 그것을 멀리하십시오. 대자들이 그것을 멀리한다면 승가가 찬탄하는 것입니다.'"

그때 여러 비구니들은 이 일로써 여러 비구들에게 말하였고, 여러 비구들은 이 일로써 세존께 아뢰었다. 세존께서는 이 인연으로써 비구승가를 모으셨으며, 여러 비구들에게 물어 말씀하셨다.

"여러 비구들이여. 투란난타 비구니가 진실로 승가가 충고하였던 비구니들을 마주하고서 이와 같이 말을 짓는가? '대자들이여. 그대들은 마땅히 재가인들과 친근하게 머무르고, 그대들은 별도로 머무르지 마십시오. …… 대자들이여. 마땅히 그것을 멀리하십시오. 대자들이 그것을 멀리한다면 승가가 찬탄하는 것입니다.'라고 이와 같이 말을 지었는가?"

"진실로 그렇습니다. 세존이시여."

세존께서는 여러 방편으로 꾸짖으셨다.

"어리석은 사람들이여. 어찌하여 투란난타 비구니는 '대자들이여. 그대들은 마땅히 재가인들과 친근하게 머무르고, 그대들은 별도로 머무르지 마십시오. …… 대자들이여. 마땅히 그것을 멀리하십시오. 대자들이 그것을 멀리한다면 승가가 찬탄하는 것입니다.'라고 이와 같이 말을 지었는가? 어리석은 사람들이여. 이것은 오히려 믿지 않는 자는 신심이 생겨나지 않게 하고, …… 이미 믿었던 자는 일부가 전전하여 다른 곳으로 향하여 떠나가게 하느니라."

"…… 나아가 …… 여러 비구들이여. 여러 비구니들은 마땅히 이와 같이 학처를 송출할지니라.

'어느 누구의 비구니일지라도 〈대자들이여. 그대들은 마땅히 재가인들과 친근하게 머무르고, 그대들은 별도로 머무르지 마십시오. 승가의 가운데에는 다른 비구니들도 이와 같이 행하였고, 이와 같은 소문을 얻었으며, 이와 같은 이름이 넘쳤고, 비구니 승가를 뇌란시켰던 자이거나, 서로가 그 죄를 덮어주었으나, 그들이 승가를 마주하고서 역시 무슨 일도 말하지 않았으며, 승가가 멸시하였던 이유이고, 가볍게 보았던 이유이며, 싫어하였던 이유이고, 증거가 없이 말을 퍼트렸던 이유로 그대들을 마주하고서 '대자들이여. 재가인들과 친근하게 머무르면서 함께 악행을 짓고, 악한 소문을 얻으며, 악한 이름이 넘쳤으나, 비구니 승가를 뇌란시키고자 서로가 그 죄를 덮어주지 마십시오. 대자들이여. 마땅히 그것을 멀리하십시오. 대자들이 그것을 멀리한다면 승가가 찬탄하는 것입니다.'〉

라고 이와 같이 말을 지었다면, 여러 비구니들은 그 비구니를 마주하고서
이와 같이 말을 지어야 한다.

〈대자여. 그대들은 마땅히 서로가 친근하게 머무르면서 함께 악행을
짓고, …… 대자들이 그것을 멀리한다면 승가가 찬탄하는 것입니다.〉

여러 비구니들은 그 비구니를 마주하고서 이와 같이 말을 지었는데,
오히려 고집하는 자라면, 여러 비구니들은 이 비구니에게 그 집착을
버리게 하고자 마땅히 세 번을 충고해야 한다. 세 번을 충고하는 때에
버린다면 좋으나, 만약 버리지 않는다면 이 비구니는 역시 범한 것이고,
처음부터 곧 법에 죄가 성립하나니, 마땅히 떠나가야 하며 승잔이니라.'"

2-1 '어느 누구'는 어느 태어난 곳의 이유, …… 혹은 중간의 법랍이었다면
이것을 '어느 누구'라고 말한다.

'비구니'는 구걸하는 비구니이니, 일을 쫓아서 걸식하는 비구니, ……
곧 이것에서 '비구니'의 뜻이라고 말하는 것이다.

'이와 같이 말하다.'는 "대자들이여. 그대들은 마땅히 재가인들과 친근
하게 머무르고, 그대들은 별도로 머무르지 마십시오. …… 그들이 승가를
마주하고서 역시 어느 일도 말하지 않았습니다."라고 말하는 것이다.

'승가가 멸시하였던 이유'는 멸시하는 것의 인연이다.

'가볍게 보았던 이유'는 가볍게 보았던 것이다.

'싫어하였던 이유'는 분노한 것이다.

'말을 퍼트리다.'는 말하여 유포하는 것이다.

'증거가 없다.'는 인정하는 사람이 없는 것이다.

'이와 같이 말하다.'는 "여러 대자들이여. 마땅히 재가인들과 친근하게
머무르고, …… 대자들이 그것을 멀리한다면 승가가 찬탄하는 것입니다."
라고 말하는 것이다.

'이 비구니들'은 이와 같이 말을 짓는 비구니들이다.

'여러 비구들을 이유로'는 그 다른 비구니들이 일찍이 비구니들의 이러
한 일을 들었다면, 마땅히 그 비구니에게 "'대자여. 그대들은 마땅히

서로가 친근하게 머무르고, …… 대자들이 그것을 멀리한다면 승가가 찬탄하는 것입니다.'라고 말하지 마십시오."라고 말해야 한다. 마땅히 두 번째에도 그것을 말해야 하고, 세 번째에도 그것을 말해야 한다. 만약 버리지 않는다면 돌길라를 범하고, 듣고서 말하지 않는 자도 돌길라를 범한다.

　마땅히 이 비구니들을 데리고 승가의 가운데에 이르러 권유하여 말해야 한다.

　"대자여. 분노하였던 인연으로 '그대들은 마땅히 재가인들과 친근하게 머무르고, 그대들은 별도로 머무르지 마십시오. …… 대자들이여. 마땅히 그것을 멀리하십시오. 대자들이 그것을 멀리한다면 승가가 찬탄하는 것입니다.'라고 말하십시오."라고 말해야 한다. 마땅히 두 번째에도 그것을 말해야 하고, 세 번째에도 그것을 말해야 한다. 만약 버리지 않는다면 돌길라를 범하나니, 마땅히 이 비구니에게 충고하여야 한다. 여러 비구들이여. 마땅히 한 명의 총명하고 현명하며 유능한 비구니가 승가의 가운데에서 창언하여 말해야 한다.

　"대자 승가께서는 허락하십시오. 이 누구 비구니는 분노하였던 인연으로 '그대들은 마땅히 재가인들과 친근하게 머무르고, 그대들은 별도로 머무르지 마십시오. …… 대자들이여. 마땅히 그것을 멀리하십시오. 대자들이 그것을 멀리한다면 승가가 찬탄하는 것입니다.'라고 말하면서 그 일을 버리지 않았습니다. 만약 승가께서 때에 이르렀다면 승가께서는 누구 비구니를 위하여 이 일을 버리도록 충고하겠습니다. 이와 같이 아룁니다.

　'대자 승가께서는 허락하십시오. 이 누구 비구니는 분노하였던 인연으로 〈그대들은 마땅히 재가인들과 친근하게 머무르고, 그대들은 별도로 머무르지 마십시오. …… 대자들이여. 마땅히 그것을 멀리하십시오. 대자들이 그것을 멀리한다면 승가가 찬탄하는 것입니다.〉라고 말하면서 그 일을 버리지 않았습니다. 만약 승가께서 때에 이르렀다면 승가께서는 누구 비구니를 위하여 이 일을 버리도록 충고하겠습니다. 여러 대자들께서 누구 비구니에게 이 일을 버리게 충고하는 것을 인정하신다면 묵연하시고 인정하지 않으신다면 말씀하십시오.'

저는 두 번째로 이 일을 아룁니다.

'대자 승가께서는 허락하십시오. 이 누구 비구니는 분노하였던 인연으로 〈그대들은 마땅히 재가인들과 친근하게 머무르고, 그대들은 별도로 머무르지 마십시오. …… 대자들이여. 마땅히 그것을 멀리하십시오. 대자들이 그것을 멀리한다면 승가가 찬탄하는 것입니다.〉라고 말하면서 그 일을 버리지 않았습니다. 만약 승가께서 때에 이르렀다면 승가께서는 누구 비구니를 위하여 이 집착하는 일을 버리도록 충고하겠습니다. 여러 대자들께서 누구 비구니에게 이 일을 버리게 충고하는 것을 인정하신다면 묵연하시고 인정하지 않으신다면 말씀하십시오.'

저는 세 번째로 이 일을 아룁니다.

'대자 승가께서는 허락하십시오. 이 누구 비구니는 분노하였던 인연으로 〈그대들은 마땅히 재가인들과 친근하게 머무르고, 그대들은 별도로 머무르지 마십시오. …… 대자들이여. 마땅히 그것을 멀리하십시오. 대자들이 그것을 멀리한다면 승가가 찬탄하는 것입니다.〉라고 말하면서 그 일을 버리지 않았습니다. 만약 승가께서 때에 이르렀다면 승가께서는 누구 비구니를 위하여 이 집착하는 일을 버리도록 충고하겠습니다. 여러 대자들께서 누구 비구니에게 이 일을 버리게 충고하는 것을 인정하신다면 묵연하시고 인정하지 않으신다면 말씀하십시오.'

'승가시여. 누구 비구니에게 이 일을 버리도록 충고하는 것을 마쳤습니다. 승가께서 인정하신 것은 묵연하였던 까닭입니다. 나는 이와 같이 알고 이해하겠습니다.'"

아뢰었던 이유라면 돌길라를 범하고, 두 번을 갈마하였다면 투란차를 범하며, 갈마의 말을 마쳤다면 승잔을 범한다.

'승잔죄'는 아뢰었던 것을 제외한 이유라면 돌길라를 범하고, 두 번을 갈마하여 말한 이유라면 투란차를 범한다.

두 사람·세 사람은 마땅히 충고를 받을 수 있으나, 두 사람·세 사람이상이라면 마땅히 충고를 받을 수 없다.

'이 비구니도 역시'는 이전의 일을 취하여 말하는 것이다.

'세 번째에 이르면 죄가 성립하다.'는 세 번째의 충고에 이른다면 비로소 죄가 성립하나니, 그 일을 행하는 동시에 곧 죄를 범하는 것이 아니다.

'마땅히 떠나가다.'는 마땅히 승가에서 떠나가는 것이다.

'승잔'은 승가대중을 마주하고서 그 죄에 별주를 주어서 그 죄를 되돌려서 본래로 돌아오게 하거나, …… 이러한 까닭으로 승잔이라고 이름한다.

2-2 여법한 갈마에서 여법한 갈마라는 생각이 있었는데, 버리지 않는 자는 승잔을 범한다. 여법한 갈마에서 여법한 갈마라는 의심이 있었는데, 버리지 않는 자는 승잔을 범한다. 여법한 갈마에서 여법한 갈마가 아니라는 생각이 있었는데, 버리지 않는 승잔을 범한다.

비법의 갈마에서 여법한 갈마라는 생각이 있었는데, 버리지 않는 자는 돌길라를 범한다. 비법의 갈마에서 여법한 갈마라는 의심이 있었는데, 버리지 않는 자는 돌길라를 범한다. 비법의 갈마에서 비법의 갈마가 아니라는 생각이 있었는데, 버리지 않는 자는 돌길라를 범한다.

2-3 충고하지 않았거나, 버렸거나, 미쳤던 자이거나, 최초로 범한 자는 범하지 않는다.

"여러 대자들이여. 13승잔법을 송출하여 마쳤습니다. 앞의 9계목은 최초로 성립된 죄이고, 뒤의 4계목은 세 번째에 이르면 비로소 죄가 성립됩니다.

만약 비구니가 앞에서 어느 하나 이상의 계목이라도 범하였다면, 2부중의 가운데에서 14일의 마나타(摩那埵)를 행해야 하고, 그 비구니가 별주를 마쳤으며, 이 처소에서 만약 20명의 비구니 승가인 때라면, 마땅히 그녀에게 다시 청정을 회복하게 허락할 수 있습니다. 만약 20명에서 비록 한 사람이라도 부족한 비구니 승가라면 그 비구니를 다시 회복시킬 수 없고, 그 비구니도 다시 청정을 회복할 수 없습니다. 또한 여러 비구니들을 마땅히 꾸짖어야 하나니, 이것이 이때의 여법한 행입니다. 이것에서 나는 지금 여러 대자들께 묻겠습니다."

"이 일에서 청정합니까?"

두 번째로 묻겠습니다.

"이 일에서 청정합니까?"

세 번째로 묻겠습니다.

"이 일에서 청정합니까?"

지금 여러 대자들께서는 이 일에서 청정하나니, 이것은 묵연하였던 까닭입니다. 나는 이와 같이 알고 이해하겠습니다.

○ 승잔품을 마친다.

경분별(經分別) 제11권

3. 니살기바일제(尼薩耆波逸提, Nissaggiyakaṇḍa)

여러 대자들이여.

지금부터 30니살기바일제법(尼薩耆波逸提法)[1]을 송출(誦出)하겠습니다.

1) 축장발(畜長鉢) 학처

1-1 그때 불·세존께서는 사위성의 기수급고독원에 머무르셨다.

그때 육군비구니들은 많은 발우들을 저축하였는데, 여러 사람들이 정사를 돌아다니며 예배하면서, 이것을 보고 싫어하고 비난하였다.

"무엇을 위하여 육군비구니들은 많은 발우들을 저축하는가? 비구니들이 발우를 판매하는가? 혹은 도자기 가게를 열었는가?"

여러 비구니들은 여러 사람들이 싫어하고 비난하는 것을 들었다. 그 여러 비구니들의 가운데에서 욕심이 적은 자들은 싫어하고 비난하였다.

---

1) 비구니의 니살기바일제계는 30계목으로 구성되고 있으나, 비구계와 동일하게 제정된 바라제목차의 1, 2, 3, 6, 7, 8, 9, 10, 18, 19, 20, 22, 23, 25, 26, 27, 28, 30의 계목은 생략하고서 나머지의 12계목을 차례로 번역한다. 또한 구성은 비구니계율에 결집된 계목의 차례를 따라서 구성하고서 번역한다.

"무슨 까닭으로써 육군비구니들은 많은 발우들을 저축하는가?"

그때 여러 비구니들은 이 일로써 여러 비구들에게 말하였고, 여러 비구들은 이 일로써 세존께 아뢰었다. 세존께서는 이 인연으로써 비구승가를 모으셨으며, 여러 비구들에게 물어 말씀하셨다.

"여러 비구들이여. 육군비구니들이 진실로 많은 발우들을 저축하였는가?"

"진실로 그렇습니다. 세존이시여."

세존께서는 여러 방편으로 꾸짖으셨다.

"어리석은 사람들이여. 어찌하여 육군비구니들은 많은 발우들을 저축하였는가? 어리석은 사람들이여. 이것은 오히려 믿지 않는 자는 신심이 생겨나지 않게 하고, …… 이미 믿었던 자는 일부가 전전하여 다른 곳으로 향하여 떠나가게 하느니라."

이와 같이 세존께서는 여러 종류의 방편으로써 육군비구니들을 꾸짖고서 뒤에 부양이 어렵고 가르치고 양육함이 어려우며, …… 나아가 …… 여러 비구들을 위하여 적절한 법을 수순하여 설하신 뒤에 여러 비구들에게 알려 말씀하셨다.

"…… 나아가 …… 여러 비구들이여. 여러 비구니들은 마땅히 이와 같이 학처를 송출할지니라.

'만약 어느 누구의 비구니일지라도 발우들을 저축하는 자는 니살기바일제를 범하느니라.'"

2-1 '어느 누구'는 어느 태어난 곳의 이유, …… 혹은 중간의 법랍이었다면 이것을 '어느 누구'라고 말한다.

'비구니'는 구걸하는 비구니이니, 일을 쫓아서 걸식하는 비구니, …… 곧 이것에서 '비구니'의 뜻이라고 말하는 것이다.

'저축하다.'는 잡지(執持)하지 않았거나, 정시(淨施)하지 않은 것이다.

'발우'는 두 종류의 발우인, 철발우와 질그릇 발우이다. 발우는 세 부류가 있나니, 대발(大鉢), 중발(中鉢), 소발(小鉢)이다.

'대발'은 아라가(阿羅伽)[2] 양의 밥과 1/4의 음식물이거나, 혹은 이것과 함께 국과 채소를 담을 수 있는 것을 말한다.

'중발'은 나리(那利)[3] 양의 밥과 1/4의 음식물이거나, 혹은 이것과 함께 국과 채소를 담을 수 있는 것을 말한다.

'소발'은 발타(拔陀)[4] 양의 밥과 1/4의 음식물이거나, 혹은 이것과 함께 국과 채소를 담을 수 있는 것을 말한다. 대발보다 크면 발우가 아니고, 소발보다 작다면 발우가 아니다.

'니살기바일제이다.'는 하룻밤을 저축하고서 밝은 모습이 나타나는 때라면 사타를 범하나니, 마땅히 승가에게 버려야 하고, 별중에게 버려야 하며, 혹은 사람에게 버려야 한다. 비구니는 마땅히 이와 같이 버려야 한다.

그 비구니는 승가의 처소에 이르러 오른쪽 어깨를 드러내고 상좌의 발에 예배하고 호궤 합장하고서 이와 같이 아뢰어야 한다.

"여러 대자들이여. 내가 이 발우를 하룻밤을 넘겨서 저축하였으므로 마땅히 그것을 버립니다. 나는 지금 이것을 승가에 버립니다."

버리고서 스스로가 그 죄를 참회하며 아뢰어야 한다. 마땅히 한 총명하고 유능한 비구니가 그 죄의 참회를 섭수하고서 버렸던 발우를 돌려주어야 한다.

"대자 승가께서는 허락하십시오. 이 발우는 누구 비구니가 버린 발우입니다. 이미 승가에 버렸으니, 만약 승가께서 때에 이르렀다면 승가께서는 이 발우를 누구 비구니에게 돌려주겠습니다.'

혹은 그 비구니는 한 비구니의 처소에 이르러 오른쪽 어깨를 드러내고 호궤 합장하고서 이와 같이 아뢰어야 한다.

"대자여. 이 발우를 내가 하룻밤을 넘겨서 저축하였던 이유로 마땅히 그것을 버립니다. 나는 지금 이 발우를 여러 대자에게 버립니다."

버리고서 스스로가 그 죄를 참회하며 아뢰어야 한다. 마땅히 그 비구니

---

2) 팔리어 aḍḍhāḷha(아딸하)의 음사이다.
3) 팔리어 nāḷi(나리)의 음사이다.
4) 팔리어 pattha(파따)의 음사이다.

는 그 죄의 참회를 섭수하고서 버렸던 발우를 돌려주어야 한다.

"나는 이 발우를 마땅히 대자에게 주겠습니다."

2-2 하룻밤을 넘겼고 밤을 넘겼다는 생각이 있었는데, 저축한 자는 사타(捨墮)를 범한다. 하룻밤을 넘겼고 밤을 넘겼다는 의심이 있었는데, 저축한 자는 사타를 범한다. 하룻밤을 넘겼고 밤을 넘기지 않았다는 생각이 있었는데, 저축한 자는 사타를 범한다.

수지(受持)하지 않았고 수지하였다는 생각이 있었는데, 저축한 자는 사타를 범한다.

정시(淨施)하지 않았고 정시하였다는 생각이 있었는데, 저축한 자는 사타를 범한다.

버리지 않았고 버렸다는 생각이 있었는데, 저축한 자는 사타를 범한다.

잃어버리지 않았고 잃어버렸다는 생각이 있었는데, 저축한 자는 사타를 범한다.

부서지지 않았고 부서졌다는 생각이 있었는데, 저축한 자는 사타를 범한다.

불에 타지 않았고 불에 탔다는 생각이 있었는데, 저축한 자는 사타를 범한다.

사타의 발우를 버리지 않고서 수용하는 자는 돌길라를 범한다.

하룻밤을 넘기지 않았고 밤을 넘겼다는 생각이 있었는데, 저축한 자는 돌길라를 범한다. 하룻밤을 넘기지 않았고 밤일을 넘겼다는 의심이 있었는데, 저축한 자는 돌길라를 범한다. 하룻밤을 넘기지 않았고 밤일이 넘기지 않았다는 생각이 있었는데, 저축한 자는 돌길라를 범한다.

3-1 밤이 밝아지기 이전에 수지하였거나, 정시하였거나, 버렸거나, 잃어버렸거나, 부서졌거나, 취하였던 것을 빼앗겼거나, 친근하다고 생각하고 취하였거나, 미쳤던 자이거나, 최초로 범한 자는 범하지 않는다.

4-1 그때 육군비구니들이 버렸던 발우를 돌려주지 않았다. 이 일로써 세존께 아뢰었고, 세존께서는 말씀하셨다.

"여러 비구들이여. 버려진 발우를 돌려주지 않더라도 얻을 수 없느니라. 돌려주지 않는 자는 돌길라를 범하느니라."

2) 비시의분배(非時衣分配) 학처

1-1 그때 불·세존께서는 사위성의 기수급고독원에 머무르셨다.

그때 여러 비구니들은 취락의 가운데에서 머무르면서 안거를 마쳤는데, 계율과 위의를 구족하였으나, 옷이 낡았으므로 찢어진 옷을 입고서 사위성에 이르렀다. 우바새들은 이 여러 비구니들을 보고서 말하였다.

"여러 비구니들은 계율과 위의를 구족하였으나, 옷이 낡았으므로 찢어진 옷을 입었으니, 이 여러 비구니들은 도둑을 만났구나!"

곧 비시의(非時衣)로써 비구니 승가에게 보시하였는데, 투란난타 비구니가 "우리들이 가치나의로 입는다면, 시의(時衣)입니다."라고 말하였고 가지고서 옷을 나누어주었다. 우바새들은 이 여러 비구니들을 보고서 이렇게 말을 지었다.

"여러 대자들이여. 옷을 얻으셨습니까?"

"현자들이여. 우리들은 아직 옷을 얻지 않았으나, 투란난타 비구니가 '우리들이 가치나의로 입는다면, 시의입니다.'라고 말하였고, 가지고서 옷을 나누어주었습니다."

우바새들은 싫어하고 비난하였다.

"무엇을 위하여 대자인 투란난타 비구니는 비시의로서 시의를 삼았고, 가지고서 나누어주는가?"

여러 비구니들은 여러 사람들이 싫어하고 비난하는 것을 들었다. 그 여러 비구니들의 가운데에서 욕심이 적은 자들은 싫어하고 비난하였다.

"무슨 까닭으로써 투란난타 비구니는 비시의로서 시의를 삼았고, 가지고서 나누어주는가?"

그때 여러 비구니들은 이 일로써 여러 비구들에게 말하였고, 여러 비구들은 이 일로써 세존께 아뢰었다. 세존께서는 이 인연으로써 비구승가를 모으셨으며, 여러 비구들에게 물어 말씀하셨다.

"여러 비구들이여. 투란난타 비구니가 진실로 비시의로서 시의를 삼았고, 가지고서 나누어주었는가?"

"진실로 그렇습니다. 세존이시여."

세존께서는 여러 방편으로 꾸짖으셨다.

"어리석은 사람들이여. 어찌하여 투란난타 비구니가 비시의로서 시의를 삼았고, 가지고서 나누어주었는가? 어리석은 사람들이여. 이것은 오히려 믿지 않는 자는 신심이 생겨나지 않게 하고, …… 이미 믿었던 자는 일부가 전전하여 다른 곳으로 향하여 떠나가게 하느니라."

이와 같이 세존께서는 여러 종류의 방편으로써 여러 비구니들을 꾸짖고서 뒤에 부양이 어렵고 가르치고 양육함이 어려우며, …… 나아가 …… 여러 비구들을 위하여 적절한 법을 수순하여 설하신 뒤에 여러 비구들에게 알려 말씀하셨다.

"…… 나아가 …… 여러 비구들이여. 여러 비구니들은 마땅히 이와 같이 학처를 송출할지니라.

'만약 어느 누구의 비구니일지라도 비시의로써 시의를 삼았고, 가지고서 나누어주는 자는 니살기바일제를 범하느니라.'"

2-1 '어느 누구'는 어느 태어난 곳의 이유, …… 혹은 중간의 법랍이었다면 이것을 '어느 누구'라고 말한다.

'비구니'는 구걸하는 비구니이니, 일을 쫓아서 걸식하는 비구니, …… 곧 이것에서 '비구니'의 뜻이라고 말하는 것이다.

'비시의'는 가치나의를 입고서 돌아다니지 않는 때인 11개월의 중간이었던 자이거나, 가치나의를 입고서 돌아다니는 때의 7개월의 중간에서 얻었던 자이다. 또한 옷의 때의 중간에 지정(指定)하여 옷을 주었다면 이것을 비시의라고 이름한다.

'시의'라고 말하면서 가지고서 나누어주는 자는 그것을 짓는 때에 돌길라를 범하고, 이미 얻은 자는 사타를 범한다.

마땅히 승가에게 버려야 하고, 별중에게 버려야 하며, 혹은 사람에게 버려야 한다. 비구는 마땅히 이와 같이 버려야 한다.

그 비구니는 승가의 처소에 이르러 오른쪽 어깨를 드러내고 상좌의 발에 예배하고 호궤 합장하고서 이와 같이 아뢰어야 한다.

"여러 대자들이여. 이 비시의를 내가 시의로 지어서 가지고서 나누어주었던 이유로 사타의 옷이 되었습니다. 나는 지금 이 옷을 승가에 버립니다."

버리고서 스스로가 그 죄를 참회하며 아뢰어야 한다. 마땅히 한 총명하고 유능한 비구니가 그 죄의 참회를 섭수하고서 버렸던 옷을 돌려주어야 한다.

"대덕 승가께서는 허락하십시오. 이 옷은 바로 어느 비구니의 사타의 옷이고, 이미 승가에서 버렸습니다. 만약 승가께서 때에 이르셨다면 승가는 마땅히 이 옷을 누구 비구니에게 돌려주겠습니다."

…… 여러 대중들의 처소에 이르러 오른쪽 어깨를 드러내고, …… 나아가 …… 여러 대자들께서 만약 때에 이르렀다면 이 옷을 마땅히 누구 비구니에게 돌려주겠습니다."

…… 한 비구니의 처소에 이르러 오른쪽 어깨를 드러내고, …… 나아가 …… "나는 이 옷을 마땅히 대자에게 주겠습니다."

2-2 비시의이었고 비시의라는 생각이 있었는데, 시의라고 말하면서 가지고서 나누어주는 자는 사타를 범한다. 비시의이었고 비시의라는 의심이 있었는데, 시의라고 말하면서 가지고서 나누어주는 자는 사타를 범한다. 비시의이었고 시의라는 생각이 있었는데, 시의라고 말하면서 가지고서 나누어주는 자는 범하지 않는다.

시의이었고 비시의라는 생각이 있었는데, 시의라고 말하면서 가지고서 나누어주는 자는 돌길라를 범한다. 시의이었고 비시의라는 의심이 있었는데, 시의라고 말하면서 가지고서 나누어주는 자는 돌길라를 범한다. 시의이었고 시의라는 생각이 있었는데, 시의라고 말하면서 가지고서 나누어주는 자는 범하지 않는다.

3-1 비시의이었고 비시의라는 생각이 있어서 나누어주었거나, 시의이었고 시의라는 생각이 있어서 나누어주었거나, 미쳤던 자이거나, 최초로 범한 자는 범하지 않는다.

3) 탈의(奪衣) 학처

1-1 그때 불·세존께서는 사위성의 기수급고독원에 머무르셨다.

그때 투란난타 비구니는 한 비구니와 옷을 교환하여 수용하였다. 이때 그 비구니는 옷을 가지고 접어서 감추어두었다. 투란난타 비구니는 그 비구니에게 물어 말하였다.

"자매여. 그대가 나와 교환하였던 옷은 어느 곳에 있습니까?"

그때 그 비구니는 가지고 와서 투란난타 비구니에게 보여주었고, 투란난타 비구니는 그 비구니에게 "자매여. 그대의 옷을 취하고, 그 옷을 나에게 주시오. 그대의 옷은 그대에게 귀속되었고, 나의 옷은 나에게 귀속되었소. 그대의 옷을 나에게 주고 그대는 스스로의 옷을 취하여 떠나시오."라고 말하고서 그녀의 옷을 빼앗았다. 그 비구니는 이 일로써 여러 비구니들에게 알렸고, 여러 비구니들의 가운데에서 욕심이 적은 자들은 싫어하고 비난하였다.

"무슨 까닭으로써 투란난타 비구니는 비구니에게 교환하여 옷을 주었는데, 뒤에 그 옷을 빼앗는가?"

그때 여러 비구니들은 이 일로써 여러 비구들에게 말하였고, 여러 비구들은 이 일로써 세존께 아뢰었다. 세존께서는 이 인연으로써 비구승가를 모으셨으며, 여러 비구들에게 물어 말씀하셨다.

"여러 비구들이여. 투란난타 비구니가 진실로 비구니에게 교환하여 옷을 주었는데, 뒤에 그 옷을 빼앗았는가?"

"진실로 그렇습니다. 세존이시여."

세존께서는 여러 방편으로 꾸짖으셨다.

"어리석은 사람들이여. 어찌하여 투란난타 비구니가 비구니에게 교환하여 옷을 주었는데, 뒤에 그 옷을 빼앗았는가? 어리석은 사람들이여. 이것은 오히려 믿지 않는 자는 신심이 생겨나지 않게 하고, …… 이미 믿었던 자는 일부가 전전하여 다른 곳으로 향하여 떠나가게 하느니라."

이와 같이 세존께서는 여러 종류의 방편으로써 투란난타 비구니를 꾸짖고서 뒤에 부양이 어렵고 가르치고 양육함이 어려우며, …… 나아가 …… 여러 비구들을 위하여 적절한 법을 수순하여 설하신 뒤에 여러 비구들에게 알려 말씀하셨다.

"…… 나아가 …… 여러 비구들이여. 여러 비구니들은 마땅히 이와 같이 학처를 송출할지니라.

'만약 어느 누구의 비구니일지라도 비구니와 교환하여 옷을 주었으나, 뒤에 그 비구니에게 〈자매여. 그대의 옷을 취하고, 그 옷을 나에게 주시오. 그대의 옷은 그대에게 귀속되었고, 나의 옷은 나에게 귀속되었소. 그대의 옷을 나에게 주고 그대는 스스로의 옷을 취하여 떠나시오.〉라고 이와 같이 말을 지으면서 그 옷을 빼앗았거나, 혹은 시켜서 빼앗는 자는 니살기바일제를 범하느니라.'"

2-1 '어느 누구'는 어느 태어난 곳의 이유, …… 혹은 중간의 법랍이었다면 이것을 '어느 누구'라고 말한다.

'비구니'는 구걸하는 비구니이니, 일을 쫓아서 걸식하는 비구니, …… 곧 이것에서 '비구니'의 뜻이라고 말하는 것이다.

'교환하다.'는 작은 것으로써 큰 것으로 바꾸었거나, 혹은 큰 것으로써 작은 것으로 바꾸었던 것이다.

'옷'은 여섯 종류의 가운데에서 하나의 옷이고, 마땅히 정시할 수 있는 최하의 양이다.

'빼앗다.'는 스스로가 빼앗는 자는 사타를 범한다.

'시켜서 빼앗다.'는 다른 사람에게 시키는 자는 돌길라를 범하고, 한 번을 시켜서 여러 번을 빼앗는 자는 사타를 범하나니, 마땅히 승가에게 버려야 하고, 별중에게 버려야 하며, 혹은 사람에게 버려야 한다. 비구는 마땅히 이와 같이 버려야 한다.

그 비구니는 승가의 처소에 이르러 오른쪽 어깨를 드러내고 상좌의 발에 예배하고 호궤 합장하고서 이와 같이 아뢰어야 한다.

"여러 대자들이여. 이 옷을 내가 비구니에게 교환하여 옷을 주었는데, 뒤에 빼앗았던 이유로 사타의 옷이 되었습니다. 나는 지금 이 옷을 승가에 버립니다."

버리고서 스스로가 그 죄를 참회하며 아뢰어야 한다. 마땅히 한 총명하고 유능한 비구니가 그 죄의 참회를 섭수하고서 버렸던 옷을 돌려주어야 한다.

"대덕 승가께서는 허락하십시오. 이 옷은 바로 어느 비구니의 사타의 옷이고, 이미 승가에서 버렸습니다. 만약 승가께서 때에 이르셨다면 승가는 마땅히 이 옷을 누구 비구니에게 돌려주겠습니다."

…… 여러 대중들의 처소에 이르러 오른쪽 어깨를 드러내고, …… 나아가 …… 여러 대자들께서 만약 때에 이르렀다면 이 옷을 마땅히 누구 비구니에게 돌려주겠습니다."

…… 한 비구니의 처소에 이르러 오른쪽 어깨를 드러내고, …… 나아가 …… "나는 이 옷을 마땅히 대자에게 주겠습니다."

2-2 구족계를 받은 자이었고 구족계를 받았다는 생각이 있었는데, 교환하고서 뒤에 그것을 빼앗았거나, 시켜서 빼앗는 자는 사타를 범한다. 구족계를 받은 자이었고 구족계를 받았다는 의심이 있었는데, 교환하고서 뒤에 그것을 빼앗았거나, 시켜서 빼앗는 자는 사타를 범한다. 구족계를 받은 자이었고 구족계를 받지 않았다는 생각이 있었는데, 교환하고서 뒤에

그것을 빼앗았거나, 시켜서 빼앗는 자는 사타를 범한다.

다른 자구를 교환하고서 뒤에 그것을 빼앗았거나, 시켜서 빼앗는 자는 돌길라를 범한다. 구족계를 받지 않은 자에게 옷으로써 주었거나, 혹은 다른 자구를 교환하고서 뒤에 그것을 빼앗았거나, 시켜서 빼앗는 자는 돌길라를 범한다.

구족계를 받지 않은 자이었고 구족계를 받지 않았다는 생각이 있었는데, 교환하고서 뒤에 그것을 빼앗았거나, 시켜서 빼앗는 자는 돌길라를 범한다. 구족계를 받지 않은 자이었고 구족계를 받지 않았다는 의심이 있었는데, 교환하고서 뒤에 그것을 빼앗았거나, 시켜서 빼앗는 자는 돌길라를 범한다. 구족계를 받지 않은 자이었고 구족계를 받지 않았다는 생각이 있었는데, 교환하고서 뒤에 그것을 빼앗았거나, 시켜서 빼앗는 자는 돌길라를 범한다.

3-1 혹은 그 비구니가 베풀어 주었거나, 혹은 그 비구니와 친근하다고 생각하여 취하였거나, 미쳤던 자이거나, 최초로 범한 자는 범하지 않는다.

4) 선걸차이후걸피(先乞此而後乞彼) 학처

1-1 그때 불·세존께서는 사위성의 기수급고독원에 머무르셨다.

그때 투란난타 비구니가 병이 들었다. 이때 한 우바새가 투란난타 비구니의 처소에 이르렀고, 투란난타 비구니에게 말하였다.

"대자여. 안락하지 않는 곳이 있습니까? 마땅히 무엇을 가지고 와야 합니까?"

"현자여. 나는 숙소(熟酥)가 필요합니다."

그 우바새는 상점에서 1가합파나(迦哈波拏)5)의 숙소를 가지고 와서

---

5) 팔리어 kahāpaṇa(카하파나)의 음사이고, 가치가 절반의 왕관(王冠)에 해당하는 정사각형의 구리 동전을 가리킨다.

투란난타 비구니에게 베풀어 주었는데, 투란난타 비구니가 말하였다.

"현자여. 나는 숙소가 필요하지 않고, 호마(胡麻)의 기름이 필요합니다. 그대는 숙소를 취하고 호마의 기름을 주십시오."

이때 그 우바새는 상점에 이르러 이와 같이 말하였다.

"현자여. 만약 우리들이 판매한 물건을 오히려 다시 받아서 취하더라도, 우리들은 물건을 어느 때에 팔겠습니까? 숙소의 값을 주었으니 숙소를 가지고 떠나시고, 그대가 호마 기름의 값을 가지고 와서 호마 기름을 가지고 떠나십시오."

이때 그 우바새는 싫어하고 비난하였다.

"무엇을 위하여 대자인 투란난타는 먼저 이것을 구걸하고서 뒤에 그것을 구걸하는가?"

여러 비구니들은 여러 사람들이 싫어하고 비난하는 것을 들었다. 그 여러 비구니들의 가운데에서 욕심이 적은 자들은 싫어하고 비난하였다.

"무슨 까닭으로써 투란난타 비구니는 먼저 이것을 구걸하고서 뒤에 그것을 구걸하는가?"

그때 여러 비구니들은 이 일로써 여러 비구들에게 말하였고, 여러 비구들은 이 일로써 세존께 아뢰었다. 세존께서는 이 인연으로써 비구승가를 모으셨으며, 여러 비구들에게 물어 말씀하셨다.

"여러 비구들이여. 투란난타 비구니가 진실로 먼저 이것을 구걸하고서 뒤에 그것을 구걸하였는가?"

"진실로 그렇습니다. 세존이시여."

세존께서는 여러 방편으로 꾸짖으셨다.

"어리석은 사람들이여. 어찌하여 투란난타 비구니는 먼저 이것을 구걸하고서 뒤에 그것을 구걸하였는가? 어리석은 사람들이여. 이것은 오히려 믿지 않는 자는 신심이 생겨나지 않게 하고, …… 이미 믿었던 자는 일부가 전전하여 다른 곳으로 향하여 떠나가게 하느니라."

이와 같이 세존께서는 여러 종류의 방편으로써 투란난타 비구니를 꾸짖고서 뒤에 부양이 어렵고 가르치고 양육함이 어려우며, …… 나아가

······ 여러 비구들을 위하여 적절한 법을 수순하여 설하신 뒤에 여러 비구들에게 알려 말씀하셨다.

"······ 나아가 ······ 여러 비구들이여. 여러 비구니들은 마땅히 이와 같이 학처를 송출할지니라.

'만약 어느 누구의 비구니일지라도 먼저 이것을 구걸하고서 뒤에 그것을 구걸하는 자는 니살기바일제를 범하느니라.'"

2-1 '어느 누구'는 어느 태어난 곳의 이유, ······ 혹은 중간의 법랍이었다면 이것을 '어느 누구'라고 말한다.

'비구니'는 구걸하는 비구니이니, 일을 쫓아서 걸식하는 비구니, ······ 곧 이것에서 '비구니'의 뜻이라고 말하는 것이다.

'이것을 구걸하다.'는 먼저 어느 물건을 구걸하는 것이다.

'저것을 구걸하다.'는 뒤에 그것과 다른 어느 물건을 구걸하는 자는 돌길라를 범하고, 얻은 자는 사타를 범하나니, 마땅히 승가에게 버려야 하고, 별중에게 버려야 하며, 혹은 사람에게 버려야 한다. 비구는 마땅히 이와 같이 버려야 한다.

그 비구니는 승가의 처소에 이르러 오른쪽 어깨를 드러내고 상좌의 발에 예배하고 호궤 합장하고서 이와 같이 아뢰어야 한다.

"여러 대자들이여. 이것은 구걸하고서 뒤에 그것을 구걸하였던 이유로 사타의 물건이 되었습니다. 나는 지금 이 물건을 승가에 버립니다."

버리고서 스스로가 그 죄를 참회하며 아뢰어야 한다. 마땅히 한 총명하고 유능한 비구니가 그 죄의 참회를 섭수하고서 버렸던 물건을 돌려주어야 한다.

"대덕 승가께서는 허락하십시오. 이 물건은 바로 어느 비구니의 사타의 물건이고, 이미 승가에서 버렸습니다. 만약 승가께서 때에 이르셨다면 승가는 마땅히 이 물건을 누구 비구니에게 돌려주겠습니다."

······ 여러 대중들의 처소에 이르러 오른쪽 어깨를 드러내고, ······ 나아가 ······ 여러 대자들께서 만약 때에 이르렀다면 이 물건을 마땅히

누구 비구니에게 돌려주겠습니다."

…… 한 비구니의 처소에 이르러 오른쪽 어깨를 드러내고, …… 나아가 …… "나는 이 물건을 마땅히 대자에게 주겠습니다."

2-2 이 물건이었고 이 물건이라는 생각이 있었는데, 그 물건을 구걸하는 자는 사타를 범한다. 이 물건이었고 이 물건이라는 의심이 있었는데, 그 물건을 구걸하는 자는 사타를 범한다. 이 물건이었고 이 물건이 아니라는 생각이 있었는데, 그 물건을 구걸하는 자는 사타를 범한다.

이 물건이 아니었고 이 물건이라는 생각이 있었는데, 그 물건을 구걸하는 자는 돌길라를 범한다. 이 물건이 아니었고 이 물건이라는 의심이 있었는데, 그 물건을 구걸하는 자는 돌길라를 범한다. 이 물건이 아니었고 이 물건이 아니라는 생각이 있었는데, 그 물건을 구걸하는 자는 범하지 않는다.

3-1 이 물건을 구걸하였으나, 다른 물건을 구걸하기 위하여 그것을 구걸하였거나, 이익을 보여주었던 것으로써 구걸하였거나, 미쳤던 자이거나, 최초로 범한 자는 범하지 않는다.

5) 교환(交換) 학처

1-1 그때 불·세존께서는 사위성의 기수급고독원에 머무르셨다.

그때 투란난타 비구니가 병이 들었다. 이때 한 우바새가 투란난타의 처소에 이르렀고, 투란난타 비구니에게 말하였다.

"대자여. 견딜 수 있습니까? 나아졌습니까?"

"현자여. 나는 견딜 수 없습니다. 나아지지 않았습니다."

"대자여. 내가 어느 상점에 1가합파나를 맡겨두었습니다. 대자께서 오히려 필요한 것이 있다면 곧 시켜서 가져오십시오."

투란난타 비구니는 한 식차마나에게 명령하여 말하였다.

"식차마나여. 그대는 어느 상점으로 가서 1가합파나의 호마의 기름을 취하여 가져오라."

이때 식차마나는 그 상점으로 가서 1가합파나의 호마의 기름을 가지고 와서 투란난타 비구니에게 주었는데, 투란난타 비구니가 말하였다.

"식차마나여. 나는 호마의 기름이 필요하지 않고, 나는 숙소가 필요하다."

이때 식차마나는 상점에 이르렀고 그 상인에게 말하였다.

"현자여. 대자께서 호마의 기름이 필요하지 않고, 숙소가 필요합니다. 그대는 호마의 기름을 취하고 숙소를 주십시오."

"대매(大妹)여. 만약 우리들이 판매한 물건을 오히려 다시 받아서 취하더라도, 우리들이 물건을 어느 때에 팔겠습니까? 호마 기름의 값을 주었으니 호마 기름을 가지고 떠나시고, 그대가 숙소의 값을 가지고 와서 숙소를 가지고 떠나십시오."

이때 식차마나는 서 있으면서 울고 있었다. 비구니들이 식차마나에게 물어 말하였다.

"식차마나여. 그대는 무슨 까닭으로써 울고 있는가?"

그 식차마나는 이 일로써 여러 비구니들에게 알렸고, 여러 비구니들의 가운데에서 욕심이 적은 자들은 싫어하고 비난하였다.

"무슨 까닭으로써 투란난타 비구니는 이것을 구매하였으나, 뒤에 그것으로 교환하는가?"

그때 여러 비구니들은 이 일로써 여러 비구들에게 말하였고, 여러 비구들은 이 일로써 세존께 아뢰었다. 세존께서는 이 인연으로써 비구승가를 모으셨으며, 여러 비구들에게 물어 말씀하셨다.

"여러 비구들이여. 투란난타 비구니가 진실로 이것을 구매하였으나, 뒤에 그것으로 교환하였는가?"

"진실로 그렇습니다. 세존이시여."

세존께서는 여러 방편으로 꾸짖으셨다.

"어리석은 사람들이여. 어찌하여 투란난타 비구니는 이것을 구매하였으나, 뒤에 그것으로 교환하였는가? 어리석은 사람들이여. 이것은 오히려 믿지 않는 자는 신심이 생겨나지 않게 하고, …… 이미 믿었던 자는 일부가 전전하여 다른 곳으로 향하여 떠나가게 하느니라.”

이와 같이 세존께서는 여러 종류의 방편으로써 투란난타 비구니를 꾸짖고서 뒤에 부양이 어렵고 가르치고 양육함이 어려우며, …… 나아가 …… 여러 비구들을 위하여 적절한 법을 수순하여 설하신 뒤에 여러 비구들에게 알려 말씀하셨다.

“…… 나아가 …… 여러 비구들이여. 여러 비구니들은 마땅히 이와 같이 학처를 송출할지니라.

‘만약 어느 누구의 비구니일지라도 이것을 구매하였으나, 뒤에 그것으로 교환하는 자는 니살기바일제를 범하느니라.’”

2-1 ‘어느 누구’는 어느 태어난 곳의 이유, …… 혹은 중간의 법랍이었다면 이것을 ‘어느 누구’라고 말한다.

‘비구니’는 구걸하는 비구니이니, 일을 쫓아서 걸식하는 비구니, …… 곧 이것에서 ‘비구니’의 뜻이라고 말하는 것이다.

‘이것을 구매하고서 뒤에’는 어느 종류의 물건을 구매하는 것이다.

‘그것으로 교환하다.’는 뒤에 그것과 다른 어느 물건으로 교환하는 자는 돌길라를 범하고, 얻은 자는 사타를 범하나니, 마땅히 승가에게 버려야 하고, 별중에게 버려야 하며, 혹은 사람에게 버려야 한다. 비구는 마땅히 이와 같이 버려야 한다.

그 비구니는 승가의 처소에 이르러 오른쪽 어깨를 드러내고 상좌의 발에 예배하고 호궤 합장하고서 이와 같이 아뢰어야 한다.

“여러 대자들이여. 이것을 구매하였으나, 뒤에 그것으로 교환하였던 이유로 사타의 물건이 되었습니다. 나는 지금 이 물건을 승가에 버립니다.”

버리고서 스스로가 그 죄를 참회하며 아뢰어야 한다. 마땅히 한 총명하고 유능한 비구니가 그 죄의 참회를 섭수하고서 버렸던 물건을 돌려주어야 한다.

"대덕 승가께서는 허락하십시오. 이 옷은 바로 어느 비구니의 사타의 물건이고, 이미 승가에서 버렸습니다. 만약 승가께서 때에 이르셨다면 승가는 마땅히 이 물건을 누구 비구니에게 돌려주겠습니다."

…… 여러 대중들의 처소에 이르러 오른쪽 어깨를 드러내고, …… 나아가 …… 여러 대자들께서 만약 때에 이르렀다면 이 물건을 마땅히 누구 비구니에게 돌려주겠습니다."

…… 한 비구니의 처소에 이르러 오른쪽 어깨를 드러내고, …… 나아가 …… "나는 이 물건을 마땅히 대자에게 주겠습니다."

2-2 이 물건이었고 이 물건이라는 생각이 있었는데, 그 물건을 교환하는 자는 사타를 범한다. 이 물건이었고 이 물건이라는 의심이 있었는데, 그 물건을 교환하는 자는 사타를 범한다. 이 물건이었고 이 물건이 아니라는 생각이 있었는데, 그 물건을 교환하는 자는 사타를 범한다.

이 물건이 아니었고 이 물건이라는 생각이 있었는데, 그 물건을 교환하는 자는 돌길라를 범한다. 이 물건이 아니었고 이 물건이라는 의심이 있었는데, 그 물건을 교환하는 자는 돌길라를 범한다. 이 물건이 아니었고 이 물건이 아니라는 생각이 있었는데, 그 물건을 교환하는 자는 범하지 않는다.

3-1 이 물건도 교환하였고 다른 물건도 교환하였거나, 이익을 보여주었던 것으로써 교환하였거나, 미쳤던 자이거나, 최초로 범한 자는 범하지 않는다.

6) 승가재타용(僧伽財他用) 학처

1-1 그때 불·세존께서는 사위성의 기수급고독원에 머무르셨다.

그때 여러 우바새들이 비구니 승가를 위하여 옷을 뜻에 따라서 재물을 모았으며, 뒤에 재물을 가지고 어느 옷가게에 맡겨두었으며, 비구니들의 처소에 이르러 이와 같이 말하였다.

"여러 대자들이여. 이미 옷을 짓기 위한 금전을 어느 옷가게에 맡겨두었습니다. 그곳에 가서 옷을 가지고 나누십시오."

여러 비구니들은 곧 그 재물로써 약을 구매하여 수용하였다. 우바새들은 알고서 싫어하고 비난하였다.

"무슨 까닭으로써 여러 비구니들은 승가를 위하여 무슨 물건을 지정하여 사용하라고 재물을 베풀어 주었는데, 다른 물건을 구매하는가?"

여러 비구니들은 여러 사람들이 싫어하고 비난하는 것을 들었다. 그 여러 비구니들의 가운데에서 욕심이 적은 자들은 싫어하고 비난하였다.

"무슨 까닭으로써 여러 비구니들은 승가를 위하여 무슨 물건을 지정하여 사용하라고 재물을 베풀어 주었는데, 다른 물건을 구매하는가?"

그때 여러 비구니들은 이 일로써 여러 비구들에게 알렸고, 여러 비구들은 이 일로써 세존께 아뢰었다. 세존께서는 이 인연으로써 비구승가를 모으셨으며, 여러 비구들에게 물어 말씀하셨다.

"여러 비구들이여. 여러 비구니들이 진실로 승가를 위하여 무슨 물건을 지정하여 사용하라고 재물을 베풀어 주었는데, 다른 물건을 구매하였는가?"

"진실로 그렇습니다. 세존이시여."

세존께서는 여러 방편으로 꾸짖으셨다.

"어리석은 사람들이여. 어찌하여 여러 비구니들은 승가를 위하여 무슨 물건을 지정하여 사용하라고 재물을 베풀어 주었는데, 다른 물건을 구매하였는가? 어리석은 사람들이여. 이것은 오히려 믿지 않는 자는 신심이 생겨나지 않게 하고, …… 이미 믿었던 자는 일부가 전전하여 다른 곳으로 향하여 떠나가게 하느니라."

이와 같이 세존께서는 여러 종류의 방편으로써 여러 비구니들을 꾸짖고서 뒤에 부양이 어렵고 가르치고 양육함이 어려우며, …… 나아가 …… 여러 비구들을 위하여 적절한 법을 수순하여 설하신 뒤에 여러 비구들에게 알려 말씀하셨다.

"…… 나아가 …… 여러 비구들이여. 여러 비구니들은 마땅히 이와

같이 학처를 송출할지니라.

'만약 어느 누구의 비구니일지라도 만약 승가를 위하여 무슨 물건을 지정하여 사용하라고 재물을 베풀어 주었는데, 다른 물건을 구매하는 자는 니살기바일제를 범하느니라.'"

2-1 '어느 누구'는 어느 태어난 곳의 이유, …… 혹은 중간의 법랍이었다면 이것을 '어느 누구'라고 말한다.

'비구니'는 구걸하는 비구니이니, 일을 쫓아서 걸식하는 비구니, …… 곧 이것에서 '비구니'의 뜻이라고 말하는 것이다.

'승가를 위하다.'는 승가를 위한 것이고, 별중을 위한 것이 아니며, 한 비구니를 위한 것이 아니다.

'무슨 물건을 지정하고서 금전을 베풀어주다.'는 이것에 사용하기 위하여 금전을 베풀어주는 것이다.

'다른 물건을 구매하다.'는 지정하여 구매하라고 베풀어주었던 물건을 다른 물건으로 구매하는 자는 돌길라를 범하고, 이미 구매하여 얻은 자는 사타를 범하나니, 마땅히 승가에게 버려야 하고, 별중에게 버려야 하며, 혹은 사람에게 버려야 한다. 비구는 마땅히 이와 같이 버려야 한다.

그 비구니는 승가의 처소에 이르러 오른쪽 어깨를 드러내고 상좌의 발에 예배하고 호궤 합장하고서 이와 같이 아뢰어야 한다.

"여러 대자들이여. 이것은 승가를 위하여 무슨 물건을 지정하여 사용하라고 재물을 베풀어 주었는데, 다른 물건을 구매하였던 이유로 사타의 물건이 되었습니다. 나는 지금 이 물건을 승가에 버립니다."

버리고서 스스로가 그 죄를 참회하며 아뢰어야 한다. 마땅히 한 총명하고 유능한 비구니가 그 죄의 참회를 섭수하고서 버렸던 물건을 돌려주어야 한다.

"대덕 승가께서는 허락하십시오. 이 물건은 바로 어느 비구니의 사타의 물건이고, 이미 승가에서 버렸습니다. 만약 승가께서 때에 이르셨다면 승가는 마땅히 이 물건을 누구 비구니에게 돌려주겠습니다."

…… 여러 대중들의 처소에 이르러 오른쪽 어깨를 드러내고, ……
나아가 …… 여러 대자들께서 만약 때에 이르렀다면 이 물건을 마땅히
누구 비구니에게 돌려주겠습니다."

…… 한 비구니의 처소에 이르러 오른쪽 어깨를 드러내고, …… 나아가
…… "나는 이 물건을 마땅히 대자에게 주겠습니다."

2-2 이것을 위하여 베풀어 주었던 물건이었고 이것을 위하였던 물건이라
는 생각이 있었는데, 다른 물건을 구매하는 자는 사타를 범한다. 이것을
위하여 베풀어 주었던 물건이었고 이것을 위하였던 물건이라는 의심이
있었는데, 다른 물건을 구매하는 자는 사타를 범한다. 이것을 위하여
베풀어 주었던 물건이었고 이것을 위하였던 물건이 아니라는 생각이
있었는데, 다른 물건을 구매하는 자는 사타를 범한다.

사타의 물건을 얻은 자는 마땅히 돌려주는 것에 사용해야 한다.

이것을 위하여 베풀어 주었던 물건이 아니었고 이것을 위하였던 물건이
라는 생각이 있었는데, 다른 물건을 구매하는 자는 돌길라를 범한다.
이것을 위하여 베풀어 주었던 물건이 아니었고 이것을 위하였던 물건이라
는 의심이 있었는데, 다른 물건을 구매하는 자는 돌길라를 범한다. 이것을
위하여 베풀어 주었던 물건이 아니었고 이것을 위하였던 물건이 아니라는
생각이 있었는데, 다른 물건을 구매하는 자는 범하지 않는다.

3-1 이것의 남은 것을 사용하여 다른 것을 구매하였거나, 단월에게 묻고서
사용하였거나, 사고의 때이거나, 미쳤던 자이거나, 최초로 범한 자는
범하지 않는다.

7) 자걸승가재타용(自乞僧伽財他用) 학처

1-1 그때 불·세존께서는 사위성의 기수급고독원에 머무르셨다.

그때 여러 우바새들이 비구니 승가를 위하여 옷을 뜻에 따라서 재물을 모았다. 뒤에 재물을 가지고 어느 옷가게에 맡겨두었고, 비구니들의 처소에 이르러 이와 같이 말하였다.

"여러 대자들이여. 이미 옷을 짓기 위한 재물을 어느 옷가게에 맡겨두었습니다. 그곳에 가서 옷을 가지고 나누십시오."

여러 비구니들은 곧 그 재물을 사용하였고, 또한 스스로가 구걸하여 약을 구매하여 수용하였다. 우바새들은 알고서 싫어하고 비난하였다.

"무엇을 위하여 여러 비구니들은 승가를 위하여 무슨 물건을 지정하여 사용하라고 금전을 베풀어 주었는데, 그 금전을 사용하였고, 또한 스스로가 구걸하여 다른 물건을 구매하는가?"

여러 비구니들은 여러 사람들이 싫어하고 비난하는 것을 들었다. 그 여러 비구니들의 가운데에서 욕심이 적은 자들은 싫어하고 비난하였다.

"무슨 까닭으로써 여러 비구니들은 승가를 위하여 무슨 물건을 지정하여 사용하라고 재물을 베풀어 주었는데, 그 금전을 사용하였고, 또한 스스로가 구걸하여 다른 물건을 구매하는가?"

그때 여러 비구니들은 이 일로써 여러 비구들에게 말하였고, 여러 비구들은 이 일로써 세존께 아뢰었다. 세존께서는 이 인연으로써 비구승가를 모으셨으며, 여러 비구들에게 물어 말씀하셨다.

"여러 비구들이여. 여러 비구니들이 진실로 승가를 위하여 무슨 물건을 지정하여 사용하라고 재물을 베풀어 주었는데, 그 재물을 사용하고서, 또한 스스로가 구걸하여 다른 물건을 구매하였는가?"

"진실로 그렇습니다. 세존이시여."

세존께서는 여러 방편으로 꾸짖으셨다.

"어리석은 사람들이여. 어찌하여 여러 비구니들은 승가를 위하여 무슨 물건을 지정하여 사용하라고 재물을 베풀어 주었는데, 그 금전을 사용하였고, 또한 스스로가 구걸하여 다른 물건을 구매하였는가? 어리석은 사람들이여. 이것은 오히려 믿지 않는 자는 신심이 생겨나지 않게 하고, …… 이미 믿었던 자는 일부가 전전하여 다른 곳으로 향하여 떠나가게 하느니라.”

이와 같이 세존께서는 여러 종류의 방편으로써 여러 비구니들을 꾸짖고서 뒤에 부양이 어렵고 가르치고 양육함이 어려우며, …… 나아가 …… 여러 비구들을 위하여 적절한 법을 수순하여 설하신 뒤에 여러 비구들에게 알려 말씀하셨다.

“…… 나아가 …… 여러 비구들이여. 여러 비구니들은 마땅히 이와 같이 학처를 송출할지니라.

‘만약 어느 누구의 비구니일지라도 만약 승가를 위하여 무슨 물건을 지정하여 사용하라고 재물을 베풀어 주었는데, 그 재물을 사용하였고, 또한 스스로가 구걸하여 다른 물건을 구매하는 자는 니살기바일제를 범하느니라.’”

2-1 ‘어느 누구’는 어느 태어난 곳의 이유, …… 혹은 중간의 법랍이었다면 이것을 ‘어느 누구’라고 말한다.

‘비구니’는 구걸하는 비구니이니, 일을 쫓아서 걸식하는 비구니, …… 곧 이것에서 ‘비구니’의 뜻이라고 말하는 것이다.

‘승가를 위하다.’는 승가를 위한 것이고, 별중을 위한 것이 아니며, 한 비구니를 위한 것이 아니다.

‘무슨 물건을 지정하고서 금전을 베풀어주다.’는 이것에 사용하기 위하여 금전을 베풀어주는 것이다.

‘스스로가 구걸하다.’는 스스로가 구걸하는 것이다.

‘다른 물건을 구매하다.’는 지정하여 구매하라고 베풀어주었던 물건을 다른 물건으로 구매하는 자는 돌길라를 범하고, 이미 구매하여 얻은 자는 사타를 범하나니, 마땅히 승가에게 버려야 하고, 별중에게 버려야 하며, 혹은 사람에게 버려야 한다. 비구는 마땅히 이와 같이 버려야 한다.

그 비구니는 승가의 처소에 이르러 오른쪽 어깨를 드러내고 상좌의 발에 예배하고 호궤 합장하고서 이와 같이 아뢰어야 한다.

"여러 대자들이여. 이것은 승가를 위하여 무슨 물건을 지정하여 사용하라고 재물을 베풀어 주었는데, 그 재물을 사용하였고, 또한 스스로가 구걸하여 다른 물건을 구매하였던 이유로 사타의 물건이 되었습니다. 나는 지금 이 물건을 승가에 버립니다."

버리고서 스스로가 그 죄를 참회하며 아뢰어야 한다. 마땅히 한 총명하고 유능한 비구니가 그 죄의 참회를 섭수하고서 버렸던 물건을 돌려주어야 한다.

"대덕 승가께서는 허락하십시오. 이 물건은 바로 어느 비구니의 사타의 물건이고, 이미 승가에서 버렸습니다. 만약 승가께서 때에 이르셨다면 승가는 마땅히 이 물건을 누구 비구니에게 돌려주겠습니다."

…… 여러 대중들의 처소에 이르러 오른쪽 어깨를 드러내고, …… 나아가 …… 여러 대자들께서 만약 때에 이르렀다면 이 물건을 마땅히 누구 비구니에게 돌려주겠습니다."

…… 한 비구니의 처소에 이르러 오른쪽 어깨를 드러내고, …… 나아가 …… "나는 이 물건을 마땅히 대자에게 주겠습니다."

2-2 이것을 위하여 베풀어 주었던 물건이었고 이것을 위하였던 물건이라는 생각이 있었는데, 다른 물건을 구매하는 자는 사타를 범한다. 이것을 위하여 베풀어 주었던 물건이었고 이것을 위하였던 물건이라는 의심이 있었는데, 다른 물건을 구매하는 자는 사타를 범한다. 이것을 위하여 베풀어 주었던 물건이었고 이것을 위하였던 물건이 아니라는 생각이 있었는데, 다른 물건을 구매하는 자는 사타를 범한다.

사타의 물건을 얻은 자는 마땅히 돌려주는 것에 사용해야 한다.

이것을 위하여 베풀어 주었던 물건이 아니었고 이것을 위하였던 물건이라는 생각이 있었는데, 다른 물건을 구매하는 자는 돌길라를 범한다.

이것을 위하여 베풀어 주었던 물건이 아니었고 이것을 위하였던 물건이라는 의심이 있었는데, 다른 물건을 구매하는 자는 돌길라를 범한다. 이것을 위하여 베풀어 주었던 물건이 아니었고 이것을 위하였던 물건이 아니라는 생각이 있었는데, 다른 물건을 구매하는 자는 범하지 않는다.

3-1 이것의 남은 것을 사용하여 다른 것을 구매하였거나, 단월에게 묻고서 사용하였거나, 사고의 때이거나, 미쳤던 자이거나, 최초로 범한 자는 범하지 않는다.

8) 대중재타용(大衆財他用) 학처

1-1 그때 불·세존께서는 사위성의 기수급고독원에 머무르셨다.

그때 어느 조합(組合)에 귀속된 방사에 거주하는 비구니 등은 죽(粥)이 부족하였다. 이때 그 조합은 여러 비구니들에 죽을 베풀어주기 위하여 뜻을 따라서 재물을 모았다. 재물을 어느 상점에 맡겨두고서, 비구니들의 처소에 이르러 이와 같이 말을 지었다.

"여러 대자들이여. 죽을 준비하기 위한 재물을 어느 상점에 맡겨두었습니다. 그곳에 쌀로 끓인 죽을 가지고 수용하십시오."

여러 비구니들은 곧 그 재물로써 약을 구매하여 수용하였다. 그 조합은 알고서 싫어하고 비난하였다.

"무엇을 위하여 여러 비구니들은 대중을 위하여 무슨 물건을 지정하여 사용하라고 재물을 베풀어 주었는데, 다른 물건을 구매하는가?"

여러 비구니들은 여러 사람들이 싫어하고 비난하는 것을 들었다. 그 여러 비구니들의 가운데에서 욕심이 적은 자들은 싫어하고 비난하였다.

"무슨 까닭으로써 여러 비구니들은 대중을 위하여 무슨 물건을 지정하여 사용하라고 재물을 베풀어 주었는데, 다른 물건을 구매하는가?"

그때 여러 비구니들은 이 일로써 여러 비구들에게 말하였고, 여러 비구들은 이 일로써 세존께 아뢰었다. 세존께서는 이 인연으로써 비구승 가를 모으셨으며, 여러 비구들에게 물어 말씀하셨다.

"여러 비구들이여. 여러 비구니들이 진실로 대중을 위하여 무슨 물건을 지정하여 사용하라고 재물을 베풀어 주었는데, 다른 물건을 구매하였는가?"

"진실로 그렇습니다. 세존이시여."

세존께서는 여러 방편으로 꾸짖으셨다.

"어리석은 사람들이여. 어찌하여 여러 비구니들은 대중을 위하여 무슨 물건을 지정하여 사용하라고 재물을 베풀어 주었는데, 다른 물건을 구매 하였는가? 어리석은 사람들이여. 이것은 오히려 믿지 않는 자는 신심이 생겨나지 않게 하고, …… 이미 믿었던 자는 일부가 전전하여 다른 곳으로 향하여 떠나가게 하느니라."

이와 같이 세존께서는 여러 종류의 방편으로써 여러 비구니들을 꾸짖고 서 뒤에 부양이 어렵고 가르치고 양육함이 어려우며, …… 나아가 …… 여러 비구들을 위하여 적절한 법을 수순하여 설하신 뒤에 여러 비구들에게 알려 말씀하셨다.

"…… 나아가 …… 여러 비구들이여. 여러 비구니들은 마땅히 이와 같이 학처를 송출할지니라.

'어느 누구의 비구니일지라도 만약 대중을 위하여 무슨 물건을 지정하 여 사용하라고 재물을 베풀어 주었는데, 다른 물건을 구매하는 자는 니살기바일제를 범하느니라.'"

2-1 '어느 누구'는 어느 태어난 곳의 이유, …… 혹은 중간의 법랍이었다면 이것을 '어느 누구'라고 말한다.

'비구니'는 구걸하는 비구니이니, 일을 쫓아서 걸식하는 비구니, …… 곧 이것에서 '비구니'의 뜻이라고 말하는 것이다.

'무슨 물건을 지정하고서 재물을 베풀어주다.'는 어느 물건을 위하여 베풀어주는 것이다.

'다른 물건을 구매하다.'는 지정하여 구매하라고 베풀어주었던 물건을 다른 물건으로 구매하는 자는 돌길라를 범하고, 이미 구매하여 얻은 자는 사타를 범하나니, 마땅히 승가에게 버려야 하고, 별중에게 버려야 하며, 혹은 사람에게 버려야 한다. 비구는 마땅히 이와 같이 버려야 한다.

그 비구니는 승가의 처소에 이르러 오른쪽 어깨를 드러내고 상좌의 발에 예배하고 호궤 합장하고서 이와 같이 아뢰어야 한다.

"여러 대자들이여. 이것은 대중을 위하여 무슨 물건을 지정하여 사용하라고 재물을 베풀어 주었는데, 다른 물건을 구매하였던 이유로 사타의 물건이 되었습니다. 나는 지금 이 물건을 승가에 버립니다."

버리고서 스스로가 그 죄를 참회하며 아뢰어야 한다. 마땅히 한 총명하고 유능한 비구니가 그 죄의 참회를 섭수하고서 버렸던 물건을 돌려주어야 한다.

"대덕 승가께서는 허락하십시오. 이 물건은 바로 어느 비구니의 사타의 물건이고, 이미 승가에서 버렸습니다. 만약 승가께서 때에 이르셨다면 승가는 마땅히 이 물건을 누구 비구니에게 돌려주겠습니다."

…… 여러 대중들의 처소에 이르러 오른쪽 어깨를 드러내고, …… 나아가 …… 여러 대자들께서 만약 때에 이르렀다면 이 물건을 마땅히 누구 비구니에게 돌려주겠습니다."

…… 한 비구니의 처소에 이르러 오른쪽 어깨를 드러내고, …… 나아가 …… "나는 이 물건을 마땅히 대자에게 주겠습니다."

2-2 이것을 위하여 베풀어 주었던 물건이었고 이것을 위하였던 물건이라는 생각이 있었는데, 다른 물건을 구매하는 자는 사타를 범한다. 이것을 위하여 베풀어 주었던 물건이었고 이것을 위하였던 물건이라는 의심이 있었는데, 다른 물건을 구매하는 자는 사타를 범한다. 이것을 위하여 베풀어 주었던 물건이었고 이것을 위하였던 물건이 아니라는 생각이 있었는데, 다른 물건을 구매하는 자는 사타를 범한다.

사타의 물건을 얻은 자는 마땅히 돌려주는 것에 사용해야 한다.

이것을 위하여 베풀어 주었던 물건이 아니었고 이것을 위하였던 물건이라는 생각이 있었는데, 다른 물건을 구매하는 자는 돌길라를 범한다. 이것을 위하여 베풀어 주었던 물건이 아니었고 이것을 위하였던 물건이라는 의심이 있었는데, 다른 물건을 구매하는 자는 돌길라를 범한다. 이것을 위하여 베풀어 주었던 물건이 아니었고 이것을 위하였던 물건이 아니라는 생각이 있었는데, 다른 물건을 구매하는 자는 범하지 않는다.

3-1 이것의 남은 것을 사용하여 다른 것을 구매하였거나, 단월에게 묻고서 사용하였거나, 사고의 때이거나, 미쳤던 자이거나, 최초로 범한 자는 범하지 않는다.

9) 자걸대중재타용(自乞大衆財他用) 학처

1-1 그때 불·세존께서는 사위성의 기수급고독원에 머무르셨다.

그때 어느 조합에 귀속된 방사에 거주하는 비구니들은 죽이 부족하였다. 이때 그 조합은 여러 비구니들에 죽을 베풀어주기 위하여 뜻을 따라서 재물을 모았다. 재물을 어느 상점에 맡겨두고서, 비구니들의 처소에 이르러 이와 같이 말을 지었다.

"여러 대자들이여. 죽을 준비하기 위한 금전을 어느 상점에 맡겨두었습니다. 그곳에 쌀로 끓인 죽을 가지고 수용하십시오."

여러 비구니들은 곧 그 재물을 사용하였고 또한 스스로가 구걸하여 약을 구매하여 수용하였다. 우바새들은 알고서 싫어하고 비난하였다.

"무엇을 위하여 여러 비구니들은 대중을 위하여 무슨 물건을 지정하여 사용하라고 재물을 베풀어 주었는데, 그 재물을 사용하고서, 또한 스스로가 구걸하여 다른 물건을 구매하는가?"

여러 비구니들은 여러 사람들이 싫어하고 비난하는 것을 들었다. 그 여러 비구니들의 가운데에서 욕심이 적은 자들은 싫어하고 비난하였다.

"무슨 까닭으로써 여러 비구니들은 대중을 위하여 무슨 물건을 지정하여 사용하라고 재물을 베풀어 주었는데, 그 재물을 사용하고서, 또한 스스로가 구걸하여 다른 물건을 구매하는가?"

그때 여러 비구니들은 이 일로써 여러 비구들에게 말하였고, 여러 비구들은 이 일로써 세존께 아뢰었다. 세존께서는 이 인연으로써 비구승가를 모으셨으며, 여러 비구들에게 물어 말씀하셨다.

"여러 비구들이여. 여러 비구니들이 진실로 대중을 위하여 무슨 물건을 지정하여 사용하라고 재물을 베풀어 주었는데, 그 금전을 사용하고서, 또한 스스로가 구걸하여 다른 물건을 구매하였는가?"

"진실로 그렇습니다. 세존이시여."

세존께서는 여러 방편으로 꾸짖으셨다.

"어리석은 사람들이여. 어찌하여 여러 비구니들은 대중을 위하여 무슨 물건을 지정하여 사용하라고 재물을 베풀어 주었는데, 그 재물을 사용하고서, 또한 스스로가 구걸하여 다른 물건을 구매하였는가? 어리석은 사람들이여. 이것은 오히려 믿지 않는 자는 신심이 생겨나지 않게 하고, …… 이미 믿었던 자는 일부가 전전하여 다른 곳으로 향하여 떠나가게 하느니라."

이와 같이 세존께서는 여러 종류의 방편으로써 여러 비구니들을 꾸짖고서 뒤에 부양이 어렵고 가르치고 양육함이 어려우며, …… 나아가 …… 여러 비구들을 위하여 적절한 법을 수순하여 설하신 뒤에 여러 비구들에게 알려 말씀하셨다.

"…… 나아가 …… 여러 비구들이여. 여러 비구니들은 마땅히 이와 같이 학처를 송출할지니라.

'만약 어느 누구의 비구니일지라도 만약 대중을 위하여 무슨 물건을 지정하여 사용하라고 재물을 베풀어 주었는데, 그 재물을 사용하였고, 또한 스스로가 구걸하여 다른 물건을 구매하는 자는 니살기바일제를 범하느니라.'"

2-1 '어느 누구'는 어느 태어난 곳의 이유, …… 혹은 중간의 법랍이었다면 이것을 '어느 누구'라고 말한다.

'비구니'는 구걸하는 비구니이니, 일을 쫓아서 걸식하는 비구니, …… 곧 이것에서 '비구니'의 뜻이라고 말하는 것이다.

'무슨 물건을 지정하고서 금전을 베풀어주다.'는 어느 물건을 위하여 베풀어주는 것이다.

'개인을 위하다.'는 한 비구니를 위한 것이니, 승가를 위한 것이 아니고, 별중을 위한 것이 아니다.

'스스로가 구걸하다.'는 스스로가 구걸하는 것이다.

'다른 물건을 구매하다.'는 이것은 대중을 지정하여 구매하라고 베풀어 준 물건을 다른 물건으로 구매하는 자는 돌길라를 범하고, 이미 구매하여 얻은 자는 사타를 범하나니, 마땅히 승가에게 버려야 하고, 별중에게 버려야 하며, 혹은 사람에게 버려야 한다. 비구는 마땅히 이와 같이 버려야 한다.

그 비구니는 승가의 처소에 이르러 오른쪽 어깨를 드러내고 상좌의 발에 예배하고 호궤 합장하고서 이와 같이 아뢰어야 한다.

"여러 대자들이여. 이것은 무슨 물건을 지정하여 개인이 사용하라고 금전을 베풀어 주었는데, 그 금전을 사용하고서, 또한 스스로가 구걸하여 다른 물건을 구매하였던 이유로 사타의 물건이 되었습니다. 나는 지금 이 물건을 승가에 버립니다."

버리고서 스스로가 그 죄를 참회하며 아뢰어야 한다. 마땅히 한 총명하고 유능한 비구니가 그 죄의 참회를 섭수하고서 버렸던 물건을 돌려주어야 한다.

"대덕 승가께서는 허락하십시오. 이 물건은 바로 어느 비구니의 사타의 물건이고, 이미 승가에서 버렸습니다. 만약 승가께서 때에 이르셨다면 승가는 마땅히 이 물건을 누구 비구니에게 돌려주겠습니다."

…… 여러 대중들의 처소에 이르러 오른쪽 어깨를 드러내고 …… 나아가 …… 여러 대자들께서 만약 때에 이르렀다면 이 물건을 마땅히 누구

비구니에게 돌려주겠습니다." …… 한 비구니의 처소에 이르러 오른쪽 어깨를 드러내고 …… 나아가 …… "나는 이 물건을 마땅히 대자에게 주겠습니다."

2-2 이것을 위하여 베풀어 주었던 물건이었고 이것을 위하였던 물건이라는 생각이 있었는데, 다른 물건을 구매하는 자는 사타를 범한다. 이것을 위하여 베풀어 주었던 물건이었고 이것을 위하였던 물건이라는 의심이 있었는데, 다른 물건을 구매하는 자는 사타를 범한다. 이것을 위하여 베풀어 주었던 물건이었고 이것을 위하였던 물건이 아니라는 생각이 있었는데, 다른 물건을 구매하는 자는 사타를 범한다.

　이것을 위하여 베풀어 주었던 물건이 아니었고 이것을 위하였던 물건이라는 생각이 있었는데, 다른 물건을 구매하는 자는 돌길라를 범한다. 이것을 위하여 베풀어 주었던 물건이 아니었고 이것을 위하였던 물건이라는 의심이 있었는데, 다른 물건을 구매하는 자는 돌길라를 범한다. 이것을 위하여 베풀어 주었던 물건이 아니었고 이것을 위하였던 물건이 아니라는 생각이 있었는데, 다른 물건을 구매하는 자는 범하지 않는다.

3-1 이것의 남은 것을 사용하여 다른 것을 구매하였거나, 단월에게 묻고서 사용하였거나, 사고의 때이거나, 미쳤던 자이거나, 최초로 범한 자는 범하지 않는다.

10) 개인지정재타용(個人指定財他用) 학처

1-1 그때 불·세존께서는 사위성의 기수급고독원에 머무르셨다.
　그때 투란난타 비구니는 다문자이었고, 송출자였으며, 능히 설법을 잘하는 자이었으므로, 대중들에게 많은 공경과 사랑을 받았다. 그때 투란난타 비구니가 방사를 파괴되었으므로 여러 사람들이 투란난타 비구니를 마주하고서 말하였다.

"대자여. 그대의 방사는 무슨 까닭으로써 파괴되었습니까?"

"현자여. 단월이 없고, 수리할 사람도 없습니다."

이때 여러 사람들은 투란난타 비구니의 방사를 위하여 뜻을 따라서 재물을 모았고, 아울러 이렇게 얻은 재물로써 투란난타 비구니에게 베풀어주었다. 투란난타 비구니는 베풀어주었던 재물을 가지고 사용하였고, 또한 스스로가 구걸하여 약을 구매하여 수용하였다. 우바새들은 알고서 싫어하고 비난하였다.

"무엇을 위하여 투란난타 비구니는 무슨 물건을 지정하여 사용하라고 베풀어 주었던 재물과 개인의 재물로써 다른 물건을 구매하는가?"

여러 비구니들은 여러 사람들이 싫어하고 비난하는 것을 들었다. 그 여러 비구니들의 가운데에서 욕심이 적은 자들은 싫어하고 비난하였다.

"무슨 까닭으로써 투란난타 비구니는 무슨 물건을 지정하여 사용하라고 베풀어 주었던 재물과 개인의 재물로써 다른 물건을 구매하는가?"

그때 여러 비구니들은 이 일로써 여러 비구들에게 말하였고, 여러 비구들은 이 일로써 세존께 아뢰었다. 세존께서는 이 인연으로써 비구승가를 모으셨으며, 여러 비구들에게 물어 말씀하셨다.

"여러 비구들이여. 투란난타 비구니는 진실로 무슨 물건을 지정하여 사용하라고 베풀어 주었던 재물과 개인의 재물로써 다른 물건을 구매하였는가?"

"진실로 그렇습니다. 세존이시여."

세존께서는 여러 방편으로 꾸짖으셨다.

"어리석은 사람들이여. 어찌하여 투란난타 비구니는 무슨 물건을 지정하여 사용하라고 베풀어 주었던 금전과 개인의 금전으로써 다른 물건을 구매하였는가? 어리석은 사람이여. 이것은 오히려 믿지 않는 자는 신심이 생겨나지 않게 하고, …… 이미 믿었던 자는 일부가 전전하여 다른 곳으로 향하여 떠나가게 하느니라."

이와 같이 세존께서는 여러 종류의 방편으로써 여러 비구들을 꾸짖고서 뒤에 부양이 어렵고 가르치고 양육함이 어려우며, …… 나아가 …… 여러 비구들을 위하여 적절한 법을 수순하여 설하신 뒤에 여러 비구들에게 알려 말씀하셨다.

“…… 나아가 …… 여러 비구들이여. 여러 비구니들은 마땅히 이와 같이 학처를 송출할지니라.

‘만약 어느 누구의 비구니일지라도 만약 무슨 물건을 지정하여 사용하라고 베풀어 주었던 재물과 개인의 재물, 또한 스스로가 구걸하여 다른 물건을 구매하는 자는 니살기바일제를 범하느니라.’”

2-1 ‘어느 누구’는 어느 태어난 곳의 이유, …… 혹은 중간의 법랍이었다면 이것을 ‘어느 누구’라고 말한다.

‘비구니’는 구걸하는 비구니이니, 일을 쫓아서 걸식하는 비구니, …… 곧 이것에서 ‘비구니’의 뜻이라고 말하는 것이다.

‘무슨 물건을 지정하고서 금전을 베풀어주다.’는 어느 물건을 위하여 베풀어주는 것이다.

‘스스로가 구걸하다.’는 스스로가 구걸하는 것이다.

‘다른 물건을 구매하다.’는 이것은 개인을 지정하여 구매하라고 베풀어 준 물건을 다른 물건으로 구매하는 자는 돌길라를 범하고, 이미 구매하여 얻은 자는 사타를 범하나니, 마땅히 승가에게 버려야 하고, 별중에게 버려야 하며, 혹은 사람에게 버려야 한다. 비구는 마땅히 이와 같이 버려야 한다.

그 비구니는 승가의 처소에 이르러 오른쪽 어깨를 드러내고 상좌의 발에 예배하고 호궤 합장하고서 이와 같이 아뢰어야 한다.

“여러 대자들이여. 이것은 개인에게 무슨 물건을 지정하여 사용하라고 베풀어 주었던 재물과 개인의 재물, 또한 스스로가 구걸하여 다른 물건을 구매하였던 이유로 사타의 물건이 되었습니다. 나는 지금 이 물건을 승가에 버립니다.”

버리고서 스스로가 그 죄를 참회하며 아뢰어야 한다. 마땅히 한 총명하

고 유능한 비구니가 그 죄의 참회를 섭수하고서 버렸던 물건을 돌려주어야
한다.

"대덕 승가께서는 허락하십시오. 이 물건은 바로 어느 비구니의 사타의
물건이고, 이미 승가에서 버렸습니다. 만약 승가께서 때에 이르셨다면
승가는 마땅히 이 물건을 누구 비구니에게 돌려주겠습니다."

…… 여러 대중들의 처소에 이르러 오른쪽 어깨를 드러내고, ……
나아가 …… 여러 대자들께서 만약 때에 이르렀다면 이 물건을 마땅히
누구 비구니에게 돌려주겠습니다."

…… 한 비구니의 처소에 이르러 오른쪽 어깨를 드러내고, …… 나아가
…… "나는 이 물건을 마땅히 대자에게 주겠습니다."

2-2 이것을 위하여 베풀어 주었던 물건이었고 이것을 위하였던 물건이라
는 생각이 있었는데, 다른 물건을 구매하는 자는 사타를 범한다. 이것을
위하여 베풀어 주었던 물건이었고 이것을 위하였던 물건이라는 의심이
있었는데, 다른 물건을 구매하는 자는 사타를 범한다. 이것을 위하여
베풀어 주었던 물건이었고 이것을 위하였던 물건이 아니라는 생각이
있었는데, 다른 물건을 구매하는 자는 사타를 범한다.

이것을 위하여 베풀어 주었던 물건이 아니었고 이것을 위하였던 물건이
라는 생각이 있었는데, 다른 물건을 구매하는 자는 돌길라를 범한다.
이것을 위하여 베풀어 주었던 물건이 아니었고 이것을 위하였던 물건이라
는 의심이 있었는데, 다른 물건을 구매하는 자는 돌길라를 범한다. 이것을
위하여 베풀어 주었던 물건이 아니었고 이것을 위하였던 물건이 아니라는
생각이 있었는데, 다른 물건을 구매하는 자는 범하지 않는다.

3-1 이것의 남은 것을 사용하여 다른 것을 구매하였거나, 단월에게 묻고서
사용하였거나, 사고의 때이거나, 미쳤던 자이거나, 최초로 범한 자는
범하지 않는다.

11) 자걸중의(自乞重衣) 학처

1-1 그때 불·세존께서는 사위성의 기수급고독원에 머무르셨다

그때 투란난타 비구니는 다문자이었고, 송출자였으며, 능히 설법을 잘하는 자이었으므로, 대중들에게 많은 공경과 사랑을 받았다. 그때 교살라국의 파사닉왕이 추운 때에 값비싼 모직물의 옷을 입고서 투란난타의 처소에 이르렀다. 이르러 그 비구니에게 문신하고 한쪽에 앉았다. 그때 비구는 한쪽에 앉은 파사닉왕을 마주하고서 설법하여 열어서 보여주었고, 교계하였으며, 이익되게 하였으므로 환희가 생겨났다. 교살라국의 파사닉왕은 설법에 환희가 생겨났으므로 투란난타를 마주하고서 말하였다.

"대자여. 필요한 것이 있습니까?"

"대왕이여. 만약 베풀어 주시고자 한다면 이러한 모직물의 옷을 주십시오."

이때 교살라국의 파사닉왕은 곧 모직물의 옷으로써 투란난타 비구니에게 주었고 자리에서 일어나서 문신하고 오른쪽으로 돌면서 떠나갔다. 여러 사람들은 싫어하고 비난하였다.

"이 비구니는 욕심이 많아서 만족을 알지 못한다. 무엇을 위하여 왕의 옷을 구걸하는가?"

여러 비구니들은 여러 사람들이 싫어하고 비난하는 것을 들었다. 그 여러 비구니들의 가운데에서 욕심이 적은 자들은 싫어하고 비난하였다.

"무슨 까닭으로써 투란난타 비구니는 왕의 모직물 옷을 구걸하는가?"

그때 여러 비구니들은 이 일로써 여러 비구들에게 말하였고, 여러 비구들은 이 일로써 세존께 아뢰었다. 세존께서는 이 인연으로써 비구승가를 모으셨으며, 여러 비구들에게 물어 말씀하셨다.

"여러 비구들이여. 투란난타 비구니는 진실로 왕의 모직물 옷을 구걸하였는가?"

"진실로 그렇습니다. 세존이시여."

세존께서는 여러 방편으로 꾸짖으셨다.

"어리석은 사람들이여. 어찌하여 투란난타 비구니는 왕의 모직물 옷을 구걸하였는가? 어리석은 사람들이여. 이것은 오히려 믿지 않는 자는 신심이 생겨나지 않게 하고, …… 이미 믿었던 자는 일부가 전전하여 다른 곳으로 향하여 떠나가게 하느니라."

이와 같이 세존께서는 여러 종류의 방편으로써 투란난타 비구니를 꾸짖고서 뒤에 부양이 어렵고 가르치고 양육함이 어려우며, …… 나아가 …… 여러 비구들을 위하여 적절한 법을 수순하여 설하신 뒤에 여러 비구들에게 알려 말씀하셨다.

"…… 나아가 …… 여러 비구들이여. 여러 비구니들은 마땅히 이와 같이 학처를 송출할지니라.

'비구니가 만약 두꺼운 옷을 구하면서 최고로 4강사(康沙)⁶⁾ 양의 물건을 구하였거나, 만약 이것을 넘기는 자는 니살기바일제를 범하느니라.'"

2-1 '구하다.'는 구걸하는 것이다.

'두꺼운 옷'은 추울 때에 입는 외투이다.

'최고로 4강사를 구하다.'는 가치가 16가합파나(迦哈波挐)의 물건이다.

'만약 이것을 넘기다.'는 구걸하면서 이것을 넘겨서 이상인 물건을 구하는 자는 돌길라를 범하고, 얻은 자는 사타를 범하나니, 마땅히 승가에게 버려야 하고, 별중에게 버려야 하며, 혹은 사람에게 버려야 한다. 비구는 마땅히 이와 같이 버려야 한다.

그 비구니는 승가의 처소에 이르러 오른쪽 어깨를 드러내고 상좌의 발에 예배하고 호궤 합장하고서 이와 같이 아뢰어야 한다.

"여러 대자들이여. 이것은 두꺼운 옷을 구하면서 최고로 4강사인 양의 물건을 구걸하였던 이유로 사타의 옷이 되었습니다. 나는 지금 이 옷을 승가에 버립니다."

버리고서 스스로가 그 죄를 참회하며 아뢰어야 한다. 마땅히 한 총명하

---

6) 팔리어 kaṃsa(캄사)의 음사이고, 구리 동전을 가리킨다. 1캄사는 4가합파나의 금액이다.

고 유능한 비구니가 그 죄의 참회를 섭수하고서 버렸던 옷을 돌려주어야
한다.

"대덕 승가께서는 허락하십시오. 이 옷은 바로 어느 비구니의 사타의
옷이고, 이미 승가에서 버렸습니다. 만약 승가께서 때에 이르셨다면
승가는 마땅히 이 옷을 누구 비구니에게 돌려주겠습니다."

…… 여러 대중들의 처소에 이르러 오른쪽 어깨를 드러내고 …… 나아가
…… 여러 대자들께서 만약 때에 이르렀다면 이 옷을 마땅히 누구 비구니에
게 돌려주겠습니다."

…… 한 비구니의 처소에 이르러 오른쪽 어깨를 드러내고 …… 나아가
…… "나는 이 옷을 마땅히 대자에게 주겠습니다."

2-2 4강사를 넘겼고 넘겼다는 생각이 있었는데, 그것을 구걸하는 자는
사타를 범한다. 4강사를 넘겼고 넘겼다는 의심이 있었는데, 그것을 구걸하
는 자는 사타를 범한다. 4강사를 넘겼고 넘기지 않았다는 생각이 있었는데,
그것을 구걸하는 자는 사타를 범한다.

4강사를 넘기지 않았고 넘겼다는 생각이 있었는데, 그것을 구걸하는
자는 돌길라를 범한다. 4강사를 넘기지 않았고 넘겼다는 의심이 있었
는데, 그것을 구걸하는 자는 돌길라를 범한다. 4강사를 넘기지 않았고
넘기지 않았다는 생각이 있었는데, 그것을 구걸하는 자는 범하지 않는
다.

3-1 최고로 4강사인 물건을 구걸하였거나, 4강사의 이하인 물건을 구걸하
였거나, 친족이 스스로가 말하고서 스스로의 물건을 베풀어 주었거나,
다른 사람을 위하여 구하는 때이거나, 스스로의 재산이었던 때이거나,
값비싼 옷을 구걸하고자 하였는데 적당한 것을 얻은 때이거나, 미쳤던
자이거나, 최초로 범한 자는 범하지 않는다.

12) 자걸경의(自乞輕衣) 학처

1-1 그때 불·세존께서는 사위성의 기수급고독원에 머무르셨다

그때 투란난타 비구니는 다문자이었고, 송출자였으며, 능히 설법을 잘하는 자이었으므로, 대중들에게 많은 공경과 사랑을 받았다. 그때 교살라국의 파사닉왕이 더운 때에 값비싼 삼베의 옷을 입고서 투란난타의 처소에 이르렀다. 이르러서 그 비구니에게 문신하고서 한쪽에 앉았다. 그때 비구는 한쪽에 앉은 파사닉왕을 마주하고서 설법하여 열어서 보여주었고, 교계하였으며, 이익되게 하였으므로 환희가 생겨났다. 교살라국의 파사닉왕은 설법에 환희가 생겨났으므로 투란난타를 마주하고서 말하였다.

"대자여. 필요한 것이 있습니까?"

"대왕이여. 만약 베풀어 주시고자 한다면 이 삼베옷을 주십시오."

이때 교살라국의 파사닉왕은 곧 삼베의 옷으로써 투란난타 비구니에게 주었고 자리에서 일어나서 문신하고 오른쪽으로 돌면서 떠나갔다. 여러 사람들은 싫어하고 비난하였다.

"이 비구니는 욕심이 많아서 만족을 알지 못한다. 무엇을 위하여 왕의 삼베옷을 구걸하는가?"

여러 비구니들은 여러 사람들이 싫어하고 비난하는 것을 들었다. 그 여러 비구니들의 가운데에서 욕심이 적은 자들은 싫어하고 비난하였다.

"무슨 까닭으로써 투란난타 비구니는 왕의 삼베옷을 구걸하는가?"

그때 여러 비구니들은 이 일로써 여러 비구들에게 말하였고, 여러 비구들은 이 일로써 세존께 아뢰었다. 세존께서는 이 인연으로써 비구승가를 모으셨으며, 여러 비구들에게 물어 말씀하셨다.

"여러 비구들이여. 투란난타 비구니는 진실로 왕의 삼베옷을 구걸하였는가?"

"진실로 그렇습니다. 세존이시여."

세존께서는 여러 방편으로 꾸짖으셨다.

"어리석은 사람들이여. 어찌하여 투란난타 비구니는 왕의 삼베옷을 구걸하였는가? 어리석은 사람들이여. 이것은 오히려 믿지 않는 자는 신심이 생겨나지 않게 하고, …… 이미 믿었던 자는 일부가 전전하여 다른 곳으로 향하여 떠나가게 하느니라."

이와 같이 세존께서는 여러 종류의 방편으로써 투란난타 비구니를 꾸짖고서 뒤에 부양이 어렵고 가르치고 양육함이 어려우며, …… 나아가 …… 여러 비구들을 위하여 적절한 법을 수순하여 설하신 뒤에 여러 비구들에게 알려 말씀하셨다.

"…… 나아가 …… 여러 비구들이여. 여러 비구니들은 마땅히 이와 같이 학처를 송출할지니라.

'비구니가 만약 가벼운 옷을 구하면서 최고로 $2\frac{1}{2}$강사인 양의 물건을 구하였거나, 만약 이것을 넘기는 자는 니살기바일제를 범하느니라.'"

2-1 '구하다.'는 구걸하는 것이다.

'가벼운 옷'은 더운 때에 입는 외투이다.

'최고로 $2\frac{1}{2}$강사를 구하다.'는 가치가 10가합파나의 물건이다.

'만약 이것을 넘기다.'는 구걸하면서 이것을 넘겨서 이상인 물건을 구하는 자는 돌길라를 범하고, 얻은 자는 사타를 범하나니, 마땅히 승가에게 버려야 하고, 별중에게 버려야 하며, 혹은 사람에게 버려야 한다. 비구는 마땅히 이와 같이 버려야 한다.

그 비구니는 승가의 처소에 이르러 오른쪽 어깨를 드러내고 상좌의 발에 예배하고 호궤 합장하고서 이와 같이 아뢰어야 한다.

"여러 대자들이여. 이것은 가벼운 옷을 구하면서 최고로 $2\frac{1}{2}$강사인 양의 물건을 구걸하였던 이유로 사타의 옷이 되었습니다. 나는 지금 이 옷을 승가에 버립니다."

버리고서 스스로가 그 죄를 참회하며 아뢰어야 한다. 마땅히 한 총명하고 유능한 비구니가 그 죄의 참회를 섭수하고서 버렸던 옷을 돌려주어야 한다.

"대덕 승가께서는 허락하십시오. 이 옷은 바로 어느 비구니의 사타의 옷이고, 이미 승가에서 버렸습니다. 만약 승가께서 때에 이르셨다면 승가는 마땅히 이 물건을 누구 비구니에게 돌려주겠습니다."

…… 여러 대중들의 처소에 이르러 오른쪽 어깨를 드러내고 …… 나아가 …… 여러 대자들께서 만약 때에 이르렀다면 이 옷을 마땅히 누구 비구니에게 돌려주겠습니다."

…… 한 비구니의 처소에 이르러 오른쪽 어깨를 드러내고 …… 나아가 …… "나는 이 옷을 마땅히 대자에게 주겠습니다."

2-2 2½강사를 넘겼고 넘겼다는 생각이 있었는데, 그것을 구걸하는 자는 사타를 범한다. 2½강사를 넘겼고 넘겼다는 의심이 있었는데, 그것을 구걸하는 자는 사타를 범한다. 2½강사를 넘겼고 넘기지 않았다는 생각이 있었는데, 그것을 구걸하는 자는 사타를 범한다.

2½강사를 넘기지 않았고 넘겼다는 생각이 있었는데, 그것을 구걸하는 자는 돌길라를 범한다. 2½강사를 넘기지 않았고 넘겼다는 의심이 있었는데, 그것을 구걸하는 자는 돌길라를 범한다. 2½강사를 넘기지 않았고 넘기지 않았다는 생각이 있었는데, 그것을 구걸하는 자는 범하지 않는다.

3-1 최고로 2½강사인 물건을 구걸하였거나, 2½강사의 이하인 물건을 구걸하였거나, 친족이 스스로가 말하고서 스스로의 물건을 베풀어 주었거나, 다른 사람을 위하여 구하는 때이거나, 스스로의 재산이었던 때이거나, 값비싼 옷을 구걸하고자 하였는데 적당한 것을 얻은 때이거나, 미쳤던 자이거나, 최초로 범한 자는 범하지 않는다.

"여러 대자들이여. 30니살기바일제법을 송출하여 마쳤습니다. 이것에서 나는 지금 여러 대자들께 묻겠습니다."

"이 일에서 청정합니까?"

두 번째로 묻겠습니다.

"이 일에서 청정합니까?"

세 번째로 묻겠습니다.

"이 일에서 청정합니까?"

지금 여러 대자들께서는 이 일에서 청정하나니, 이것은 묵연하였던 까닭입니다. 나는 이와 같이 알고 이해하겠습니다.

○ **니살기바일제를 마친다.**

경분별(經分別) 제12권

4. 바일제(波逸提, Pācittiya)

여러 대자들이여.

지금부터 166바일제법(波逸提法)[1]을 송출(誦出)하겠습니다.

1) 식산(食蒜) 학처

1-1 그때 불·세존께서는 사위성의 기수급고독원에 머무르셨다.

그때 한 우바새가 스스로가 마늘을 가지고 비구니 승가에게 말하였다.

"여러 대자들께서 마늘이 필요하시다면 내가 마늘을 주겠습니다."

다시 밭의 수호인(守護人)에게 명령하였다.

"만약 어느 비구니들이라도 이곳에 온다면 모든 사람들에게 두·세 뿌리의 마늘을 하나로 묶어서 주도록 하시오."

그때 사위성에 제사(祭祀)의 절회(節會)가 있어서 마늘을 찾는 자가

---

1) 비구니의 바일제는 166계목으로 구성되고 있으나, 비구계와 동일하게 제정된 바라제목차의 제1의 계목부터 제70의 계목은 생략하고서 나머지의 96계목을 차례로 번역한다. 또한 구성은 비구니계율에 결집된 계목의 차례를 따라서 구성하고서 번역한다.

많았으므로 오래지 않아서 곧 모두 없어졌으나, 비구니들이 우바새의 처소에 이르러 이와 같이 말을 지었다.

"현자여. 우리들은 마늘이 필요합니다."

"대자들이여. 이미 모두 없어졌습니다. 그대들은 밭에 가서 청하십시오."

투란난타 비구니는 밭에 이르러 양을 알지 못하고 많은 마늘을 취하였다. 밭의 수호인은 싫어하고 비난하였다.

"무엇을 위하여 비구니들은 양을 알지 못하고서 많은 마늘을 취하는가?"

여러 비구니들은 밭의 수호인이 싫어하고 비난하는 것을 들었다. 그 여러 비구니들의 가운데에서 욕심이 적은 자들은 싫어하고 비난하였다.

"무슨 까닭으로써 투란난타 비구니는 양을 알지 못하고서 많은 마늘을 취하는가?"

그때 여러 비구니들은 이 일로써 여러 비구들에게 말하였고, 여러 비구들은 이 일로써 세존께 아뢰었다. 세존께서는 이 인연으로써 비구승 가를 모으셨으며, 여러 비구들에게 물어 말씀하셨다.

"여러 비구들이여. 투란난타 비구니가 진실로 양을 알지 못하고서 많은 마늘을 취하였는가?"

"진실로 그렇습니다. 세존이시여."

세존께서는 여러 방편으로 꾸짖으셨다.

"여러 비구들이여. 어찌하여 투란난타 비구니는 양을 알지 못하고서 많은 마늘을 취하였는가? 여러 비구들이여. 이것은 오히려 믿지 않는 자는 신심이 생겨나지 않게 하고, …… 이미 믿었던 자는 일부가 전전하여 다른 곳으로 향하여 떠나가게 하느니라."

세존께서는 설법하신 뒤에 여러 비구들에게 알려 말씀하셨다.

"여러 비구들이여. 투란난타 비구니는 이전의 세상에서 한 바라문의 아내가 되어 난타(難陀),[2] 난타와제(難陀瓦提),[3] 손다리난타(孫多利難 陀)[4] 등의 세 딸을 양육하였느니라. 여러 비구들이여. 그 바라문은 죽은

---

2) 팔리어 Nandā(난다)의 음사이다.
3) 팔리어 Nandavatī(난다바티)의 음사이다.

뒤에 한 백조(白鳥)로 태어났는데, 깃털이 모두 황금으로 이루어졌으므로, 그 자녀들을 마주하고서 균등하게 하나하나의 깃털을 주었느니라. 여러 비구들이여. 그때 투란난타 비구니는 곧 이 백조가 깃털로써 나의 딸들에게 공급한다고 생각하였고, 이 백조왕을 잡아서 그 깃털을 모두 뽑았으므로, 다시 생겨난 깃털은 모두 하얀 깃털이었느니라. 여러 비구들이여. 그때 투란난타 비구니는 지나친 탐욕의 인연을 까닭으로 황금 깃털을 없어지게 하였는데, 금생에서도 역시 마땅히 마늘을 모두 소진(消盡)시켰느니라.

얻은 것을 마땅히 만족하리니
지나친 욕심은 진실로 악(惡)인데
백조왕을 잡은 것으로써
그대들은 황금을 잃었구나.

이와 같이 세존께서는 여러 종류의 방편으로써 투란난타 비구니를 꾸짖고서 뒤에 부양하기 어렵고, 가르치고 양육함이 어려우며, 욕심이 많아서 만족함을 알지 못하고, 대중의 가운데에 참여하면서 방일하였던 허물을 설하셨다. 그러한 뒤에 여러 종류의 방편으로써 부양하기 쉽고, 가르치고 양육함이 쉬우며, 욕심이 적어서 만족함을 알고, 두타행을 좋아하며, 단정하여 대중의 가운데에 참여하지 않고 용맹하게 정진하는 아름다움을 설하셨다. 아울러 또한 여러 비구들을 위하여 적절한 법을 수순하여 설하신 뒤에 여러 비구들에게 알려 말씀하셨다.

"여러 비구들이여. 이와 같으므로 열 가지의 이익을 까닭으로써 나는 여러 비구니들을 위하여 학처를 제정하겠노라. 승가의 섭수를 위하여, 승가의 안락을 위하여, 악인을 조복하기 위하여, 선한 비구들을 안락하게 머물게 하기 위하여, 현세의 누를 방호하기 위하여, 후세의 누를 없애기

---

4) 팔리어 Sundarīnandā(순다리난다)의 음사이다.

위하여, 믿지 않는 자에게 신심이 생겨나는 것을 위하여, 이미 믿었던 자의 증장을 위하여, 정법이 오래 머무르는 것을 위하여, 율의 공경과 존중을 위한 것이니라.

'어느 누구의 비구니일지라도 마늘을 먹는 자는 바일제를 범하느니라.'"

2-1 '어느 누구라도'는 어느 태어났던 이유, 이름의 이유, 족성의 이유, 계의 이유, 정사의 이유, 어느 누구의 사람이 행하였던 지역을 논하는 것이 아니고, 혹은 높은 법랍이거나, 혹은 낮은 법랍이거나, 혹은 중간의 법랍이었다면, '어느 누구라도'라고 말한다.

'비구니'는 구걸하는 비구니이니, 일을 따라서 걸식하는 비구니, 할절의를 입은 비구니, 사미니인 비구니, 자칭비구니, 선래비구니, 삼귀의를 이유로 구족계를 받은 비구니, 현선비구니, 진실비구니, 유학비구니, 무학비구니, 화합승가의 백사갈마를 의지한 이유로 허물이 없어서 마땅히 여법하게 구족계를 받은 비구니이다. 이 가운데에서 화합승가를 의지한 이유로 백사갈마에 허물이 없어서 마땅히 여법하게 구족계를 받은 비구니이니, 곧 이것에서 '비구니'의 뜻으로 말한다.

'마늘'은 마갈타국(摩竭陀國)에서 왔던 것이다.

'내가 먹겠다.'는 붙잡는 자는 돌길라를 범하고, 매번 삼키는 자는 바일제를 범한다.

2-2 마늘이었고 마늘이라는 생각이 있었는데, 먹는 자는 바일제를 범한다. 마늘이었고 마늘이라는 의심이 있었는데, 먹는 자는 바일제를 범한다. 마늘이었고 마늘이 아니라는 생각이 있었는데, 먹는 자는 바일제를 범한다.

마늘이 아니었고 마늘이라는 생각이 있었는데, 먹는 자는 바일제를 범한다. 마늘이 아니었고 마늘이라는 의심이 있었는데, 먹는 자는 바일제를 범한다. 마늘이 아니었고 마늘이 아니라는 생각이 있었는데, 먹는 자는 바일제를 범한다.

3-1 양파(珠葱)이었거나, 마늘의 조각이거나,5) 하리륵6)의 열매이거나,
사파산(奢婆蒜)7)이었거나, 국8)에 넣은 첨가물이었거나, 고기의 첨가물이
었거나, 기름의 첨가물이었거나, 청반채(涼拌菜)9)의 첨가물이었거나, 후
식(後食)10) 등이거나, 미쳤던 자이거나, 최초로 범한 자는 범하지 않는다.

2) 제비처모(除祕處毛) 학처

1-1 그때 불·세존께서는 사위성의 기수급고독원에 머무르셨다

그때 육군비구니들이 은밀한 곳의 털을 깎고서, 아치라벌저강(阿致羅筏
提河)11)에서 음녀(淫女)와 함께 나형으로 얕은 물속에서 하나로 가지런하
게 목욕하였다. 음녀들은 싫어하고 비난하였다.

"무엇을 위하여 비구니들은 은밀한 곳의 털을 깎는가? 재가에서 욕락을
받고서 즐기는 여인들과 같구나!"

여러 비구니들은 음녀들이 싫어하고 비난하는 것을 들었다. 그 여러
비구니들의 가운데에서 욕심이 적은 자들은 싫어하고 비난하였다.

"무슨 까닭으로써 육군비구니들은 은밀한 곳의 털을 깎는가?"

그때 여러 비구니들은 이 일로써 여러 비구들에게 말하였고, 여러
비구들은 이 일로써 세존께 아뢰었다. 세존께서는 이 인연으로써 비구승

---

5) 팔리어 Bhañjanaka(반자나카)의 의역이고, '붉은 색의 채소'라는 의미가 있어
   아마도 풋마늘의 조각을 가리키는 것으로 추정된다.
6) 팔리어 Harītaka(하리타카)의 음사이다.
7) 팔리어 Cāpalasuṇa(차파라수나)의 음사이고, 마늘의 한 종류이다.
8) 팔리어 Sūpasampāka(수파삼파카)의 음사이고, sūpa와 sampāka의 합성어이다.
   sūpa는 카레나 국을 뜻하고 sampāka는 숙성시킨다는 뜻이 있으므로 첨가물로
   해석할 수 있다.
9) 팔리어 Sāḷave(살라브)의 음사이고, 매운 샐러드를 가리킨다.
10) 팔리어 Uttaribhaṅga(우따리반가)의 음사이고, uttari와 bhaṅga의 합성어이다.
    여분, 진미, 식후의 부분을 뜻하므로 후식(後食)이라고 번역할 수 있겠다.
11) 팔리어 Aciravati(아치라바티)의 음사이다.

가를 모으셨으며, 여러 비구들에게 물어 말씀하셨다.

"여러 비구들이여. 육군 비구니들이 진실로 은밀한 곳의 털을 깎았는가?"

"진실로 그렇습니다. 세존이시여."

세존께서는 여러 방편으로 꾸짖으셨다.

"여러 비구들이여. 어찌하여 육군 비구니들은 은밀한 곳의 털을 깎았는가? 여러 비구들이여. 이것은 오히려 믿지 않는 자는 신심이 생겨나지 않게 하고, …… 이미 믿었던 자는 일부가 전전하여 다른 곳으로 향하여 떠나가게 하느니라."

이와 같이 세존께서는 여러 종류의 방편으로써 육군비구니들을 꾸짖고서 뒤에 부양이 어렵고 가르치고 양육함이 어려우며, …… 나아가 …… 여러 비구들을 위하여 적절한 법을 수순하여 설하신 뒤에 여러 비구들에게 알려 말씀하셨다.

"…… 나아가 …… 여러 비구들이여. 여러 비구니들은 마땅히 이와 같이 학처를 송출할지니라.

'만약 어느 누구의 비구니일지라도 은밀한 곳의 털을 깎는 자는 바일제를 범하느니라.'"

2-1 '어느 누구'는 어느 태어난 곳의 이유, …… 혹은 중간의 법랍이었다면 이것을 '어느 누구'라고 말한다.

'비구니'는 구걸하는 비구니이니, 일을 쫓아서 걸식하는 비구니, …… 곧 이것에서 '비구니'의 뜻이라고 말하는 것이다.

'깎다.'는 곧 하나의 털이라도 깎았다면 바일제를 범하고, 여러 털을 깎았어도 역시 바일제를 범한다.

'은밀한 곳'은 대·소변도의 두 곳이다.

병의 인연이었거나, 미쳤던 자이거나, 최초로 범한 자는 범하지 않는다.

3) 장박(掌拍) 학처

1-1 그때 불·세존께서는 사위성의 기수급고독원에 머무르셨다

그때 두 비구니들이 욕념을 인연으로 번민을 견딜 수 없었다. 나아가 실내에 들어가서 서로가 손바닥으로 은밀한 곳을 두드렸고, 여러 비구니들이 그 소리를 들었다. 이때 그들의 앞으로 나아가서 비구니들에게 말하였다.

"대자들이여. 그대들은 무슨 까닭으로써 남자와 함께 염오(染汚)를 행하는가?"

"대자들이여. 우리들은 남자와 함께 염오를 행하지 않았습니다."

이 일로써 여러 비구니들에게 말하였고, 그 여러 비구니들의 가운데에서 욕심이 적은 자들은 싫어하고 비난하였다.

"무슨 까닭으로써 비구니들은 서로가 손바닥으로 은밀한 곳을 두드리는가?"

그때 여러 비구니들은 이 일로써 여러 비구들에게 말하였고, 여러 비구들은 이 일로써 세존께 아뢰었다. 세존께서는 이 인연으로써 비구승가를 모으셨으며, 여러 비구들에게 물어 말씀하셨다.

"여러 비구들이여. 비구니들이 진실로 서로가 손바닥으로 은밀한 곳을 두드렸는가?"

"진실로 그렇습니다. 세존이시여."

세존께서는 여러 방편으로 꾸짖으셨다.

"여러 비구들이여. 어찌하여 비구니들은 서로가 손바닥으로 은밀한 곳을 두드렸는가? 여러 비구들이여. 이것은 오히려 믿지 않는 자는 신심이 생겨나지 않게 하고, …… 이미 믿었던 자는 일부가 전전하여 다른 곳으로 향하여 떠나가게 하느니라."

이와 같이 세존께서는 여러 종류의 방편으로써 여러 비구니들을 꾸짖고서 뒤에 부양이 어렵고 가르치고 양육함이 어려우며, …… 나아가 …… 여러 비구들을 위하여 적절한 법을 수순하여 설하신 뒤에 여러 비구들에게

알려 말씀하셨다.

"…… 나아가 …… 여러 비구들이여. 여러 비구니들은 마땅히 이와 같이 학처를 송출할지니라.

'만약 어느 누구의 비구니일지라도 서로가 손바닥으로 은밀한 곳을 두드리는 자는 바일제를 범하느니라.'"

2-1 '손바닥으로 은밀한 곳을 두드리다.'는 어루만지고 접촉하면서 즐거움을 받는 것이니, 연잎으로써 은밀한 곳을 두드리는 자도 바일제를 범한다.

병의 인연이었거나, 미쳤던 자이거나, 최초로 범한 자는 범하지 않는다.

4) 용수교생지(用樹膠生支) 학처

1-1 그때 불·세존께서는 사위성의 기수급고독원에 머무르셨다

그때 한 여인이 있어서 본래 왕의 궁녀이었는데, 비구니의 처소에서 출가하였다. 어느 한 비구니가 욕념의 인연으로 번민을 견딜 수 없었으므로, 그 비구니의 처소에 이르러 이와 같이 말을 지었다.

"대자여. 왕은 시간이 지나서 그대들의 처소에 왔는데, 그대들은 어떻게 견뎠습니까?"

"대자여. 수교(樹膠)12)의 생지(生支)를 사용하세요."

"대자여. 수교의 생지는 무슨 물건입니까?"

그 비구니는 곧 수교의 생지를 그 비구니에 보여주었다. 이때 그 비구니도 수교인 생지를 사용하였으나, 마치고서 씻어두는 것을 잊어버리고서 한쪽에 놓아두었다. 비구니들은 파리들이 모여들었으므로 보고서 이와 같이 말을 지었다.

---

12) 나무를 자른 곳이나, 껍질에서 흘러나오는 아교(阿膠)와 같은 진액을 가리킨다.

"이것은 누가 사용한 것인가?"

그 비구니가 말하였다.

"내가 사용하였습니다."

여러 비구니들의 가운데에서 욕심이 적은 자들은 싫어하고 비난하였다.

"무슨 까닭으로써 비구니들이 수교의 생지를 사용하는가?"

그때 여러 비구니들은 이 일로써 여러 비구들에게 말하였고, 여러 비구들은 이 일로써 세존께 아뢰었다. 세존께서는 이 인연으로써 비구승가를 모으셨으며, 여러 비구들에게 물어 말씀하셨다.

"여러 비구들이여. 비구니들이 진실로 비구니들이 수교의 생지를 사용하였는가?"

"진실로 그렇습니다. 세존이시여."

세존께서는 여러 방편으로 꾸짖으셨다.

"여러 비구들이여. 어찌하여 비구니들이 수교의 생지를 수용하였는가? 여러 비구들이여. 이것은 오히려 믿지 않는 자는 신심이 생겨나지 않게 하고, …… 이미 믿었던 자는 일부가 전전하여 다른 곳으로 향하여 떠나가게 하느니라."

이와 같이 세존께서는 여러 종류의 방편으로써 여러 비구들을 꾸짖고서 뒤에 부양이 어렵고 가르치고 양육함이 어려우며, …… 나아가 …… 여러 비구들을 위하여 적절한 법을 수순하여 설하신 뒤에 여러 비구들에게 알려 말씀하셨다.

"…… 나아가 …… 여러 비구들이여. 여러 비구니들은 마땅히 이와 같이 학처를 송출할지니라.

'만약 어느 누구의 비구니일지라도 수교의 생지를 사용하는 자는 바일제를 범하느니라.'"

2-1 '사용하다.'는 이를 어루만지고 접촉하면서 즐거움을 받는 것이니, 연잎의 정도로서 은밀한 곳에 삽입하는 자라도 바일제를 범한다.

'수교의 생지'는 수교로 남근(男根)을 만들었거나, 다른 나무로 만들었거나, 가루로 만들었거나, 흙으로 만든 것이다.

병의 인연이었거나, 미쳤던 자이거나, 최초로 범한 자는 범하지 않는다.

5) 세정밀처(洗淨密處) 학처

1-1 그때 불·세존께서는 석가국 가비라위성의 니구율수원에 머무르셨다.

그때 마하파제구담미(摩訶波闍波提瞿曇彌)[13]가 세존의 처소에 이르렀다. 이르러서 세존께 예경하고서 바람이 부는 곳에 서 있으면서 말하였다.

"세존이시여. 여인에게는 악취가 있습니다."

그때 세존께서 말씀하셨다.

"여러 비구니들은 마땅히 깨끗한 물로 씻으십시오."

세존께서는 마하파제구담미를 위하여 설법하시어 열어서 보여주셨고, 교계하셨으며, 용약하고 환희하게 하셨다. 마하파제구담미는 세존께서 설법하시어 열어서 보여주셨고, 교계하셨으며, 용약하고, 환희하게 하였으므로, 자리에서 일어나서 세존께 예경하고서 오른쪽으로 돌면서 떠나갔다. 이때 세존께서는 이 인연으로써 설법하셨으며, 여러 비구들에게 알려 말씀하셨다.

"여러 비구들이여. 비구니들이 깨끗한 물로써 씻는 것을 허락하겠노라."

1-2 그때 한 비구니가 "세존께서 깨끗한 물로써 씻는 것을 허락하셨다."라고 듣고서 너무 깊게 씻었던 인연으로 소변도에 상처가 생겨났다. 그 비구니는 이 일로써 여러 비구니들에게 말하였고, 여러 비구니들의 가운데에서 욕심이 적은 자들은 싫어하고 비난하였다.

"무슨 까닭으로써 비구니들이 너무 깊이 씻는가?"

그때 여러 비구니들은 이 일로써 여러 비구들에게 말하였고, 여러

---

13) 팔리어 Mahāpajāpati gotamī(마하파자파티 고타미)의 음사이다.

비구들은 이 일로써 세존께 아뢰었다. 세존께서는 이 인연으로써 비구승
가를 모으셨으며, 여러 비구들에게 물어 말씀하셨다.

"여러 비구들이여. 여러 비구니들이 진실로 너무 깊이 씻었는가?"

"진실로 그렇습니다. 세존이시여."

세존께서는 여러 방편으로 꾸짖으셨다.

"여러 비구들이여. 어찌하여 여러 비구니들은 너무 깊이 씻었는가?
여러 비구들이여. 이것은 오히려 믿지 않는 자는 신심이 생겨나지 않게
하고, …… 이미 믿었던 자는 일부가 전전하여 다른 곳으로 향하여 떠나가
게 하느니라."

이와 같이 세존께서는 여러 종류의 방편으로써 여러 비구니들을 꾸짖고
서 뒤에 부양이 어렵고 가르치고 양육함이 어려우며, …… 나아가 ……
여러 비구들을 위하여 적절한 법을 수순하여 설하신 뒤에 여러 비구들에게
알려 말씀하셨다.

"…… 나아가 …… 여러 비구들이여. 여러 비구니들은 마땅히 이와
같이 학처를 송출할지니라.

'비구니들이 은밀한 곳을 깨끗한 물로써 씻는 때에는 오직 두 마디의
손가락을 삽입할 수 있나니, 만약 넘겨서 삽입하는 자는 바일제를 범하느
니라.'"

2-1 '깨끗한 물로써 씻다.'는 소변도를 깨끗하게 씻는 것이다.

'때'는 씻는 때이다.

'오직 두 마디의 손가락을 삽입할 수 있다.'는 두 마디의 손가락으로써
삽입할 수 있나니, 만약 넘겨서 삽입하였고, 만약 감촉의 즐거움을 받았다
면, 풀잎의 정도를 초과하였어도 바일제를 범한다.

2-2 두 마디를 넘겼고 넘겼다는 생각이 있었는데, 삽입하는 자는 바일제를
범한다. 두 마디를 넘겼고 넘겼다는 의심이 있었는데, 삽입하는 자는
바일제를 범한다. 두 마디를 넘겼고 넘기지 않았다는 생각이 있었는데,

삽입하는 자는 바일제를 범한다.

　두 마디를 넘기지 않았고 넘겼다는 생각이 있었는데, 삽입하는 자는 돌길라를 범한다. 두 마디를 넘기지 않았고 넘겼다는 의심이 있었는데, 삽입하는 자는 돌길라를 범한다. 두 마디를 넘기지 않았고 넘기지 않았다는 생각이 있었는데, 삽입하는 자는 범하지 않는다.

3-1 두 마디를 삽입하였거나, 두 마디의 이하를 삽입하였거나, 병의 인연이었던 자이거나, 미쳤던 자이거나, 최초로 범한 자는 범하지 않는다.

6) 공급음식혹선(供給飮食或扇) 학처

1-1 그때 불·세존께서는 사위성의 기수급고독원에 머무르셨다

　그때 아로범달(阿勞範達)[14]이라고 이름하는 대신이 있었는데, 비구로 출가하였고, 그의 아내도 비구니로 출가하였다. 그때 비구는 비구니의 앞에서 음식을 먹었는데, 그 비구니는 마시는 물과 부채로써 음식을 먹는 비구를 시중들었다. 그 비구는 거부하면서 말하였다.

　"자매여. 이와 같이 하지 마시오. 이것은 청정한 행이 아니오."

　"옛날에 나는 그대를 위하여 이와 같고 이와 같은 일을 지었는데, 지금은 이러한 작은 일도 허락하지 않네요."

　곧 물그릇으로써 그의 머리에 던졌고, 아울러 부채로 그를 때렸다. 여러 비구니들의 가운데에서 욕심이 적은 자들은 싫어하고 비난하였다.

　"무슨 까닭으로써 비구니가 비구를 때리는가?"

　그때 여러 비구니들은 이 일로써 여러 비구들에게 말하였고, 여러 비구들은 이 일로써 세존께 아뢰었다. 세존께서는 이 인연으로써 비구승가를 모으셨으며, 여러 비구들에게 물어 말씀하셨다.

---

14) 팔리어 Ārohanta(아로한타)의 음사이다.

"여러 비구들이여. 비구니가 진실로 비구를 때렸는가?"

"진실로 그렇습니다. 세존이시여."

세존께서는 여러 방편으로 꾸짖으셨다.

"여러 비구들이여. 어찌하여 비구니가 비구를 때렸는가? 여러 비구들이여. 이것은 오히려 믿지 않는 자는 신심이 생겨나지 않게 하고, …… 이미 믿었던 자는 일부가 전전하여 다른 곳으로 향하여 떠나가게 하느니라."

이와 같이 세존께서는 여러 종류의 방편으로써 여러 비구니들을 꾸짖고서 뒤에 부양이 어렵고 가르치고 양육함이 어려우며, …… 나아가 …… 여러 비구들을 위하여 적절한 법을 수순하여 설하신 뒤에 여러 비구들에게 알려 말씀하셨다.

"…… 나아가 …… 여러 비구들이여. 여러 비구니들은 마땅히 이와 같이 학처를 송출할지니라.

'어느 누구의 비구니일지라도 비구를 음식을 먹는 것을 위하여 마시는 물이거나, 부채로써 시중을 드는 자는 바일제를 범하느니라.'"

2-1 '어느 누구'는 어느 태어난 곳의 이유, …… 혹은 중간의 법랍이었다면 이것을 '어느 누구'라고 말한다.

'비구니'는 구걸하는 비구니이니, 일을 쫓아서 걸식하는 비구니, …… 곧 이것에서 '비구니'의 뜻이라고 말하는 것이다.

'비구를 위하다.'는 구족계를 받은 자를 위하는 것이다.

'음식을 먹다.'는 5정식 가운데에서 하나의 음식을 먹는 것이다.

'마시는 물'은 어느 누구라도 마시는 물이다.

'부채'는 어느 누구라도 부치는 부채이다.

2-2 구족계를 받은 자이었고 구족계를 받았다는 생각이 있었는데, 마시는 물이거나, 부채로써 시중을 드는 자는 바일제를 범한다. 구족계를 받은 자이었고 구족계를 받았다는 의심이 있었는데, 마시는 물이거나, 부채로써 시중을 드는 자는 바일제를 범한다. 구족계를 받은 자이었고 구족계를

받지 않았다는 생각이 있었는데, 마시는 물이거나, 부채로써 시중을 드는 자는 바일제를 범한다.

팔을 뻗치는 거리의 안에서 시중을 드는 자는 돌길라를 범한다.

구족계를 받지 않은 자이었고 구족계를 받았다는 생각이 있었는데, 마시는 물이거나, 부채로써 시중을 드는 자는 돌길라를 범한다. 구족계를 받지 않은 자이었고 구족계를 받았다는 의심이 있었는데, 마시는 물이거나, 부채로써 시중을 드는 자는 돌길라를 범한다. 구족계를 받지 않은 자이었고 구족계를 받지 않았다는 생각이 있었는데, 마시는 물이거나, 부채로써 시중을 드는 자는 범하지 않는다.

3-1 주었고 혹은 시켜서 주었거나, 구족계를 받지 않은 자에게 명령하였거나, 미쳤던 자이거나, 최초로 범한 자는 범하지 않는다.

7) 걸생곡(乞生穀) 학처

1-1 그때 불·세존께서는 사위성의 기수급고독원에 머무르셨다

그때 비구니들이 수확하는 때에 날곡식을 구걸하여 운반하였고 성안의 시장으로 갔으므로 성문의 수문인(守門人)이 말하였다.

"대자들이여. 우리에게 조금만 나누어주십시오."

잠시 괴롭히고서 뒤에 풀어주었다. 이 일로써 여러 비구니들에게 말하였고, 여러 비구니들의 가운데에서 욕심이 적은 자들은 싫어하고 비난하였다.

"무슨 까닭으로써 비구니가 날곡식을 구걸하는가?"

여러 비구니들은 이 일로써 여러 비구들에게 말하였고, 여러 비구들은 이 일로써 세존께 아뢰었다. 세존께서는 이 인연으로써 비구승가를 모으셨으며, 여러 비구들에게 물어 말씀하셨다.

"여러 비구들이여. 여러 비구니들이 진실로 날곡식을 구걸하였는가?"

"진실로 그렇습니다. 세존이시여."

세존께서는 여러 방편으로 꾸짖으셨다.

"여러 비구들이여. 어찌하여 비구니들은 날곡식을 구걸하였는가? 여러 비구들이여. 이것은 오히려 믿지 않는 자는 신심이 생겨나지 않게 하고, …… 이미 믿었던 자는 일부가 전전하여 다른 곳으로 향하여 떠나가게 하느니라."

이와 같이 세존께서는 여러 종류의 방편으로써 여러 비구니들을 꾸짖고 서 뒤에 부양이 어렵고 가르치고 양육함이 어려우며, …… 나아가 …… 여러 비구들을 위하여 적절한 법을 수순하여 설하신 뒤에 여러 비구들에게 알려 말씀하셨다.

"…… 나아가 …… 여러 비구들이여. 여러 비구니들은 마땅히 이와 같이 학처를 송출할지니라.

'만약 어느 누구의 비구니일지라도 날곡식을 구걸하였고 혹은 시켜서 구걸하거나, 볶았고 시켜서 볶았거나, 빻았고 시켜서 빻았거나, 삶았고 시켜서 삶는 자는 바일제를 범하느니라.'"

2-1 '어느 누구'는 어느 태어난 곳의 이유, …… 혹은 중간의 법랍이었다면 이것을 '어느 누구'라고 말한다.

'비구니'는 구걸하는 비구니이니, 일을 쫓아서 걸식하는 비구니, …… 곧 이것에서 '비구니'의 뜻이라고 말하는 것이다.

'구걸하다.'는 스스로의 뜻으로 구걸하는 것이다.

'날곡식'은 쌀, 벼, 보리, 밀, 기장, 콩, 굴도로사가(屈都勞沙伽)[15] 등이다.

'시켜서 구걸하다.'는 다른 사람에게 시켜서 구걸하려는 뜻이다.

'볶다.'는 스스로가 볶는 것이다.

'시켜서 볶다.'는 다른 사람에게 시켜서 볶는 것이다.

'빻다.'는 스스로가 빻는 것이다.

---

15) 팔리어 Kudrusaka(쿠드루사카)의 음사이고, 밀의 한 종류로 추정된다.

‘시켜서 빨다.’는 다른 사람에게 시켜서 빨는 것이다.

‘삶다.’는 스스로가 삶는 것이다.

‘시켜서 삶다.’는 다른 사람에게 시켜서 삶는 것이다.

‘내가 먹겠다.’라고 생각하고서 붙잡는 자는 돌길라를 범하고, 매번 삼키는 자는 바일제를 범한다.

3-1 병의 인연이었거나, 삶은 곡식을 구걸하였거나, 미쳤던 자이거나, 최초로 범한 자는 범하지 않는다.

8) 장외기부정(牆外棄不淨) 학처

1-1 그때 불·세존께서는 사위성의 기수급고독원에 머무르셨다.

그때 왕궁의 직위에 있었던 한 바라문이 이전의 봉록(俸祿)을 요구하기 위하여 머리를 감고서 비구니의 주처 근처를 지나서 왕궁에 들어가고자 하였다. 한 비구니가 소변을 가득 채웠던 변기를 담장 밖으로 버렸는데, 바로 바라문의 머리 위에 떨어졌다. 그 바라문은 싫어하고 비난하였다.

“이 대머리인 폐륜의 여인들은 사문녀가 아니다. 무엇을 위하여 변기를 머리 위에 던지는가? 내가 장차 그들의 주처를 불태우겠다.”

이때 횃불을 가지고 그 주처에 들어갔는데, 한 우바새가 그 주처에서 나왔다. 그 바라문이 횃불을 가지고 비구니의 주처에 들어오는 것을 보았고, 보고서 그 바라문에게 말하였다.

“현자여. 그대는 무슨 까닭으로써 횃불을 가지고 이 주처에 들어왔습니까?”

“현자여. 이 머리를 깎은 피폐한 여인들이 변기로써 나의 머리 위에 던졌소. 나는 장차 그들의 주처를 불태우고자 하오.”

“바라문이여. 떠나가십시오. 이곳은 상서로운 곳이니, 그대는 천금(千金)의 복록을 얻을 것입니다.”

이때 그 우바새는 머리를 씻은 뒤에 왕궁으로 가서 천금의 봉록을 받았다. 이때 우바새는 주처에 들어가서 이 일로써 여러 비구니들에게 말하면서 그것을 비난하였다. 여러 비구니들의 가운데에서 욕심이 적은 자들은 싫어하고 비난하였다.

"무슨 까닭으로써 비구니들이 대·소변을 가지고 담장의 밖으로 버리는가?"

여러 비구니들은 이 일로써 여러 비구들에게 알렸고, 여러 비구들은 이 일로써 세존께 아뢰었다. 세존께서는 이 인연으로써 비구승가를 모으셨으며, 여러 비구들에게 물어 말씀하셨다.

"여러 비구들이여. 여러 비구니들이 진실로 대·소변을 가지고 담장의 밖으로 버렸는가?"

"진실로 그렇습니다. 세존이시여."

세존께서는 여러 방편으로 꾸짖으셨다.

"여러 비구들이여. 어찌하여 비구니들이 대·소변을 가지고 담장의 밖으로 버렸는가? 여러 비구들이여. 이것은 오히려 믿지 않는 자는 신심이 생겨나지 않게 하고, …… 이미 믿었던 자는 일부가 전전하여 다른 곳으로 향하여 떠나가게 하느니라."

이와 같이 세존께서는 여러 종류의 방편으로써 여러 비구니들을 꾸짖고서 뒤에 부양이 어렵고 가르치고 양육함이 어려우며, …… 나아가 …… 여러 비구들을 위하여 적절한 법을 수순하여 설하신 뒤에 여러 비구들에게 알려 말씀하셨다.

"…… 나아가 …… 여러 비구들이여. 여러 비구니들은 마땅히 이와 같이 학처를 송출할지니라.

'만약 어느 누구의 비구니일지라도 소변, 혹은 대변, 혹은 먼지 덩어리, 혹은 음식물 찌꺼기로써 담장의 밖이거나, 혹은 울타리의 밖으로 버리는 자는 바일제를 범하느니라.'"

2-1 '어느 누구'는 어느 태어난 곳의 이유, …… 혹은 중간의 법랍이었다면 이것을 '어느 누구'라고 말한다.

  '비구니'는 구걸하는 비구니이니, 일을 쫓아서 걸식하는 비구니, ……
곧 이것에서 '비구니'의 뜻이라고 말하는 것이다.
  '소변'은 오줌이다.
  '대변'은 똥이다.
  '먼지 덩어리'는 재(灰)의 티끌이다.
  '음식물 찌꺼기'는 음식의 가루이거나, 혹은 뼛조각이거나, 혹은 더러운
물이다.
  '버리다.'는 스스로가 버리는 자는 바일제를 범한다.
  '시켜서 버리다.'는 다른 사람에게 버리게 시키는 자는 돌길라를 범한다.
한 번을 명령하여 여러 번을 버리게 시키는 자는 바일제를 범한다.
  '담장'은 세 종류가 있나니, 기와의 담장, 돌의 담장, 나무의 담장이다.
  '울타리'는 세 종류가 있나니, 기와의 울타리, 돌의 울타리, 나무의
울타리이다.
  '담장의 밖'은 담장의 바깥쪽이다.
  '울타리의 밖'은 울타리의 바깥쪽이다.

2-2 검사하고 살펴보고서 버렸거나, 도로가 아닌 곳에 버렸거나, 미쳤던
자이거나, 최초로 범한 자는 범하지 않는다.

  9) 청초상기부정(靑草上棄不淨) 학처

1-1 그때 불·세존께서는 사위성의 기수급고독원에 머무르셨다
  그때 한 바라문의 곡식밭이 비구니 주처의 근처에 있었는데, 비구니들
이 소변, 혹은 대변, 혹은 먼지 덩어리, 혹은 음식물 찌꺼기로써 곡식밭에
버렸다. 그 바라문은 싫어하고 비난하였다.
  "여러 비구니들은 무엇을 위하여 오물을 나의 곡식밭에 버리는가?"
  여러 비구니들은 바라문이 싫어하고 비난하는 것을 들었다. 여러 비구

니들의 가운데에서 욕심이 적은 자들은 싫어하고 비난하였다.

"무슨 까닭으로써 비구니들이 소변, 혹은 대변, 혹은 먼지 덩어리, 혹은 음식물 찌꺼기로써 푸른 풀 위에 버리는가?"

여러 비구니들은 이 일로써 여러 비구들에게 말하였고, 여러 비구들은 이 일로써 세존께 아뢰었다. 세존께서는 이 인연으로써 비구승가를 모으셨으며, 여러 비구들에게 물어 말씀하셨다.

"여러 비구들이여. 여러 비구니들이 진실로 소변, 혹은 대변, 혹은 먼지 덩어리, 혹은 음식물 찌꺼기로써 푸른 풀 위에 버렸는가?"

"진실로 그렇습니다. 세존이시여."

세존께서는 여러 방편으로 꾸짖으셨다.

"여러 비구들이여. 어찌하여 비구니들이 소변, 혹은 대변, 혹은 먼지 덩어리, 혹은 음식물 찌꺼기로써 푸른 풀 위에 버렸는가? 여러 비구들이여. 이것은 오히려 믿지 않는 자는 신심이 생겨나지 않게 하고, …… 이미 믿었던 자는 일부가 전전하여 다른 곳으로 향하여 떠나가게 하느니라."

이와 같이 세존께서는 여러 종류의 방편으로써 여러 비구니들을 꾸짖고서 뒤에 부양이 어렵고 가르치고 양육함이 어려우며, …… 나아가 …… 여러 비구들을 위하여 적절한 법을 수순하여 설하신 뒤에 여러 비구들에게 알려 말씀하셨다.

"…… 나아가 …… 여러 비구들이여. 여러 비구니들은 마땅히 이와 같이 학처를 송출할지니라.

'만약 어느 누구의 비구니일지라도 소변, 혹은 대변, 혹은 먼지 덩어리, 혹은 음식물 찌꺼기로써 푸른 풀 위에 버렸거나, 혹은 버리게 시키는 자는 바일제를 범하느니라.'"

2-1 '어느 누구'는 어느 태어난 곳의 이유, …… 혹은 중간의 법랍이었다면 이것을 '어느 누구'라고 말한다.

'비구니'는 구걸하는 비구니이니, 일을 쫓아서 걸식하는 비구니, …… 곧 이것에서 '비구니'의 뜻이라고 말하는 것이다.

'소변'은 오줌이다.

'대변'은 똥이다.

'먼지 덩어리'는 재의 티끌이다.

'음식물 찌꺼기'는 음식의 가루이거나, 혹은 뼛조각이거나, 혹은 오수이다.

'버리다.'는 스스로가 버리는 자는 바일제를 범한다.

'시켜서 버리다.'는 다른 사람에게 시켜서 버리는 자는 돌길라를 범한다. 한 번을 명령하여 여러 번을 버리게 시키는 자는 바일제를 범한다.

'푸른 풀의 위'는 일곱 종류의 곡식, 일곱 종류의 채소를 심어서 사람에게 공급하여 수용하게 하는 물건이다.

2-2 푸른 풀이었고 푸른 풀이라는 생각이 있었는데, 그것을 버렸거나, 혹은 시켜서 버리는 자는 바일제를 범한다. 푸른 풀이었고 푸른 풀이라는 의심이 있었는데, 그것을 버렸거나, 혹은 시켜서 버리는 자는 바일제를 범한다. 푸른 풀이었고 푸른 풀이 아니라는 생각이 있었는데, 그것을 버렸거나, 혹은 시켜서 버리는 자는 바일제를 범한다.

푸른 풀이 아니었고 푸른 풀이라는 생각이 있었는데, 그것을 버렸거나, 혹은 시켜서 버리는 자는 돌길라를 범한다. 푸른 풀이 아니었고 푸른 풀이라는 의심이 있었는데, 그것을 버렸거나, 혹은 시켜서 버리는 자는 돌길라를 범한다. 푸른 풀이 아니었고 푸른 풀이 아니라는 생각이 있었는데, 그것을 버렸거나, 혹은 시켜서 버리는 자는 범하지 않는다.

3-1 검사하고 살펴보고서 버렸거나, 밭의 두렁에 버렸거나, 소유한 주인에게 묻고 그에게 허락받고서 버렸거나, 미쳤던 자이거나, 최초로 범한 자는 범하지 않는다.

10) 왕관가무(往觀歌舞) 학처

1-1 그때 불·세존께서는 왕사성의 가란타죽림원에 머무르셨다

그때 왕사성에서는 산정(山頂) 축제를 거행하였는데, 육군비구니들도 앞으로 가서 관람하였다. 여러 사람들은 싫어하고 비난하였다.

"무엇을 위하여 여러 비구니들이 와서 무용(舞踊)·가요(歌謠)·음악(音樂)을 관람하는가? 재가에서 욕락을 받고서 즐기는 여인과 같구나!"

여러 비구니들은 여러 사람들이 싫어하고 비난하는 것을 들었다. 여러 비구니들의 가운데에서 욕심이 적은 자들은 싫어하고 비난하였다.

"무슨 까닭으로써 비구니들이 가서 무용·가요·음악을 관람하는가?"

여러 비구니들은 이 일로써 여러 비구들에게 알렸고, 여러 비구들은 이 일로써 세존께 아뢰었다. 세존께서는 이 인연으로써 비구승가를 모으셨으며, 여러 비구들에게 물어 말씀하셨다.

"여러 비구들이여. 여러 비구니들이 진실로 가서 무용·가요·음악을 관람하였는가?"

"진실로 그렇습니다. 세존이시여."

세존께서는 여러 방편으로 꾸짖으셨다.

"여러 비구들이여. 어찌하여 비구니들이 가서 무용·가요·음악을 관람하였는가? 여러 비구들이여. 이것은 오히려 믿지 않는 자는 신심이 생겨나지 않게 하고, …… 이미 믿었던 자는 일부가 전전하여 다른 곳으로 향하여 떠나가게 하느니라."

이와 같이 세존께서는 여러 종류의 방편으로써 육군비구니들을 꾸짖고서 뒤에 부양이 어렵고 가르치고 양육함이 어려우며, …… 나아가 …… 여러 비구들을 위하여 적절한 법을 수순하여 설하신 뒤에 여러 비구들에게 알려 말씀하셨다.

"…… 나아가 …… 여러 비구들이여. 여러 비구니들은 마땅히 이와 같이 학처를 송출할지니라.

'만약 어느 누구의 비구니일지라도 가서 무용·가요·음악을 관람하는

자는 바일제를 범하느니라.'"

2-1 '어느 누구'는 어느 태어난 곳의 이유, …… 혹은 중간의 법랍이었다면 이것을 '어느 누구'라고 말한다.

'비구니'는 구걸하는 비구니이니, 일을 쫓아서 걸식하는 비구니, …… 곧 이것에서 '비구니'의 뜻이라고 말하는 것이다.

'무용'은 어느 종류라도 춤추는 것이다.

'가요'는 어느 종류라도 노래하는 것이다.

'음악'은 어느 종류라도 음악하는 것이다.

가서 관람하는 자는 바일제를 범한다. 서 있으면서 관람하는 자는 바일제를 범한다. 떨어진 곳에서 관람하고서 또한 두·세 번을 가서 관람하는 자는 바일제를 범한다. 가서 한 번·한 번을 보는 자는 각각 돌길라를 범한다.

3-1 정사의 가운데에 서 있으면서 관람하였거나, 비구니의 처소에 이르러 서 있었고 앉았으며 누워있는 곳에서 춤추었고, 노래하였으며, 혹은 음악을 연주하였거나, 갔던 도로와 마주하는 방향이었거나, 일이 있어서 갔고 관람하였거나, 미쳤던 자이거나, 최초로 범한 자는 범하지 않는다.

[첫째의 산품(蒜品)을 마친다.]

11) 무등처여남자어(無燈處與男子語) 학처

1-1 그때 불·세존께서는 사위성의 기수급고독원에 머무르셨다

그때 발타가비라(拔陀迦比羅)의 제자인 비구니에게 한 남자 친족이 있었는데, 일의 인연을 이유로 사위성의 취락에 이르렀다. 그때 비구니는 어두운 밤중에 등불이 없는 곳에서 그 남자와 함께 혼자 나란히 서 있으면

서 말하였다. 여러 비구니들의 가운데에서 욕심이 적은 자들은 싫어하고 비난하였다.

"무슨 까닭으로써 비구니가 어두운 밤중에 등불이 없는 곳에서 남자와 함께 혼자 나란히 서 있으면서 말하는가?"

여러 비구니들은 이 일로써 여러 비구들에게 말하였고, 여러 비구들은 이 일로써 세존께 아뢰었다. 세존께서는 이 인연으로써 비구승가를 모으셨으며, 여러 비구들에게 물어 말씀하셨다.

"여러 비구들이여. 비구니가 진실로 어두운 밤중에 등불이 없는 곳에서 남자와 함께 혼자 나란히 서 있으면서 말하였는가?"

"진실로 그렇습니다. 세존이시여."

세존께서는 여러 방편으로 꾸짖으셨다.

"여러 비구들이여. 어찌하여 비구니가 어두운 밤중에 등불이 없는 곳에서 남자와 함께 혼자 나란히 서 있으면서 말하였는가? 여러 비구들이여. 이것은 오히려 믿지 않는 자는 신심이 생겨나지 않게 하고, …… 이미 믿었던 자는 일부가 전전하여 다른 곳으로 향하여 떠나가게 하느니라."

이와 같이 세존께서는 여러 종류의 방편으로써 그 비구니를 꾸짖고서 뒤에 부양이 어렵고 가르치고 양육함이 어려우며, …… 나아가 …… 여러 비구들을 위하여 적절한 법을 수순하여 설하신 뒤에 여러 비구들에게 알려 말씀하셨다.

"…… 나아가 …… 여러 비구들이여. 여러 비구니들은 마땅히 이와 같이 학처를 송출할지니라.

'만약 어느 누구의 비구니일지라도 어두운 밤중에 등불이 없는 곳에서 남자와 함께 혼자 나란히 서 있으면서 말하는 자는 바일제를 범하느니라.'"

2-1 '어느 누구'는 어느 태어난 곳의 이유, …… 혹은 중간의 법랍이었다면 이것을 '어느 누구'라고 말한다.

'비구니'는 구걸하는 비구니이니, 일을 쫓아서 걸식하는 비구니, …… 곧 이것에서 '비구니'의 뜻이라고 말하는 것이다.

'어두운 밤중'은 일몰의 때이다.

'등불이 없다.'는 빛이 없는 곳이다.

'함께'는 같이 한 곳인 것이다.

'남자'는 사람의 남자이고, 야차남, 아귀남, 축생남이 아니며, 사람의 남자가 능히 지혜가 있어서 서 있으면서 말할 수 있는 자이다.

'혼자'는 남자와 비구니가 똑같이 한 사람인 것이다.

'나란히 서 있다.'는 서 있는 남자가 팔을 뻗치는 거리의 안이라면 바일제를 범한다.

'말하다.'는 서 있는 남자가 팔을 뻗치는 거리의 안에 서 있으면서 말하는 자는 바일제를 범한다. 팔을 뻗치는 거리를 벗어나서 말하는 자는 돌길라를 범한다. 야차남, 혹은 아귀남, 혹은 황문남, 혹은 축생이 사람의 형상인 자와 함께 서 있으면서 말하는 자는 돌길라를 범한다.

3-1 어느 누구라도 지혜가 있는 다른 사람이 있는 때이거나, 혼자가 아니라고 생각하였던 자이거나, 다른 일을 생각하며 서 있었고 혹은 말하였거나, 미쳤던 자이거나, 최초로 범한 자는 범하지 않는다.

12) 병처여남자어(屛處與男子語) 학처

1-1 그때 불·세존께서는 사위성의 기수급고독원에 머무르셨다

그때 발타가비라의 제자인 비구니에게 한 남자 친족이 있었는데, 일의 인연을 이유로 사위성의 취락에 이르렀다. 그때 비구니는 세존께서 어두운 밤중에 등불이 없는 곳에서 남자와 함께 혼자 나란히 서 있으면서 말하는 것을 금지하셨다고 알았던 인연으로, 그 남자와 함께 덮이고 가려진 곳에서 혼자 나란히 서 있으면서 말하였다. 여러 비구니들의 가운데에서 욕심이 적은 자들은 싫어하고 비난하였다.

"무슨 까닭으로써 비구니가 덮이고 가려진 곳에서 남자와 함께 혼자

나란히 서 있으면서 말하는가?"

여러 비구니들은 이 일로써 여러 비구들에게 알렸고, 여러 비구들은 이 일로써 세존께 아뢰었다. 세존께서는 이 인연으로써 비구승가를 모으셨으며, 여러 비구들에게 물어 말씀하셨다.

"여러 비구들이여. 비구니가 진실로 가려진 곳에서 남자와 함께 혼자 나란히 서 있으면서 말하였는가?"

"진실로 그렇습니다. 세존이시여."

세존께서는 여러 방편으로 꾸짖으셨다.

"여러 비구들이여. 어찌하여 비구니가 덮이고 가려진 곳에서 남자와 함께 혼자 나란히 서 있으면서 말하였는가? 여러 비구들이여. 이것은 오히려 믿지 않는 자는 신심이 생겨나지 않게 하고, …… 이미 믿었던 자는 일부가 전전하여 다른 곳으로 향하여 떠나가게 하느니라."

이와 같이 세존께서는 여러 종류의 방편으로써 그 비구니를 꾸짖고서 뒤에 부양이 어렵고 가르치고 양육함이 어려우며, …… 나아가 …… 여러 비구들을 위하여 적절한 법을 수순하여 설하신 뒤에 여러 비구들에게 알려 말씀하셨다.

"…… 나아가 …… 여러 비구들이여. 여러 비구니들은 마땅히 이와 같이 학처를 송출할지니라.

'만약 어느 누구의 비구니일지라도 덮이고 가려진 곳에서 남자와 함께 혼자 나란히 서 있으면서 말하는 자는 바일제를 범하느니라.'"

2-1 '어느 누구'는 어느 태어난 곳의 이유, …… 혹은 중간의 법랍이었다면 이것을 '어느 누구'라고 말한다.

'비구니'는 구걸하는 비구니이니, 일을 쫓아서 걸식하는 비구니, …… 곧 이것에서 '비구니'의 뜻이라고 말하는 것이다.

'가려진 곳'은 벽, 혹은 창문, 혹은 장막, 혹은 칸막이, 혹은 나무, 혹은 기둥, 혹은 자루 등의 어느 물건이라도 덮이고 가려진 곳이 있는 곳을 말한다.

'남자'는 사람의 남자이고, 야차남, 아귀남, 축생남이 아니며, 사람의
남자가 능히 지혜가 있어서 서 있으면서 말할 수 있는 자이다.

'혼자'는 남자와 비구니가 똑같이 한 사람인 것이다.

'나란히 서 있다.'는 서 있는 남자가 팔을 뻗치는 거리의 안이라면
바일제를 범한다.

'말하다.'는 서 있는 남자가 팔을 뻗치는 거리의 안에 서 있으면서
말하는 자는 바일제를 범한다. 팔을 뻗치는 거리를 벗어나서 말하는
자는 돌길라를 범한다. 야차남, 혹은 아귀남, 혹은 황문남, 혹은 축생이
사람의 형상인 자와 함께 서 있으면서 말하는 자는 돌길라를 범한다.

3-1 어느 누구라도 지혜가 있는 다른 사람이 있는 때이거나, 혼자가
아니라고 생각하였던 자이거나, 다른 일을 생각하며 서 있었고 혹은
말하였거나, 미쳤던 자이거나, 최초로 범한 자는 범하지 않는다.

13) 노처여남자어(露處與男子語) 학처

1-1 그때 불·세존께서는 사위성의 기수급고독원에 머무르셨다

그때 발타가비라의 제자인 비구니에게 한 남자 친족이 있었는데, 일의
인연을 이유로 사위성의 취락에 이르렀다. 그때 비구니는 세존께서 덮이
고 가려진 곳에서 남자와 함께 혼자 나란히 서 있으면서 말하는 것을
금지하셨다고 알았던 인연으로 그 남자와 함께 드러난 곳에서 혼자 나란히
서 있으면서 말하였다. 여러 비구니들의 가운데에서 욕심이 적은 자들은
싫어하고 비난하였다.

"무슨 까닭으로써 비구니가 드러난 곳에서 남자와 함께 혼자 나란히
서 있으면서 말하는가?"

여러 비구니들은 이 일로써 여러 비구들에게 말하였고, 여러 비구들은
이 일로써 세존께 아뢰었다. 세존께서는 이 인연으로써 비구승가를 모으

셨으며, 여러 비구들에게 물어 말씀하셨다.

"여러 비구들이여. 비구니가 진실로 드러난 곳에서 남자와 함께 혼자 나란히 서 있으면서 말하였는가?"

"진실로 그렇습니다. 세존이시여."

세존께서는 여러 방편으로 꾸짖으셨다.

"여러 비구들이여. 어찌하여 비구니가 드러난 곳에서 남자와 함께 혼자 나란히 서 있으면서 말하였는가? 여러 비구들이여. 이것은 오히려 믿지 않는 자는 신심이 생겨나지 않게 하고, …… 이미 믿었던 자는 일부가 전전하여 다른 곳으로 향하여 떠나가게 하느니라."

이와 같이 세존께서는 여러 종류의 방편으로써 그 비구니를 꾸짖고서 뒤에 부양이 어렵고 가르치고 양육함이 어려우며, …… 나아가 …… 여러 비구들을 위하여 적절한 법을 수순하여 설하신 뒤에 여러 비구들에게 알려 말씀하셨다.

"…… 나아가 …… 여러 비구들이여. 여러 비구니들은 마땅히 이와 같이 학처를 송출할지니라.

'만약 어느 누구의 비구니일지라도 드러난 곳에서 남자와 함께 혼자 나란히 서 있으면서 말하는 자는 바일제를 범하느니라.'"

2-1 '어느 누구'는 어느 태어난 곳의 이유, …… 혹은 중간의 법랍이었다면 이것을 '어느 누구'라고 말한다.

'비구니'는 구걸하는 비구니이니, 일을 쫓아서 걸식하는 비구니, …… 곧 이것에서 '비구니'의 뜻이라고 말하는 것이다.

'드러난 곳'은 벽, 혹은 창문, 혹은 장막, 혹은 칸막이, 혹은 나무, 혹은 기둥, 혹은 자루 등의 어느 물건이라도 가려진 것이 없는 곳이다.

'남자'는 사람의 남자이고, 야차남, 아귀남, 축생남이 아니며, 사람의 남자가 능히 지혜가 있어서 서 있으면서 말할 수 있는 자이다.

'혼자'는 남자와 비구니가 똑같이 한 사람인 것이다.

'나란히 서 있다.'는 서 있는 남자가 빨을 뻗치는 거리의 안이라면 바일제를 범한다.

'말하다.'는 서 있는 남자가 팔을 뻗치는 거리의 안에 서 있으면서 말하는 자는 바일제를 범한다. 팔을 뻗치는 거리를 벗어나서 말하는 자는 돌길라를 범한다. 야차남, 혹은 아귀남, 혹은 황문남, 혹은 축생이 사람의 형상인 자와 함께 서 있으면서 말하는 자는 돌길라를 범한다.

3-1 어느 누구라도 지혜가 있는 다른 사람이 있는 때이거나, 혼자가 아니라고 생각하였던 자이거나, 다른 일을 생각하며 서 있었고 혹은 말하였거나, 미쳤던 자이거나, 최초로 범한 자는 범하지 않는다.

14) 반비구니리거(伴比丘尼離去) 학처

1-1 그때 불·세존께서는 사위성의 기수급고독원에 머무르셨다

그때 투란난타 비구니는 차도(車道)에서, 작은 길에서, 골목길에서, 역시 남자와 함께 혼자 나란히 서 있으면서 말하였고, 또한 곁눈질하면서 귓속에 말하면서 반려인 비구니를 쫓아냈다. 여러 비구니들의 가운데에서 욕심이 적은 자들은 싫어하고 비난하였다.

"무슨 까닭으로써 대자인 투란난타 비구니는 차도에서, 작은 길에서, 골목길에서, 역시 남자와 함께 혼자 나란히 서 있으면서 말하였고, 또한 곁눈질하면서 귓속에 말하면서 반려인 비구니를 쫓아내는가?"

여러 비구니들은 이 일로써 여러 비구들에게 말하였고, 여러 비구들은 이 일로써 세존께 아뢰었다. 세존께서는 이 인연으로써 비구승가를 모으셨으며, 여러 비구들에게 물어 말씀하셨다.

"여러 비구들이여. 투란난타 비구니가 진실로 차도에서, 작은 길에서, 교차로(街巷)에서, 남자와 함께 혼자 나란히 서 있으면서 말하였고, 또한 곁눈질하면서 귓속에 말하면서 반려인 비구니를 쫓아냈는가?"

"진실로 그렇습니다. 세존이시여."

세존께서는 여러 방편으로 꾸짖으셨다.

"여러 비구들이여. 어찌하여 투란난타 비구니는 차도에서, 작은 길에서, 교차로에서, 남자와 함께 혼자 나란히 서 있으면서 말하였고, 또한 곁눈질 하면서 귓속에 말하면서 반려인 비구니를 쫓아냈는가? 여러 비구들이여. 이것은 오히려 믿지 않는 자는 신심이 생겨나지 않게 하고, …… 이미 믿었던 자는 일부가 전전하여 다른 곳으로 향하여 떠나가게 하느니라."

이와 같이 세존께서는 여러 종류의 방편으로써 투란난타 비구니를 꾸짖고서 뒤에 부양이 어렵고 가르치고 양육함이 어려우며, …… 나아가 …… 여러 비구들을 위하여 적절한 법을 수순하여 설하신 뒤에 여러 비구들에게 알려 말씀하셨다.

"…… 나아가 …… 여러 비구들이여. 여러 비구니들은 마땅히 이와 같이 학처를 송출할지니라.

'만약 어느 누구의 비구니일지라도 혹은 차도에서, 혹은 작은 길에서, 혹은 교차로에서, 남자와 함께 혼자 나란히 서 있으면서 말하였고, 또한 곁눈질하면서 귓속에 말하면서 반려인 비구니를 쫓아내는 자는 바일제를 범하느니라.'"

2-1 '어느 누구'는 어느 태어난 곳의 이유, …… 혹은 중간의 법랍이었다면 이것을 '어느 누구'라고 말한다.

'비구니'는 구걸하는 비구니이니, 일을 쫓아서 걸식하는 비구니, …… 곧 이것에서 '비구니'의 뜻이라고 말하는 것이다.

'차도'는 수레가 다니는 도로이다.

'작은 길'은 그곳을 사람들이 다니는 길이다.

'교차로'는 십자(十字)의 도로이다.

'함께'는 같이 한 곳인 것이다.

'남자'는 사람의 남자이고, 야차남, 아귀남, 축생남이 아니며, 사람의 남자가 능히 지혜가 있어서 서 있으면서 말할 수 있는 자이다.

'혼자'는 남자와 비구니가 똑같이 한 사람인 것이다.

　‘나란히 서 있다.’는 서 있는 남자가 팔을 뻗치는 거리의 안이라면 바일제를 범한다.

　‘혹은 말하다.’는 서 있는 남자가 팔을 뻗치는 거리의 안에 서 있으면서 말하는 자는 바일제를 범한다.

　‘곁눈질하면서 귀에 말하다.’는 남자와 함께 귀에 대고서 말하는 것이다.

　‘혹은 반려인 비구니를 쫓아내다.’는 비법을 행하고자 반려인 비구니를 쫓아내는 자는 돌길라를 범한다. 떨어지고 보이는 곳이거나, 혹은 들리는 곳인 때라면 돌길라를 범한다. 이미 쫓아냈다면 바일제를 범한다. 팔을 뻗치는 거리를 벗어나서 말하는 자는 돌길라를 범한다. 야차남, 혹은 아귀남, 혹은 황문남, 혹은 축생이 사람의 형상인 자와 함께 서 있으면서 말하는 자는 돌길라를 범한다.

3-1 어느 누구라도 지혜가 있는 다른 사람이 있는 때이거나, 혼자가 아니라고 생각하였던 자이거나, 다른 일을 생각하며 서 있었고 혹은 말하였거나, 미쳤던 자이거나, 최초로 범한 자는 범하지 않는다.

15) 불고주인리거(不告主人離去) 학처

1-1 그때 불·세존께서는 사위성의 기수급고독원에 머무르셨다

　그때 한 비구니는 속가의 한 집의 공양하는 곳에서 상시식(常施食)을 받았다. 이때 그 비구니는 이른 아침에 하의를 입고 옷과 발우를 지니고서 그 집에 이르렀다. 이르러 자리에 앉았으나 주인에게 알리지 않고서 곧 떠나갔다. 그 집안의 여노비가 실내를 청소하는 때에 좌상(座牀)을 가지고 질그릇의 가운데에 넣었으나, 여러 사람들은 좌상을 보지 못하였던 까닭으로 그 비구니에게 물어 말하였다.

　“대자여. 좌상은 어디에 있습니까?”

　“현자여. 나는 좌상을 보지 못하였습니다.”

"대자여. 그 좌상을 돌려주십시오."

꾸짖고서 상시식을 끊었다. 여러 사람들이 집안에서 찾았던 때에 질그릇 속에서 좌상을 보았고, 또한 비구니를 향하여 참회하였으며, 다시 상시식을 주었다. 이때 그 비구니는 이 일로써 여러 비구니들에게 알렸고, 여러 비구니들의 가운데에서 욕심이 적은 자들은 싫어하고 비난하였다.

"무슨 까닭으로써 비구니가 식전(食前)에 속가에 이르러 좌상에 앉았으며, 주인에게 알리지 않고서 떠나가는가?"

여러 비구니들은 이 일로써 여러 비구들에게 말하였고, 여러 비구들은 이 일로써 세존께 아뢰었다. 세존께서는 이 인연으로써 비구승가를 모으셨으며, 여러 비구들에게 물어 말씀하셨다.

"여러 비구들이여. 비구니가 진실로 식전에 속가에 이르러 좌상에 앉았는데, 주인에게 알리지 않고서 떠나갔는가?"

"진실로 그렇습니다. 세존이시여."

세존께서는 여러 방편으로 꾸짖으셨다.

"여러 비구들이여. 어찌하여 비구니가 식전에 속가에 이르러 좌상에 앉았는데, 주인에게 알리지 않고서 떠나갔는가? 여러 비구들이여. 이것은 오히려 믿지 않는 자는 신심이 생겨나지 않게 하고, …… 이미 믿었던 자는 일부가 전전하여 다른 곳으로 향하여 떠나가게 하느니라."

이와 같이 세존께서는 여러 종류의 방편으로써 그 비구니를 꾸짖고서 뒤에 부양이 어렵고 가르치고 양육함이 어려우며, …… 나아가 …… 여러 비구들을 위하여 적절한 법을 수순하여 설하신 뒤에 여러 비구들에게 알려 말씀하셨다.

"…… 나아가 …… 여러 비구들이여. 여러 비구니들은 마땅히 이와 같이 학처를 송출할지니라.

'만약 어느 누구의 비구니일지라도 비구니가 식전에 속가에 이르러 좌상에 앉았는데, 주인에게 알리지 않고서 떠나가는 자는 바일제를 범하느니라.'"

2-1 '어느 누구'는 어느 태어난 곳의 이유, …… 혹은 중간의 법랍이었다면 이것을 '어느 누구'라고 말한다.

'비구니'는 구걸하는 비구니이니, 일을 쫓아서 걸식하는 비구니, …… 곧 이것에서 '비구니'의 뜻이라고 말하는 것이다.

'식전'은 해가 뜨고서 정오까지이다.

'이르다.'는 그 처소로 갔던 것이다.

'속가'는 네 종류가 있나니, 찰제리가(利帝利家), 바라문가(婆羅門家), 폐사가(吠舍家), 수다라가(首陀羅家)이다.

'앉다.'는 이것에 앉는 것이다.

'좌상'은 앉는 것을 말한다.

'주인에게 알리지 않다.'는 그 집안의 어느 누구의 지혜가 있는 사람에게 알리지 않고서 문턱을 지나가는 자는 바일제를 범한다. 노지(露地)의 경계를 넘어서 지나가는 자는 바일제를 범한다.

2-2 말하지 않았고 말하지 않았다는 생각이 있었는데, 떠나가는 자는 바일제를 범한다. 말하지 않았고 말하지 않았다는 의심이 있었는데, 떠나가는 자는 바일제를 범한다. 말하지 않았고 말하였다는 생각이 있었는데, 떠나가는 자는 바일제를 범한다.

자리가 아닌 장소라면 돌길라를 범한다.

말하였고 말하지 않았다는 생각이 있었는데, 떠나가는 자는 돌길라를 범한다. 말하였고 말하지 않았다는 의심이 있었는데, 떠나가는 자는 돌길라를 범한다. 말하였고 말하였다는 생각이 있었는데, 떠나가는 자는 범하지 않는다.

3-1 말하고 떠나갔거나, 움직이지 않는 자리인 때이었거나, 병자이었거나, 사고의 때이거나, 미쳤던 자이거나, 최초로 범한 자는 범하지 않는다.

16) 불고좌상이좌와(不告座牀而坐臥) 학처

1-1 그때 불·세존께서는 사위성의 기수급고독원에 머무르셨다

그때 투란난타 비구니는 식후에 속가에 이르렀는데, 주인에게 알리지 않고서 좌상(座牀)에 앉았고, 또한 누웠다. 여러 사람들은 투란난타 비구니가 삼가하게 하고자 앉지도 않았고 눕지도 않았다. 여러 사람들은 싫어하고 비난하였다.

"무엇을 위하여 대자인 투란난타는 식후에 속가의 집에 이르러 주인에게 알리지 않고서 좌상에 앉았고, 또한 눕는가?"

여러 비구니들은 여러 사람들이 싫어하고 비난하는 것을 들었다. 여러 비구니들의 가운데에서 욕심이 적은 자들은 싫어하고 비난하였다.

"무슨 까닭으로써 투란난타 비구니는 식후에 속가의 집에 이르러 주인에게 알리지 않고서 좌상에 앉았고, 또한 눕는가?"

여러 비구니들은 이 일로써 여러 비구들에게 말하였고, 여러 비구들은 이 일로써 세존께 아뢰었다. 세존께서는 이 인연으로써 비구승가를 모으셨으며, 여러 비구들에게 물어 말씀하셨다.

"여러 비구들이여. 투란난타 비구니가 진실로 식후에 속가의 집에 이르러 주인에게 알리지 않고서 좌상에 앉았고, 또한 누웠는가?"

"진실로 그렇습니다. 세존이시여."

세존께서는 여러 방편으로 꾸짖으셨다.

"여러 비구들이여. 어찌하여 투란난타 비구니는 식후에 속가의 집에 이르러 주인에게 알리지 않고서 좌상에 앉았고, 또한 누웠는가? 여러 비구들이여. 이것은 오히려 믿지 않는 자는 신심이 생겨나지 않게 하고, …… 이미 믿었던 자는 일부가 전전하여 다른 곳으로 향하여 떠나가게 하느니라."

이와 같이 세존께서는 여러 종류의 방편으로써 투란난타 비구니를 꾸짖고서 뒤에 부양이 어렵고 가르치고 양육함이 어려우며, …… 나아가 …… 여러 비구들을 위하여 적절한 법을 수순하여 설하신 뒤에 여러

비구들에게 알려 말씀하셨다.

"…… 나아가 …… 여러 비구들이여. 여러 비구니들은 마땅히 이와 같이 학처를 송출할지니라.

'만약 어느 누구의 비구니일지라도 비구니가 식후에 속가의 집에 이르러 주인에게 알리지 않고서 좌상에 앉았거나, 또한 눕는 자는 바일제를 범하느니라.'"

2-1 '어느 누구'는 어느 태어난 곳의 이유, …… 혹은 중간의 법랍이었다면 이것을 '어느 누구'라고 말한다.

'비구니'는 구걸하는 비구니이니, 일을 쫓아서 걸식하는 비구니, …… 곧 이것에서 '비구니'의 뜻이라고 말하는 것이다.

'식후'는 정오부터 일몰까지이다.

'이르다.'는 그 처소로 간 것이다.

'속가'는 네 종류가 있나니, 찰제리가, 바라문가, 폐사가, 수다라가이다.

'주인에게 알리지 않다.'는 그 집안의 사람과 주인에게 알리지 않은 것이다.

'앉다.'는 이곳에 앉는 자는 바일제를 범한다.

'눕다.'는 이곳에 눕는 자는 바일제를 범한다.

'좌상'은 앉는 것을 말한다.

2-2 말하지 않았고 말하지 않았다는 생각이 있었는데, 앉거나, 눕는 자는 바일제를 범한다. 말하지 않았고 말하지 않았다는 의심이 있었는데, 앉거나, 눕는 자는 바일제를 범한다. 말하지 않았고 말하였다는 생각이 있었는데, 앉거나, 눕는 자는 바일제를 범한다.

좌상이 아닌 장소라면 돌길라를 범한다.

말하였고 말하지 않았다는 생각이 있었는데, 앉거나, 눕는 자는 돌길라를 범한다. 말하였고 말하지 않았다는 의심이 있었는데, 앉거나, 눕는 자는 돌길라를 범한다. 말하였고 말하였다는 생각이 있었는데, 앉거나,

눕는 자는 범하지 않는다.

3-1 알리고서 좌상에 앉았고 혹은 누웠거나, 항상 설치된 자리인 때였거나, 병자이었거나, 사고의 때이거나, 미쳤던 자이거나, 최초로 범한 자는 범하지 않는다.

17) 불고와상좌포(不告臥牀坐鋪) 학처

1-1 그때 불·세존께서는 사위성의 기수급고독원에 머무르셨다

그때 여러 비구니들이 사위성으로 가려고 하였는데, 날이 저무는 때에 다니면서 교살라국의 한 취락에 이르렀다. 한 바라문의 집에 이르러 휴식하고자 청하였고, 그 바라문의 아내는 비구니들을 마주하고서 말하였다.

"대자들이여. 바라문께서 돌아오는 것을 기다려서 청하세요."

비구니들은 바라문이 돌아오는 것을 기다리면서 와상을 깔고서 누워있었고, 일부는 앉아있었으며, 다른 일부는 와상의 아래에 누워있었다. 이때 그 바라문은 밤에 비로소 돌아왔으며 그의 아내에게 말하였다.

"이 자들은 누구인가?"

"가주(家主)여. 비구니들입니다."

"이 대머리의 피폐한 여인들을 쫓아내시오."

곧 그 집에서 쫓겨났다. 그 비구니들은 사위성에 이른 뒤에 이 일로써 여러 비구니들에게 말하였다. 여러 비구니들의 가운데에서 욕심이 적은 자들은 싫어하고 비난하였다.

"무슨 까닭으로써 여러 비구니들이 때가 아닌 때에 속가에 이르렀고, 또한 주인에게 알리지 않고서 와상을 깔고서 앉았고, 또한 누웠는가?"

여러 비구니들은 이 일로써 여러 비구들에게 말하였고, 여러 비구들은 이 일로써 세존께 아뢰었다. 세존께서는 이 인연으로써 비구승가를 모으셨으며, 여러 비구들에게 물어 말씀하셨다.

"여러 비구들이여. 여러 비구니들이 때가 아닌 때에 속가에 이르렀고, 또한 주인에게 알리지 않고서 와상을 깔고서 앉았고, 또한 누웠는가?"

"진실로 그렇습니다. 세존이시여."

세존께서는 여러 방편으로 꾸짖으셨다.

"여러 비구들이여. 어찌하여 여러 비구니들이 때가 아닌 때에 속가에 이르렀고, 또한 주인에게 알리지 않고서 와상을 깔고서 앉았고, 또한 누웠는가? 여러 비구들이여. 이것은 오히려 믿지 않는 자는 신심이 생겨나지 않게 하고, …… 이미 믿었던 자는 일부가 전전하여 다른 곳으로 향하여 떠나가게 하느니라."

이와 같이 세존께서는 여러 종류의 방편으로써 여러 비구니들을 꾸짖고서 뒤에 부양이 어렵고 가르치고 양육함이 어려우며, …… 나아가 …… 여러 비구들을 위하여 적절한 법을 수순하여 설하신 뒤에 여러 비구들에게 알려 말씀하셨다.

"…… 나아가 …… 여러 비구들이여. 여러 비구니들은 마땅히 이와 같이 학처를 송출할지니라.

'어느 누구의 비구니일지라도 때가 아닌 때에 속가에 이르렀고, 또한 주인에게 알리지 않고서 와상을 펼쳤거나, 펼쳐서 앉았거나, 또한 누웠던 자는 바일제를 범하느니라.'"

2-1 '어느 누구'는 어느 태어난 곳의 이유, …… 혹은 중간의 법랍이었다면 이것을 '어느 누구'라고 말한다.

'비구니'는 구걸하는 비구니이니, 일을 쫓아서 걸식하는 비구니, …… 곧 이것에서 '비구니'의 뜻이라고 말하는 것이다.

'때가 아니다.'는 일몰부터 일출까지이다.

'이르다.'는 그 처소로 간 것이다.

'속가'는 네 종류가 있나니, 찰제리가, 바라문가, 폐사가, 수다라가이다.

'주인에게 알리지 않다.'는 그 집안의 사람과 주인에게 알리지 않은 것이다.

'와상'은 하나의 풀이라도 펼쳤다면 역시 이것도 같은 것이다.

'펼치다.'는 스스로가 펼치거나, 시켜서 펼치는 것이다.

'앉다.'는 이곳에 앉는 자는 바일제를 범한다.

'눕다.'는 이곳에 눕는 자는 바일제를 범한다.

'와상'은 눕는 것을 말한다.

2-2 알리지 않았고 알리지 않았다는 생각이 있었는데, 와상을 펼치고서 앉거나, 눕는 자는 바일제를 범한다. 알리지 않았고 알리지 않았다는 의심이 있었는데, 와상을 펼치고서 앉거나, 눕는 자는 바일제를 범한다. 알리지 않았고 알렸다는 생각이 있었는데, 와상을 펼치고서 앉거나, 눕는 자는 바일제를 범한다.

알렸고 알리지 않았다는 생각이 있었는데, 와상을 펼치고서 앉거나, 눕는 자는 돌길라를 범한다. 알렸고 알리지 않았다는 의심이 있었는데, 와상을 펼치고서 앉거나, 눕는 자는 돌길라를 범한다. 알리지 않았고 알리지 않았다는 생각이 있었는데, 와상을 펼치고서 앉거나, 눕는 자는 범하지 않는다.

3-1 알리고서 와상을 펼치고서 앉았고 혹은 누웠거나, 병자이었거나, 사고의 때이거나, 미쳤던 자이거나, 최초로 범한 자는 범하지 않는다.

18) 오해이혐한(誤解而嫌恨) 학처

1-1 그때 불·세존께서는 사위성의 기수급고독원에 머무르셨다.

그때 발타가비라의 제자인 비구니가 발타가비라를 따르면서 시봉하였다. 발타가비라가 여러 비구니들에게 말하였다.

"대자들이여. 이 비구니가 따르면서 나를 시봉(侍奉)하므로, 나는 이 옷으로써 그녀에게 주겠습니다."

그 비구니는 이 말을 잘 받아들이지 못하여 오해(誤解)하였고, 그 비구니들을 싫어하였다.

"대자들이여. 나는 대자들을 따르면서 시봉하지 않겠습니다. 대자들은 나에게 옷을 주지 마십시오."

여러 비구니들의 가운데에서 욕심이 적은 자들은 싫어하고 비난하였다.

"무슨 까닭으로써 비구니가 그 말을 잘 받아들이지 못하여 오해하고서 싫어하는가?"

여러 비구니들은 이 일로써 여러 비구들에게 말하였고, 여러 비구들은 이 일로써 세존께 아뢰었다. 세존께서는 이 인연으로써 비구승가를 모으셨으며, 여러 비구들에게 물어 말씀하셨다.

"여러 비구들이여. 비구니가 진실로 그 말을 잘 받아들이지 못하여 오해하고서 싫어하였는가?"

"진실로 그렇습니다. 세존이시여."

세존께서는 여러 방편으로 꾸짖으셨다.

"여러 비구들이여. 어찌하여 비구니가 그 말을 잘 받아들이지 못하여 오해하고서 싫어하였는가? 여러 비구들이여. 이것은 오히려 믿지 않는 자는 신심이 생겨나지 않게 하고, …… 이미 믿었던 자는 일부가 전전하여 다른 곳으로 향하여 떠나가게 하느니라."

이와 같이 세존께서는 여러 종류의 방편으로써 여러 비구들을 꾸짖고서 뒤에 부양이 어렵고 가르치고 양육함이 어려우며, …… 나아가 …… 여러 비구들을 위하여 적절한 법을 수순하여 설하신 뒤에 여러 비구들에게 알려 말씀하셨다.

"…… 나아가 …… 여러 비구들이여. 여러 비구니들은 마땅히 이와 같이 학처를 송출할지니라.

'만약 어느 누구의 비구니일지라도 말을 잘 받아들이지 못하여 오해하고서 다른 사람을 싫어하는 자는 바일제를 범하느니라.'"

2-1 '어느 누구'는 어느 태어난 곳의 이유, …… 혹은 중간의 법랍이었다면

이것을 '어느 누구'라고 말한다.

'비구니'는 구걸하는 비구니이니, 일을 쫓아서 걸식하는 비구니, ……
곧 이것에서 '비구니'의 뜻이라고 말하는 것이다.

'잘 받아들이지 못하다.'는 다른 뜻을 취하는 것이다.

'오해하다.'는 이해하면서 어긋난 것이다.

'다른 사람'은 구족계를 받은 자를 싫어하는 자는 바일제를 범한다.

2-2 구족계를 받은 자이었고 구족계를 받았다는 생각이 있었는데, 싫어하
는 자는 바일제를 범한다. 구족계를 받은 자이었고 구족계를 받았다는
의심이 있었는데, 싫어하는 자는 바일제를 범한다. 구족계를 받은 자이었
고 구족계를 받지 않았다는 생각이 있었는데, 싫어하는 자는 바일제를
범한다.

구족계를 받지 않은 자를 싫어하는 자는 돌길라를 범한다.

구족계를 받지 않은 자이었고 구족계를 받았다는 생각이 있었는데,
싫어하는 자는 돌길라를 범한다. 구족계를 받지 않은 자이었고 구족계를
받았다는 의심이 있었는데, 싫어하는 자는 돌길라를 범한다. 구족계를
받지 않은 자이었고 구족계를 받지 않았다는 생각이 있었는데, 싫어하는
자는 범하지 않는다.

2-3 미쳤던 자이거나, 최초로 범한 자는 범하지 않는다.

19) 저주(詛咒) 학처

1-1 그때 불·세존께서는 사위성의 기수급고독원에 머무르셨다

그때 비구니들이 스스로의 재물이 보이지 않았던 인연으로 전달가리(旃
達加利) 비구니를 향하여 이렇게 말을 지었다.

"대자여. 그대는 일찍이 우리들의 재물을 보았습니까?"

전달가리는 싫어하면서 비난하였다.

"내가 도둑입니까? 내가 부끄러움이 없는 자입니까? 여러 대자들의 재물이 보이지 않으니, '대자여. 그대는 일찍이 우리들의 재물을 보았습니까?'라고 나에게 말하네요. 대자들이여. 내가 만약 그대들의 재물을 취하였다면 나는 곧 사문녀가 아니고, 범행을 떠났으며, 나는 지옥에 태어날 것이오. 만약 일이 사실이 아니라면 그 비구니들도 역시 사문녀가 아니고, 범행을 떠났으며, 나는 지옥에 태어날 것이오."

여러 비구니들의 가운데에서 욕심이 적은 자들은 싫어하고 비난하였다.

"무슨 까닭으로써 대자인 전달가리는 자신을, 혹은 다른 사람을 마주하고서 지옥에 태어나는 것으로써, 범행을 떠난 것으로써 저주하는가?"

여러 비구니들은 이 일로써 여러 비구들에게 말하였고, 여러 비구들은 이 일로써 세존께 아뢰었다. 세존께서는 이 인연으로써 비구승가를 모으셨으며, 여러 비구들에게 물어 말씀하셨다.

"여러 비구들이여. 전달가리 비구니가 진실로 자신을, 혹은 다른 사람을 마주하고서 지옥에 태어나는 것으로써, 범행을 떠난 것으로써 저주하였는가?"

"진실로 그렇습니다. 세존이시여."

세존께서는 여러 방편으로 꾸짖으셨다.

"여러 비구들이여. 어찌하여 전달가리 비구니가 자신을, 혹은 다른 사람을 마주하고서 지옥에 태어나는 것으로써, 범행을 떠난 것으로써 저주하였는가? 여러 비구들이여. 이것은 오히려 믿지 않는 자는 신심이 생겨나지 않게 하고, …… 이미 믿었던 자는 일부가 전전하여 다른 곳으로 향하여 떠나가게 하느니라."

이와 같이 세존께서는 여러 종류의 방편으로써 여러 비구들을 꾸짖고서 뒤에 부양이 어렵고 가르치고 양육함이 어려우며, …… 나아가 …… 여러 비구들을 위하여 적절한 법을 수순하여 설하신 뒤에 여러 비구들에게 알려 말씀하셨다.

"…… 나아가 …… 여러 비구들이여. 여러 비구니들은 마땅히 이와

같이 학처를 송출할지니라.

'만약 어느 누구의 비구니일지라도 스스로를, 혹은 다른 사람을 마주하고서 지옥에 태어나는 것으로써, 범행을 떠난 것으로써 저주하는 자는 바일제를 범하느니라.'"

2-1 '어느 누구'는 어느 태어난 곳의 이유, …… 혹은 중간의 법랍이었다면 이것을 '어느 누구'라고 말한다.

'비구니'는 구걸하는 비구니이니, 일을 쫓아서 걸식하는 비구니, …… 곧 이것에서 '비구니'의 뜻이라고 말하는 것이다.

'자신'은 그 자신이다.

'다른 사람'은 구족계를 받은 자이다.

지옥에 태어나는 것으로써, 범행을 떠난 것으로써 저주하는 자는 바일제를 범한다.

2-2 구족계를 받은 자이었고 구족계를 받았다는 생각이 있었는데, 지옥에 태어나는 것으로써, 범행을 떠난 것으로써 저주하는 자는 바일제를 범한다. 구족계를 받은 자이었고 구족계를 받았다는 의심이 있었는데, 지옥에 태어나는 것으로써, 범행을 떠난 것으로써 저주하는 자는 바일제를 범한다. 구족계를 받은 자이었고 구족계를 받지 않았다는 생각이 있었는데, 지옥에 태어나는 것으로써, 범행을 떠난 것으로써 저주하는 자는 바일제를 범한다.

축생으로써, 아귀로써, 혹은 인간의 불행으로써 저주하는 자는 돌길라를 범한다.

구족계를 받지 않은 자이었고 구족계를 받았다는 생각이 있었는데, 지옥에 태어나는 것으로써, 범행을 떠난 것으로써 저주하는 자는 돌길라를 범한다. 구족계를 받지 않은 자이었고 구족계를 받았다는 의심이 있었는데, 지옥에 태어나는 것으로써, 범행을 떠난 것으로써 저주하는 자는 돌길라를 범한다. 구족계를 받지 않은 자이었고 구족계를 받지 않았다는 생각이 있었는데, 지옥에 태어나는 것으로써, 범행을 떠난 것으로써 저주하는 자는 범하지 않는다.

3-1 뜻을 위한 자였거나, 법을 위한 자였거나, 교계(敎誡)를 위한 자였거나, 미쳤던 자이거나, 최초로 범한 자는 범하지 않는다.

20) 자타곡읍(自打哭泣) 학처

1-1 그때 불·세존께서는 사위성의 기수급고독원에 머무르셨다

그때 전달가리 비구니가 다른 비구니들과 함께 논쟁하였던 인연으로 스스로를 때리면서 또한 크게 울었다.

여러 비구니들의 가운데에서 욕심이 적은 자들은 싫어하고 비난하였다. "무슨 까닭으로써 대자인 전달가리는 스스로를 때리면서 크게 우는가?"

여러 비구니들은 이 일로써 여러 비구들에게 말하였고, 여러 비구들은 이 일로써 세존께 아뢰었다. 세존께서는 이 인연으로써 비구승가를 모으셨으며, 여러 비구들에게 물어 말씀하셨다.

"여러 비구들이여. 전달가리 비구니가 진실로 스스로를 때리면서 크게 울었는가?"

"진실로 그렇습니다. 세존이시여."

세존께서는 여러 방편으로 꾸짖으셨다.

"여러 비구들이여. 어찌하여 전달가리 비구니가 스스로를 때리면서 크게 울었는가? 여러 비구들이여. 이것은 오히려 믿지 않는 자는 신심이 생겨나지 않게 하고, …… 이미 믿었던 자는 일부가 전전하여 다른 곳으로 향하여 떠나가게 하느니라."

이와 같이 세존께서는 여러 종류의 방편으로써 여러 비구들을 꾸짖고서 뒤에 부양이 어렵고 가르치고 양육함이 어려우며, …… 나아가 …… 여러 비구들을 위하여 적절한 법을 수순하여 설하신 뒤에 여러 비구들에게

알려 말씀하셨다.

"…… 나아가 …… 여러 비구들이여. 여러 비구니들은 마땅히 이와 같이 학처를 송출할지니라.

'만약 어느 누구의 비구니일지라도 스스로를 때리면서 크게 우는 자는 바일제를 범하느니라.'"

2-1 '어느 누구'는 어느 태어난 곳의 이유, …… 혹은 중간의 법랍이었다면 이것을 '어느 누구'라고 말한다.

'비구니'는 구걸하는 비구니이니, 일을 쫓아서 걸식하는 비구니, …… 곧 이것에서 '비구니'의 뜻이라고 말하는 것이다.

'스스로'는 그 스스로이다.

때리면서 크게 우는 자는 바일제를 범한다. 때리면서 울지 않는 자는 돌길라를 범한다. 울면서 때리지 않는 자는 돌길라를 범한다.

3-1 친족이 불행을 만났거나, 재물을 잃어버렸거나, 질병으로 불행하였거나, 울면서 스스로를 때리지 않았거나, 미쳤던 자이거나, 최초로 범한 자는 범하지 않는다.

[둘째의 암야품(闇夜品)을 마친다.]

21) 나형목욕(裸形沐浴) 학처

1-1 그때 불·세존께서는 사위성의 기수급고독원에 머무르셨다.

그때 많은 비구니들이 아치라발저강의 앝은 곳에서 음녀들과 나형으로 목욕하였는데, 음녀들이 비구니들을 향하여 조롱하며 말하였다.

"대자들이여. 무엇을 위하여 젊은 나이에 범행을 닦습니까? 마땅히 애욕을 받아서 누리세요. 늙는 때를 기다려서 다시 범행을 닦는다면 어찌 양쪽에 그 아름다움이 있지 않겠습니까?"

비구니들은 조롱을 받은 뒤에 우울하였다. 그 비구니들은 주처로 돌아와서 이 일로써 여러 비구니들에게 말하였고, 여러 비구니들은 이 일로써 여러 비구들에게 말하였으며, 여러 비구들은 이 일로써 세존께 아뢰었다. 그때 세존께서는 이 인연으로써 설법하셨으며, 여러 비구들에게 알려 말씀하셨다.

"그러므로 여러 비구들이여. 열 가지의 익을 까닭으로 나는 여러 비구니들을 위하여 학처를 제정하겠노라. 승가의 섭수를 위하여, …… 율의 공경과 존중을 위한 것이니라. …… 나아가 …… 여러 비구들이여. 여러 비구니들은 마땅히 이와 같이 학처를 송출할지니라.

'만약 어느 누구의 비구니일지라도 나형으로 목욕하는 자는 바일제를 범하느니라.'"

2-1 '어느 누구'는 어느 태어난 곳의 이유, …… 혹은 중간의 법랍이었다면 이것을 '어느 누구'라고 말한다.

'비구니'는 구걸하는 비구니이니, 일을 쫓아서 걸식하는 비구니, …… 곧 이것에서 '비구니'의 뜻이라고 말하는 것이다.

'나형으로 목욕하다.'는 찢어진 옷이거나, 혹은 바깥의 옷이 없이 목욕하였다면 목욕한 자는 돌길라를 범한다. 목욕을 마친 자는 바일제를 범한다.

3-1 옷을 빼앗겼거나, 옷을 잃어버렸거나, 미쳤던 자이거나, 최초로 범한 자는 범하지 않는다.

22) 목욕의(沐浴依) 학처

1-1 그때 불·세존께서는 사위성의 기수급고독원에 머무르셨다.

그때 세존께서는 비구니들을 위하여 목욕의(沐浴衣)를 사용하는 것을 허락하셨다. 육군비구니들은 세존께서 목욕의를 사용하는 것을 허락하셨다고 알고서 헤아리지 않고 잘랐던 목욕옷을 앞뒤로 끌면서 입고서 돌아다녔다. 여러 비구니들의 가운데에서 욕심이 적은 자들은 싫어하고 비난하였다.

"무슨 까닭으로써 비구니가 양을 헤아리지 않고 목욕의를 자르는가?"

여러 비구니들은 이 일로써 여러 비구들에게 말하였고, 여러 비구들은 이 일로써 세존께 아뢰었다. 세존께서는 이 인연으로써 비구승가를 모으셨으며, 여러 비구들에게 물어 말씀하셨다.

"여러 비구들이여. 육군비구니들이 진실로 양을 헤아리지 않고 목욕의를 잘랐는가?"

"진실로 그렇습니다. 세존이시여."

세존께서는 여러 방편으로 꾸짖으셨다.

"여러 비구들이여. 어찌하여 비구니들이 양을 헤아리지 않고 목욕의를 잘랐는가? 여러 비구들이여. 이것은 오히려 믿지 않는 자는 신심이 생겨나지 않게 하고, …… 이미 믿었던 자는 일부가 전전하여 다른 곳으로 향하여 떠나가게 하느니라."

이와 같이 세존께서는 여러 종류의 방편으로써 여러 비구들을 꾸짖고서 뒤에 부양이 어렵고 가르치고 양육함이 어려우며, …… 나아가 …… 여러 비구들을 위하여 적절한 법을 수순하여 설하신 뒤에 여러 비구들에게 알려 말씀하셨다.

"…… 나아가 …… 여러 비구들이여. 여러 비구니들은 마땅히 이와 같이 학처를 송출할지니라.

'비구니들이 목욕의를 짓는 때에 마땅히 알맞은 양에 의지하여 지어야 하나니, 곧 세존의 걸수에 의지한다면 길이는 네 뼘이고 넓이는 두 뼘이니라. 만약 이것을 넘겨서 짓는 자는 바일제를 범하고, 마땅히 그것을 잘라내야 하느니라.'"

2-1 '목욕의'는 목욕하는 때에 입는 옷이다.

'짓다.'는 스스로가 짓거나, 혹은 시켜서 짓는 때이다.

마땅히 알맞은 양에 의지하여 지어야 하나니, 이것은 세존의 걸수에 의지한다면 길이는 네 뼘이고 넓이는 두 뼘이며, 만약 이것을 넘겨서 지었거나, 혹은 시켜서 짓는 자는 돌길라를 범한다. 이미 지었던 것을 얻었던 자는 그것을 잘라내야 하고, 바일제를 범하며, 마땅히 스스로가 아뢰고서 참회해야 한다.

스스로가 지으면서 완성하지 않은 것을 스스로가 완성한 자는 바일제를 범한다. 스스로가 지으면서 완성하지 않은 것을 다른 사람을 시켜서 완성한 자는 바일제를 범한다. 다른 사람이 지으면서 완성하지 않은 것을 다른 사람이 완성한 자는 바일제를 범한다. 다른 사람을 위하여 지었거나, 혹은 시켜서 짓는 자는 돌길라를 범한다. 다른 사람이 지었던 옷을 얻어서 수용하는 자는 돌길라를 범한다.

3-1 양에 의지하여 지었거나, 양의 이하로 지었거나, 다른 사람이 양을 넘겨서 지었던 것을 얻었고 잘라서 수용하였거나, 일산을 지었거나, 혹은 깔개를, 혹은 장막을 지었거나, 혹은 긴 베개를 지었거나, 혹은 베개를 지었거나, 미쳤던 자이거나, 최초로 범한 자는 범하지 않는다.

23) 봉의오일(縫衣五日) 학처

1-1 그때 불·세존께서는 사위성의 기수급고독원에 머무르셨다.

그때 한 비구니에게 값비싼 옷감이 있었으나, 꿰매는 솜씨가 좋지 않았다. 투란난타 비구니가 그 비구니를 향하여 말하였다.

"대자여. 그대의 옷감은 매우 좋은데, 애석하게도 꿰매는 솜씨가 서투네요."

"내가 꿰맸던 선을 풀겠으니, 대자께서 그것을 꿰매주세요."

"좋습니다. 대자여. 내가 마땅히 그것을 꿰매주겠습니다."

이때 그 비구니는 꿰매었던 실을 풀어서 투란난타 비구니에게 주었고, 투란난타는 "마땅히 그것을 꿰매야지. 마땅히 그것을 꿰매야지."라고 다만 꿰매지 않았고, 역시 꿰매려고 노력하지도 않았다. 그 비구니는 이 일로써 여러 비구니들에게 말하였고, 여러 비구니들의 가운데에서 욕심이 적은 자들은 싫어하고 비난하였다.

"무슨 까닭으로써 대자인 투란난타 비구니는 꿰맸던 실을 풀어헤치게 하였는데, 꿰매지도 않았고 또한 꿰매려고 노력하지도 않는가?"

여러 비구니들은 이 일로써 여러 비구들에게 말하였고, 여러 비구들은 이 일로써 세존께 아뢰었다. 세존께서는 이 인연으로써 비구승가를 모으셨으며, 여러 비구들에게 물어 말씀하셨다.

"여러 비구들이여. 투란난타 비구니가 진실로 꿰맸던 실을 풀어헤치게 하였는데, 꿰매지도 않았고 또한 꿰매려고 노력하지도 않았는가?"

"진실로 그렇습니다. 세존이시여."

세존께서는 여러 방편으로 꾸짖으셨다.

"여러 비구들이여. 어찌하여 투란난타 비구니는 꿰맸던 실을 풀어헤치게 하였는데, 꿰매지도 않았고 또한 꿰매려고 노력하지도 않았는가? 여러 비구들이여. 이것은 오히려 믿지 않는 자는 신심이 생겨나지 않게 하고, …… 이미 믿었던 자는 일부가 전전하여 다른 곳으로 향하여 떠나가게 하느니라."

이와 같이 세존께서는 여러 종류의 방편으로써 투란난타 비구니를 꾸짖고서 뒤에 부양이 어렵고 가르치고 양육함이 어려우며, …… 나아가 …… 여러 비구들을 위하여 적절한 법을 수순하여 설하신 뒤에 여러 비구들에게 알려 말씀하셨다.

"…… 나아가 …… 여러 비구들이여. 여러 비구니들은 마땅히 이와 같이 학처를 송출할지니라.

'어느 누구의 비구니일지라도 한 비구니의 옷의 실을 풀어헤쳤거나, 혹은 풀어헤치게 시킨 뒤에 그 비구니에게 어느 장애도 없었는데, 만약 그것을 꿰매지 않거나, 역시 꿰매려고 노력하지 않고서 4·5일을 넘기는 자는 바일제를 범하느니라.'"

2-1 '어느 누구'는 어느 태어난 곳의 이유, …… 혹은 중간의 법랍이었다면 이것을 '어느 누구'라고 말한다.

'비구니'는 구걸하는 비구니이니, 일을 쫓아서 걸식하는 비구니, …… 곧 이것에서 '비구니'의 뜻이라고 말하는 것이다.

'비구니의 옷'은 다른 비구니의 옷을 가리킨다.

'풀어헤치다.'는 스스로가 꿰맸던 실을 풀어헤친 것이다.

'풀어헤치게 시키다.'는 다른 사람을 시켜서 실을 풀어헤치는 것이다.

'그 비구니에게 어느 장애도 없다.'는 어느 장애도 없는 것이다.

'그것을 꿰매지 않다.'는 스스로가 꿰매지 않는 것이다.

'꿰매려고 노력하지 않다.'는 다른 사람을 시켜서 꿰매지 않는 것이다.

'4·5일을 넘기다.'는 4·5일의 이하를 제외하는 것이다.

만약 그녀가 '나는 꿰매지 않겠고, 꿰매려고 노력하지 않겠다.'라고 생각하면서 회피하는 자는 바일제를 범한다.

2-2 구족계를 받은 자이었고 구족계를 받았다는 생각이 있었는데, 옷을 풀어헤쳤거나, 혹은 시켜서 풀어헤친 뒤에, 어느 장애도 없었는데, 만약 그것을 꿰매지 않거나, 꿰매려고 노력하지 않는 자는 4·5일 이하를 제외하고서 바일제를 범한다. 구족계를 받은 자이었고 구족계를 받았다는 의심이 있었는데, 옷을 풀어헤쳤거나, 혹은 시켜서 풀어헤친 뒤에, 어느 장애도 없었는데, 만약 그것을 꿰매지 않거나, 꿰매려고 노력하지 않는 자는 4·5일 이하를 제외하고서 바일제를 범한다. 구족계를 받은 자이었고 구족계를 받았지 않았다는 생각이 있었는데, 옷을 풀어헤쳤거나, 혹은 시켜서 풀어헤친 뒤에, 어느 장애도 없었는데, 만약 그것을 꿰매지 않거나, 꿰매려고 노력하지 않는 자는 4·5일 이하를 제외하고서 바일제를 범한다.

다른 자구를 풀어헤쳤거나, 혹은 시켜서 풀어헤친 뒤에 그 비구니에게 어느 장애도 없었는데, 만약 그것을 꿰매지 않거나, 꿰매려고 노력하지 않는 자는 4·5일 이하를 제외하고서 돌길라를 범한다. 구족계를 받지 않은 자의 옷과, 혹은 자구를 풀어헤쳤거나, 혹은 시켜서 풀어헤친 뒤에 그 비구니에게 어느 장애도 없었는데, 만약 그것을 꿰매지 않거나, 꿰매려고 노력하지 않는 자는 4·5일 이하를 제외하고서 돌길라를 범한다.

구족계를 받지 않은 자이었고 구족계를 받았다는 생각이 있었는데, 옷을 풀어헤쳤거나, 혹은 시켜서 풀어헤친 뒤에, 어느 장애도 없었는데, 만약 그것을 꿰매지 않거나, 꿰매려고 노력하지 않는 자는 돌길라를 범한다. 구족계를 받지 않은 자이었고 구족계를 받았다는 의심이 있었는데, 옷을 풀어헤쳤거나, 혹은 시켜서 풀어헤친 뒤에, 어느 장애도 없었는데, 만약 그것을 꿰매지 않거나, 꿰매려고 노력하지 않는 자는 돌길라를 범한다. 구족계를 받지 않은 자이었고 구족계를 받았지 않았다는 생각이 있었는데, 옷을 풀어헤쳤거나, 혹은 시켜서 풀어헤친 뒤에, 어느 장애도 없었는데, 만약 그것을 꿰매지 않거나, 꿰매려고 노력하지 않는 자는 돌길라를 범한다.

3-1 장애가 있었고 비록 구하였어도 얻을 것이 없었거나, 짓는 때에 4·5일을 넘기지 않았거나, 병자이거나, 사고의 때이거나, 미쳤던 자이거나, 최초로 범한 자는 범하지 않는다.

24) 불착의과오일(不著衣過五日) 학처

1-1 그때 불·세존께서는 사위성의 기수급고독원에 머무르셨다.

그때 비구니들이 옷으로써 비구니의 손에 맡겼고, 다만 내의와 외투를 입고서 여러 나라를 유행하였다. 이 옷들은 오래 방치하였던 인연으로 옷의 모서리가 더럽혀지고 손상되었으므로, 비구니는 그것을 햇볕에 말렸다. 여러 비구들이 그 비구니에게 물어 말하였다.

"대자여. 이것은 더럽혀지고 손상된 옷이네요. 누구의 소유입니까?"

그 비구니는 이 일로써 여러 비구니들에게 말하였고, 여러 비구니들의 가운데에서 욕심이 적은 자들은 싫어하고 비난하였다.

"무슨 까닭으로써 비구니들이 옷으로써 비구니의 손에 맡기고서, 다만 내의와 외투를 입고서 여러 나라를 유행하는가?"

여러 비구니들은 이 일로써 여러 비구들에게 말하였고, 여러 비구들은 이 일로써 세존께 아뢰었다. 세존께서는 이 인연으로써 비구승가를 모으셨으며, 여러 비구들에게 물어 말씀하셨다.

"여러 비구들이여. 비구니들이 진실로 옷으로써 비구니의 손에 맡기고서, 다만 내의와 외투를 입고서 여러 나라를 유행하였는가?"

"진실로 그렇습니다. 세존이시여."

세존께서는 여러 방편으로 꾸짖으셨다.

"여러 비구들이여. 어찌하여 비구니들이 옷으로써 비구니의 손에 맡기고서, 다만 내의와 외투를 입고서 여러 나라를 유행하였는가? 여러 비구들이여. 이것은 오히려 믿지 않는 자는 신심이 생겨나지 않게 하고, …… 이미 믿었던 자는 일부가 전전하여 다른 곳으로 향하여 떠나가게 하느니라."

이와 같이 세존께서는 여러 종류의 방편으로써 여러 비구니들을 꾸짖고서 뒤에 부양이 어렵고 가르치고 양육함이 어려우며, …… 나아가 …… 여러 비구들을 위하여 적절한 법을 수순하여 설하신 뒤에 여러 비구들에게 알려 말씀하셨다.

"…… 나아가 …… 여러 비구들이여. 여러 비구니들은 마땅히 이와 같이 학처를 송출할지니라.

'어느 누구의 비구니일지라도 만약 승가리를 입지 않고서 5일을 넘기는 자는 바일제를 범하느니라.'"

2-1 '어느 누구'는 어느 태어난 곳의 이유, …… 혹은 중간의 법랍이었다면 이것을 '어느 누구'라고 말한다.

'비구니'는 구걸하는 비구니이니, 일을 쫓아서 걸식하는 비구니, …… 곧 이것에서 '비구니'의 뜻이라고 말하는 것이다.

'만약 승가리를 입지 않고서 5일을 넘기다.'는 5일까지 입지 않았고, 또한 햇볕에 말리지 않았는데, 5일을 넘기는 자는 바일제를 범한다.

2-2 5일을 넘겼고 넘겼다는 생각이 있는 자는 바일제를 범한다. 5일을 넘겼고 넘겼다는 의심이 있는 자는 바일제를 범한다. 5일을 넘겼고 넘기지 않았다는 생각이 있는 자는 바일제를 범한다.

5일을 넘기지 않았고 넘겼다는 생각이 있는 자는 돌길라를 범한다. 5일을 넘기지 않았고 넘겼다는 의심이 있는 자는 돌길라를 범한다. 5일을 넘기지 않았고 넘기지 않았다는 생각이 있는 자는 범하지 않는다.

3-1 5일까지 입었거나, 5일째에 혹은 햇볕에 말렸거나, 병자이거나, 사고의 때이거나, 미쳤던 자이거나, 최초로 범한 자는 범하지 않는다.

25) 착타인의(著他人衣) 학처

1-1 그때 불·세존께서는 사위성의 기수급고독원에 머무르셨다.

그때 한 비구니가 걸식을 인연으로 젖은 옷을 펼쳐두고서 정사에 들어갔다. 다른 한 비구니가 그 젖은 옷을 입고서 취락에 걸식하러 들어갔다. 그 비구니가 나와서 여러 비구니들에게 물어 말하였다.

"대자들이여. 나의 옷을 보지 못하였습니까?"

비구니들은 이 일로써 그 비구니에게 말하였다. 그때 그 비구니는 싫어하고 비난하였다.

"무슨 까닭으로써 비구니가 나에게 묻지 않고서 내 옷을 입는가?"

여러 비구니들의 가운데에서 욕심이 적은 자들은 싫어하고 비난하였다.

"무슨 까닭으로써 비구니가 묻지 않고서 다른 비구니의 옷을 입는가?"

여러 비구니들은 이 일로써 여러 비구들에게 말하였고, 여러 비구들은 이 일로써 세존께 아뢰었다. 세존께서는 이 인연으로써 비구승가를 모으셨으며, 여러 비구들에게 물어 말씀하셨다.

"여러 비구들이여. 비구니가 진실로 묻지 않고서 다른 비구니의 옷을 입었는가?"

"진실로 그렇습니다. 세존이시여."

세존께서는 여러 방편으로 꾸짖으셨다.

"여러 비구들이여. 어찌하여 비구니가 묻지 않고서 다른 비구니의 옷을 입었는가? 여러 비구들이여. 이것은 오히려 믿지 않는 자는 신심이 생겨나지 않게 하고, …… 이미 믿었던 자는 일부가 전전하여 다른 곳으로 향하여 떠나가게 하느니라."

이와 같이 세존께서는 여러 종류의 방편으로써 여러 비구니들을 꾸짖고서 뒤에 부양이 어렵고 가르치고 양육함이 어려우며, …… 나아가 …… 여러 비구들을 위하여 적절한 법을 수순하여 설하신 뒤에 여러 비구들에게 알려 말씀하셨다.

"…… 나아가 …… 여러 비구들이여. 여러 비구니들은 마땅히 이와 같이 학처를 송출할지니라.

'어느 누구의 비구니일지라도 다른 비구니의 옷을 입는 자는 바일제를 범하느니라.'"

2-1 '어느 누구'는 어느 태어난 곳의 이유, …… 혹은 중간의 법랍이었다면 이것을 '어느 누구'라고 말한다.

'비구니'는 구걸하는 비구니이니, 일을 쫓아서 걸식하는 비구니, …… 곧 이것에서 '비구니'의 뜻이라고 말하는 것이다.

'다른 비구니의 옷'은 구족계를 받은 자의 5의(五衣)의 가운데에서 하나이고, 일찍이 주지 않았거나, 혹은 동의하지 않았는데, 입는 자는 바일제를 범한다.

2-2 구족계를 받은 자이었고 구족계를 받았다는 생각이 있었는데, 다른 사람의 옷을 입는 자는 바일제를 범한다. 구족계를 받은 자이었고 구족계

를 받았다는 의심이 있었는데, 다른 사람의 옷을 입는 자는 바일제를 범한다. 구족계를 받은 자이었고 구족계를 받지 않았다는 생각이 있었는데, 다른 사람의 옷을 입는 자는 바일제를 범한다.

구족계를 받지 않은 자이었고, 다른 사람의 옷을 입는 자는 돌길라를 범한다.

구족계를 받지 않은 자이었고 구족계를 받았다는 생각이 있었는데, 다른 사람의 옷을 입는 자는 돌길라를 범한다. 구족계를 받지 않은 자이었고 구족계를 받았다는 의심이 있었는데, 다른 사람의 옷을 입는 자는 돌길라를 범한다. 구족계를 받지 않은 자이었고 구족계를 받지 않았다는 생각이 있었는데, 다른 사람의 옷을 입는 자는 돌길라를 범한다.

3-1 그 비구니를 위하여 주었고 혹은 묻고서 그 비구니의 옷을 입었거나, 옷을 빼앗겼던 자이거나, 옷을 잃어버린 자이거나, 사고의 때이거나, 미쳤던 자이거나, 최초로 범한 자는 범하지 않는다.

26) 방해중승득의(妨害衆僧得衣) 학처

1-1 그때 불·세존께서는 사위성의 기수급고독원에 머무르셨다.

그때 투란난타 비구니의 단월의 집에서 투란난타 비구니를 향하여 말하였다.

"대자여. 우리들이 이 옷을 가지고 비구니 승가에 보시하고자 합니다."

투란난타 비구니는 방해하였다.

"그대는 집안일로 번잡하네요."

이때 그 단월의 집에 불탔고 그들은 싫어하고 비난하였다.

"무엇을 위하여 대자인 투란난타 비구니는 우리들이 보시하는 공덕을 방해하는가?"

여러 비구니들은 그 사람들이 싫어하고 비난하는 것을 들었다. 여러 비구니들의 가운데에서 욕심이 적은 자들은 싫어하고 비난하였다.

"무슨 까닭으로써 투란난타 비구니는 대중승가가 옷을 얻는 것을 방해하는가?"

여러 비구니들은 이 일로써 여러 비구들에게 말하였고, 여러 비구들은 이 일로써 세존께 아뢰었다. 세존께서는 이 인연으로써 비구승가를 모으셨으며, 여러 비구들에게 물어 말씀하셨다.

"여러 비구들이여. 투란난타 비구니가 진실로 대중승가가 옷을 얻는 것을 방해하였는가?"

"진실로 그렇습니다. 세존이시여."

세존께서는 여러 방편으로 꾸짖으셨다.

"여러 비구들이여. 어찌하여 투란난타 비구니는 대중승가가 옷을 얻는 것을 방해하였는가? 여러 비구들이여. 이것은 오히려 믿지 않는 자는 신심이 생겨나지 않게 하고, …… 이미 믿었던 자는 일부가 전전하여 다른 곳으로 향하여 떠나가게 하느니라."

이와 같이 세존께서는 여러 종류의 방편으로써 투란난타 비구니를 꾸짖고서 뒤에 부양이 어렵고 가르치고 양육함이 어려우며, …… 나아가 …… 여러 비구들을 위하여 적절한 법을 수순하여 설하신 뒤에 여러 비구들에게 알려 말씀하셨다.

"…… 나아가 …… 여러 비구들이여. 여러 비구니들은 마땅히 이와 같이 학처를 송출할지니라.

'어느 누구의 비구니일지라도 대중승가가 옷을 얻는 것을 방해하는 자는 바일제를 범하느니라.'"

2-1 '어느 누구'는 어느 태어난 곳의 이유, …… 혹은 중간의 법랍이었다면 이것을 '어느 누구'라고 말한다.

'비구니'는 구걸하는 비구니이니, 일을 쫓아서 걸식하는 비구니, …… 곧 이것에서 '비구니'의 뜻이라고 말하는 것이다.

'방해하다.'는 "무슨 까닭으로써 이 옷을 주는가?"라고 말하면서 방해하는 자는 바일제를 범한다. 방해하고서 그 다른 자구를 얻는 자는 돌길라를 범한다. 대중의 비구니들을 마주하고서, 혹은 한 비구니이거나, 혹은 구족계를 받지 않은 자를 방해하고서 옷이거나, 혹은 그 다른 자구를 얻는 자는 돌길라를 범한다.

'대중승가'는 비구니의 승가를 말한다.

'옷'은 여섯 종류의 옷 가운데에서 하나의 옷이고, 마땅히 정시하는 옷의 최하의 양이다.

3-1 이익을 말하였던 까닭으로 막았거나, 미쳤던 자이거나, 최초로 범한 자는 범하지 않는다.

27) 차여법분배의(遮如法分配衣) 학처

1-1 그때 불·세존께서는 사위성의 기수급고독원에 머무르셨다.

그때 비구니 승가는 비시의를 얻었고, 비구니 승가는 곧 모여서 비구니 대중들에게 옷을 나누어주고자 하였다. 그때 투란난타 비구니의 제자인 비구니가 외출하였으므로, 투란난타 비구니는 여러 비구니들에게 말하였다.

"대자들이여. 비구니가 외출하였으므로, 이때에 나누는 것은 마땅하지 않습니다."

옷을 나누어주는 것을 막았고, 여러 비구니들은 곧 옷을 나누어받지 못하고서 떠나갔다. 투란난타 비구니의 제자인 비구니가 돌아오는 때에 비로소 나누어주게 하였다. 여러 비구니들의 가운데에서 욕심이 적은 자들은 싫어하고 비난하였다.

"무슨 까닭으로써 투란난타 비구니는 여법하게 옷을 나누는 것을 막는가?"

여러 비구니들은 이 일로써 여러 비구들에게 말하였고, 여러 비구들은 이 일로써 세존께 아뢰었다. 세존께서는 이 인연으로써 비구승가를 모으셨으며, 여러 비구들에게 물어 말씀하셨다.

"여러 비구들이여. 투란난타 비구니가 진실로 여법하게 옷을 나누는 것을 막았는가?"

"진실로 그렇습니다. 세존이시여."

세존께서는 여러 방편으로 꾸짖으셨다.

"여러 비구들이여. 어찌하여 투란난타 비구니는 여법하게 옷을 나누는 것을 막았는가? 여러 비구들이여. 이것은 오히려 믿지 않는 자는 신심이 생겨나지 않게 하고, …… 이미 믿었던 자는 일부가 전전하여 다른 곳으로 향하여 떠나가게 하느니라."

이와 같이 세존께서는 여러 종류의 방편으로써 투란난타 비구니를 꾸짖고서 뒤에 부양이 어렵고 가르치고 양육함이 어려우며, …… 나아가 …… 여러 비구들을 위하여 적절한 법을 수순하여 설하신 뒤에 여러 비구들에게 알려 말씀하셨다.

"…… 나아가 …… 여러 비구들이여. 여러 비구니들은 마땅히 이와 같이 학처를 송출할지니라.

'어느 누구의 비구니일지라도 여법하게 옷을 나누어주는 것을 막는 자는 바일제를 범하느니라.'"

2-1 '어느 누구'는 어느 태어난 곳의 이유, …… 혹은 중간의 법랍이었다면 이것을 '어느 누구'라고 말한다.

'비구니'는 구걸하는 비구니이니, 일을 쫓아서 걸식하는 비구니, …… 곧 이것에서 '비구니'의 뜻이라고 말하는 것이다.

'막다.'는 "무슨 까닭으로써 이 옷을 나누어주는가?"라고 말하면서 방해하는 자는 바일제를 범한다.

'여법하게 옷을 나누어주다.'는 비구니의 승가가 모여서 화합하였고, 그 옷으로써 나누어주는 것이다.

2-2 여법하였고 여법하다는 생각이 있었는데, 막는 자는 바일제를 범한다. 여법하였고 여법하다는 의심이 있었는데, 막는 자는 바일제를 범한다.

여법하였고 여법하지 않다는 생각이 있었는데, 막는 자는 바일제를 범한다.

비법이었고 여법하다는 생각이 있었는데, 막는 자는 돌길라를 범한다.

비법이었고 여법하다는 의심이 있었는데, 막는 자는 돌길라를 범한다.

비법이었고 비법이라는 생각이 있었는데, 막는 자는 범하지 않는다.

3-1 이익을 말하였던 까닭으로 막았거나, 미쳤던 자이거나, 최초로 범한 자는 범하지 않는다.

28) 의여타인(衣與他人) 학처

1-1 그때 불·세존께서는 사위성의 기수급고독원에 머무르셨다.

그때 투란난타 비구니는 사문의 옷으로써 무용가에게도, 연극인에게도, 곡예사에게도, 마술사에게도, 북연주자에게도 주었고, 그들에게 대중의 가운데에서 찬탄하게 하였다. 무용가, 연극인, 곡예사, 마술사, 북연주자 등은 곧 대중의 가운데에서 투란난타 비구니를 찬탄하여 말하였다.

"투란난타 비구니는 다문자, 독송자, 설법자이니, 그대들은 대자를 위하여 마땅히 보시해야 합니다."

여러 비구니들의 가운데에서 욕심이 적은 자들은 싫어하고 비난하였다.

"무슨 까닭으로써 투란난타 비구니는 사문의 옷을 재가자에게 주는가?"

여러 비구니들은 이 일로써 여러 비구들에게 말하였고, 여러 비구들은 이 일로써 세존께 아뢰었다. 세존께서는 이 인연으로써 비구승가를 모으셨으며, 여러 비구들에게 물어 말씀하셨다.

"여러 비구들이여. 투란난타 비구니가 진실로 사문의 옷을 재가자에게 주었는가?"

"진실로 그렇습니다. 세존이시여."

세존께서는 여러 방편으로 꾸짖으셨다.

"여러 비구들이여. 어찌하여 투란난타 비구니는 사문의 옷을 재가자에게 주었는가? 여러 비구들이여. 이것은 오히려 믿지 않는 자는 신심이 생겨나지 않게 하고, …… 이미 믿었던 자는 일부가 전전하여 다른 곳으로 향하여 떠나가게 하느니라.”

이와 같이 세존께서는 여러 종류의 방편으로써 투란난타 비구니를 꾸짖고서 뒤에 부양이 어렵고 가르치고 양육함이 어려우며, …… 나아가 …… 여러 비구들을 위하여 적절한 법을 수순하여 설하신 뒤에 여러 비구들에게 알려 말씀하셨다.

“…… 나아가 …… 여러 비구들이여. 여러 비구니들은 마땅히 이와 같이 학처를 송출할지니라.

‘어느 누구의 비구니일지라도 사문의 옷으로써 재가자에게 주거나, 변행외도(遍行外道)의 남자와 여인에게 주는 자는 바일제를 범하느니라.’”

2-1 ‘어느 누구’는 어느 태어난 곳의 이유, …… 혹은 중간의 법랍이었다면 이것을 ‘어느 누구’라고 말한다.

‘비구니’는 구걸하는 비구니이니, 일을 쫓아서 걸식하는 비구니, …… 곧 이것에서 ‘비구니’의 뜻이라고 말하는 것이다.

‘사문의 옷’은 이미 그것을 청정하게 한 것이니, 그것을 주는 자는 바일제를 범한다.

‘재가자’는 속가에 머무르는 어느 누구의 사람들이다.

‘변행외도의 남자’는 비구와 사미를 제외하고서 어느 누구라도 유행하는 자들이다.

‘변행외도의 여인’은 비구니와 식차마나, 사미니를 제외하고서 어느 누구라도 유행하는 자들이다.

3-1 부모에게 주었거나, 잠시 빌려서 주었거나, 미쳤던 자이거나, 최초로 범한 자는 범하지 않는다.

29) 기망득의(寄望得衣) 학처

1-1 그때 불·세존께서는 사위성의 기수급고독원에 머무르셨다.

그때 투란난타 비구니의 단월의 집에서 투란난타 비구니를 향하여 이와 같이 말하였다.

"대자여. 우리들이 만약 가능하다면, 옷을 가지고서 비구니 승가에 보시하겠습니다."

그때 하안거를 마치고서 비구니들은 옷을 나누려고 모였다. 투란난타 비구니는 여러 비구니들에게 알려 말하였다.

"대자들이여. 잠시 기다리세요. 비구니 승가는 옷을 얻을 것입니다."

여러 비구니들은 투란난타 비구니에게 이와 같이 말하였다.

"대자여. 가시어 정확히 알아보세요."

투란난타 비구니의 단월의 집에서 이르렀다. 이르러 여러 사람들에게 이와 같이 말하였다.

"현자여. 비구니 승가에게 옷을 주십시오."

"대자여. 우리들은 능히 비구니 승가에게 옷을 보시할 수 없습니다."

투란난타 비구니는 이 일로써 여러 비구니들에게 알렸다. 여러 비구니들의 가운데에서 욕심이 적은 자들은 싫어하고 비난하였다.

"무슨 까닭으로써 투란난타 비구니는 결정되지 않은 옷을 희망하면서 옷의 때를 넘기는가?"

여러 비구니들은 이 일로써 여러 비구들에게 말하였고, 여러 비구들은 이 일로써 세존께 아뢰었다. 세존께서는 이 인연으로써 비구승가를 모으셨으며, 여러 비구들에게 물어 말씀하셨다.

"여러 비구들이여. 투란난타 비구니가 진실로 결정되지 않은 옷을 희망하면서 옷의 때를 넘겼는가?"

"진실로 그렇습니다. 세존이시여."

세존께서는 여러 방편으로 꾸짖으셨다.

"여러 비구들이여. 어찌하여 투란난타 비구니는 정해지지 않은 옷을 희망하면서 옷의 때를 넘겼는가? 여러 비구들이여. 이것은 오히려 믿지 않는 자는 신심이 생겨나지 않게 하고, …… 이미 믿었던 자는 일부가 전전하여 다른 곳으로 향하여 떠나가게 하느니라."

이와 같이 세존께서는 여러 종류의 방편으로써 투란난타 비구니를 꾸짖고서 뒤에 부양이 어렵고 가르치고 양육함이 어려우며, …… 나아가 …… 여러 비구들을 위하여 적절한 법을 수순하여 설하신 뒤에 여러 비구들에게 알려 말씀하셨다.

"…… 나아가 …… 여러 비구들이여. 여러 비구니들은 마땅히 이와 같이 학처를 송출할지니라.

'어느 누구의 비구니일지라도 결정되지 않은 옷을 희망하면서 옷의 때를 넘기는 자는 바일제를 범하느니라.'"

2-1 '어느 누구'는 어느 태어난 곳의 이유, …… 혹은 중간의 법랍이었다면 이것을 '어느 누구'라고 말한다.

'비구니'는 구걸하는 비구니이니, 일을 쫓아서 걸식하는 비구니, …… 곧 이것에서 '비구니'의 뜻이라고 말하는 것이다.

'결정되지 않은 옷을 희망하다.'는 "우리들이 만약 가능하다면, 옷을 보시하겠습니다."라고 말하는 것이다.

'옷의 때'는 가치나의를 입고서 다니는 때이다. 우기의 마지막 1개월이고, 가치나의를 입고서 다니는 때이니, 이것은 5개월이다.

'옷의 때를 넘기다.'는 가치나의를 입고서 다니는 때가 아니었고, 우기의 마지막 날이 지났다면 바일제를 범한다. 가치나의를 입고서 다니는 때가 지났는데, 가치나의를 버리는 자는 바일제를 범한다.

2-2 결정되지 않은 옷이었고 결정되지 않았다는 생각이 있었는데, 옷의 때를 넘긴 자는 바일제를 범한다. 결정되지 않은 옷이었고 결정되지 않았다는 의심이 있었는데, 옷의 때를 넘긴 자는 돌길라를 범한다. 결정되지 않은 옷이었고 결정되었다는 생각이 있었는데, 옷의 때를 넘긴 자는

범하지 않는다.

결정되지 않은 옷이었고 결정되었다는 생각이 있었는데, 옷의 때를 넘긴 자는 돌길라를 범한다. 결정되지 않은 옷이었고 결정되었다는 의심이 있었는데, 옷의 때를 넘긴 자는 돌길라를 범한다. 결정되지 않은 옷이었고 결정되지 않았다는 생각이 있었는데, 옷의 때를 넘긴 자는 범하지 않는다.

3-1 이익을 말하였던 까닭으로 막았거나, 미쳤던 자이거나, 최초로 범한 자는 범하지 않는다.

30) 차사가치나의(遮捨迦絺那衣) 학처

1-1 그때 불·세존께서는 사위성의 기수급고독원에 머무르셨다.

그때 한 우바새가 승가를 지정하여 정사를 지었고, 그 정사의 낙성식에서 비시의를 2부승가에 보시하려고 하였다. 그때 2부승가에 가치나의를 주었고, 이 우바새는 승가에 이르러 가치나의를 버리도록 애원하였다. 여러 비구들은 이 일로써 세존께 아뢰었고, 이때 세존께서는 이 인연으로써 설법하셨으며, 여러 비구들에게 알려 말씀하셨다.

"여러 비구들이여. 가치나의를 버리도록 허락하겠노라. 여러 비구들이여. 마땅히 이와 같이 가치나의를 버려야 하느니라. 마땅히 한 총명하고 유능한 비구가 승가의 가운데에서 창언하여 말한다.

"대덕 승가께서는 허락하십시오. 만약 승가께서 때에 이르렀다면 승가께서는 곧 가치나의를 버리겠습니다. 이와 같이 아룁니다.'

'대덕 승가께서는 허락하십시오. 승가는 가치나의를 버리겠습니다. 여러 대덕들께서 가치나의를 버리는 것을 인정하신다면 묵연하시고 인정하지 않으신다면 말씀하십시오.'

'승가시여. 가치나의를 버리는 것을 마쳤습니다. 승가께서 인정하신 것은 묵연하였던 까닭입니다. 나는 이와 같이 알고 이해하겠습니다.'"

1-2 그때 우바새는 비구니 승가에 이르러 가치나의를 버리도록 애원하였
는데, 투란난타 비구니는 말하였다.

"우리들은 옷을 얻지 않겠습니다."

가치나의를 버리는 것을 막았다. 이때 그 우바새는 싫어하고 비난하였다.

"무엇을 위하여 비구니들은 우리들에게 가치나의를 버리는 것을 주지
않는가?"

여러 비구니들은 그 우바새가 싫어하고 비난하는 것을 들었다. 여러
비구니들의 가운데에서 욕심이 적은 자들은 싫어하고 비난하였다.

"무슨 까닭으로써 투란난타 비구니는 여법하게 가치나의를 버리는
것을 막는가?"

여러 비구니들은 이 일로써 여러 비구들에게 말하였고, 여러 비구들은
이 일로써 세존께 아뢰었다. 세존께서는 이 인연으로써 비구승가를 모으
셨으며, 여러 비구들에게 물어 말씀하셨다.

"여러 비구들이여. 투란난타 비구니가 진실로 여법하게 가치나의를
버리는 것을 막았는가?"

"진실로 그렇습니다. 세존이시여."

세존께서는 여러 방편으로 꾸짖으셨다.

"여러 비구들이여. 어찌하여 투란난타 비구니는 여법하게 가치나의를
버리는 것을 막았는가? 여러 비구들이여. 이것은 오히려 믿지 않는 자는
신심이 생겨나지 않게 하고, …… 이미 믿었던 자는 일부가 전전하여
다른 곳으로 향하여 떠나가게 하느니라."

이와 같이 세존께서는 여러 종류의 방편으로써 투란난타 비구니를
꾸짖고서 뒤에 부양이 어렵고 가르치고 양육함이 어려우며, …… 나아가
…… 여러 비구들을 위하여 적절한 법을 수순하여 설하신 뒤에 여러
비구들에게 알려 말씀하셨다.

"…… 나아가 …… 여러 비구들이여. 여러 비구니들은 마땅히 이와

같이 학처를 송출할지니라.

'어느 누구의 비구니일지라도 여법하게 가치나의를 버리는 것을 막는 자는 바일제를 범하느니라.'"

2-1 '어느 누구'는 어느 태어난 곳의 이유, …… 혹은 중간의 법랍이었다면 이것을 '어느 누구'라고 말한다.

'비구니'는 구걸하는 비구니이니, 일을 쫓아서 걸식하는 비구니, …… 곧 이것에서 '비구니'의 뜻이라고 말하는 것이다.

'막다.'는 "무슨 까닭으로써 이 가치나의를 버리는가?"라고 말하면서 방해하는 자는 바일제를 범한다.

'여법하게 가치나의를 버리다.'는 비구니 승가가 모여서 화합하였고, 옷을 버리는 것이다.

2-2 여법하였고 여법하다는 생각이 있었는데, 막는 자는 바일제를 범한다. 여법하였고 여법하다는 의심이 있었는데, 막는 자는 바일제를 범한다. 여법하였고 여법하지 않다는 생각이 있었는데, 막는 자는 바일제를 범한다.

비법이었고 여법하다는 생각이 있었는데, 막는 자는 돌길라를 범한다. 비법이었고 여법하다는 의심이 있었는데, 막는 자는 돌길라를 범한다. 비법이었고 비법이라는 생각이 있었는데, 막는 자는 범하지 않는다.

3-1 이익을 말하였던 까닭으로 막았거나, 미쳤던 자이거나, 최초로 범한 자는 범하지 않는다.

[셋째의 나형품(裸形品)을 마친다.]

31) 공와일상(共臥一牀) 학처

1-1 그때 불·세존께서는 사위성의 기수급고독원에 머무르셨다.

그때 두 비구니가 함께 하나의 와상에 누워있었다. 여러 사람들이 정사를 돌아다니면서 예배하였는데, 이것을 보고서 싫어하고 비난하였다.

"무엇을 위하여 두 비구니가 같이 하나의 와상에 누워있는가? 재가에서 욕락을 받고서 즐기는 여인과 같구나."

여러 비구니들은 여러 사람들이 싫어하고 비난하는 것을 들었다. 여러 비구니들의 가운데에서 욕심이 적은 자들은 싫어하고 비난하였다.

"무슨 까닭으로써 두 비구니들이 같이 하나의 와상에 누워있는가?"

여러 비구니들은 이 일로써 여러 비구들에게 말하였고, 여러 비구들은 이 일로써 세존께 아뢰었다. 세존께서는 이 인연으로써 비구승가를 모으셨으며, 여러 비구들에게 물어 말씀하셨다.

"여러 비구들이여. 두 비구니들이 진실로 같이 하나의 와상에 누워있었는가?"

"진실로 그렇습니다. 세존이시여."

세존께서는 여러 방편으로 꾸짖으셨다.

"여러 비구들이여. 어찌하여 두 비구니들이 같이 하나의 와상에 누워있었는가? 여러 비구들이여. 이것은 오히려 믿지 않는 자는 신심이 생겨나지 않게 하고, …… 이미 믿었던 자는 일부가 전전하여 다른 곳으로 향하여 떠나가게 하느니라."

이와 같이 세존께서는 여러 종류의 방편으로써 여러 비구니들을 꾸짖고서 뒤에 부양이 어렵고 가르치고 양육함이 어려우며, …… 나아가 …… 여러 비구들을 위하여 적절한 법을 수순하여 설하신 뒤에 여러 비구들에게 알려 말씀하셨다.

"…… 나아가 …… 여러 비구들이여. 여러 비구니들은 마땅히 이와 같이 학처를 송출할지니라.

'어느 누구의 비구니일지라도 만약 두 비구니들이 같이 하나의 와상에 누워있는 자는 바일제를 범하느니라.'"

2-1 '어느 누구'는 어느 태어난 곳의 이유, …… 혹은 중간의 법랍이었다면 이것을 '어느 누구'라고 말한다.

'비구니'는 구걸하는 비구니이니, 일을 쫓아서 걸식하는 비구니, …… 곧 이것에서 '비구니'의 뜻이라고 말하는 것이다.

'두 비구니가 같이 하나의 와상에 누워있다.'는 한 사람이 누워있었는데, 다른 사람이 같이 누웠다면 눕는 자는 바일제를 범한다. 만약 두 사람이 누웠다면 바일제를 범하고, 일어났으나 다시 세 사람이 누웠던 자도 바일제를 범한다.

3-1 한 사람이 누웠거나, 다른 사람은 앉았거나, 혹은 두 사람이 앉았거나, 미쳤던 자이거나, 최초로 범한 자는 범하지 않는다.

32) 공일피욕(共一被褥) 학처

1-1 그때 불·세존께서는 사위성의 기수급고독원에 머무르셨다.

그때 두 비구니들이 함께 하나의 요(褥)에 누워있었다. 여러 사람들이 정사를 돌아다니면서 예배하였는데, 이것을 보고 싫어하고 비난하였다.

"무엇을 위하여 두 비구니들이 같이 하나의 요에 누워있는가? 재가에서 욕락을 받고서 즐기는 여인과 같구나."

여러 비구니들은 여러 사람들이 싫어하고 비난하는 것을 들었다. 여러 비구니들의 가운데에서 욕심이 적은 자들은 싫어하고 비난하였다.

"무슨 까닭으로써 두 비구니들이 같이 하나의 요에 누워있는가?"

여러 비구니들은 이 일로써 여러 비구들에게 말하였고, 여러 비구들은 이 일로써 세존께 아뢰었다. 세존께서는 이 인연으로써 비구승가를 모으셨으며, 여러 비구들에게 물어 말씀하셨다.

"여러 비구들이여. 두 비구니들이 진실로 같이 하나의 요에 누워있었는가?"

"진실로 그렇습니다. 세존이시여."

세존께서는 여러 방편으로 꾸짖으셨다.

"여러 비구들이여. 어찌하여 두 비구니들이 같이 하나의 요에 누워있었는가? 여러 비구들이여. 이것은 오히려 믿지 않는 자는 신심이 생겨나지 않게 하고, …… 이미 믿었던 자는 일부가 전전하여 다른 곳으로 향하여 떠나가게 하느니라."

이와 같이 세존께서는 여러 종류의 방편으로써 여러 비구니들을 꾸짖고서 뒤에 부양이 어렵고 가르치고 양육함이 어려우며, …… 나아가 …… 여러 비구들을 위하여 적절한 법을 수순하여 설하신 뒤에 여러 비구들에게 알려 말씀하셨다.

"…… 나아가 …… 여러 비구들이여. 여러 비구니들은 마땅히 이와 같이 학처를 송출할지니라.

'어느 누구의 비구니일지라도 만약 두 비구니들이 같이 하나의 요에 누워있는 자는 바일제를 범하느니라.'"

2-1 '어느 누구'는 어느 태어난 곳의 이유, …… 혹은 중간의 법랍이었다면 이것을 '어느 누구'라고 말한다.

'비구니'는 구걸하는 비구니이니, 일을 쫓아서 걸식하는 비구니, …… 곧 이것에서 '비구니'의 뜻이라고 말하는 것이다.

'두 비구니가 같이 하나의 요에 누워있다.'는 요를 펼쳤거나 덮는 자는 바일제를 범한다.

2-2 하나의 요이었고 하나의 요라는 생각이 있었는데, 함께 요를 펼쳤거나 덮는 자는 바일제를 범한다. 하나의 요이었고 하나의 요라는 의심이 있었는데, 함께 요를 펼쳤거나 덮는 자는 바일제를 범한다. 하나의 요이었고 많은 요라는 생각이 있었는데, 함께 요를 펼쳤거나 덮는 자는 돌길라를 범한다.

많은 요이었고 하나의 요라는 생각이 있었는데, 함께 요를 펼쳤거나 덮는 자는 돌길라를 범한다. 많은 요이었고 하나의 요라는 의심이 있었는데, 함께 요를 펼쳤거나 덮는 자는 돌길라를 범한다. 많은 요이었고 많은 요라는 생각이 있었는데, 함께 요를 펼쳤거나 덮는 자는 범하지 않는다.

3-1 경계를 나누어서 누웠거나, 미쳤던 자이거나, 최초로 범한 자는 범하지 않는다.

33) 고의뇌란(故意惱亂) 학처

1-1 그때 불·세존께서는 사위성의 기수급고독원에 머무르셨다.

그때 투란난타 비구니는 다문자이었고, 독송자이었으며, 설법을 잘하였다. 발타가비라(拔陀迦比羅)도 역시 다문자이었고 독송자이었으며, 설법을 잘하였으므로 많은 존경을 받았다. 여러 사람들은 대자인 발타가비라가 다문자이었고, 독송자이었으며, 설법을 잘하였던 인연으로 배우 존경하였던 까닭으로써 먼저 발타가비라에게 예배하였고, 뒤에 투란난타에게 예배하였다.

투란난타 비구니는 질투하는 성품이 많았으므로 "이 비구니는 시키는 것도 많고 구하는 것도 많으며 찬탄하는 말은 피하고 욕심이 적은 것에 머무르며 만족을 알아서 은둔하며 대중과 함께 교류하지 않는다."라고 말하였으나, 발타가비라의 앞에 다녔고, 혹은 서 있었고, 혹은 앉았으며, 혹은 누웠고, 혹은 송경하였고, 혹은 송경하게 시켰으며, 혹은 뜻을 물었다.

여러 비구니들의 가운데에서 욕심이 적은 자들은 싫어하고 비난하였다.

"무슨 까닭으로써 대자인 투란난타 비구니는 발타가비라 비구니를 마주하고서 고의로 뇌란(惱亂)시키는가?"

여러 비구니들은 이 일로써 여러 비구들에게 말하였고, 여러 비구들은 이 일로써 세존께 아뢰었다. 세존께서는 이 인연으로써 비구승가를 모으셨으며, 여러 비구들에게 물어 말씀하셨다.

"여러 비구들이여. 투란난타 비구니가 진실로 발타가비라 비구니를 마주하고서 고의로 뇌란시켰는가?"

"진실로 그렇습니다. 세존이시여."

세존께서는 여러 방편으로 꾸짖으셨다.

"여러 비구들이여. 어찌하여 투란난타 비구니는 발타가비라 비구니를 마주하고서 고의로 뇌란시켰는가? 여러 비구들이여. 이것은 오히려 믿지 않는 자는 신심이 생겨나지 않게 하고, …… 이미 믿었던 자는 일부가 전전하여 다른 곳으로 향하여 떠나가게 하느니라."

이와 같이 세존께서는 여러 종류의 방편으로써 투란난타 비구니를 꾸짖고서 뒤에 부양이 어렵고 가르치고 양육함이 어려우며, …… 나아가 …… 여러 비구들을 위하여 적절한 법을 수순하여 설하신 뒤에 여러 비구들에게 알려 말씀하셨다.

"…… 나아가 …… 여러 비구들이여. 여러 비구니들은 마땅히 이와 같이 학처를 송출할지니라.

'어느 누구의 비구니일지라도 비구니를 마주하고서 고의로 뇌란시키는 자는 바일제를 범하느니라.'"

2-1 '어느 누구'는 어느 태어난 곳의 이유, …… 혹은 중간의 법랍이었다면 이것을 '어느 누구'라고 말한다.

'비구니'는 구걸하는 비구니이니, 일을 좇아서 걸식하는 비구니, …… 곧 이것에서 '비구니'의 뜻이라고 말하는 것이다.

'비구니를 마주하고서'는 다른 비구니를 마주하는 것이다.

'고의'는 분명히 알았던 마음이 있었다면 뜻에 어긋남이 있어도 범하는 것이다.

'뇌란시키다.'는 뜻을 저축하여 마주하고서 뇌란시키고자 그녀의 앞에 다녔거나, 혹은 서 있었거나, 혹은 앉았거나, 혹은 누웠거나, 혹은 송출하였거나, 혹은 송출하게 시켰거나, 혹은 뜻을 물었던 자는 바일제를 범한다.

2-2 구족계를 받은 자이었고 구족계를 받았다는 생각이 있었는데, 고의로 뇌란시키는 자는 바일제를 범한다. 구족계를 받은 자이었고 구족계를 받았다는 의심이 있었는데, 고의로 뇌란시키는 자는 바일제를 범한다. 구족계를 받은 자이었고 구족계를 받지 않았다는 생각이 있었는데, 고의로 뇌란시키는 자는 바일제를 범한다.

구족계를 받지 않은 자를 고의로 뇌란시키는 자는 돌길라를 범한다.

구족계를 받지 않은 자이었고 구족계를 받았다는 생각이 있었는데, 고의로 뇌란시키는 자는 돌길라를 범한다. 구족계를 받지 않은 자이었고 구족계를 받았다는 의심이 있었는데, 고의로 뇌란시키는 자는 돌길라를 범한다. 구족계를 받지 않은 자이었고 구족계를 받지 않았다는 생각이 있었는데, 고의로 뇌란시키는 자는 돌길라를 범한다.

3-1 뇌란시키지 않으려는 뜻으로 묻지 않았거나, 뇌란시키지 않으려는 뜻으로 그녀의 앞에 다녔거나, 혹은 서 있었거나, 혹은 앉았거나, 혹은 누웠거나, 혹은 송경하였거나, 혹은 송경하게 시켰거나, 혹은 뜻을 물었거나, 미쳤던 자이거나, 최초로 범한 자는 범하지 않는다.

34) 불위간병(不爲看病) 학처

1-1 그때 불·세존께서는 사위성의 기수급고독원에 머무르셨다.

그때 투란난타 비구니는 함께 머무르는 병든 비구니를 간병하지 않았고, 또한 간병하지 않으려고 빠르게 달아났다. 여러 비구니들의 가운데에서 욕심이 적은 자들은 싫어하고 비난하였다.

"무슨 까닭으로써 투란난타 비구니는 함께 머무르는 병든 비구니를 간병하지 않았고, 또한 간병하지 않으려고 빠르게 달아나는가?"

여러 비구니들은 이 일로써 여러 비구들에게 말하였고, 여러 비구들은 이 일로써 세존께 아뢰었다. 세존께서는 이 인연으로써 비구승가를 모으셨으며, 여러 비구들에게 물어 말씀하셨다.

"여러 비구들이여. 투란난타 비구니가 진실로 함께 머무르는 병든 비구니를 간병하지 않았고, 또한 간병하지 않으려고 빠르게 달아났는가?"

"진실로 그렇습니다. 세존이시여."

세존께서는 여러 방편으로 꾸짖으셨다.

"여러 비구들이여. 어찌하여 투란난타 비구니는 함께 머무르는 병든 비구니를 간병하지 않았고, 또한 간병하지 않으려고 빠르게 달아났는가? 여러 비구들이여. 이것은 오히려 믿지 않는 자는 신심이 생겨나지 않게 하고, …… 이미 믿었던 자는 일부가 전전하여 다른 곳으로 향하여 떠나가게 하느니라."

이와 같이 세존께서는 여러 종류의 방편으로써 투란난타 비구니를 꾸짖고서 뒤에 부양이 어렵고 가르치고 양육함이 어려우며, …… 나아가 …… 여러 비구들을 위하여 적절한 법을 수순하여 설하신 뒤에 여러 비구들에게 알려 말씀하셨다.

"…… 나아가 …… 여러 비구들이여. 여러 비구니들은 마땅히 이와 같이 학처를 송출할지니라.

'어느 누구의 비구니일지라도 함께 머무르는 병든 비구니를 간병하지 않았고, 또한 간병하지 않으려고 빠르게 달아나는 자는 바일제를 범하느니라.'"

2-1 '어느 누구'는 어느 태어난 곳의 이유, …… 혹은 중간의 법랍이었다면 이것을 '어느 누구'라고 말한다.

'비구니'는 구걸하는 비구니이니, 일을 쫓아서 걸식하는 비구니, …… 곧 이것에서 '비구니'의 뜻이라고 말하는 것이다.

'함께 머무르다.'는 함께 머무르는 자이다.

'병자'는 병든 사람이다.

'간병하지 않다.'는 스스로가 가서 간병하는 것이다.

'간병하지 않으려고 빠르게 달아나다.'는 다른 사람이 간병하게 시키지 못하게 하는 것이다.

'나는 간병하지 못한다. 나는 간병하지 않으려고 빠르게 달아나겠다.'라고 이와 같이 그 책무(責務)에 나태(懶怠)한 자는 바일제를 범한다. 제자를 마주하고서, 혹은 구족계를 받지 않는 자를 마주하고서 간병하지 않았거나, 간병하지 않으려고 빠르게 달아나는 자는 돌길라를 범한다.

3-1 장애가 있었던 때이거나, 시간이 없었거나, 병자이었거나, 사고의 때이거나, 미쳤던 자이거나, 최초로 범한 자는 범하지 않는다.

35) 구출방사(驅出房舍) 학처

1-1 그때 불·세존께서는 사위성의 기수급고독원에 머무르셨다.

그때 발타가비라는 사지(沙祇)[16]에 들어가서 안거하였다. 그 비구니는 일을 인연하여 투란난타 비구니의 처소에 사자를 보내어 말하였다.

"만약 대자인 투란난타께서 내가 머물도록 방사를 주겠다면 나는 곧 사위성으로 가겠습니다."

투란난타 비구니는 이와 같이 말을 지었다.

"오세요. 내가 방사를 주겠어요."

이때 발타가비라는 사지에서 사위성에서 이르렀고, 투란난타 비구니는 발타가비라에게 머무르는 방사를 주었다. 그때 투란난타 비구니는 다문이었고, 독송자이었으며, 설법을 잘하였다. 발타가비라도 역시 다문이었고, 독송자이었으며, 설법을 잘하였으므로 많은 존경을 받았다. 여러

---

16) 팔리어 Sāketa(사케타)의 음사이다.

사람들은 대자인 발타가비라가 다문이었고, 독송자이었으며, 설법을 잘하였던 인연으로 배우 존경하였던 까닭으로 먼저 발타가비라에게 예배하였고, 뒤에 투란난타에게 예배하였다.

투란난타 비구니는 질투하는 성품이 많았으므로 "이 비구니는 시키는 것도 많고 구하는 것도 많으며 찬탄하는 말을 피하고 욕심이 적음에 머무르며 만족을 알아서 은둔하며 대중과 함께 교류하지 않는다."라고 생각하였고, 성내고 기쁘지 않아서 발타가비라 비구니가 머무르는 방사에서 쫓아냈다. 여러 비구니들의 가운데에서 욕심이 적은 자들은 싫어하고 비난하였다.

"무슨 까닭으로써 투란난타 비구니가 발타가비라 비구니에게 머무르는 방사를 주고서, 뒤에 성내고 기쁘지 않아서 곧 쫓아내는가?"

여러 비구니들은 이 일로써 여러 비구들에게 말하였고, 여러 비구들은 이 일로써 세존께 아뢰었다. 세존께서는 이 인연으로써 비구승가를 모으셨으며, 여러 비구들에게 물어 말씀하셨다.

"여러 비구들이여. 투란난타 비구니가 진실로 발타가비라 비구니에게 머무르는 방사를 주고서, 뒤에 성내고 기쁘지 않아서 곧 쫓아냈는가?"

"진실로 그렇습니다. 세존이시여."

세존께서는 여러 방편으로 꾸짖으셨다.

"여러 비구들이여. 어찌하여 투란난타 비구니는 발타가비라 비구니에게 머무르는 방사를 주고서, 뒤에 성내고 기쁘지 않아서 곧 쫓아냈는가? 여러 비구들이여. 이것은 오히려 믿지 않는 자는 신심이 생겨나지 않게 하고, …… 이미 믿었던 자는 일부가 전전하여 다른 곳으로 향하여 떠나가게 하느니라."

이와 같이 세존께서는 여러 종류의 방편으로써 투란난타 비구니를 꾸짖고서 뒤에 부양이 어렵고 가르치고 양육함이 어려우며, …… 나아가 …… 여러 비구들을 위하여 적절한 법을 수순하여 설하신 뒤에 여러 비구들에게 알려 말씀하셨다.

"…… 나아가 …… 여러 비구들이여. 여러 비구니들은 마땅히 이와

같이 학처를 송출할지니라.

 '어느 누구의 비구니일지라도 비구니에게 머무르는 방사를 주었는데, 뒤에 성내고 기쁘지 않아서 곧 쫓아냈거나, 혹은 시켜서 쫓아내는 자는 바일제를 범하느니라.'"

2-1 '어느 누구'는 어느 태어난 곳의 이유, ······ 혹은 중간의 법랍이었다면 이것을 '어느 누구'라고 말한다.

 '비구니'는 구걸하는 비구니이니, 일을 쫓아서 걸식하는 비구니, ······ 곧 이것에서 '비구니'의 뜻이라고 말하는 것이다.

 '주다.'는 스스로가 주었던 것이다.

 '비구니'는 다른 비구니이다.

 '성내고 기쁘지 않다.'는 만족하지 못하고, 격분하며, 고집스러운 것이다.

 '쫓아내다.'는 방안에서 붙잡아서 문밖으로 쫓아내는 자는 바일제를 범한다. 출입구에서 붙잡고서 문밖으로 쫓아내는 자는 바일제를 범한다. 한 번을 쫓아내면서 여러 방사를 넘어가는 자는 바일제를 범한다.

 '시켜서 쫓아내다.'는 다른 사람을 시켜서 쫓아내는 자는 돌길라를 범한다. 한 번을 쫓아내게 시키면서 여러 방사를 넘어가는 자는 바일제를 범한다.

2-2 구족계를 받은 자이었고 구족계를 받았다는 생각이 있었는데, 머무르는 방사를 주고서 성내고 기쁘지 않았던 인연으로 곧 쫓아냈거나, 혹은 시켜서 쫓아내는 자는 바일제를 범한다. 구족계를 받은 자이었고 구족계를 받았다는 의심이 있었는데, 머무르는 방사를 주고서 성내고 기쁘지 않았던 인연으로 곧 쫓아냈거나, 혹은 시켜서 쫓아내는 자는 바일제를 범한다. 구족계를 받은 자이었고 구족계를 받지 않았다는 생각이 있었는데, 머무르는 방사를 주고서 성내고 기쁘지 않았던 인연으로 곧 쫓아냈거나, 혹은 시켜서 쫓아내는 자는 바일제를 범한다.

그녀의 자구를 끌어냈거나, 시켜서 끌어내는 자는 돌길라를 범한다. 창문이 없는 곳에서 끌어냈거나, 시켜서 끌어내는 자는 돌길라를 범한다. 그녀의 자구를 끌어냈거나, 시켜서 끌어내는 자는 돌길라를 범한다. 구족계를 받지 않은 자를 창문이 있는 곳이거나, 혹은 창문이 없는 곳에서 끌어냈거나, 시켜서 끌어내는 자는 돌길라를 범한다. 구족계를 받지 않은 자를 창문이 있는 곳이거나, 혹은 창문이 없는 곳에서 그녀의 자구를 끌어냈거나, 시켜서 끌어내는 자는 돌길라를 범한다.

구족계를 받지 않은 자이었고 구족계를 받았다는 생각이 있었는데, 머무르는 방사를 주고서 성내고 기쁘지 않았던 인연으로 곧 쫓아냈거나, 혹은 시켜서 쫓아내는 자는 돌길라를 범한다. 구족계를 받지 않은 자이었고 구족계를 받았다는 의심이 있었는데, 머무르는 방사를 주고서 성내고 기쁘지 않았던 인연으로 곧 쫓아냈거나, 혹은 시켜서 쫓아내는 자는 돌길라를 범한다. 구족계를 받지 않은 자이었고 구족계를 받지 않았다는 생각이 있었는데, 머무르는 방사를 주고서 성내고 기쁘지 않았던 인연으로 곧 쫓아냈거나, 혹은 시켜서 쫓아내는 자는 돌길라를 범한다.

3-1 부끄러움이 없는 자를 끌어냈거나, 시켜서 끌어냈거나, 그녀의 자구를 끌어냈거나, 시켜서 끌어냈거나, …… 미쳤던 자를 끌어냈거나, 시켜서 끌어냈거나, 그녀의 자구를 끌어냈거나, 시켜서 끌어냈거나, …… 투쟁(鬪爭)하는 자, …… 나아가 …… 뇌란(惱亂)시키는 자, …… 나아가 …… 논쟁하는 자, …… 나아가 …… 논의(論義)하는 자, …… 나아가 …… 승가에 분쟁(紛爭)을 일으키는 자를 끌어냈거나, 시켜서 끌어냈거나, 그녀의 자구를 끌어냈거나, 시켜서 끌어냈거나, 문도나, 혹은 제자가 여법하게 행하지 않는 자를 끌어냈거나, 시켜서 끌어냈거나, 그녀의 자구를 끌어냈거나, 시켜서 끌어냈거나, 미쳤던 자이거나, 최초로 범한 자는 범하지 않는다.

36) 친근남자위간(親近男子爲諫) 학처

1-1 그때 불·세존께서는 사위성의 기수급고독원에 머무르셨다.

그때 전달가리 비구니는 거사 및 거사의 아들과 함께 친근하게 머물렀다. 여러 비구니들의 가운데에서 욕심이 적은 자들은 싫어하고 비난하였다.

"무슨 까닭으로써 전달가리 비구니는 거사 및 거사의 아들과 함께 친근하게 머무는가?"

여러 비구니들은 이 일로써 여러 비구들에게 말하였고, 여러 비구들은 이 일로써 세존께 아뢰었다. 세존께서는 이 인연으로써 비구승가를 모으셨으며, 여러 비구들에게 물어 말씀하셨다.

"여러 비구들이여. 전달가리 비구니가 진실로 거사 및 거사의 아들과 함께 친근하게 머물렀는가?"

"진실로 그렇습니다. 세존이시여."

세존께서는 여러 방편으로 꾸짖으셨다.

"여러 비구들이여. 어찌하여 전달가리 비구니는 거사 및 거사의 아들과 함께 친근하게 머물렀는가? 여러 비구들이여. 이것은 오히려 믿지 않는 자는 신심이 생겨나지 않게 하고, …… 이미 믿었던 자는 일부가 전전하여 다른 곳으로 향하여 떠나가게 하느니라."

이와 같이 세존께서는 여러 종류의 방편으로써 전달가리 비구니를 꾸짖고서 뒤에 부양이 어렵고 가르치고 양육함이 어려우며, …… 나아가 …… 여러 비구들을 위하여 적절한 법을 수순하여 설하신 뒤에 여러 비구들에게 알려 말씀하셨다.

"…… 나아가 …… 여러 비구들이여. 여러 비구니들은 마땅히 이와 같이 학처를 송출할지니라.

'어느 누구의 비구니일지라도 만약 거사 및 거사의 아들과 함께 친근하게 머무르는 자라면 여러 비구니들은 그 비구니를 마주하고서 이와 같이 말을 지어야 한다.

〈대자여. 거사 및 거사의 아들과 함께 친근하게 머무르지 마십시오. 대자여. 마땅히 벗어나세요. 벗어난다면 승가는 대자를 마주하고서 찬탄할 것입니다.〉

여러 비구니들이 그 비구니를 마주하고서 이와 같이 말을 지었는데, 오히려 굳게 집착하였다면, 그 비구니에게 집착을 버리게 해야 한다. 여러 비구니들은 마땅히 세 번을 차례로 충고할 것이고, 세 번의 충고에 이르는 때에, 만약 버린다면 좋으나, 만약 버리지 않는다면 바일제를 범하느니라."

2-1 '어느 누구'는 어느 태어난 곳의 이유, …… 혹은 중간의 법랍이었다면 이것을 '어느 누구'라고 말한다.

'비구니'는 구걸하는 비구니이니, 일을 쫓아서 걸식하는 비구니, …… 곧 이것에서 '비구니'의 뜻이라고 말하는 것이다.

'거사'는 재가에 머무르는 사람이다.

'거사의 아들'은 거사의 아들이거나, 혹은 그의 형제를 가리킨다.

'친근하다.'는 수순하는 행이 아니고, 몸과 말로 친근한 것이다.

'여러 비구니들'은 다른 비구니의 그것을 보았거나, 들은 것이 있다면 마땅히 비구니에게 "대자여. 거사 및 거사의 아들과 함께 친근하게 머무르지 마십시오. 대자여. 마땅히 벗어나세요. 벗어난다면 승가는 대자를 마주하고서 찬탄할 것입니다."라고 말해야 한다. 마땅히 그것을 두 번째에도 말해야 하고, 세 번째에도 그것을 말하였는데, 만약 버린다면 좋으나 만약 버리지 않는다면 돌길라를 범한다. 듣고서 말하지 않는 자도 돌길라를 범한다.

마땅히 그 비구니를 데리고서 승가의 가운데에 이르러 충고하여 말해야 한다.

"대자여. 거사 및 거사의 아들과 함께 친근하게 머무르지 마십시오. 대자여. 마땅히 벗어나세요. 벗어난다면 승가는 대자를 마주하고서 찬탄할 것입니다."라고 말해야 한다. 마땅히 두 번째에도 그것을 말해야 하고,

세 번째에도 그것을 말해야 한다. 만약 버리지 않는다면 돌길라를 범하나 니, 마땅히 그 비구니에게 충고하여야 한다.

여러 비구들이여. 마땅히 한 명의 총명하고 현명하며 유능한 비구니가 승가의 가운데에서 창언(唱言)하여 말해야 한다.

"'대자 승가께서는 허락하십시오. 이 누구 비구니는 거사 및 거사의 아들과 함께 친근하게 머물렀고, 그녀는 이 일을 버리지 않았습니다. 만약 승가께서 때에 이르렀다면 승가께서는 누구 비구니를 위하여 이 일을 버리도록 충고하겠습니다. 이와 같이 아룁니다.'

'대자 승가께서는 허락하십시오. 이 누구 비구니는 거사 및 거사의 아들과 함께 친근하게 머물렀고, 그녀는 이 일을 버리지 않았습니다. 만약 승가께서 때에 이르렀다면 승가께서는 누구 비구니를 위하여 이 일을 버리도록 충고하겠습니다. 여러 대자들께서 누구 비구니에게 그 일을 버리게 충고하는 것을 인정하신다면 묵연하시고 인정하지 않으신다 면 말씀하십시오.'

저는 두 번째로 이 일을 아룁니다.

'대자 승가께서는 허락하십시오. 이 누구 비구니는 거사 및 거사의 아들과 함께 친근하게 머물렀고, 그녀는 이 일을 버리지 않았습니다. 만약 승가께서 때에 이르렀다면 승가께서는 누구 비구니를 위하여 이 일을 버리도록 충고하겠습니다. 여러 대자들께서 누구 비구니에게 그 일을 버리게 충고하는 것을 인정하신다면 묵연하시고 인정하지 않으신다 면 말씀하십시오.'

저는 세 번째로 이 일을 아룁니다.

'대자 승가께서는 허락하십시오. 이 누구 비구니는 거사 및 거사의 아들과 함께 친근하게 머물렀고, 그녀는 이 일을 버리지 않았습니다. 만약 승가께서 때에 이르렀다면 승가께서는 누구 비구니를 위하여 이 일을 버리도록 충고하겠습니다. 여러 대자들께서 누구 비구니에게 그 일을 버리게 충고하는 것을 인정하신다면 묵연하시고 인정하지 않으신다 면 말씀하십시오.'

'대자의 승가시여. 누구 비구니에게 그 일을 버리도록 충고하는 것을 마쳤습니다. 승가께서 인정하신 것은 묵연하였던 까닭입니다. 나는 이와 같이 알고 이해하겠습니다.'"

'그 비구니'는 바로 친근하였던 비구니이다.

아뢰었던 이유라면 돌길라를 범하고, 두 번을 갈마하였다면 돌길라를 범하며, 갈마의 말을 마쳤다면 바일제를 범한다.

2-2 여법한 갈마이었고 여법한 갈마라는 생각이 있었는데, 버리지 않는 자는 바일제를 범한다. 여법한 갈마이었고 여법한 갈마라는 의심이 있었는데, 버리지 않는 자는 바일제를 범한다. 여법한 갈마이었고 비법의 갈마라는 생각이 있었는데, 버리지 않는 자는 바일제를 범한다.

비법의 갈마이었고 여법한 갈마라는 생각이 있었는데, 버리지 않는 자는 돌길라를 범한다. 비법의 갈마이었고 여법한 갈마라는 의심이 있었는데, 버리지 않는 자는 돌길라를 범한다. 비법의 갈마이었고 비법의 갈마라는 생각이 있었는데, 버리지 않는 자는 돌길라를 범한다.

3-1 충고하지 않았거나, 버렸던 자이거나, 미쳤던 자이거나, 최초로 범한 자는 범하지 않는다.

37) 불여상단결반유행(不與商團結伴遊行) 학처

1-1 그때 불·세존께서는 사위성의 기수급고독원에 머무르셨다.

그때 여러 비구니들이 나라의 안에 위험이 있었고, 공포가 갖추어져 있었는데, 상단(商團)과 함께 반려를 맺지 않고서 유행하면서 악인(惡人)들에게 겁탈을 당하였다. 여러 비구니들의 가운데에서 욕심이 적은 자들은 싫어하고 비난하였다.

"무슨 까닭으로써 비구니들이 나라의 안에 위험이 있었고, 공포가 갖추어져 있었는데, 상단과 함께 반려를 맺지 않고서 유행하는가?"

여러 비구니들은 이 일로써 여러 비구들에게 말하였고, 여러 비구들은 이 일로써 세존께 아뢰었다. 세존께서는 이 인연으로써 비구승가를 모으셨으며, 여러 비구들에게 물어 말씀하셨다.

"여러 비구들이여. 여러 비구니들이 진실로 나라 안에서 위험이 있었고, 두려움이 갖추어져 있었는데, 상단과 함께 반려를 맺지 않고서 유행하였는가?"

"진실로 그렇습니다. 세존이시여."

세존께서는 여러 방편으로 꾸짖으셨다.

"여러 비구들이여. 어찌하여 여러 비구니들이 나라의 안에 위험이 있었고, 두려움이 갖추어져 있었는데, 상단과 함께 반려를 맺지 않고서 유행하였는가? 여러 비구들이여. 이것은 오히려 믿지 않는 자는 신심이 생겨나지 않게 하고, …… 이미 믿었던 자는 일부가 전전하여 다른 곳으로 향하여 떠나가게 하느니라."

이와 같이 세존께서는 여러 종류의 방편으로써 여러 비구니들을 꾸짖고서 뒤에 부양이 어렵고 가르치고 양육함이 어려우며, …… 나아가 …… 여러 비구들을 위하여 적절한 법을 수순하여 설하신 뒤에 여러 비구들에게 알려 말씀하셨다.

"…… 나아가 …… 여러 비구들이여. 여러 비구니들은 마땅히 이와 같이 학처를 송출할지니라.

'어느 누구의 비구니일지라도 만약 나라의 안에 위험이 있었고, 두려움이 갖추어져 있었는데, 상단과 함께 반려를 맺지 않고서 유행하는 자는 바일제를 범하느니라.'"

2-1 '어느 누구'는 어느 태어난 곳의 이유, …… 혹은 중간의 법랍이었다면 이것을 '어느 누구'라고 말한다.

'비구니'는 구걸하는 비구니이니, 일을 쫓아서 걸식하는 비구니, …… 곧 이것에서 '비구니'의 뜻이라고 말하는 것이다.

'나라의 안'은 그 나라에 그녀들이 머무르는 지방이다.

'위험이 있다.'는 도중에서 도둑들이 머무르거나, 음식을 먹거나, 서 있거나, 앉아있거나, 누워있는 것이 보이는 곳이다.

'두려움이 갖추어져 있다.'는 그 도중에서 도둑들이 죽였거나, 겁탈하였 거나, 때렸던 것을 보았던 것이다.

'상단과 함께 반려를 맺지 않다.'는 상단과 거리가 있는 것이다.

'유행하다.'는 집이 많은 취락에서 곧 매번 취락으로 가는 자는 바일제를 범한다. 집이 없는 공터에서 곧 절반의 유순을 갔다면 바일제를 범한다.

3-1 상단과 함께 동행을 하였거나, 안전하고 두려움이 없는 곳에 갔거나, 사고의 때이거나, 미쳤던 자이거나, 최초로 범한 자는 범하지 않는다.

38) 불여상단결반국외유행(不與商團結伴國外遊行) 학처

1-1 그때 불·세존께서는 사위성의 기수급고독원에 머무르셨다.

그때 여러 비구니들이 나라의 밖에 위험이 있었고, 공포가 갖추어져 있었으나, 상단과 함께 반려를 맺지 않고서 유행하면서 악인들에게 겁탈을 당하였다. 여러 비구니들의 가운데에서 욕심이 적은 자들은 싫어하고 비난하였다.

"무슨 까닭으로써 비구니들이 나라의 밖에 위험이 있었고, 공포가 갖추어져 있었는데, 상단과 함께 반려를 맺지 않고서 유행하는가?"

여러 비구니들은 이 일로써 여러 비구들에게 말하였고, 여러 비구들은 이 일로써 세존께 아뢰었다. 세존께서는 이 인연으로써 비구승가를 모으셨으며, 여러 비구들에게 물어 말씀하셨다.

"여러 비구들이여. 여러 비구니들이 진실로 나라 밖에 위험이 있었고, 두려움이 갖추어져 있었는데, 상단과 함께 반려를 맺지 않고서 유행하였는가?"

"진실로 그렇습니다. 세존이시여."

세존께서는 여러 방편으로 꾸짖으셨다.

"여러 비구들이여. 어찌하여 여러 비구니들이 나라의 밖에 위험이 있었고, 두려움이 갖추어져 있었는데, 상단과 함께 반려를 맺지 않고서 유행하였는가? 여러 비구들이여. 이것은 오히려 믿지 않는 자는 신심이 생겨나지 않게 하고, …… 이미 믿었던 자는 일부가 전전하여 다른 곳으로 향하여 떠나가게 하느니라."

이와 같이 세존께서는 여러 종류의 방편으로써 여러 비구니들을 꾸짖고서 뒤에 부양이 어렵고 가르치고 양육함이 어려우며, …… 나아가 …… 여러 비구들을 위하여 적절한 법을 수순하여 설하신 뒤에 여러 비구들에게 알려 말씀하셨다.

"…… 나아가 …… 여러 비구들이여. 여러 비구니들은 마땅히 이와 같이 학처를 송출할지니라.

'어느 누구의 비구니일지라도 만약 나라의 밖에 위험이 있었고, 두려움이 갖추어져 있었으나, 상단과 함께 반려를 맺지 않고서 유행하는 자는 바일제를 범하느니라.'"

2-1 '어느 누구'는 어느 태어난 곳의 이유, …… 혹은 중간의 법랍이었다면 이것을 '어느 누구'라고 말한다.

'비구니'는 구걸하는 비구니이니, 일을 쫓아서 걸식하는 비구니, …… 곧 이것에서 '비구니'의 뜻이라고 말하는 것이다.

'나라의 밖'은 그녀들이 머무르는 지방을 제외하고서 다른 나라를 말한다.

'위험이 있다.'는 도중에서 도둑들이 머무르거나, 음식을 먹거나, 서 있거나, 앉아있거나, 누워있는 곳이 보이는 곳이다.

'두려움이 갖추어져 있다.'는 그 도중에서 도둑들이 죽였거나, 겁탈하였거나, 때렸던 것을 보았던 것이다.

'상단과 함께 반려를 맺지 않다.'는 상단과 거리가 있는 것이다.

'유행하다.'는 집이 많은 취락에서 곧 취락으로 가는 자는 바일제를 범한다. 집이 없는 공터에서 곧 절반의 유순을 갔다면 바일제를 범한다.

3-1 상단과 함께 동행을 하였거나, 안전하고 두려움이 없는 곳에 갔거나, 사고의 때이거나, 미쳤던 자이거나, 최초로 범한 자는 범하지 않는다.

39) 우기중유행(雨期中遊行) 학처

1-1 그때 불·세존께서는 사위성의 기수급고독원에 머무르셨다.

그때 여러 비구니들이 우기(雨期)의 가운데에서 유행하였다. 여러 비구니들의 가운데에서 욕심이 적은 자들은 싫어하고 비난하였다.

"무슨 까닭으로써 비구니들이 우기의 가운데에서 유행하는가?"

여러 비구니들은 이 일로써 여러 비구들에게 말하였고, 여러 비구들은 이 일로써 세존께 아뢰었다. 세존께서는 이 인연으로써 비구승가를 모으셨으며, 여러 비구들에게 물어 말씀하셨다.

"여러 비구들이여. 여러 비구니들이 진실로 우기의 가운데에서 유행하였는가?"

"진실로 그렇습니다. 세존이시여."

세존께서는 여러 방편으로 꾸짖으셨다.

"여러 비구들이여. 어찌하여 여러 비구니들이 우기의 가운데에서 유행하였는가? 여러 비구들이여. 이것은 오히려 믿지 않는 자는 신심이 생겨나지 않게 하고, …… 이미 믿었던 자는 일부가 전전하여 다른 곳으로 향하여 떠나가게 하느니라."

이와 같이 세존께서는 여러 종류의 방편으로써 여러 비구니들을 꾸짖고서 뒤에 부양이 어렵고 가르치고 양육함이 어려우며, …… 나아가 …… 여러 비구들을 위하여 적절한 법을 수순하여 설하신 뒤에 여러 비구들에게 알려 말씀하셨다.

"…… 나아가 …… 여러 비구들이여. 여러 비구니들은 마땅히 이와 같이 학처를 송출할지니라.

'어느 누구의 비구니일지라도 만약 우기의 가운데에서 유행하는 자는 바일제를 범하느니라.'"

2-1 '어느 누구'는 어느 태어난 곳의 이유, …… 혹은 중간의 법랍이었다면 이것을 '어느 누구'라고 말한다.

'비구니'는 구걸하는 비구니이니, 일을 쫓아서 걸식하는 비구니, …… 곧 이것에서 '비구니'의 뜻이라고 말하는 것이다.

'우기의 가운데에서'는 안거 이전의 3개월이거나, 안거 이후의 3개월은 안거에 들어가는 것이 아니다.

'유행하다.'는 집이 많은 취락에서 곧 매번 취락으로 가는 자는 바일제를 범한다. 집이 없는 공터에서 곧 절반의 유순을 갔다면 바일제를 범한다.

3-1 일을 인연으로 7일을 갔거나, 핍박받아서 떠나갔거나, 사고의 때이거나, 미쳤던 자이거나, 최초로 범한 자는 범하지 않는다.

40) 안거후불유행(安居後不遊行) 학처

1-1 그때 불·세존께서는 사위성의 기수급고독원에 머무르셨다.

그때 여러 비구니들이 왕사성에서 우기를 지냈고, 겨울과 여름에도 이곳에서 머물렀다. 여러 사람들이 싫어하고 비난하였다.

"여러 비구니들은 여러 지방에 어둡다. 그들은 여러 지방에 밝지 못하다."

여러 비구니들은 여러 사람들이 싫어하고 비난하는 것을 들었다. 여러 비구니들은 이 일로써 여러 비구들에게 말하였고, 여러 비구들은 이 일로써 세존께 아뢰었다. 세존께서는 이 인연으로써 설법하셨으며, 여러 비구들에게 알려 말씀하셨다.

"그러므로 여러 비구들이여. 열 가지의 이익을 까닭으로써 나는 여러 비구니들을 위하여 학처를 제정하여 세우겠노라. 여러 비구들이여. 여러 비구니들은 마땅히 이와 같이 학처를 송출할지니라.

'어느 누구의 비구니일지라도 안거를 마치고서 만약 5·6유순을 유행하지 않는 자는 역시 바일제를 범하느니라.'"

2-1 '어느 누구'는 어느 태어난 곳의 이유, …… 혹은 중간의 법랍이었다면 이것을 '어느 누구'라고 말한다.

'비구니'는 구걸하는 비구니이니, 일을 쫓아서 걸식하는 비구니, …… 곧 이것에서 '비구니'의 뜻이라고 말하는 것이다.

'안거를 마치다.'는 전안거의 3개월을 마치거나, 후안거의 3개월을 마친 것이다.

만약 "곧 5·6유순을 유행하게 시키더라도, 나는 역시 유행하지 않겠다." 라고 말하면서 그 책무에 나태한 자는 바일제를 범한다.

3-1 장애가 있던 때이거나, 도반의 비구니를 구하여도 얻지 못하였거나, 병자이거나, 사고의 때이거나, 미쳤던 자이거나, 최초로 범한 자는 범하지 않는다.

[넷째의 공와품(共臥品)을 마친다.]

41) 유관(遊觀) 학처

1-1 그때 불·세존께서는 사위성의 기수급고독원에 머무르셨다.

그때 교살라국의 파사닉왕이 원림(園林) 안의 미술관에 아름다운 그림을 걸어두었으므로 많은 사람들이 그림을 구경하기 위하여 미술관으로 갔다. 육군비구니들도 그림을 구경하기 위하여 미술관으로 갔으므로,

여러 사람들이 싫어하고 비난하였다.

"무엇을 위하여 비구니들이 그림을 구경하고자 미술관으로 가는가? 재가에서 욕락을 받고서 즐기는 여인과 같구나."

여러 비구니들은 이 일로써 여러 비구들에게 말하였고, 여러 비구들은 이 일로써 세존께 아뢰었다. 세존께서는 이 인연으로써 비구승가를 모으셨으며, 여러 비구들에게 물어 말씀하셨다.

"여러 비구들이여. 육군비구니들이 진실로 그림을 구경하기 위하여 미술관으로 갔는가?"

"진실로 그렇습니다. 세존이시여."

세존께서는 여러 방편으로 꾸짖으셨다.

"여러 비구들이여. 어찌하여 육군비구니들이 그림을 구경하기 위하여 미술관으로 갔는가? 여러 비구들이여. 이것은 오히려 믿지 않는 자는 신심이 생겨나지 않게 하고, …… 이미 믿었던 자는 일부가 전전하여 다른 곳으로 향하여 떠나가게 하느니라."

이와 같이 세존께서는 여러 종류의 방편으로써 육군비구니들을 꾸짖고서 뒤에 부양이 어렵고 가르치고 양육함이 어려우며, …… 나아가 …… 여러 비구들을 위하여 적절한 법을 수순하여 설하신 뒤에 여러 비구들에게 알려 말씀하셨다.

"…… 나아가 …… 여러 비구들이여. 여러 비구니들은 마땅히 이와 같이 학처를 송출할지니라.

'어느 누구의 비구니일지라도 만약 왕궁을 구경하기 위하여, 혹은 미술관, 혹은 유원지, 혹은 원림, 혹은 연지(蓮池) 등을 구경하러 가는 자는 바일제를 범하느니라.'"

2-1 '어느 누구'는 어느 태어난 곳의 이유, …… 혹은 중간의 법랍이었다면 이것을 '어느 누구'라고 말한다.

'비구니'는 구걸하는 비구니이니, 일을 쫓아서 걸식하는 비구니, …… 곧 이것에서 '비구니'의 뜻이라고 말하는 것이다.

'왕궁'은 어느 누구의 왕을 위한 오락(娛樂)을 짓는 곳이다.

'미술관'은 어느 누구의 여러 사람을 위한 오락을 짓는 곳이다.

'유원지'는 어느 누구의 여러 사람을 위한 오락을 짓는 곳이다.

'원림'은 어느 누구의 여러 사람을 위한 오락을 짓는 곳이다.

'연지'는 어느 누구의 여러 사람을 위한 오락을 짓는 곳이다.

보려고 가는 자는 돌길라를 범한다. 이곳에 서 있으며 바라보는 자는 바일제를 범한다. 떨어진 곳에서 보았고, 뒤에 두·세 번을 보는 자는 각각의 바일제를 범한다. 하나·하나를 보기 위하여 가는 자는 각각의 돌길라를 범한다. 서 있으면서 이것을 보는 자는 바일제를 범한다. 떨어진 곳에서 보았고, 뒤에 두·세 번을 보는 자는 각각의 바일제를 범한다.

3-1 정사의 가운데에 머무르면서 보았거나, 가고 돌아오는 때에 보았거나, 일을 인연으로 가면서 보았거나, 사고의 때이거나, 미쳤던 자이거나, 최초로 범한 자는 범하지 않는다.

42) 용고상(用高牀) 학처

1-1 그때 불·세존께서는 사위성의 기수급고독원에 머무르셨다.

그때 비구니들이 높은 평상[17]과 소파[18]를 사용하였다. 여러 사람들이 정사를 돌아다니면서 예배하였는데, 이것을 보고서 싫어하고 비난하였다.

"무엇을 위하여 비구니들이 높은 평상과 소파를 사용하는가? 재가에서 욕락을 받고서 즐기는 여인과 같구나."

여러 비구니들은 여러 사람들이 싫어하고 비난하는 것을 들었다. 여러 비구니들의 가운데에서 욕심이 적은 자들은 싫어하고 비난하였다.

---

17) 팔리어 Āsandi(아산디)의 번역이고, 평상의 가운데에서 높은 평상을 가리킨다.
18) 팔리어 Pallaṅka(팔란카)의 번역이고, 소파(sofa)를 뜻한다.

"무슨 까닭으로써 비구니들이 높은 평상과 소파를 사용하는가?"

여러 비구니들은 이 일로써 여러 비구들에게 말하였고, 여러 비구들은 이 일로써 세존께 아뢰었다. 세존께서는 이 인연으로써 비구승가를 모으셨으며, 여러 비구들에게 물어 말씀하셨다.

"여러 비구들이여. 여러 비구니들이 진실로 높은 평상과 소파를 사용하였는가?"

"진실로 그렇습니다. 세존이시여."

세존께서는 여러 방편으로 꾸짖으셨다.

"여러 비구들이여. 어찌하여 여러 비구니들이 높은 평상과 소파를 사용하였는가? 여러 비구들이여. 이것은 오히려 믿지 않는 자는 신심이 생겨나지 않게 하고, …… 이미 믿었던 자는 일부가 전전하여 다른 곳으로 향하여 떠나가게 하느니라."

이와 같이 세존께서는 여러 종류의 방편으로써 여러 비구니들을 꾸짖고서 뒤에 부양이 어렵고 가르치고 양육함이 어려우며, …… 나아가 …… 여러 비구들을 위하여 적절한 법을 수순하여 설하신 뒤에 여러 비구들에게 알려 말씀하셨다.

"…… 나아가 …… 여러 비구들이여. 여러 비구니들은 마땅히 이와 같이 학처를 송출할지니라.

'어느 누구의 비구니일지라도 높은 평상과 소파를 사용하는 자는 바일제를 범하느니라.'"

2-1 '어느 누구'는 어느 태어난 곳의 이유, …… 혹은 중간의 법랍이었다면 이것을 '어느 누구'라고 말한다.

'비구니'는 구걸하는 비구니이니, 일을 쫓아서 걸식하는 비구니, …… 곧 이것에서 '비구니'의 뜻이라고 말하는 것이다.

'사용하다.'는 이것으로써 앉았거나, 누우면서 사용하는 자는 바일제를 범한다.

'높은 평상'은 양을 넘긴 것을 말한다.

'소파'는 아름다운 털로써 만든 것이다.

3-1 높은 평상의 다리를 자르고서 사용하였거나, 미모의 평상의 다리를 자르고서 사용하였거나, 미쳤던 자이거나, 최초로 범한 자는 범하지 않는다.

43) 방사(紡絲) 학처

1-1 그때 불·세존께서는 사위성의 기수급고독원에 머무르셨다.

그때 육군비구니들이 실을 뽑아내고 있었다. 여러 사람들이 정사를 돌아다니면서 예배하였는데, 이것을 보고서 싫어하고 비난하였다.

"무엇을 위하여 비구니들이 실을 뽑고 있는가? 재가에서 욕락을 받고서 즐기는 여인과 같구나."

여러 비구니들은 여러 사람들이 싫어하고 비난하는 것을 들었다. 여러 비구니들의 가운데에서 욕심이 적은 자들은 싫어하고 비난하였다.

"무슨 까닭으로써 육군비구니들은 실을 뽑는가?"

여러 비구니들은 이 일로써 여러 비구들에게 말하였고, 여러 비구들은 이 일로써 세존께 아뢰었다. 세존께서는 이 인연으로써 비구승가를 모으셨으며, 여러 비구들에게 물어 말씀하셨다.

"여러 비구들이여. 육군비구니들이 진실로 실을 뽑았는가?"

"진실로 그렇습니다. 세존이시여."

세존께서는 여러 방편으로 꾸짖으셨다.

"여러 비구들이여. 어찌하여 육군비구니들은 실을 뽑았는가? 여러 비구들이여. 이것은 오히려 믿지 않는 자는 신심이 생겨나지 않게 하고, …… 이미 믿었던 자는 일부가 전전하여 다른 곳으로 향하여 떠나가게 하느니라."

이와 같이 세존께서는 여러 종류의 방편으로써 육군비구니들을 꾸짖고서 뒤에 부양이 어렵고 가르치고 양육함이 어려우며, …… 나아가 ……
여러 비구들을 위하여 적절한 법을 수순하여 설하신 뒤에 여러 비구들에게
알려 말씀하셨다.

"…… 나아가 …… 여러 비구들이여. 여러 비구니들은 마땅히 이와
같이 학처를 송출할지니라.

'어느 누구의 비구니일지라도 실을 뽑는 자는 바일제를 범하느니라.'"

2-1 '어느 누구'는 어느 태어난 곳의 이유, …… 혹은 중간의 법랍이었다면
이것을 '어느 누구'라고 말한다.

'비구니'는 구걸하는 비구니이니, 일을 쫓아서 걸식하는 비구니, ……
곧 이것에서 '비구니'의 뜻이라고 말하는 것이다.

'만약 실을 뽑다.'는 스스로가 실을 뽑았다면 뽑는 자는 바일제를 범한다.
매번 한 타래를 감았더라도 바일제를 범한다.

'실'은 여섯 종류가 있나니, 삼(麻)실, 면(綿)실, 비단(絹), 털(毛)실, 조마
(粗麻)19)실, 대마(大麻)20)실 등이다.

2-2 뽑았던 실을 감았거나, 미쳤던 자이거나, 최초로 범한 자는 범하지
않는다.

44) 위재가작사(爲在家作事) 학처

1-1 그때 불·세존께서는 사위성의 기수급고독원에 머무르셨다.

그때 여러 비구니들이 재가자를 위하여 일을 지었다. 여러 비구니들의
가운데에서 욕심이 적은 자들은 싫어하고 비난하였다.

---

19) 황마(黃麻)의 다른 이름이고, 올이 굵은 삼베를 가리킨다.
20) 삼나무과의 식물이며 줄기가 섬유의 원료이고, 온대에서는 높이 3m내외로
    자라지만 열대에서는 6m까지 자란다.

"무슨 까닭으로써 재가자를 위하여 일을 짓는가?"

여러 비구니들은 이 일로써 여러 비구들에게 말하였고, 여러 비구들은 이 일로써 세존께 아뢰었다. 세존께서는 이 인연으로써 비구승가를 모으셨으며, 여러 비구들에게 물어 말씀하셨다.

"여러 비구들이여. 비구니들이 진실로 재가자를 위하여 일을 지었는가?"

"진실로 그렇습니다. 세존이시여."

세존께서는 여러 방편으로 꾸짖으셨다.

"여러 비구들이여. 어찌하여 여러 비구니들은 재가자를 위하여 일을 지었는가? 여러 비구들이여. 이것은 오히려 믿지 않는 자는 신심이 생겨나지 않게 하고, …… 이미 믿었던 자는 일부가 전전하여 다른 곳으로 향하여 떠나가게 하느니라."

이와 같이 세존께서는 여러 종류의 방편으로써 여러 비구니들을 꾸짖고서 뒤에 부양이 어렵고 가르치고 양육함이 어려우며, …… 나아가 …… 여러 비구들을 위하여 적절한 법을 수순하여 설하신 뒤에 여러 비구들에게 알려 말씀하셨다.

"…… 나아가 …… 여러 비구들이여. 여러 비구니들은 마땅히 이와 같이 학처를 송출할지니라.

'어느 누구의 비구니일지라도 재가자를 위하여 일을 짓는 자는 바일제를 범하느니라.'"

2-1 '어느 누구'는 어느 태어난 곳의 이유, …… 혹은 중간의 법랍이었다면 이것을 '어느 누구'라고 말한다.

'비구니'는 구걸하는 비구니이니, 일을 쫓아서 걸식하는 비구니, …… 곧 이것에서 '비구니'의 뜻이라고 말하는 것이다.

'재가자를 위하여 일을 짓다.'는 재가자를 위하여 죽을 끓였거나, 혹은 밥을 지었거나, 혹은 단단한 음식을 지었거나, 혹은 옷을 세탁하였거나, 혹은 두건을 세탁한 자는 바일제를 범한다.

3-1 승가를 위하여 죽을 끓였거나, 승가의 음식을 지었거나, 탑에 공양하였거나, 스스로를 위하여 죽·밥·단단한 음식을 지었거나, 혹은 옷을 세탁하였거나, 두건을 세탁하였거나, 미쳤던 자이거나, 최초로 범한 자는 범하지 않는다.

45) 멸쟁사(滅諍事) 학처

1-1 그때 불·세존께서는 사위성의 기수급고독원에 머무르셨다.

그때 한 비구니가 투란난타 비구니의 처소에 이르러 이와 같이 말을 지었다.

"대자여. 청하건대 오시어 이 쟁사(諍事)를 소멸시켜 주십시오."

투란난타는 말하였다.

"그렇게 하겠습니다."

비록 허락하였으나 그것을 멸쟁시키지 않았고, 역시 노력하지도 않았다. 이때 그 비구니들은 이 일로써 여러 비구니들에게 말하였고, 여러 비구니들의 가운데에서 욕심이 적은 자들은 싫어하고 비난하였다.

"무슨 까닭으로써 투란난타는 비구니가 '대자여. 청하건대 오시어 이 쟁사를 소멸시켜 주십시오.'라고 말하였던 이유로, 마땅히 '그렇게 하겠습니다.'라고 마땅히 허락하였는데, 피하면서 그것을 멸쟁시키지 않았고, 역시 노력하지도 않는가?"

여러 비구니들은 이 일로써 여러 비구들에게 말하였고, 여러 비구들은 이 일로써 세존께 아뢰었다. 세존께서는 이 인연으로써 비구승가를 모으셨으며, 여러 비구들에게 물어 말씀하셨다.

"여러 비구들이여. 투란난타 비구니는 진실로 비구니가 '대자여. 청하건대 오시어 이 쟁사를 소멸시켜 주십시오.'라고 말하였던 이유로, 마땅히 '그렇게 하겠습니다.'라고 마땅히 허락하였는데, 피하면서 그것을 멸쟁시키지 않았고, 역시 노력하지도 않았는가?"

"진실로 그렇습니다. 세존이시여."

세존께서는 여러 방편으로 꾸짖으셨다.

"여러 비구들이여. 어찌하여 투란난타는 비구니가 '대자여. 청하건대 오시어 이 쟁사를 소멸시켜 주십시오.'라고 말하였던 이유로, 마땅히 '그렇게 하겠습니다.'라고 마땅히 허락하였는데, 피하면서 그것을 멸쟁시키지 않았고, 역시 노력하지도 않았는가? 여러 비구들이여. 이것은 오히려 믿지 않는 자는 신심이 생겨나지 않게 하고, …… 이미 믿었던 자는 일부가 전전하여 다른 곳으로 향하여 떠나가게 하느니라."

이와 같이 세존께서는 여러 종류의 방편으로써 투란난타 비구니를 꾸짖고서 뒤에 부양이 어렵고 가르치고 양육함이 어려우며, …… 나아가 …… 여러 비구들을 위하여 적절한 법을 수순하여 설하신 뒤에 여러 비구들에게 알려 말씀하셨다.

"…… 나아가 …… 여러 비구들이여. 여러 비구니들은 마땅히 이와 같이 학처를 송출할지니라.

'어느 누구의 비구니일지라도 비구니의 청을 받고서 '대자여. 청하건대 오시어 이 쟁사를 소멸시켜 주십시오.'라고 말하였던 이유로, 마땅히 '그렇게 하겠습니다.'라고 마땅히 허락하였는데, 피하면서 그것을 멸쟁시키지 않았고, 역시 노력하지도 않는 자는 바일제를 범하느니라.'"

2-1 '어느 누구'는 어느 태어난 곳의 이유, …… 혹은 중간의 법랍이었다면 이것을 '어느 누구'라고 말한다.

'비구니'는 구걸하는 비구니이니, 일을 쫓아서 걸식하는 비구니, …… 곧 이것에서 '비구니'의 뜻이라고 말하는 것이다.

'비구니의 청을 받다.'는 다른 비구니의 청을 받은 것이다.

'대자여. 청하건대 오시어 이 쟁사를 소멸시켜 주십시오.'는 "대자여. 오시어 이 쟁사의 일을 판결하십시오."라고 청하는 것이다.

'쟁사'는 네 종류의 쟁사가 있나니, 논쟁의 쟁사, 비난(非難)의 쟁사, 죄과(罪過)의 쟁사, 책무(責務)의 쟁사이다.

'뒤에 장애가 없다.'는 장애가 없는 것이다.

'멸쟁시키지 않다.'는 스스로 소멸시키지 않는 것이다.

'노력하지도 않다.'는 다른 사람에게 시키지 않는 것이다.

"나는 멸쟁시키지 않겠다. 나는 이 쟁사를 멸쟁시키려고 노력하지 않겠다."라고 말하면서 그 책무를 맡지 않는 자는 바일제를 범한다.

2-2 구족계를 받은 자이었고 구족계를 받았다는 생각이 있었는데, 쟁사를 멸쟁시키지 않았고, 혹은 쟁사를 멸쟁시키려고 노력하지 않는 자는 바일제를 범한다. 구족계를 받은 자이었고 구족계를 받았다는 의심이 있었는데, 쟁사를 멸쟁시키지 않았고, 혹은 쟁사를 멸쟁시키려고 노력하지 않는 자는 바일제를 범한다. 구족계를 받은 자이었고 구족계를 받지 않았다는 생각이 있었는데, 쟁사를 멸쟁시키지 않았고, 혹은 쟁사를 멸쟁시키려고 노력하지 않는 자는 바일제를 범한다.

구족계를 받지 않은 자의 쟁사를 멸쟁시키지 않았고, 혹은 쟁사를 멸쟁시키려고 노력하지 않는 자는 돌길라를 범한다.

구족계를 받지 않은 자이었고 구족계를 받았다는 생각이 있었는데, 쟁사를 멸쟁시키지 않았고, 혹은 쟁사를 멸쟁시키려고 노력하지 않는 자는 돌길라를 범한다. 구족계를 받지 않은 자이었고 구족계를 받았다는 의심이 있었는데, 쟁사를 멸쟁시키지 않았고, 혹은 쟁사를 멸쟁시키려고 노력하지 않는 자는 돌길라를 범한다. 구족계를 받지 않은 자이었고 구족계를 받지 않았다는 생각이 있었는데, 쟁사를 멸쟁시키지 않았고, 혹은 쟁사를 멸쟁시키려고 노력하지 않는 자는 돌길라를 범한다.

3-1 장애가 있던 때이거나, 구하여도 얻지 못하였거나, 병자이거나, 사고의 때이거나, 미쳤던 자이거나, 최초로 범한 자는 범하지 않는다.

46) 음식여타인(飲食與他人) 학처

1-1 그때 불·세존께서는 사위성의 기수급고독원에 머무르셨다.

그때 투란난타 비구니는 스스로의 손으로 단단하고 부드러운 음식을 무용가에게도, 연극인에게도, 곡예사에게도, 마술사에게도, 북연주자에게도 주었고, 그들에게 대중의 가운데에서 찬탄하게 하였다. 무용가, 연극인, 곡예사, 마술사, 북연주자 등은 곧 대중의 가운데에서 투란난타 비구니를 찬탄하여 말하였다.

"투란난타 비구니는 다문자, 독송자, 설법자이므로, 그대들은 대자를 위하여 마땅히 보시해야 합니다."

여러 비구니들의 가운데에서 욕심이 적은 자들은 싫어하고 비난하였다.

"무슨 까닭으로써 투란난타 비구니는 스스로의 손으로 단단하고 부드러운 음식을 재가자에게 주는가?"

여러 비구니들은 이 일로써 여러 비구들에게 말하였고, 여러 비구들은 이 일로써 세존께 아뢰었다. 세존께서는 이 인연으로써 비구승가를 모으셨으며, 여러 비구들에게 물어 말씀하셨다.

"여러 비구들이여. 투란난타 비구니가 진실로 스스로의 손으로 단단하고 부드러운 음식을 재가자에게 주었는가?"

"진실로 그렇습니다. 세존이시여."

세존께서는 여러 방편으로 꾸짖으셨다.

"여러 비구들이여. 어찌하여 투란난타 비구니는 스스로의 손으로 단단하고 부드러운 음식을 재가자에게 주었는가? 여러 비구들이여. 이것은 오히려 믿지 않는 자는 신심이 생겨나지 않게 하고, …… 이미 믿었던 자는 일부가 전전하여 다른 곳으로 향하여 떠나가게 하느니라."

이와 같이 세존께서는 여러 종류의 방편으로써 투란난타 비구니를 꾸짖고서 뒤에 부양이 어렵고 가르치고 양육함이 어려우며, …… 나아가 …… 여러 비구들을 위하여 적절한 법을 수순하여 설하신 뒤에 여러 비구들에게 알려 말씀하셨다.

"······ 나아가 ······ 여러 비구들이여. 여러 비구니들은 마땅히 이와 같이 학처를 송출할지니라.

'어느 누구의 비구니일지라도 스스로의 손으로 단단하거나, 혹은 부드러운 음식을 재가자에게 주거나, 변행외도의 남자와 여인에게 주는 자는 바일제를 범하느니라.'"

2-1 '어느 누구'는 어느 태어난 곳의 이유, ······ 혹은 중간의 법랍이었다면 이것을 '어느 누구'라고 말한다.

'비구니'는 구걸하는 비구니이니, 일을 쫓아서 걸식하는 비구니, ······ 곧 이것에서 '비구니'의 뜻이라고 말하는 것이다.

'주다.'는 몸으로, 혹은 몸에 지닌 물건으로, 던져서 주는 것으로 주었던 자는 바일제를 범한다. 물과 양지를 주는 자는 돌길라를 범한다.

'재가자'는 속가에 머무르는 어느 누구의 사람들이다.

'변행외도의 남자'는 비구와 사미를 제외하고서 어느 누구라도 유행하는 자들이다.

'변행외도의 여인'은 비구니와 식차마나, 사미니를 제외하고서 어느 누구라도 유행하는 자들이다.

'단단한 음식'은 5정식, 물, 치목을 제외하고서 그 나머지를 단단한 음식이라고 이름한다.

'부드러운 음식'은 5정식이니, 밥, 죽, 미숫가루, 물고기, 고기이다.

3-1 주게 시켰고 스스로가 주지 않았거나, 땅위에 놓아두고서 주었거나, 외부에 사용하는 약을 주었거나, 미쳤던 자이거나, 최초로 범한 자는 범하지 않는다.

47) 불사월기의(不捨月期衣) 학처

1-1 그때 불·세존께서는 사위성의 기수급고독원에 머무르셨다.

그때 투란난타 비구니는 월기의(月期衣)[21]를 버리지 않고서 사용하였으므로, 비구니들은 다른 월기의를 사용할 수 없었다. 여러 비구니들의 가운데에서 욕심이 적은 자들은 싫어하고 비난하였다.

"무슨 까닭으로써 대자인 투란난타 비구니는 월기의를 버리지 않고서 계속하여 사용하는가?"

여러 비구니들은 이 일로써 여러 비구들에게 말하였고, 여러 비구들은 이 일로써 세존께 아뢰었다. 세존께서는 이 인연으로써 비구승가를 모으셨으며, 여러 비구들에게 물어 말씀하셨다.

"여러 비구들이여. 투란난타 비구니가 진실로 월기의를 버리지 않고서 계속하여 사용하였는가?"

"진실로 그렇습니다. 세존이시여."

세존께서는 여러 방편으로 꾸짖으셨다.

"여러 비구들이여. 어찌하여 투란난타 비구니는 월기의를 계속하여 사용하였는가? 여러 비구들이여. 이것은 오히려 믿지 않는 자는 신심이 생겨나지 않게 하고, …… 이미 믿었던 자는 일부가 전전하여 다른 곳으로 향하여 떠나가게 하느니라."

이와 같이 세존께서는 여러 종류의 방편으로써 투란난타 비구니를 꾸짖고서 뒤에 부양이 어렵고 가르치고 양육함이 어려우며, …… 나아가 …… 여러 비구들을 위하여 적절한 법을 수순하여 설하신 뒤에 여러 비구들에게 알려 말씀하셨다.

"…… 나아가 …… 여러 비구들이여. 여러 비구니들은 마땅히 이와

---

21) 팔리어 Āvasathacīvara(아바사타치바라)의 의역으로, 평소에 집안에서 입는 옷이라는 뜻이다. āvasatha는 거주 또는 거처를 뜻하고, cīvara는 의복 또는 승가의 예복을 뜻한다. 본 문장에서는 비구니들이 매달 생리의 때에 입는 옷이라는 뜻이다.

같이 학처를 송출할지니라.

'어느 누구의 비구니일지라도 월기의를 버리지 않고서 계속하여 사용하는 자는 바일제를 범하느니라.'"

2-1 '어느 누구'는 어느 태어난 곳의 이유, …… 혹은 중간의 법랍이었다면 이것을 '어느 누구'라고 말한다.

'비구니'는 구걸하는 비구니이니, 일을 쫓아서 걸식하는 비구니, …… 곧 이것에서 '비구니'의 뜻이라고 말하는 것이다.

'월기의'는 월경(月經)이 있는 비구니들이 사용하는 것이다.

'버리지 않고서 사용하다.'는 2·3일 밤을 사용하고서, 4일에는 세탁한 뒤에 다른 비구니나 식차마나에게 버리지 않았으며, 계속하여 사용하는 자는 바일제를 범한다.

2-2 버리지 않았고 버리지 않았다는 생각이 있는 자는 바일제를 범한다. 버리지 않았고 버리지 않았다는 의심이 있는 자는 바일제를 범한다. 버리지 않았고 버렸다는 생각이 있는 자는 바일제를 범한다.

버렸고 버리지 않았다는 생각이 있는 자는 돌길라를 범한다. 버렸고 버리지 않았다는 의심이 있는 자는 돌길라를 범한다. 버렸고 버렸다는 생각이 있는 자는 범하지 않는다.

3-1 버리고서 뒤에 사용하였거나, 다시 월경이 왔던 때에 다시 사용하였거나, 다른 월경이었던 비구니가 없었거나, 옷을 빼앗겼거나, 옷을 잃어버렸거나, 사고의 때이거나, 미쳤던 자이거나, 최초로 범한 자는 범하지 않는다.

48) 불사주처유행(不捨住處遊行) 학처

1-1 그때 불·세존께서는 사위성의 기수급고독원에 머무르셨다.

그때 투란난타 비구니가 주처를 버리지 않고서 유행하였다. 그때 투란난타 비구니가 주처가 불탔으므로 여러 비구니들은 이와 같이 말하였다.

"대자들이여. 그녀의 물건들을 함께 꺼냅시다."

일부의 비구니는 이렇게 말을 지었다.

"대자들이여. 우리들은 꺼낼 수 없습니다. 잃어버린 물건들은 모두 우리들의 책임입니다."

투란난타 비구니는 주처에 돌아왔던 때에 비구니들에게 물었다.

"대자들이여. 그대들은 물건들을 꺼내두었습니까?"

"대자여. 우리들은 꺼내지 않았습니다."

투란난타 비구니는 싫어하고 비난하였다.

"무슨 까닭으로써 비구니들은 주처가 불타는 때에 물건을 꺼내지 않는가?"

여러 비구니들의 가운데에서 욕심이 적은 자들은 싫어하고 비난하였다.

"무슨 까닭으로써 투란난타 비구니는 주처를 버리지 않고서 유행하는가?"

여러 비구니들은 이 일로써 여러 비구들에게 말하였고, 여러 비구들은 이 일로써 세존께 아뢰었다. 세존께서는 이 인연으로써 비구승가를 모으셨으며, 여러 비구들에게 물어 말씀하셨다.

"여러 비구들이여. 투란난타 비구니가 진실로 주처를 버리지 않고서 유행하였는가?"

"진실로 그렇습니다. 세존이시여."

세존께서는 여러 방편으로 꾸짖으셨다.

"여러 비구들이여. 어찌하여 투란난타 비구니는 주처를 버리지 않고서 유행하였는가? 여러 비구들이여. 이것은 오히려 믿지 않는 자는 신심이 생겨나지 않게 하고, …… 이미 믿었던 자는 일부가 전전하여 다른 곳으로 향하여 떠나가게 하느니라."

이와 같이 세존께서는 여러 종류의 방편으로써 투란난타 비구니를 꾸짖고서 뒤에 부양이 어렵고 가르치고 양육함이 어려우며, …… 나아가 …… 여러 비구들을 위하여 적절한 법을 수순하여 설하신 뒤에 여러 비구들에게 알려 말씀하셨다.

"…… 나아가 …… 여러 비구들이여. 여러 비구니들은 마땅히 이와 같이 학처를 송출할지니라.

'어느 누구의 비구니일지라도 주처를 버리지 않고서 유행하는 자는 바일제를 범하느니라.'"

2-1 '어느 누구'는 어느 태어난 곳의 이유, …… 혹은 중간의 법랍이었다면 이것을 '어느 누구'라고 말한다.

'비구니'는 구걸하는 비구니이니, 일을 쫓아서 걸식하는 비구니, …… 곧 이것에서 '비구니'의 뜻이라고 말하는 것이다.

'주처'는 창문과 문이 설치된 곳이다.

'만약 주처를 버리지 않고서 유행하다.'는 비구니이거나, 식차마나이거나, 혹은 사미니에게 버리지 않았고 주처에 울타리가 있었는데, 그 울타리를 넘어간 자는 바일제를 범한다. 주처에 울타리가 없었는데, 그 경계를 넘어간 자는 바일제를 범한다.

2-2 버리지 않았고 버리지 않았다는 생각이 있는 자는 바일제를 범한다. 버리지 않았고 버리지 않았다는 의심이 있는 자는 바일제를 범한다. 버리지 않았고 버렸다는 생각이 있는 자는 바일제를 범한다.

창문과 문이 없었는데 버리지 않고서 떠나가는 자는 돌길라를 범한다.

버렸고 버리지 않았다는 생각이 있는 자는 돌길라를 범한다. 버렸고 버리지 않았다는 의심이 있는 자는 돌길라를 범한다. 버렸고 버렸다는 생각이 있는 자는 범하지 않는다.

3-1 버리고서 떠나갔거나, 장애가 있는 때이었거나, 구하였어도 얻지 못하였거나, 병자이거나, 사고의 때이거나, 미쳤던 자이거나, 최초로 범한 자는 범하지 않는다.

49) 학비속주(學卑俗呪) 학처

1-1 그때 불·세존께서는 사위성의 기수급고독원에 머무르셨다.

그때 육군비구니들이 비속주(卑俗呪)[22]를 배웠다. 여러 사람들이 싫어하고 비난하였다.

"무엇을 위하여 비구니들이 비속한 주문을 배우는가? 재가에서 욕락을 받고서 즐기는 여인과 같구나."

여러 비구니들은 여러 사람들이 싫어하고 비난하는 것을 들었다. 여러 비구니들의 가운데에서 욕심이 적은 자들은 싫어하고 비난하였다.

"무슨 까닭으로써 육군비구니들은 비속한 주문을 배우는가?"

여러 비구니들은 이 일로써 여러 비구들에게 말하였고, 여러 비구들은 이 일로써 세존께 아뢰었다. 세존께서는 이 인연으로써 비구승가를 모으셨으며, 여러 비구들에게 물어 말씀하셨다.

"여러 비구들이여. 육군비구니들이 진실로 비속주를 배웠는가?"

"진실로 그렇습니다. 세존이시여."

세존께서는 여러 방편으로 꾸짖으셨다.

"여러 비구들이여. 어찌하여 육군비구니들은 비속주를 배웠는가? 여러 비구들이여. 이것은 오히려 믿지 않는 자는 신심이 생겨나지 않게 하고, …… 이미 믿었던 자는 일부가 전전하여 다른 곳으로 향하여 떠나가게 하느니라."

이와 같이 세존께서는 여러 종류의 방편으로써 육군비구니들을 꾸짖고서 뒤에 부양이 어렵고 가르치고 양육함이 어려우며, …… 나아가 …… 여러 비구들을 위하여 적절한 법을 수순하여 설하신 뒤에 여러 비구들에게 알려 말씀하셨다.

---

22) 팔리어 Tiracchāna vijja(티라짜나 비짜)의 의역이고, tiracchāna는 축생, 또는 인간의 이하라는 뜻이고, Vijjā는 지식 또는 과학이라는 뜻이고 또한 특정한 예술의 실천으로써의 지식인 주문 또는 계시를 뜻한다. 따라서 이 문장에서는 비속한 주문으로 해석할 수 있다.

"…… 나아가 …… 여러 비구들이여. 여러 비구니들은 마땅히 이와 같이 학처를 송출할지니라.

'어느 누구의 비구니일지라도 비속주를 배우는 자는 바일제를 범하느니라.'"

2-1 '어느 누구'는 어느 태어난 곳의 이유, …… 혹은 중간의 법랍이었다면 이것을 '어느 누구'라고 말한다.

'비구니'는 구걸하는 비구니이니, 일을 쫓아서 걸식하는 비구니, …… 곧 이것에서 '비구니'의 뜻이라고 말하는 것이다.

'배우다.'는 구절을 배웠다면 구절·구절에 바일제를 범한다. 문자를 배웠다면 문자·문자에 바일제를 범한다.

'비속주'는 외도가 사용하는 것이고, 이익이 없는 주술이다.

3-1 문자를 배웠거나, 억념(憶念)을 배웠거나, 수호(守護)하기 위하여 주문을 배웠거나, 미쳤던 자이거나, 최초로 범한 자는 범하지 않는다.

50) 교비속주(教卑俗呪) 학처

1-1 그때 불·세존께서는 사위성의 기수급고독원에 머무르셨다.

그때 육군비구니들이 비속주를 가르쳤다. 여러 사람들이 싫어하고 비난하였다.

"무엇을 위하여 비구니들이 비속주를 가르치는가? 재가에서 욕락을 받고서 즐기는 여인과 같구나."

여러 비구니들은 여러 사람들이 싫어하고 비난하는 것을 들었다. 여러 비구니들의 가운데에서 욕심이 적은 자들은 싫어하고 비난하였다.

"무슨 까닭으로써 육군비구니들은 비속주를 가르치는가?"

여러 비구니들은 이 일로써 여러 비구들에게 말하였고, 여러 비구들은

이 일로써 세존께 아뢰었다. 세존께서는 이 인연으로써 비구승가를 모으셨으며, 여러 비구들에게 물어 말씀하셨다.

"여러 비구들이여. 육군비구니들이 진실로 비속주를 가르쳤는가?"

"진실로 그렇습니다. 세존이시여."

세존께서는 여러 방편으로 꾸짖으셨다.

"여러 비구들이여. 어찌하여 육군비구니들은 비속주를 가르쳤는가? 여러 비구들이여. 이것은 오히려 믿지 않는 자는 신심이 생겨나지 않게 하고, …… 이미 믿었던 자는 일부가 전전하여 다른 곳으로 향하여 떠나가게 하느니라."

이와 같이 세존께서는 여러 종류의 방편으로써 육군비구니들을 꾸짖고서 뒤에 부양이 어렵고 가르치고 양육함이 어려우며, …… 나아가 …… 여러 비구들을 위하여 적절한 법을 수순하여 설하신 뒤에 여러 비구들에게 알려 말씀하셨다.

"…… 나아가 …… 여러 비구들이여. 여러 비구니들은 마땅히 이와 같이 학처를 송출할지니라.

'어느 누구의 비구니일지라도 비속주를 가르치는 자는 바일제를 범하느니라.'"

2-1 '어느 누구'는 어느 태어난 곳의 이유, …… 혹은 중간의 법랍이었다면 이것을 '어느 누구'라고 말한다.

'비구니'는 구걸하는 비구니이니, 일을 쫓아서 걸식하는 비구니, …… 곧 이것에서 '비구니'의 뜻이라고 말하는 것이다.

'가르치다.'는 구절을 가르쳤다면 구절·구절에 바일제를 범한다. 문자를 가르쳤다면 문자·문자에 바일제를 범한다.

'비속주'는 외도가 사용하는 것이고, 이익이 없는 주술이다.

3-1 문자를 가르쳤거나, 억념을 가르쳤거나, 수호하기 위하여 주문을 가르쳤거나, 미쳤던 자이거나, 최초로 범한 자는 범하지 않는다.

[다섯째의 미술관품(美術館品)을 마친다.]

51) 불문입정사(不問入精舍) 학처

1-1 그때 불·세존께서는 사위성의 기수급고독원에 머무르셨다.

그때 여러 비구들이 하나의 옷이었고 취락의 주처에서 옷을 짓고 있었는데, 여러 비구니들이 묻지도 않고서 승원(僧園)에 들어왔다. 여러 비구들의 처소에 이르렀으므로, 여러 비구들은 싫어하고 비난하였다.

"무슨 까닭으로써 비구니들이 묻지도 않고서 승원에 들어오는가?"

여러 비구들은 이 일로써 세존께 아뢰었고, 세존께서는 이 인연으로써 비구승가에게 설법하셨으며, 여러 비구들에게 알려 말씀하셨다.

"여러 비구들이여. 여러 비구니들이 진실로 묻지도 않고서 승원에 들어왔는가?"

"진실로 그렇습니다. 세존이시여."

세존께서는 여러 방편으로 꾸짖으셨다.

"여러 비구들이여. 어찌하여 여러 비구니들은 묻지도 않고서 승원에 들어왔는가? 여러 비구들이여. 이것은 오히려 믿지 않는 자는 신심이 생겨나지 않게 하고, …… 이미 믿었던 자는 일부가 전전하여 다른 곳으로 향하여 떠나가게 하느니라."

이와 같이 세존께서는 여러 종류의 방편으로써 여러 비구니들을 꾸짖고서 뒤에 부양이 어렵고 가르치고 양육함이 어려우며, …… 나아가 …… 여러 비구들을 위하여 적절한 법을 수순하여 설하신 뒤에 여러 비구들에게 알려 말씀하셨다.

"…… 나아가 …… 여러 비구들이여. 여러 비구니들은 마땅히 이와 같이 학처를 송출할지니라.

'어느 누구의 비구니일지라도 묻지도 않고서 승원에 들어오는 자는 바일제를 범하느니라.'"

이와 같이 세존께서는 여러 비구니들을 위하여 학처를 제정하여 세우셨다.

2-1 그때 여러 비구들이 그 주처를 떠났고, 여러 비구니들은 여러 스승들이 떠나갔던 인연으로 감히 승원에 들어가지 못하였다. 그때 여러 비구들이 그 주처에 돌아왔으며 뒤에 여러 비구니들은 "여러 스승께서는 돌아오셨습니까?"라고 묻고서 승원에 들어왔으며, 그 여러 비구들의 처소에 이르렀다. 이르러 여러 비구들을 향하여 문신하고 한쪽에 서 있었다. 비구들은 한쪽에 서 있는 비구니들을 마주하고서 이와 같이 말을 지었다.

"여러 자매들이여. 그대들은 무슨 까닭으로써 승원을 청소하지 않았고, 또한 음료수와 사용하는 물을 준비하지 않았습니까?"

"존자들이여. 세존께서는 일찍이 '묻지 않고서 승원에 들어갈 수 없다.'라고 학처를 제정하시고 세우셨습니다. 이러한 까닭으로 우리들은 승원에 들어갈 수 없었습니다."

여러 비구들은 이 일로써 세존께 아뢰었고, 세존께서는 여러 비구들에게 알려 말씀하셨다.

"여러 비구들이여. 비구들이 머무르고 있다면 묻고서 곧 승원에 들어갈 수 있느니라. 여러 비구들이여. 여러 비구니들은 마땅히 이와 같이 학처를 송출할지니라.

'어느 누구의 비구니일지라도 비구가 머무르고 있는데 묻지 않고서 승원에 들어가는 자는 바일제를 범하느니라.'"

3-1 이때 여러 비구들이 주처를 떠나갔으나, 다시 그 주처로 돌아왔다. 여러 비구니들은 존자들이 떠났다고 묻지도 않고서 들어갔으나, 비구니들은 두려워하였다.

"세존께서는 '비구가 머무르고 있는데 묻지 않고서 승원에 들어갈 수 없다.'라고 학처를 제정하시고 세우셨다. 우리들이 바일제를 범한 것은 아닌가?"

여러 비구니들은 이 일로써 여러 비구들에게 말하였고, 여러 비구들은

이 일로써 세존께 아뢰었다. 세존께서는 이 인연으로써 비구승가에게 설법하셨으며, 여러 비구들에게 알려 말씀하셨다.

'어느 누구의 비구니일지라도 비구가 승원에 있다고 알고서도 묻지 않고 들어가는 자는 바일제를 범하느니라.'"

4-1 '어느 누구'는 어느 태어난 곳의 이유, …… 혹은 중간의 법랍이었다면 이것을 '어느 누구'라고 말한다.

'비구니'는 구걸하는 비구니이니, 일을 쫓아서 걸식하는 비구니, …… 곧 이것에서 '비구니'의 뜻이라고 말하는 것이다.

'알다.'는 스스로가 알았거나, 혹은 다른 사람이 알려서 알았거나, 혹은 알려서 알았던 것이다.

'비구가 승원에 머무르다.'는 비구가 나무의 아래에 있더라도 역시 주처가 되는 것이다.

'묻지 않고서 들어가다.'는 비구에게, 사미에게, 혹은 정인에게 허락을 얻지 않고서 울타리가 있는 승원을 넘어가는 자는 바일제를 범한다. 울타리가 없는 승원의 경계를 넘어가는 자는 바일제를 범한다.

4-2 비구가 있었고 비구가 있다는 생각을 지었는데, 머무르는 비구에게 묻지 않고서 승원에 들어가는 자는 바일제를 범한다. 비구가 있었고 비구가 있다는 의심을 지었는데, 머무르는 비구에게 묻지 않고서 승원에 들어가는 자는 돌길라를 범한다. 비구가 있었고 비구가 없다는 생각을 지었는데, 머무르는 비구에게 묻지 않고서 승원에 들어가는 자는 범하지 않는다.

비구가 없었고 비구가 있다는 생각을 지었는데, 머무르는 비구에게 묻지 않고서 승원에 들어가는 자는 돌길라를 범한다. 비구가 없었고 비구가 있다는 의심을 지었는데, 머무르는 비구에게 묻지 않고서 승원에 들어가는 자는 돌길라를 범한다. 비구가 없었고 비구가 없다는 생각을 지었는데, 머무르는 비구에게 묻지 않고서 승원에 들어가는 자는 범하지 않는다.

5-1 머무르는 비구에게 묻고서 들어갔거나, 비구가 없어서 묻지 않고 들어갔거나, 앞을 주시(注視)하면서 다녔거나, 비구니들이 모였던 처소로 갔거나, 승원으로 도로가 지나갔던 때이거나, 병자이거나, 사고의 때이거나, 미쳤던 자이거나, 최초로 범한 자는 범하지 않는다.

52) 욕매비구(辱罵比丘) 학처

1-1 그때 불·세존께서는 비사리성 대림의 중각강당에 머무르셨다.
  그때 장로 우바리(優波離)의 화상(和尙)인 장로 가비달가(迦毘達迦)[23]는 묘지에 머무르고 있었다. 그때 육군비구니의 장로인 비구니가 죽었으므로 그 비구니의 몸을 운반하였고, 장로 가비달가의 승원에서 멀지 않은 곳에서 다비(茶毘)하였다. 탑을 세웠고, 아울러 그 탑이 있는 곳으로 가서 소리내어 울었다. 이때 장로 가비달가는 그녀들이 우는 소리에 번민하였으므로, 그 탑에 이르러 파괴하였다. 육군비구니들은 의논하여 말하였다.
  "가비달가는 우리들 대자의 탑을 파괴하였습니다. 우리들은 장차 그를 죽여야 합니다."
  한 비구니가 이 일로써 장로 우바리에게 알렸고, 우바리는 장로 가비달가에게 알렸다. 이때 장로 가비달가는 승원을 벗어나서 안은하게 머무르고 있었다. 그때 육군비구니들은 장로 가비달가의 승원에 이르렀고, 이르러 돌덩이와 흙덩이로써 장로 가비달가의 승원을 뒤덮고서 말하였다.
  "가비달가는 죽었습니다."
  이때 장로 가비달가는 그 밤이 지나자 이른 아침에 하의를 입고 옷과

---

23) 팔리어 Kappitaka(카삐타카)의 음사이고, 이 계목에서 처음으로 언급되는 내용이므로 심층적인 고찰이 필요하여 보인다.

발우를 지니고 비사리성에 이르러 걸식을 행하였다. 육군비구니들은 장로 가비달가 걸식을 행하는 것을 보았으며, 보고서 이렇게 말을 지었다.

"가비달가는 여전히 살아있습니다. 누가 우리들의 비밀스러운 말을 들었는가?"

육군비구니들은 모두가 '우바리가 그녀들의 비밀스러운 말을 들었다.'라고 들었고, 그 비구니들은 인연으로 장로 우바리를 욕하고 꾸짖었다.

"무슨 까닭으로써 비천한 족성의 이발사가 가사를 입고서 우리들의 비밀스러운 말을 엿듣는가?"

여러 비구니들의 가운데에서 욕심이 적은 자들은 싫어하고 비난하였다.

"무슨 까닭으로써 육군비구니들은 존자 우바리를 욕하는가?"

여러 비구니들은 이 일로써 여러 비구들에게 말하였고, 여러 비구들은 이 일로써 세존께 아뢰었다. 세존께서는 이 인연으로써 비구승가를 모으셨으며, 여러 비구들에게 물어 말씀하셨다.

"여러 비구들이여. 육군비구니들이 진실로 우바리를 욕하였는가?"

"진실로 그렇습니다. 세존이시여."

세존께서는 여러 방편으로 꾸짖으셨다.

"여러 비구들이여. 어찌하여 육군비구니들은 우바리를 욕하였는가? 여러 비구들이여. 이것은 오히려 믿지 않는 자는 신심이 생겨나지 않게 하고, …… 이미 믿었던 자는 일부가 전전하여 다른 곳으로 향하여 떠나가게 하느니라."

이와 같이 세존께서는 여러 종류의 방편으로써 육군비구니들을 꾸짖고서 뒤에 부양이 어렵고 가르치고 양육함이 어려우며, …… 나아가 …… 여러 비구들을 위하여 적절한 법을 수순하여 설하신 뒤에 여러 비구들에게 알려 말씀하셨다.

"…… 나아가 …… 여러 비구들이여. 여러 비구니들은 마땅히 이와 같이 학처를 송출할지니라.

'어느 누구의 비구니일지라도 비구에게 욕하거나, 악구(惡口)로써 모욕하는 자는 바일제를 범하느니라.'"

2-1 '어느 누구'는 어느 태어난 곳의 이유, …… 혹은 중간의 법랍이었다면 이것을 '어느 누구'라고 말한다.

'비구니'는 구걸하는 비구니이니, 일을 쫓아서 걸식하는 비구니, …… 곧 이것에서 '비구니'의 뜻이라고 말하는 것이다.

'욕하다.'는 10종류의 욕설하는 일에 의지하여 욕설하였거나, 혹은 이것 등으로써 하나라도 욕설하는 자는 바일제를 범한다.

'악구로써'는 두려움이 생겨나게 시키는 자는 바일제를 범한다.

'비구'는 구족계를 받은 자이다.

2-2 구족계를 받은 자이었고 구족계를 받았다는 생각이 있었는데, 욕하거나, 혹은 악구하는 자는 바일제를 범한다. 구족계를 받은 자이었고 구족계를 받았다는 의심이 있었는데, 욕하거나, 혹은 악구하는 자는 바일제를 범한다. 구족계를 받은 자이었고 구족계를 받지 않았다는 생각이 있었는데, 욕하거나, 혹은 악구하는 자는 바일제를 범한다.

구족계를 받지 않은 자를 욕하거나, 혹은 악구하는 자는 돌길라를 범한다.

구족계를 받지 않은 자이었고 구족계를 받았다는 생각이 있었는데, 욕하거나, 혹은 악구하는 자는 돌길라를 범한다. 구족계를 받지 않은 자이었고 구족계를 받았다는 의심이 있었는데, 욕하거나, 혹은 악구하는 자는 돌길라를 범한다. 구족계를 받은 자이었고 구족계를 받지 않은 않았다는 생각이 있었는데, 욕하거나, 혹은 악구하는 자는 돌길라를 범한다.

3-1 뜻을 위하여 설하였거나, 법을 위하여 설하였거나, 가르침을 위하여 설하였거나, 미쳤던 자이거나, 최초로 범한 자는 범하지 않는다.

53) 매비구니중(罵比丘尼衆) 학처

1-1 그때 불·세존께서는 사위성의 기수급고독원에 머무르셨다.

그때 전달가리(旃達加利) 비구니는 투쟁을 일으키는 자이었고, 분란을 일으키는 자이었으며, 소동을 일으키는 자이었고, 쟁론을 일으키는 자이었으며, 사건을 일으키는 자이었으나, 투란난타 비구니는 승가대중이 그 비구니에게 갈마를 짓는 때에 그것을 막았다. 그때 투란난타 비구니는 일을 인연으로 취락으로 갔다. 이때 비구니 승가는 말하였다.

"투란난타 비구니는 외출하였습니다."

나아가 전달가리 비구니가 인정하지 않는 죄로써 그녀를 쫓아냈다. 투란난타 비구니는 취락에서 사위성으로 돌아왔는데, 전달가리 비구니는 투란난타 비구니가 돌아오는 때에 자리를 펼치지도 않았고 발을 씻는 물도 가져오지 않았으며, 발을 씻는 받침대와 발을 닦는 수건도 가져오지 않았고, 역시 나와서 맞이하고 옷과 발우도 받아주지 않았으며, 마시는 물도 묻지 않았다. 투란난타 비구니는 전달가리 비구니에게 이와 같이 말을 지었다.

"대자여. 그대는 무슨 까닭으로써 내가 돌아오는 때에 자리를 펼치지도 않고 발을 씻는 물도 가져오지 않으며 발을 씻는 받침대와 발을 닦는 수건도 가져오지 않고 역시 나와서 맞이하고 옷과 발우도 받아주지 않으며 마시는 물도 묻지 않는가?"

"대자여. 보호받지 못한 자는 오직 마땅히 이와 같습니다."

"대자여. 그대는 무슨 까닭으로써 보호받지 못하였는가?"

"대자여. 그 비구니들은 나를 '보호하지 않았고 무지하였으며 그녀를 마주하고서 어느 곳에 이익이 있겠는가?'라고 죄를 인정하지 않는다고 쫓아냈습니다."

투란난타 비구니는 말하였다.

"그녀들은 어리석고 무능하다. 그녀들은 갈마를 알지 못하고, 혹은 갈마를 지었어도 성취하지 못하며, 혹은 갈마를 지었어도 옳지 못하고,

혹은 갈마의 성취도 옳지 않다.”

분노하면서 비구니 대중을 욕하였다. 여러 비구니들의 가운데에서 욕심이 적은 자들은 싫어하고 비난하였다.

“무슨 까닭으로써 투란난타는 분노하면서 대중을 욕하는가?”

그때 여러 비구니들은 이 일로써 여러 비구들에게 말하였고, 여러 비구들은 이 일로써 세존께 아뢰었다. 세존께서는 이 인연으로써 비구승가를 모으셨으며, 여러 비구들에게 물어 말씀하셨다.

“여러 비구들이여. 투란난타 비구니가 진실로 분노하면서 대중을 욕하였는가?”

“진실로 그렇습니다. 세존이시여.”

세존께서는 여러 방편으로 꾸짖으셨다.

“어리석은 사람들이여. 어찌하여 투란난타 비구니는 분노하면서 대중을 욕하였는가? 어리석은 사람들이여. 이것은 오히려 믿지 않는 자는 신심이 생겨나지 않게 하고, …… 이미 믿었던 자는 일부가 전전하여 다른 곳으로 향하여 떠나가게 하느니라.”

“…… 나아가 …… 여러 비구들이여. 여러 비구니들은 마땅히 이와 같이 학처를 송출할지니라.

‘어느 누구의 비구니일지라도 분노하면서 대중을 욕하는 자는 바일제를 범하느니라.’”

2-1 ‘어느 누구’는 어느 태어난 곳의 이유, …… 혹은 중간의 법랍이었다면 이것을 ‘어느 누구’라고 말한다.

‘비구니’는 구걸하는 비구니이니, 일을 쫓아서 걸식하는 비구니, …… 곧 이것에서 ‘비구니’의 뜻이라고 말하는 것이다.

‘분노하다.’는 분노하는 것이다.

‘욕하다.’는 “그녀들은 어리석고 무능하다. 그녀들은 갈마를 알지 못하고, 혹은 갈마를 지었어도 성취하지 못하며, 혹은 갈마를 지었어도 옳지 못하고, 혹은 갈마의 성취도 옳지 않다.”라고 욕하는 자는 바일제를 범한

다. 대중의 비구니이거나, 한 비구니이거나, 구족계를 받지 않은 자를
욕하는 자는 돌길라를 범한다.

'대중'은 비구니 승가이다.

3-1 뜻을 위하여 설하였거나, 법을 위하여 설하였거나, 가르침을 위하여
설하였거나, 미쳤던 자이거나, 최초로 범한 자는 범하지 않는다.

54) 족식후취식(足食後取食) 학처

1-1 그때 불·세존께서는 사위성의 기수급고독원에 머무르셨다.

그때 한 바라문이 비구니를 청하여 공양하였다. 비구니들은 만족하게
먹었으나, 다시 친족의 집으로 갔고, 혹은 음식을 취하거나, 발우에 음식을
받아서 돌아왔다. 이때 바라문이 여러 사람들을 마주하고서 이와 같이
말을 지었다.

"현자들이여. 비구니들은 내가 공양하여 그녀들을 만족시켰습니다.
내가 현자들도 역시 만족하게 주겠습니다."

이때 그 사람들이 말하였다.

"현자여. 그대가 어떻게 우리를 만족시키겠습니까? 그대의 청을 받은
그녀들이 우리 집에 와서 혹은 음식을 취하였고, 혹은 발우에 음식을
받아서 돌아갔습니다."

그때 바라문은 싫어하고 비난하였다.

"무엇을 위하여 비구니들이 우리 집에서 음식을 취하고서, 다시 다른
곳에서 음식을 취하는가? 내가 충분히 공양할 능력이 없겠는가?"

여러 비구니들은 그 바라문이 싫어하고 비난하는 것을 들었다. 여러
비구니들의 가운데에서 욕심이 적은 자들은 싫어하고 비난하였다.

"무슨 까닭으로써 여러 비구니들은 충분하게 먹고서 다른 곳에서 음식
을 취하는가?"

여러 비구니들은 이 일로써 여러 비구들에게 말하였고, 여러 비구들은 이 일로써 세존께 아뢰었다. 세존께서는 이 인연으로써 비구승가를 모으셨으며, 여러 비구들에게 물어 말씀하셨다.

"여러 비구들이여. 여러 비구니들이 진실로 충분하게 먹고서 다른 곳에서 음식을 취하였는가?"

"진실로 그렇습니다. 세존이시여."

세존께서는 여러 방편으로 꾸짖으셨다.

"여러 비구들이여. 어찌하여 여러 비구니들은 충분하게 먹고서 다른 곳에서 음식을 취하였는가? 여러 비구들이여. 이것은 오히려 믿지 않는 자는 신심이 생겨나지 않게 하고, …… 이미 믿었던 자는 일부가 전전하여 다른 곳으로 향하여 떠나가게 하느니라."

이와 같이 세존께서는 여러 종류의 방편으로써 여러 비구니들을 꾸짖고서 뒤에 부양이 어렵고 가르치고 양육함이 어려우며, …… 나아가 …… 여러 비구들을 위하여 적절한 법을 수순하여 설하신 뒤에 여러 비구들에게 알려 말씀하셨다.

"…… 나아가 …… 여러 비구들이여. 여러 비구니들은 마땅히 이와 같이 학처를 송출할지니라.

'어느 누구의 비구니일지라도 청을 받고서 또한 충분하게 먹었는데, 또한 작식(嚼食)을 취하거나, 혹은 담식(噉食)을 취하는 자는 바일제를 범하느니라.'"

2-1 '어느 누구'는 어느 태어난 곳의 이유, …… 혹은 중간의 법랍이었다면 이것을 '어느 누구'라고 말한다.

'비구니'는 구걸하는 비구니이니, 일을 쫓아서 걸식하는 비구니, …… 곧 이것에서 '비구니'의 뜻이라고 말하는 것이다.

'청을 받다.'는 5정식의 하나를 청한 것이다.

'충분히 먹다.'는 자리를 알고 음식을 알며, 가까이 서 있고, 공급하여 주며, 끊어지지 않게 알았던 것이다.

'작식'은 다섯 종류의 담식을 제외하고, 죽(粥)·비시약(非時藥)·7일약(七日藥)·진형수약(盡形壽藥) 등을 제외한다면, 나머지를 단단한 음식이라고 이름한다.

'담식'은 다섯 종류의 부드러운 음식이니, 밥(飯), 죽, 미숫가루(麨), 물고기(魚), 고기(肉)이다. '나는 먹겠다.'라고 잡고서 취하는 자는 돌길라를 범하고, 매번 삼키는 것마다 바일제를 범한다. 비시약·7일약·진형수약 등을 잡고서 먹는 자는 돌길라를 범하고, 매번 삼키는 것마다 돌길라를 범한다.

3-1 청을 받고 음식이 부족하여 죽을 먹었거나, 공양한 자가 허락하여 먹었거나, 인연이 있는 때에 비시약·7일약·진형수약 등을 먹었거나, 미쳤던 자이거나, 최초로 범한 자는 범하지 않는다.

55) 간질속가(慳嫉俗家) 학처

1-1 그때 불·세존께서는 사위성의 기수급고독원에 머무르셨다.

그때 한 비구니가 시장을 다니면서 걸식하면서 한 집에 이르렀다. 이르러서 펼쳐진 자리에 앉았다. 그때 여러 사람들이 그 비구니를 마주하고 음식을 공양하면서 이와 같이 말하였다.

"대자여. 다른 비구니도 역시 마땅히 와서 공양을 받을 수 있습니다."

이때 그 비구니는 '어찌 여러 비구니들을 떠나가게 시키지 않겠는가?'라고 생각하였다. 이때 비구니들의 처소로 가서 이와 같이 말하였다.

"대자들이여. 그곳에는 사나운 개가 있고, 성난 소와 진흙탕이 있으니, 그대들은 가지 마십시오."

그때 한 비구니가 역시 시장을 다니면서 걸식하면서 그의 집에 이르렀다. 이르러서 펼쳐진 자리에 앉았다. 이때 여러 사람들이 그 비구니를 마주하고 음식을 공양하면서 이와 같이 말하였다.

"대자여. 무슨 까닭으로써 비구니들이 오지 않습니까?"

그 비구니는 이 일로써 여러 사람들에게 말하였고, 여러 사람들은 싫어하고 비난하였다.

"무엇을 위하여 비구니들이 속가를 아끼고 질투하는가?"

여러 비구니들은 여러 사람들이 싫어하고 비난하는 것을 들었다. 여러 비구니들의 가운데에서 욕심이 적은 자들은 싫어하고 비난하였다.

"무슨 까닭으로써 비구니들이 속가를 아끼고 질투하는가?"

여러 비구니들은 이 일로써 여러 비구들에게 말하였고, 여러 비구들은 이 일로써 세존께 아뢰었다. 세존께서는 이 인연으로써 비구승가를 모으셨으며, 여러 비구들에게 물어 말씀하셨다.

"여러 비구들이여. 여러 비구니들이 진실로 속가를 아끼고 질투하였는가?"

"진실로 그렇습니다. 세존이시여."

세존께서는 여러 방편으로 꾸짖으셨다.

"여러 비구들이여. 어찌하여 여러 비구니들은 속가를 아끼고 질투하였는가? 여러 비구들이여. 이것은 오히려 믿지 않는 자는 신심이 생겨나지 않게 하고, …… 이미 믿었던 자는 일부가 전전하여 다른 곳으로 향하여 떠나가게 하느니라."

이와 같이 세존께서는 여러 종류의 방편으로써 여러 비구니들을 꾸짖고서 뒤에 부양이 어렵고 가르치고 양육함이 어려우며, …… 나아가 …… 여러 비구들을 위하여 적절한 법을 수순하여 설하신 뒤에 여러 비구들에게 알려 말씀하셨다.

"…… 나아가 …… 여러 비구들이여. 여러 비구니들은 마땅히 이와 같이 학처를 송출할지니라.

'어느 누구의 비구니일지라도 속가를 아끼고 질투하는 자는 바일제를 범하느니라.'"

2-1 '어느 누구'는 어느 태어난 곳의 이유, …… 혹은 중간의 법랍이었다면 이것을 '어느 누구'라고 말한다.

'비구니'는 구걸하는 비구니이니, 일을 쫓아서 걸식하는 비구니, ……
곧 이것에서 '비구니'의 뜻이라고 말하는 것이다.

'아끼고 질투하다.'는 '어찌 여러 비구들을 떠나가게 시키지 않겠는가?'
라고 생각하고서 비구니들의 앞에서 속가를 악구로 말하는 자는 바일제를
범한다. 속가의 앞에서 비구니를 악구로 말하는 자도 바일제를 범한다.

'속가'는 네 종류가 있나니, 찰제리가, 바라문가, 폐사가, 수다라가이다.

3-1 속가를 마주하고서 아끼고 질투하지 않았거나, 위험한 사실로써
알렸거나, 미쳤던 자이거나, 최초로 범한 자는 범하지 않는다.

56) 무비구주처안거(無比丘住處安居) 학처

1-1 그때 불·세존께서는 사위성의 기수급고독원에 머무르셨다.

그때 여러 비구니들이 취락의 주처에서 안거를 마치고 사위성에 이르렀
다. 여러 비구니들이 그 비구니들을 마주하고서 이와 같이 말을 지었다.

"대자들이여. 어느 곳에서 안거하였습니까? 교계는 만족하였습니까?"

"대자들이여. 이곳에는 비구가 없었습니다. 어찌 교계를 만족하였겠습
니까?"

여러 비구니들의 가운데에서 욕심이 적은 자들은 싫어하고 비난하였다.

"무슨 까닭으로써 비구니들이 비구가 없는 주처에서 안거하는가?"

여러 비구니들은 이 일로써 여러 비구들에게 말하였고, 여러 비구들은
이 일로써 세존께 아뢰었다. 세존께서는 이 인연으로써 비구승가를 모으
셨으며, 여러 비구들에게 물어 말씀하셨다.

"여러 비구들이여. 여러 비구니들이 진실로 비구가 없는 주처에서
안거하였는가?"

"진실로 그렇습니다. 세존이시여."

세존께서는 여러 방편으로 꾸짖으셨다.

"여러 비구들이여. 어찌하여 여러 비구니들은 비구가 없는 주처에서 안거하였는가? 여러 비구들이여. 이것은 오히려 믿지 않는 자는 신심이 생겨나지 않게 하고, …… 이미 믿었던 자는 일부가 전전하여 다른 곳으로 향하여 떠나가게 하느니라."

이와 같이 세존께서는 여러 종류의 방편으로써 여러 비구니들을 꾸짖고서 뒤에 부양이 어렵고 가르치고 양육함이 어려우며, …… 나아가 …… 여러 비구들을 위하여 적절한 법을 수순하여 설하신 뒤에 여러 비구들에게 알려 말씀하셨다.

"…… 나아가 …… 여러 비구들이여. 여러 비구니들은 마땅히 이와 같이 학처를 송출할지니라.

'어느 누구의 비구니일지라도 비구가 없는 주처에서 안거하는 자는 바일제를 범하느니라.'"

2-1 '어느 누구'는 어느 태어난 곳의 이유, …… 혹은 중간의 법랍이었다면 이것을 '어느 누구'라고 말한다.

'비구니'는 구걸하는 비구니이니, 일을 쫓아서 걸식하는 비구니, …… 곧 이것에서 '비구니'의 뜻이라고 말하는 것이다.

'비구가 없는 주처'는 비구가 능히 교계할 수 없거나, 함께 머무르기 위하여 능히 갈 수 없는 처소이다.

"나는 안거하겠다."라고 말하고서 앉고 눕는 처소와 음료수, 생활용수를 준비하였고, 나아가 방사를 청소하는 자는 돌길라를 범한다. 날이 밝았다면 바일제를 범한다.

3-1 안거에 들어갔는데 비구가 떠나갔거나, 혹은 환속하였거나, 혹은 죽었거나, 혹은 외도에 귀의하였거나, 사고의 때이거나, 미쳤던 자이거나, 최초로 범한 자는 범하지 않는다.

57) 이부승부자자(二部僧不自恣) 학처

1-1 그때 불·세존께서는 사위성의 기수급고독원에 머무르셨다.

그때 여러 비구니들이 취락의 주처에서 안거를 마치고 사위성에 이르렀다. 여러 비구니들이 그 비구니들을 마주하고 이와 같이 말하였다.

"대자들이여. 어느 곳에서 안거하였습니까? 비구승가에서 자자하였습니까?"

"대자들이여. 우리들은 비구승가에서 자자하지 않았습니다."

여러 비구니들의 가운데에서 욕심이 적은 자들은 싫어하고 비난하였다.

"무슨 까닭으로써 비구니들이 안거를 마치고 비구승가에서 자자하지 않는가?"

여러 비구니들은 이 일로써 여러 비구들에게 말하였고, 여러 비구들은 이 일로써 세존께 아뢰었다. 세존께서는 이 인연으로써 비구승가를 모으셨으며, 여러 비구들에게 물어 말씀하셨다.

"여러 비구들이여. 여러 비구니들이 진실로 안거를 마치고 비구승가에서 자자하지 않았는가?"

"진실로 그렇습니다. 세존이시여."

세존께서는 여러 방편으로 꾸짖으셨다.

"여러 비구들이여. 어찌하여 여러 비구니들은 안거를 마치고 비구승가에서 자자하지 않았는가? 여러 비구들이여. 이것은 오히려 믿지 않는 자는 신심이 생겨나지 않게 하고, …… 이미 믿었던 자는 일부가 전전하여 다른 곳으로 향하여 떠나가게 하느니라."

이와 같이 세존께서는 여러 종류의 방편으로써 여러 비구니들을 꾸짖고서 뒤에 부양이 어렵고 가르치고 양육함이 어려우며, …… 나아가 …… 여러 비구들을 위하여 적절한 법을 수순하여 설하신 뒤에 여러 비구들에게 알려 말씀하셨다.

"…… 나아가 …… 여러 비구들이여. 여러 비구니들은 마땅히 이와 같이 학처를 송출할지니라.

'어느 누구의 비구니일지라도 안거를 마치고 2부승가의 가운데에서 보았거나, 들었거나, 의심이 있는 세 가지의 일에 자자를 행하지 않는 자는 바일제를 범하느니라.'"

2-1 '어느 누구'는 어느 태어난 곳의 이유, …… 혹은 중간의 법랍이었다면 이것을 '어느 누구'라고 말한다.

'비구니'는 구걸하는 비구니이니, 일을 쫓아서 걸식하는 비구니, …… 곧 이것에서 '비구니'의 뜻이라고 말하는 것이다.

'안거를 마치다.'는 전안거의 3개월을 마치거나, 후안거의 3개월을 마친 것이다.

"2부승가의 가운데에서 보았거나, 들었거나, 의심이 있는 세 가지의 일에 자자를 행하지 않겠다."라고 말하였고, 이것에 의지하여 그의 책무를 내버리는 자는 바일제를 범한다.

3-1 장애가 있었거나, 구하였으나 얻지 못하였거나, 병자이었거나, 사고 의 때이거나, 미쳤던 자이거나, 최초로 범한 자는 범하지 않는다.

58) 불왕청교계(不往聽敎誡) 학처

1-1 그때 불·세존께서는 사위성의 기수급고독원에 머무르셨다.

그때 육군비구들이 비구니들의 주처에 이르렀고, 육군비구니들을 교계하였다. 여러 비구니들이 육군비구니들을 마주하고서 이와 같이 말을 지었다.

"대자들이여. 우리들은 가서 교계를 받아야 합니다."

"대자들이여. 우리들이 마땅히 가서 교계를 받겠습니까? 존자인 육군비구들이 이곳에 와서 우리들을 교계하였습니다."

여러 비구니들의 가운데에서 욕심이 적은 자들은 싫어하고 비난하였다.

"무슨 까닭으로써 육군비구니들은 가서 교계를 받지 않는가?"

여러 비구니들은 이 일로써 여러 비구들에게 말하였고, 여러 비구들은 이 일로써 세존께 아뢰었다. 세존께서는 이 인연으로써 비구승가를 모으셨으며, 여러 비구들에게 물어 말씀하셨다.

"여러 비구들이여. 육군비구니들이 진실로 가서 교계를 받지 않았는가?"

"진실로 그렇습니다. 세존이시여."

세존께서는 여러 방편으로 꾸짖으셨다.

"여러 비구들이여. 어찌하여 육군비구니들은 가서 교계를 받지 않았는가? 여러 비구들이여. 이것은 오히려 믿지 않는 자는 신심이 생겨나지 않게 하고, …… 이미 믿었던 자는 일부가 전전하여 다른 곳으로 향하여 떠나가게 하느니라."

이와 같이 세존께서는 여러 종류의 방편으로써 육군비구니들을 꾸짖고서 뒤에 부양이 어렵고 가르치고 양육함이 어려우며, …… 나아가 …… 여러 비구들을 위하여 적절한 법을 수순하여 설하신 뒤에 여러 비구들에게 알려 말씀하셨다.

"…… 나아가 …… 여러 비구들이여. 여러 비구니들은 마땅히 이와 같이 학처를 송출할지니라.

'어느 누구의 비구니일지라도 교계를 받지 않았거나, 혹은 함께 머무르며 일하려고 가지 않는 자는 바일제를 범하느니라.'"

2-1 '어느 누구'는 어느 태어난 곳의 이유, …… 혹은 중간의 법랍이었다면 이것을 '어느 누구'라고 말한다.

'비구니'는 구걸하는 비구니이니, 일을 쫓아서 걸식하는 비구니, …… 곧 이것에서 '비구니'의 뜻이라고 말하는 것이다.

'교계하다.'는 8경법이다.

'함께 머무르며 일하다.'는 동일하게 갈마하고, 동일하게 계를 설하며, 동일하게 계를 배우는 것이다.

"계를 받지 않겠고, 혹은 함께 머무르며 일하려고 가지 않겠다."라고 말하였고, 이것에 의지하여 그의 책무를 내버리는 자는 바일제를 범한다.

3-1 장애가 있었거나, 도반의 비구니를 구하였어도 얻지 못하였거나, 병자이었거나, 사고의 때이거나, 미쳤던 자이거나, 최초로 범한 자는 범하지 않는다.

59) 반월불청교계(半月不請敎誡) 학처

1-1 그때 불·세존께서는 사위성의 기수급고독원에 머무르셨다.

그때 여러 비구니들이 포살을 묻지 않았고, 교계를 구하지 않았다. 여러 비구들은 싫어하고 비난하였다.

"무슨 까닭으로써 비구니들이 포살을 묻지 않고, 교계를 구하지 않는가?"

여러 비구들은 이 일로써 세존께 아뢰었고, 세존께서는 이 인연으로써 비구승가를 모으셨으며, 여러 비구들에게 물어 말씀하셨다.

"여러 비구들이여. 여러 비구니들이 진실로 포살을 묻지 않았고, 교계를 구하지 않았는가?"

"진실로 그렇습니다. 세존이시여."

세존께서는 여러 방편으로 꾸짖으셨다.

"여러 비구들이여. 어찌하여 여러 비구니들은 포살을 묻지 않았고, 교계를 구하지 않았는가? 여러 비구들이여. 이것은 오히려 믿지 않는 자는 신심이 생겨나지 않게 하고, …… 이미 믿었던 자는 일부가 전전하여 다른 곳으로 향하여 떠나가게 하느니라."

이와 같이 세존께서는 여러 종류의 방편으로써 여러 비구니들을 꾸짖고서 뒤에 부양이 어렵고 가르치고 양육함이 어려우며, …… 나아가 …… 여러 비구들을 위하여 적절한 법을 수순하여 설하신 뒤에 여러 비구들에게 알려 말씀하셨다.

" …… 나아가 …… 여러 비구들이여. 여러 비구니들은 마땅히 이와

같이 학처를 송출할지니라.

'비구니는 매번 보름에 마땅히 비구승가에서 두 가지의 법을 구할 것이니, 곧 포살을 묻고 교계를 구하는 것이다. 이것을 위반하는 자는 바일제를 범하느니라.'"

2-1 '매번 보름에'는 매번의 포살이다.

'포살'은 14일과 15일의 두 번의 포살이다.

'교계하다.'는 8경법이다.

"나는 포살을 묻지 않겠고, 교계를 구하지 않겠다."라고 말하고서, 이것에 의지하여 그의 책무를 내버리는 자는 바일제를 범한다.

3-1 장애가 있었거나, 도반의 비구니를 구하였어도 얻지 못하였거나, 병자이었거나, 사고의 때이거나, 미쳤던 자이거나, 최초로 범한 자는 범하지 않는다.

60) 사남자파옹창(使男子破癰瘡) 학처

1-1 그때 불·세존께서는 사위성의 기수급고독원에 머무르셨다.

그때 한 비구니가 하체(下體)에 옹창(癰瘡)²⁴⁾이 생겨났는데, 혼자서 한 남자와 그것을 터트렸다. 이때 그 남자는 그 비구니를 장차 능욕하였고, 그 비구니는 크게 소리쳤다. 여러 비구니들이 달려와서 서로에게 물어 말하였다.

"대자여. 그대는 무슨 까닭으로 크게 소리쳤는가?"

그때 비구니는 이 일로써 여러 비구니들에 말하였고, 여러 비구니들의 가운데에서 욕심이 적은 자들은 싫어하고 비난하였다.

---

24) 종기와 부스럼을 합하여 부르는 말이다.

"무슨 까닭으로써 비구니가 하체에 옹창이 생겨났는데, 혼자서 한 남자와 함께 그것을 터트리는가?"

여러 비구들은 이 일로써 세존께 아뢰었고, 세존께서는 이 인연으로써 비구승가를 모으셨으며, 여러 비구들에게 물어 말씀하셨다.

"여러 비구들이여. 비구니가 진실로 하체에 옹창이 생겨났는데, 혼자서 한 남자와 함께 그것을 터트렸는가?"

"진실로 그렇습니다. 세존이시여."

세존께서는 여러 방편으로 꾸짖으셨다.

"여러 비구들이여. 어찌하여 비구니가 진실로 하체에 옹창이 생겨났는데, 혼자서 한 남자와 함께 그것을 터트렸는가? 여러 비구들이여. 이것은 오히려 믿지 않는 자는 신심이 생겨나지 않게 하고, …… 이미 믿었던 자는 일부가 전전하여 다른 곳으로 향하여 떠나가게 하느니라."

이와 같이 세존께서는 여러 종류의 방편으로써 그 비구니를 꾸짖고서 뒤에 부양이 어렵고 가르치고 양육함이 어려우며, …… 나아가 …… 여러 비구들을 위하여 적절한 법을 수순하여 설하신 뒤에 여러 비구들에게 알려 말씀하셨다.

"…… 나아가 …… 여러 비구들이여. 여러 비구니들은 마땅히 이와 같이 학처를 송출할지니라.

'어느 누구의 비구니일지라도 하체에 옹창이 생겨났는데, 승가 대중의 허락을 받지 않고서 혼자서 한 남자와 함께 그것을 터트렸거나, 혹은 잘라냈거나, 씻어냈거나, 혹은 약을 발랐거나, 혹은 묶었거나, 풀어헤치는 자는 바일제를 범하느니라.'"

2-1 '어느 누구'는 어느 태어난 곳의 이유, …… 혹은 중간의 법랍이었다면 이것을 '어느 누구'라고 말한다.

'비구니'는 구걸하는 비구니이니, 일을 쫓아서 걸식하는 비구니, …… 곧 이것에서 '비구니'의 뜻이라고 말하는 것이다.

'하체'는 배꼽의 아래이고 무릎의 위이다.

'생겨나다.'는 이곳에 생겨난 것이다.

'종기'는 어느 무엇의 종기라도 말하는 것이다.

'부스럼'은 어느 무엇의 부스럼이라도 말하는 것이다.

'승가의 허락을 받지 않다.'는 묻지 않은 것이다.

'승가'는 비구니 승가를 말한다.

'대중'은 여러 비구니들을 말한다.

'함께'는 한 처소이다.

'혼자서 한 남자와 함께'는 남자가 한 사람이고, 비구니도 역시 한 사람인 것이다.

시켜서 터트리는 자는 돌길라를 범한다. 터트리는 때에는 바일제를 범한다.

시켜서 잘라내는 자는 돌길라를 범한다. 잘라내는 때에는 바일제를 범한다.

시켜서 씻어내는 자는 돌길라를 범한다. 씻어내는 때에는 바일제를 범한다.

시켜서 바르는 자는 돌길라를 범한다. 바르는 때에는 바일제를 범한다.

시켜서 묶는 자는 돌길라를 범한다. 묶는 때에는 바일제를 범한다.

시켜서 풀어헤치는 자는 돌길라를 범한다. 풀어헤치는 때에는 바일제를 범한다.

3-1 대중의 허락을 받고서 터트렸거나, 혹은 잘라냈거나, 씻어냈거나, 혹은 발랐거나, 혹은 묶었거나, 풀어헤쳤거나, 지혜가 있는 어느 사람이 같이 있었거나, 미쳤던 자이거나, 최초로 범한 자는 범하지 않는다.

[여섯째의 승원품(僧園品)을 마친다.]

(61) 임부수구족계(姙婦受具足戒) 학처

1-1 그때 불·세존께서는 사위성의 기수급고독원에 머무르셨다.

그때 여러 비구니들이 임산부에게 구족계를 받게 하였다. 그 비구니가 걸식하고자 다녔으므로, 여러 사람들이 말하였다.

"대자에게 음식을 주겠습니다. 대자는 무거운 짐을 짊어지셨네요."

여러 사람들은 싫어하고 비난하였다.

"무슨 까닭으로써 비구니들은 임산부이었는데, 구족계를 주는가?"

여러 비구니들은 여러 사람들이 싫어하고 비난하는 것을 들었다. 여러 비구니들의 가운데에서 욕심이 적은 자들은 싫어하고 비난하였다.

"무슨 까닭으로써 비구니들은 임산부이었는데, 구족계를 주는가?"

여러 비구니들은 이 일로써 여러 비구들에게 말하였고, 여러 비구들은 이 일로써 세존께 아뢰었다. 세존께서는 이 인연으로써 비구승가를 모으셨으며, 여러 비구들에게 물어 말씀하셨다.

"여러 비구들이여. 여러 비구니들이 진실로 임산부이었는데, 구족계를 주었는가?"

"진실로 그렇습니다. 세존이시여."

세존께서는 여러 방편으로 꾸짖으셨다.

"여러 비구들이여. 어찌하여 여러 비구니들은 임산부에게 구족계를 주었는가? 여러 비구들이여. 이것은 오히려 믿지 않는 자는 신심이 생겨나지 않게 하고, …… 이미 믿었던 자는 일부가 전전하여 다른 곳으로 향하여 떠나가게 하느니라."

이와 같이 세존께서는 여러 종류의 방편으로써 여러 비구니들을 꾸짖고서 뒤에 부양이 어렵고 가르치고 양육함이 어려우며, …… 나아가 …… 여러 비구들을 위하여 적절한 법을 수순하여 설하신 뒤에 여러 비구들에게 알려 말씀하셨다.

"…… 나아가 …… 여러 비구들이여. 여러 비구니들은 마땅히 이와 같이 학처를 송출할지니라.

'어느 누구의 비구니일지라도 임산부이었는데, 구족계를 받게 시키는 자는 바일제를 범하느니라.'"

2-1 '어느 누구'는 어느 태어난 곳의 이유, …… 혹은 중간의 법랍이었다면 이것을 '어느 누구'라고 말한다.

'비구니'는 구걸하는 비구니이니, 일을 쫓아서 걸식하는 비구니, …… 곧 이것에서 '비구니'의 뜻이라고 말하는 것이다.

'임산부'는 몸에 유정을 품고 있는 여인이다.

'구족계를 받게 시키다'는 구족계를 받게 시키면서 "나는 구족계를 받게 시키겠다."라고 말하였고, 대중을 구하였거나, 혹은 스승을, 혹은 발우를, 혹은 옷을, 혹은 계장(戒場)을 선택하여 정하는 자는 돌길라를 범한다. 아뢰었다면 돌길라를 범하고, 두 번을 갈마하였다면 돌길라를 범한다. 갈마를 마쳤다면 화상은 바일제를 범하고 대중과 교수사인 아사리 등은 돌길라를 범한다.

2-2 임산부이었고 임산부라는 생각이 있었는데, 구족계를 받게 시키는 자는 바일제를 범한다. 임산부이었고 임산부라는 의심이 있었는데, 구족계를 받게 시키는 자는 바일제를 범한다. 임산부이었고 임산부가 아니라는 생각이 있었는데, 구족계를 받게 시키는 자는 범하지 않는다.

임산부가 아니었고 임산부라는 생각이 있었는데, 구족계를 받게 시키는 자는 돌길라를 범한다. 임산부가 아니었고 임산부라는 의심이 있었는데, 구족계를 받게 시키는 자는 돌길라를 범한다. 임산부가 아니었고 임산부가 아니라는 생각이 있었는데, 구족계를 받게 시키는 자는 범하지 않는다.

3-1 임산부이었고 임산부가 아니라는 생각이 있었으므로 구족계를 받게 시켰거나, 임산부가 아니었고 임산부가 아니라는 생각이 있으므로 구족계를 받게 시켰거나, 미쳤던 자이거나, 최초로 범한 자는 범하지 않는다.

(62) 유아부녀수구족계(有兒婦女受具足戒) 학처

1-1 그때 불·세존께서는 사위성의 기수급고독원에 머무르셨다.

그때 여러 비구니들이 아이가 있는 여인에게 구족계를 받게 하였다. 그 비구니가 걸식하고자 다녔으므로, 여러 사람들이 말하였다.

"대자에게 음식을 주겠습니다. 대자는 도반이 있으시네요."

여러 사람들은 싫어하고 비난하였다.

"무엇을 위하여 비구니들은 아이가 있는 여인에게 구족계를 주는가?"

여러 비구니들은 여러 사람들이 싫어하고 비난하는 것을 들었다. 여러 비구니들의 가운데에서 욕심이 적은 자들은 싫어하고 비난하였다.

"무슨 까닭으로써 비구니들이 아이가 있는 여인에게 구족계를 주는가?"

여러 비구니들은 이 일로써 여러 비구들에게 말하였고, 여러 비구들은 이 일로써 세존께 아뢰었다. 세존께서는 이 인연으로써 비구승가를 모으셨으며, 여러 비구들에게 물어 말씀하셨다.

"여러 비구들이여. 여러 비구니들이 진실로 아이가 있는 여인이었는데, 구족계를 주었는가?"

"진실로 그렇습니다. 세존이시여."

세존께서는 여러 방편으로 꾸짖으셨다.

"여러 비구들이여. 어찌하여 여러 비구니들은 아이가 있는 여인이었는데, 구족계를 주었는가? 여러 비구들이여. 이것은 오히려 믿지 않는 자는 신심이 생겨나지 않게 하고, …… 이미 믿었던 자는 일부가 전전하여 다른 곳으로 향하여 떠나가게 하느니라."

이와 같이 세존께서는 여러 종류의 방편으로써 여러 비구니들을 꾸짖고서 뒤에 부양이 어렵고 가르치고 양육함이 어려우며, …… 나아가 …… 여러 비구들을 위하여 적절한 법을 수순하여 설하신 뒤에 여러 비구들에게 알려 말씀하셨다.

"…… 나아가 …… 여러 비구들이여. 여러 비구니들은 마땅히 이와 같이 학처를 송출할지니라.

'어느 누구의 비구니일지라도 아이가 있는 여인이었는데, 구족계를 받게 시키는 자는 바일제를 범하느니라.'"

2-1 '어느 누구'는 어느 태어난 곳의 이유, …… 혹은 중간의 법랍이었다면 이것을 '어느 누구'라고 말한다.

'비구니'는 구걸하는 비구니이니, 일을 쫓아서 걸식하는 비구니, …… 곧 이것에서 '비구니'의 뜻이라고 말하는 것이다.

'아이가 있는 여인'은 친모(親母)이거나, 유모(乳母)이다.

'구족계를 받게 시키다'는 구족계를 받게 시키면서 "나는 구족계를 받게 시키겠다."라고 말하였고, 대중을 구하였거나, 혹은 스승을, 혹은 발우를, 혹은 옷을, 혹은 계장을 선택하여 정하는 자는 돌길라를 범한다. 아뢰었다면 돌길라를 범하고, 두 번을 갈마하였다면 돌길라를 범한다. 갈마를 마쳤다면 화상은 바일제를 범하고 대중과 교수사인 아사리 등은 돌길라를 범한다.

2-2 아이가 있는 여인이었고 아이가 있는 여인이라는 생각이 있었는데, 구족계를 받게 시키는 자는 바일제를 범한다. 아이가 있는 여인이었고 아이가 있는 여인이라는 의심이 있었는데, 구족계를 받게 시키는 자는 바일제를 범한다. 아이가 있는 여인이었고 아이가 없는 여인이라는 생각이 있었는데, 구족계를 받게 시키는 자는 범하지 않는다.

아이가 없는 여인이었고 아이가 있는 여인이라는 생각이 있었는데, 구족계를 받게 시키는 자는 돌길라를 범한다. 아이가 없는 여인이 아니었고 아이가 있는 여인이라는 의심이 있었는데, 구족계를 받게 시키는 자는 돌길라를 범한다. 아이가 없는 여인이었고 아이가 없는 여인이라는 생각이 있었는데, 구족계를 받게 시키는 자는 범하지 않는다.

3-1 아이가 있는 여인이었고 아이가 없는 여인이라는 생각이 있었으므로 구족계를 받게 시켰거나, 아이가 없는 여인이었고 아이가 없는 여인이라

는 생각이 있었으므로 구족계를 받게 시켰거나, 미쳤던 자이거나, 최초로
범한 자는 범하지 않는다.

(63) 불학육법수구족계(不學六法受具足戒) 학처

1-1 그때 불·세존께서는 사위성의 기수급고독원에 머무르셨다.

그때 여러 비구니들이 식차마나가 2년의 6법학계(六法學戒)를 얻지
못하였는데, 구족계를 받게 하였다. 그 비구니는 어리석고 무능(無能)하여
정행(淨行)과 정행이 아닌 것을 알지 못하였다. 여러 비구니들의 가운데에
서 욕심이 적은 자들은 싫어하고 비난하였다.

"무슨 까닭으로써 여러 비구니들이 식차마나가 2년의 6법학계를 얻지
못하였는데, 구족계를 받게 하는가?"

여러 비구니들은 이 일로써 여러 비구들에게 말하였고, 여러 비구들은
이 일로써 세존께 아뢰었다. 세존께서는 이 인연으로써 비구승가를 모으
셨으며, 여러 비구들에게 물어 말씀하셨다.

"여러 비구들이여. 여러 비구니들이 진실로 식차마나가 2년의 6법학계
를 얻지 못하였는데, 구족계를 받게 하였는가?"

"진실로 그렇습니다. 세존이시여."

세존께서는 여러 방편으로 꾸짖으셨다.

"여러 비구들이여. 어찌하여 여러 비구니들은 식차마나가 2년의 6법학
계를 얻지 못하였는데, 구족계를 받게 하였는가? 여러 비구들이여. 이것은
오히려 믿지 않는 자는 신심이 생겨나지 않게 하고, …… 이미 믿었던
자는 일부가 전전하여 다른 곳으로 향하여 떠나가게 하느니라."

세존께서는 여러 종류의 방편으로써 여러 비구니들을 꾸짖고서 설법하
셨으며 여러 비구들에게 알려 말씀하셨다.

"여러 비구들이여. 식차마나에게 2년의 6법학계의 주도록 갈마하는
것을 허락하겠노라. 여러 비구들이여. 마땅히 이와 같이 주어야 한다.

그 식차마나는 승가의 처소에 이르러 오른쪽 어깨를 드러내고 여러 비구니들의 발에 예배하고 호궤 합장하고서 이와 같이 아뢰어야 한다.

"여러 대자들이여. 나 누구는 대자 누구의 식차마나이고, 비구니 승가께 2년의 6법학계를 주시기를 애원합니다."

마땅히 두 번째에도 애원해야 하고, …… 나아가 …… 마땅히 세 번째에도 애원해야 한다. 마땅히 한 명의 총명하고 현명하며 유능한 비구니가 승가의 가운데에서 창언하여 말한다.

"'대자 승가께서는 허락하십시오. 이 누구 식차마나는 대자 누구의 식차마나이고, 비구니 승가를 향하여 2년의 6법학계를 애원하고 있습니다. 만약 승가께서 때에 이르렀다면 승가께서는 누구의 식차마나에게 2년의 6법학계를 주십시오. 이와 같이 아룁니다.'

'대자 승가께서는 허락하십시오. 이 누구 식차마나는 대자 누구의 식차마나이고, 비구니 승가를 향하여 2년의 6법학계를 주시기를 애원하고 있습니다. 만약 승가께서 때에 이르렀다면 승가는 누구의 식차마나에게 2년의 6법학계를 주겠습니다. 여러 대자들께서 누구의 식차마나에게 2년의 6법학계를 주는 것을 인정하신다면 묵연하시고, 인정하지 않으신다면 곧 말씀하십시오.'

'승가시여. 누구의 식차마나에게 2년의 6법학계를 주겠습니다. 승가께서 인정하신 것은 묵연하였던 까닭입니다. 나는 이와 같이 알고 이해하겠습니다.'"

마땅히 그 식차마나에게 알려서 이와 같이 말을 짓게 해야 한다.

"나는 불살생계(不殺生戒)를 수지하고서, 2년을 범하지 않겠습니다. 나는 불여취계(不與取戒)를 수지하고서, 2년을 범하지 않겠습니다. 나는 비범행계(非梵行戒)를 수지하고서, 2년을 범하지 않겠습니다. 나는 불망어계(不妄語戒)를 수지하고서, 2년을 범하지 않겠습니다. 나는 불음주계(不飮酒戒)를 수지하고서, 2년을 범하지 않겠습니다. 나는 비시식계(非時食戒)를 수지하고서, 2년을 범하지 않겠습니다."

이때 세존께서는 여러 종류의 방편으로써 여러 비구니들을 꾸짖고서 뒤에 부양이 어렵고 가르치고 양육함이 어려우며, …… 나아가 …… 여러 비구들을 위하여 적절한 법을 수순하여 설하신 뒤에 여러 비구들에게 알려 말씀하셨다.

"…… 나아가 …… 여러 비구들이여. 여러 비구니들은 마땅히 이와 같이 학처를 송출할지니라.

'어느 누구의 비구니일지라도 식차마나가 2년의 6법학계를 얻지 못하였는데, 구족계를 받게 시키는 자는 바일제를 범하느니라.'"

2-1 '어느 누구'는 어느 태어난 곳의 이유, …… 혹은 중간의 법랍이었다면 이것을 '어느 누구'라고 말한다.

'비구니'는 구걸하는 비구니이니, 일을 쫓아서 걸식하는 비구니, …… 곧 이것에서 '비구니'의 뜻이라고 말하는 것이다.

'2년'은 두 번의 연도이다.

'2년의 6법학계를 얻지 못하다.'는 학계를 주지 않았거나, 혹은 학계를 주었으나 범한 자이다.

'구족계를 받게 시키다'는 구족계를 받게 시키면서 "나는 구족계를 받게 시키겠다."라고 말하였고, 대중을 구하였거나, 혹은 스승을, 혹은 발우를, 혹은 옷을, 혹은 계장을 정하는 자는 돌길라를 범한다. 아뢰었다면 돌길라를 범하고, 두 번을 갈마하였다면 돌길라를 범한다. 갈마를 마쳤다면 화상은 바일제를 범하고 대중과 교수사인 아사리 등은 돌길라를 범한다.

2-2 여법한 갈마이었고 여법한 갈마라는 생각이 있었는데, 구족계를 받게 시키는 자는 바일제를 범한다. 여법한 갈마이었고 여법한 갈마라는 의심이 있었는데, 구족계를 받게 시키는 자는 바일제를 범한다. 여법한 갈마이었고 비법의 갈마라는 생각이 있었는데, 구족계를 받게 시키는 자는 바일제를 범한다.

비법의 갈마이었고 여법한 갈마라는 생각이 있었는데, 구족계를 받게 시키는 자는 돌길라를 범한다. 여법한 갈마이었고 비법의 갈마라는 의심이 있었는데, 구족계를 받게 시키는 자는 돌길라를 범한다. 비법의 갈마이 었고 비법의 갈마라는 생각이 있었는데, 구족계를 받게 시키는 자는 돌길라를 범한다.

3-1 2년의 6법학계를 받은 식차마나에게 구족계를 받게 시켰거나, 미쳤던 자이거나, 최초로 범한 자는 범하지 않는다.

(64) 불걸승가수구족계(不乞僧伽受具足戒) 학처

1-1 그때 불·세존께서는 사위성의 기수급고독원에 머무르셨다.

그때 여러 비구니들이 2년의 6법학계를 얻은 식차마나에게 승가의 허락을 받지 않고서 구족계를 받게 하였다. 여러 비구니들이 이렇게 말을 지었다.

"식차마나여! 오세요. 마땅히 이것을 아세요. 마땅히 이것을 주세요. 이것을 가지고 오세요. 이것이 필요해요. 이러한 청정한 일을 지으세요."

그녀들은 이렇게 말을 지었다.

"우리들은 식차마나가 아닙니다. 우리들은 비구니입니다."

여러 비구니들의 가운데에서 욕심이 적은 자들은 싫어하고 비난하였다.

"무슨 까닭으로써 여러 비구니들은 2년의 6법학계인 식차마나에게 승가의 허락을 얻지 않고서 구족계를 받게 하는가?"

여러 비구니들은 이 일로써 여러 비구들에게 말하였고, 여러 비구들은 이 일로써 세존께 아뢰었다. 세존께서는 이 인연으로써 비구승가를 모으셨으며, 여러 비구들에게 물어 말씀하셨다.

"여러 비구들이여. 여러 비구니들이 진실로 2년의 6법학계인 식차마나들에게 승가의 허락을 얻지 않고서 구족계를 받게 하였는가?"

"진실로 그렇습니다. 세존이시여."

세존께서는 여러 방편으로 꾸짖으셨다.

　"여러 비구들이여. 어찌하여 여러 비구니들은 2년의 6법학계인 식차마나들에게 승가의 허락을 얻지 않고서 구족계를 받게 하였는가? 여러 비구들이여. 이것은 오히려 믿지 않는 자는 신심이 생겨나지 않게 하고, …… 이미 믿었던 자는 일부가 전전하여 다른 곳으로 향하여 떠나가게 하느니라."

　세존께서는 여러 종류의 방편으로써 여러 비구니들을 꾸짖고서 설법하셨으며 여러 비구들에게 알려 말씀하셨다.

　"여러 비구들이여. 2년의 6법학계인 식차마나에게 그녀들이 구족계를 받을 수 있도록 갈마하는 것을 허락하겠노라. 여러 비구들이여. 마땅히 이와 같이 주어야 한다. 2년의 6법학계인 식차마나는 승가의 처소에 이르러 오른쪽 어깨를 드러내고 여러 비구니들의 발에 예배하고 호궤합장하고서 이와 같이 아뢰어야 한다.

　"여러 대자들이여. 나 누구는 대자 누구의 식차마나이고, 비구니 승가께 구족계를 받는 것을 애원합니다."

　마땅히 두 번째에도 애원해야 하고, …… 나아가 …… 마땅히 세 번째에도 애원해야 한다. 마땅히 한 명의 총명하고 현명하며 유능한 비구니가 승가의 가운데에서 창언하여 말한다.

　"대자 승가께서는 허락하십시오. 이 누구 식차마나는 대자 누구의 2년의 6법학계인 식차마나이고, 비구니 승가를 향하여 구족계를 받는 것을 애원하고 있습니다. 만약 승가께서 때에 이르렀다면 승가께서는 누구의 식차마나가 구족계를 받는 것을 허락하십시오. 이와 같이 아룁니다.'

　'대자 승가께서는 허락하십시오. 이 누구 식차마나는 대자 누구의 2년의 6법학계인 식차마나이고, 비구니 승가를 향하여 구족계를 받고자 애원하고 있습니다. 만약 승가께서 때에 이르렀다면 승가는 누구의 2년 6법학계인 식차마나에게 구족계를 주겠습니다. 여러 대자들께서 누구의 2년 6법학계인 식차마나에게 구족계를 주는 것을 인정하신다면 묵연하시고, 인정하지 않으신다면 곧 말씀하십시오.'

　'승가시여. 2년 6법학계인 식차마나에게 구족계를 주겠습니다. 승가께서 인정하신 것은 묵연하였던 까닭입니다. 나는 이와 같이 알고 이해하겠습니다.'"

이때 세존께서는 여러 종류의 방편으로써 여러 비구니들을 꾸짖고서 뒤에 부양이 어렵고 가르치고 양육함이 어려우며, …… 나아가 …… 여러 비구들을 위하여 적절한 법을 수순하여 설하신 뒤에 여러 비구들에게 알려 말씀하셨다.

"…… 나아가 …… 여러 비구들이여. 여러 비구니들은 마땅히 이와 같이 학처를 송출할지니라.

'어느 누구의 비구니일지라도 2년의 6법학계인 식차마나에게 승가의 허락을 얻지 않았는데, 구족계를 받게 하는 자는 바일제를 범하느니라.'"

2-1 '어느 누구'는 어느 태어난 곳의 이유, …… 혹은 중간의 법랍이었다면 이것을 '어느 누구'라고 말한다.

'비구니'는 구걸하는 비구니이니, 일을 쫓아서 걸식하는 비구니, …… 곧 이것에서 '비구니'의 뜻이라고 말하는 것이다.

'2년'은 두 번의 해이다.

'학계'는 6법학계이다.

'승가의 허락을 얻지 않다.'는 백이갈마에 의지하여 식차마나에게 구족계를 받도록 허락하지 않는 것이다.

'구족계를 받게 시키다'는 구족계를 받게 시키면서 "나는 구족계를 받게 시키겠다."라고 말하였고, 대중을 구하였거나, 혹은 스승을, 혹은 발우를, 혹은 옷을, 혹은 계장을 선택하여 정하는 자는 돌길라를 범한다. 아뢰었다면 돌길라를 범하고, 두 번을 갈마하였다면 돌길라를 범한다. 갈마를 마쳤다면 화상은 바일제를 범하고 대중과 교수사인 아사리 등은 돌길라를 범한다.

2-2 여법한 갈마이었고 여법한 갈마라는 생각이 있었는데, 구족계를 받게 시키는 자는 바일제를 범한다. 여법한 갈마이었고 여법한 갈마라는

의심이 있었는데, 구족계를 받게 시키는 자는 바일제를 범한다. 여법한 갈마이었고 비법의 갈마라는 생각이 있었는데, 구족계를 받게 시키는 자는 바일제를 범한다.

비법의 갈마이었고 여법한 갈마라는 생각이 있었는데, 구족계를 받게 시키는 자는 돌길라를 범한다. 여법한 갈마이었고 비법의 갈마라는 의심이 있었는데, 구족계를 받게 시키는 자는 돌길라를 범한다. 비법의 갈마이었고 비법의 갈마라는 생각이 있었는데, 구족계를 받게 시키는 자는 돌길라를 범한다.

3-1 2년 6법학계인 식차마나이었고 승가의 허락을 얻고서 구족계를 받게 시켰거나, 미쳤던 자이거나, 최초로 범한 자는 범하지 않는다.

(65) 미십이세수구족계(未十二歲受具足戒) 학처

1-1 그때 불·세존께서는 사위성의 기수급고독원에 머무르셨다.

그때 여러 비구니들이 12세(歲)를 채우지 않았으나, 일찍이 시집갔던 여인에게 구족계를 받게 하였다. 그 비구니는 추위·더위·굶주림·목마름·등에·모기·바람·열기·곤충·뱀 등의 접촉을 능히 견딜 수 없었고, 또한 악어(惡語)와 비방을 견딜 수 없었으며, 고통스럽고 날카로우며 가혹하고 불쾌하며 비참하고 목숨을 잃을 것과 같은 육신으로 느끼는 고통을 견디지 못하였다. 여러 비구니들의 가운데에서 욕심이 적은 자들은 싫어하고 비난하였다.

"무슨 까닭으로써 여러 비구니들은 12세를 채우지 않았으나, 일찍이 시집갔던 여인에게 구족계를 받게 하는가?"

여러 비구니들은 이 일로써 여러 비구들에게 말하였고, 여러 비구들은 이 일로써 세존께 아뢰었다. 세존께서는 이 인연으로써 비구승가를 모으셨으며, 여러 비구들에게 물어 말씀하셨다.

"여러 비구들이여. 여러 비구니들이 진실로 12세를 채우지 않았으나, 일찍이 시집갔던 여인에게 구족계를 받게 하였는가?"

"진실로 그렇습니다. 세존이시여."

세존께서는 여러 방편으로 꾸짖으셨다.

"여러 비구들이여. 어찌하여 여러 비구니들은 12세를 채우지 않았으나, 일찍이 시집갔던 여인에게 구족계를 받게 하였는가? 여러 비구들이여. 12세를 채우지 않았고, 일찍이 시집갔던 여인이라도 추위·더위·굶주림·목마름·등에·모기·바람·열기·곤충·뱀 등의 접촉을 능히 견딜 수 없느니라. 여러 비구들이여. 이것은 오히려 믿지 않는 자는 신심이 생겨나지 않게 하고, …… 이미 믿었던 자는 일부가 전전하여 다른 곳으로 향하여 떠나가게 하느니라."

"…… 나아가 …… 여러 비구들이여. 여러 비구니들은 마땅히 이와 같이 학처를 송출할지니라.

'어느 누구의 비구니일지라도 12세를 채우지 않았고, 일찍이 시집갔던 여인에게 구족계를 받게 하는 자는 바일제를 범하느니라.'"

2-1 '어느 누구'는 어느 태어난 곳의 이유, …… 혹은 중간의 법랍이었다면 이것을 '어느 누구'라고 말한다.

'비구니'는 구걸하는 비구니이니, 일을 쫓아서 걸식하는 비구니, …… 곧 이것에서 '비구니'의 뜻이라고 말하는 것이다.

'일찍이 시집갔던 여인'은 일찍이 남자와 접촉한 여인을 말한다.

'구족계를 받게 시키다'는 구족계를 받게 시키면서 "나는 구족계를 받게 시키겠다."라고 말하였고, 대중을 구하였거나, 혹은 스승을, 혹은 발우를, 혹은 옷을, 혹은 계장을 선택하여 정하는 자는 돌길라를 범한다. 아뢰었다면 돌길라를 범하고, 두 번을 갈마하였다면 돌길라를 범한다. 갈마를 마쳤다면 화상은 바일제를 범하고 대중과 교수사인 아사리 등은 돌길라를 범한다.

2-2 12세를 채우지 않았고 12세를 채우지 않았다는 생각이 있었는데, 구족계를 받게 시키는 자는 바일제를 범한다. 12세를 채우지 않았고 12세를 채우지 않았다는 의심이 있었는데, 구족계를 받게 시키는 자는 바일제를 범한다. 12세를 채우지 않았고 12세를 채웠다는 생각이 있었는데, 구족계를 받게 시키는 자는 범하지 않는다.

12세를 채웠고 12세를 채우지 않았다는 생각이 있었는데, 구족계를 받게 시키는 자는 돌길라를 범한다. 12세를 채웠고 12세를 채우지 않았다는 의심이 있었는데, 구족계를 받게 시키는 자는 돌길라를 범한다. 12세를 채웠고 12세를 채웠다는 생각이 있었는데, 구족계를 받게 시키는 자는 범하지 않는다.

3-1 12세를 채우지 않았고 12세를 채웠다는 생각이 있었으므로 구족계를 받게 시켰거나, 12세를 채웠고 12세를 채웠다는 생각이 있었으므로 구족계를 받게 시켰거나, 미쳤던 자이거나, 최초로 범한 자는 범하지 않는다.

(66) 만십이세수구족계(滿十二歲受具足戒) 학처

1-1 그때 불·세존께서는 사위성의 기수급고독원에 머무르셨다.

그때 여러 비구니들이 일찍이 시집갔으나, 12세를 채우지 않았던 여인이 2년의 6법학계를 얻지 못하였는데, 구족계를 받게 하였다. 그 비구니는 어리석고 무능하여 정행과 정행이 아닌 것을 알지 못하였다. 여러 비구니들의 가운데에서 욕심이 적은 자들은 싫어하고 비난하였다.

"무슨 까닭으로써 여러 비구니들이 일찍이 시집갔으나, 12세를 채우지 않았던 여인이 2년의 6법학계를 얻지 못하였는데, 구족계를 받게 하는가?"

여러 비구니들은 이 일로써 여러 비구들에게 말하였고, 여러 비구들은 이 일로써 세존께 아뢰었다. 세존께서는 이 인연으로써 비구승가를 모으셨으며, 여러 비구들에게 물어 말씀하셨다.

"여러 비구들이여. 여러 비구니들이 진실로 일찍이 시집갔으나, 12세를 채우지 않았던 여인이 2년의 6법학계를 얻지 못하였는데, 구족계를 받게 하였는가?"

"진실로 그렇습니다. 세존이시여."

세존께서는 여러 방편으로 꾸짖으셨다.

"여러 비구들이여. 어찌하여 여러 비구니들은 일찍이 시집갔으나, 12세를 채우지 않았던 여인이 2년의 6법학계를 얻지 못하였는데, 구족계를 받게 하였는가? 여러 비구들이여. 이것은 오히려 믿지 않는 자는 신심이 생겨나지 않게 하고, …… 이미 믿었던 자는 일부가 전전하여 다른 곳으로 향하여 떠나가게 하느니라."

세존께서는 여러 종류의 방편으로써 여러 비구니들을 꾸짖고서 설법하셨으며 여러 비구들에게 알려 말씀하셨다.

"여러 비구들이여. 일찍이 시집갔으나, 12세를 채우지 않았던 여인이라면, 마땅히 2년의 6법학계를 주는 것을 허락하겠노라. 여러 비구들이여. 마땅히 이와 같이 주어야 한다. 일찍이 시집갔으나, 12세를 채우지 않았던 여인은 승가의 처소에 이르러 오른쪽 어깨를 드러내고 여러 비구니들의 발에 예배하고 호궤 합장하고서 이와 같이 아뢰어야 한다.

"여러 대자들이여. 나 누구는 대자 누구의 일찍이 시집갔으나, 12세를 채우지 않았던 여인이고, 비구니 승가께 2년의 6법학계를 주시기를 애원합니다."

마땅히 두 번째에도 애원해야 하고, …… 나아가 …… 마땅히 세 번째에도 애원해야 한다. 마땅히 한 명의 총명하고 현명하며 유능한 비구니가 승가의 가운데에서 창언하여 말한다.

"대자 승가께서는 허락하십시오. 이 누구는 대자 누구의 일찍이 시집갔으나, 12세를 채우지 않았던 여인이고, 비구니 승가를 향하여 2년의 6법학계를 주시기를 애원하고 있습니다. 만약 승가께서 때에 이르렀다면 승가께서는 일찍이 시집갔으나, 12세를 채우지 않았던 여인에게 2년의 6법학계를 주는 것을 허락하십시오. 이와 같이 아룁니다.'

'대자 승가께서는 허락하십시오. 이 누구는 대자 누구의 일찍이 시집갔으나, 12세를 채우지 않았던 여인이고, 비구니 승가를 향하여 2년의 6법학계를 주시기를 애원하고 있습니다. 만약 승가께서 때에 이르렀다면 승가는 일찍이 시집갔으나, 12세를 채우지 않았던 여인에게 2년의 6법학계를 주겠습니다. 여러 대자들께서 일찍이 시집갔으나, 12세를 채우지 않았던 여인에게 2년의 6법학계를 주는 것을 인정하신다면 묵연하시고, 인정하지 않으신다면 곧 말씀하십시오.'

'승가시여. 일찍이 시집갔으나, 12세를 채우지 않았던 여인에게 2년의 6법학계를 주겠습니다. 승가께서 인정하신 것은 묵연하였던 까닭입니다. 나는 이와 같이 알고 이해하겠습니다.'"

이때 세존께서는 여러 종류의 방편으로써 여러 비구니들을 꾸짖고서 뒤에 부양이 어렵고 가르치고 양육함이 어려우며, …… 나아가 …… 여러 비구들을 위하여 적절한 법을 수순하여 설하신 뒤에 여러 비구들에게 알려 말씀하셨다.

"…… 나아가 …… 여러 비구들이여. 여러 비구니들은 마땅히 이와 같이 학처를 송출할지니라.

'어느 누구의 비구니일지라도 일찍이 시집갔으나, 12세를 채우지 않았던 여인이 2년의 6법학계를 얻지 못하였는데, 구족계를 받게 시키는 자는 바일제를 범하느니라.'"

2-1 '어느 누구'는 어느 태어난 곳의 이유, …… 혹은 중간의 법랍이었다면 이것을 '어느 누구'라고 말한다.

'비구니'는 구걸하는 비구니이니, 일을 쫓아서 걸식하는 비구니, …… 곧 이것에서 '비구니'의 뜻이라고 말하는 것이다.

'12세를 채우다.'는 이미 12년이 지난 것이다.

'일찍이 시집갔던 여인'은 일찍이 남자와 접촉한 여인을 말한다.

'2년'은 두 번의 해이다.

'학계'는 6법학계이다.

'승가의 허락을 얻지 않다.'는 백이갈마에 의지하여 식차마나에게 구족계를 받도록 허락하지 않는 것이다.

'구족계를 받게 시키다'는 구족계를 받게 시키면서 "나는 구족계를 받게 시키겠다."라고 말하였고, 대중을 구하였거나, 혹은 스승을, 혹은 발우를, 혹은 옷을, 혹은 계장을 선택하여 정하는 자는 돌길라를 범한다. 아뢰었다면 돌길라를 범하고, 두 번을 갈마하였다면 돌길라를 범한다. 갈마를 마쳤다면 화상은 바일제를 범하고 대중과 교수사인 아사리 등은 돌길라를 범한다.

2-2 여법한 갈마이었고 여법한 갈마라는 생각이 있었는데, 구족계를 받게 시키는 자는 바일제를 범한다. 여법한 갈마이었고 여법한 갈마라는 의심이 있었는데, 구족계를 받게 시키는 자는 바일제를 범한다. 여법한 갈마이었고 비법의 갈마라는 생각이 있었는데, 구족계를 받게 시키는 자는 바일제를 범한다.

비법의 갈마이었고 여법한 갈마라는 생각이 있었는데, 구족계를 받게 시키는 자는 돌길라를 범한다. 여법한 갈마이었고 비법의 갈마라는 의심이 있었는데, 구족계를 받게 시키는 자는 돌길라를 범한다. 비법의 갈마이었고 비법의 갈마라는 생각이 있었는데, 구족계를 받게 시키는 자는 돌길라를 범한다.

3-1 일찍이 시집갔으나 12세를 채웠고 여인이 2년의 6법학계를 얻었으므로 구족계를 받게 시켰거나, 미쳤던 자이거나, 최초로 범한 자는 범하지 않는다.

67) 불걸도학법증가녀(不乞度學法曾嫁女) 학처

1-1 그때 불·세존께서는 사위성의 기수급고독원에 머무르셨다.

　그때 여러 비구니들이 일찍이 시집갔고 12세를 채웠던 여인이 2년의 6법학계를 얻었으나, 승가의 허락을 얻지 않고서 구족계를 받게 하였다. 여러 비구니들이 이렇게 말을 지었다.

　"식차마나여! 오세요. 마땅히 이것을 아세요. 마땅히 이것을 주세요. 이것을 가지고 오세요. 이것이 필요해요. 이러한 청정한 일을 지으세요."

　그녀는 이렇게 말을 지었다.

　"나는 식차마나가 아닙니다. 나는 비구니입니다."

　여러 비구니들의 가운데에서 욕심이 적은 자들은 싫어하고 비난하였다.

　"무슨 까닭으로써 여러 비구니들이 일찍이 시집갔고 12세를 채웠던 여인이 2년의 6법학계를 얻었더라도, 승가의 허락을 얻지 않고서 구족계를 받게 하는가?"

　여러 비구니들은 이 일로써 여러 비구들에게 말하였고, 여러 비구들은 이 일로써 세존께 아뢰었다. 세존께서는 이 인연으로써 비구승가를 모으셨으며, 여러 비구들에게 물어 말씀하셨다.

　"여러 비구들이여. 여러 비구니들이 진실로 일찍이 시집갔고 12세를 채웠던 여인이 2년의 6법학계를 얻었더라도, 승가의 허락을 얻지 않고서 구족계를 받게 하였는가?"

　"진실로 그렇습니다. 세존이시여."

　세존께서는 여러 방편으로 꾸짖으셨다.

　"여러 비구들이여. 어찌하여 여러 비구니들은 일찍이 시집갔고 12세를 채웠던 여인이 2년의 6법학계를 얻었더라도, 승가의 허락을 얻지 않고서 구족계를 받게 하였는가? 여러 비구들이여. 이것은 오히려 믿지 않는 자는 신심이 생겨나지 않게 하고, …… 이미 믿었던 자는 일부가 전전하여 다른 곳으로 향하여 떠나가게 하느니라."

　세존께서는 여러 종류의 방편으로써 여러 비구니들을 꾸짖고서 설법하셨으며 여러 비구들에게 알려 말씀하셨다.

　"여러 비구들이여. 일찍이 시집갔고 12세를 채웠던 여인이 2년의 6법학계를 얻었다면, 승가의 허락을 얻고서 구족계를 주는 것을 허락하겠노라.
여러 비구들이여. 마땅히 이와 같이 주어야 한다. 그 일찍이 시집가서
12세를 채웠던 여인이 2년의 6법학계를 얻었다면 승가의 처소에 이르러
오른쪽 어깨를 드러내고 여러 비구니들의 발에 예배하고 호궤 합장하고서
이와 같이 아뢰어야 한다.

"여러 대자들이여. 나 누구는 대자 누구의 일찍이 시집갔고 12세를
채웠던 여인이며, 2년의 6법학계를 얻었으므로, 비구니 승가께 나에게
구족계를 주시기를 애원합니다."

마땅히 두 번째에도 애원해야 하고, …… 나아가 …… 마땅히 세 번째에
도 애원해야 한다. 마땅히 한 명의 총명하고 현명하며 유능한 비구니가
승가의 가운데에서 창언하여 말한다.

"대자 승가께서는 허락하십시오. 이 누구는 일찍이 시집가서 12세를
채웠고 2년의 6법학계를 얻었던 여인이고, 비구니 승가를 향하여 구족계
를 주시기를 애원하고 있습니다. 만약 승가께서 때에 이르렀다면 승가께
서는 누구의 일찍이 시집가서 12세를 채웠고 2년의 6법학계를 얻었던
여인에게 구족계를 주십시오. 이와 같이 아룁니다.'

'대자 승가께서는 허락하십시오. 이 누구는 일찍이 시집가서 12세를
채웠고 2년의 6법학계를 얻었던 여인이고, 비구니 승가를 향하여 구족계
를 주시기를 애원하고 있습니다. 만약 승가께서 때에 이르렀다면 승가께
서는 누구의 일찍이 시집가서 12세를 채웠고 2년의 6법학계를 얻었던
여인에게 구족계를 주겠습니다. 여러 대자들께서 누구의 일찍이 시집갔
었고 12세를 채웠으며 2년의 6법학계를 얻었던 여인에게 구족계를 주는
것을 인정하신다면 묵연하시고, 인정하지 않으신다면 곧 말씀하십시오.'

'승가시여. 이 누구의 일찍이 시집가서 12세를 채웠고 2년의 6법학계를
얻었던 여인에게 구족계를 주겠습니다. 승가께서 인정하신 것은 묵연하
였던 까닭입니다. 나는 이와 같이 알고 이해하겠습니다.'"

이때 세존께서는 여러 종류의 방편으로써 여러 비구니들을 꾸짖고서
뒤에 부양이 어렵고 가르치고 양육함이 어려우며, …… 나아가 …… 여러

비구들을 위하여 적절한 법을 수순하여 설하신 뒤에 여러 비구들에게
알려 말씀하셨다.

"…… 나아가 …… 여러 비구들이여. 여러 비구니들은 마땅히 이와
같이 학처를 송출할지니라.

'어느 누구의 비구니일지라도 일찍이 시집갔고 12세를 채웠으며, 2년의
6법학계를 얻었던 여인이라도, 승가의 허락을 얻지 않고서 구족계를
받게 시키는 자는 바일제를 범하느니라.'"

2-1 '어느 누구'는 어느 태어난 곳의 이유, …… 혹은 중간의 법랍이었다면
이것을 '어느 누구'라고 말한다.

'비구니'는 구걸하는 비구니이니, 일을 좇아서 걸식하는 비구니, ……
곧 이것에서 '비구니'의 뜻이라고 말하는 것이다.

'12세를 채우다.'는 이미 12년이 지난 것이다.

'일찍이 시집갔던 여인'은 일찍이 남자와 접촉한 여인을 말한다.

'2년'은 두 번의 해이다.

'학계'는 6법학계이다.

'승가의 허락을 얻지 않다.'는 백이갈마에 의지하여 식차마나에게 구족
계를 받도록 허락하지 않은 것이다.

'구족계를 받게 시키다'는 구족계를 받게 시키면서 "나는 구족계를
받게 시키겠다."라고 말하였고, 대중을 구하였거나, 혹은 스승을, 혹은
발우를, 혹은 옷을, 혹은 계장을 선택하여 정하는 자는 돌길라를 범한다.
아뢰었다면 돌길라를 범하고, 두 번을 갈마하였다면 돌길라를 범한다.
갈마를 마쳤다면 화상은 바일제를 범하고 대중과 교수사인 아사리 등은
돌길라를 범한다.

2-2 여법한 갈마이었고 여법한 갈마라는 생각이 있었는데, 구족계를
받게 시키는 자는 바일제를 범한다. 여법한 갈마이었고 여법한 갈마라는
의심이 있었는데, 구족계를 받게 시키는 자는 바일제를 범한다. 여법한

갈마이었고 비법의 갈마라는 생각이 있었는데, 구족계를 받게 시키는 자는 바일제를 범한다.

비법의 갈마이었고 여법한 갈마라는 생각이 있었는데, 구족계를 받게 시키는 자는 돌길라를 범한다. 여법한 갈마이었고 비법의 갈마라는 의심이 있었는데, 구족계를 받게 시키는 자는 돌길라를 범한다. 비법의 갈마이었고 비법의 갈마라는 생각이 있었는데, 구족계를 받게 시키는 자는 돌길라를 범한다.

3-1 일찍이 시집갔고 12세를 채웠으며 2년의 6법학계를 얻었던 여인이었으며 승가의 허락을 얻고서 구족계를 받게 시켰거나, 미쳤던 자이거나, 최초로 범한 자는 범하지 않는다.

(68) 불이년교호제자(不二年敎護弟子) 학처

1-1 그때 불·세존께서는 사위성의 기수급고독원에 머무르셨다.

그때 투란난타 비구니가 제자에게 구족계를 받게 시키고서 뒤에 2년을 가르치고 보호하지 않았으며, 또한 시켜서 가르치고 보호하지도 않았다. 그 비구니는 어리석고 무능하여 정행과 정행이 아닌 것을 알지 못하였다. 여러 비구니들의 가운데에서 욕심이 적은 자들은 싫어하고 비난하였다.

"무슨 까닭으로써 투란난타 비구니는 제자에게 구족계를 받게 시키고서 뒤에 2년을 가르치고 보호하지 않았으며, 또한 시켜서 가르치고 보호하지도 않는가?"

여러 비구니들은 이 일로써 여러 비구들에게 말하였고, 여러 비구들은 이 일로써 세존께 아뢰었다. 세존께서는 이 인연으로써 비구승가를 모으셨으며, 여러 비구들에게 물어 말씀하셨다.

"여러 비구들이여. 투란난타 비구니가 진실로 제자에게 구족계를 받게 시키고서 뒤에 2년을 가르치고 보호하지 않았으며, 또한 시켜서 가르치고 보호하지도 않았는가?"

"진실로 그렇습니다. 세존이시여."

세존께서는 여러 방편으로 꾸짖으셨다.

"여러 비구들이여. 어찌하여 투란난타 비구니는 제자에게 구족계를 받게 시키고서 뒤에 2년을 가르치고 보호하지 않았으며, 또한 시켜서 가르치고 보호하지도 않았는가? 여러 비구들이여. 이것은 오히려 믿지 않는 자는 신심이 생겨나지 않게 하고, …… 이미 믿었던 자는 일부가 전전하여 다른 곳으로 향하여 떠나가게 하느니라."

이때 세존께서는 여러 종류의 방편으로써 투란난타 비구니를 꾸짖고서 뒤에 부양이 어렵고 가르치고 양육함이 어려우며, …… 나아가 …… 여러 비구들을 위하여 적절한 법을 수순하여 설하신 뒤에 여러 비구들에게 알려 말씀하셨다.

"…… 나아가 …… 여러 비구들이여. 여러 비구니들은 마땅히 이와 같이 학처를 송출할지니라.

'어느 누구의 비구니일지라도 제자에게 구족계를 받게 시키고서, 뒤에 2년을 가르치고 보호하지 않았으며, 또한 시켜서 가르치고 보호하지도 않는 자는 바일제를 범하느니라.'"

2-1 '어느 누구'는 어느 태어난 곳의 이유, …… 혹은 중간의 법랍이었다면 이것을 '어느 누구'라고 말한다.

'비구니'는 구걸하는 비구니이니, 일을 쫓아서 걸식하는 비구니, …… 곧 이것에서 '비구니'의 뜻이라고 말하는 것이다.

'제자'는 공주제자(共住弟子)를 말한다.

'구족계를 받게 시키다.'는 구족계를 받도록 시키는 것이다.

'2년'은 두 번의 해이다.

'가르치고 보호하지 않다.'는 스스로가 보호하면서 송경(誦經), 문의(問義), 훈계(訓誡), 교의(敎義)를 가르치지 않는 것이다.

'시켜서 가르치고 보호하지 않다.'는 다른 사람을 시켜서 보호하고 가르치지 않는 것이다.

'나는 가르치고 보호하지 않겠고, 또한 시켜서 가르치고 보호하지도 않겠다.'는 구족계를 받게 시키면서 "나는 구족계를 받게 시키겠다."라고 말하고서, 이것에 의지하여 그의 책무를 내버리는 자는 바일제를 범한다.

3-1 장애가 있었거나, 구하였으나 얻지 못하였거나, 병자이었거나, 사고의 때이거나, 미쳤던 자이거나, 최초로 범한 자는 범하지 않는다.

(69) 불이년수화상(不二年隨和尙) 학처

1-1 그때 불·세존께서는 사위성의 기수급고독원에 머무르셨다.

그때 여러 비구니들이 구족계를 받고서 뒤에 2년을 화상을 쫓아서 배우지 않았다. 그 비구니들은 어리석고 무능하여 정행과 정행이 아닌 것을 알지 못하였다. 여러 비구니들의 가운데에서 욕심이 적은 자들은 싫어하고 비난하였다.

"무슨 까닭으로써 비구니들이 구족계를 받고서 2년을 스승을 쫓아서 배우지 않는가?"

여러 비구니들은 이 일로써 여러 비구들에게 말하였고, 여러 비구들은 이 일로써 세존께 아뢰었다. 세존께서는 이 인연으로써 비구승가를 모으셨으며, 여러 비구들에게 물어 말씀하셨다.

"여러 비구들이여. 여러 비구니들이 진실로 구족계를 받고서 2년을 스승을 쫓아서 배우지 않았는가?"

"진실로 그렇습니다. 세존이시여."

세존께서는 여러 방편으로 꾸짖으셨다.

"여러 비구들이여. 어찌하여 여러 비구니들은 구족계를 받고서 2년을 스승을 쫓아서 배우지 않았는가? 여러 비구들이여. 이것은 오히려 믿지 않는 자는 신심이 생겨나지 않게 하고, …… 이미 믿었던 자는 일부가 전전하여 다른 곳으로 향하여 떠나가게 하느니라."

이때 세존께서는 여러 종류의 방편으로써 여러 비구니들을 꾸짖고서 뒤에 부양이 어렵고 가르치고 양육함이 어려우며, …… 나아가 …… 여러 비구들을 위하여 적절한 법을 수순하여 설하신 뒤에 여러 비구들에게 알려 말씀하셨다.

"…… 나아가 …… 여러 비구들이여. 여러 비구니들은 마땅히 이와 같이 학처를 송출할지니라.

'어느 누구의 비구니일지라도 구족계를 받고서 2년을 스승을 쫓아서 배우지 않는 자는 바일제를 범하느니라.'"

2-1 '어느 누구'는 어느 태어난 곳의 이유, …… 혹은 중간의 법랍이었다면 이것을 '어느 누구'라고 말한다.

'비구니'는 구걸하는 비구니이니, 일을 쫓아서 걸식하는 비구니, …… 곧 이것에서 '비구니'의 뜻이라고 말하는 것이다.

'구족계를 받은 뒤에'는 구족계를 받은 이후이다.

'스승'은 화상이다.

'쫓아서 배우지 않다.'는 스스로가 따르면서 배우지 않으면서 "2년을 배우지 않겠다."라고 말하고서, 이것에 의지하여 그의 책무를 내버리는 자는 바일제를 범한다.

3-1 화상이 어리석었고 혹은 부끄러움이 없는 자이었거나, 병자이었거나, 사고의 때이거나, 미쳤던 자이거나, 최초로 범한 자는 범하지 않는다.

70) 수구족계후불원리(受具足戒後不遠離) 학처

1-1 그때 불·세존께서는 사위성의 기수급고독원에 머무르셨다.

그때 투란난타 비구니가 제자에게 구족계를 받게 시키고서 뒤에 멀리 보내지 않았고, 또한 시켜서 보내지도 않았으므로, 그 주인에게 붙잡혔다. 여러 비구니들의 가운데에서 욕심이 적은 자들은 싫어하고 비난하였다.

"무슨 까닭으로써 투란난타 비구니는 제자에게 구족계를 받게 시키고서 뒤에 멀리 보내지 않았고, 또한 시켜서 보내지도 않았으므로, 그 주인이 붙잡게 하는가? 만약 이 비구니가 떠나갔다면 마땅히 주인에게 붙잡히지 않았을 것이다."

여러 비구니들은 이 일로써 여러 비구들에게 말하였고, 여러 비구들은 이 일로써 세존께 아뢰었다. 세존께서는 이 인연으로써 비구승가를 모으셨으며, 여러 비구들에게 물어 말씀하셨다.

"여러 비구들이여. 투란난타 비구니가 진실로 제자에게 구족계를 받게 시키고서 뒤에 멀리 보내지 않았고, 또한 시켜서 보내지도 않았으므로, 그 주인에게 붙잡히게 하였는가?"

"진실로 그렇습니다. 세존이시여."

세존께서는 여러 방편으로 꾸짖으셨다.

"여러 비구들이여. 어찌하여 투란난타 비구니는 제자에게 구족계를 받게 시키고서 뒤에 멀리 보내지 않았고, 또한 시켜서 보내지도 않았으므로, 그 주인에게 붙잡히게 하였는가? 여러 비구들이여. 이것은 오히려 믿지 않는 자는 신심이 생겨나지 않게 하고, …… 이미 믿었던 자는 일부가 전전하여 다른 곳으로 향하여 떠나가게 하느니라."

이때 세존께서는 여러 종류의 방편으로써 투란난타 비구니를 꾸짖고서 뒤에 부양이 어렵고 가르치고 양육함이 어려우며, …… 나아가 …… 여러 비구들을 위하여 적절한 법을 수순하여 설하신 뒤에 여러 비구들에게 알려 말씀하셨다.

"…… 나아가 …… 여러 비구들이여. 여러 비구니들은 마땅히 이와 같이 학처를 송출할지니라.

'어느 누구의 비구니일지라도 제자에게 구족계를 받게 시키고서, 뒤에 5·6유순(由旬)으로 멀리 떠나보내지 않았고, 또한 시켜서 떠나보내지 않는 자는 바일제를 범하느니라.'"

2-1 '어느 누구'는 어느 태어난 곳의 이유, …… 혹은 중간의 법랍이었다면 이것을 '어느 누구'라고 말한다.

'비구니'는 구걸하는 비구니이니, 일을 쫓아서 걸식하는 비구니, …… 곧 이것에서 '비구니'의 뜻이라고 말하는 것이다.

'제자'는 공주제자를 말한다.

'구족계를 받게 시키다.'는 구족계를 받게 시키는 것이다.

'멀리 떠나보내지 않다.'는 스스로가 멀리 떠나보내지 않는 것이다.

'시켜서 멀리 떠나보내지 않다.'는 다른 사람을 시켜서 멀리 떠나보내지 않는 것이다.

"멀리 떠나보내지 않겠다."라고 말하고서, 이것에 의지하여 그 책무를 내버리는 자는 바일제를 범한다.

3-1 장애가 있었거나, 반려인 비구니를 구하여도 얻을 수 없었거나, 병자이었거나, 사고의 때이거나, 미쳤던 자이거나, 최초로 범한 자는 범하지 않는다.

[일곱째의 임부품(姙婦品)을 마친다.]

71) 미이십세수구족계(未二十歲受具足戒) 학처

1-1 그때 불·세존께서는 사위성의 기수급고독원에 머무르셨다.

그때 여러 비구니들이 20세를 채우지 않았던 동녀(童女)에게 구족계를 받게 하였다. 그 비구니는 능히 추위·더위·굶주림·목마름·등에·모기·바람·열기·곤충·뱀 등의 접촉을 견딜 수 없었고, 또한 악어(惡語)와 비방을 견딜 수 없었으며, 고통스럽고 날카로우며 가혹하고 불쾌하며 비참하고 목숨을 잃을 것과 같은 육신으로 느끼는 고통을 견디지 못하였다. 여러 비구니들의 가운데에서 욕심이 적은 자들은 싫어하고 비난하였다.

"무슨 까닭으로써 여러 비구니들이 20세를 채우지 않았던 동녀이었는데, 구족계를 받게 하는가?"

여러 비구니들은 이 일로써 여러 비구들에게 말하였고, 여러 비구들은 이 일로써 세존께 아뢰었다. 세존께서는 이 인연으로써 비구승가를 모으셨으며, 여러 비구들에게 물어 말씀하셨다.

"여러 비구들이여. 여러 비구니들이 진실로 20세를 채우지 않았던 동녀이었는데, 구족계를 받게 하였는가?"

"진실로 그렇습니다. 세존이시여."

세존께서는 여러 방편으로 꾸짖으셨다.

"여러 비구들이여. 어찌하여 여러 비구니들은 20세를 채우지 않았던 동녀이었는데, 구족계를 받게 하였는가? 여러 비구들이여. 20세를 채우지 않았다면 일찍이 시집갔던 여인이라도 능히 추위·더위·굶주림·목마름·등에·모기·바람·열기·곤충·뱀 등의 접촉을 견딜 수 없느니라. 여러 비구들이여. 이것은 오히려 믿지 않는 자는 신심이 생겨나지 않게 하고, …… 이미 믿었던 자는 일부가 전전하여 다른 곳으로 향하여 떠나가게 하느니라."

"…… 나아가 …… 여러 비구들이여. 여러 비구니들은 마땅히 이와 같이 학처를 송출할지니라.

'어느 누구의 비구니일지라도 20세를 채우지 않았던 동녀이었는데, 구족계를 받게 하는 자는 바일제를 범하느니라.'"

2-1 '어느 누구'는 어느 태어난 곳의 이유, …… 혹은 중간의 법랍이었다면 이것을 '어느 누구'라고 말한다.

'비구니'는 구걸하는 비구니이니, 일을 쫓아서 걸식하는 비구니, …… 곧 이것에서 '비구니'의 뜻이라고 말하는 것이다.

'20세를 채우지 않다.'는 20세를 채우지 못한 자이다.

'동녀'는 사미니를 말한다.

'구족계를 받게 시키다'는 구족계를 받게 시키면서 "나는 구족계를 받게 시키겠다."라고 말하였고, 대중을 구하였거나, 혹은 스승을, 혹은 발우를, 혹은 옷을, 혹은 계장을 선택하여 정하는 자는 돌길라를 범한다. 아뢰었다면 돌길라를 범하고, 두 번을 갈마하였다면 돌길라를 범한다. 갈마를 마쳤다면 화상은 바일제를 범하고 대중과 교수사인 아사리 등은 돌길라를 범한다.

2-2 20세를 채우지 않았고 20세를 채우지 않았다는 생각이 있었는데, 구족계를 받게 시키는 자는 바일제를 범한다. 20세를 채우지 않았고 20세를 채우지 않았다는 의심이 있었는데, 구족계를 받게 시키는 자는 바일제를 범한다. 20세를 채우지 않았고 20세를 채웠다는 생각이 있었는데, 구족계를 받게 시키는 자는 범하지 않는다.

　20세를 채웠고 20세를 채우지 않았다는 생각이 있었는데, 구족계를 받게 시키는 자는 돌길라를 범한다. 20세를 채웠고 20세를 채우지 않았다는 의심이 있었는데, 구족계를 받게 시키는 자는 돌길라를 범한다. 20세를 채웠고 20세를 채웠다는 생각이 있었는데, 구족계를 받게 시키는 자는 범하지 않는다.

3-1 20세를 채우지 않았는데 20세를 채웠다는 생각이 있었으므로 구족계를 받게 시켰거나, 20세를 채웠고 20세를 채웠다는 생각이 있었으므로 구족계를 받게 시켰거나, 미쳤던 자이거나, 최초로 범한 자는 범하지 않는다.

72) 도불학육법동녀(度不學六法童女) 학처

1-1 그때 불·세존께서는 사위성의 기수급고독원에 머무르셨다.
　그때 여러 비구니들이 일찍이 시집갔었고 20세를 채웠던 동녀가 2년의 6법학계를 얻지 못하였으나, 구족계를 받게 하였다. 그 비구니는 어리석고 무능하여 정행과 정행이 아닌 것을 알지 못하였다. 여러 비구니들의 가운데에서 욕심이 적은 자들은 싫어하고 비난하였다.

"무슨 까닭으로써 여러 비구니들이 일찍이 시집갔었고 20세를 채웠던 동녀가 2년의 6법학계를 얻지 못하였는데, 구족계를 받게 하는가?"

여러 비구니들은 이 일로써 여러 비구들에게 말하였고, 여러 비구들은 이 일로써 세존께 아뢰었다. 세존께서는 이 인연으로써 비구승가를 모으셨으며, 여러 비구들에게 물어 말씀하셨다.

"여러 비구들이여. 여러 비구니들이 진실로 일찍이 시집갔었고 20세를 채웠던 동녀가 2년의 6법학계를 얻지 못하였으나, 구족계를 받게 하였는가?"

"진실로 그렇습니다. 세존이시여."

세존께서는 여러 방편으로 꾸짖으셨다.

"여러 비구들이여. 어찌하여 여러 비구니들은 일찍이 시집갔었고 20세를 채웠던 동녀가 2년의 6법학계를 얻지 못하였는데, 구족계를 받게 하였는가? 여러 비구들이여. 이것은 오히려 믿지 않는 자는 신심이 생겨나지 않게 하고, …… 이미 믿었던 자는 일부가 전전하여 다른 곳으로 향하여 떠나가게 하느니라."

세존께서는 여러 종류의 방편으로써 여러 비구니들을 꾸짖고서 설법하셨으며 여러 비구들에게 알려 말씀하셨다.

"여러 비구들이여. 일찍이 시집갔었고 20세를 채웠던 동녀라면, 마땅히 2년의 6법학계의 갈마를 주는 것을 허락하겠노라. 여러 비구들이여. 마땅히 이와 같이 주어야 한다. 일찍이 시집가서 20세를 채웠던 동녀는 승가의 처소에 이르러 오른쪽 어깨를 드러내고 여러 비구니들의 발에 예배하고 호궤 합장하고서 이와 같이 아뢰어야 한다.

"여러 대자들이여. 나 누구는 대자 누구의 일찍이 시집갔었고 20세를 채웠던 동녀이며, 비구니 승가께 2년의 6법학계를 주시기를 애원합니다."

마땅히 두 번째에도 애원해야 하고, …… 나아가 …… 마땅히 세 번째에도 애원해야 한다. 마땅히 한 명의 총명하고 현명하며 유능한 비구니가 승가의 가운데에서 창언하여 말한다.

"대자 승가께서는 허락하십시오. 이 누구는 대자 누구의 일찍이 시집갔었고 20세를 채웠던 동녀이며, 비구니 승가를 향하여 2년의 6법학계를 주시기를 애원하고 있습니다. 만약 승가께서 때에 이르렀다면 승가께서는 일찍이 시집가서 20세를 채웠던 동녀에게 2년의 6법학계를 주십시오. 이와 같이 아룁니다.'

'대자 승가께서는 허락하십시오. 이 누구는 대자 누구의 일찍이 시집갔었고 20세를 채웠던 동녀이며, 비구니 승가를 향하여 2년의 6법학계를 주시기를 애원하고 있습니다. 만약 승가께서 때에 이르렀다면 승가는 일찍이 시집갔었고 20세를 채웠던 동녀에게 2년의 6법학계를 주겠습니다. 여러 대자들께서 일찍이 시집가서 20세를 채웠던 동녀에게 2년의 6법학계를 주는 것을 인정하신다면 묵연하시고, 인정하지 않으신다면 곧 말씀하십시오.'

'승가시여. 일찍이 시집갔었고 20세를 채웠던 동녀에게 2년의 6법학계를 주겠습니다. 승가께서 인정하신 것은 묵연하였던 까닭입니다. 나는 이와 같이 알고 이해하겠습니다.'"

마땅히 그 식차마나에게 알려서 이와 같이 말을 짓게 해야 한다.

"나는 불살생계를 수지하고서, 2년을 범하지 않겠습니다.

나는 불여취계를 수지하고서, 2년을 범하지 않겠습니다.

나는 비범행계를 수지하고서, 2년을 범하지 않겠습니다.

나는 불망어계를 수지하고서, 2년을 범하지 않겠습니다.

나는 불음주계를 수지하고서, 2년을 범하지 않겠습니다.

나는 비시식계를 수지하고서, 2년을 범하지 않겠습니다."

이때 세존께서는 여러 종류의 방편으로써 여러 비구니들을 꾸짖고서 뒤에 부양이 어렵고 가르치고 양육함이 어려우며, …… 나아가 …… 여러 비구들을 위하여 적절한 법을 수순하여 설하신 뒤에 여러 비구들에게 알려 말씀하셨다.

"…… 나아가 …… 여러 비구들이여. 여러 비구니들은 마땅히 이와

같이 학처를 송출할지니라.

'어느 누구의 비구니일지라도 일찍이 시집갔었고 20세를 채웠던 동녀가 2년의 6법학계를 얻지 못하였는데, 구족계를 받게 시키는 자는 바일제를 범하느니라.'"

2-1 '어느 누구'는 어느 태어난 곳의 이유, …… 혹은 중간의 법랍이었다면 이것을 '어느 누구'라고 말한다.

'비구니'는 구걸하는 비구니이니, 일을 쫓아서 걸식하는 비구니, …… 곧 이것에서 '비구니'의 뜻이라고 말하는 것이다.

'20세를 채우다.'는 이미 20년이 지난 것이다.

'동녀'는 사미니를 말한다.

'2년'은 두 번의 연도이다.

'학계'는 6법학계이다.

'2년의 6법학계를 얻지 못하다.'는 학계를 주지 않았거나, 혹은 학계를 주었으나 범한 자이다.

'구족계를 받게 시키다'는 구족계를 받게 시키면서 "나는 구족계를 받게 시키겠다."라고 말하였고, 대중을 구하였거나, 혹은 스승을, 혹은 발우를, 혹은 옷을, 혹은 계장을 선택하여 정하는 자는 돌길라를 범한다. 아뢰었다면 돌길라를 범하고, 두 번을 갈마하였다면 돌길라를 범한다. 갈마를 마쳤다면 화상은 바일제를 범하고 대중과 교수사인 아사리 등은 돌길라를 범한다.

2-2 여법한 갈마이었고 여법한 갈마라는 생각이 있었는데, 구족계를 받게 시키는 자는 바일제를 범한다. 여법한 갈마이었고 여법한 갈마라는 의심이 있었는데, 구족계를 받게 시키는 자는 바일제를 범한다. 여법한 갈마이었고 비법의 갈마라는 생각이 있었는데, 구족계를 받게 시키는 자는 바일제를 범한다.

비법의 갈마이었고 여법한 갈마라는 생각이 있었는데, 구족계를 받게 시키는 자는 돌길라를 범한다. 여법한 갈마이었고 비법의 갈마라는 의심이 있었는데, 구족계를 받게 시키는 자는 돌길라를 범한다. 비법의 갈마이었고 비법의 갈마라는 생각이 있었는데, 구족계를 받게 시키는 자는 돌길라를 범한다.

3-1 일찍이 시집갔었고 20세를 채웠던 여인이며 2년의 6법학계를 얻었으므로 구족계를 받게 시켰거나, 미쳤던 자이거나, 최초로 범한 자는 범하지 않는다.

73) 불걸도학법증가녀(不乞度學法曾嫁女) 학처

1-1 그때 불·세존께서는 사위성의 기수급고독원에 머무르셨다.

그때 여러 비구니들이 20세를 채웠던 동녀가 2년의 6법학계를 얻었으나, 승가의 허락을 얻지 않았는데, 구족계를 받게 하였다. 여러 비구니들이 이렇게 말을 지었다.

"식차마나여! 오세요. 마땅히 이것을 아세요. 마땅히 이것을 주세요. 이것을 가지고 오세요. 이것이 필요해요. 이러한 청정한 일을 지으세요."

그녀는 이렇게 말을 지었다.

"나는 식차마나가 아닙니다. 나는 비구니입니다."

여러 비구니들의 가운데에서 욕심이 적은 자들은 싫어하고 비난하였다.

"무슨 까닭으로써 여러 비구니들이 20세를 채웠던 동녀가 2년의 6법학계를 얻었으나, 승가의 허락을 얻지 않는데, 구족계를 받게 하는가?"

여러 비구니들은 이 일로써 여러 비구들에게 말하였고, 여러 비구들은 이 일로써 세존께 아뢰었다. 세존께서는 이 인연으로써 비구승가를 모으셨으며, 여러 비구들에게 물어 말씀하셨다.

"여러 비구들이여. 여러 비구니들이 진실로 20세를 채웠던 동녀가 2년의 6법학계를 얻었으나, 승가의 허락을 얻지 않았는데, 구족계를 받게 하였는가?”

“진실로 그렇습니다. 세존이시여.”

세존께서는 여러 방편으로 꾸짖으셨다.

“여러 비구들이여. 어찌하여 여러 비구니들은 20세를 채웠던 동녀가 2년의 6법학계를 얻었으나, 승가의 허락을 얻지 않았는데, 구족계를 받게 하였는가? 여러 비구들이여. 이것은 오히려 믿지 않는 자는 신심이 생겨나지 않게 하고, …… 이미 믿었던 자는 일부가 전전하여 다른 곳으로 향하여 떠나가게 하느니라.”

세존께서는 여러 종류의 방편으로써 여러 비구니들을 꾸짖고서 설법하셨으며 여러 비구들에게 알려 말씀하셨다.

“여러 비구들이여. 20세를 채웠던 동녀가 2년의 6법학계를 얻었다면, 승가의 허락을 얻고서 구족계를 주는 것을 허락하겠노라. 여러 비구들이여. 마땅히 이와 같이 주어야 한다. 그 20세를 채웠던 동녀가 2년의 6법학계를 얻었다면 승가의 처소에 이르러 오른쪽 어깨를 드러내고 여러 비구니들의 발에 예배하고 호궤 합장하고서 이와 같이 아뢰어야 한다.

“여러 대자들이여. 나 누구는 대자 누구의 20세를 채웠던 동녀이고, 2년의 6법학계를 얻었으므로, 비구니 승가께 나에게 구족계를 주시기를 애원합니다.”

마땅히 두 번째에도 애원해야 하고, …… 나아가 …… 마땅히 세 번째에도 애원해야 한다. 마땅히 한 명의 총명하고 현명하며 유능한 비구니가 승가의 가운데에서 창언하여 말한다.

“대자 승가께서는 허락하십시오. 이 누구는 20세를 채웠고, 2년의 6법학계를 얻었던 동녀이며, 비구니 승가를 향하여 구족계를 주시기를 애원하고 있습니다. 만약 승가께서 때에 이르렀다면 승가께서는 누구의 20세를 채웠고 2년 6법학계를 얻었던 동녀에게 구족계를 주십시오. 이와 같이 아룁니다.’

‘대자 승가께서는 허락하십시오. 이 누구는 20세를 채웠고, 2년의 6법학계를 얻었던 동녀이며, 비구니 승가를 향하여 구족계를 주시기를 애원하

고 있습니다. 만약 승가께서 때에 이르렀다면 승가께서는 누구의 20세를
채웠고, 2년의 6법학계를 얻었던 동녀에게 구족계를 주겠습니다. 여러
대자들께서 누구의 20세를 채웠고, 2년의 6법학계를 얻었던 동녀에게
구족계를 주는 것을 인정하신다면 묵연하시고, 인정하지 않으신다면
곧 말씀하십시오.'

　'승가시여. 이 누구의 20세를 채웠고, 2년의 6법학계를 얻었던 동녀에게
구족계를 주겠습니다. 승가께서 인정하신 것은 묵연하였던 까닭입니다.
나는 이와 같이 알고 이해하겠습니다.'"

　이때 세존께서는 여러 종류의 방편으로써 여러 비구니들을 꾸짖고서
뒤에 부양이 어렵고 가르치고 양육함이 어려우며, …… 나아가 …… 여러
비구들을 위하여 적절한 법을 수순하여 설하신 뒤에 여러 비구들에게
알려 말씀하셨다.

　"…… 나아가 …… 여러 비구들이여. 여러 비구니들은 마땅히 이와
같이 학처를 송출할지니라.

　'어느 누구의 비구니일지라도 20세를 채웠고, 2년의 6법학계를 얻었던
동녀라도, 승가의 허락을 얻지 않고서 구족계를 받게 시키는 자는 바일제
를 범하느니라.'"

2-1 '어느 누구'는 어느 태어난 곳의 이유, …… 혹은 중간의 법랍이었다면
이것을 '어느 누구'라고 말한다.

　'비구니'는 구걸하는 비구니이니, 일을 쫓아서 걸식하는 비구니, ……
곧 이것에서 '비구니'의 뜻이라고 말하는 것이다.

　'20세를 채우다.'는 이미 20년이 지난 것이다.

　'동녀'는 사미니를 말한다.

　'2년'은 두 번의 연도이다.

　'학계'는 6법학계이다.

　'승가의 허락을 얻지 않다.'는 백이갈마에 의지하여 식차마나에게 구족
계를 받도록 허락하지 않는 것이다.

'구족계를 받게 시키다'는 구족계를 받게 시키면서 "나는 구족계를 받게 시키겠다."라고 말하였고, 대중을 구하였거나, 혹은 스승을, 혹은 발우를, 혹은 옷을, 혹은 계장을 선택하여 정하는 자는 돌길라를 범한다. 아뢰었다면 돌길라를 범하고, 두 번을 갈마하였다면 돌길라를 범한다. 갈마를 마쳤다면 화상은 바일제를 범하고 대중과 교수사인 아사리 등은 돌길라를 범한다.

2-2 여법한 갈마이었고 여법한 갈마라는 생각이 있었는데, 구족계를 받게 시키는 자는 바일제를 범한다. 여법한 갈마이었고 여법한 갈마라는 의심이 있었는데, 구족계를 받게 시키는 자는 바일제를 범한다. 여법한 갈마이었고 비법의 갈마라는 생각이 있었는데, 구족계를 받게 시키는 자는 바일제를 범한다.

비법의 갈마이었고 여법한 갈마라는 생각이 있었는데, 구족계를 받게 시키는 자는 돌길라를 범한다. 여법한 갈마이었고 비법의 갈마라는 의심이 있었는데, 구족계를 받게 시키는 자는 돌길라를 범한다. 비법의 갈마이었고 비법의 갈마라는 생각이 있었는데, 구족계를 받게 시키는 자는 돌길라를 범한다.

3-1 20세를 채웠고 2년의 6법학계를 얻었던 여인이었으며 승가의 허락을 얻고서 구족계를 받게 시켰거나, 미쳤던 자이거나, 최초로 범한 자는 범하지 않는다.

74) 미만십이하도인(未滿十二夏度人) 학처

1-1 그때 불·세존께서는 사위성의 기수급고독원에 머무르셨다.

그때 여러 비구니들이 12년의 하안거를 채우지 않은 비구니들에게 구족계를 주도록 시켰다. 그 비구니들은 어리석고 무능하여 정행과 정행이 아닌 것을 알지 못하였고, 제자들도 역시 어리석고 무능하여 정행과 정행이 아닌 것을 알지 못하였다. 여러 비구니들의 가운데에서 욕심이 적은 자들은 싫어하고 비난하였다.

"무슨 까닭으로써 비구니들이 12년의 하안거를 채우지 않았는데, 구족계를 주게 시키는가?"

여러 비구니들은 이 일로써 여러 비구들에게 말하였고, 여러 비구들은 이 일로써 세존께 아뢰었다. 세존께서는 이 인연으로써 비구승가를 모으셨으며, 여러 비구들에게 물어 말씀하셨다.

"여러 비구들이여. 여러 비구니들이 진실로 12년의 하안거를 채우지 않았는데, 구족계를 주게 시켰는가?"

"진실로 그렇습니다. 세존이시여."

세존께서는 여러 방편으로 꾸짖으셨다.

"여러 비구들이여. 어찌하여 여러 비구니들은 12년의 하안거를 채우지 않았는데, 구족계를 주게 시켰는가? 여러 비구들이여. 이것은 오히려 믿지 않는 자는 신심이 생겨나지 않게 하고, …… 이미 믿었던 자는 일부가 전전하여 다른 곳으로 향하여 떠나가게 하느니라."

이때 세존께서는 여러 종류의 방편으로써 여러 비구니들을 꾸짖고서 뒤에 부양이 어렵고 가르치고 양육함이 어려우며, …… 나아가 …… 여러 비구들을 위하여 적절한 법을 수순하여 설하신 뒤에 여러 비구들에게 알려 말씀하셨다.

"…… 나아가 …… 여러 비구들이여. 여러 비구니들은 마땅히 이와 같이 학처를 송출할지니라.

'어느 누구의 비구니일지라도 12년의 하안거를 채우지 않았는데, 구족계를 주게 시키는 자는 바일제를 범하느니라.'"

2-1 '어느 누구'는 어느 태어난 곳의 이유, …… 혹은 중간의 법랍이었다면 이것을 '어느 누구'라고 말한다.

'비구니'는 구걸하는 비구니이니, 일을 쫓아서 걸식하는 비구니, ……

곧 이것에서 '비구니'의 뜻이라고 말하는 것이다.

'12년의 하안거를 채우지 않다.'는 구족계를 받고서 12년을 채우지 않은 자이다.

'구족계를 받게 시키다'는 구족계를 받게 시키면서 "나는 구족계를 받게 시키겠다."라고 말하였고, 대중을 구하였거나, 혹은 스승을, 혹은 발우를, 혹은 옷을, 혹은 계장을 선택하여 정하는 자는 돌길라를 범한다. 아뢰었다면 돌길라를 범하고, 두 번을 갈마하였다면 돌길라를 범한다. 갈마를 마쳤다면 화상은 바일제를 범하고 대중과 교수사인 아사리 등은 돌길라를 범한다.

3-1 12년의 하안거를 채웠으므로 구족계를 주게 시켰거나, 미쳤던 자이거나, 최초로 범한 자는 범하지 않는다.

75) 만십이하도인걸승가(滿十二夏度人乞僧伽) 학처

1-1 그때 불·세존께서는 사위성의 기수급고독원에 머무르셨다.

그때 여러 비구니들이 12년의 하안거를 채웠으나, 승가의 허락을 얻지 않은 비구니들에게 구족계를 주게 시켰다. 그 비구니들은 어리석고 무능하여 정행과 정행이 아닌 것을 알지 못하였고, 제자들도 역시 어리석고 무능하여 정행과 정행이 아닌 것을 알지 못하였다. 여러 비구니들의 가운데에서 욕심이 적은 자들은 싫어하고 비난하였다.

"무슨 까닭으로써 비구니들이 12년의 하안거를 채웠으나, 승가를 허락을 얻지 않았는데, 구족계를 주게 시키는가?"

여러 비구니들은 이 일로써 여러 비구들에게 말하였고, 여러 비구들은 이 일로써 세존께 아뢰었다. 세존께서는 이 인연으로써 비구승가를 모으셨으며, 여러 비구들에게 물어 말씀하셨다.

"여러 비구들이여. 여러 비구니들이 진실로 12년의 하안거를 채웠으나,

승가의 허락을 받지 않았는데, 구족계를 주게 시켰는가?"

"진실로 그렇습니다. 세존이시여."

세존께서는 여러 방편으로 꾸짖으셨다.

"여러 비구들이여. 어찌하여 여러 비구니들은 12년의 하안거를 채웠으나, 승가의 허락을 받지 않았는데, 구족계를 주게 시켰는가? 여러 비구들이여. 이것은 오히려 믿지 않는 자는 신심이 생겨나지 않게 하고, ……이미 믿었던 자는 일부가 전전하여 다른 곳으로 향하여 떠나가게 하느니라."

세존께서는 여러 종류의 방편으로써 여러 비구니들을 꾸짖고서 설법하셨으며 여러 비구들에게 알려 말씀하셨다.

"여러 비구들이여. 12년의 하안거를 채웠다면 구족계를 주도록 갈마하는 것을 허락하겠노라. 여러 비구들이여. 마땅히 이와 같이 주어야 한다. 그 12년의 하안거를 채웠던 비구니는 승가의 처소에 이르러 오른쪽 어깨를 드러내고 여러 비구니들의 발에 예배하고 호궤 합장하고서 이와 같이 아뢰어야 한다.

"여러 대자들이여. 나 누구는 12년의 하안거를 채웠던 비구니이고, 비구니 승가께서 구족계를 줄 수 있게 허락하시기를 애원합니다."

마땅히 두 번째에도 애원해야 하고, …… 나아가 …… 마땅히 세 번째에도 애원해야 한다. 그 비구니에게 마땅히 승가는 총명하고 부끄러움이 있는가를 확인해야 하고, 만약 어리석고 또한 부끄러움이 없다면 마땅히 그것을 주지 않아야 한다. 만약 어리석고 또한 부끄러움이 있다면 마땅히 그것을 주지 않아야 한다. 만약 총명하고 또한 부끄러움이 없다면 마땅히 그것을 주지 않아야 한다. 만약 총명하고 또한 부끄러움이 있다면 마땅히 그것을 주지 않아야 한다.

여러 비구들이여. 마땅히 이와 같이 주어야 한다. 마땅히 한 명의 총명하고 현명하며 유능한 비구니가 승가의 가운데에서 창언하여 말한다.

"대자 승가께서는 허락하십시오. 이 누구는 12년의 하안거를 채웠던 비구니이고, 비구니 승가께서 구족계를 줄 수 있도록 허락하시기를 애원

608 비구니율 대분별(bhikkhuni Vinaya 大分別)

하고 있습니다. 만약 승가께서 때에 이르렀다면 승가께서는 누구의 12년의 하안거를 채웠던 비구니가 구족계를 줄 수 있도록 허락하십시오. 이와 같이 아룁니다.'

'대자 승가께서는 허락하십시오. 이 누구는 12년의 하안거를 채웠던 비구니이고, 비구니 승가를 향하여 구족계를 줄 수 있도록 허락하시기를 애원하고 있습니다. 만약 승가께서 때에 이르렀다면 승가께서는 누구의 12년의 하안거를 채웠던 비구니에게 구족계를 줄 수 있도록 허락하겠습니다. 여러 대자들께서 누구의 12년의 하안거를 채웠던 비구니가 구족계를 줄 수 있도록 허락하는 것을 인정하신다면 묵연하시고, 인정하지 않으신다면 곧 말씀하십시오.'

'승가시여. 이 누구의 12년의 하안거를 채웠던 비구니가 구족계를 줄 수 있도록 허락하겠습니다. 승가께서 인정하신 것은 묵연하였던 까닭입니다. 나는 이와 같이 알고 이해하겠습니다.'"

이때 세존께서는 여러 종류의 방편으로써 여러 비구니들을 꾸짖고서 뒤에 부양이 어렵고 가르치고 양육함이 어려우며, …… 나아가 …… 여러 비구들을 위하여 적절한 법을 수순하여 설하신 뒤에 여러 비구들에게 알려 말씀하셨다.

"…… 나아가 …… 여러 비구들이여. 여러 비구니들은 마땅히 이와 같이 학처를 송출할지니라.

'어느 누구의 비구니일지라도 12년의 하안거를 채웠어도, 승가의 허락을 얻지 않았는데, 구족계를 주도록 시키는 자는 바일제를 범하느니라.'"

2-1 '어느 누구'는 어느 태어난 곳의 이유, …… 혹은 중간의 법랍이었다면 이것을 '어느 누구'라고 말한다.

'비구니'는 구걸하는 비구니이니, 일을 쫓아서 걸식하는 비구니, …… 곧 이것에서 '비구니'의 뜻이라고 말하는 것이다.

'12년의 하안거를 채우다.'는 구족계를 받고서 12년을 채웠던 것이다.

'승가의 허락을 얻지 않다.'는 백이갈마에 의지하여 식차마나에게 구족계를 받도록 허락하지 않는 것이다.

'구족계를 받게 시키다'는 구족계를 받게 시키면서 "나는 구족계를 받게 시키겠다."라고 말하였고, 대중을 구하였거나, 혹은 스승을, 혹은 발우를, 혹은 옷을, 혹은 계장을 선택하여 정하는 자는 돌길라를 범한다. 아뢰었다면 돌길라를 범하고, 두 번을 갈마하였다면 돌길라를 범한다. 갈마를 마쳤다면 화상은 바일제를 범하고 대중과 교수사인 아사리 등은 돌길라를 범한다.

3-1 12년의 하안거를 채웠고 승가의 허락을 받았으므로 구족계를 주도록 시켰거나, 미쳤던 자이거나, 최초로 범한 자는 범하지 않는다.

76) 허락후진혐(許諾後瞋嫌) 학처

1-1 그때 불·세존께서는 사위성의 기수급고독원에 머무르셨다.

그때 전달가리 비구니는 비구니 승가에게 구족계를 줄 수 있게 허락받고 자 애원하였고, 그때 비구니 승가는 전달가리 비구니를 인정하였다.

"대자여. 그대는 구족계를 줄 수 있는 것을 진실로 충족하였습니다."

그리고 구족계를 주는 것을 허락하지 않았는데, 전달가리는 승낙하였다.

"그렇습니다."

그때 비구니들의 승가는 다른 비구니에게 구족계를 주는 것을 허락하였 다. 전달가리 비구니는 싫어하고 비난하였다.

"내가 어찌 어리석겠는가? 내가 어찌 부끄러움이 없겠는가? 비구니들 의 승가는 다른 비구니에게 구족계를 주는 것을 허락하고서 나에게는 주지 않는다."

여러 비구니들의 가운데에서 욕심이 적은 자들은 싫어하고 비난하였다.

"무슨 까닭으로써 전달가리 비구니는 '대자여. 그대는 구족계를 줄 수 있는 것을 진실로 충족하였습니다.'라고 말하였는데, '그렇습니다.'라고 승낙하였고 일의 뒤에서 곧 성내고 싫어하는가?"

여러 비구니들은 이 일로써 여러 비구들에게 말하였고, 여러 비구들은 이 일로써 세존께 아뢰었다. 세존께서는 이 인연으로써 비구승가를 모으셨으며, 여러 비구들에게 물어 말씀하셨다.

"여러 비구들이여. 전달가리 비구니가 진실로 '대자여. 그대는 구족계를 줄 수 있는 것을 진실로 충족하였습니다.'라고 말하였는데, '그렇습니다.'라고 승낙하고서 일의 뒤에서 곧 성내고 싫어하였는가?"

"진실로 그렇습니다. 세존이시여."

세존께서는 여러 방편으로 꾸짖으셨다.

"여러 비구들이여. 어찌하여 전달가리 비구니는 '대자여. 그대는 구족계를 줄 수 있는 것을 진실로 충족하였습니다.'라고 말하였는데, '그렇습니다.'라고 승낙하였고 일의 뒤에서 곧 성내고 싫어하였는가? 여러 비구들이여. 이것은 오히려 믿지 않는 자는 신심이 생겨나지 않게 하고, …… 이미 믿었던 자는 일부가 전전하여 다른 곳으로 향하여 떠나가게 하느니라."

이때 세존께서는 여러 종류의 방편으로써 전달가리 비구니를 꾸짖고서 뒤에 부양이 어렵고 가르치고 양육함이 어려우며, …… 나아가 …… 여러 비구들을 위하여 적절한 법을 수순하여 설하신 뒤에 여러 비구들에게 알려 말씀하셨다.

"…… 나아가 …… 여러 비구들이여. 여러 비구니들은 마땅히 이와 같이 학처를 송출할지니라.

'어느 누구의 비구니일지라도 그녀가 '대자여. 그대는 구족계를 줄 수 있는 것을 진실로 이미 충족하였습니다.'라고 말하였는데, '그렇습니다.'라고 승낙하였고 일의 뒤에서 곧 성내고 싫어하는 자는 바일제를 범하느니라.'"

2-1 '어느 누구'는 어느 태어난 곳의 이유, …… 혹은 중간의 법랍이었다면 이것을 '어느 누구'라고 말한다.

'비구니'는 구걸하는 비구니이니, 일을 쫓아서 걸식하는 비구니, ……

곧 이것에서 '비구니'의 뜻이라고 말하는 것이다.

'대자여. 그대는 구족계를 주는 것을 진실로 충족하였습니다.'는 "대자여. 그대는 진실로 구족계를 받을 수 있게 진실로 충족되었다."라는 뜻이다.

'그렇습니다.'라고 승낙하고서, 일의 뒤에서 곧 성내고 싫어하는 자는 바일제를 범한다.

3-1 성내고 싫어하는 일에서 진실로 탐욕, 성냄, 어리석음, 두렵게 행하였던 자였거나, 미쳤던 자이거나, 최초로 범한 자는 범하지 않는다.

77) 타취의불수구족계(他取衣不授具足戒) 학처

1-1 그때 불·세존께서는 사위성의 기수급고독원에 머무르셨다.

그때 한 식차마나가 투란난타 비구니의 처소에 이르러 구족계를 받고자 애원하였다. 투란난타 비구니는 그 식차마나를 마주하고서 "식차마니여. 그대가 만약 나에게 옷을 준다면 나는 곧 그대를 구족계를 받게 하겠네."라고 말하였으나, 투란난타는 구족계를 받을 수 있게 하지도 않았고, 구족계를 받을 수 있게 노력하지도 않았다. 이때 그 식차마나는 이 일로써 여러 비구니들에게 말하였고, 여러 비구니들의 가운데에서 욕심이 적은 자들은 싫어하고 비난하였다.

"무슨 까닭으로써 투란난타 비구니는 식차마나를 마주하고서 '그대가 만약 나에게 옷을 준다면 나는 곧 그대를 구족계를 받게 하겠네.'라고 말하고서, 구족계를 받을 수 있게 하지도 않고, 구족계를 받을 수 있게 노력하지도 않는가?"

여러 비구니들은 이 일로써 여러 비구들에게 말하였고, 여러 비구들은 이 일로써 세존께 아뢰었다. 세존께서는 이 인연으로써 비구승가를 모으셨으며, 여러 비구들에게 물어 말씀하셨다.

"여러 비구들이여. 투란난타 비구니가 진실로 식차마나를 마주하고서

'그대가 만약 나에게 옷을 준다면 나는 곧 그대를 구족계를 받게 하겠네.'라
고 말하고서, 구족계를 받을 수 있게 하지도 않았고, 구족계를 받을
수 있게 노력하지도 않았는가?"

"진실로 그렇습니다. 세존이시여."

세존께서는 여러 방편으로 꾸짖으셨다.

"여러 비구들이여. 어찌하여 투란난타 비구니는 식차마나를 마주하고
서 '그대가 만약 나에게 옷을 준다면 나는 곧 그대를 구족계를 받게
하겠네.'라고 말하고서, 구족계를 받을 수 있게 하지도 않았고, 구족계를
받을 수 있게 노력하지도 않았는가? 여러 비구들이여. 이것은 오히려
믿지 않는 자는 신심이 생겨나지 않게 하고, …… 이미 믿었던 자는
일부가 전전하여 다른 곳으로 향하여 떠나가게 하느니라."

이때 세존께서는 여러 종류의 방편으로써 투란난타 비구니를 꾸짖고서
뒤에 부양이 어렵고 가르치고 양육함이 어려우며, …… 나아가 …… 여러
비구들을 위하여 적절한 법을 수순하여 설하신 뒤에 여러 비구들에게
알려 말씀하셨다.

"…… 나아가 …… 여러 비구들이여. 여러 비구니들은 마땅히 이와
같이 학처를 송출할지니라.

'어느 누구의 비구니일지라도 식차마나를 마주하고서 '그대가 만약
나에게 옷을 준다면 나는 곧 그대를 구족계를 받게 하겠네.'라고 말하고서,
그 비구니에게 뒤에 장애가 없었는데, 구족계를 받을 수 있게 하지도
않고, 구족계를 받을 수 있게 노력하지도 않는 자는 바일제를 범하느니라."

2-1 '어느 누구'는 어느 태어난 곳의 이유, …… 혹은 중간의 법랍이었다면
이것을 '어느 누구'라고 말한다.

'비구니'는 구걸하는 비구니이니, 일을 쫓아서 걸식하는 비구니, ……
곧 이것에서 '비구니'의 뜻이라고 말하는 것이다.

'식차마나'는 2년의 6법학계자이다.

'그대가 만약 나에게 옷을 …… 구족계를 받게 하겠다.'는 이와 같다면

나는 그대에게 구족계를 주겠다는 뜻이다.

'그 비구니에게 뒤에 장애가 없다.'는 곧 장애가 없는 것이다.

'구족계를 받을 수 있게 하지 않다.'는 스스로가 구족계를 받게 하지 않는 것이다.

'구족계를 받을 수 있게 노력하지도 않다'는 다른 사람에게 그것을 시키지 않는 것이다. "나는 구족계를 받을 수 있게 하지도 않겠고, 구족계를 받을 수 있게 노력하지도 않겠다."라고 말하면서 그 책무를 내버리는 자는 바일제를 범한다.

3-1 장애가 있었거나, 구하여도 얻을 수 없었거나, 병자이었거나, 사고의 때이거나, 미쳤던 자이거나, 최초로 범한 자는 범하지 않는다.

78) 영수학불수구족계(令隨學不授具足戒) 학처

1-1 그때 불·세존께서는 사위성의 기수급고독원에 머무르셨다.

그때 한 식차마나가 투란난타 비구니의 처소에 이르러 구족계를 받고자 애원하였다. 투란난타 비구니는 그 식차마나를 마주하고서 "식차마니여. 그대가 만약 나를 따라서 2년을 배운다면 나는 곧 그대를 구족계를 받게 하겠네."라고 말하였으나, 투란난타는 구족계를 받을 수 있게 하지도 않았고, 구족계를 받을 수 있게 노력하지도 않았다. 이때 그 식차마나는 이 일로써 여러 비구니들에게 말하였고, 여러 비구니들의 가운데에서 욕심이 적은 자들은 싫어하고 비난하였다.

"무슨 까닭으로써 투란난타 비구니는 식차마나를 마주하고서 '그대가 만약 나를 따라서 2년을 배운다면 나는 곧 그대를 구족계를 받게 하겠네.' 라고 말하고서, 구족계를 받을 수 있게 하지도 않고, 구족계를 받을 수 있게 노력하지도 않는가?"

여러 비구니들은 이 일로써 여러 비구들에게 말하였고, 여러 비구들은

이 일로써 세존께 아뢰었다. 세존께서는 이 인연으로써 비구승가를 모으셨으며, 여러 비구들에게 물어 말씀하셨다.

"여러 비구들이여. 투란난타 비구니가 진실로 식차마나를 마주하고서 '그대가 만약 나를 따라서 2년을 배운다면 나는 곧 그대를 구족계를 받게 하겠네.'라고 말하고서, 구족계를 받을 수 있게 하지도 않았고, 구족계를 받을 수 있게 노력하지도 않았는가?"

"진실로 그렇습니다. 세존이시여."

세존께서는 여러 방편으로 꾸짖으셨다.

"여러 비구들이여. 어찌하여 투란난타 비구니는 식차마나를 마주하고서 '그대가 만약 나를 따라서 2년을 배운다면 나는 곧 그대를 구족계를 받게 하겠네.'라고 말하고서, 구족계를 받을 수 있게 하지도 않았고, 구족계를 받을 수 있게 노력하지도 않았는가? 여러 비구들이여. 이것은 오히려 믿지 않는 자는 신심이 생겨나지 않게 하고, …… 이미 믿었던 자는 일부가 전전하여 다른 곳으로 향하여 떠나가게 하느니라."

이때 세존께서는 여러 종류의 방편으로써 투란난타 비구니를 꾸짖고서 뒤에 부양이 어렵고 가르치고 양육함이 어려우며, …… 나아가 …… 여러 비구들을 위하여 적절한 법을 수순하여 설하신 뒤에 여러 비구들에게 알려 말씀하셨다.

"…… 나아가 …… 여러 비구들이여. 여러 비구니들은 마땅히 이와 같이 학처를 송출할지니라.

'어느 누구의 비구니일지라도 식차마나를 마주하고서 '그대가 만약 나를 따라서 2년을 배운다면 나는 곧 그대를 구족계를 받게 하겠네.'라고 말하고서, 그 비구니에게 뒤에 장애가 없었는데, 구족계를 받을 수 있게 하지도 않고, 구족계를 받을 수 있게 노력하지도 않는 자는 바일제를 범하느니라.'"

2-1 '어느 누구'는 어느 태어난 곳의 이유, …… 혹은 중간의 법랍이었다면 이것을 '어느 누구'라고 말한다.

'비구니'는 구걸하는 비구니이니, 일을 쫓아서 걸식하는 비구니, ……
곧 이것에서 '비구니'의 뜻이라고 말하는 것이다.

'식차마나'는 2년의 6법학계자이다.

'식차마나여. 그대가 만약 나를 따라서 2년을 배우다.'는 2년을 나를
따라서 시봉(侍奉)하라는 것이다.

'그대가 만약 나에게 옷을 …… 구족계를 받게 하겠다.'는 이와 같다면
나는 그대에게 구족계를 주겠다는 뜻이다.

'그 비구니에게 뒤에 장애가 없다.'는 곧 장애가 없는 것이다.

'구족계를 받을 수 있게 하지 않다.'는 스스로가 구족계를 받게 하지
않는 것이다.

'구족계를 받을 수 있게 노력하지도 않다'는 다른 사람에게 그것을
시키지 않는 것이다. "나는 구족계를 받을 수 있게 하지도 않겠고, 구족계를
받을 수 있게 노력하지도 않겠다."라고 말하면서 그 책무를 내버리는
자는 바일제를 범한다.

3-1 장애가 있었거나, 구하여도 얻을 수 없었거나, 병자이었거나, 사고의
때이거나, 미쳤던 자이거나, 최초로 범한 자는 범하지 않는다.

79) 도여남자교식차마나(度與男子交式叉摩那) 학처

1-1 그때 불·세존께서는 사위성의 기수급고독원에 머무르셨다.

그때 투란난타 비구니가 남자 및 동자들과 함께 교류하면서 진에(瞋恚)
가 생겨났고 우수(憂愁)에 빠져있던 전달가리 식차마나에게 구족계를
받게 하였다. 여러 비구니들의 가운데에서 욕심이 적은 자들은 싫어하고
비난하였다.

"무슨 까닭으로써 투란난타 비구니는 남자 및 동자들과 함께 교류하면
서 진에가 생겨났고 우수에 빠져있던 식차마나에게 구족계를 받게 하는가?"

여러 비구니들은 이 일로써 여러 비구들에게 말하였고, 여러 비구들은 이 일로써 세존께 아뢰었다. 세존께서는 이 인연으로써 비구승가를 모으셨으며, 여러 비구들에게 물어 말씀하셨다.

"여러 비구들이여. 투란난타 비구니가 진실로 남자 및 동자들과 함께 교류하면서 진에가 생겨났고 우수에 빠져있던 식차마나에게 구족계를 받게 하였는가?"

"진실로 그렇습니다. 세존이시여."

세존께서는 여러 방편으로 꾸짖으셨다.

"여러 비구들이여. 어찌하여 투란난타 비구니는 남자 및 동자들과 함께 교류하면서 진에가 생겨났고 우수에 빠졌던 식차마나에게 구족계를 받게 하였는가? 여러 비구들이여. 이것은 오히려 믿지 않는 자는 신심이 생겨나지 않게 하고, …… 이미 믿었던 자는 일부가 전전하여 다른 곳으로 향하여 떠나가게 하느니라."

이때 세존께서는 여러 종류의 방편으로써 투란난타 비구니를 꾸짖고서 뒤에 부양이 어렵고 가르치고 양육함이 어려우며, …… 나아가 …… 여러 비구들을 위하여 적절한 법을 수순하여 설하신 뒤에 여러 비구들에게 알려 말씀하셨다.

"…… 나아가 …… 여러 비구들이여. 여러 비구니들은 마땅히 이와 같이 학처를 송출할지니라.

'어느 누구의 비구니일지라도 남자 및 동자들과 함께 교류하면서 진에가 생겨났고 우수에 빠져있던 식차마나에게 구족계를 받게 하는 자는 바일제를 범하느니라.'"

2-1 '어느 누구'는 어느 태어난 곳의 이유, …… 혹은 중간의 법랍이었다면 이것을 '어느 누구'라고 말한다.

'비구니'는 구걸하는 비구니이니, 일을 쫓아서 걸식하는 비구니, …… 곧 이것에서 '비구니'의 뜻이라고 말하는 것이다.

'남자'는 20세에 이른 자이다.

'동자'는 20세에 이르지 않은 자이다.

'교류하다.'는 수순하는 행이 아닌 몸과 말로써 교류하는 것이다.

'진에가 일어났다.'는 분노하며 말하는 것이다.

'우수에 빠지다.'는 남자를 마주하고 고통이 생겨나서 우수에 빠지는 것이다.

'식차마나'는 2년의 6법학계자이다.

'구족계를 받게 시키다'는 구족계를 받게 시키면서 "나는 구족계를 받게 시키겠다."라고 말하였고, 대중을 구하였거나, 혹은 스승을, 혹은 발우를, 혹은 옷을, 혹은 계장을 선택하여 정하는 자는 돌길라를 범한다. 아뢰었다면 돌길라를 범하고, 두 번을 갈마하였다면 돌길라를 범한다. 갈마를 마쳤다면 화상은 바일제를 범하고 대중과 교수사인 아사리 등은 돌길라를 범한다.

3-1 알지 못하고서 구족계를 받게 하였거나, 미쳤던 자이거나, 최초로 범한 자는 범하지 않는다.

80) 부모부주불허도인(父母夫主不許度人) 학처

1-1 그때 불·세존께서는 사위성의 기수급고독원에 머무르셨다.

그때 투란난타 비구니가 부모와 남편(夫主)이 허락하지 않았던 식차마나에게 구족계를 받게 하였다. 부모와 남편이 싫어하고 비난하였다.

"무엇을 위하여 투란난타 비구니는 부모와 남편이 허락하지 않았던 식차마나에게 구족계를 받게 하는가?"

여러 비구니들은 부모와 남편이 싫어하고 비난하는 것을 들었다. 여러 비구니들의 가운데에서 욕심이 적은 자들은 싫어하고 비난하였다.

"무슨 까닭으로써 투란난타 비구니는 부모와 남편이 허락하지 않았던 식차마나에게 구족계를 받게 하는가?"

여러 비구니들은 이 일로써 여러 비구들에게 말하였고, 여러 비구들은 이 일로써 세존께 아뢰었다. 세존께서는 이 인연으로써 비구승가를 모으셨으며, 여러 비구들에게 물어 말씀하셨다.

"여러 비구들이여. 투란난타 비구니가 진실로 부모와 남편이 허락하지 않았던 식차마나에게 구족계를 받게 하였는가?"

"진실로 그렇습니다. 세존이시여."

세존께서는 여러 방편으로 꾸짖으셨다.

"여러 비구들이여. 어찌하여 투란난타 비구니는 부모와 남편이 허락하지 않았던 식차마나에게 구족계를 받게 하였는가? 여러 비구들이여. 이것은 오히려 믿지 않는 자는 신심이 생겨나지 않게 하고, …… 이미 믿었던 자는 일부가 전전하여 다른 곳으로 향하여 떠나가게 하느니라."

이때 세존께서는 여러 종류의 방편으로써 투란난타 비구니를 꾸짖고서 뒤에 부양이 어렵고 가르치고 양육함이 어려우며, …… 나아가 …… 여러 비구들을 위하여 적절한 법을 수순하여 설하신 뒤에 여러 비구들에게 알려 말씀하셨다.

"…… 나아가 …… 여러 비구들이여. 여러 비구니들은 마땅히 이와 같이 학처를 송출할지니라.

'어느 누구의 비구니일지라도 부모와 남편이 허락하지 않았던 식차마나에게 구족계를 받게 하는 자는 바일제를 범하느니라.'"

2-1 '어느 누구'는 어느 태어난 곳의 이유, …… 혹은 중간의 법랍이었다면 이것을 '어느 누구'라고 말한다.

'비구니'는 구걸하는 비구니이니, 일을 쫓아서 걸식하는 비구니, …… 곧 이것에서 '비구니'의 뜻이라고 말하는 것이다.

'부모'는 태어나게 하였던 자이다.

'남편'은 소유하였던 자이다.

'허락하지 않다.'는 허락하지 않은 것이다.

'식차마나'는 2년의 6법학계자이다.

'구족계를 받게 시키다'는 구족계를 받게 시키면서 "나는 구족계를 받게 시키겠다."라고 말하였고, 대중을 구하였거나, 혹은 스승을, 혹은 발우를, 혹은 옷을, 혹은 계장을 선택하여 정하는 자는 돌길라를 범한다. 아뢰었다면 돌길라를 범하고, 두 번을 갈마하였다면 돌길라를 범한다. 갈마를 마쳤다면 화상은 바일제를 범하고 대중과 교수사인 아사리 등은 돌길라를 범한다.

3-1 알지 못하고서 구족계를 받게 하였거나, 허락하였으므로 구족계를 받게 하였거나, 미쳤던 자이거나, 최초로 범한 자는 범하지 않는다.

81) 별주자수구족계(別住者受具足戒) 학처

1-1 그때 불·세존께서는 왕사성의 가란타죽림원에 머무르셨다.

그때 투란난타 비구니는 식차마나가 구족계를 받게 하고자 여러 장로 비구니를 모았으나, 많은 작식과 담식이 있는 것을 보고서 "대자들이여. 나는 오히려 식차마나에게 구족계를 주지 않겠습니다."라고 말하였고, 여러 장로 비구니들을 떠나가게 하였다. 그러한 뒤에 제바달다(提婆達多),[25] 구가리가(拘迦利迦),[26] 가류라제사(迦留羅提舍),[27] 건타비야자(騫陀毘耶子),[28] 사무타달(娑勿陀達)[29]을 모았으며, 식차마나에게 구족계를 받게 시켰다.

여러 비구니들의 가운데에서 욕심이 적은 자들은 싫어하고 비난하였다.

"무슨 까닭으로써 투란난타 비구니는 별도로 머무르는 자들에게 욕(欲)

---

25) 팔리어 Devadatta(데바다따)의 음사이다.
26) 팔리어 Kokālika(코카리카)의 음사이다.
27) 팔리어 Kaṭamodakatissaka(카타모다카키싸카)의 음사이다.
28) 팔리어 Khaṇḍadeviyā putta(칸다데비야 푸따)의 음사이다.
29) 팔리어 Samuddadatta(삼무따다따)의 음사이다.

을 주고서 식차마나에게 구족계를 받게 하는가?"

여러 비구니들은 이 일로써 여러 비구들에게 말하였고, 여러 비구들은 이 일로써 세존께 아뢰었다. 세존께서는 이 인연으로써 비구승가를 모으셨으며, 여러 비구들에게 물어 말씀하셨다.

"여러 비구들이여. 투란난타 비구니가 진실로 별도로 머무르는 자들에게 욕을 주고서 식차마나에게 구족계를 받게 하였는가?"

"진실로 그렇습니다. 세존이시여."

세존께서는 여러 방편으로 꾸짖으셨다.

"여러 비구들이여. 어찌하여 투란난타 비구니는 별도로 머무르는 자들에게 욕을 주고서 식차마나에게 구족계를 받게 하였는가? 여러 비구들이여. 이것은 오히려 믿지 않는 자는 신심이 생겨나지 않게 하고, …… 이미 믿었던 자는 일부가 전전하여 다른 곳으로 향하여 떠나가게 하느니라."

이때 세존께서는 여러 종류의 방편으로써 투란난타 비구니를 꾸짖고서 뒤에 부양이 어렵고 가르치고 양육함이 어려우며, …… 나아가 …… 여러 비구들을 위하여 적절한 법을 수순하여 설하신 뒤에 여러 비구들에게 알려 말씀하셨다.

"…… 나아가 …… 여러 비구들이여. 여러 비구니들은 마땅히 이와 같이 학처를 송출할지니라.

'어느 누구의 비구니일지라도 별도로 머무르는 자들에게 욕을 주고서 식차마나에게 구족계를 받게 하는 자는 바일제를 범하느니라.'"

2-1 '어느 누구'는 어느 태어난 곳의 이유, …… 혹은 중간의 법랍이었다면 이것을 '어느 누구'라고 말한다.

'비구니'는 구걸하는 비구니이니, 일을 쫓아서 걸식하는 비구니, …… 곧 이것에서 '비구니'의 뜻이라고 말하는 것이다.

'별도로 머무르는 자들에게 욕을 주다.'는 별도로 머무르는 자들에게 구족계를 주게 하는 것이다.

'식차마나'는 2년의 6법학계자이다.

'구족계를 받게 시키다'는 구족계를 받게 시키면서 "나는 구족계를 받게 시키겠다."라고 말하였고, 대중을 구하였거나, 혹은 스승을, 혹은 발우를, 혹은 옷을, 혹은 계장을 선택하여 정하는 자는 돌길라를 범한다. 아뢰었다면 돌길라를 범하고, 두 번을 갈마하였다면 돌길라를 범한다. 갈마를 마쳤다면 화상은 바일제를 범하고 대중과 교수사인 아사리 등은 돌길라를 범한다.

3-1 별도로 머무르는 자들에게 구족계를 받지 않게 하였거나, 미쳤던 자이거나, 최초로 범한 자는 범하지 않는다.

82) 연연사수구족계(年年使受具足戒) 학처

1-1 그때 불·세존께서는 사위성의 기수급고독원에 머무르셨다.

그때 여러 비구니들이 해마다 사람들에게 구족계를 받게 시켰으므로 머무르는 방사가 부족하였다. 여러 사람들이 싫어하고 비난하였다.

"무엇을 위하여 여러 비구니들은 해마다 사람들에게 구족계를 받게 시켜서 머무르는 방사가 부족하게 하는가?"

여러 비구니들은 여러 사람들이 싫어하고 비난하는 것을 들었다. 여러 비구니들의 가운데에서 욕심이 적은 자들은 싫어하고 비난하였다.

"무슨 까닭으로써 여러 비구니들은 해마다 사람들에게 구족계를 받게 시키는가?"

여러 비구니들은 이 일로써 여러 비구들에게 말하였고, 여러 비구들은 이 일로써 세존께 아뢰었다. 세존께서는 이 인연으로써 비구승가를 모으셨으며, 여러 비구들에게 물어 말씀하셨다.

"여러 비구들이여. 여러 비구니들이 진실로 해마다 사람들에게 구족계를 받게 시켰는가?"

"진실로 그렇습니다. 세존이시여."

세존께서는 여러 방편으로 꾸짖으셨다.

"여러 비구들이여. 어찌하여 여러 비구니들은 해마다 사람들에게 구족계를 받게 시켰는가? 여러 비구들이여. 이것은 오히려 믿지 않는 자는 신심이 생겨나지 않게 하고, …… 이미 믿었던 자는 일부가 전전하여 다른 곳으로 향하여 떠나가게 하느니라."

이때 세존께서는 여러 종류의 방편으로써 여러 비구니들을 꾸짖고서 뒤에 부양이 어렵고 가르치고 양육함이 어려우며, …… 나아가 …… 여러 비구들을 위하여 적절한 법을 수순하여 설하신 뒤에 여러 비구들에게 알려 말씀하셨다.

"…… 나아가 …… 여러 비구들이여. 여러 비구니들은 마땅히 이와 같이 학처를 송출할지니라.

'어느 누구의 비구니일지라도 해마다 사람들에게 구족계를 받게 시키는 자는 바일제를 범하느니라.'"

2-1 '어느 누구'는 어느 태어난 곳의 이유, …… 혹은 중간의 법랍이었다면 이것을 '어느 누구'라고 말한다.

'비구니'는 구걸하는 비구니이니, 일을 쫓아서 걸식하는 비구니, …… 곧 이것에서 '비구니'의 뜻이라고 말하는 것이다.

'해마다'는 매번의 연도이다.

'사람들에게 구족계를 받게 시키다'는 구족계를 받게 시키면서 "나는 사람들에게 구족계를 받게 시키겠다."라고 말하였고, 대중을 구하였거나, 혹은 스승을, 혹은 발우를, 혹은 옷을, 혹은 계장을 선택하여 정하는 자는 돌길라를 범한다. 아뢰었다면 돌길라를 범하고, 두 번을 갈마하였다면 돌길라를 범한다. 갈마를 마쳤다면 화상은 바일제를 범하고 대중과 교수사인 아사리 등은 돌길라를 범한다.

3-1 한 해를 넘겨서 구족계를 받게 하였거나, 미쳤던 자이거나, 최초로 범한 자는 범하지 않는다.

83) 일년사이인수구족계(一年使二人受具足戒) 학처

1-1 그때 불·세존께서는 사위성의 기수급고독원에 머무르셨다.

그때 여러 비구니들이 1년에 두 사람에게 구족계를 받게 시켰으므로 머무르는 방사가 부족하였다. 여러 사람들이 싫어하고 비난하였다.

"무엇을 위하여 여러 비구니들은 1년에 두 사람에게 구족계를 받게 시켜서 머무르는 방사가 부족하게 하는가?"

여러 비구니들은 여러 사람들이 싫어하고 비난하는 것을 들었다. 여러 비구니들의 가운데에서 욕심이 적은 자들은 싫어하고 비난하였다.

"무슨 까닭으로써 여러 비구니들은 1년에 두 사람에게 구족계를 받게 시키는가?"

여러 비구니들은 이 일로써 여러 비구들에게 말하였고, 여러 비구들은 이 일로써 세존께 아뢰었다. 세존께서는 이 인연으로써 비구승가를 모으셨으며, 여러 비구들에게 물어 말씀하셨다.

"여러 비구들이여. 여러 비구니들이 진실로 해마다 두 사람에게 구족계를 받게 시켰는가?"

"진실로 그렇습니다. 세존이시여."

세존께서는 여러 방편으로 꾸짖으셨다.

"여러 비구들이여. 어찌하여 여러 비구니들은 1년에 두 사람에게 구족계를 받게 시켰는가? 여러 비구들이여. 이것은 오히려 믿지 않는 자는 신심이 생겨나지 않게 하고, …… 이미 믿었던 자는 일부가 전전하여 다른 곳으로 향하여 떠나가게 하느니라."

이때 세존께서는 여러 종류의 방편으로써 여러 비구니들을 꾸짖고서 뒤에 부양이 어렵고 가르치고 양육함이 어려우며, …… 나아가 …… 여러 비구들을 위하여 적절한 법을 수순하여 설하신 뒤에 여러 비구들에게 알려 말씀하셨다.

"…… 나아가 …… 여러 비구들이여. 여러 비구니들은 마땅히 이와 같이 학처를 송출할지니라.

'어느 누구의 비구니일지라도 1년에 두 사람에게 구족계를 받게 시키는 자는 바일제를 범하느니라.'"

2-1 '어느 누구'는 어느 태어난 곳의 이유, …… 혹은 중간의 법랍이었다면 이것을 '어느 누구'라고 말한다.

'비구니'는 구걸하는 비구니이니, 일을 쫓아서 걸식하는 비구니, …… 곧 이것에서 '비구니'의 뜻이라고 말하는 것이다.

'1년'은 한 번의 연도이다.

'두 사람에게 구족계를 받게 시키다'는 구족계를 받게 시키면서 "나는 두 사람에게 구족계를 받게 시키겠다."라고 말하였고, 대중을 구하였거나, 혹은 스승을, 혹은 발우를, 혹은 옷을, 혹은 계장을 선택하여 정하는 자는 돌길라를 범한다. 아뢰었다면 돌길라를 범하고, 두 번을 갈마하였다면 돌길라를 범한다. 갈마를 마쳤다면 화상은 바일제를 범하고 대중과 교수사인 아사리 등은 돌길라를 범한다.

3-1 한 해를 넘겨서 구족계를 받게 하였거나, 미쳤던 자이거나, 최초로 범한 자는 범하지 않는다.

[여덟째의 동녀품(童女品)을 마친다.]

84) 지개착리(持蓋著履) 학처

1-1 그때 불·세존께서는 사위성의 기수급고독원에 머무르셨다.

그때 육군비구니들이 일산을 지녔고 신발을 신었으므로, 여러 사람들이 싫어하고 비난하였다.

"무엇을 위하여 육군비구니들은 일산을 지니고서 신발을 신었는가? 재가에서 욕락을 받고서 즐기는 여인들과 같구나!"

여러 비구니들은 여러 사람들이 싫어하고 비난하는 것을 들었다. 여러 비구니들의 가운데에서 욕심이 적은 자들은 싫어하고 비난하였다.

"무슨 까닭으로써 육군비구니들은 일산을 지니고서 신발을 신었는가?"

여러 비구니들은 이 일로써 여러 비구들에게 말하였고, 여러 비구들은 이 일로써 세존께 아뢰었다. 세존께서는 이 인연으로써 비구승가를 모으셨으며, 여러 비구들에게 물어 말씀하셨다.

"여러 비구들이여. 육군비구니들이 진실로 일산을 지니고서 신발을 신었는가?"

"진실로 그렇습니다. 세존이시여."

세존께서는 여러 방편으로 꾸짖으셨다.

"여러 비구들이여. 어찌하여 육군비구니들은 일산을 지니고서 신발을 신었는가? 여러 비구들이여. 이것은 오히려 믿지 않는 자는 신심이 생겨나지 않게 하고, …… 이미 믿었던 자는 일부가 전전하여 다른 곳으로 향하여 떠나가게 하느니라."

이때 세존께서는 여러 종류의 방편으로써 육군비구니들을 꾸짖고서 뒤에 부양이 어렵고 가르치고 양육함이 어려우며, …… 나아가 …… 여러 비구들을 위하여 적절한 법을 수순하여 설하신 뒤에 여러 비구들에게 알려 말씀하셨다.

"…… 나아가 …… 여러 비구들이여. 여러 비구니들은 마땅히 이와 같이 학처를 송출할지니라.

'어느 누구의 비구니일지라도 일산을 지니고서 신발을 신는 자는 바일제를 범하느니라.'"

이와 같이 세존께서는 여러 비구니들을 위하여 학처를 제정하여 세우셨다.

2-1 그때 한 비구니가 병들었는데, 일산이 없었고 신발을 신지 않았으므로, 안락하지 않았다. 여러 비구니들은 이 일로써 여러 비구들에게 말하였고, 여러 비구들은 이 일로써 세존께 아뢰었다. 세존께서는 이 인연으로써 비구승가를 모으셨고, 이 인연으로써 설법하셨으며, 여러 비구들에게

알려 말씀하셨다.

"여러 비구들이여. 병든 비구니라면 일산을 지니고 신발을 신는 것을 허락하겠노라. 여러 비구들이여. 여러 비구니들은 마땅히 이와 같이 학처를 송출할지니라.

'어느 누구의 비구니일지라도 병이 없었는데, 일산을 지니고서 신발을 신는 자는 바일제를 범하느니라.'"

3-1 '어느 누구'는 어느 태어난 곳의 이유, ······ 혹은 중간의 법랍이었다면 이것을 '어느 누구'라고 말한다.

'비구니'는 구걸하는 비구니이니, 일을 쫓아서 걸식하는 비구니, ······ 곧 이것에서 '비구니'의 뜻이라고 말하는 것이다.

'병이 없다.'는 비구니가 일산과 신발이 없어도 안락한 것이다.

'병이 있다.'는 비구니가 일산과 신발이 없다면 안락하지 않은 것이다.

'일산'은 세 종류가 있나니, 백포(白布)일산, 골풀(藺)일산, 나뭇잎(葉)일산이고, 뼈대를 둥글게 안으로 엮은 것과 뼈대를 둥글게 밖으로 엮었던 일산이 있다.

'지니고 신다.'는 곧 지녔거나, 한 번이라도 신었다면 역시 바일제를 범한다.

3-2 병이 없었고 병이 없다는 생각이 있었는데, 일산을 지니고 신발을 신는 자는 바일제를 범한다. 병이 없었고 병이 없다는 의심이 있었는데, 일산을 지니고 신발을 신는 자는 바일제를 범한다. 병이 없었고 병이 있다는 생각이 있었는데, 일산을 지니고 신발을 신는 자는 바일제를 범한다.

일산을 지니고 신발을 신지 않는 자는 돌길라를 범한다. 신발을 신고서 일산을 지니지 않는 자는 돌길라를 범한다.

병이 있었고 병이 없다는 생각이 있었는데, 일산을 지니고 신발을 신는 자는 돌길라를 범한다. 병이 있었고 병이 없다는 의심이 있었는데,

일산을 지니고 신발을 신는 자는 돌길라를 범한다. 병이 있었고 병이 있다는 생각이 있었는데, 일산을 지니고 신발을 신는 자는 범하지 않는다.

4-1 병자이었거나, 정사와 정사의 경계에서 지니고 신었거나, 사고의 때이거나, 미쳤던 자이거나, 최초로 범한 자는 범하지 않는다.

85) 승좌물(乘坐物) 학처

1-1 그때 불·세존께서는 사위성의 기수급고독원에 머무르셨다.
　그때 육군비구니들이 탈 것에 타고서 다녔으므로, 여러 사람들이 싫어하고 비난하였다.
　"무엇을 위하여 비구니들이 탈 것에 타고서 다니는가? 재가에서 욕락을 받고서 즐기는 여인들과 같구나!"
　여러 비구니들은 여러 사람들이 싫어하고 비난하는 것을 들었다. 여러 비구니들의 가운데에서 욕심이 적은 자들은 싫어하고 비난하였다.
　"무슨 까닭으로써 육군비구니들이 탈 것에 타고서 다니는가?"
　여러 비구니들은 이 일로써 여러 비구들에게 말하였고, 여러 비구들은 이 일로써 세존께 아뢰었다. 세존께서는 이 인연으로써 비구승가를 모으셨으며, 여러 비구들에게 물어 말씀하셨다.
　"여러 비구들이여. 육군비구니들이 진실로 탈 것에 타고서 다녔는가?"
　"진실로 그렇습니다. 세존이시여."
　세존께서는 여러 방편으로 꾸짖으셨다.
　"여러 비구들이여. 어찌하여 육군비구니들은 탈 것에 타고서 다녔는가? 여러 비구들이여. 이것은 오히려 믿지 않는 자는 신심이 생겨나지 않게 하고, …… 이미 믿었던 자는 일부가 전전하여 다른 곳으로 향하여 떠나가게 하느니라."
　이때 세존께서는 여러 종류의 방편으로써 육군비구니들을 꾸짖고서 뒤에 부양이 어렵고 가르치고 양육함이 어려우며, …… 나아가 …… 여러 비구들을 위하여 적절한 법을 수순하여 설하신 뒤에 여러 비구들에게 알려 말씀하셨다.

"…… 나아가 …… 여러 비구들이여. 여러 비구니들은 마땅히 이와 같이 학처를 송출할지니라.

'어느 누구의 비구니일지라도 탈 것에 타고서 다니는 자는 바일제를 범하느니라.'"

이와 같이 세존께서는 여러 비구니들을 위하여 학처를 제정하여 세우셨다.

2-1 그때 한 비구니가 병이 들어서 능히 다닐 수 없었다. 여러 비구니들은 이 일로써 여러 비구들에게 말하였고, 여러 비구들은 이 일로써 세존께 아뢰었다. 세존께서는 이 인연으로써 비구승가를 모으셨고, 이 인연으로써 설법하셨으며, 여러 비구들에게 알려 말씀하셨다.

"여러 비구들이여. 병이 있다면 탈 것에 타고서 다니는 것을 허락하겠노라. 여러 비구들이여. 여러 비구니들은 마땅히 이와 같이 학처를 송출할지니라.

'어느 누구의 비구니일지라도 병이 없었는데, 탈 것에 타고서 다니는 자는 바일제를 범하느니라.'"

3-1 '어느 누구'는 어느 태어난 곳의 이유, …… 혹은 중간의 법랍이었다면 이것을 '어느 누구'라고 말한다.

'비구니'는 구걸하는 비구니이니, 일을 쫓아서 걸식하는 비구니, …… 곧 이것에서 '비구니'의 뜻이라고 말하는 것이다.

'병이 없다.'는 비구니가 일산과 신발이 없어도 안락한 것이다.

'병이 있다.'는 비구니가 일산과 신발이 없다면 안락하지 않은 것이다.

'탈 것'은 와이합(瓦伊哈), 나달(羅達), 사가달(沙迦達), 산달마니가(山達摩尼迦), 교(轎), 의교(椅轎) 등이다.

'가다.'는 한 번이라도 갔다면 역시 바일제를 범한다.

3-2 병이 없었고 병이 없다는 생각이 있었는데, 일산을 지니고 신발을 신는 자는 바일제를 범한다. 병이 없었고 병이 없다는 의심이 있었는데, 일산을 지니고 신발을 신는 자는 바일제를 범한다. 병이 없었고 병이 있다는 생각이 있었는데, 일산을 지니고 신발을 신는 자는 바일제를 범한다.

일산을 지니고 신발을 신지 않는 자는 돌길라를 범한다. 신발을 신고서 일산을 지니지 않는 자는 돌길라를 범한다.

병이 있었고 병이 없다는 생각이 있었는데, 일산을 지니고 신발을 신는 자는 돌길라를 범한다. 병이 있었고 병이 없다는 의심이 있었는데, 일산을 지니고 신발을 신는 자는 돌길라를 범한다. 병이 있었고 병이 있다는 생각이 있었는데, 일산을 지니고 신발을 신는 자는 범하지 않는다.

4-1 병자이었거나, 사고의 때이거나, 미쳤던 자이거나, 최초로 범한 자는 범하지 않는다.

86) 착요포(著腰布) 학처

1-1 그때 불·세존께서는 사위성의 기수급고독원에 머무르셨다.

그때 한 비구니는 한 여인의 처소에서 공양받는 비구니이었다. 이때 그 여인이 그 비구니를 마주하고서 말하였다.

"대자여. 이 요포(腰布)[30]를 누구 여인에게 전해주십시오."

그때 비구니는 생각하였다.

'내가 만약 요포를 발우와 함께 지니고 다닌다면 장애가 있을 것이다.'

곧 이 요포를 입고서 다녔는데, 그 비구니는 도중에 실이 끊어져서 어지럽게 흩날렸다. 여러 사람들이 싫어하고 비난하였다.

---

30) 허리에 옷감을 둘러서 입는 옷의 한 형태이다. 가장 원시적인 옷으로써 끈이나 천으로 허리에 고정하는 앞치마와 비슷한 옷을 가리킨다.

"무엇을 위하여 비구니가 요포를 입는가? 재가에서 욕락을 받고서 즐기는 여인들과 같구나!"

여러 비구니들은 여러 사람들이 싫어하고 비난하는 것을 들었다. 여러 비구니들의 가운데에서 욕심이 적은 자들은 싫어하고 비난하였다.

"무슨 까닭으로써 비구니들이 요포를 입는가?"

여러 비구니들은 이 일로써 여러 비구들에게 말하였고, 여러 비구들은 이 일로써 세존께 아뢰었다. 세존께서는 이 인연으로써 비구승가를 모으셨으며, 여러 비구들에게 물어 말씀하셨다.

"여러 비구들이여. 여러 비구니들이 진실로 요포를 입었는가?"

"진실로 그렇습니다. 세존이시여."

세존께서는 여러 방편으로 꾸짖으셨다.

"여러 비구들이여. 어찌하여 여러 비구니들은 요포를 입었는가? 여러 비구들이여. 이것은 오히려 믿지 않는 자는 신심이 생겨나지 않게 하고, …… 이미 믿었던 자는 일부가 전전하여 다른 곳으로 향하여 떠나가게 하느니라."

이때 세존께서는 여러 종류의 방편으로써 여러 비구니들을 꾸짖고서 뒤에 부양이 어렵고 가르치고 양육함이 어려우며, …… 나아가 …… 여러 비구들을 위하여 적절한 법을 수순하여 설하신 뒤에 여러 비구들에게 알려 말씀하셨다.

"…… 나아가 …… 여러 비구들이여. 여러 비구니들은 마땅히 이와 같이 학처를 송출할지니라.

'어느 누구의 비구니일지라도 요포를 입는 자는 바일제를 범하느니라.'"

2-1 '어느 누구'는 어느 태어난 곳의 이유, …… 혹은 중간의 법랍이었다면 이것을 '어느 누구'라고 말한다.

'비구니'는 구걸하는 비구니이니, 일을 쫓아서 걸식하는 비구니, …… 곧 이것에서 '비구니'의 뜻이라고 말하는 것이다.

'요포'는 허리를 옷감으로 묶은 것이다.

'입다.'는 한 번이라도 입었다면 역시 바일제를 범한다.

3-1 병의 인연이었거나, 허리띠로 묶었거나, 미쳤던 자이거나, 최초로 범한 자는 범하지 않는다.

87) 착부녀장식구(著婦女裝飾具) 학처

1-1 그때 불·세존께서는 사위성의 기수급고독원에 머무르셨다.

그때 육군 비구니들이 부인들의 장신구를 착용하였으므로, 여러 사람들이 싫어하고 비난하였다.

"무엇을 위하여 비구니가 장신구를 착용하는가? 재가에서 욕락을 받고서 즐기는 여인들과 같구나!"

여러 비구니들은 여러 사람들이 싫어하고 비난하는 것을 들었다. 여러 비구니들의 가운데에서 욕심이 적은 자들은 싫어하고 비난하였다.

"무슨 까닭으로써 육군비구니들은 장신구를 착용하는가?"

여러 비구니들은 이 일로써 여러 비구들에게 말하였고, 여러 비구들은 이 일로써 세존께 아뢰었다. 세존께서는 이 인연으로써 비구승가를 모으셨으며, 여러 비구들에게 물어 말씀하셨다.

"여러 비구들이여. 육군비구니들이 진실로 장신구를 착용하였는가?"

"진실로 그렇습니다. 세존이시여."

세존께서는 여러 방편으로 꾸짖으셨다.

"여러 비구들이여. 어찌하여 육군비구니들은 장신구를 착용하였는가? 여러 비구들이여. 이것은 오히려 믿지 않는 자는 신심이 생겨나지 않게 하고, …… 이미 믿었던 자는 일부가 전전하여 다른 곳으로 향하여 떠나가게 하느니라."

이때 세존께서는 여러 종류의 방편으로써 육군비구니들을 꾸짖고서 뒤에 부양이 어렵고 가르치고 양육함이 어려우며, …… 나아가 …… 여러 비구들을 위하여 적절한 법을 수순하여 설하신 뒤에 여러 비구들에게 알려 말씀하셨다.

 "…… 나아가 …… 여러 비구들이여. 여러 비구니들은 마땅히 이와 같이 학처를 송출할지니라.

 '어느 누구의 비구니일지라도 부녀들의 장신구를 착용하는 자는 바일제를 범하느니라.'"

2-1 '어느 누구'는 어느 태어난 곳의 이유, …… 혹은 중간의 법랍이었다면 이것을 '어느 누구'라고 말한다.

 '비구니'는 구걸하는 비구니이니, 일을 쫓아서 걸식하는 비구니, …… 곧 이것에서 '비구니'의 뜻이라고 말하는 것이다.

 '부인들의 장신구'는 머리에 착용하였거나, 목에 걸쳤거나, 손에 꼈거나, 발에 묶었거나, 허리에 두른 것이다.

 '착용하다.'는 한 번이라도 착용하였다면 역시 바일제를 범한다.

3-1 병의 인연이었거나, 미쳤던 자이거나, 최초로 범한 자는 범하지 않는다.

88) 도향지분(塗香脂粉) 학처

1-1 그때 불·세존께서는 사위성의 기수급고독원에 머무르셨다.

 그때 육군비구니들이 향과 지분(脂粉)을 몸에 발랐으므로, 여러 사람들이 싫어하고 비난하였다.

 "무엇을 위하여 비구니가 향과 지분을 바르는가? 재가에서 욕락을 받고서 즐기는 여인들과 같구나!"

 여러 비구니들은 여러 사람들이 싫어하고 비난하는 것을 들었다. 여러 비구니들의 가운데에서 욕심이 적은 자들은 싫어하고 비난하였다.

"무슨 까닭으로써 육군비구니들은 향과 지분을 바르는가?"

여러 비구니들은 이 일로써 여러 비구들에게 말하였고, 여러 비구들은 이 일로써 세존께 아뢰었다. 세존께서는 이 인연으로써 비구승가를 모으셨으며, 여러 비구들에게 물어 말씀하셨다.

"여러 비구들이여. 육군비구니들이 진실로 향과 지분을 발랐는가?"

"진실로 그렇습니다. 세존이시여."

세존께서는 여러 방편으로 꾸짖으셨다.

"여러 비구들이여. 어찌하여 육군비구니들은 향과 지분을 발랐는가? 여러 비구들이여. 이것은 오히려 믿지 않는 자는 신심이 생겨나지 않게 하고, …… 이미 믿었던 자는 일부가 전전하여 다른 곳으로 향하여 떠나가게 하느니라."

이때 세존께서는 여러 종류의 방편으로써 육군비구니들을 꾸짖고서 뒤에 부양이 어렵고 가르치고 양육함이 어려우며, …… 나아가 …… 여러 비구들을 위하여 적절한 법을 수순하여 설하신 뒤에 여러 비구들에게 알려 말씀하셨다.

"…… 나아가 …… 여러 비구들이여. 여러 비구니들은 마땅히 이와 같이 학처를 송출할지니라.

'어느 누구의 비구니일지라도 만약 향과 지분을 바르는 자는 바일제를 범하느니라.'"

2-1 '어느 누구'는 어느 태어난 곳의 이유, …… 혹은 중간의 법랍이었다면 이것을 '어느 누구'라고 말한다.

'비구니'는 구걸하는 비구니이니, 일을 쫓아서 걸식하는 비구니, …… 곧 이것에서 '비구니'의 뜻이라고 말하는 것이다.

'향'은 어느 무엇이라도 향기가 있는 물건이다.

'지분'은 어느 무엇이라도 색깔을 선택할 수 있는 물건이다.

'바르다.'는 그것을 바르는 자는 돌길라를 범한다. 이미 발랐다면 바일제를 범한다.

3-1 병의 인연이었거나, 미쳤던 자이거나, 최초로 범한 자는 범하지 않는다.

89) 도향료호마재(塗香料胡麻滓) 학처

1-1 그때 불·세존께서는 사위성의 기수급고독원에 머무르셨다.

그때 육군비구니들이 향료(香料)와 호마의 가루를 몸에 발랐으므로, 여러 사람들이 싫어하고 비난하였다.

"무엇을 위하여 비구니가 향료와 호마의 가루를 바르는가? 재가에서 욕락을 받고서 즐기는 여인들과 같구나!"

여러 비구니들은 여러 사람들이 싫어하고 비난하는 것을 들었다. 여러 비구니들의 가운데에서 욕심이 적은 자들은 싫어하고 비난하였다.

"무슨 까닭으로써 육군비구니들은 향료와 지분을 바르는가?"

여러 비구니들은 이 일로써 여러 비구들에게 말하였고, 여러 비구들은 이 일로써 세존께 아뢰었다. 세존께서는 이 인연으로써 비구승가를 모으셨으며, 여러 비구들에게 물어 말씀하셨다.

"여러 비구들이여. 육군비구니들이 진실로 향료와 호마의 가루를 발랐는가?"

"진실로 그렇습니다. 세존이시여."

세존께서는 여러 방편으로 꾸짖으셨다.

"여러 비구들이여. 어찌하여 육군비구니들은 향료와 호마의 가루를 발랐는가? 여러 비구들이여. 이것은 오히려 믿지 않는 자는 신심이 생겨나지 않게 하고, …… 이미 믿었던 자는 일부가 전전하여 다른 곳으로 향하여 떠나가게 하느니라."

이때 세존께서는 여러 종류의 방편으로써 육군비구니들을 꾸짖고서 뒤에 부양이 어렵고 가르치고 양육함이 어려우며, …… 나아가 …… 여러 비구들을 위하여 적절한 법을 수순하여 설하신 뒤에 여러 비구들에게 알려 말씀하셨다.

"…… 나아가 …… 여러 비구들이여. 여러 비구니들은 마땅히 이와 같이 학처를 송출할지니라.

'어느 누구의 비구니일지라도 만약 향료와 호마의 가루를 바르는 자는 바일제를 범하느니라.'"

2-1 '어느 누구'는 어느 태어난 곳의 이유, …… 혹은 중간의 법랍이었다면 이것을 '어느 누구'라고 말한다.

'비구니'는 구걸하는 비구니이니, 일을 쫓아서 걸식하는 비구니, …… 곧 이것에서 '비구니'의 뜻이라고 말하는 것이다.

'향료'는 어느 무엇이라도 향기가 있는 물건이다.

'호마의 가루'는 호마를 찧거나 갈았던 것이다.

'바르다.'는 그것을 바르는 자는 돌길라를 범한다. 이미 발랐다면 바일제를 범한다.

3-1 병의 인연이었거나, 미쳤던 자이거나, 최초로 범한 자는 범하지 않는다.

90) 사비구니마신(使比丘尼摩身) 학처

1-1 그때 불·세존께서는 사위성의 기수급고독원에 머무르셨다.

그때 비구니들이 비구니들에게 시켜서 몸을 주무르게 시켰고, 또한 몸을 안마하게 시켰다. 여러 사람들이 와서 정사를 돌아다니면서 예배하였는데, 이것을 보고 싫어하고 비난하였다.

"무엇을 위하여 비구니들이 비구니들에게 몸을 주무르게 시키고, 또한 몸을 안마하게 시키는가? 재가에서 욕락을 받고서 즐기는 여인들과 같구나!"

여러 비구니들은 여러 사람들이 싫어하고 비난하는 것을 들었다. 여러 비구니들의 가운데에서 욕심이 적은 자들은 싫어하고 비난하였다.

"무슨 까닭으로써 비구니들이 비구니들에게 몸을 주무르게 시키고, 또한 몸을 안마하게 시키는가?"

여러 비구니들은 이 일로써 여러 비구들에게 말하였고, 여러 비구들은 이 일로써 세존께 아뢰었다. 세존께서는 이 인연으로써 비구승가를 모으셨으며, 여러 비구들에게 물어 말씀하셨다.

"여러 비구들이여. 여러 비구니들이 진실로 비구니들에게 몸을 주무르게 시켰고, 또한 몸을 안마하게 하였는가?"

"진실로 그렇습니다. 세존이시여."

세존께서는 여러 방편으로 꾸짖으셨다.

"여러 비구들이여. 어찌하여 여러 비구니들은 비구니들에게 몸을 주무르게 시켰고, 또한 몸을 안마하게 하였는가? 여러 비구들이여. 이것은 오히려 믿지 않는 자는 신심이 생겨나지 않게 하고, …… 이미 믿었던 자는 일부가 전전하여 다른 곳으로 향하여 떠나가게 하느니라."

이때 세존께서는 여러 종류의 방편으로써 여러 비구니들을 꾸짖고서 뒤에 부양이 어렵고 가르치고 양육함이 어려우며, …… 나아가 …… 여러 비구들을 위하여 적절한 법을 수순하여 설하신 뒤에 여러 비구들에게 알려 말씀하셨다.

"…… 나아가 …… 여러 비구들이여. 여러 비구니들은 마땅히 이와 같이 학처를 송출할지니라.

'어느 누구의 비구니일지라도 만약 비구니들에게 몸을 주무르게 시키고, 또한 몸을 안마하게 시키는 자는 바일제를 범하느니라.'"

2-1 '어느 누구'는 어느 태어난 곳의 이유, …… 혹은 중간의 법랍이었다면 이것을 '어느 누구'라고 말한다.

'비구니'는 구걸하는 비구니이니, 일을 쫓아서 걸식하는 비구니, …… 곧 이것에서 '비구니'의 뜻이라고 말하는 것이다.

'주무르게 시키다.'는 주무르게 시키는 자는 바일제를 범한다.

'혹은 안마하게 하다.'는 안마하게 시키는 자는 바일제를 범한다.

3-1 병의 인연이었거나, 미쳤던 자이거나, 최초로 범한 자는 범하지 않는다.

91) 사식차마나마신(使式叉摩那摩身) 학처

1-1 그때 불·세존께서는 사위성의 기수급고독원에 머무르셨다.

그때 비구니들이 식차마나들에게 몸을 주무르게 시켰고, 또한 몸을 안마하게 하였다. 여러 사람들이 와서 정사를 돌아다니면서 예배하였는데, 이것을 보고 싫어하고 비난하였다.

"무엇을 위하여 비구니들이 식차마나들에게 몸을 주무르게 시키고, 또한 몸을 안마하게 하는가? 재가에서 욕락을 받고서 즐기는 여인들과 같구나!"

여러 비구니들은 여러 사람들이 싫어하고 비난하는 것을 들었다. 여러 비구니들의 가운데에서 욕심이 적은 자들은 싫어하고 비난하였다.

"무슨 까닭으로써 비구니들이 식차마나들에게 몸을 주무르게 시키고, 또한 몸을 안마하게 시키는가?"

여러 비구니들은 이 일로써 여러 비구들에게 말하였고, 여러 비구들은 이 일로써 세존께 아뢰었다. 세존께서는 이 인연으로써 비구승가를 모으셨으며, 여러 비구들에게 물어 말씀하셨다.

"여러 비구들이여. 비구니들이 진실로 식차마나들에게 몸을 주무르게 시켰고, 또한 몸을 안마하게 시켰는가?"

"진실로 그렇습니다. 세존이시여."

세존께서는 여러 방편으로 꾸짖으셨다.

"여러 비구들이여. 어찌하여 여러 비구니들은 식차마나들에게 몸을 주무르게 시켰고, 또한 몸을 안마하게 시켰는가? 여러 비구들이여. 이것은 오히려 믿지 않는 자는 신심이 생겨나지 않게 하고, …… 이미 믿었던 자는 일부가 전전하여 다른 곳으로 향하여 떠나가게 하느니라."

이때 세존께서는 여러 종류의 방편으로써 여러 비구니들을 꾸짖고서 뒤에 부양이 어렵고 가르치고 양육함이 어려우며, …… 나아가 …… 여러 비구들을 위하여 적절한 법을 수순하여 설하신 뒤에 여러 비구들에게 알려 말씀하셨다.

"…… 나아가 …… 여러 비구들이여. 여러 비구니들은 마땅히 이와 같이 학처를 송출할지니라.

'어느 누구의 비구니일지라도 만약 식차마나들에게 몸을 주무르게 시키고, 또한 몸을 안마하게 시키는 자는 바일제를 범하느니라.'"

2-1 '어느 누구'는 어느 태어난 곳의 이유, …… 혹은 중간의 법랍이었다면 이것을 '어느 누구'라고 말한다.

'비구니'는 구걸하는 비구니이니, 일을 쫓아서 걸식하는 비구니, …… 곧 이것에서 '비구니'의 뜻이라고 말하는 것이다.

'식차마나'는 2년의 6법학계인 자이다.

'주무르게 시키다.'는 주무르게 시키는 자는 바일제를 범한다.

'혹은 안마하게 하다.'는 안마하게 시키는 자는 바일제를 범한다.

3-1 병의 인연이었거나, 미쳤던 자이거나, 최초로 범한 자는 범하지 않는다.

92) 사사미니마신(使沙彌尼摩身) 학처

1-1 그때 불·세존께서는 사위성의 기수급고독원에 머무르셨다.

그때 비구니들이 사미니들에게 몸을 주무르게 시켰고, 또한 몸을 안마하게 하였다. 여러 사람들이 와서 정사를 돌아다니면서 예배하였는데, 이것을 보고 싫어하고 비난하였다.

"무엇을 위하여 비구니들이 사미니들에게 몸을 주무르게 시키고, 또한 몸을 안마하게 시키는가? 재가에서 욕락을 받고서 즐기는 여인들과 같구나!"

여러 비구니들은 여러 사람들이 싫어하고 비난하는 것을 들었다. 여러 비구니들의 가운데에서 욕심이 적은 자들은 싫어하고 비난하였다.

"무슨 까닭으로써 비구니들이 사미니들에게 몸을 주무르게 시키고, 또한 몸을 안마하게 시키는가?"

여러 비구니들은 이 일로써 여러 비구들에게 말하였고, 여러 비구들은 이 일로써 세존께 아뢰었다. 세존께서는 이 인연으로써 비구승가를 모으셨으며, 여러 비구들에게 물어 말씀하셨다.

"여러 비구들이여. 비구니들이 진실로 사미니들에게 몸을 주무르게 시켰고, 또한 몸을 안마하게 하였는가?"

"진실로 그렇습니다. 세존이시여."

세존께서는 여러 방편으로 꾸짖으셨다.

"여러 비구들이여. 어찌하여 여러 비구니들은 사미니들에게 몸을 주무르게 시켰고, 또한 몸을 안마하게 시켰는가? 여러 비구들이여. 이것은 오히려 믿지 않는 자는 신심이 생겨나지 않게 하고, …… 이미 믿었던 자는 일부가 전전하여 다른 곳으로 향하여 떠나가게 하느니라."

이때 세존께서는 여러 종류의 방편으로써 여러 비구니들을 꾸짖고서 뒤에 부양이 어렵고 가르치고 양육함이 어려우며, …… 나아가 …… 여러 비구들을 위하여 적절한 법을 수순하여 설하신 뒤에 여러 비구들에게 알려 말씀하셨다.

"…… 나아가 …… 여러 비구들이여. 여러 비구니들은 마땅히 이와 같이 학처를 송출할지니라.

'어느 누구의 비구니일지라도 만약 사미니들에게 몸을 주무르게 시키고, 또한 몸을 안마하게 시키는 자는 바일제를 범하느니라.'"

2-1 '어느 누구'는 어느 태어난 곳의 이유, …… 혹은 중간의 법랍이었다면 이것을 '어느 누구'라고 말한다.

'비구니'는 구걸하는 비구니이니, 일을 쫓아서 걸식하는 비구니, …… 곧 이것에서 '비구니'의 뜻이라고 말하는 것이다.

'사미니'는 10학계를 수지한 자이다.

'주무르게 시키다.'는 주무르게 시키는 자는 바일제를 범한다.

'혹은 안마하게 하다.'는 안마하게 시키는 자는 바일제를 범한다.

3-1 병의 인연이었거나, 미쳤던 자이거나, 최초로 범한 자는 범하지 않는다.

93) 사백의녀마신(使白衣女摩身) 학처

1-1 그때 불·세존께서는 사위성의 기수급고독원에 머무르셨다.

그때 비구니들이 백의녀(白衣女)들에게 몸을 주무르게 시켰고, 또한 몸을 안마하게 하였다. 여러 사람들이 와서 정사를 돌아다니면서 예배하였는데, 이것을 보고 싫어하고 비난하였다.

"무엇을 위하여 여러 비구니들이 백의녀들에게 몸을 주무르게 시키고, 또한 몸을 안마하게 시키는가? 재가에서 욕락을 받고서 즐기는 여인들과 같구나!"

여러 비구니들은 여러 사람들이 싫어하고 비난하는 것을 들었다. 여러 비구니들의 가운데에서 욕심이 적은 자들은 싫어하고 비난하였다.

"무슨 까닭으로써 여러 비구니들이 백의녀들에게 몸을 주무르게 시키고, 또한 몸을 안마하게 시키는가?"

여러 비구니들은 이 일로써 여러 비구들에게 말하였고, 여러 비구들은 이 일로써 세존께 아뢰었다. 세존께서는 이 인연으로써 비구승가를 모으셨으며, 여러 비구들에게 물어 말씀하셨다.

"여러 비구들이여. 여러 비구니들이 진실로 백의녀들에게 몸을 주무르게 시켰고, 또한 몸을 안마하게 시켰는가?"

"진실로 그렇습니다. 세존이시여."

세존께서는 여러 방편으로 꾸짖으셨다.

"여러 비구들이여. 어찌하여 여러 비구니들은 백의녀들에게 몸을 주무르게 시켰고, 또한 몸을 안마하게 시켰는가? 여러 비구들이여. 이것은 오히려 믿지 않는 자는 신심이 생겨나지 않게 하고, …… 이미 믿었던 자는 일부가 전전하여 다른 곳으로 향하여 떠나가게 하느니라."

이때 세존께서는 여러 종류의 방편으로써 여러 비구니들을 꾸짖고서 뒤에 부양이 어렵고 가르치고 양육함이 어려우며, …… 나아가 …… 여러 비구들을 위하여 적절한 법을 수순하여 설하신 뒤에 여러 비구들에게 알려 말씀하셨다.

"…… 나아가 …… 여러 비구들이여. 여러 비구니들은 마땅히 이와 같이 학처를 송출할지니라.

'어느 누구의 비구니일지라도 만약 백의녀들에게 몸을 주무르게 시키고, 또한 몸을 안마하게 시키는 자는 바일제를 범하느니라.'"

2-1 '어느 누구'는 어느 태어난 곳의 이유, …… 혹은 중간의 법랍이었다면 이것을 '어느 누구'라고 말한다.

'비구니'는 구걸하는 비구니이니, 일을 쫓아서 걸식하는 비구니, …… 곧 이것에서 '비구니'의 뜻이라고 말하는 것이다.

'백의녀'는 재가의 여인을 말한다.

'주무르게 시키다.'는 주무르게 시키는 자는 바일제를 범한다.

'혹은 안마하게 하다.'는 안마하게 시키는 자는 바일제를 범한다.

3-1 병의 인연이었거나, 미쳤던 자이거나, 최초로 범한 자는 범하지 않는다.

94) 비구전불문좌(比丘前不問坐) 학처

1-1 그때 불·세존께서는 사위성의 기수급고독원에 머무르셨다.

그때 여러 비구니들이 비구들의 앞에서 묻지 않고서 좌상에 앉았다. 여러 비구들은 싫어하고 비난하였다.

"무슨 까닭으로써 여러 비구니들은 비구들의 앞에서 묻지 않고서 좌상에 앉는가?"

여러 비구들은 이 일로써 세존께 아뢰었고, 세존께서는 이 인연으로써 비구승가를 모으셨으며, 여러 비구들에게 물어 말씀하셨다.

"여러 비구들이여. 비구니들이 진실로 비구들의 앞에서 묻지 않고서 좌상에 앉았는가?"

"진실로 그렇습니다. 세존이시여."

세존께서는 여러 방편으로 꾸짖으셨다.

"여러 비구들이여. 어찌하여 여러 비구니들은 비구들의 앞에서 묻지 않고서 좌상에 앉았는가? 여러 비구들이여. 이것은 오히려 믿지 않는 자는 신심이 생겨나지 않게 하고, …… 이미 믿었던 자는 일부가 전전하여 다른 곳으로 향하여 떠나가게 하느니라."

이때 세존께서는 여러 종류의 방편으로써 여러 비구니들을 꾸짖고서 뒤에 부양이 어렵고 가르치고 양육함이 어려우며, …… 나아가 …… 여러 비구들을 위하여 적절한 법을 수순하여 설하신 뒤에 여러 비구들에게 알려 말씀하셨다.

"…… 나아가 …… 여러 비구들이여. 여러 비구니들은 마땅히 이와 같이 학처를 송출할지니라.

'어느 누구의 비구니일지라도 비구들의 앞에서 묻지 않고서 좌상에 앉는 자는 바일제를 범하느니라.'"

2-1 '어느 누구'는 어느 태어난 곳의 이유, …… 혹은 중간의 법랍이었다면 이것을 '어느 누구'라고 말한다.

'비구니'는 구걸하는 비구니이니, 일을 쫓아서 걸식하는 비구니, ……
곧 이것에서 '비구니'의 뜻이라고 말하는 것이다.

'비구의 앞에서'는 구족계를 받은 자의 앞이다.

'묻지 않다.'는 허락을 받지 않은 것이다.

'좌상에 앉다.'는 곧 땅 위에 앉게 시켰어도 역시 바일제를 범한다.

2-2 묻지 않았고 묻지 않았다는 생각이 있었는데, 나아가서 앉는 자는
바일제를 범한다. 묻지 않았고 묻지 않았다는 의심이 있었는데, 나아가서
앉는 자는 바일제를 범한다. 묻지 않았고 물었다는 생각이 있었는데,
나아가서 앉는 자는 바일제를 범한다.

물었고 묻지 않았다는 생각이 있었는데, 나아가서 앉는 자는 돌길라를
범한다. 물었고 묻지 않았다는 의심이 있었는데, 나아가서 앉는 자는
돌길라를 범한다. 물었고 물었다는 생각이 있었는데, 나아가서 앉는
자는 범하지 않는다.

3-1 묻고 나아가서 앉았거나, 병자이었거나, 사고의 때이거나, 미쳤던
자이거나, 최초로 범한 자는 범하지 않는다.

95) 불득허락질문비구(不得許諾質問比丘) 학처

1-1 그때 불·세존께서는 사위성의 기수급고독원에 머무르셨다.

그때 여러 비구니들이 비구들의 앞에서 허락을 얻지 않고서 질문하였
다. 여러 비구들은 싫어하고 비난하였다.

"무슨 까닭으로써 여러 비구니들은 비구들의 앞에서 허락을 얻지 않고
서 질문하는가?"

여러 비구들은 이 일로써 세존께 아뢰었고, 세존께서는 이 인연으로써
비구승가를 모으셨으며, 여러 비구들에게 물어 말씀하셨다.

"여러 비구들이여. 여러 비구니들이 진실로 비구들의 앞에서 허락을 얻지 않고서 질문하였는가?"

"진실로 그렇습니다. 세존이시여."

세존께서는 여러 방편으로 꾸짖으셨다.

"여러 비구들이여. 어찌하여 여러 비구니들은 비구들의 앞에서 허락을 얻지 않고서 질문하였는가? 여러 비구들이여. 이것은 오히려 믿지 않는 자는 신심이 생겨나지 않게 하고, …… 이미 믿었던 자는 일부가 전전하여 다른 곳으로 향하여 떠나가게 하느니라."

이때 세존께서는 여러 종류의 방편으로써 여러 비구니들을 꾸짖고서 뒤에 부양이 어렵고 가르치고 양육함이 어려우며, …… 나아가 …… 여러 비구들을 위하여 적절한 법을 수순하여 설하신 뒤에 여러 비구들에게 알려 말씀하셨다.

"…… 나아가 …… 여러 비구들이여. 여러 비구니들은 마땅히 이와 같이 학처를 송출할지니라.

'어느 누구의 비구니일지라도 비구들의 앞에서 허락을 얻지 않고서 질문하는 자는 바일제를 범하느니라.'"

2-1 '어느 누구'는 어느 태어난 곳의 이유, …… 혹은 중간의 법랍이었다면 이것을 '어느 누구'라고 말한다.

'비구니'는 구걸하는 비구니이니, 일을 쫓아서 걸식하는 비구니, …… 곧 이것에서 '비구니'의 뜻이라고 말하는 것이다.

'비구'는 구족계를 받은 자이다.

'허락을 얻지 않다.'는 질문할 수 없는 것이다.

'질문하다.'는 경장에서 허락을 얻었으나, 율장이거나, 혹은 논장을 질문하는 자는 바일제를 범한다. 율장에서 허락을 얻었으나, 경장이거나, 혹은 논장을 질문하는 자는 바일제를 범한다. 논장에서 허락을 얻었으나, 경장이거나, 혹은 율장을 질문하는 자는 바일제를 범한다.

2-2 묻지 않았고 묻지 않았다는 생각이 있었는데, 나아가서 질문하는 자는 바일제를 범한다. 묻지 않았고 묻지 않았다는 의심이 있었는데, 나아가서 질문하는 자는 바일제를 범한다. 묻지 않았고 물었다는 생각이 있었는데, 나아가서 질문하는 자는 바일제를 범한다.

물었고 묻지 않았다는 생각이 있었는데, 나아가서 질문하는 자는 돌길라를 범한다. 물었고 묻지 않았다는 의심이 있었는데, 나아가서 질문하는 자는 돌길라를 범한다. 물었고 물었다는 생각이 있었는데, 나아가서 질문하는 자는 범하지 않는다.

3-1 허락을 얻고서 물었거나, 지정하여 허락을 얻은 것이 없이 마주하고서 어느 무슨 일이라도 물었거나, 미쳤던 자이거나, 최초로 범한 자는 범하지 않는다.

96) 부착승기지(不著僧祇支) 학처

1-1 그때 불·세존께서는 사위성의 기수급고독원에 머무르셨다.

그때 한 비구니가 승기지(僧祇支)[31]를 입지 않고서 마을에 들어가서 걸식하는 도중에 회오리바람이 불어와서 승가리를 감아올렸다. 여러 사람들이 크게 소리쳤다.

"대자의 허리가 매우 아름답습니다."

그 비구니는 여러 사람들에게 조롱을 받아서 고뇌하였다. 이때 그 비구니는 주처에 돌아와서 이 일로써 여러 비구니들에게 말하였고, 여러 비구니들의 가운데에서 욕심이 적은 자들은 싫어하고 비난하였다.

"무슨 까닭으로써 비구니가 승기지를 입지 않고서 취락에 들어가는가?"

여러 비구니들은 이 일로써 여러 비구들에게 말하였고, 여러 비구들은

---

31) 팔리어 Saṅkaccikā(산카찌카)의 음사이고, 엄액의(掩腋衣), 부박의(覆膊衣)라고 번역된다. 비구니가 입는 겨드랑이를 가리는 장방형의 속옷을 가리킨다.

이 일로써 세존께 아뢰었다. 세존께서는 이 인연으로써 비구승가를 모으셨으며, 여러 비구들에게 물어 말씀하셨다.

"여러 비구들이여. 여러 비구니들이 진실로 승기지를 입지 않고서 취락에 들어갔는가?"

"진실로 그렇습니다. 세존이시여."

세존께서는 여러 방편으로 꾸짖으셨다.

"여러 비구들이여. 어찌하여 여러 비구니들은 승기지를 입지 않고서 취락에 들어갔는가? 여러 비구들이여. 이것은 오히려 믿지 않는 자는 신심이 생겨나지 않게 하고, …… 이미 믿었던 자는 일부가 전전하여 다른 곳으로 향하여 떠나가게 하느니라."

이때 세존께서는 여러 종류의 방편으로써 여러 비구니들을 꾸짖고서 뒤에 부양이 어렵고 가르치고 양육함이 어려우며, …… 나아가 …… 여러 비구들을 위하여 적절한 법을 수순하여 설하신 뒤에 여러 비구들에게 알려 말씀하셨다.

"…… 나아가 …… 여러 비구들이여. 여러 비구니들은 마땅히 이와 같이 학처를 송출할지니라.

'어느 누구의 비구니일지라도 승기지를 입지 않고서 취락에 들어는 자는 바일제를 범하느니라.'"

2-1 '어느 누구'는 어느 태어난 곳의 이유, …… 혹은 중간의 법랍이었다면 이것을 '어느 누구'라고 말한다.

'비구니'는 구걸하는 비구니이니, 일을 쫓아서 걸식하는 비구니, …… 곧 이것에서 '비구니'의 뜻이라고 말하는 것이다.

'승기지를 입지 않다.'는 승기지를 입지 않은 것이다.

'승기지'는 목의 아래부터 배꼽의 위까지 덮는 옷이다.

'취락에 들어가다.'는 울타리가 있는 취락의 울타리를 넘는 자는 바일제를 범한다. 울타리가 없는 취락의 경계에 들어가는 자는 바일제를 범한다.

3-1 옷을 잃어버렸거나, 옷이 불탔거나, 병자이거나, 생각이 없는 자이거나, 무지한 자이거나, 사고의 때이거나, 미쳤던 자이거나, 최초로 범한 자는 범하지 않는다.

[아홉째의 개품(蓋品)을 마친다.]

"여러 대자들이여. 166바일제법을 송출하여 마쳤습니다. 이것에서 나는 지금 여러 대자들께 묻겠습니다."
"이 일에서 청정합니까?"
두 번째로 묻겠습니다.
"이 일에서 청정합니까?"
세 번째로 묻겠습니다.
"이 일에서 청정합니까?"
지금 여러 대자들께서는 이 일에서 청정하나니, 이것은 묵연하였던 까닭입니다. 나는 이와 같이 알고 이해하겠습니다.

○ **바일제법을 마친다.**

경분별(經分別) 제13권

5. 바라제제사니(波羅提提舍尼, Pāṭidesanīyā)

여러 대덕들이여.

지금 8바라제제사니(波羅提提舍尼)를 송출하겠습니다.

1) 걸소식(乞酥食) 학처

1-1 그때 불·세존께서는 사위성의 기수급고독원에 머무르셨다.

그때 육군비구니들이 소(酥)를 걸식하여 먹었으므로, 여러 사람들이 싫어하고 비난하였다.

"무엇을 위하여 비구니가 소를 걸식하여 먹는가? 어느 누구라도 잘 조리된 음식을 좋아하지 않겠는가? 누구라도 좋은 맛을 즐거워하지 않겠는가?"

여러 비구니들은 여러 사람들이 싫어하고 비난하는 것을 들었다. 여러 비구니들의 가운데에서 욕심이 적은 자들은 싫어하고 비난하였다.

"무슨 까닭으로써 육군비구니들은 소를 걸식하여 먹는가?"

여러 비구니들은 이 일로써 여러 비구들에게 말하였고, 여러 비구들은 이 일로써 세존께 아뢰었다. 세존께서는 이 인연으로써 비구승가를 모으셨으며, 여러 비구들에게 물어 말씀하셨다.

"여러 비구들이여. 육군비구니들이 진실로 소를 걸식하여 먹었는가?"

"진실로 그렇습니다. 세존이시여."

세존께서는 여러 방편으로 꾸짖으셨다.

"여러 비구들이여. 어찌하여 육군비구니들은 소를 걸식하여 먹었는가? 여러 비구들이여. 이것은 오히려 믿지 않는 자는 신심이 생겨나지 않게 하고, …… 이미 믿었던 자는 일부가 전전하여 다른 곳으로 향하여 떠나가게 하느니라."

이때 세존께서는 여러 종류의 방편으로써 육군비구니들을 꾸짖고서 뒤에 부양이 어렵고 가르치고 양육함이 어려우며, …… 나아가 …… 여러 비구들을 위하여 적절한 법을 수순하여 설하신 뒤에 여러 비구들에게 알려 말씀하셨다.

"…… 나아가 …… 여러 비구들이여. 여러 비구니들은 마땅히 이와 같이 학처를 송출할지니라.

'어느 누구의 비구니일지라도 만약 소를 걸식하여 먹은 자라면, 이 비구니는 마땅히 〈대자들이여. 나는 마땅히 비난받을 일에 떨어졌나니, 상응하지 않는 법이고 마땅히 참회할 법입니다. 나는 이것을 참회합니다.〉라고 참회하여야 한다.'"

이와 같이 세존께서는 여러 비구니들을 위하여 학처를 제정하여 세우셨다.

2-1 그때 비구니들이 병이 생겨났으므로 간병하는 비구니들이 병든 비구니들을 마주하고서 이와 같이 말을 지었다.

"대자여. 견딜 수 있습니까? 나아졌습니까?"

"대자들이여. 이전에는 우리들이 소를 걸식하여 먹었던 이러한 까닭으로 우리들은 안락하였습니다. 그러나 지금은 세존께서 금지하셨으므로 두렵고 삼가면서 걸식할 수 없습니다. 이러한 까닭으로 안락하지 않습니다."

여러 비구니들은 이 일로써 여러 비구들에게 말하였고, 여러 비구들은 이 일로써 세존께 아뢰었다. 세존께서는 이 인연으로써 비구승가를 모으셨으며, 설법하신 뒤에 여러 비구들에게 알려 말씀하셨다.

"여러 비구들이여. 병든 비구니는 소를 걸식하여 먹는 것을 허락하겠노라. 여러 비구들이여. 여러 비구니들은 마땅히 이와 같이 학처를 송출할지니라.

'어느 누구의 비구니일지라도 만약 병이 없는데, 소를 걸식하여 먹은 자라면, 이 비구니는 마땅히 〈대자들이여. 나는 마땅히 비난받을 일에 떨어졌나니, 상응하지 않는 법이고 마땅히 참회할 법입니다. 나는 이것을 참회합니다.〉라고 참회하여야 한다.'"

3-1 '어느 누구'는 어느 태어난 곳의 이유, …… 혹은 중간의 법랍이었다면 이것을 '어느 누구'라고 말한다.

'비구니'는 구걸하는 비구니이니, 일을 쫓아서 걸식하는 비구니, …… 곧 이것에서 '비구니'의 뜻이라고 말하는 것이다.

'병이 없다.'는 소가 없더라도 안락한 것이다.

'병이 있다.'는 소가 없다면 안락하지 않은 것이다.

'소(酥)'는 우유의 소, 산양 우유(山羊乳)의 소, 혹은 물소 우유(水牛乳)의 소이니, 일반적으로 그 청정한 고기의 소이다.

병이 없었는데 스스로를 위하여 걸식하였고 먹는 자는 돌길라를 범한다. 먹으려고 붙잡는 자는 돌길라를 범한다. 매번 목으로 삼켰다면 바일제를 범한다.

3-2 병이 없었고 병이 없다는 생각이 있었는데, 소를 걸식하여 먹는 자는 바일제를 범한다. 병이 없었고 병이 없다는 의심이 있었는데, 소를 걸식하여 먹는 자는 바일제를 범한다. 병이 없었고 병이 있다는 생각이 있었는데, 소를 걸식하여 먹는 자는 바일제를 범한다.

병이 있었고 병이 없다는 생각이 있었는데, 소를 걸식하여 먹는 자는

돌길라를 범한다. 병이 있었고 병이 없다는 의심이 있었는데, 소를 걸식하
여 먹는 자는 돌길라를 범한다. 병이 있었고 병이 있다는 생각이 있었는데,
소를 걸식하여 먹는 자는 범하지 않는다.

4-1 병자이었거나, 병든 때에 걸식하였고 병이 아닌 때에 먹었거나,
병든 때에 먹고서 남은 것이거나, 친족이 청하는 때에 받았거나, 다른
사람을 위하였거나, 스스로의 재물이었거나, 미쳤던 자이거나, 최초로
범한 자는 범하지 않는다.

2) 걸유식(乞油食) 학처

1-1 그때 불·세존께서는 사위성의 기수급고독원에 머무르셨다.
그때 육군비구니들이 기름을 걸식하여 먹었으므로, 여러 사람들이
싫어하고 비난하였다.
"무엇을 위하여 비구니가 기름을 걸식하여 먹는가? 어느 누구라도
잘 조리된 음식을 좋아하지 않겠는가? 누구라도 좋은 맛을 즐거워하지
않겠는가?"
여러 비구니들은 여러 사람들이 싫어하고 비난하는 것을 들었다. 여러
비구니들의 가운데에서 욕심이 적은 자들은 싫어하고 비난하였다.
"무슨 까닭으로써 육군비구니들은 기름을 걸식하여 먹는가?"
여러 비구니들은 이 일로써 여러 비구들에게 말하였고, 여러 비구들은
이 일로써 세존께 아뢰었다. 세존께서는 이 인연으로써 비구승가를 모으
셨으며, 여러 비구들에게 물어 말씀하셨다.
"여러 비구들이여. 육군비구니들이 진실로 기름을 걸식하여 먹었는
가?"
"진실로 그렇습니다. 세존이시여."
세존께서는 여러 방편으로 꾸짖으셨다.

"여러 비구들이여. 어찌하여 육군비구니들은 기름을 걸식하여 먹었는가? 여러 비구들이여. 이것은 오히려 믿지 않는 자는 신심이 생겨나지 않게 하고, …… 이미 믿었던 자는 일부가 전전하여 다른 곳으로 향하여 떠나가게 하느니라."

이때 세존께서는 여러 종류의 방편으로써 육군비구니들을 꾸짖고서 뒤에 부양이 어렵고 가르치고 양육함이 어려우며, …… 나아가 …… 여러 비구들을 위하여 적절한 법을 수순하여 설하신 뒤에 여러 비구들에게 알려 말씀하셨다.

"…… 나아가 …… 여러 비구들이여. 여러 비구니들은 마땅히 이와 같이 학처를 송출할지니라.

'어느 누구의 비구니일지라도 만약 기름을 걸식하여 먹은 자라면, 이 비구니는 마땅히 〈대자들이여. 나는 마땅히 비난받을 일에 떨어졌나니, 상응하지 않는 법이고 마땅히 참회할 법입니다. 나는 이것을 참회합니다.〉라고 참회하여야 한다.'"

이와 같이 세존께서는 여러 비구니들을 위하여 학처를 제정하여 세우셨다.

2-1 그때 비구니들이 병이 생겨났으므로 간병하는 비구니들이 병든 비구니들을 마주하고서 이와 같이 말을 지었다.

"대자여. 견딜 수 있습니까? 나아졌습니까?"

"대자들이여. 이전에는 우리들이 기름을 걸식하여 먹었던 이러한 까닭으로 우리들은 안락하였습니다. 그러나 지금은 세존께서 금지하셨으므로 두렵고 삼가하면서 걸식할 수 없습니다. 이러한 까닭으로 안락하지 않습니다."

여러 비구니들은 이 일로써 여러 비구들에게 말하였고, 여러 비구들은 이 일로써 세존께 아뢰었다. 세존께서는 이 인연으로써 비구승가를 모으셨으며, 설법하신 뒤에 여러 비구들에게 알려 말씀하셨다.

"여러 비구들이여. 병든 비구니는 기름을 걸식하여 먹는 것을 허락하겠노라. 여러 비구들이여. 여러 비구니들은 마땅히 이와 같이 학처를 송출할 지니라.

'어느 누구의 비구니일지라도 만약 병이 없는데, 기름을 걸식하여 먹은 자라면, 이 비구니는 마땅히 〈대자들이여. 나는 마땅히 비난받을 일에 떨어졌나니, 상응하지 않는 법이고 마땅히 참회할 법입니다. 나는 이것을 참회합니다.〉라고 참회하여야 한다.'"

3-1 '어느 누구'는 어느 태어난 곳의 이유, …… 혹은 중간의 법랍이었다면 이것을 '어느 누구'라고 말한다.

'비구니'는 구걸하는 비구니이니, 일을 쫓아서 걸식하는 비구니, …… 곧 이것에서 '비구니'의 뜻이라고 말하는 것이다.

'병이 없다.'는 기름이 없더라도 안락한 것이다.

'병이 있다.'는 기름이 없다면 안락하지 않은 것이다.

'기름'은 호마(胡麻)의 기름, 개자(芥子)의 기름, 밀수(蜜樹)[1]의 기름, 비마(蓖麻)의 기름, 짐승(獸)의 기름 등이다.

병이 없었는데 스스로를 위하여 걸식하였고 먹는 자는 돌길라를 범한다. 먹으려고 붙잡는 자는 돌길라를 범한다. 매번 목으로 삼켰다면 바일제를 범한다.

3-2 병이 없었고 병이 없다는 생각이 있었는데, 기름을 걸식하여 먹는 자는 바일제를 범한다. 병이 없었고 병이 없다는 의심이 있었는데, 기름을 걸식하여 먹는 자는 바일제를 범한다. 병이 없었고 병이 있다는 생각이 있었는데, 기름을 걸식하여 먹는 자는 바일제를 범한다.

병이 있었고 병이 없다는 생각이 있었는데, 기름을 걸식하여 먹는 자는 돌길라를 범한다. 병이 있었고 병이 없다는 의심이 있었는데, 기름을 걸식하여 먹는 자는 돌길라를 범한다. 병이 있었고 병이 있다는 생각이

---

1) 나무의 열매에서 추출한 기름이다.

있었는데, 기름을 걸식하여 먹는 자는 범하지 않는다.

4-1 병자이었거나, 병든 때에 걸식하였고 병이 아닌 때에 먹었거나, 병든 때에 먹고서 남은 것이거나, 친족이 청하는 때에 받았거나, 다른 사람을 위하였거나, 스스로의 재물이었거나, 미쳤던 자이거나, 최초로 범한 자는 범하지 않는다.

3) 걸밀식(乞蜜食) 학처

1-1 그때 불·세존께서는 사위성의 기수급고독원에 머무르셨다.
　그때 육군비구니들이 꿀을 걸식하여 먹었으므로, 여러 사람들이 싫어하고 비난하였다.
　"무엇을 위하여 비구니가 꿀을 걸식하여 먹는가? 어느 누구라도 잘 조리된 음식을 좋아하지 않겠는가? 누구라도 좋은 맛을 즐거워하지 않겠는가?"
　여러 비구니들은 여러 사람들이 싫어하고 비난하는 것을 들었다. 여러 비구니들의 가운데에서 욕심이 적은 자들은 싫어하고 비난하였다.
　"무슨 까닭으로써 육군비구니들은 꿀을 걸식하여 먹는가?"
　여러 비구니들은 이 일로써 여러 비구들에게 말하였고, 여러 비구들은 이 일로써 세존께 아뢰었다. 세존께서는 이 인연으로써 비구승가를 모으셨으며, 여러 비구들에게 물어 말씀하셨다.
　"여러 비구들이여. 육군비구니들이 진실로 꿀을 걸식하여 먹었는가?"
　"진실로 그렇습니다. 세존이시여."
　세존께서는 여러 방편으로 꾸짖으셨다.
　"여러 비구들이여. 어찌하여 육군비구니들은 꿀을 걸식하여 먹었는가? 여러 비구들이여. 이것은 오히려 믿지 않는 자는 신심이 생겨나지 않게 하고, …… 이미 믿었던 자는 일부가 전전하여 다른 곳으로 향하여 떠나가게 하느니라.”

이때 세존께서는 여러 종류의 방편으로써 육군비구니들을 꾸짖고서 뒤에 부양이 어렵고 가르치고 양육함이 어려우며, …… 나아가 …… 여러 비구들을 위하여 적절한 법을 수순하여 설하신 뒤에 여러 비구들에게 알려 말씀하셨다.

“…… 나아가 …… 여러 비구들이여. 여러 비구니들은 마땅히 이와 같이 학처를 송출할지니라.

'어느 누구의 비구니일지라도 만약 꿀을 걸식하여 먹은 자라면, 이 비구니는 마땅히 〈대자들이여. 나는 마땅히 비난받을 일에 떨어졌나니, 상응하지 않는 법이고 마땅히 참회할 법입니다. 나는 이것을 참회합니다.〉라고 참회하여야 한다.'”

이와 같이 세존께서는 여러 비구니들을 위하여 학처를 제정하여 세우셨다.

2-1 그때 비구니들이 병이 생겨났으므로 간병하는 비구니들이 병든 비구니들을 마주하고서 이와 같이 말을 지었다.

“대자여. 견딜 수 있습니까? 나아졌습니까?”

“대자들이여. 이전에는 우리들이 꿀을 걸식하여 먹었던 이러한 까닭으로 우리들은 안락하였습니다. 그러나 지금은 세존께서 금지하셨으므로 두렵고 삼가하면서 걸식할 수 없습니다. 이러한 까닭으로 안락하지 않습니다.”

여러 비구니들은 이 일로써 여러 비구들에게 말하였고, 여러 비구들은 이 일로써 세존께 아뢰었다. 세존께서는 이 인연으로써 비구승가를 모으셨으며, 설법하신 뒤에 여러 비구들에게 알려 말씀하셨다.

“여러 비구들이여. 병든 비구니는 꿀을 걸식하여 먹는 것을 허락하겠노라. 여러 비구들이여. 여러 비구니들은 마땅히 이와 같이 학처를 송출할지니라.

'어느 누구의 비구니일지라도 만약 병이 없는데, 꿀을 걸식하여 먹은 자라면, 이 비구니는 마땅히 〈대자들이여. 나는 마땅히 비난받을 일에 떨어졌나니, 상응하지 않는 법이고 마땅히 참회할 법입니다. 나는 이것을 참회합니다.〉라고 참회하여야 한다.'"

3-1 '어느 누구'는 어느 태어난 곳의 이유, …… 혹은 중간의 법랍이었다면 이것을 '어느 누구'라고 말한다.

'비구니'는 구걸하는 비구니이니, 일을 쫓아서 걸식하는 비구니, …… 곧 이것에서 '비구니'의 뜻이라고 말하는 것이다.

'병이 없다.'는 기름이 없더라도 안락한 것이다.

'병이 있다.'는 기름이 없다면 안락하지 않은 것이다.

'꿀'은 벌꿀이다.

병이 없었는데 스스로를 위하여 걸식하였고 먹는 자는 돌길라를 범한다. 먹으려고 붙잡는 자는 돌길라를 범한다. 매번 목으로 삼켰다면 바일제를 범한다.

3-2 병이 없었고 병이 없다는 생각이 있었는데, 꿀을 걸식하여 먹는 자는 바일제를 범한다. 병이 없었고 병이 없다는 의심이 있었는데, 꿀을 걸식하여 먹는 자는 바일제를 범한다. 병이 없었고 병이 있다는 생각이 있었는데, 꿀을 걸식하여 먹는 자는 바일제를 범한다.

병이 있었고 병이 없다는 생각이 있었는데, 꿀을 걸식하여 먹는 자는 돌길라를 범한다. 병이 있었고 병이 없다는 의심이 있었는데, 꿀을 걸식하여 먹는 자는 돌길라를 범한다. 병이 있었고 병이 있다는 생각이 있었는데, 꿀을 걸식하여 먹는 자는 범하지 않는다.

4-1 병자이었거나, 병든 때에 걸식하였고 병이 아닌 때에 먹었거나, 병든 때에 먹고서 남은 것이거나, 친족이 청하는 때에 받았거나, 다른 사람을 위하였거나, 스스로의 재물이었거나, 미쳤던 자이거나, 최초로 범한 자는 범하지 않는다.

4) 걸사탕식(乞砂糖食) 학처

1-1 그때 불·세존께서는 사위성의 기수급고독원에 머무르셨다.

그때 육군비구니들이 사탕(砂糖)을 걸식하여 먹었으므로, 여러 사람들이 싫어하고 비난하였다.

"무엇을 위하여 비구니가 사탕을 걸식하여 먹는가? 어느 누구라도 잘 조리된 음식을 좋아하지 않겠는가? 누구라도 좋은 맛을 즐거워하지 않겠는가?"

여러 비구니들은 여러 사람들이 싫어하고 비난하는 것을 들었다. 여러 비구니들의 가운데에서 욕심이 적은 자들은 싫어하고 비난하였다.

"무슨 까닭으로써 육군비구니들은 사탕을 걸식하여 먹는가?"

여러 비구니들은 이 일로써 여러 비구들에게 말하였고, 여러 비구들은 이 일로써 세존께 아뢰었다. 세존께서는 이 인연으로써 비구승가를 모으셨으며, 여러 비구들에게 물어 말씀하셨다.

"여러 비구들이여. 육군비구니들이 진실로 사탕을 걸식하여 먹었는가?"

"진실로 그렇습니다. 세존이시여."

세존께서는 여러 방편으로 꾸짖으셨다.

"여러 비구들이여. 어찌하여 육군비구니들은 사탕을 걸식하여 먹었는가? 여러 비구들이여. 이것은 오히려 믿지 않는 자는 신심이 생겨나지 않게 하고, …… 이미 믿었던 자는 일부가 전전하여 다른 곳으로 향하여 떠나가게 하느니라."

이때 세존께서는 여러 종류의 방편으로써 육군비구니들을 꾸짖고서 뒤에 부양이 어렵고 가르치고 양육함이 어려우며, …… 나아가 …… 여러 비구들을 위하여 적절한 법을 수순하여 설하신 뒤에 여러 비구들에게 알려 말씀하셨다.

"…… 나아가 …… 여러 비구들이여. 여러 비구니들은 마땅히 이와 같이 학처를 송출할지니라.

'어느 누구의 비구니일지라도 만약 사탕을 걸식하여 먹은 자라면, 이 비구니는 마땅히 〈대자들이여. 나는 마땅히 비난받을 일에 떨어졌나니, 상응하지 않는 법이고 마땅히 참회할 법입니다. 나는 이것을 참회합니다.〉라고 참회하여야 한다.'"

이와 같이 세존께서는 여러 비구니들을 위하여 학처를 제정하여 세우셨다.

2-1 그때 비구니들이 병이 생겨났으므로 간병하는 비구니들이 병든 비구니들을 마주하고서 이와 같이 말을 지었다.

"대자여. 견딜 수 있습니까? 나아졌습니까?"

"대자들이여. 이전에는 우리들이 사탕을 걸식하여 먹었던 이러한 까닭으로 우리들은 안락하였습니다. 그러나 지금은 세존께서 금지하셨으므로 두렵고 삼가하면서 걸식할 수 없습니다. 이러한 까닭으로 안락하지 않습니다."

여러 비구니들은 이 일로써 여러 비구들에게 말하였고, 여러 비구들은 이 일로써 세존께 아뢰었다. 세존께서는 이 인연으로써 비구승가를 모으셨으며, 설법하신 뒤에 여러 비구들에게 알려 말씀하셨다.

"여러 비구들이여. 병든 비구니는 사탕을 걸식하여 먹는 것을 허락하겠노라. 여러 비구들이여. 여러 비구니들은 마땅히 이와 같이 학처를 송출할지니라.

'어느 누구의 비구니일지라도 만약 병이 없는데, 사탕을 걸식하여 먹은 자라면, 이 비구니는 마땅히 〈대자들이여. 나는 마땅히 비난받을 일에 떨어졌나니, 상응하지 않는 법이고 마땅히 참회할 법입니다. 나는 이것을 참회합니다.〉라고 참회하여야 한다.'"

3-1 '어느 누구'는 어느 태어난 곳의 이유, …… 혹은 중간의 법랍이었다면 이것을 '어느 누구'라고 말한다.

'비구니'는 구걸하는 비구니이니, 일을 쫓아서 걸식하는 비구니, …… 곧 이것에서 '비구니'의 뜻이라고 말하는 것이다.

'병이 없다.'는 사탕이 없더라도 안락한 것이다.

'병이 있다.'는 사탕이 없다면 안락하지 않은 것이다.

'사탕'은 사탕수수의 줄기를 짜내고서 얻은 것이다.

병이 없었는데 스스로를 위하여 걸식하였고 먹는 자는 돌길라를 범한다. 먹으려고 붙잡는 자는 돌길라를 범한다. 매번 목으로 삼켰다면 바일제를 범한다.

3-2 병이 없었고 병이 없다는 생각이 있었는데, 사탕을 걸식하여 먹는 자는 바일제를 범한다. 병이 없었고 병이 없다는 의심이 있었는데, 사탕을 걸식하여 먹는 자는 바일제를 범한다. 병이 없었고 병이 있다는 생각이 있었는데, 사탕을 걸식하여 먹는 자는 바일제를 범한다.

병이 있었고 병이 없다는 생각이 있었는데, 사탕을 걸식하여 먹는 자는 돌길라를 범한다. 병이 있었고 병이 없다는 의심이 있었는데, 사탕을 걸식하여 먹는 자는 돌길라를 범한다. 병이 있었고 병이 있다는 생각이 있었는데, 사탕을 걸식하여 먹는 자는 범하지 않는다.

4-1 병자이었거나, 병든 때에 걸식하였고 병이 아닌 때에 먹었거나, 병든 때에 먹고서 남은 것이거나, 친족이 청하는 때에 받았거나, 다른 사람을 위하였거나, 스스로의 재물이었거나, 미쳤던 자이거나, 최초로 범한 자는 범하지 않는다.

5) 걸어식(乞魚食) 학처

1-1 그때 불·세존께서는 사위성의 기수급고독원에 머무르셨다.

그때 육군비구니들이 물고기를 걸식하여 먹었으므로, 여러 사람들이 싫어하고 비난하였다.

"무엇을 위하여 비구니가 물고기를 걸식하여 먹는가? 어느 누구라도 잘 조리된 음식을 좋아하지 않겠는가? 누구라도 좋은 맛을 즐거워하지 않겠는가?"

여러 비구니들은 여러 사람들이 싫어하고 비난하는 것을 들었다. 여러 비구니들의 가운데에서 욕심이 적은 자들은 싫어하고 비난하였다.

"무슨 까닭으로써 육군비구니들은 물고기를 걸식하여 먹는가?"

여러 비구니들은 이 일로써 여러 비구들에게 말하였고, 여러 비구들은 이 일로써 세존께 아뢰었다. 세존께서는 이 인연으로써 비구승가를 모으셨으며, 여러 비구들에게 물어 말씀하셨다.

"여러 비구들이여. 육군비구니들이 진실로 물고기를 걸식하여 먹었는가?"

"진실로 그렇습니다. 세존이시여."

세존께서는 여러 방편으로 꾸짖으셨다.

"여러 비구들이여. 어찌하여 육군비구니들은 물고기를 걸식하여 먹었는가? 여러 비구들이여. 이것은 오히려 믿지 않는 자는 신심이 생겨나지 않게 하고, …… 이미 믿었던 자는 일부가 전전하여 다른 곳으로 향하여 떠나가게 하느니라."

이때 세존께서는 여러 종류의 방편으로써 육군비구니들을 꾸짖고서 뒤에 부양이 어렵고 가르치고 양육함이 어려우며, …… 나아가 …… 여러 비구들을 위하여 적절한 법을 수순하여 설하신 뒤에 여러 비구들에게 알려 말씀하셨다.

"…… 나아가 …… 여러 비구들이여. 여러 비구니들은 마땅히 이와 같이 학처를 송출할지니라.

'어느 누구의 비구니일지라도 만약 물고기를 걸식하여 먹은 자라면, 이 비구니는 마땅히 〈대자들이여. 나는 마땅히 비난받을 일에 떨어졌나니, 상응하지 않는 법이고 마땅히 참회할 법입니다. 나는 이것을 참회합니다.〉라고 참회하여야 한다.'"

이와 같이 세존께서는 여러 비구니들을 위하여 학처를 제정하여 세우셨다.

2-1 그때 비구니들이 병이 생겨났으므로 간병하는 비구니들이 병든 비구니들을 마주하고서 이와 같이 말을 지었다.

"대자여. 견딜 수 있습니까? 나아졌습니까?"

"대자들이여. 이전에는 우리들이 물고기를 걸식하여 먹었던 이러한 까닭으로 우리들은 안락하였습니다. 그러나 지금은 세존께서 금지하셨으므로 두렵고 삼가하면서 걸식할 수 없습니다. 이러한 까닭으로 안락하지 않습니다."

여러 비구니들은 이 일로써 여러 비구들에게 말하였고, 여러 비구들은 이 일로써 세존께 아뢰었다. 세존께서는 이 인연으로써 비구승가를 모으셨으며, 설법하신 뒤에 여러 비구들에게 알려 말씀하셨다.

"여러 비구들이여. 병든 비구니는 물고기를 걸식하여 먹는 것을 허락하겠노라. 여러 비구들이여. 여러 비구니들은 마땅히 이와 같이 학처를 송출할지니라.

'어느 누구의 비구니일지라도 만약 병이 없는데, 물고기를 걸식하여 먹은 자라면, 이 비구니는 마땅히 〈대자들이여. 나는 마땅히 비난받을 일에 떨어졌나니, 상응하지 않는 법이고 마땅히 참회할 법입니다. 나는 이것을 참회합니다.〉라고 참회하여야 한다.'"

3-1 '어느 누구'는 어느 태어난 곳의 이유, …… 혹은 중간의 법랍이었다면 이것을 '어느 누구'라고 말한다.

'비구니'는 구걸하는 비구니이니, 일을 쫓아서 걸식하는 비구니, …… 곧 이것에서 '비구니'의 뜻이라고 말하는 것이다.

'병이 없다.'는 물고기가 없더라도 안락한 것이다.

'병이 있다.'는 물고기가 없다면 안락하지 않은 것이다.

'물고기'는 물속의 고기이다.

병이 없었는데 스스로를 위하여 걸식하였고 먹는 자는 돌길라를 범한다. 먹으려고 붙잡는 자는 돌길라를 범한다. 매번 목으로 삼켰다면 바일제를 범한다.

3-2 병이 없었고 병이 없다는 생각이 있었는데, 물고기를 걸식하여 먹는

자는 바일제를 범한다. 병이 없었고 병이 없다는 의심이 있었는데, 물고기를 걸식하여 먹는 자는 바일제를 범한다. 병이 없었고 병이 있다는 생각이 있었는데, 물고기를 걸식하여 먹는 자는 바일제를 범한다.

병이 있었고 병이 없다는 생각이 있었는데, 물고기를 걸식하여 먹는 자는 돌길라를 범한다. 병이 있었고 병이 없다는 의심이 있었는데, 물고기를 걸식하여 먹는 자는 돌길라를 범한다. 병이 있었고 병이 있다는 생각이 있었는데, 물고기를 걸식하여 먹는 자는 범하지 않는다.

4-1 병자이었거나, 병든 때에 걸식하였고 병이 아닌 때에 먹었거나, 병든 때에 먹고서 남은 것이거나, 친족이 청하는 때에 받았거나, 다른 사람을 위하였거나, 스스로의 재물이었거나, 미쳤던 자이거나, 최초로 범한 자는 범하지 않는다.

6) 걸육식(乞肉食) 학처

1-1 그때 불·세존께서는 사위성의 기수급고독원에 머무르셨다.

그때 육군비구니들이 고기를 걸식하여 먹었으므로, 여러 사람들이 싫어하고 비난하였다.

"무엇을 위하여 비구니가 고기를 걸식하여 먹는가? 어느 누구라도 잘 조리된 음식을 좋아하지 않겠는가? 누구라도 좋은 맛을 즐거워하지 않겠는가?"

여러 비구니들은 여러 사람들이 싫어하고 비난하는 것을 들었다. 여러 비구니들의 가운데에서 욕심이 적은 자들은 싫어하고 비난하였다.

"무슨 까닭으로써 육군비구니들은 고기를 걸식하여 먹는가?"

여러 비구니들은 이 일로써 여러 비구들에게 말하였고, 여러 비구들은 이 일로써 세존께 아뢰었다. 세존께서는 이 인연으로써 비구승가를 모으셨으며, 여러 비구들에게 물어 말씀하셨다.

"여러 비구들이여. 육군비구니들이 진실로 고기를 걸식하여 먹었는 가?"

"진실로 그렇습니다. 세존이시여."

세존께서는 여러 방편으로 꾸짖으셨다.

"여러 비구들이여. 어찌하여 육군비구니들은 고기를 걸식하여 먹었는 가? 여러 비구들이여. 이것은 오히려 믿지 않는 자는 신심이 생겨나지 않게 하고, …… 이미 믿었던 자는 일부가 전전하여 다른 곳으로 향하여 떠나가게 하느니라."

이때 세존께서는 여러 종류의 방편으로써 육군비구니들을 꾸짖고서 뒤에 부양이 어렵고 가르치고 양육함이 어려우며, …… 나아가 …… 여러 비구들을 위하여 적절한 법을 수순하여 설하신 뒤에 여러 비구들에게 알려 말씀하셨다.

"…… 나아가 …… 여러 비구들이여. 여러 비구니들은 마땅히 이와 같이 학처를 송출할지니라.

'어느 누구의 비구니일지라도 만약 고기를 걸식하여 먹은 자라면, 이 비구니는 마땅히 〈대자들이여. 나는 마땅히 비난받을 일에 떨어졌나니, 상응하지 않는 법이고 마땅히 참회할 법입니다. 나는 이것을 참회합니다.〉 라고 참회하여야 한다.'"

이와 같이 세존께서는 여러 비구니들을 위하여 학처를 제정하여 세우셨다.

2-1 그때 비구니들이 병이 생겨났으므로 간병하는 비구니들이 병든 비구니들을 마주하고서 이와 같이 말을 지었다.

"대자여. 견딜 수 있습니까? 나아졌습니까?"

"대자들이여. 이전에는 우리들이 고기를 걸식하여 먹었던 이러한 까닭으로 우리들은 안락하였습니다. 그러나 지금은 세존께서 금지하셨으므로 두렵고 삼가하면서 걸식할 수 없습니다. 이러한 까닭으로 안락하지 않습니다."

여러 비구니들은 이 일로써 여러 비구들에게 말하였고, 여러 비구들은

이 일로써 세존께 아뢰었다. 세존께서는 이 인연으로써 비구승가를 모으셨으며, 설법하신 뒤에 여러 비구들에게 알려 말씀하셨다.

"여러 비구들이여. 병든 비구니는 고기를 걸식하여 먹는 것을 허락하겠노라. 여러 비구들이여. 여러 비구니들은 마땅히 이와 같이 학처를 송출할지니라.

'어느 누구의 비구니일지라도 만약 병이 없는데, 고기를 걸식하여 먹은 자라면, 이 비구니는 마땅히 〈대자들이여. 나는 마땅히 비난받을 일에 떨어졌나니, 상응하지 않는 법이고 마땅히 참회할 법입니다. 나는 이것을 참회합니다.〉라고 참회하여야 한다.'"

3-1 '어느 누구'는 어느 태어난 곳의 이유, …… 혹은 중간의 법랍이었다면 이것을 '어느 누구'라고 말한다.

'비구니'는 구걸하는 비구니이니, 일을 쫓아서 걸식하는 비구니, …… 곧 이것에서 '비구니'의 뜻이라고 말하는 것이다.

'병이 없다.'는 고기가 없더라도 안락한 것이다.

'병이 있다.'는 고기가 없다면 안락하지 않은 것이다.

'고기'는 청정한 고기이다.

병이 없었는데 스스로를 위하여 걸식하였고 먹는 자는 돌길라를 범한다. 먹으려고 붙잡는 자는 돌길라를 범한다. 매번 목으로 삼켰다면 바일제를 범한다.

3-2 병이 없었고 병이 없다는 생각이 있었는데, 고기를 걸식하여 먹는 자는 바일제를 범한다. 병이 없었고 병이 없다는 의심이 있었는데, 고기를 걸식하여 먹는 자는 바일제를 범한다. 병이 없었고 병이 있다는 생각이 있었는데, 고기를 걸식하여 먹는 자는 바일제를 범한다.

병이 있었고 병이 없다는 생각이 있었는데, 고기를 걸식하여 먹는 자는 돌길라를 범한다. 병이 있었고 병이 없다는 의심이 있었는데, 고기를 걸식하여 먹는 자는 돌길라를 범한다. 병이 있었고 병이 있다는 생각이 있었는데, 고기를 걸식하여 먹는 자는 범하지 않는다.

4-1 병자이었거나, 병든 때에 걸식하였고 병이 아닌 때에 먹었거나, 병든 때에 먹고서 남은 것이거나, 친족이 청하는 때에 받았거나, 다른 사람을 위하였거나, 스스로의 재물이었거나, 미쳤던 자이거나, 최초로 범한 자는 범하지 않는다.

7) 걸유식(乞乳食) 학처

1-1 그때 불·세존께서는 사위성의 기수급고독원에 머무르셨다.
　그때 육군비구니들이 우유를 걸식하여 먹었으므로, 여러 사람들이 싫어하고 비난하였다.
　"무엇을 위하여 비구니가 우유를 걸식하여 먹는가? 어느 누구라도 잘 조리된 음식을 좋아하지 않겠는가? 누구라도 좋은 맛을 즐거워하지 않겠는가?"
　여러 비구니들은 여러 사람들이 싫어하고 비난하는 것을 들었다. 여러 비구니들의 가운데에서 욕심이 적은 자들은 싫어하고 비난하였다.
　"무슨 까닭으로써 육군비구니들은 우유를 걸식하여 먹는가?"
　여러 비구니들은 이 일로써 여러 비구들에게 말하였고, 여러 비구들은 이 일로써 세존께 아뢰었다. 세존께서는 이 인연으로써 비구승가를 모으셨으며, 여러 비구들에게 물어 말씀하셨다.
　"여러 비구들이여. 육군비구니들이 진실로 우유를 걸식하여 먹었는가?"
　"진실로 그렇습니다. 세존이시여."
　세존께서는 여러 방편으로 꾸짖으셨다.
　"여러 비구들이여. 어찌하여 육군비구니들은 우유를 걸식하여 먹었는가? 여러 비구들이여. 이것은 오히려 믿지 않는 자는 신심이 생겨나지 않게 하고, …… 이미 믿었던 자는 일부가 전전하여 다른 곳으로 향하여 떠나가게 하느니라."

이때 세존께서는 여러 종류의 방편으로써 육군비구니들을 꾸짖고서 뒤에 부양이 어렵고 가르치고 양육함이 어려우며, …… 나아가 …… 여러 비구들을 위하여 적절한 법을 수순하여 설하신 뒤에 여러 비구들에게 알려 말씀하셨다.

"…… 나아가 …… 여러 비구들이여. 여러 비구니들은 마땅히 이와 같이 학처를 송출할지니라.

'어느 누구의 비구니일지라도 만약 우유를 걸식하여 먹은 자라면, 이 비구니는 마땅히 〈대자들이여. 나는 마땅히 비난받을 일에 떨어졌나니, 상응하지 않는 법이고 마땅히 참회할 법입니다. 나는 이것을 참회합니다.〉 라고 참회하여야 한다.'"

이와 같이 세존께서는 여러 비구니들을 위하여 학처를 제정하여 세우셨다.

2-1 그때 비구니들이 병이 생겨났으므로 간병하는 비구니들이 병든 비구니들을 마주하고서 이와 같이 말을 지었다.

"대자여. 견딜 수 있습니까? 나아졌습니까?"

"대자들이여. 이전에는 우리들이 우유를 걸식하여 먹었던 이러한 까닭으로 우리들은 안락하였습니다. 그러나 지금은 세존께서 금지하셨으므로 두렵고 삼가하면서 걸식할 수 없습니다. 이러한 까닭으로 안락하지 않습니다."

여러 비구니들은 이 일로써 여러 비구들에게 말하였고, 여러 비구들은 이 일로써 세존께 아뢰었다. 세존께서는 이 인연으로써 비구승가를 모으셨으며, 설법하신 뒤에 여러 비구들에게 알려 말씀하셨다.

"여러 비구들이여. 병든 비구니는 우유를 걸식하여 먹는 것을 허락하겠노라. 여러 비구들이여. 여러 비구니들은 마땅히 이와 같이 학처를 송출할지니라.

'어느 누구의 비구니일지라도 만약 병이 없는데, 우유를 걸식하여 먹은 자라면, 이 비구니는 마땅히 〈대자들이여. 나는 마땅히 비난받을 일에 떨어졌나니, 상응하지 않는 법이고 마땅히 참회할 법입니다. 나는 이것을 참회합니다.〉라고 참회하여야 한다.'"

3-1 '어느 누구'는 어느 태어난 곳의 이유, …… 혹은 중간의 법랍이었다면 이것을 '어느 누구'라고 말한다.

'비구니'는 구걸하는 비구니이니, 일을 쫓아서 걸식하는 비구니, …… 곧 이것에서 '비구니'의 뜻이라고 말하는 것이다.

'병이 없다.'는 우유가 없더라도 안락한 것이다.

'병이 있다.'는 우유가 없다면 안락하지 않은 것이다.

'우유'는 소의 우유, 혹은 산양의 우유, 혹은 물소의 우유 등이다.

병이 없었는데 스스로를 위하여 걸식하였고 먹는 자는 돌길라를 범한다. 먹으려고 붙잡는 자는 돌길라를 범한다. 매번 목으로 삼켰다면 바일제를 범한다.

3-2 병이 없었고 병이 없다는 생각이 있었는데, 우유를 걸식하여 먹는 자는 바일제를 범한다. 병이 없었고 병이 없다는 의심이 있었는데, 우유를 걸식하여 먹는 자는 바일제를 범한다. 병이 없었고 병이 있다는 생각이 있었는데, 우유를 걸식하여 먹는 자는 바일제를 범한다.

병이 있었고 병이 없다는 생각이 있었는데, 우유를 걸식하여 먹는 자는 돌길라를 범한다. 병이 있었고 병이 없다는 의심이 있었는데, 우유를 걸식하여 먹는 자는 돌길라를 범한다. 병이 있었고 병이 있다는 생각이 있었는데, 우유를 걸식하여 먹는 자는 범하지 않는다.

4-1 병자이었거나, 병든 때에 걸식하였고 병이 아닌 때에 먹었거나, 병든 때에 먹고서 남은 것이거나, 친족이 청하는 때에 받았거나, 다른 사람을 위하였거나, 스스로의 재물이었거나, 미쳤던 자이거나, 최초로 범한 자는 범하지 않는다.

8) 걸락식(乞酪食) 학처

1-1 그때 불·세존께서는 사위성의 기수급고독원에 머무르셨다.

그때 육군비구니들이 낙(酪)을 걸식하여 먹었으므로, 여러 사람들이 싫어하고 비난하였다.

"무엇을 위하여 비구니가 낙을 걸식하여 먹는가? 어느 누구라도 잘 조리된 음식을 좋아하지 않겠는가? 누구라도 좋은 맛을 즐거워하지 않겠는가?"

여러 비구니들은 여러 사람들이 싫어하고 비난하는 것을 들었다. 여러 비구니들의 가운데에서 욕심이 적은 자들은 싫어하고 비난하였다. "무슨 까닭으로써 육군비구니들은 낙을 걸식하여 먹는가?"

여러 비구니들은 이 일로써 여러 비구들에게 말하였고, 여러 비구들은 이 일로써 세존께 아뢰었다. 세존께서는 이 인연으로써 비구승가를 모으셨으며, 여러 비구들에게 물어 말씀하셨다.

"여러 비구들이여. 육군비구니들이 진실로 낙을 걸식하여 먹었는가?"

"진실로 그렇습니다. 세존이시여."

세존께서는 여러 방편으로 꾸짖으셨다.

"여러 비구들이여. 어찌하여 육군비구니들은 낙을 걸식하여 먹었는가? 여러 비구들이여. 이것은 오히려 믿지 않는 자는 신심이 생겨나지 않게 하고, …… 이미 믿었던 자는 일부가 전전하여 다른 곳으로 향하여 떠나가게 하느니라."

이때 세존께서는 여러 종류의 방편으로써 육군비구니들을 꾸짖고서 뒤에 부양이 어렵고 가르치고 양육함이 어려우며, …… 나아가 …… 여러 비구들을 위하여 적절한 법을 수순하여 설하신 뒤에 여러 비구들에게 알려 말씀하셨다.

"…… 나아가 …… 여러 비구들이여. 여러 비구니들은 마땅히 이와 같이 학처를 송출할지니라.

'어느 누구의 비구니일지라도 만약 낙을 걸식하여 먹은 자라면, 이 비구니는 마땅히 〈대자들이여. 나는 마땅히 비난받을 일에 떨어졌나니, 상응하지 않는 법이고 마땅히 참회할 법입니다. 나는 이것을 참회합니다.〉라고 참회하여야 한다.'"

이와 같이 세존께서는 여러 비구니들을 위하여 학처를 제정하여 세우셨다.

2-1 그때 비구니들이 병이 생겨났으므로 간병하는 비구니들이 병든 비구니들을 마주하고서 이와 같이 말을 지었다.

"대자여. 견딜 수 있습니까? 나아졌습니까?"

"대자들이여. 이전에는 우리들이 낙을 걸식하여 먹었던 이러한 까닭으로 우리들은 안락하였습니다. 그러나 지금은 세존께서 금지하셨으므로 두렵고 삼가하면서 걸식할 수 없습니다. 이러한 까닭으로 안락하지 않습니다."

여러 비구니들은 이 일로써 여러 비구들에게 말하였고, 여러 비구들은 이 일로써 세존께 아뢰었다. 세존께서는 이 인연으로써 비구승가를 모으셨으며, 설법하신 뒤에 여러 비구들에게 알려 말씀하셨다.

"여러 비구들이여. 병든 비구니는 낙을 걸식하여 먹는 것을 허락하겠노라. 여러 비구들이여. 여러 비구니들은 마땅히 이와 같이 학처를 송출할지니라.

'어느 누구의 비구니일지라도 만약 병이 없는데, 낙을 걸식하여 먹은 자라면, 이 비구니는 마땅히 〈대자들이여. 나는 마땅히 비난받을 일에 떨어졌나니, 상응하지 않는 법이고 마땅히 참회할 법입니다. 나는 이것을 참회합니다.〉라고 참회하여야 한다.'"

3-1 '어느 누구'는 어느 태어난 곳의 이유, …… 혹은 중간의 법랍이었다면 이것을 '어느 누구'라고 말한다.

'비구니'는 구걸하는 비구니이니, 일을 쫓아서 걸식하는 비구니, …… 곧 이것에서 '비구니'의 뜻이라고 말하는 것이다.

'병이 없다.'는 낙이 없더라도 안락한 것이다.

'병이 있다.'는 낙이 없다면 안락하지 않은 것이다.

'우유'는 소의 낙, 혹은 산양의 낙, 혹은 물소의 낙 등이다.

병이 없었는데 스스로를 위하여 걸식하였고 먹는 자는 돌길라를 범한다. 먹으려고 붙잡는 자는 돌길라를 범한다. 매번 목으로 삼켰다면 바일제를 범한다.

3-2 병이 없었고 병이 없다는 생각이 있었는데, 낙을 걸식하여 먹는 자는 바일제를 범한다. 병이 없었고 병이 없다는 의심이 있었는데, 낙을 걸식하여 먹는 자는 바일제를 범한다. 병이 없었고 병이 있다는 생각이 있었는데, 낙을 걸식하여 먹는 자는 바일제를 범한다.

병이 있었고 병이 없다는 생각이 있었는데, 낙을 걸식하여 먹는 자는 돌길라를 범한다. 병이 있었고 병이 없다는 의심이 있었는데, 낙을 걸식하여 먹는 자는 돌길라를 범한다. 병이 있었고 병이 있다는 생각이 있었는데, 낙을 걸식하여 먹는 자는 범하지 않는다.

4-1 병자이었거나, 병든 때에 걸식하였고 병이 아닌 때에 먹었거나, 병든 때에 먹고서 남은 것이거나, 친족이 청하는 때에 받았거나, 다른 사람을 위하였거나, 스스로의 재물이었거나, 미쳤던 자이거나, 최초로 범한 자는 범하지 않는다.

"여러 대자들이여. 8바라제제사니법을 송출하여 마쳤습니다. 이것에서 나는 지금 여러 대자들께 묻겠습니다."

"이 일에서 청정합니까?"

두 번째로 묻겠습니다.

"이 일에서 청정합니까?"

세 번째로 묻겠습니다.

"이 일에서 청정합니까?"

지금 여러 대자들께서는 이 일에서 청정하나니, 이것은 묵연하였던 까닭입니다. 나는 이와 같이 알고 이해하겠습니다.

○ **바라제제사니법을 마친다.**

경분별(經分別) 제14권

6. 중학법(衆學法, Sekhiyakaṇḍa)

여러 대덕들이여.

지금 75중학법(衆學法)[1]을 송출하겠습니다.

1) 착내의부전원(著內衣覆全圓) 학처

1-1 그때 불·세존께서는 사위성의 기수급고독원에 머무르셨다.

그때 육군비구니들이 내의(內衣)를 앞뒤로 늘어트려서 입었으므로, 여러 사람들이 싫어하고 비난하였다.

"무엇을 위하여 내의를 앞뒤로 늘어트려서 입는가? 재가에서 욕락을 받고서 즐기는 여인들과 같구나!"

여러 비구니들은 여러 사람들이 싫어하고 비난하는 것을 들었다. 여러 비구니들의 가운데에서 욕심이 적은 자들은 싫어하고 비난하였다.

"무슨 까닭으로써 육군비구니들은 내의를 앞뒤로 늘어트려서 입는가?"

---

1) 비구니의 중학법은 75계목으로 결집되어 있으나, 비구계와 동일한 2조부터 74조는 생략하고 나머지를 번역한다.

여러 비구니들은 이 일로써 여러 비구들에게 말하였고, 여러 비구들은 이 일로써 세존께 아뢰었다. 세존께서는 이 인연으로써 비구승가를 모으셨으며, 여러 비구들에게 물어 말씀하셨다.

"여러 비구들이여. 육군비구니들이 진실로 내의를 앞뒤로 늘어트려서 입었는가?"

"진실로 그렇습니다. 세존이시여."

세존께서는 여러 방편으로 꾸짖으셨다.

"여러 비구들이여. 어찌하여 육군비구니들은 내의를 앞뒤로 늘어트려서 입었는가? 여러 비구들이여. 이것은 오히려 믿지 않는 자는 신심이 생겨나지 않게 하고, …… 이미 믿었던 자는 일부가 전전하여 다른 곳으로 향하여 떠나가게 하느니라."

이때 세존께서는 여러 종류의 방편으로써 육군비구니들을 꾸짖고서 뒤에 부양이 어렵고 가르치고 양육함이 어려우며, …… 나아가 …… 여러 비구들을 위하여 적절한 법을 수순하여 설하신 뒤에 여러 비구들에게 알려 말씀하셨다.

"…… 나아가 …… 여러 비구들이여. 여러 비구니들은 마땅히 이와 같이 학처를 송출할지니라.

'나는 마땅히 내의를 완전히 둥글게 덮어서 입겠다.'라고 마땅히 배워야 하느니라."

2-1 마땅히 내의를 완전히 둥글게 덮어서 입을 것이니, 곧 배꼽을 둥글게 덮고, 무릎을 둥글게 덮어야 한다. 공경하지 않는 까닭으로 앞뒤로 늘어트려서 입는 자는 돌길라를 범한다.

고의가 아닌 자였거나, 생각이 없는 자였거나, 병이 있었거나, 사고의 때이거나, 미쳤던 자이거나, 최초로 범한 자는 범하지 않는다.

2)~74)는 생략

75) 불수상대소변타담(不水上大小便唾痰) 학처

1-1 그때 불·세존께서는 사위성의 기수급고독원에 머무르셨다.

그때 육군비구니들이 물위에 대·소변을 보았고 가래를 뱉었으므로, 여러 사람들이 싫어하고 비난하였다.

"무엇을 위하여 여러 비구니들이 물위에 대·소변을 보았고 가래를 뱉는가? 재가에서 욕락을 받고서 즐기는 여인들과 같구나!"

여러 비구니들은 여러 사람들이 싫어하고 비난하는 것을 들었다. 여러 비구니들의 가운데에서 욕심이 적은 자들은 싫어하고 비난하였다.

"무슨 까닭으로써 육군비구니들은 물위에 대·소변을 보았고 가래를 뱉는가?"

여러 비구니들은 이 일로써 여러 비구들에게 말하였고, 여러 비구들은 이 일로써 세존께 아뢰었다. 세존께서는 이 인연으로써 비구승가를 모으셨으며, 여러 비구들에게 물어 말씀하셨다.

"여러 비구들이여. 육군비구니들이 진실로 물위에 대·소변을 보았고 가래를 뱉었는가?"

"진실로 그렇습니다. 세존이시여."

세존께서는 여러 방편으로 꾸짖으셨다.

"여러 비구들이여. 어찌하여 육군비구니들은 물위에 대·소변을 보았고 가래를 뱉었는가? 여러 비구들이여. 이것은 오히려 믿지 않는 자는 신심이 생겨나지 않게 하고, …… 이미 믿었던 자는 일부가 전전하여 다른 곳으로 향하여 떠나가게 하느니라."

이때 세존께서는 여러 종류의 방편으로써 육군비구니들을 꾸짖고서 뒤에 부양이 어렵고 가르치고 양육함이 어려우며, …… 나아가 …… 여러 비구들을 위하여 적절한 법을 수순하여 설하신 뒤에 여러 비구들에게 알려 말씀하셨다.

"…… 나아가 …… 여러 비구들이여. 여러 비구니들은 마땅히 이와 같이 학처를 송출할지니라.

'나는 마땅히 물위에 대·소변을 보았고 가래를 뱉지 않겠다.'라고 마땅히 배워야 하느니라."

이와 같이 세존께서는 여러 비구니들을 위하여 학처를 제정하여 세우셨다.

2-1 그때 병든 비구니들이 두렵고 삼가하였으므로 물위에 대·소변을 보거나, 가래를 뱉을 수 없었다. 여러 비구니들은 이 일로써 여러 비구니들에게 말하였고, 여러 비구들에게 말하였다. 여러 비구들은 이 일로써 세존께 아뢰었다. 세존께서는 이 인연으로써 비구승가를 모으셨으며, 설법하신 뒤에 여러 비구들에게 알려 말씀하셨다.

"여러 비구들이여. 병든 비구니는 대·소변을 보거나, 가래를 뱉는 것을 허락하겠노라. 여러 비구들이여. 여러 비구니들은 마땅히 이와 같이 학처를 송출할지니라.

'나는 병이 없다면 마땅히 물위에 대·소변을 보거나, 가래를 뱉지 않겠다.'라고 마땅히 배워야 하느니라."

3-1 마땅히 병이 없다면 물위에 대·소변을 보거나, 가래를 뱉을 수 없나니, 공경하지 않는 까닭으로 물위에 대·소변을 보거나, 가래를 뱉는 자는 돌길라를 범한다.

고의가 아닌 자였거나, 생각이 없는 자였거나, 무지한 자였거나, 병이 있었거나, 땅 위에서 보고서 물속에 뿌렸거나, 사고의 때이거나, 미쳤던 자이거나, 최초로 범한 자는 범하지 않는다.

"여러 대자들이여. 75중학법을 송출하여 마쳤습니다. 이것에서 나는 지금 여러 대자들께 묻겠습니다."

"이 일에서 청정합니까?"

두 번째로 묻겠습니다.

"이 일에서 청정합니까?"

세 번째로 묻겠습니다.

"이 일에서 청정합니까?"

지금 여러 대자들께서는 이 일에서 청정하나니, 이것은 묵연하였던 까닭입니다. 나는 이와 같이 알고 이해하겠습니다.

○ **중학법을 마친다.**

경분별(經分別) 제15권

7. 멸쟁법(滅諍法, Adhikaraṇasamathā)

여러 대덕들이여.
지금 7멸쟁법(滅諍法)을 송출하겠습니다.

1) 쟁론(諍論)이 생겨났다면 그것을 멈추고 적정하기 위하여 마땅히
   현전비니(現前毘尼)를 주어서 소멸시킬 수 있느니라.

2) 쟁론이 생겨났다면 그것을 멈추고 적정하기 위하여 마땅히 억념비니
   (憶念毘尼)를 주어서 소멸시킬 수 있느니라.

3) 쟁론이 생겨났다면 그것을 멈추고 적정하기 위하여 마땅히 불치비니
   (不癡毘尼)를 주어서 소멸시킬 수 있느니라.

4) 쟁론이 생겨났다면 그것을 멈추고 적정하기 위하여 마땅히 자언치비
   니(自言治毘尼)를 주어서 소멸시킬 수 있느니라.

5) 쟁론이 생겨났다면 그것을 멈추고 적정하기 위하여 마땅히 다인어비

니(多人語毘尼)를 주어서 소멸시킬 수 있느니라.

6) 쟁론이 생겨났다면 그것을 멈추고 적정하기 위하여 마땅히 멱죄상비
니(覓罪相毘尼)를 주어서 소멸시킬 수 있느니라.

7) 쟁론이 생겨났다면 그것을 멈추고 적정하기 위하여 마땅히 여초부지
비니(如草覆地毘尼)를 주어서 소멸시킬 수 있느니라.

"여러 대덕들이여. 7멸쟁법을 송출하여 마쳤습니다. 이것에서 나는
지금 여러 대덕들께 묻겠습니다."
"이 일에서 청정합니까?"
두 번째로 묻겠습니다.
"이 일에서 청정합니까?"
세 번째로 묻겠습니다.
"이 일에서 청정합니까?"
지금 여러 대덕들께서는 이 일에서 청정하나니, 이것은 묵연하였던
까닭입니다. 나는 이와 같이 알고 이해하겠습니다.

○ 멸쟁법을 마친다.

여러 대덕들이여.
이미 연기를 송출하였고,
이미 8바라이법을 송출하였으며,
이미 17승잔법을 송출하였고,
이미 30니살기바일제법을 송출하였으며,
이미 166바일제법을 송출하였고,

이미 8바라제제사니법을 송출하였고,
이미 75중학법을 송출하였으며,
이미 7멸쟁법을 송출하였습니다.

일반적으로
이미 세존의 계경에 수록된 것이고
정확하게 계경에 포함된 것을
보름마다 송출합니다.

이것은 일체의 승가가 화합하여
환희하고 투쟁이 없이
그것을 수학해야 합니다.

○ 비구니율 대분별(大分別)을 마친다.

○ 양분별(兩分別)을 마친다.

國譯 | 釋 普雲(宋法燁)

대한불교조계종 제2교구본사 용주사에서 출가하였고, 문학박사이다. 현재 대한불교조계종 교육아사리(계율)이고, 제방의 율원 등에도 출강하고 있다.

논저 | 논문으로 「통합종단 이후 불교의례의 변천과 향후 과제」 등 다수. 저술로 『신편 승가의범』, 『승가의궤』가 있으며, 번역서로 『팔리율 I』, 『마하승기율』(상·중·하), 『십송율』(상·중·하), 『보살계본소』, 『근본설일체유부비나야』(상·하), 『근본설일체유부비나야약사』, 『근본설일체유부비나야파승사』, 『근본설일체유부비나야잡사』(상·하), 『근본설일체유부필추니비나야』, 『근본설일체유부백일갈마』 외, 『안락집』(상·하) 등이 있다.

팔리율 II PALI VINAYA II

釋 普雲 國譯

2023년 3월 30일 초판 1쇄 발행

펴낸이 · 오일주
펴낸곳 · 도서출판 혜안
등록번호 · 제22-471호
등록일자 · 1993년 7월 30일

주   소 · ⑦ 04052 서울시 마포구 와우산로 35길3(서교동) 102호
전   화 · 3141-3711~2 / 팩시밀리 · 3141-3710
E-Mail · hyeanpub@daum.net

ISBN 978-89-8494-695-8 93220

값 40,000 원